21 世纪高等学校物流管理与物流工程规划教材

国际物流单证实务

Documenting Practice for International Logistics

戴正翔 编著

扫描二维码，下载客户端，获取本书资源

清华大学出版社
北京交通大学出版社
·北京·

内容简介

本书将国际物流主干环节的单证（文件）以“三层三分法”逐层展开并细化到具体缮制的工作步骤，即：首先展示单证样板，让学生模拟缮制；然后提供相关的业务资料，让学生自行缮制相关的单证；最后再在课堂上展示标准的单证，让学生进行修正与完善。

本书共6章，各章节的主要内容为：第1章介绍国际物流单证体系的“三层三分法”；第2章导入出口物流单证样板；第3章引导学生解读信用证和装运资料，然后开始临摹式制单训练；第4章介绍托收业务单证样板，并训练D/P项下出口托收单证的缮制；第5章为进口物流单证模拟训练；第6章是加工贸易中进料加工项下对流单证的训练。

本书适合物流管理、国际贸易、国际货运代理、国际金融和市场营销等专业的本科学生使用，也可以作为在职专业人员的培训教材，或高职高专同类专业的拔高教材。

图书在版编目（CIP）数据

国际物流单证实务／戴正翔编著. — 北京：北京交通大学出版社：清华大学出版社，2013.12（2017.8重印）
（21世纪高等学校物流管理与物流工程规划教材）
ISBN 978-7-5121-1652-8

Ⅰ.①国…　Ⅱ.①戴…　Ⅲ.①国际贸易-物流-原始凭证-高等学校-教材　Ⅳ.①F252

中国版本图书馆CIP数据核字（2013）第217033号

责任编辑：张利军
出版发行：清 华 大 学 出 版 社　邮编：100084　电话：010-62776969　http://www.tup.com.cn
北京交通大学出版社　邮编：100044　电话：010-51686414　http://www.bjtup.com.cn
印 刷 者：北京时代华都印刷有限公司
经　　销：全国新华书店
开　　本：185×260　印张：15　字数：390千字
版　　次：2014年1月第1版　2017年8月第3次印刷
书　　号：ISBN 978-7-5121-1652-8/F · 1257
印　　数：4 001～6 000册　定价：28.00元

本书如有质量问题，请向北京交通大学出版社质监组反映。对您的意见和批评，我们表示欢迎和感谢。
投诉电话：010-51686043，51686008；传真：010-62225406；E-mail：press@bjtu.edu.cn。

前　言

本书的体例结构、题材特点、实训模式和辅学技巧如下所述。

本书覆盖进口或出口单一流向和进出口双向流向的国际物流单证实训，从接触单证开始，就以全套单证的概念灌输有关单证的知识。对于进口单证，全部选用信用证结算方式下的案例，且均以项目性成套设备进口业务为主线，包括商检单证、清关单证和结算单证三大部分。本书的重点在于清关环节的单证制作、形成与办理，以及涉及政府部门的手续和官方文件的办理。结算单证则以终验收环节的单证为主，特别是中英文“终验收协议书”的写作训练，要求必须在课堂上完成。出口方面的单证同样是商检单证、清关单证和结算单证三大部分。出口清关单证也涉及官方文件的办理，而且结算单证相对来说权重较大，业务结算方式不仅有信用证方式，而且还有托收方式。

全书共6章和一个附录。各章节的主要内容为：第1章介绍国际物流单证体系的“三层三分法”；第2章则迅速导入出口物流单证样板；第3章引导学生解读信用证和装运资料，然后开始临摹式制单，接着是“半单飞”，最后为大作业，作为“全单飞”训练；第4章介绍托收业务单证样板，并训练D/P项下出口托收单证的缮制；第5章为进口物流单证模拟训练；第6章是加工贸易中进料加工项下对流单证的训练——大量而前沿化的深入实训，将学生推向高端物流的运作平台；附录主要介绍出口西部非洲的现金交易项下的国际物流单证和货协国际铁路运输单证。

本书所选题材均来自国际物流作业前沿，没有抄录或引用任何其他书刊的案例材料，并且完全采纳2007年以来所发生的业务资料，充分体现了我国外向型产业态势的特点，即“机电产业舞龙头，高科技产品后起之秀，高端装备唯所求”。

本书的训练模式为：按照进出口物流的主要环节，即商检、清关和结算，配备向检验检疫局、海关和银行提交的全套练习单证，不但有自制、自填制的，还有第三方签发的单证。这样就会使学生形成国际物流单证“成组成套成系统”的完整理念，而非“缺胳膊少腿”或“断章取义”，甚至“支离破碎”而脱离作业标准。因此，本书介绍了国际物流单证的中心法则——“三层三分法”，并在此框架下展开事半功倍的精益学习与得力训练，力求消灭学校到工作岗位的差距。

本书适合物流管理、国际贸易、国际货运代理、国际金融和市场营销等专业的本科学生使用，也可以作为在职专业人员的培训教材，或高职高专同类专业的拔高教材。

最后，作者极力推荐的学习要领是：反复、认真地朗读本书中的英文信用证、合同和托收指令书等文本；了解机电工程设备报关与商检等方面的常识，作为同步辅助训练项目，这将大大有助于本书的学习。

由于编写本书实属完全创新，不走传统和现有套路，加之编者学识与水平有限，书中难免有不妥或错误之处，敬请同仁和广大读者批评指正。

编　者

2014 年 1 月

目 录

第 1 章 国际物流单证体系

The Documenting System for International Logistics …………………………… (1)

1. 1 国际物流单证体系概述

Outlook of the Documenting System for International Logistics …………………… (1)

1. 2 国际物流单证的归类依据

Evidence for the Classification of International Logistics Documents ………… (3)

思考题 ……………………………………………………………………………………… (4)

第 2 章 信用证项下的出口物流单证

Documents for Export Logistics under L/C ………………………………………… (5)

2. 1 信用证简介

Brief Introduction to Letter of Credit ……………………………………………… (5)

2. 1. 1 信用证的性质

Attributes of L/C ………………………………………………………………… (5)

2. 1. 2 信用证解读的要领

Hints to Read L/C ………………………………………………………………… (6)

2. 2 信用证项下的出口物流单证样板

Sample Documents for Export Logistics under L/C ……………………………… (9)

2. 2. 1 业务资料

Business Information ……………………………………………………………… (9)

2. 2. 2 单据缮制

Making of Documents …………………………………………………………… (13)

思考题 ……………………………………………………………………………………… (41)

第 3 章　信用证项下的出口物流单证实训
Practice for Export Logistics Documents under L/C ……………………（43）
3.1　信用证项下的出口物流单证模拟实训（一）
Simulating Practice for Export Logistics Documents under L/C（1） ………（43）
3.1.1　业务资料
Business Information ……………………………………………………（43）
3.1.2　单证缮制
Making of Documents …………………………………………………（47）
3.2　信用证项下的出口物流单证模拟实训（二）
Simulating Practice for Export Logistics Documents under L/C（2） ………（66）
3.2.1　业务资料
Business Information ……………………………………………………（66）
3.2.2　单证缮制
Making of Documents …………………………………………………（69）
3.3　信用证项下的出口物流单证大作业
Assignment for Export Logistics Documents under L/C ……………………（80）
3.3.1　业务资料
Business Information ……………………………………………………（80）
3.3.2　单证缮制
Making of Documents …………………………………………………（83）
思考题 ……………………………………………………………………………（95）

第 4 章　托收项下的出口物流单证
Documents for Export Logistics under Collection ……………………………（96）
4.1　托收业务简介
Brief Introduction to Collection ……………………………………………（96）
4.1.1　即期付款交单的过程
The Process of D/P at Sight ……………………………………………（96）
4.1.2　远期付款交单的过程
The Process of D/P after Sight …………………………………………（97）
4.1.3　承兑交单的过程
The Process of D/A ……………………………………………………（97）
4.2　托收项下的出口物流单证样板
Sample Documents for Export Logistics under Collection …………………（98）

4.3 托收项下的出口物流单证模拟实训
Simulating Practice for Export Logistics Documents under Collection ········ (101)
4.3.1 业务资料
Business Information ································ (101)
4.3.2 单证缮制
Making of Documents ································ (105)
思考题 ································ (120)

第5章 进口物流单证
The Documenting System for Import Logistics ································ (121)
5.1 进口物流单证样板
Sample Documents for Import Logistics ································ (121)
5.1.1 进口物流商检单证
Inspection Documents for Import Logistics ································ (121)
5.1.2 进口物流清关单证
Clearance Documents for Import Logistics ································ (128)
5.1.3 进口物流结算单证
Settlement Documents for Import Logistics ································ (133)
5.2 信用证项下的进口物流单证模拟实训
Simulating Practice for Import Logistics Documents under L/C ··············· (134)
5.2.1 信用证项下的进口合同模拟实训
Simulating Practice for Import Contract under L/C ························ (134)
5.2.2 信用证项下的进口开证模拟实训
Simulating Practice for L/C Establishment of Import under L/C ······ (144)
5.2.3 信用证项下的进口物流商检单证模拟实训
Simulating Practice for Inspection Documents of Import Logistics under L/C ································ (146)
5.2.4 信用证项下的进口物流清关单证模拟实训
Simulating Practice for Clearance Documents of Import Logistics under L/C ································ (148)
5.2.5 信用证项下的进口物流结算单证模拟实训
Simulating Practice for Settlement Documents of Import Logistics under L/C ································ (152)

5.3 信用证项下的设备进口物流单证模拟实训
Simulating Practice for Import Logistics Documents of Equipments under L/C …… (154)
5.3.1 阅读已开出的信用证
Read the Established L/C …… (154)
5.3.2 返填信用证申请书
Anti-fill the Application Form …… (158)
5.3.3 装运资料
Information of Shipment …… (160)
5.3.4 信用证项下的设备进口物流商检单证模拟实训
Simulating Practice of Inspection Documents for Import Logistics of Equipments under L/C …… (160)
5.3.5 信用证项下的设备进口物流清关单证模拟实训
Simulating Practice of Clearance Documents for Import Logistics of Equipments under L/C …… (162)
5.3.6 信用证项下的设备进口物流结算单证模拟实训
Simulating Practice of Settlement Documents for Import Logistics of Equipments under L/C …… (166)
5.4 信用证项下的设备进口物流单证大作业
Assignment for Import Logistics Documents of Equipments under L/C …… (167)
5.4.1 阅读已开出的信用证
Read the Established L/C …… (167)
5.4.2 返填信用证申请书
Anti-fill the Application Form …… (170)
5.4.3 装运资料
Information of Shipment …… (172)
5.4.4 信用证项下的设备进口物流商报检单证模拟实训
Simulating Practice of Inspection Documents for Import Logistics of Equipments under L/C …… (173)
5.4.5 信用证项下的设备进口物流清关单证模拟实训
Simulating Practice of Clearance Documents for Import Logistics of Equipments under L/C …… (174)
5.4.6 信用证项下的设备进口物流结算单证模拟实训
Simulating Practice of Settlement Documents for Import Logistics of Equipments under L/C …… (178)

思考题 ········ (178)

第6章 加工贸易项下的对流单证
Reciprocal Documents under Tolling Logistics ········ (179)

6.1 进料加工简介
Brief Introduction to Tolling ········ (179)

6.2 加工贸易项下的对流单证样板
Sample Reciprocal Documents under Tolling Logistics ········ (185)

6.2.1 进口业务操作阶段的单证
Import Business Documents ········ (185)

6.2.2 出口业务操作阶段的单证
Export Business Documents ········ (195)

6.3 进料加工单证模拟实训
Simulating Practice for Tolling Documents ········ (203)

6.3.1 业务资料
Business Information ········ (203)

6.3.2 进口业务操作阶段的单证模拟实训
Simulating Practice for Import Business Documents ········ (205)

6.3.3 出口业务操作阶段的单证模拟实训
Simulating Practice for Export Business Documents ········ (212)

思考题 ········ (220)

附录A 特殊业务单证样板
Sample Documents under Special Trade ········ (221)

A.1 现金交易项下的国际物流单证样板
Sample Documents for International Logistics under Cash ········ (221)

A.2 国际铁路运单样板（货协）
Samples of International Rail Waybill ········ (230)

第 1 章

国际物流单证体系

The Documenting System for International Logistics

1.1 国际物流单证体系概述

Outlook of the Documenting System for International Logistics

国际大流通，是由国际商流和国际物流所构成的。在国际商流的贸易过程中，双方签署合同或以其他方式达成交易后，接下来的工作就全靠物流来完成了。这也意味着，物流必须参与，整合其商流，才能形成供应链的管理模式。它应该能够渗透到供应、生产和销售领域，以一条龙化的服务推动大流通。这也就是为什么当代的国际物流包含国际营销与工程等要素的原因。国际物流可以整合国际商流而成为国际流通的统领。可以见得，整个国际贸易成功与否，完全取决于国际物流。国际物流的中枢指导文件就是“单证”。国际物流单证体系的结构可以用“三层三分法”对其进行科学合理的分类归纳，如图 1–1 所示。

这一图示的解释为：第一层是根据货物的流向不同分为出口、进口和加工贸易对流单证三个系统；第二层是根据运作目的不同分为商检、清关和结算单证三套；第三层是根据各运作环节单证性质的不同分为填制、自制和签发单证三组。应当指出的是，填制单证包括官方或民间组织印制的表格，自制单证是完全由进出口人自己制作的单据。签发单证也可以被称为第三方单证。其签发的机构是多样的，大体上有官方（如商务部、商务厅、质量监督检验检疫局和国外领事馆等）、半官方（如对外贸易促进会、商会和商检公司等）、物流企业（如船务公司、空运公司、铁路运输部门和货运代理等。这一体系基本涉及进出口和加工对流业务的所有环节，也可以认为是国际物流作业场所的单证规范。

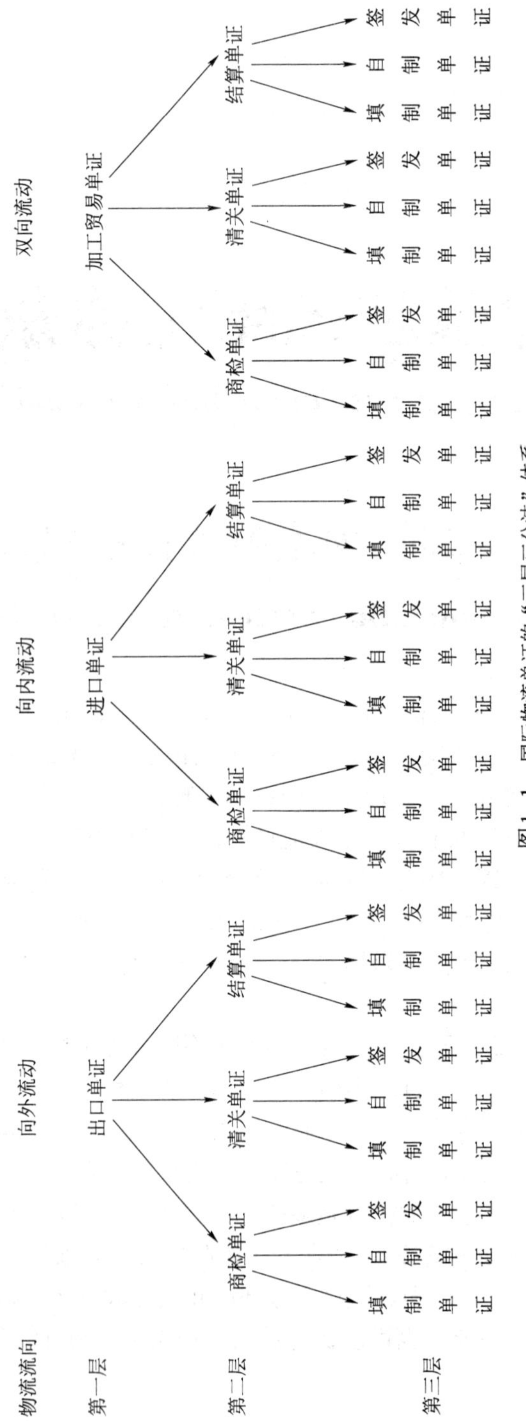

图1-1 国际物流单证的“三层三分法”体系

以上就是国际物流单证的体系，其特点是“成组成套成系统”。它使国际物流单证总体概念简明化。单证训练是技能培养过程，除了认知、识记，还要靠关键的“练就”步骤，就像“练兵”，工夫要到家，而又体现“易简不易繁”的原则。也就是说，练兵要在“点子”上下工夫，按作业场所要求去练，按工作标准去练。本教材坚决杜绝两大弊端：一是单证训练的“一锅粥”式，没有按流程或环节分类；二是漫无边际的题海战，充满累赘而又支离破碎的填空练习。那样不但事倍功半，还会造成非系统化和非工作标准化。而且，到了工作岗位上，又由谁去完成那些预先填就的内容呢？既然有人能够先行填制一部分内容，又何以故意留下一些空白呢？所以，国际物流单证的训练必须由完全的空白表单甚至一张白纸缮制出；并且，严格地按照“三层三分法”建立清晰和完整的国际物流单证体系的概念。

1.2　国际物流单证的归类依据

Evidence for the Classification of International Logistics Documents

“三层两分法”最能体现国际物流中的“四流”整合之特征，即商流、物流、资金流和信息流。

从发达国家，比如美国和日本的商业流通公司的运营结构来看，一般都由两大部门支撑——商务部和物流部。商务部签订合同后，一切剩余工作均由物流部来完成，包括：进口的开证、报关接货、配送和对外支付；出口的审证、备货、储运、清关及结算等。这些作业活动都靠单证系统来指挥，单证操作无时无刻都伴随着“四流”而进行。

单证的操作本身就代表着“商流”，也是商流的执行环节，是从所有权到货物实体移动的必然步骤。

清关的目的是为了让货物合法移向目的地。不管采用何种结算方式，不管是进口还是出口，清关的要求都一样。因而，需要制作成套的报关单证，虽然可能大部分使用本国文字，但此程序毕竟带有一定的严肃性，必须按照海关的要求办理，做到“单货一致”，并听从其调遣，配合查验，方可顺利清关，装载货物，而后取得货运单证，完成“国际物流”的关键步骤——跨境流动的实际启动。

取得货运单证后，便可以缮制成套的“结算单证”。这些单证是根据信用证、托收指令书、合同或客户的其他要求来制作的。其目的，要么是收款，要么是付款，而资金的流向要么是“顺汇”，要么是“逆汇”，都是在操纵资金流。

在业务过程中所缮制的单证带有与生俱来的信息属性，不管是纸质的还是电子的单证，都从一处流向另一处，并一步一步产生着经济效益，最后成为文档资料备查，并展示了交易的执行全过程。无论执行前、执行中还是执行后，单证都伴随国际物流而行，只有从单证中才能对一笔具体的贸易了如指掌，方能知晓：此笔交易何时何地签约，交易双方为谁，交易何物，金额多大，如何包装，条款如何，由何地运往何地，采用何种运输方式，在何处出关，在哪家银行结算，甚至在物流过程中有无差错与事故等细节。

因此，我们完全有理由将外贸制单体系划归为“国际物流单证体系”，并用简练而科学的方法给以结构上的定义，即“三层三分法”。

1. 试描述国际物流单证体系的结构？
2. 国际物流单证的整合性体现了国际物流主干环节的哪“四流”？
3. 怎样理解国际物流单证与生俱来的信息属性？

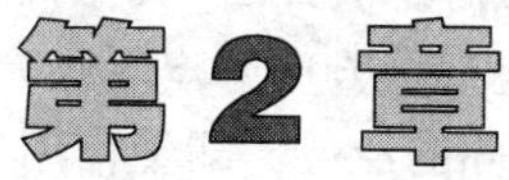

信用证项下的出口物流单证

Documents for Export Logistics under L/C

普通消费品国际交易的生存空间正在受到电商加快递物流的极大挤压，根本谈不了什么有利的结算条款。而代表我国主流的战略性新兴产业中，如高端装备和新能源汽车等领域及机电产业，信用证（Letter of Credit）结算方式仍然是其国际交易中一种主要的结算方式。这也正是我国参与高端国际分工的伟大成效的体现。信用证是银行信用介入国际货物买卖价款结算的产物。它不仅解决了买卖双方之间互不信任的矛盾，而且还能使双方在使用信用证结算的过程中获得银行的资金融通。例如，我国的信用证打包贷款和押汇业务，都强有力地促进了国际贸易和国际物流不断向高层次和高量值稳步发展。因此，信用证被广泛应用于国际流通领域。

2.1 信用证简介

Brief Introduction to Letter of Credit

2.1.1 信用证的性质 Attributes of L/C

信用证是银行作出的有条件的付款承诺，即银行根据开证申请人的请求和指示，向受益人开具的有一定金额，并在一定期限内凭规定的单据承诺付款的书面文件；或者是银行在规定金额、日期和单据的条件下，愿代开证申请人承购受益人汇票的保证书。信用证属于银行信用，采用的是逆汇法。信用证具有以下重要性质。

1. 信用证是一项自足文件

信用证虽以贸易合同为基础，但它一经开立，并为对方所接受，就成为独立于贸易合同之外的另一种契约。《跟单信用证统一惯例（2007 年修订本）》（国际商会 600 号出版物）明确规定：“信用证与其可能依据的销售合约或其他合约是性质上不同的业务。即使信用证中包含有关于该合约的任何援引，银行也与该合约完全无关，并不受其约束。”

2. 信用证是银行信用

信用证支付方式是一种银行信用，由开证行以自己的信用做出付款保证，在符合信用证规定的条件下，首先由开证行承担付款的责任。《跟单信用证统一惯例（2007 年修订本）》（国际商会 600 号出版物）规定，开证行依照开证申请人的要求和指示，在规定的单据符合信用证条款的情况下，向受益人或其指定人进行付款，或支付或承兑受益人开立的汇票；也可授权另一银行进行该项付款，或支付、承兑或议付该汇票。后一种情况并不能改变开证行作为第一性付款人的责任。

3. 信用证业务是单据买卖

《跟单信用证统一惯例（2007 年修订本）》（国际商会 600 号出版物）明确规定：“在信用证业务中，各有关方面处理的是单据，而不是与单据有关的货物、服务及（或）其他行为。”由此可见，信用证业务是一种纯粹的凭单据付款的业务。只要单据与单据相符、单据与信用证相符，银行就得凭单付款。银行只认单据是否与信用证相符，而“对于任何单据的形式、完整性、准确性、真实性、伪造或法律效力，或单据上规定的或附加的一般及（或）特殊条件，概不负责”。对于货物是否存在，品质、包装是否完好，数（重）量是否完整等，也不负责。所以，在使用信用证支付的条件下，要想安全、及时收到货款，必须做到“单单一致”、“单证一致”。

2.1.2 信用证解读的要领
Hints to Read L/C

解读信用证是国际物流的关键环节，且要求具备“外贸英语函电”与“国际物流”的基本功，还需要一些阅读及判断经验。

1. 有关当事人及其行为

1）开证申请人与开证银行

开证申请人（Applicant）是向银行申请开立信用证的人，在信用证中又称开证人

（opener），一般是进口人，或者买方，或其指定人、代理人。

开证银行（Opening/Issuing Bank）是指接受开证申请人的委托开立信用证的银行。

开立信用证时需要由申请人填写开证申请书，表明向开证行的开证申请和对开证行的声明和保证（声明赎单付款前货物所有权归银行；开证行及其代理行只对单据表面是否合格负责；开证行对单据传递中的差错不负责；在受益人或受让人提交的单据完全符合信用证条款时，开证行保证付款或到期付款，或承兑后到期付款）。

2）通知行

通知行（Advising/Notifying Bank）是指受开证行的委托，将信用证转交出口人的银行，它只证明信用证的真实性，不承担其他义务。

3）转证行

转证行（Transmitting Bank）是指仅负责照转开证行开来的信用证的银行。

4）受益人

受益人（Beneficiary）是指信用证上所指定的有权使用该证的人，即出口人或实际供货人，一般是提运单上的发货人（Shipper）。

受益人在收到信用证后应及时与合同核对，有不符点，须尽早要求开证行修改或拒绝接受，或要求开证申请人指示开证行修改信用证；如接受则发货并通知收货人，并备齐单据，在规定时间内向议付行交单议付；提交的单据必须单证一致、单单一致；有不符点又来不及改正时，仍然应该在信用证规定期限内交单，同时联系客户，请求接受。正常的贸易下，只要不是原则问题，客户都会接受不符点的。只不过受益人在收汇时，会被银行扣除 50～100 美元或其他货币的等值金额，作为不符点处理费。被拒绝修改或修改后仍不符合合同时，可以通知对方，或撤销合同并拒收信用证。受益人一旦接受信用证，信用证便是独立于合同之外的唯一证据。

5）议付行

议付行（Negotiating Bank）是指愿意或被指定买入受益人交来跟单汇票的银行，即根据信用证开证行的付款保证和受益人的请求，按信用证规定对受益人交付的跟单汇票垫款或贴现，并向信用证规定的付款行索偿的银行（又称购票行、押汇行和贴现行；多半为通知行；信用证可以限定议付银行，也可以给予自由选择议付银行的条件）。

银行有权在议付后处理（货运）单据；议付后索偿遭到拒付或开证行倒闭，议付行可向受益人追回垫款。

6）付款行

付款行（Paying/Drawee Bank）是指信用证上指定付款的银行。在多数情况下，付款行就是开证行，也可以是受其委托的另一家银行，对符合信用证的单据向受益人付款。一经付款，便无权向受益人或汇票善意持有人追索。

7）保兑行

保兑行（Confirming Bank）是指受开证行委托对信用证以自己名义保证付款的银行。

保兑行须在信用证上加批“保证兑付”，作为不可撤销的确定承诺；独立对信用证负责，凭单付款；付款后只能向开证行索偿；若开证行拒付或倒闭，则无权向受益人和议付行追索。

8）承兑行

承兑行（Accepting Bank）是指对受益人提交的汇票进行承兑的银行，亦即付款行。

9）偿付行

偿付行（Reimbursement Bank）是指受开证行在信用证上的委托，代开证行向议付行或付款行清偿垫款的银行（又称清算行）。偿付行只付款不审单，只管偿付不管退款。该行不履行偿付义务时，由开证行偿付。

2. 信用证的主要内容

（1）对信用证本身的说明，如其种类、性质、有效期及到期地点、适用规则（applicable rules）。适用规则大都表述为“UCP Latest Version”（跟单信用证统一惯例最新版本）。

（2）信用证的兑用。一般表述为：“available with any bank by negotiation”，即“由任何银行议付兑用”。这里，“with”表达的是兑用的“渠道”，而“by”表达的则是“手段”。一般还会对汇票的开具进行具体的规定，比如“draft at sight drawn on us/Bank of Fukuoka New York office for full invoice amount”（汇票向我行/福冈银行纽约分行出具，按发票全额索偿）。根据英国的票据法，这种汇票是一种书面的支付命令，命令受票人在见票后立即向收款指定人付出票面规定的款项，或对远期汇票进行承兑，并在票据到期时付出款项。由于这种索汇的汇票伴有以下第（5）项中所列明的单据，故被称为“跟单汇票”。如果信用证的兑用规定为“available by payment”（付款兑用），一般不做汇票，除非另有说明。

（3）对货物的要求。根据合同进行描述。

（4）对运输的要求。

（5）对单据的要求，即货物单据、运输单据、保险单据及其他有关单证。一般会有“单证要求”（Documents Required），通常都规定提交如下单据。

① Signed commercial invoice in ______ copies —— 签署的商业发票，若干份。

② Detailed packing list in ______ copies —— 详细的装箱单，若干份。

③ Full set clean on board ocean bills of lading made out to order and blank endorsed notifying applicant and marked freight prepaid（collect）—— 全套（船公司就本票货物签发的 2 份或 3 份正本）的清洁的已装船海运提单，抬头人凭指定，空白背书，并通知申请人，注明运费已付（或到付）。

④ Insurance policy for 110% of invoice value covering Institute cargo clauses including war clauses and claims payable at the destination —— 保险单，按发票金额的 110% 投保协会货物险，包括战争险，赔偿于目的地给付。未注明份数的保险单，交单时，按惯例提交两份正本。

⑤ Certificate of origin issued by the Chamber of Commerce —— 由商会签发的产地证书。

未注明份数的产地证书，按惯例提交一份正本和一份副本。我国的国际贸易促进会（China Council for the Promotion of International Trade，CCPIT）就是国际商会中国分会，各省的贸促分会也属于国际商会支会。

⑥ Beneficiary's certificate to prove that one set of non-negotiable shipping documents has been sent direct to applicant by e-mail within 24 hours after shipment is effected —— 受益人的证明书，证明在装运后 24 小时以内，用电子邮件直接向申请人发送了一套非议付的货运单证。

（6）特殊要求。

（7）开证行对受益人及汇票持有人保证付款的责任文句。

（8）国外来证大多数均加注："除另有规定外，本证遵循国际商会《跟单信用证统一惯例（2007 年修订本）》，即按国际商会 600 号出版物（UCP600）办理。"

（9）银行间电汇索偿条款（T/T Reimbursement Clause）。

2.2　信用证项下的出口物流单证样板

Sample Documents for Export Logistics under L/C

2.2.1　业务资料

Business Information

1. 信用证（L/C）

MT700
SENDER:
CZNBKRSE
KOOKMIN BANK(HEAD OFFICE), SEOUL.
RECEIVER:
PCBCCNBJHPX
CHINA CONSTRUCTION BANK HUBEI BRANCH.
L/C ARRIVAL DATE: 12 MAY 2013

27: SEQUENCE OF TOTAL
1/1
40A: FORM OF L/C (Y/N/T)
IRREVOCABLE
20: DOCUMENT CREDIT NO
M07PQ905NS20089
31C: DATE OF ISSUE
130511
40E: APPLICABLE RULES
UCP LATEST VERSION
31D: DATE AND PLACE OF EXPIRE
130701 AT NEGOTIATING BANK
50: APPLICANT
SINHAN STEEL CO., LTD.
511-14 GAMJUN-DONG, SASANG-GU, BUSAN, KOREA.
59: BENEFICIARY
HUBEI METALLURGICAL EQUIPMENTS CO., LTD.
NO. 316, HUANGSHI AVE., HUANGSHI, HUBEI, CHINA PC: 435000
32B: CURRENCY CODE, AMOUNT
USD1,600,000.00
39A: PERCENTAGE CREDIT AMOUNT
0/0
41D: AVAILABLE WITH ... BY ...
ANY BANK
BY NEGOTIATION

42C: DRAFTS AT
AT SIGHT
42A: DRAWEE
CZNBKRSEXXX
43P: PARTIAL SHIPMENT
ALLOWED
43T: TRANSSHIPMENT
PROHIBITED
44E: PORT OF LOADING
MAIN PORT OF CHINA
44F: PORT OF DISCHARGE
BUSAN PORT, KOREA.
44C: LATEST DATE OF SHIPMENT
130610
45A: DESCRIPTION OF GOODS
2 SETS OF MOTORS FOR THINNER ALLOY BAR HOT ROLLING MILL.
DETAILED LISTS ARE ATTACHED BY CONTRACT NO. GKR917
ORIGIN: P.R. CHINA
INCOTERMS(2010) CIF BUSAN, KOREA.
46A: DOCUMENTS REQUIRED
+SIGNED COMMERCIAL INVOICE IN 3 FOLD.
+FULL SET OF CLEAN ON BOARD OCEAN BILLS OF LADING MADE OUT TO THE ORDER OF KOOKMIN BANK (HEAD OFFICE), SEOUL.
MARKED ‘FREIGHT PREPAID’ AND NOTIFY THE APPLICANT
+SIGNED PACKING LIST IN 3 FOLD.
+FULL SET INSURANCE POLICY OR CERTIFICATE, ENDORSED IN BLANK FOR 110 PCT OF THE INVOICE VALUE COVERING ALL RISKS OF PICC 1981-1-1 CLAUSES.
+MANUFACTRURER’S CERTIFICATE.
47A: ADDITIONAL CONDITIONS
+T/T REIMBURSEMENT IS NOT ALLOWED.
71B: CHARGES
+ALL BANKING CHG/COMM.
INCLUDING REIM CHG OUTSIDE KOREA
FOR ACCOUNT OF BENEFICIARY
48: PERIOD FOR PRESENTATION

WITHIN 21 DAYS AFTER THE DATE OF
SHIPMENT BUT WITHIN THE CREDIT VALIDITY
49: CONFIRMATION INSTRUCTION
WITHOUT
78: INSTR TO PAY/ACCEP/NEG
+THE AMOUNT OF EACH DRAWING MUST BE NOTED ON THE REVERSE OF THIS CREDIT BY NEGOTIATING BANK.
+A FEE OF USD70 OR EQUIVALENT IS TO BE DEDUCTED FROM EACH DRAWING FOR THE ACCOUNT OF BENEFICIARY IF DOCUMENTS ARE PRESENTED WITH DISCREPANCY.
+ALL DOCUMENTS MUST BE MAILED IN ONE LOT TO KOOKMIN BANK, SASANG CORPORATE BANKING BRANCH, 578 GWAEBEOP-DONG SASANG-GU, BUSAN, KOREA.
+ON RECEIPT OF DOCUMENTS IN ORDER, WE SHALL REMIT THE PROCEEDS AS PER YOUR INSTRUCTIONS.
UNLESS OTHERWISE STIPULATED, THIS L/C IS SUBJECT TO UNIFORM CUSTOMS AND PRACTICE FOR DOCUMENTARY CREDITS.
(2007 REVISION) ICC PUBLICATION NO. 600).

XX/YY OUR REF. 42060110001363

2. 装运资料（Information of Shipment）

货　　名：小型合金棒材热轧机马达/2 台（就近清关）
签 约 地：釜山，韩国
签约日期：2013-01-01
生产厂家：湖北冶金设备有限公司
法人代表：王理红
地　　址：湖北黄石市黄石大道 316 号
电　　话：87863541
E-mail: hbme@yahoo.com
邮　　编：435000
海关代码：4204558981
出关口岸：洋山港区
提 单 号：HSW098
签发承运人：沈力

船　　名：HAILONG V-06
海段运费：300 美元/20′
集装箱号：COSU790873
封 志 号：SH7586301
总 毛 重：19,000 KG
总 体 积：20 立方米
总 件 数：2 木箱
唛　　头：SHSC
BUSAN
GKR917
NO. 1-UP.

2.2.2　单据缮制 Making of Documents

1. 商检单证（Inspection Documents）

商检期间在清关日期前半个月左右。商检的目的无非两个：一是为了取得通关证件（通关单、熏蒸证明等），二是为了取得证书（数量、重量或质量证书等）。办理这些证件，必须提交的单证如下。

（1）出境货物报检单（Application for Inspection）——填制单证。

（2）厂检单（Manufacturer's Certificate）——自制单证（在由公司代理出口项下，此单证为厂家签发给出口商的单证）。

（3）商业发票（Commercial Invoice）——自制单证。

（4）装箱单（Packing List）——自制单证。

（5）出口合同副本（Sales Contract Copy）——自制单证。

（6）信用证副本（L/C Copy）——签发单证，托收项下不提交。

1）出境货物报检单

中华人民共和国出入境检验检疫
出境货物报检单

报检单位（加盖公章）：湖北冶金设备有限公司　　*编号__________

报检单位登记号：

联系人：王利　　电话：82983173　　报检日期：2013 年 05 月 20 日

湖北冶金设备有限公司 ★

<table>
<tr><td rowspan="2">发货人</td><td colspan="8">（中文）　湖北冶金设备有限公司</td></tr>
<tr><td colspan="8">（外文）　HUBEI METALLURGICAL EQUIPMENTS CO., LTD.</td></tr>
<tr><td rowspan="2">收货人</td><td colspan="8">（中文）</td></tr>
<tr><td colspan="8">（外文）　SINHAN STEEL CO., LTD.</td></tr>
<tr><td>货物名称（中/外文）</td><td>H.S.编码</td><td>产地</td><td>数/重量</td><td>货物总值</td><td colspan="4">包装种类及数量</td></tr>
<tr><td>MOTORS FOR THINNER ALLOY BAR HOT ROLLING MILL
小型合金棒材热轧机马达</td><td>8412291000</td><td>湖北</td><td>2 台</td><td>USD
1,600,000.00
CIF BUSAN, KOREA</td><td colspan="4">木箱/2 个</td></tr>
<tr><td>运输工具名称号码</td><td>BY VESSEL</td><td>贸易方式</td><td>一般贸易出口</td><td>货物存放地点</td><td colspan="4"></td></tr>
<tr><td>合同号</td><td>GKR917</td><td>信用证号</td><td colspan="2">M07PQ905NS20089</td><td>用途</td><td colspan="3">生产</td></tr>
<tr><td>发货日期</td><td>2013-06-10</td><td>输往国家（地区）</td><td>韩国</td><td>许可证/审批号</td><td colspan="4"></td></tr>
<tr><td>启运地</td><td>黄石</td><td>到达口岸</td><td>釜山</td><td>生产单位注册号</td><td colspan="4"></td></tr>
<tr><td>集装箱规格、数量及号码</td><td colspan="8">20′×1</td></tr>
<tr><td>合同、信用证订立的检验检疫条款或特殊要求</td><td colspan="2">标 记 及 号 码</td><td colspan="6">随附单据（划“√”或补填）</td></tr>
<tr><td></td><td colspan="2">SHSC
BUSAN
GKR917
NO. 1-UP.</td><td colspan="3">☑合同
☑信用证
☑发票
☐换证凭单
☑装箱单
☑厂检单</td><td colspan="3">☐ 包装性能结果单
☐ 许可/审批文件
☐
☐
☐
☐</td></tr>
<tr><td colspan="3">需要证单名称（划“√”或补填）</td><td colspan="6">* 检验检疫费</td></tr>
<tr><td rowspan="3">☐ 品质证书 _正_副
☐ 重量证书 _正_副
☐ 数量证书 _正_副
☐ 兽医卫生证书 _正_副
☐ 健康证书 _正_副
☐ 卫生证书 _正_副
☐ 动物卫生证书 _正_副</td><td colspan="2" rowspan="3">☐ 植物检疫证书 _正_副
☑ 熏蒸/消毒证书 _正_副
☐ 出境货物换证凭单
☑ 出境货物通关单
☐
☐</td><td colspan="3">总金额
（人民币元）</td><td colspan="3">960 万</td></tr>
<tr><td colspan="3">计费人</td><td colspan="3"></td></tr>
<tr><td colspan="3">收费人</td><td colspan="3"></td></tr>
<tr><td colspan="3" rowspan="3">报检人郑重声明：
1. 本人被授权报检。
2. 上列填写内容正确属实，货物无伪造或冒用他人的厂标志、认证标志，并承担货物质量责任。

签名：王　利</td><td colspan="6">领 取 证 单</td></tr>
<tr><td colspan="3">日期</td><td colspan="3"></td></tr>
<tr><td colspan="3">签名</td><td colspan="3"></td></tr>
</table>

注：有“*”号栏由出入境检验检疫机关填写　　◆国家出入境检验检疫局制

出境货物报检单的填制说明如下。

办理报检手续者，要求持有报检员证。出境货物报检单所列各栏必须填写完整、准确、清晰，没有内容填写的栏目应以斜杠“/”表示，不得留空。

（1）报检单位：指向检验检疫机构申报检验、检疫、鉴定业务的单位。报检单应加盖报检单位公章。

（2）报检单位登记号：指在检验检疫机构登记的号码。

（3）发货人：指本批出境货物贸易合同中卖方的名称或信用证中受益人的名称。如需要出具英文证书的，填写中英文。

（4）收货人：指本批出境货物贸易合同中或信用证中买方的名称。如需要出具英文证书的，填写中英文。

（5）货物名称：按贸易合同或发票所列的货物名称填写，且根据需要可填写型号、规格或牌号。货物名称不得填写笼统的商品类，如“棉织品”、“五金”等。货物名称必须填写具体的类别名称，如“棉织 T 恤衫”、“螺栓、螺帽、垫圈”等。所留位置不够填写的，可加附页。

（6）H.S.编码：指货物对应的海关商品代码，填写 8 位数或 10 位数。当今，可以用网上搜索的方法进入海关虚拟服务大厅的“海关商品编码查询”栏目，输入商品名称，单击鼠标左键，即可迅速找到商品编码。

（7）产地：指货物生产/加工的省（自治区、直辖市）及地区（市）的名称。

（8）数/重量：填写报检货物的数/重量。数量是商流计量单位的总数，它是为了售货计价；重量一般填写净重，如填写毛重，或以毛重作净重则需注明。有时候，数量和重量重合，即售货计量是以重量为单位的，如“单价是 3 000 美元/吨，共有 1 000 吨”，则数量和重量都是 1 000 吨。

（9）货物总值：按本批货物合同或发票上所列的总值填写（以美元计）。如同一报检单报检多批货物，需列明每批货物的总值。

（10）包装种类及数量：指本批货物运输包装的种类及件数。件数是物流计量的总数，它是为了发送货物，只关注“最大外包装单元”的个数。

（11）运输工具名称号码：填写货物实际装载的运输工具类别名称（如船、飞机、货柜车、火车等）及运输工具编号（船名、飞机航班号、车牌号码、火车车次）。报检时，未能确定运输工具编号的，可只填写运输工具类别。

（12）贸易方式：一般贸易、来料加工、进料加工、其他等。

（13）货物存放的地点：指本批货物等待商检而存放的地点。

（14）合同号：指本批货物贸易合同的编号。

（15）信用证号：指本批货物的信用证编号。

（16）用途：指本批出境货物的用途，如实验、药用、食用、饲用、观赏或演艺、加工等。

（17）发货日期：按本批货物信用证或合同上所规定的装运期填写。

（18）输往国家（地区）：指贸易合同中买方（进口方）所在的国家或地区。地区系指不同的关税区。例如，我国香港、澳门和台湾，就是特别关区，它们在贸易中的角色，只是地区，而非国家。

（19）许可证/审批号：对实施许可证制度或者审批制度管理的货物，报检时填写许可证编号或审批单编号。

（20）启运地：指装运本批货物离境的交通工具的启运口岸、地区或城市的名称。

（21）到达口岸：指装运本批货物的交通工具最终抵达目的地停靠的口岸名称。

（22）生产单位注册号：指生产/加工本批货物的单位在检验检疫机构的注册登记编号。

（23）集装箱规格、数量及号码：填写装载本批货物的集装箱规格（如 40 英尺、20 英尺等）及分别对应的数量和集装箱号码。若集装箱太多，可用附单形式填报。

（24）合同、信用证订立的检验检疫条款或特殊要求：指贸易合同或信用证中贸易双方对本批货物特别约定而订立的质量、卫生等条款和报检单位对本批货物检验检疫的特别要求。

（25）标记及号码：按出境货物实际运输包装标记填写。如没有标记，填写“N/M”。

（26）随附单据：按实际提供的单据，在对应的“□”内打“√”。对报检单上未标出的，须自行填写提供的单据名称。

（27）需要证单名称：按需要检验检疫机构出具的证单，在对应的“□”内打“√”，并对应注明所需证单的正副本的数量。对报检单上未标出的，如“通关单”等，须自行填写所需证单的名称和数量。

（28）报检人郑重声明：必须由报检人亲笔签名。

2）厂检单

湖北冶金设备有限公司品质检验报告

质量检验科（盖章）　　湖北冶金设备有限公司 质量检验科　　日期：2013-05-05

品名：小型合金棒材热轧机马达　　数量：2 台

交货：韩国

结果：经常规检测，符合 GB/T 20421.2—2006 标准，准予出厂。

检测指标：转速、启动转矩、均衡性、散热性、外壳强度等。

检验员：吴大强　　主管：肖文　　2013 年 5 月 5 日

厂检单没有统一的格式或规范，由各生产企业自行设计，一般仅说明产品的主要技术指标或参数等内容。

3）商业发票

湖北冶金设备有限公司

HUBEI METALLURGICAL EQUIPMENTS CO., LTD.

NO. 316, HUANGSHI AVE., 435000, HUANGSHI

Tel: 87863541　　E-mail: hbme@yahoo.com

COMMERCIAL INVOICE

TO: **SINHAN STEEL CO., LTD.**　　DATE: **2013-05-10**

L/C NO.: **M07PQ905NS20089**　　CONTRACT NO.: **GKR917**

MARKS & NO.	DESCRIPTION OF GOODS	QUANTITY	UNIT PRICE	AMOUNT
		SET	**CIF**	**BUSAN USD**
SHSC BUSAN GKR917 NO. 1-UP.	**MOTORS FOR THINNER ALLOY BAR HOT ROLLING MILL**	**2**		**1,600,000.00**
TOTAL		**2**		**1,600,000.00**

湖　北　冶　金　设　备　有　限　公　司
HUBEI METALLURGICAL EQUIPMENTS CO., LTD.

王理红

商业发票是整笔业务的中心，需要调取某一笔业务的资料时，首先查找发票号。而且，其他自制单证的编号一般都根据发票号码而编，甚至就用发票号。其中，典型的是汇票，它的编号就是发票号。而这已经形成规则或惯例。

商业发票具有商流性质，它只管发货收款，一般不涉及包装细节，也不提倡罗列其他单证的内容，如装运港及目的港，甚至船名等，这些只需在提运单上表述即可。

商业发票大体上应表明如下内容。

（1）须载明“发票”（Invoice）字样。

（2）发票编号和签发日期（Number and Date of Issue）。

（3）合同或订单号码（Contract Number or Order Number）。

（4）收货人名址（Consignee's Name and Address）。

（5）出口商名址（Exporter's Name and Address）。

（6）商品名称、规格、数量、重量（毛重、净重）等（Commodity，Specifications，Quantity，Gross Weight，Net Weight，etc.）。发票上的数量单位为最小售货单元，如USD10,000.00/TON, TON（吨）即为最小售货单元。这是一种商流计量，目的是售货计价。

（7）唛头（Marks）。

（8）单价及价格条件（Unit Price and Price Term）。

（9）总金额（TotaL Amount）。

（10）出票人签字（Signature）等。

在信用证支付方式下，发票的内容要求与信用证规定的条款相符，还应列明信用证号码。在有佣金折扣的交易中，还应在发票的总值中列明扣除佣金或折扣的若干百分比。发票须有出口商正式签字方为有效。

发票还具有以下几方面的作用。

（1）作为进出口商核对已发货物是否符合合同或信用证规定。

（2）作为进口方和出口方记账的依据。

（3）在出口地和进口地作为报关、清关及纳税的凭据。

（4）在不用汇票的情况下，可代替汇票作为付款依据。

（5）光票付款时，通常用以确定有关交易的细节。

（6）是整套出口单据的中心及其填制和审核的依据。

（7）可作为索赔、理赔的凭据。

4）装箱单

湖北冶金设备有限公司
HUBEI METALLURGICAL EQUIPMENTS CO., LTD.
NO. 316, HUANGSHI AVE., 435000, HUANGSHI
Tel: 87863541　　E-mail: hbme@yahoo.com

PACKING LIST

TO: **SINHAN STEEL CO., LTD.**　　DATE: **2013-05-10**

L/C NO.: **M07PQ905NS20089**　　CONTRACT NO.: **GKR917**

MARKS & NO.	DESCRIPTION OF GOODS	QNTY	PACKAGE	G. WT	N. WT	MEASURE
		SET	**WOODEN BOX**	**KG**	**K G**	**CUBIC METRE**
SHSC BUSAN GKR917 NO. 1-UP.	**MOTORS FOR THINNER ALLOY BAR HOT ROLLING MILL**	**2**	**2**	**19,000**	**18,000**	**20**
TOTAL		**2**	**2**	**19,000**	**18,000**	**20**

湖　北　冶　金　设　备　有　限　公　司
HUBEI METALLURGICAL EQUIPMENTS CO., LTD.

王理红

装箱单（Packing List or Packing Specification）具有物流性质，又称包装单或码单，是用以说明货物包装细节的清单。装箱单的作用主要是补充发票内容，详细记载唛头，货名，货物规格、数量、毛/净重，尺码，包装方式、包装材料、包装件数等内容，便于进口商或海关等有关部门对货物的核准。装箱单只涉及包装方面的参数和状态，如件数为最大的外包装单元。例如，十包装一盒，十盒装一箱，再没有更大的包装物了，“箱”就是最大的外包装单元。这是一种物流计量，目的是“发送计件”。发票和装箱单各施其主，装箱单不必表述商流计量。

装箱单的缮制要点如下。

（1）出单方（Issuer）：出单人的名称与地址。在信用证支付方式下，此栏应与信用证受益人的名称和地址一致。

（2）受单方（To）：受单方的名称与地址。多数情况下填写进口商的名称和地址，并与信用证开证申请人的名称和地址保持一致。在某些情况下也可不填，或填写“To whom it may concern”（致有关人）。

（3）编号（No.）：填发票号码。

（4）日期（Date）：“装箱单”缮制日期，应与发票日期一致，不能迟于信用证的有效期及提单日期。

（5）运输标志（Marks and Numbers）：又称唛头，是出口货物包装上的装运标记和号码。要符合信用证的要求，与发票、提单一致。中性包装或无唛头时，填写“N/M”。

（6）包装种类和件数、货物描述（Number and Kind of Packages, Description of Goods）：填写货物及包装的详细资料，包括货物名称、规格、数量和包装说明等内容。对于件数，如信用证上要求“NO. 1-UP”，不能照搬，必须按照实际件数填写成具体的数字，如“NO.1-100”等。

（7）填写货物的毛重、净重，若信用证要求列出单件毛重、净重和皮重时，应照办；按货物的实际体积填列，均应符合信用证的规定。

5）出口合同副本

SALES CONTRACT

PLACE: **BUSAN, KOREA** CONTRACT NO. **GKR917**

DATE: **JAN. 1, 2013**

SELLERS: **HUBEI METALLURGICAL EQUIPMENTS CO., LTD.** TEL: **87863541**

FAX:

BUYERS: **SINHAN STEEL CO., LTD.** TEL:

FAX:

兹经买卖双方同意，由卖方出售如下，买方购进下列货物，并按下列条款签订本合同。

This contract is made by and between the sellers and buyers, whereby the buyers agree to buy and the sellers agree to sell the under mentioned commodity according to the terms and conditions stipulated below.

1. NAME OF COMMODITY AND SPECIFICATION, QUANTITY, UNIT PRICE, TOTAL VALUVE AND TIME OF SHIPMENT:

货号 Article No.	商品品名、规格 Name of Commodity and Specification	数量 Quantity	单价 Unit Price	金额 Amount	装运期 Time of Shipment
	MOTORS FOR THINNER ALLOY BAR HOT ROLLING MILL	**SET 2**	**CIF**	**BUSAN USD 1,600,000.00**	**2013-06-10**
数量及总值均得有 %的增减 Amount and Quantity % More or Less Allowed.		总值 Total Amount		**USD1,600,000.00**	

2. 装运口岸和目的地：

Loading Port and Destination: **CHINA/BUSAN.**

3. 付款条款：买方应按本合同所规定的装运期前___天开出见票______天付款的，允许转让的，可分割的信用证。信用证应规定数量和金额允许___%的增减，信用证的议付有效期应规定在装运期后至少__30__天在受益人国家到期。信用证应规定允许分批装运和转运。

Terms of Payment: The buyers should according to the contractual stipulations ____ days before the date of shipment open the letter of credit at ____ days' sight, transferable and dividable. And L/C must stipulate ___% both in amount and quantity acceptable and expires at least __30__ days after the shipping date in beneficiary's country and partial or transshipment permitted.

4. 保险：

Insurance: **TO BE EFECTED BY THE SELLERS.**

5. 装船标记：

Shipping Marks: **S H S C**
BUSAN
GKR917
NO. 1-UP.

6. 仲裁：

Arbitration: **DISPUTES, IF ANY, WILL BE PRESENTED TO THE ARBITRATION COMMISSIOMN UNDER CCPIT, IN CHINA.**

7. 其他：

Others：

买方	卖方
The Buyers	**The Sellers**
金正勇	王理红

出口贸易合同的内容一般包括 3 个部分。

（1）约首。约首包括合同的名称、编号、订约日期、地点、双方当事人名称、地址等。

合同的开头或序言部分，一般都表明双方签约所用的依据的文件名称等，比如：依据××订单、××报价单、××年××月××日电函等。

合同的编号应该根据企业自己的实际情况自行编写，在最后要形成一定的次序，以便于计算机存档及查找。一般来说，编号可以由客户公司名称（简称）、名称的主要英文或字母、年月份及序号几个部分组成，如：DW2008E001。在此应该注意的是，合同号码不要重复使用，以免在报关、出口退税等业务方面产生不必要的麻烦。

双方当事人缔约地点的规定涉及合同适用哪一国家法律的问题，因此不可忽视。双方签约人公司机构名称要写全称，不可简写。

（2）正文。正文是合同的主体部分。按照国际上一般通行的法律原则，只要不违反适用于合同的法律的强制性规定，双方当事人可以将自己所同意并且通过双方认可的任何条款订立在合同之中，但一般合同的主体主要包含以下几个方面：

① 买卖双方货物的品名、规格、型号、数量与包装方式等；

② 各方面的价格；

③ 卖方义务，包括交付货物有关的单据、交付货物的时间和地点、转移货物的所有权、转移货物的形式等；

④ 买方义务，包括支付货物款项及收接货物的方式、时间、地点等；

⑤ 双方预防合同争议及处理争议所采取的依据和方法，比如货物的检验质量、期限、索赔、免责款项和仲裁等。

（3）约尾。约尾是合同的最后部分，它包括合同效力、使用文字、合同的份数及双方的签字和印章。如果合同需要一些另外的附录，如货物的说明书、价格单、规格表等，则应在合同的尾部写明“附件……为本合同不可分割部分”。这在机电装备出口中是必不可少的，往往这类附件的作用才是关键的，一般有本设备或生产线的操控、维护保养、制造说明，如“对本机控制柜的说明”、“对 009 号轧机的电控线路的说明”、“对液压马达的说明”、“激光探头检验装置手册”，等等。

另外，根据双方的实际情况，还可以在尾部及签章的上方空间内，增加一些其他双方认可的条款，如“others——其他事宜”，合同如为多页，应加盖续页章，并由当事人在每一页上签字确认。

6）信用证副本

（略）

2. 清关单证（Clearance Documents）

清关期间一般在临近交货日期（信用证上的最迟交货期）一周至二周左右，甚至更早。

清关时，可以在网上的电子平台预申报，待初审通过后再将纸质全套单证提交海关，办理现场报关与查验、缴税与放行等手续。当然也可以直接进入现场纸质申报环节。不管以什么方式报关，要想清关，单证的缮制内容都是一样的。其单证只能是根据我国海关法规所必须提交的，而非仅应买方要求而为。除了交易合同可以提交副本外，其余都要求正本。需要注意的是，要做到单货一致。出口国海关作出的货物清关文件关封，将随货物到达进口国口岸，接受其海关查验。有些地区已实行电子关封。向海关提交的出口货物的清关单证一般包括以下若干项。

（1）货运委托书（Shipping Note）——填制单证［货代预配车、船名或飞机航班后转为装货单（Shipping Order）。有时货运公司自己另作一份装货单，由海关加盖放行章后，作为合法装货凭证］，一般提交 2 份。

（2）出口货物报关单（Entry Outward）——填制单证，出口单位一般只提交 1 份，由海关指定的报关行代制 3 份提交，分别为出口退税专用联和留底联。

（3）商业发票（Commercial Invoice）——自制单证，一般提交 2 份。

（4）装箱单（Packing List）——自制单证，一般提交 2 份。

（5）出口合同副本（Sales Contract Copy）——填制单证，提交 1 份。

（6）出境货物通关单（Customs Access）——签发单证（深加工机电装备等产品免），提交 1 份。

（7）熏蒸/消毒证明书（Fumigation/Disinfection Certificate）——签发单证，提交一份；如包装外层有“IPPC”专用标识，可免提交。

（8）出口许可证（Export Licence）——签发单证（视规定办理/提交），提交 1 份。

1）货运委托书

货运委托书
SHIPPING NOTE

<table>
<tr><td colspan="2">经营单位（托运人）</td><td colspan="4">HUBEI METALLURGICAL EQUIPMENTS CO., LTD.</td><td>公司编号</td><td>GKR917</td></tr>
<tr><td rowspan="3">提/运单项目</td><td colspan="7">发货人（SHIPPER）HUBEI METALLURGICAL EQUIPMENTS CO., LTD.
NO. 316, HUANGSHI AVE., HUANGSHI, HUBEI, CHINA</td></tr>
<tr><td colspan="7">收货人（CONSIGNEE）TO THE ORDER OF KOOKMIN BANK (HEAD OFFICE), SEOUL</td></tr>
<tr><td colspan="7">通知人（NOTIFY）SHINHAN STEEL CO., LTD.
511-14 GAMJUN-DONG SASANG-GU, BUSAN, KOREA</td></tr>
<tr><td colspan="2">海运费（√）
SEA FREIGHT</td><td colspan="2">预付（√）或到付（ ）
PREPAID/COLLECT</td><td>提单份数</td><td>3/3</td><td>寄送地址</td><td>本公司</td></tr>
<tr><td>起运港</td><td>HUANGSHI</td><td>目的港</td><td>BUSAN PORT KOREA</td><td>可否转船</td><td>NO</td><td>可否分批</td><td>YES</td></tr>
<tr><td>标记唛码</td><td>包装件数</td><td colspan="2">中英文货名
DESCRIPTION</td><td>毛重 KG</td><td>尺码
CUB</td><td colspan="2">成交条件（总价）
TERMS TOTAL</td></tr>
<tr><td>SEE BELOW</td><td>WOODEN BOX
2</td><td colspan="2">MOTORS FOR THINNER ALLOY BAR HOT ROLLING MILL</td><td>19,000</td><td>20</td><td colspan="2">CIF BUSAN, KOREA
USD
1,600,000.00</td></tr>
<tr><td colspan="4" rowspan="5">声明事项
SHIPPING MARK: S H S C
BUSAN
GKR917
NO. 1-UP.
Tel: 87863541
E-mail: hbme@yahoo.com
湖北冶金设备有限公司</td><td>结算方式</td><td colspan="3">L/C</td></tr>
<tr><td>代办项目</td><td colspan="3">商检</td></tr>
<tr><td>预配船名</td><td colspan="3">HAILONG V-06</td></tr>
<tr><td>提/运单号</td><td colspan="3">HSW098</td></tr>
<tr><td colspan="4">签名：XXX　2013-06-01</td></tr>
</table>

货运委托书是出口人或发货人委托货运代理或承运人将其货物装运出境的详细的正式的文书。出口人或发货人根据国外买方的要求，依照信用证，或依照托收指示书等，缮制本货运委托书。提交货运委托书时，必须将清关所要求的全套单证附上。

2）出口货物报关单

中华人民共和国海关出口货物报关单

预录入编号：　　　　　　　　　　　　　　海关编号：

出口口岸 洋山港区	备案号	出口日期 2013-06-10	申报日期 2013-06-10
经营单位 湖北冶金设备有限公司 4204558981	运输方式 江海运输	运输工具 HAILONG V-06	提运单号 HSW098
发货单位 湖北冶金设备有限公司 4204558981	贸易方式 一般贸易	征免性质 一般征税	结汇方式 信用证

许可证号	抵运国（地区） 韩国		指运港 釜山	境内货源地 黄石
批准文号	成交方式 CIF	运费 300 美元	保费 1,600 美元	杂费
合同协议号 GKR917	件数 2	包装种类 木箱	毛重 19,000 公斤	净重 18,000 公斤
集装箱号 COSU790873	随附单据 B.			生产厂家 湖北冶金设备有限公司

标记唛码及备注　S H S C
BUSAN
GKR917
NO. 1-UP.

项号	商品编号	商品名称、规格型号	数量及单位	最终目的国（地区）	单价	总价	币制	征免
1.	8412291000	小型合金棒材 热轧机马达	2 台	韩国		1,600,000.00	美元	照章 征税

税费征收情况

录入员　录入单位	兹申明以上申报无讹并承担法律责任	海关审单批注及放行日期（签章）
报关员　申报单位（签章） 单位地址 邮编　电话	湖北冶金设备有限公司 报关专用单 填制日期 2013-06-5	审单　审价 征税　统计 查验　放行 中华人民共和国黄石海关 放行章 签发官员：张平 签发日期：2013-06-10

出口货物报关单根据颜色不同，其用途也各异。白色报关单用于一般贸易，粉红色用于进料加工，浅蓝色用于外商投资企业，浅绿色用于来料加工和补偿贸易。

出口货物报关单的填制要点如下。

（1）出口口岸：货物经海关放行出境的关境口岸的名称。

（2）申报日期：向海关申报的日期，即所谓报关日期。

（3）出口日期：填写载货运输工具拟出境的日期。

（4）经营单位：填明对外签订或执行出口合同的中国境内企业或单位的全称，必须是有对外经营权的单位。

（5）发货单位：指货主。有时，经营单位是实际发货单位的代理人；一般情况下，两者是同一人。

（6）指运港（站）：货物预定最后到达的港口城市的全称。

（7）合同（协议）号：填具本单货物的合同号码，或订单号，或形式发票号。

（8）贸易方式：一般有以下几种贸易方式——一般贸易、国家间或国际组织无偿援助和赠送的物资、边境小额贸易、对外承包工程货物、租赁贸易、易货贸易、出料加工贸易、其他贸易。

（9）征免性质：填写“一般征税”。

（10）抵运国（地）：出口货物直接运抵的国家（地区）的名称。

（11）运输工具名称及号码：填具运载货物通过国境的运输工具的名称。根据不同的运输方式，分别填写船只名称及号码、汽车车牌号码或火车的车次及车皮号码。对于空运或邮运货物，填写航班号或“邮运”字样。

（12）装货单或提运单号：填具货物的装货单号或提运单号。

（13）结汇方式: 填具实际收结汇的方式。

（14）境内货源地：填具货物的生产地。

（15）批准文号：留空不填。

（16）成交方式：填写贸易条款，如 FOB、CFR 等，用英文填写。

（17）商品编号：填具货物在《海关统计商品目录》中所对应的号别。

（18）随附单据：随报关单向海关递交的有关单据的名称及份数。

（19）商品名称、规格型号：填具货物的全称、规格、型号、品质、等级。如货物及规格不止一种时，应逐项填写。

（20）标记唛码：填具货物的标记唛码。

（21）件数及包装种类：填具货物的总件数，即最大外包装单元数。包装种类指袋、箱、捆、包、桶等。如有多种包装，应分别填明件数。

（22）数量及单位：货物的实际数量和数量单位，如台、只、个、打等。整套机械分批出口时，应在本栏加注“分批装运”字样。

（23）毛量：货物的全部重量。如货物不止一项时，应逐项填报。

（24）净重：货物扣除外包装后的自身重量。

（25）集装箱号: 如果是集装箱运输,应将集装箱数量及每个集装箱的号码一并填具。

（26）生产厂家：流通外贸单位收取的购货发票和产业外贸单位开出的销货发票上的卖方名称。

（27）申报单位: 报关单位的全称、报关员的姓名及联络电话号码、申报单位的邮政编码等一并在此栏填具，并加盖申报单位的报关专用章。

3）商业发票

商业发票属于自制单证，其缮制方法同商检单证。

4）装箱单

装箱单属于自制单证，其缮制方法同商检单证。

5）出口合同副本

出口合同副本属于填制单证，其缮制方法同商检单证。

6）出境货物通关单

出境货物通关单属于签发单证，深加工机电装备或成套设备等产品可以免制出境货物通关单。

中华人民共和国出入境检验检疫
出境货物通关单

编号：3100034568729

<table>
<tr><td colspan="2">1. 发货人
湖北冶金设备有限公司</td><td rowspan="3">5. 标记及号码
S H S C
BUSAN
GKR917
NO. 1-UP.</td></tr>
<tr><td colspan="2">2. 收货人　— — —</td></tr>
<tr><td>3. 合同/信用证号
GKR917</td><td>4. 输往国家或地区
韩国</td></tr>
<tr><td>6. 运输工具名称及号码</td><td>7. 发货日期
2013-06-10</td><td>8. 集装箱规格及数量</td></tr>
</table>

9. 货物名称及规格	10. H.S.编码	11. 申报总值	12. 数、重量、包装数量及种类
小型合金棒材热轧机马达	8412291000	1,600,000.00 美元	2 台/2 木箱

13. 证明

上述货物业经检验检疫，请海关予以放行。

本通关单有效期至　2013 年 07 月 30 日

签字　周晓明　　　　日期：　年　月　日

（印章：湖北省出入境检验检疫局 CIQ）

14. 备注

在本地报关的出境货物，经检验检疫合格后，签发“出境货物通关单”（两联）。正本由报检人持有，供海关通关。在本地检验检疫，而到沿海口岸出关的货物，只能签发“出境货物换证凭单”。

（1）属于产地检验检疫，并由产地放行的要注意以下事项。

① 检验检疫所需的对外贸易合同、信用证、发票、装箱单和生产者检验证明等是否齐全。

②“出境货物通关单”上的发货人与对外贸易合同的卖方是否一致，与信用证上的受益人是否相符。

③ 合同号与信用证号是否与所附的合同号码和信用证号相符。

④ 金额、唛头、输出国家是否与所附单据相符。

⑤ 品名、规格、H.S.编码、数（重）量、包装是否与施检部门出具的检验检疫结果报告单或有关证书相一致。

（2）属于产地检验检疫，而由沿海口岸查验放行的要注意以下几点。

① 检验检疫查验所需的对外贸易合同、信用证、发票、箱单和生产者检验证明是否齐全。

② 产地检验检疫机构出具的“出境货物换证凭单”是否正确无误。

③ 经产地检验，沿海口岸出关时，应仔细核对所出具的“出境货物通关单”上的发货人、合同、信用证、金额、输出国家、品名、数重量、包装、H.S.编码等是否与“出境货物换证凭单”和其他单据相一致，不一致时，将被海关拒绝放行。

“出境货物换证凭单”可以并批和分批使用。涉及两个或两个以上部门施检的货物，放行人员凭检验检疫结果或证书和本局指定施检部门负责人的签字发放“出境货物通关单”。

7）熏蒸/消毒证明书

中华人民共和国出入境检验检疫
ENTRY-EXIT INSPECTION AND QUARNTINE
OF THE PEOPLE'S REPUBLIC OF CHINA

熏蒸/消毒证明书　　　　编号 NO. 005988

FUMIGATION/DISINFECTION CERTIFICATE

发货人名称及地址
Name and Address of Consignor *HUBEI METALLURGICAL EQUIPMENTS CO., LTD.*

收货人名称及地址
Name and Address of Consignee —— —— ——

品名
Description of Goods *MOTORS FOR THINNER ALLOY BAR HOT ROLLING MILL*

产地
Place of Origin *HUBEI, CHINA*

报验数量
Quantity Declared *2 SETS/2 WOODEN BOX*

启运地
Place of Dispatch *HUANGSHI, CHINA*

到达口岸
Port of Destination *BUSAN PORT, KOREA*

运输工具
Name of Conveyance *HAILONG V-06*

标记及号码
Mark & No. *S H S C*
BUSAN
GKR917
NO. 1-UP.

THE ABOVE GOODS PACKED IN 2 WOODEN BOX HAVE BEEN FUMIGATED BY METHYL BROMIDE, 48G/CUBIC METRE LASTING FOR 24 HOURS. TO THE INTERNATIONAL STANDARDS (ISO9000) AT THE PORT OF DESPATCH, HUANGSHI, HUBEI, CHINA.

CONTRACT NO. GKR917 .　CONTAINER NO.: COSU790873/SH7586301.

印章　签证地点 Place of Issue HUANGSHI　　签证日期 Date of Issue 2013-06-10

授权签字人 Authorized Officer 顾晓丽　　签名 Signature *GUXIAOLI*

中华人民共和国黄石出入境检验检疫局 CIQ

2320836

许多国家（包括我国）为了有效地防止病虫害的侵入，要对进出口商品及其包装中易于携带病虫害的载体进行熏蒸消毒，这是一种有效的方法。

（1）熏蒸的目的。在国际贸易中，各国为了保护本国的资源，对有的进口商品实行强制的检疫制度。木质包装熏蒸就是为了防止有害病虫危害进口国森林资源所采取的一种强制措施。因此，含有木质包装的出口货物，就必须在出运前对木质包装物进行除害处理，熏蒸是除害处理中的一种方式。

（2）要求熏蒸（消毒）的木质包装的种类。一般指用于包装、铺垫、支撑、加固货物的材料，如木箱、木板条箱、木托盘、垫仓木料、木桶、木垫方、枕木、木衬板、木轴、木楔等。原木都要熏蒸，并打上“IPPC”标识，由检验检疫机构出具“熏蒸消毒证书”。

（3）熏蒸方式。熏蒸方式有药物处理和热处理两种方式。药物处理一般采用溴化甲烷、环氧乙烷。美国采用热处理方式，所以其证书叫做“Heat Treatment Certificate”（热处理证书）。注意，它使用的不是热加工中淬火、回火或渗碳等工艺。

（4）要求熏蒸的国家。出口木制包装的货物至加拿大、美国、澳大利亚等国或客户要求做熏蒸者，均需强制熏蒸。其中对美、加出口必须出具官方熏蒸证书（Fumigation Certificate）。目前，对此有要求的国家越来越多。

（5）“IPPC”标识。根据国家质量监督检验检疫总局 2005 年第 4 号公告通知，从 2005 年 3 月 1 日起，输往欧盟、加拿大、美国、澳大利亚等国家的带木质包装的货物，其包装必须加盖“IPPC”专用标识（胶合板、刨花板、纤维板等除外）。

8）出口许可证

出口货物许可证属于签发单证，需视规定办理或提交，提交 1 份。

中华人民共和国出口许可证
EXPORT LICENSE OF THE PEOPLE'S REPUBLIC OF CHINA

No.

<table>
<tr><td colspan="3">1. 出口商
Exporter　湖北冶金设备有限公司</td><td colspan="3">1. 出口许可证号
Export license No.　**400-3987**</td></tr>
<tr><td colspan="3">2. 发货人
Consignor　湖北冶金设备有限公司</td><td colspan="3">2. 出口许可证有效截止日期
Export license expiry date　**2013-12-30**</td></tr>
<tr><td colspan="3">3. 贸易方式
Terms of trade　一般贸易</td><td colspan="3">4. 进口国/地区
Country/region of purchase　韩国</td></tr>
<tr><td colspan="3">5. 合同号
Contract No.　**GKR917**</td><td colspan="3">6. 付款方式
Payment　信用证</td></tr>
<tr><td colspan="3">9. 报关口岸
Place of clearance　黄石海关</td><td colspan="3">10. 运输方式
Mode of transport　江海运输</td></tr>
<tr><td colspan="3">11. 商品名称
Description of goods　小型合金棒材热轧机马达</td><td colspan="3">12. 商品编码
Code of goods　**8412291000**</td></tr>
<tr><td>13. 规格、型号
Specification</td><td>14. 单位
Unit</td><td>15. 数量
Quantity</td><td>16. 单价（ ）
Unit Price</td><td>17. 总值（ ）
Amount</td><td>18. 总值折美元
Amount in USD</td></tr>
<tr><td>见合同</td><td>台</td><td>**2**</td><td></td><td>**1,600,000.00** 美元</td><td>**1,600,000.00** 美元</td></tr>
<tr><td></td><td></td><td></td><td></td><td></td><td></td></tr>
<tr><td></td><td></td><td></td><td></td><td></td><td></td></tr>
<tr><td></td><td></td><td></td><td></td><td></td><td></td></tr>
<tr><td>19. 总计</td><td></td><td>**2**</td><td></td><td></td><td>**1,600,000.00** 美元</td></tr>
<tr><td colspan="3">20. 备注：
Supplementary details</td><td colspan="3">21. 发证机关签章
Issuing authority's stamp & signature
中华人民共和国出口许可证 专用章（湖北）
22. 发证日期
License date　2013-06-03</td></tr>
</table>

在国际贸易中，出口许可证是根据一国出口商品管制的法令规定，由有关当局签发的准许出口的证件。出口许可证制是一国对外出口货物实行管制的一项措施。一般而言，某些国家对国内生产所需的原料、半制成品及国内供不应求的一些紧销物资和商品实行出口许可证制。通过签发许可证进行控制，限制出口或禁止出口，以满足国内市场和消费者的需要，保护民族经济。此外，某些不能复制、再生的古董文物也是各国保护的对象，严禁出口。根据国际通行准则，鸦片等毒品或各种淫秽品也禁止出口。同时，为了本国出口市场的有序和公平竞争，有些国家会主动限制出口数量，择优发放出口许可证。

3. 结算单证（Settlement Documents）

结算期间紧随清关完毕后的提单日期，有时甚至会出现提（运）单日期和结算汇票是同一天；付款信用证项下，一般不做汇票，其交单日就是提单签发日。这是因为早就准备好了结算的其他单证，只等提（运）单一到，将汇票的日期填上，立即通知银行国际结算人员上门取单签收。这种情况发生在签发提单的机构与公司处于同城。

出口结算单证是根据买方开出的信用证、托收指示书、合同、订单或形式发票等契约性文件的要求制备并提交的单证，以使买方能够清关提货，而卖方则用以索取货款的偿付。

基本的结算单证要求如下。

（1）海运提单（Bill of Lading）、海运单（Sea Way Bill）、空运单（Air Waybill）、承运货物收据（Cargo Receipt）或多式联运单（Multi-modal Transport Document）——签发单证。

（2）商业发票（Commercial Invoice）——自制单证。

（3）装箱单（Packing List）——自制单证。

（4）保险单（Insurance Policy）——CIF/CIP 条款下提交，签发单证。

（5）汇票（Bill of Exchange/Draft）——自制单证。

（6）证明（Certificate）——自制单证。

1）海运提单

Shipper **HUBEI METALLURGICAL EQUIPMENTS CO., LTD.**		B/L NO. **HSW098**
Consignee **TO THE ORDER OF KOOKMIN BANK(HEAD OFFICE), SEOUL**		**中国远洋运输（集团）总公司** **CHINA OCEAN SHIPPING（GROUP）CORP.**
Notify Party **SINHAN STEEL CO., LTD. 511-14 GAMJUN-DONG, SASANG-GU, BUSAN, KOREA**		
Pre-carriage by **HAILONG V-06**	Place of Receipt	**Combined Transport BILL OF LADING**
Ocean Vessel Voy No.	Port of Loading **HUANGSHI**	
Port of Discharge **BUSAN PORT, KOREA**	Place of Delivery	Final Destination for the Goods (not the ship)see article 7 par (2)

Marks & Nos Container/Seal No.	No. of Containers or P'kgs	Kind of Packages; Description of Goods	Gross Weight	Measurement
S H S C BUSAN GKR917 NO. 1-UP. **COSU790873/ SH7586301**	**1×20′/ 2 BOX**	**MOTORS FOR THINNER ALLOY BAR HOT ROLLING MILL LADEN ON BOARD JUNE. 10, 2013. FREIGHT PREPAID**	**KG 19,000**	**CUBIC METRE 20**

Total Number of Containers or Package（In Words）	**SAY TOTALLY PACKED IN 2 WOODEN BOX ONLY.**

Freight & Charges	Revenue Tons	Rate	Per	Prepaid	Collect
				X	

Exchange Rate	Prepaid at	Payable at	Place and Date of Issue **HUANGHSI, JUNE 10, 2013**
	Total Prepaid	No. of Original B(S)/L **3**	Signed for the Carrier ***沈　力*** **中国远洋运输（集团）总公司** **CHINA OCEAN SHIPPING (GROUP) CORP. HUANGSHI OFFICE JUNE 10, 2013**

LADEN ON BOARD THE VESSEL

DATE ________ BY _________ (TERMS PLEASE FIND ON BACK OF ORIGINAL B/L)

(COSCO STANDARD FORM 1)

注意：本提单不由发货人背书，而由“**KOOKMIN BANK(HEAD OFFICE), SEOUL**”背书。

海运提单是承运人或其代理人收到货物后，签发给托运人的一种单证。提单是承运人或其代理人签发的货物收据，是货物所有权的凭证，是运输契约或其证明。

海运提单的内容基本相同，而格式并非完全统一，各个船公司都有自己的提单格式，只是大体相仿。最新的《鹿特丹规则》也吸收了《海牙规则》、《汉堡规则》和《维斯比规则》的大部分规定。

海运提单（简式提单除外）背面印有提单条款，它是外理承运人与托运人之间有关运输过程争议的依据。海运提单缮制的主要依据是托运单、信用证、托收指示书、合同、订单或形式发票等。

海运提单的缮制要点如下。

（1）提单号码（B/L No.）。提单上必须注明承运人或其代理人规定的提单编号，以便与其他有关的装运单据核查、对照，否则该提单无效。提单号码由承运人或代理人提供，并已在托运单中载明，此栏可照托运单填写。

（2）托运人（Shipper）。托运人是与承运人签订运输契约的人，亦即发货人。在信用证支付条件下，托运人一般为信用证受益人。在某些特殊情况下或收货人要求以某一第三者作为托运人，只要信用证中无特殊规定，可以填写受益人之外的第三人。根据UCP600的规定：“除非信用证另有规定，银行将接受表明以信用证受益人以外的第三者作为发货人的运输单据。”

托收方式下以托收的委托人为托运人。

（3）收货人（Consignee）。在信用证支付条件下，应严格按信用证规定填制收货人。信用证中对收货人的规定有记名式、指示式、不记名式三种方式。记名式提单的收货人填信用证指定的收货人名称；指示式提单的收货人栏按信用证的不同规定可制成“To Order”或“To Order of×××Co.”（“凭指示”或“凭×××公司指示”）、“To Order of Issuing Bank”（凭开证行指示）或“To Order of Shipper”（凭托运人指示）等；不记名提单的收货人填“To Bearer”（交持有者）。如来证要求提单“made out to the order of ABC BANK”，则提单收货人栏应填“To the order of ABC BANK”。

（4）被通知人（Notify Party）。被通知人是接受船方发出到货通知的人，它是收货人的代理人。此栏应严格按信用证规定填写。若信用证中未规定有被通知人，提单正本可照信用证办理，留空不填。但提供给船公司的副本提单仍要详细列明被通知人（可以信用证申请人作为被通知人）的名称和地址。

托收方式下的被通知人填托收的付款人。

（5）头程运输工具（Pre-carriage by）。若货物需转运，此栏填写第一程船的船名。若江海联运时，此栏填写江轮名称和航次，而不显示海运船只的名称和航次。若货物直接由沿海口岸装运出境，此栏留空不填。

（6）收货地点（Place of Receipt）。若货物需转运，填写收货的港口名称或地点；若货物不需转运，此栏留空不填。在“货交承运人”条款下，此栏经常需要填写。

（7）船名（Ocean Vessel）。填实际装运的船名。如系班轮，应加注航次号（Voy No.）。

（8）装运港（Port of Loading）。填实际装运港名称，且应符合信用证要求。若信用证对装运港的规定较笼统，如“China Ports”（中国港口），填写时应按实际装运港名称填制。需要注意的是，不得填写实际装运的码头或港区名称，要填写港口的城市名称，如装运发生在武汉市的杨泗港，此栏只能填写“WUHAN”，而非“YANGSI”。

（9）卸货港（Ports of Discharge）。在信用证支付条件下，应按信用证规定填写。若信用证规定有两个以上的选择港口，只能选择其中一个填写。若货物直达目的港，卸货港填最后的目的港。若货物需在中途港口转船再运，则填转船地。

（10）最后目的港（Final Destination）。应该按信用证规定的目的港填写，但一般此栏都不填写。在 DDP 条件下，此栏用来填写送达地点。

（11）运费缴付地点（Freight Payable at）。按所采用的贸易术语不同，FOB 填目的港，CIF 或 CFR 填装运港。通常情况下此栏也可留空不填。

（12）提单正本份数（Number of Original B/L）。提单正本份数应根据信用证条款要求出具，并在本栏注明。若信用证要求出具“全套提单”、“全套正本提单”，则可出具二至三份正本。每份正本提单的效力相同，若其中一份提货，则其余各份立即失效。

（13）唛头（Marks & Nos.）。按信用证规定的唛头填写，且与其他单据上的唛头一致。但也可以无唛头而只有编号。

（14）件数、包装种类及货物描述（Number and Kind of Packages; Description of Goods）。件数、包装种类可按发票有关栏目的内容填写，且与信用证要求和实际货物相符。散装货物件数栏只填“In Bulk”。货物描述填货物大类总称，但不能与信用证规定的名称相抵触。按 UCP600 的规定：“商业发票中的货物描述必须符合信用证中的描述，其他一切单据则可对货物描述使用统称，但不得与信用证中货物的描述有抵触”。例如，信用证上的品名为“Machinery and Mill Works, Motors”，提单上品名可标明“Machinery”。因为“Machinery”系“Machinery and Mill Works, Motors”的统称，且与信用证上的品名无抵触。但是，为了避免节外生枝，填写内容最好与信用证和发票一模一样。

（15）毛重（Gross Weight）。填货物总毛重，且与发票、装箱单、托运单等有关单据一致。一般以公斤为计量单位，公斤以下四舍五入。除非信用证有特别规定，一般不填净重。

（16）尺码（Measurement）。填货物的体积，且与托运单一致，除非信用证有特别规定，一般以立方米（m3 或 CUB M）为计量单位，且应保留小数点后三位数。

（17）运费支付情况（Freight）。提单运费栏记载的运费支付有三种情况：Freight Paid（运费已付）、Freight Prepaid（运费预付）和 Freight Collect（运费到付）。在信用证支付条件下，按信用证规定填制。在 CFR 和 CIF 条件下，一般填“Freight Prepaid”或“Freight Paid”；在 FOB 条件下，一般填“Freight Collect”或“Freight Payable at Destination”。

（18）大写件数（Total Packages in Words）。填英文大写包装件数，且与上栏填写的包装件数相符。习惯上先填“Say”字，末尾加填一个“Only”。散装货物此栏留空不填。

（19）运杂费（Freight and Charges）。此栏一般不填。若信用证条款对此有要求，可填运费率与运费总额。

（20）提单签发地及提单日期（Place and Date of Issue）。提单签发地应是装货港地点。若中途转船则应是一程船装货港地点。提单签发日期指装完货的日期，而非接受货物开始装船的日期，国际惯例将其视为装运日。根据 UCP600 的规定，提单日期不能迟于信用证规定的最迟装运期。

（21）承运人签字（Signed for the Carrier）。提单必须由承运人或其代理人签字才能生效。若来证要求手签应照办，不得以图章签盖代替。签字时须表明其身份，如“AS CARRIER”、“AS AGENT”等。

（22）有关装运的其他条款。有时来证要求在提单上显示一些特殊文句或附加事项。若受益人无异议，在制单时就在提单空白处显示。

（23）背书（Endorsement）。指示提单和不记名提单可背书转让。提单背书分记名背书与空白背书两种方式，记名背书即在提单背面批注“Endorsed to ...”或“Deliver to ...Co.”，再由背书人签字盖章；空白背书由背书人在提单背面签字盖章，不另作其他任何记载。若提单漏注背书，极易造成拒付的危险，或被银行退回，要求补齐。

2）商业发票

商业发票属于自制单证，其缮制方法同商检单证。

3）装箱单

装箱单属于自制单证，其缮制方法同商检单证。

4）保险单

PICC 中国人民保险公司湖北分公司
The People's Insurance Company of China, Hubei Branch

货物运输保险单
CARGO TRANS PORTATION INSURANCE POLICY

发票号（INVOICE NO.） **GKR917**　　保单号次

合同号（CONTRACT NO.）　　POLICY NO. **93847674010019**

信用证号（L/C NO.） **M07PQ905NS20089**

被保险人: **HUBEI METALLURGICAL EQUIPMENTS CO., LTD.**

Insured:

中国人民保险公司（以下简称本公司）根据被保险人的要求，由被保险人向本公司缴付约定的保险费，按照本保险单承保险别和背面所列条款与下列特款承保下述货物运输保险，特立本保险单。

THIS POLICY OF INSURANCE WITNESSES THAT THE PEOPLE'S INSURANCE COMPANY OF CHINA (HEREINAFTER CALLED "THE COMPANY") AT THE REQUEST OF THE INSURED AND IN CONSIDERATION OF THE AGREED PREMIUM PAID TO THE COMPANY BY THE INSURED, UNDERTAKES TO INSURE THE UNDERMENTIONED GOODS IN TRANSPORTATION SUBJECT TO THE CONDITIONS OF THIS POLICY AS PER THE CLAUSES PRINTED OVERLEAF AND OTHER SPECIAL CLAUSES ATTACHED HEREIN.

标记 MARKS & NOS.	包装、数量及保险货物项目 PACKING, QUANTITY, DESCRIPTION OF GOODS	保险金额 AMOUNT INSURED
S H S C BUSAN GKR917 NO. 1-UP.	**MOTORS FOR THINNER ALLOY BAR HOT ROLLING MILL PACKED IN 2 WOODEN BOX**	**USD 1,760,000.00**

总保险金额

TOTAL AMOUNT INSURED: **SAY UNITED STATES DOLLARS ONE MILLION SEVEN HUNDRED SIXTY THOUSAND ONLY.**

保费　　启运日期

PREMIUM: **AS ARRANGED**　　DATE OF COMMENCEMENT: **AS PER B/L HSW098**

装载运输工具　　自　　经　　至

PERCONVEYANCE: **HAILONG V-06** FROM **HUANGSHI** VIA ______ TO **BUSAN PORT, KOREA**

承保险别：

CONDITIONS: INSTITUTE CARGO CLAUSE (A), INSTITUTE WAR CLAUSE (CARGO)

所保货物，如发生保险单项下可能引起索赔的损失或损坏，应立即通知本公司下述代理人查勘。如有索赔应向本公司提交保险单正本（共 2 份正本）及有关文件。如一份正本已用于索赔，其余正本自动失效。

IN THE EVENT OF LOSS OR DAMAGE WHICH MAY RESULT IN A CLAIM UNDER THIS POLICY, IMMEDIATE NOTICE MUST BE GIVEN TO THE COMPANY'S AGENT AS MENTIONED HEREUNDER. IN THE EVENT OF CLAIMS, IF ANY, ONE OF THE ORIGINAL POLICY WHICH HAS BEEN ISSUED IN 2 ORIGINAL(S) TOGETHER WITH THE RELEVANT DOCUMENTS SHALL BE SURRENDERED TO THE COMPANY, IF ONE OF THE ORIGINAL POLICY HAS BEEN ACCOMPLISHED, THE OTHERS SHALL BE VOID.

PICC BUSAN BRANCH
BUSAN, KOREA
TEL: 6788694
FAX: 6789689

中国人民保险公司湖北分公司
The People's Insurance Company of China
Hubei Branch

赔款偿付地点
CLAIM PAYABLE AT **BUSAN, KOREA**

楚 建 桥
Authorized Signature

出单日期
ISSUING DATE **JUNE 8, 2013**

地址：中国湖北省武汉市　　电话：027-87768990
ADDRESS：WUHAN, HUBEI, CHINA　　TEL：027-87788990

本保险单反面空白背书如下：

湖 北 冶 金 设 备 有 限 公 司
HUBEI METALLURGICAL EQUIPMENTS CO., LTD.

王理红

保险单的填制要点如下。

（1）保险单的被保险人，也就是受益人，应填写发货人自己，但需要空白背书，以便可以转让给买方或其他当事人。这样做是为了防止诈保。保险公司并不负责货物内在质量引起的损失。

（2）保险金额一般都根据客户的要求对货物的实价加成 10%投保。普通险种（FPA、WA 和 ALL RISKS）的保费费率一般为 0.3%～0.5%，保险费是根据投保总额乘以保险费率得出的投保人应交付给保险公司的酬劳。保险费或保险费率一般都表述为“AS ARRANGED”，避免对方掌握太多出口人的成本底细。

（3）保险单的出单日期要与提单日期一致或早于提单日期。在无法确定启运日期时，可以填写“按运输单据的日期”，但必须写出具体种类的运输单据和号码，如“AS PER B/L NO …”或“AS PER AIR WAYBILL NO …”等。需要注意的是，不要漏填提运单的号码，否则无法确定保险标的物所属与所在何处。

（4）索赔币种一般与汇票的一致，索赔都在收货方地区的承保公司的代理机构办理。

（5）如果信用证没有指明保险单的份数，按惯例提交两份正本。

5）汇票

BILL OF EXCHANGE

No. GKR917

Exchange for USD 1,600,000.00　　　　Hubei 2013-06-11

At ※ ※ ※ sight of this First of Exchange (Second of the same tenor and date unpaid), pay to the Order of CHINA CONSTRUCTION BANK, HUBEI BRANCH the sum of SAY UNITED STATES DOLLARS ONE MILLION SIX THOUSAND ONLY.

Drawn under KOOKMIN BANK(HEAD OFFICE), SEOUL
DOCUMENT CREDIT NO. M07PQ905NS20089
DATED MAY 11, 2013

To: KOOKMIN BANK(HEAD OFFICE), SEOUL

湖北冶金设备有限公司
HUBEI METALLURGICAL EQUIPMENTS CO., LTD.

王理红

本汇票由议付行背书如下：

CHINA CONSTRUCTION BANK, HUBEI BRANCH
中国建设银行湖北分行

赵大明

BILL OF EXCHANGE

No. GKR917

Exchange for USD 1,600,000.00　　　　Hubei 2013-06-11

At ※ ※ ※ sight of this Second of Exchange (First of the same tenor and date unpaid), pay to the Order of CHINA CONSTRUCTION BANK, HUBEI BRANCH the sum of SAY UNITED STATES DOLLARS ONE MILLION SIX THOUSAND ONLY.

2

Drawn under KOOKMIN BANK(HEAD OFFICE), SEOUL
DOCUMENT CREDIT NO. M07PQ905NS20089
DATED MAY 11, 2013

To: KOOKMIN BANK(HEAD OFFICE), SEOUL

湖北冶金设备有限公司
HUBEI METALLURGICAL EQUIPMENTS CO., LTD.

王理红

汇票一般制成两张，由银行将其中一张配以一套跟随的单证，先行寄出；然后再将另一张汇票也配以一套跟随的单证，隔日寄出。这是为了防止一次将全套单证寄送时遇到意外，耽误业务。如果两套都安全到达，汇票已经清楚自称“付其一不付其二”或“付其二不付其一”，即“Second of the same tenor and date unpaid”或“First of the same tenor and date unpaid”。

汇票的号码一律填写发票号码。需要注意的是，最佳编号方案是将所有自制单证编为一个号码，可以采用合同号。对于右上角的日期，在国内一般由受理结汇的银行（主要是境内国有银行）填写，而按国际惯例，应由提交结汇单证的单位填写交单的日期。

“PAY TO THE ORDER OF ...”（根据……的指令支付）之后一般填写议付行（Negotiating Bank）或托收行（Remitting Bank）的全称。这样的汇票由受理银行背书；如果填写“OURSELVES”，则出票人要背书。

“DRAWN UNDER”为开具汇票的依据。在信用证项下，填写三大要项：开证行全名、信用证号码及开证日期。托收 D/P 或 D/A 项下，填写合同或商业发票号码。

在信用证项下，在左下角的“TO”后填写信用证指定的受票人（付款行），也就是“DRAWEE”或“DRAWN ON”之后所表示的当事人。UCP600 规定，信用证不得以申请人为付款人（汇票的受票人），而只能是银行、开证行或其指定的其他付款行或偿付行。在信用证没有注明时，即是开证行。

6）证明

湖北冶金设备有限公司
HUBEI METALLURGICAL EQUIPMENTS CO., LTD.
NO. 316, HUANGSHI AVE., 435000, HUANGSHI
TEL: 87863541　　E-mail: hbme@yahoo.com

MANUFACTURER'S CERTIFICATE

TO: SINHAN STEEL CO., LTD.　　DATE: 2013-06-10
L/C NO.: M07PQ905NS20089　　NO.: GKR917

WE CERTIFY THAT THE GOODS WERE PRODUCED BY US IN CONFIRMITY WITH THE SAID L/C AND THE CONTRACT. STIPULATION. QUANTITY: 2 SETS/2 WOODEN BOX.

REGARDS

湖　北　冶　金　设　备　有　限　公　司
HUBEI METALLURGICAL EQUIPMENTS CO., LTD.

王理红

证明件一般都没有规定提交的份数，按惯例提交一份正本即可。证明件的缮制技巧是抄录法和模糊法。如果对方规定“XXX MSUT BE DONE”，其证明就写成“WE CERTIFY THAT XXX HAS (HAVE) BEEN DONE”。如果仅规定“生产厂家证明”，而并没有说明内容，那就制成“兹证明，我们是本产品的生产者。产品符合信用证与合同的质量要求。”等语句。

1. 信用证具有哪三大特征？
2. 关于信用证的“可否撤销性”，UCP 600 是如何规定的？

3. 出口报检需要哪些单证？通关单由什么机构签发？
4. 出口清关需要什么单证？
5. 信用证项下的出口结算单证通常有哪些？
6. 什么单证属于一次制作两次使用，即清关时需要，结算时也需要？

第 3 章

信用证项下的出口物流单证实训

Practice for Export Logistics Documents under L/C

一般而言，人们首先通过出口信用证业务进入国际物流领域，这是一种最安全的结算方式。这需要心细而胆大，不必谨小慎微。当今国际社会强调法制与规范，从开证行的角度来说，它也是希望将自己开出的信用证兑付，完成该笔交易，积淀业绩，而非使自己前期工作的努力付诸东流，去废证。再则，撤证后，申请人的保证金要等到有效期后再过两个月才能归还，这也造成资金的无效占压，对申请人来说也是弊大于利。另外，单证很难做到百分百相符合。有时候，我国议付行修改审定后的单据，到了国外开证行也被审出不符点来。只要不是原则性的不符点，一般不会被拒付。

再则，当今许多国家时兴离岸银行，有些结算的单据可以在本地送交这些离岸银行，这就更拉近了大家的距离，处理银行事务也便捷得多。另外，若贸易伙伴选择得当，通过发达国家或地区的银行结算，也不会滋生那种无聊的追逐文字游戏的低级事端，绝大多数都会接受单据的。当然，我们提倡单据尽量做到完美的状态，即所谓“单证相符”和“单单相符”，争取节省“不符点处理费”（Discrepant Fee）。

3.1　信用证项下的出口物流单证模拟实训（一）

Simulating Practice for Export Logistics Documents under L/C (1)

3.1.1　业务资料

Business Information

1. 信用证（L/C）

USER HEAD		SERVICE CODE		103:
		BANK PRIORITY		113: HBTR
		MES USER REF.		108: HBTX83
		INF FROM CI		115:
SEQUENCE OF TOTAL :	27		:	1/1
FORM OF DOCU. CREDIT （信用证的种类）	40	A	:	IRREVOCABLE （不可撤销）
DOCU. CREDIT NO. （信用证号码）	28		:	ILU 412137 （汇票上将显示此号码）
DATE OF ISSUE （开证日期）	31	C	:	120708 （汇票上将显示此日期）
APPLICABLE RULES: （适用规则）	41	E	:	UCP LATEST VERSION （这里指“UCP600”）
ISSUING BANK （开证银行）			:	SPARE BANK 1 SHN，NORWAY （汇票上的受票人和开票依据处需显示此银行名称）
EXPIRY: （有效期）	31	D	:	DATE 130205 PLACE CHINA （到期日及其地点）
APPLICANT （申请人）	50		:	SB PRODUKSJON A/S. POSTBOKS 73 6301 ANDALSNES NORWAY（一般是买方或其指定人）
BENEFICIARY （受益人）	59		:	HUANGSHI HUAXIN MACHINERY AND EQUIPEMNT CO., LTD. 316 HUANGSHI AVE., 435000, HUANGSHI, HUBEI, CHINA. （一般为卖方，如无特别规定，也可以是任何第三方）
AMOUNT （金额）	32	B	:	CURRENCY USD AMOUNT 174,728.00
AVAILABLE WITH/BY （兑付渠道/方法）	41	D	:	ANY BANK（此为自由议付信用证） BY NEGOTIATION（议付，做汇票）
DRAFT DRAWN （出具汇票）			:	AT SIGHT, ON US（指开证行） （即期，向开证行出票）
PARTIAL SHIPMENT （分批装运）	43	P	:	NOT ALLOWED （不允许）
TRANSSHIPMENT	43	T	:	ALLOWED

（转运）　　　　　　　　　　　　　　　　（允许）

PLACE OF TAKING/IN CHARGE/DESPATCH FROM/

（收货，接管，发送于……）

PLACE OF RECEIPT　　44　A　:　ANY CHINESE PORT

（接收地）　　　　　　　　　　　　　　　（任何中国港口）

PLACE OF FINAL DESTINATION/FOR TRANSPORT TO

（最终目的地/装运至）

PLACE OF DELIVERY　　44　B　:　AALESUND PORT, NORWAY

（交货地）　　　　　　　　　　　　　　　（挪威，奥勒松港）

LATEST DATE OF SHIP　　44　C　:　1301　15

（最迟装运期）

DESCPT. OF GOODS　　45　A　:　（货物描述，指品名）

2 SETS HYDRAULIC GUILLOTINE SHEARS GHS 31/30, GHN31/13

AS PER PROFORMA INVOICE NO YSDNORHSHBI

CIF AALESUND PORT NORWAY (INCOTERMS 2010).

（CIF——成本、保险费加运费价格，按《国际贸易术语解释通则》（2010 年修订版），卖方须将货物装入集装箱或船舱）。

DOCUMENTS REQUIED　　46　A　:　（单证要求，是制单关注焦点）

1. SIGNED COMMERCIAL INVOICE IN TRIPLICATE.（需要签章）
2. FULL SET CLEAN ON BOARD MARINE BILL OF LADING ISSUED TO ORDER BLANK ENDORSED MARKED FREIGHT PREPAID NOTIFY APPLICANT.

   ISSUED 意为，签发给……收货，这里的收货人为，“凭指定——TO ORDER”，这种提单必须由发货人（SHIPPER）做空白背书——BLANK ENDORSED. 也就是在提单的反页盖上出口企业的中英文条章和法人代表的手签章，不做任何批注。

   OR FULL SET CLEAN AIR WAYBILL CONSIGNED TO APPLICANT MARKED FREIGHT PREPAID（或清洁的航空运单，收货人为申请人，并标明运费已付）。
3. CERTIFICATE OF ORIGIN GSP FORM A.

   （这是普惠制产地证 A 格式，只能由 CIQ——中国检验检疫机构签发。而且，这种证书的报检只能由 CIQ 培训发证的报检员办理）。
4. PACKING LIST
5. INSURANCE POLICY OR CERTIFICATE COVERING INSTITUTE CARGO CLAUSES (A) INCLUDING WAR CLAUSES FOR 110% OF INVOICE VALUE, IRRESPECTIVE OF PERCENTAGE.

   （保险单或保险凭证具有同等效力，一般提交两份正本）。

DETAILS OF CHARGES　　71　B　:　ALL BANKING CHARGES OUTSIDE NORWAY ARE FOR ACCOUNT OF BENEFICIARY.

PRESENTATION PERIOD 48 : AFTER THE DATE OF SHIPMENT (DELIVERY) 21 DAYS.

CONFIRMATION 49 : WITHOUT（不保兑。并非说不保证兑付，只是说无需保兑。像日本等国开出的信用证往往是“UNCONFIRMED L/C”。其实，这种信用证一样安全，而且也是标准信用证，没有任何软条款。保兑信用证一般只出现于少数非洲或南美洲开来的信用证。有时要求进口方开立“保兑信用证”，大都会表现出受到歧视的反感。万一担心对方开证行的信誉，可由卖方自行保兑，保兑费大约 0.5%。）。

INSTRUCTIONS 78 : WE SHALL REIMBURSE THE NEGO TIATING BANK LESS OUR E-MAIL CHARGES ACCORDING TO THEIR INSTRUCTIONS UPON RECEIPT OF DOCUMENTS STRICTLY COMPLYING WITH THE TERMS AND CONDITIONS OF THIS CREDIT.

....

ADVICE THROUGH 57 A : BANK OF CHINA, HANKOU. (HUBEI BRANCH).

2. 装运资料（Information of Shipment）

除合同与汇票外，所有单证的填制和签发日期均为“13-01-05”，黄石清关。

商品编码：84623920　品名：自译

规格型号：HGS 31/30 一台，HGN 31/13 一台

签 约 地：挪威　签约日期：13-01-05　合同号：YSDNORHSHBI

生产厂家：黄石华新机械设备有限公司　法人代表：周力宏

地　　址：湖北黄石市黄石大道 316 号　邮编：435000

电　　话：87863541

海关代码：4204558981

出关口岸：洋山港区　提 单 号：HSW098　签发承运人：沈力

船　　名：HAILONG V-06　总 运 费：13,000 美元

集装箱号：COSU7908733/F11022　20′装 HGS31/30 一台/3 件
TTNU9285617/F11023　40′装 HGN31/13 一台/6 件

毛　　重：19 000 KG（HGS31/30）；30 000 KG（HGN31/13）

总 体 积：20 立方米（HGS31/30）；40 立方米（HGN31/13）

总 件 数：9 件　包　装：木箱　唛　头：无

如做空运，相关信息如下。

航班号：MU0981　空运单签发人：Cosco International Air/孙昌国

3.1.2　单证缮制 Making of Documents

1. 商检单证（Inspection Documents）

1）出境货物报检单

中华人民共和国出入境检验检疫
出境货物报检单

报检单位（加盖公章）：　　　　　　　　　　　　　　　*编号 ________

报检单位登记号：

联系人：　　　　　　　　　电话：　　　　　报检日期：　　年　　月　　日

发货人	（中文）
	（外文）
收货人	（中文）
	（外文）

货物名称（中/外文）	H.S.编码	产地	数/重量	货物总值	包装种类及数量

运输工具名称号码		贸易方式		货物存放地点	
合同号		信用证号		用途	
发货日期		输往国家（地区）		许可证/审批号	
启运地		到达口岸		生产单位注册号	
集装箱规格、数量及号码					

合同、信用证订立的检验检疫条款或特殊要求	标 记 及 号 码	随附单据（划“√”或补填）	
		□ 合同 □ 信用证 □ 发票 □ 换证凭单 □ 装箱单 □ 厂检单	□ 包装性能结果单 □ 许可/审批文件 □ □ □ □

需要证单名称（划“√”或补填）		* 检验检疫费	
□ 品质证书 _正_副 □ 重量证书 _正_副 □ 数量证书 _正_副 □ 兽医卫生证书 _正_副 □ 健康证书 _正_副 □ 卫生证书 _正_副 □ 动物卫生证书 _正_副	□ 植物检疫证书 _正_副 □ 熏蒸/消毒证书 _正_副 □ 出境货物换证凭单 □ 出境货物通关单 □ □	总金额（人民币元）	
		计费人	
		收费人	

报检人郑重声明：	领 取 证 单	
1. 本人被授权报检。 2. 上列填写内容正确属实，货物无伪造或冒用他人的厂标志、认证标志，并承担货物质量责任。 签名：________	日 期	
	签 名	

注：有“*”号栏由出入境检验检疫机关填写　　　　　　◆国家出入境检验检疫局制

2）厂检单

黄石华新机械设备有限公司
HUANGSHI HUAXIN MACHINERY AND EQUIPEMNT CO., LTD.
316 HUANGSHI AVE., 435000, HUANGSHI, HUBEI, CHINA

3）商业发票

黄石华新机械设备有限公司
HUANGSHI HUAXIN MACHINERY AND EQUIPEMNT CO., LTD.
316 HUANGSHI AVE., 435000, HUANGSHI, HUBEI, CHINA

COMMERCIAL INVOICE

TO:

NO.:
L/C NO.:
DATE:

黄 石 华 新 机 械 设 备 有 限 公 司
HUANGSHI HUAXIN MACHINERY AND EQUIPEMNT CO., LTD.

周力宏

4）装箱单

黄石华新机械设备有限公司

HUANGSHI HUA XIN MACHINERY AND EQUIPEMNT CO., LTD.

316 HUANGSHI AVE., 435000, HUANGSHI, HUBEI, CHINA

PACKING LIST

TO:

NO.:

L/C NO.:

DATE:

黄 石 华 新 机 械 设 备 有 限 公 司

HUANGSHI HUAXIN MACHINERY AND EQUIPEMNT CO., LTD.

周力宏

5）出口合同副本

SALES CONTRACT

CONTRACT NO.

DATE:

PLACE:

SELLERS:

TEL:

FAX:

BUYERS:

TEL:

FAX:

兹经买卖双方同意，由卖方出售如下，买方购进下列货物，并按下列条款签订本合同。

This contract is made by and between the sellers and buyers, whereby the buyers agree to buy and the sellers agree to sell the under mentioned commodity according to the terms and conditions stipulated below.

1. NAME OF COMMODITY AND SPECIFICATION, QUANTITY, UNIT PRICE, TOTAL VALUVE AND TIME OF SHIPMENT:

货号 Article No.	商品品名、规格 Name of Commodity and Specification	数量 Quantity	单价 Unit Price	金额 Amount	装运期 Time of Shipment
数量及总值均得有 % 的增减 Amount and Quantity % More or Less Allowed.		总值 Total Amount			

2. 装运口岸和目的地：
   Loading Port and Destination:
3. 付款条款：买方应按本合同所规定的装运期前____天开出见票____天付款的，允许转让的，可分割的信用证。信用证应规定数量和金额允许____% 的增减，信用证的议付有效期应应规定在装运期后至少____天在受益人国家到期。信用证应规定允许分批装运和转运。
   Terms of Payment: The buyers should according to the contractual stipulations ____ days before the date of shipment open the letter of credit at ____ days' sight, transferable and dividable. And L/C must stipulate ____% both in amount and quantity acceptable and expires at least ____ days after the shipping date in beneficiary's country and partial or transshipment permitted.
4. 保险：
   Insurance:
5. 装船标记：
   Shipping Marks:
6. 仲裁：
   Arbitration:
7. 其他：
   Others:

买方
The Buyers

卖方
The Sellers

6）信用证副本

（略）

2. 清关单证（Clearance Documents）

1）货运委托书

货运委托书

SHIPPING NOTE

<table>
<tr><td colspan="2">经营单位（托运人）</td><td colspan="4"></td><td>公司编号</td><td></td></tr>
<tr><td rowspan="3">提/运单项目</td><td colspan="7">发货人（SHIPPER）</td></tr>
<tr><td colspan="7">收货人（CONSIGNEE）</td></tr>
<tr><td colspan="7">通知人（NOTIFY ）</td></tr>
<tr><td colspan="2">海运费（ ）
SEA FREIGHT</td><td colspan="2">预付（ ）或到付（ ）
PREPAID/COLLECT</td><td>提单份数</td><td></td><td>提/运单
寄送地址</td><td></td></tr>
<tr><td>起运港</td><td></td><td>目的港</td><td></td><td>可否转船</td><td></td><td>可否分批</td><td></td></tr>
<tr><td>标记唛码</td><td>包装件数</td><td colspan="2">中英文货名
DESCRIPTION</td><td>毛重
KG</td><td>尺码
M^3</td><td colspan="2">成交条件（总价）</td></tr>
<tr><td></td><td></td><td colspan="2"></td><td></td><td></td><td colspan="2"></td></tr>
<tr><td colspan="4" rowspan="5">声明事项</td><td>结算方式</td><td colspan="3"></td></tr>
<tr><td>代办项目</td><td colspan="3"></td></tr>
<tr><td>预配运输船
工 具 名 称</td><td colspan="3"></td></tr>
<tr><td>提/运单号</td><td colspan="3"></td></tr>
<tr><td colspan="4">签名：</td></tr>
</table>

2）出口货物报关单

中华人民共和国海关出口货物报关单

预录入编号：　　　　　　　　　　　　　　　　海关编号：

出口口岸		备案号	出口日期	申报日期
经营单位		运输方式	运输工具	提运单号
发货单位		贸易方式	征免性质	结汇方式
许可证号	抵运国（地区）		指运港	境内货源地
批准文号	成交方式	运费	保费	杂费
合同协议号	件数	包装种类	毛重	净重
集装箱号	随附单据			生产厂家

标记唛码及备注

项号	商品编号	商品名称、规格型号	数量及单位	最终目的国（地区）	单价	总价	币制	征免

税费征收情况

录入员　录入单位	兹申明以上申报无讹并承担法律责任	海关审单批注及放行日期（签章） 审单　审价
报关员	申报单位（签章）	
单位地址		征税　统计
邮编　电话	填制日期	查验　放行

3）商业发票

同商检单证。

4）装箱单

同商检单证。

5）出口合同副本

同商检单证。

6）熏蒸/消毒证明书

中华人民共和国出入境检验检疫

ENTRY-EXIT INSPECTION AND QUARNTINE

OF THE PEOPLE'S REPUBLIC OF CHINA

熏蒸/消毒证明书　　　　编号

FUMIGATION/DISINFECTION CERTIFICATE

发货人名称及地址

Name and Address of Consignor ______

收货人名称及地址

Name and Address of Consignee ______

品名

Description of Goods ______

产地

Place of Origin ______

报验数量

Quantity Declared ______

启运地

Place of Dispatch ______

到达口岸

Port of Destination ______

运输工具

Name of Conveyance ______

标记及号码

Mark & No.

印章　签证地点 Place of Issue ______　签证日期 Date of Issue ______

Official Stamp　授权签字人 Authorized Officer ______　签名 Signature ______

7）出口许可证

中华人民共和国出口许可证
EXPORT LICENSE OF THE PEOPLE'S REPUBLIC OF CHINA

No.

1. 出口商： Exporter			2. 出口许可证号： Export license No.		
3. 发货人： Consignor			4. 出口许可证有效截止日期： Export license expiry date		
5. 贸易方式： Terms of trade			6. 进口国/地区： Country/Region of purchase		
7. 合同号： Contract No.			8. 付款方式： Payment		
9. 报关口岸： Place of clearance			10. 运输方式： Mode of transport		
11. 商品名称： Description of goods			12. 商品编码： Code of goods		
13. 规格、型号 Specification	14. 单位 Unit	15. 数量 Quantity	16. 单价（　） Unit price	17. 总值（　） Amount	18. 总值折美元 Amount in USD
19. 总计 Total					
20. 备注 Supplementary details			21. 发证机关签章 Issuing authority's stamp & signature 22. 发证日期 License date		

3. 结算单证（Settlement Documents）

1）海运提单或空运单

<table>
<tr><td colspan="2">Shipper</td><td colspan="4" rowspan="5">B/L NO.
中国远洋运输（集团）总公司
CHINA OCEAN SHIPPING（GROUP）CORP.

Combined Transport BILL OF LADING</td></tr>
<tr><td colspan="2">Consignee</td></tr>
<tr><td colspan="2">Notify Party</td></tr>
<tr><td>Pre-carriage by</td><td>Place of Receipt</td></tr>
<tr><td>Ocean Vessel Voy. No.</td><td>Port of Loading</td></tr>
<tr><td>Port of Discharge</td><td>Place of Delivery</td><td colspan="4">Final Destination for the Goods
（not the ship） see article 7 par（2）</td></tr>
<tr><td>Marks & Nos.
Container/Seal No.</td><td>No. of Containers
or P'kgs</td><td colspan="2">Kind of Packages;
Description of Goods</td><td>Gross Weight</td><td>Measurement</td></tr>
<tr><td></td><td></td><td colspan="2"></td><td></td><td></td></tr>
<tr><td colspan="2">Total Number of Containers
or Packages（In Words）</td><td colspan="4"></td></tr>
<tr><td colspan="2">Freight & Charges</td><td>Revenue Tons</td><td>Rate</td><td>Per</td><td>Prepaid　Collect</td></tr>
<tr><td colspan="2" rowspan="2">Exchange Rate</td><td>Prepaid at</td><td>Payable at</td><td colspan="2">Place and Date of Issue</td></tr>
<tr><td>Total Prepaid</td><td>No. of Original
B(S)/L</td><td colspan="2">Signed for the Carrier</td></tr>
<tr><td colspan="6">LADEN ON BOARD THE VESSEL
DATE _____ BY _____（TERMS PLEASE FIND ON BACK OF ORIGINAL B/L）
（COSCO STANDARD FORM 1）</td></tr>
</table>

国际货运小知识

Who Is FIATA?

FIATA, in French “Fédération Internationale des Associations de Transitaires et Assimilés”, in English “International Federation of Freight Forwarders Associations” was founded in Vienna/Austria on May 31, 1926.

FIATA, a non-governmental organisation, represents today an industry covering approximately 40,000 forwarding and logistics firms, also known as the “Architects of Transport”, employing around 8–10 million people in 150 countries.

FIATA has consultative status with the Economic and Social Council (ECOSOC) of the United Nations (inter alia ECE, ESCAP, ESCWA), the United Nations Conference on Trade and Development (UNCTAD), and the UN Commission on International Trade Law (UNCITRAL).

It is recognized as representing the freight forwarding industry by many other governmental organizations, governmental authorities, private international organizations in the field of transport such as the International Chamber of Commerce (ICC), the International Air Transport Association (IATA), the International Union of Railways (UIC), the International Road Transport Union (IRU), the World Customs Organization (WCO), the World Trade Organization (WTO), etc.

In summary FIATA is the largest non-governmental organisation in the field of transportation. Its influence is worldwide.

MASTER AIR WAYBILL NUMBER. BSA-0021 5836

Shipper's Name and Address	Shipper's Account Number	Not negotiable Air Waybill Issued by British Airways
Consignee's Name and Address	Consignee's Account Number	It is agreed that the goods described herein are accepted in apparent good order and condition (except as noted) for carriage SUBJECT TO THE CONDITIONS OF CONTRACT ON THE REVERSE HEREOF, ALL GOODS MAY BE CARRIED BY ANY OTHER MEANS. INCLUDING ROAD OR ANY OTHER CARRIER UNLESS SPECIFIC CONTRARY INSTRUCTIONS ARE GIVEN HEREON BY THE SHIPPER. THE SHIPPER'S ATTENTION IS DRAWN TO THE NOTICE CONCERNING CARIER'S LIMITATION OF LIABILITY. Shipper may increase such limitation of liability by declaring a higher value of carriage and paying a supplemental charge if required.
Issuing Carrier's Agent Name and City		Accounting Information
Agent IATA Code	Acount No.	
Airport of Departure (Addr. of First Carrier) and Requested Routing		

To	By First Carrier / Routing and Destination	To	By	To	By	Currency	Class Code	WT/VAL PPD	WT/VAL COLL	Other PPD	Other COLL	Declared Value for Carriage	Declared Value for Customs

Airport of Destination	Flight Date / For Carrier Use Only	Flight Date	Amount of Insurance	INSURANCE—If carrier offers insurance and such insurance is requested in accordance with the conditions thereof indicate amount to be insured in figures in box marked "Amount of Insurance".

Handling Information

No. of Pieces RCP	Gross Weight	Kg Lb	Rate Class / Commodity Item No.	Chargeable Weight	Rate / Charge	Total	Nature and Quantity of Goods (incl. dimensions or volume)

Prepaid / Weight Charge / Collect	Other Charges
Valuation Charge	
Tax	
Total Other Charges Due Agent	Shipper certifies that the particulars on the face hereof are correct and that insofar as any part of the consignment contains dangerous goods, such part is properly described by name and is in proper condition for carriage by air according to the applicable Dangerous Goods Regulations.
Total Other Charges Due Carrier	Signature of Shipper or Its Agent
Total Prepaid / Total Collect	For British Airways or Carrier
Currency Conversion Rates / CC Charges in Des. Currency	Executed on (Date) at (Place) Signature of issuing Carrier or as Agent
For Carrier's Use Only at Destination / Charges at Destination	Total Collect Charges

ORIGINAL 3 (FOR SHIPPER)

国际货运小知识

Who Is IATA?

IATA represents, leads and serves the airline industry!

IATA is an international trade body, created some 60 years ago by a group of airlines. Today, IATA represents some 240 airlines comprising 94% of scheduled international air traffic. The organisation also represents, leads and serves the airline industry in general.

Representing

IATA fights for the interests of airlines across the globe, challenging unreasonable rules and charges, holding regulators and governments to account, and striving for sensible regulation.

Leading

IATA's aim is to help airlines help themselves by simplifying processes and increasing passenger convenience while reducing costs and improving efficiency.

Serving

IATA ensures that people and goods can move around the global airline network as easily as if they were on a single airline in a single country. IATA's financial systems also help carriers and the travel industry maximise revenues.

2）商业发票

同商检、清关单证。

3）装箱单

同同检、清关单证。

4）保险单

PICC 中国人民保险公司湖北分公司
The People's Insurance Company of China, Hubei Branch

货 物 运 输 保 险 单
CARGO TRANSPORTATION INSURANCE POLICY

发票号（INVOICE NO.）　　保单号次
合同号（CONTRACT NO.）　　POLICY NO.
信用证号（L/C NO.）
被保险人：
Insured：

中国人民保险公司（以下简称本公司）根据被保险人的要求，由被保险人向本公司缴付约定的保险费，按照本保险单承保险别和背面所列条款与下列特款承保下述货物运输保险，特立本保险单。

THIS POLICY OF INSURANCE WITNESSES THAT THE PEOPLE'S INSURANCE COMPANY OF CHINA (HEREINAFTER CALLED "THE COMPANY") AT THE REQUEST OF THE INSURED AND IN CONSIDERATION OF THE AGREED PREMIUM PAID TO THE COMPANY BY THE INSURED, UNDERTAKES TO INSURE THE UNDERMENTIONED GOODS IN TRANSPORTATION SUBJECT TO THE CONDITIONS OF THIS POLICY AS PER THE CLAUSES PRINTED OVERLEAF AND OTHER SPECIAL CLAUSES ATTACHED HEREIN.

标记 MARKS & NOS.	包装、数量及保险货物项目 PACKING, QUANTITY, DESCRIPTION OF GOODS	保险金额 AMOUNT INSURED

总保险金额
TOTAL AMOUNT INSURED: ____________

保费　　启运日期
PREMIUM: ____________ DATE OF COMMENCEMENT: ____________

装载运输工具　　自　　经　　至
PERCONVEYANCE: ________ FROM ________ VIA ________ TO ________

承保险别:

CONDITIONS:

所保货物，如发生保险单项下可能引起索赔的损失或损坏，应立即通知本公司下述代理人查勘。如有索赔应向本公司提交保险单正本（共　　份正本）及有关文件。如一份正本已用于索赔，其余正本自动失效。

IN THE EVENT OF LOSS OR DAMAGE WHICH MAY RESULT IN A CLAIM UNDER THIS POLICY, IMMEDIATE NOTICE MUST BE GIVEN TO THE COMPANY'S AGENT AS MENTIONED HEREUNDER. IN THE EVENT OF CLAIMS, IF ANY, ONE OF THE ORIGINAL POLICY WHICH HAS BEEN ISSUED IN ______ ORIGINAL(S) TOGETHER WITH THE RELEVANT DOCUMENTS SHALL BE SURRENDERED TO THE COMPANY. IF ONE OF THE ORIGINAL POLICY HAS BEEN ACCOMPLISHED, THE OTHERS SHALL BE VOID.

中国人民保险公司湖北分公司
The People's Insurance Company of China
Hubei Branch

赔款偿付地点

CLAIM PAYABLE AT __________

____
Authorised Signature

出单日期

ISSUING DATE ____________

地址：中国湖北省武汉市
ADDRESS: WUHAN, HUBEI, CHINA

电话：027－87788990
TEL: 027－87788990

5）汇票

BILL OF EXCHANGE

No. Wuhan ____________

Exchange for ____________________

At ____________ sight of this First of Exchange (Second of the same tenor and date unpaid), pay to the Order of ____________________

____

the sum of ____________________

Drawn under ____________________

____

To: ____________________

____

1

BILL OF EXCHANGE

No. Wuhan ____________

Exchange for ____________________

At ____________ sight of this Second of Exchange (First of the same tenor and date unpaid), pay to the Order of ____________________

____

the sum of ____________________

Drawn under ____________________

____

To: ____________________

____

2

6）产地证

<table>
<tr><td colspan="3">1. Goods consigned from (Export's name, address, country)</td><td colspan="3" rowspan="2">Reference No. G016004/04/0530
GENERALIZED SYSTEM OF PREFERENCES
CERTIFICATE OF ORIGIN
(Combined declaration and certificate)
FORM A
Issued in THE PEOPLE'S REPUBLIC OF CHINA
(country)</td></tr>
<tr><td colspan="3">2. Goods consigned to (Consignee's name, address, country)</td></tr>
<tr><td colspan="3">3. Means of transport and route (as far as known)</td><td colspan="3">4. For official use</td></tr>
<tr><td>5. Item number</td><td>6. Marks and numbers of packages</td><td>7. Number and kind of packages; Description of goods</td><td>8. Origin criterion</td><td>9. Gross weight or other quantity</td><td>10. Number and date of invoice</td></tr>
<tr><td colspan="3">11. Certification
It is hereby certified, on the basis of control Carried out, that the declaration by the exporter is correct.

Place and date, signature and stamp of certifying authority</td><td colspan="3">12. Declaration by the exporter
The undersigned hereby declares that the above details and statements are correct; that all the goods were produced in
____
(country)
And that they comply with the origin requirements specified for those goods in the Generalized System of Preferences for goods exported to
____
(importing country)

Place and date,signature of authorized signatory</td></tr>
</table>

产地证小知识

普惠制产地证简介

目前普惠制的给惠国有：欧盟 27 国（法国、英国、爱尔兰、德国、丹麦、意大利、比利时、荷兰、卢森堡、希腊、西班牙、葡萄牙、奥地利、芬兰、瑞典、爱沙尼亚、立陶宛、塞浦路斯、拉脱维亚、波兰、匈牙利、斯洛文尼亚、捷克、斯洛伐克、马耳他、瑞士、罗马尼亚）、挪威、日本、加拿大、澳大利亚、新西兰、俄罗斯、白俄罗斯、哈萨克斯坦、乌克兰、土耳其、美国、保加利亚、列支敦士登大公国。

1. 注册

申请签发普惠制产地证书的企业先向当地商检机构办理注册登记手续。登记时须提交下列证件。

（1）经营出口业务的批准文件。

（2）国家工商行政管理部门核发的营业执照。

（3）由申请签证单位法人代表签署的、委托该单位人员办理普惠制原产地证书申请及手签事宜的委托书一份，以及被委托之手签人免冠半身一寸近照两张。

经商检机构初步审核后，发给“申请签发普惠制原产地证书注册登记表”和“普惠制 FORM A 原产地证书申报人注册登记卡”各一式二份，由申请单位如实填写，并在规定的时间内将上述表格递交商检机构审核。商检机构确认该单位具有申请签证资格后将准予注册，申请单位应同时交付规定的注册费。之后，由商检机构在指定时间内，对普惠制申请手签人员进行业务培训，考核合格后，签发申报证件。

2. 申办

申报手签人在本批货物出运前 5 日到商检机构办理申请事宜。申请时一般提交以下文件。

（1）“普惠制产地证书申请书”一份。

（2）出口商业发票（副本）一份。

（3）装箱单一份。

（4）普惠制产地证书一套。

（5）对含有进口成分的出口商品申请签证，申请人应填写“含进口成分商品成本明细单”。

（6）商检机构认为有必要提供的其他有关单证（如信用证、合同、报关单等），并如实解答商检机构提出的有关问题。

对首次申请签证的单位，商检机构将派员到生产现场做例行调查。对非首次申请签证的单位，商检机构对申报内容有疑问，或认为有必要时，也可派员对产品的生产企业进行抽查。做上述调查后，商检机构将填写“出口企业（或生产厂）普惠制签证调查记录”，以此作为是否同意签证的依据。

3. 发证

商检机构在调查或抽查的基础上，逐一审核申请单位提交的有关单证，无误后签发“普惠制原产地证书”，交申请单位。需要注意的是，产品所用的原料或零部件全部或部分是从加拿大、澳大利亚、新西兰、日本进口，并已在上述四国交纳了出口关税，产品销往该四国，并按规定能够享受普惠制优惠待遇时，申请单位还需提供该四国公司或商社签发的有关原料、零部件的出口商业发票。这四国不接受收货人栏写成“TO ORDER”，只能是具体的收货人。如果进口人没有明确的规定，可以填上被通知人。

4. 原产地标准

原产地标准把原产品分为两大类：完全原产产品和含有进口成分的原产产品。

完全原产产品是指全部使用本国产的原材料或零部件，完全由受惠国生产、制造的产品。

含有进口成分的原产产品是指全部或部分使用进口（包括原产地不明）原料或零部件生产、制造的产品，而且这些原料或零部件在受惠国经过充分加工和制作，其性质和特征达到了“实质性改造”。

1）“实质性改造”的判定标准

对于如何判定进口成分是否达到“实质性改造”，各给惠国采用的标准不同，通常用两个标准来衡量，即加工标准和百分比标准。

（1）加工标准。加工标准是根据制成品中的进口成分的 H.S.品目号在生产加工过程中是否发生变化来判定是否经过实质性改造的标准。在一般条件下，如果进口成分与制成品品目号不同，即发生了变化，则经过了实质性改造；如果相同，则未经过实质性改造。在此基本原则的基础上，一些给惠国还规定了某些附加条件，在这些附加条件满足后，方可认定经过了实质性改造。有关具体条件可参照有关给惠国制订的“加工清单”。

采用加工标准的给惠国有 19 个：欧洲联盟 15 国、瑞士、挪威、土耳其和日本。

（2）百分比标准。百分比标准是根据进口成分（或本国成分）占制成品价值的百分比率来判定其是否经过实质性改造的标准。各给惠国采用的百分比各不相同，计算基础也不尽相同。应用时，应具体参照各国制定的标准。

采用百分比标准的国家有 13 个：加拿大、澳大利亚、新西兰、俄罗斯、乌克兰、白俄罗斯、哈萨克斯坦、捷克、斯洛伐克、波兰、匈牙利、保加利亚、美国。

2）给惠国成分

一些给惠国规定，受惠国从给惠国进口的原材料和零部件经加工和装配后，再出口到给惠国，这些从给惠国进口的原材料和零部件称为给惠国成分，在计算进口成分时，可计为受惠国的本国成分。

实行给惠国成分的给惠国有：欧洲联盟 15 国（法国、英国、爱尔兰、德国、丹麦、意大利、比利时、荷兰、卢森堡、希腊、西班牙、葡萄牙、奥地利、瑞典、芬兰）、瑞士、土耳其、日本、加拿大、澳大利亚、新西兰、俄罗斯、乌克兰、白俄罗斯、哈萨克斯坦、波兰。

3）原产地累计

原产地累计是指在确定受惠产品原产地资格时，把若干个或所有受惠国（或地区）视为一个统一的经济区域，在这个统一的经济区域内生产加工产品所取得的增值，可以作为受惠国的本国成分加以累计。

原产地累计分全球性累计和区域性累计。全球性累计是指在进行原产地累计时，把世界上所有的受惠国（或地区）视为一个整体，产品中所含的任何一个受惠国的原料和劳务的价值均可视为出口受惠国的本国成分加以累计；区域性累计是指把若干个受惠国（或地区）视为一个统一的经济区域，它们之间的原料和劳务的价值可以相互累计。

目前，对我国适用的是全球性累计，实行全球性累计的给惠国有：加拿大、澳大利亚、新西兰、俄罗斯、乌克兰、白俄罗斯、哈萨克斯坦、波兰。

5. 直运规则

直运规则是指受惠国原产品必须从该受惠国直接运往给惠国，其目的是保证运至给惠国的产品就是出口受惠国发运的原产品，避免在途经第三国时可能进行的再加工和被换包。

3.2 信用证项下的出口物流单证模拟实训（二）

Simulating Practice for Export Logistics Documents under L/C (2)

3.2.1 业务资料 Business Information

1. 信用证（L/C）

-------------------Instant type and transmission---------------------------

Original received from SWIFT

Priority : Normal

Message Output Reference : 1028 081202CMBCCNBSA1014915269974

Correspondent Input Reference : 1028 081202BKCHHKHHCXXX3222866799

-------------------------Message Header----------------------------------

Swift Output : FIN 700 Issue of a Documentary Credit

Sender : BKCHHKHHXXX

BANK OF CHINA(HONG KONG) LIMITED,

HONG KONG HK

Receiver : CMBCCNBS101

CHINA MERCHANT BANK (WUHAN BRANCH)

HANKOU CN

MUR : ATFS1202226800111

----------------------------Message Text------------------------------------

27: SEQUENCE OF TOTAL

1/1

40A: FORM OF L/C (Y/N/T)

IRREVOCABLE

20: DOCUMENT CREDIT NO

267B08LC029839

31C: DATE OF ISSUE

121002

40E: APPLICABLE RULES

UCP LATEST VERSION

31D: DATE AND PLACE OF EXPIRE

130115　IN BENEFICIARY'S COUNTRY

50: APPLICANT

WISECHIN TRADING LIMITED.

PO BOX 71969, LOWLOON CENTRAL POST OFFICE, HONG KONG.

59: BENEFICIARY-NAME AND ADDRESS

WUHAN MASTER MACHINERY INTERNATIONAL

9F GRAND WORLD BLDG, 98 LIYUAN AVE., 430066, WUHAN, CHINA.

32B: CURRENCY CODE, AMOUNT

USD389,870.00

39B: MAXIMUM CREDIT AMOUNT

NOT EXCEEDING

41D: AVAILABLE WITH … BY …

ADVISING BANK

BY PAYMENT（付款信用证，一般不做汇票，除非另有规定）。

43P: PARTIAL SHIPMENT

NOT ALLOWED

43T: TRANSSHIPMENT

NOT PROHIBITED

44E: PORT OF LOADING/AIRPORT OF DEPARTURE.

ANY PORT IN CHINA

44F: PORT OF DISCHARGE/AIRPORT OF DESTINATION.

VANCOUVER, CANADA.

44B: PL OF FINAL DEST/OF DELIVERY

TORONTO, CANADA.

44C: LATEST DATE OF SHIPMENT

121225

45A: DESCRIPTION OF GOODS

HYDRAULIC PRESS BRAKER

3 SETS AS PER PO. YSD2008-WW005

FCA: WUHAN, CHINA

46A: DOCUMENTS REQUIRED

+SIGNED COMMERCIAL INVOICE IN 3 ORIGINALS.

+FULL SET OF CLEAN ON BOARD BILLS OF LADING MADE OUT TO ORDER BALNK

ENDORSED NOTIFYING APPLICANT AND MARKED 'FREIGHT PREPAID' OR, FULL SET CLEAN AIR WAY BILLS CONSIGNED TO WESTWAY MACHINERY CO., LTD. MARKED FREIGHT TO COLLECT AND NOTIFY THE SAME WITH FULL ADDRESS.

+SIGNED PACKING LIST IN 3 ORIGINALS.

+CERTIFICATE OF ORIGIN IN 1 OREINIGAL.

+IF THE MACHINE IS PACKED IN WOODEN CASE, FUMIGATION CERTIFICATE IS REQUIRED.

47A: ADDITIONAL CONDITIONS

+T/T REIMBURSEMENT IS NOT ALLOWED.

71B: CHARGES

+ALL BANKING CHG./COMM.

INCLUDING REIM CHG OUTSIDE HONG KONG

FOR ACCOUNT OF BENEFICIARY

48: PERIOD FOR PRESENTATION

WITHIN 21 DAYS AFTER THE DATE OF

SHIPMENT BUT WITHIN THE CREDIT VALIDITY

49: CONFIRMATION INSTRUCTION

WITHOUT

78: INSTR TO PAY/ACCEP/NEG

+THE AMOUNT OF EACH DRAWING MUST BE NOTED ON THE REVERSE OF THIS CREDIT BY PAYING BANK.

+A FEE OF USD70 OR EQUIVALENT IS TO BE DEDUCTED FROM EACH DRAWING FOR THE ACCOUNT OF BENEFICIARY IF DOCUMENTS ARE PRESENTED WITH DISCREPANCY.

+ALL DOCUMENTS MUST BE PRESENTED TO BANK OF CHINA (HONG KONG) LIMITED AT 9/F., ABNK OF CHIAN CENTRE, OLYMPIAN CITY, 11 HOI FAI ROAD, WEST KOWLOON, HONG KONG. IN ONE LOT BY COURIER SERVICES.

+UPON RECEIPT OF COMPLIANT DOCUMENTS AT OUR COUNTER, WE SHALL REMIT THE PROCEEDS AS PER YOUR INSTRUCTIONS.

72: SENDER TO RECEIVER INFORMATION

THIS IS THE OPERATIVE INSTRUMENT NO MAIL CONFIRMATION WILL FOLLOW.

--Message Trailer---

CHK D668171D65D81

2. 装运资料（Information of Shipment）

除合同外，所有单证的填制和签发日期均为“2012-12-22”，就近清关

货　　名：金属液压折弯机（非数控）1 台。

规　　格：PPT44-6，立式

签 约 地：温哥华

签约日期：12-06-01

出 口 人：武汉马斯特机械设备进出口有限公司

法人代表：陈德芳

生产厂家：湖北锻压机床集团公司

地　　址：武汉市武昌区梨园大道 98 号大世界大厦 9 楼

邮　　编：430066

电　　话：87863541

海关代码：4201094793

出关口岸：外港海关

提 单 号：BANQ002562

签发承运人：沈力

船　　名：OOCL F. V-50

海段运费：1 200 美元/20′

集装箱号：TOLU4424729

封 志 号：AHL1087793

总 毛 重：10 000 KG

总 体 积：25 立方米

总 件 数：3 木箱

如做空运，相关信息如下。

航班号：CA1908　　空运单签发人：Cosco International Air/王彬

3.2.2 单证缮制 Making of Documents

1. 商检单证（Inspection Documents）

1）出境货物报检单

中华人民共和国出入境检验检疫
出境货物报检单

报检单位（加盖公章）：　　　　　　　　　　　　　　*编号 __________

报检单位登记号：

联系人：　　　　　　　　电话：　　　　　　　　报检日期：　年　月　日

发货人	（中文）				
	（外文）				
收货人	（中文）				
	（外文）				

货物名称（中/外文）	H.S.编码	产地	数/重量	货物总值	包装种类及数量

运输工具名称号码		贸易方式		货物存放地点	
合同号		信用证号		用途	
发货日期		输往国家（地区）		许可证/审批号	
启运地		到达口岸		生产单位注册号	
集装箱规格、数量及号码					

合同、信用证订立的检验检疫条款或特殊要求	标 记 及 号 码	随附单据（划“√”或补填）	
		□ 合同 □ 信用证 □ 发票 □ 换证凭单 □ 装箱单 □ 厂检单	□ 包装性能结果单 □ 许可/审批文件 □ □ □ □

需要证单名称（划“√”或补填）		* 检验检疫费	
□ 品质证书 _正_副 □ 重量证书 _正_副 □ 数量证书 _正_副 □ 兽医卫生证书 _正_副 □ 健康证书 _正_副 □ 卫生证书 _正_副 □ 动物卫生证书 _正_副	□ 植物检疫证书 _正_副 □ 熏蒸/消毒证书 _正_副 □ 出境货物换证凭单 □ 出境货物通关单 □ □	总金额（人民币元）	
		计费人	
		收费人	

报检人郑重声明：	领 取 证 单	
1. 本人被授权报检。 2. 上列填写内容正确属实，货物无伪造或冒用他人的厂标志、认证标志，并承担货物质量责任。 签名：__________	日 期	
	签 名	

注：有“*”号栏由出入境检验检疫机关填写　　　　　　◆国家出入境检验检疫局制

2）厂检单

武汉马斯特机械设备进出口有限公司
WUHAN MASTER MACHINERY INTERNATIONAL
9F GRAND WORLD BLDG, 98 LIYUAN AVE., 430066,WUCHANG, WUHAN

出厂产品检验单

3）商业发票

武汉马斯特机械设备进出口有限公司
WUHAN MASTER MACHINERY INTERNATIONAL
9F GRAND WORLD BLDG, 98 LIYUAN AVE., 430066, WUCHANG, WUHAN

COMMERCIAL INVOICE

TO:

NO.:
DATE:.
L/C NO.:

武汉马斯特机械设备进出口有限公司
WUHAN MASTER MACHINERY INTERNATIONAL

陈德芳

4）装箱单

武汉马斯特机械设备进出口有限公司
WUHAN MASTER MACHINERY INTERNATIONAL

9F GRAND WORLD BLDG, 98 LIYUAN AVE., 430066, WUCHANG, WUHAN

PACKING LIST

TO:

NO.:
DATE:
L/C NO.:

武汉马斯特机械设备进出口有限公司
WUHAN MASTER MACHINERY INTERNATIONAL

陈德芳

5）出口合同副本

SALES CONTRACT

CONTRACT NO.
DATE：

PLACE：

SELLERS：　　TEL：
FAX：

BUYERS：　　TEL：
FAX：

兹经买卖双方同意，由卖方出售如下，买方购进下列货物，并按下列条款签订本合同。

This contract is made by and between the sellers and buyers, whereby the buyers agree to buy and the sellers agree to sell the under mentioned commodity according to the terms and conditions stipulated below.

1. NAME OF COMMODITY AND SPECIFICATION, QUANTITY, UNIT PRICE, TOTAL VALUVE AND TIME OF SHIPMENT：

货号 Article No.	商品品名、规格 Name of Commodity and Specification	数量 Quantity	单价 Unit Price	金额 Amount	装运期 Time of Shipment
数量及总值均得有　% 的增减 Amount and Quantity　% More or Less Allowed.		总值 Total Amount			

2. 装运口岸和目的地：
Loading Port and Destination：
3. 付款条款：买方应按本合同所规定的装运期前____天开出见票____天付款的，允许转让的，可分割的信用证。信用证应规定数量和金额允许____% 的增减，信用证的议付有效期应应规定在装运期后至少____天在受益人国家到期。信用证应规定允许分批装运和转运。
Terms of Payment：The buyers should according to the contractual stipulations ____ days before the date of shipment open the letter of credit at ____ days' sight, transferable and dividable. And L/C must stipulate ____% both in amount and quantity acceptable and expires at least ____ days after the shipping date in beneficiary's country and partial or transshipment permitted.
4. 保险：
Insurance：
5. 装船标记：
Shipping Marks：
6. 仲裁：
Arbitration：
7. 其他：
Others：

买方
The Buyers

卖方
The Sellers

6）信用证副本

（略）

2. 清关单证（Clearance Documents）

1）货运委托书

货运委托书

SHIPPING NOTE

<table>
<tr><td colspan="4">经营单位（托运人）</td><td colspan="5"></td><td colspan="2">公司编号</td><td></td></tr>
<tr><td colspan="2" rowspan="3">提/运单项目</td><td colspan="10">发货人（SHIPPER）</td></tr>
<tr><td colspan="10">收货人（CONSIGNEE）</td></tr>
<tr><td colspan="10">通知人（NOTIFY ）</td></tr>
<tr><td colspan="3">海运费（ ）
SEA FREIGHT</td><td colspan="3">预付（ ）或到付（ ）
PREPAID/COLLECT</td><td>提单份数</td><td></td><td colspan="2">提/运单
寄送地址</td><td colspan="2"></td></tr>
<tr><td>起运港</td><td colspan="2"></td><td colspan="2">目的港</td><td></td><td>可否转船</td><td></td><td colspan="2">可否分批</td><td colspan="2"></td></tr>
<tr><td>标记唛码</td><td colspan="2">包装件数</td><td colspan="3">中英文货名
DESCRIPTION</td><td>毛重
KG</td><td>尺码
M^3</td><td colspan="4">成交条件（总价）</td></tr>
<tr><td></td><td colspan="2"></td><td colspan="3"></td><td></td><td></td><td colspan="4"></td></tr>
<tr><td colspan="6" rowspan="5">声明事项</td><td>结算方式</td><td colspan="5"></td></tr>
<tr><td>代办项目</td><td colspan="5"></td></tr>
<tr><td>预配运输船
工 具 名 称</td><td colspan="5"></td></tr>
<tr><td>提/运单号</td><td colspan="5"></td></tr>
<tr><td colspan="6">签名：</td></tr>
</table>

2）出口货物报关单

中华人民共和国海关出口货物报关单

预录入编号：　　　　　　　　　　　　　　　　　　　　　　海关编号：

<table>
<tr><td colspan="2">出口口岸</td><td>备案号</td><td>出口日期</td><td>申报日期</td></tr>
<tr><td colspan="2">经营单位</td><td>运输方式</td><td>运输工具</td><td>提运单号</td></tr>
<tr><td colspan="2">发货单位</td><td>贸易方式</td><td>征免性质</td><td>结汇方式</td></tr>
<tr><td>许可证号</td><td colspan="2">抵运国（地区）</td><td>指运港</td><td>境内货源地</td></tr>
<tr><td>批准文号</td><td>成交方式</td><td>运费</td><td>保费</td><td>杂费</td></tr>
<tr><td>合同协议号</td><td>件数</td><td>包装种类</td><td>毛重</td><td>净重</td></tr>
<tr><td>集装箱号</td><td colspan="3">随附单据</td><td>生产厂家</td></tr>
<tr><td colspan="5">标记唛码及备注</td></tr>
<tr><td colspan="5">项号　商品编号　商品名称、规格型号　数量及单位　最终目的国（地区）　单价　总价　币制　征免</td></tr>
<tr><td colspan="5"></td></tr>
<tr><td colspan="5">税费征收情况</td></tr>
<tr><td>录入员　录入单位</td><td colspan="2">兹申明以上申报无讹并承担法律责任</td><td colspan="2">海关审单批注及放行日期（签章）
审单　　审价</td></tr>
<tr><td colspan="3">报关员　　　　　　申报单位（签章）</td><td colspan="2"></td></tr>
<tr><td colspan="3">单位地址</td><td colspan="2">征税　　统计</td></tr>
<tr><td colspan="3">邮编　　电话　　填制日期</td><td colspan="2">查验　　放行</td></tr>
</table>

3）商业发票

同商检单证。

4）装箱单

同商检单证。

5）出口合同副本

同商检单证。

6）熏蒸/消毒证明书

中华人民共和国出入境检验检疫

ENTRY-EXIT INSPECTION AND QUARNTINE

OF THE PEOPLE'S REPUBLIC OF CHINA

熏蒸/消毒证明书 编号

FUMIGATION/DISINFECTION CERTIFICATE

发货人名称及地址

Name and Address of Consignor __________

收货人名称及地址

Name and Address of Consignee __________

品名 Description of Goods __________ 产地 Place of Origin __________

报验数量 Quantity Declared __________

标记及号码 Mark & No.

启运地 Place of Dispatch __________

到达口岸 Port of Destination __________

运输工具 Name of Conveyance __________

印章 Official Stamp

签证地点 Place of Issue __________ 签证日期 Date of Issue __________

授权签字人 Authorized Officer __________ 签名 Signature __________

3. 结算单证（Settlement Documents）

1）海运提单或空运单

<table>
<tr><td colspan="2">Shipper</td><td rowspan="5">B/L NO.

中国远洋运输（集团）总公司
CHINA OCEAN SHIPPING（GROUP）CORP.

Combined Transport BILL OF LADING</td></tr>
<tr><td colspan="2">Consignee</td></tr>
<tr><td colspan="2">Notify Party</td></tr>
<tr><td>Pre-carriage by</td><td>Place of Receipt</td></tr>
<tr><td>Ocean Vessel Voy. No.</td><td>Port of Loading</td></tr>
<tr><td>Port of Discharge</td><td>Place of Delivery</td><td>Final Destination for the Goods
（not the ship）see article 7 par（2）</td></tr>
</table>

Marks & Nos. Container/Seal No.	No. of Containers or P'kgs	Kind of Packages; Description of Goods	Gross Weight	Measurement

<table>
<tr><td>Total Number of Containers
or Packages（In Words）</td><td colspan="5"></td></tr>
<tr><td>Freight & Charges</td><td>Revenue Tons</td><td>Rate</td><td>Per</td><td>Prepaid</td><td>Collect</td></tr>
<tr><td rowspan="2">Exchange Rate</td><td>Prepaid at</td><td colspan="2">Payable at</td><td colspan="2">Place and Date of Issue</td></tr>
<tr><td>Total Prepaid</td><td colspan="2">No. of Original B(S)/L</td><td colspan="2">Signed for the Carrier</td></tr>
<tr><td colspan="6">LADEN ON BOARD THE VESSEL
DATE ______ BY ______（TERMS PLEASE FIND ON BACK OF ORIGINAL B/L）
（COSCO STANDARD FORM 1）</td></tr>
</table>

MASTER AIR WAYBILL NUMBER. BSA-0021 5836

Shipper's Name and Address	Shipper's Account Number	Not negotiable Air Waybill Issued by British Airways
Consignee's Name and Address	Consignee's Account Number	It is agreed that the goods described herein are accepted in apparent good order and condition (except as noted) for carriage SUBJECT TO THE CONDITIONS OF CONTRACT ON THE REVERSE HEREOF, ALL GOODS MAY BE CARRIED BY ANY OTHER MEANS. INCLUDING ROAD OR ANY OTHER CARRIER UNLESS SPECIFIC CONTRARY INSTRUCTIONS ARE GIVEN HEREON BY THE SHIPPER. THE SHIPPER'S ATTENTION IS DRAWN TO THE NOTICE CONCERNING CARIER'S LIMITATION OF LIABILITY. Shipper may increase such limitation of liability by declaring a higher value of carriage and paying a supplemental charge if required.
Issuing Carrier's Agent Name and City		Accounting Information
Agent IATA Code	Acount No.	
Airport of Departure (Addr. of First Carrier) and Requested Routing		

To	By First Carrier / Routing and Destination	To	By	To	By	Currency	Class Code	WT/VAL PPD	WT/VAL COLL	Other PPD	Other COLL	Declared Value for Carriage	Declared Value for Customs

Airport of Destination	Flight Date	For Carrier Use Only / Flight Date	Amount of Insurance	INSURANCE—If carrier offers insurance and such insurance is requested in accordance with the conditions thereof indicate amount to be insured in figures in box marked "Amount of Insurance".

Handling Information

No. of Pieces RCP	Gross Weight	Kg Lb	Rate Class / Commodity Item No.	Chargeable Weight	Rate / Charge	Total	Nature and Quantity of Goods (incl. dimensions or volume)

Prepaid	Weight Charge	Collect	Other Charges
	Valuation Charge		
	Tax		
	Total Other Charges Due Agent		Shipper certifies that the particulars on the face hereof are correct and that insofar as any part of the consignment contains dangerous goods, such part is properly described by name and is in proper condition for carriage by air according to the applicable Dangerous Goods Regulations.
	Total Other Charges Due Carrier		Signature of Shipper or Its Agent
Total Prepaid		Total Collect	For British Airways or Carrier
Currency Conversion Rates		CC Charges in Des. Currency	Executed on (Date) at (Place) Signature of issuing Carrier or as Agent
For Carrier's Use Only at Destination		Charges at Destination	Total Collect Charges

ORIGINAL 3 (FOR SHIPPER)

2）商业发票

同商检、报关单证。

3）装箱单

同商检、报关单证。

4）原产地证书

武汉马斯特机械设备进出口有限公司

WUHAN MASTER MACHINERY INTERNATIONAL

9F GRAND WORLD BLDG, 98 LIYUAN AVE., 430066, WUCHANG, WUHAN

CERTIFICATE OF ORIGIN

TO:

NO.:

DATE:

L/C NO.:

武汉马斯特机械设备进出口有限公司

WUHAN MASTER MACHINERY INTERNATIONAL

陈德芳

3.3 信用证项下的出口物流单证大作业
Assignment for Export Logistics Documents under L/C

3.3.1 业务资料 Business Information

1. 信用证（L/C）

AUTHENTICATION RESULT: CORRECT WITH CURRENT KEY

------------------------------------Instant type and transmission--------------------------

Original received from SWIFT

Priority : Normal

Message Output Reference : 2200 090217 PNBPCNSHCXXX0363085612

Correspondent Input Reference : 1036 090218 PNBPHKHHKXXX3726547150

------------------------------------Message Header--

Swift Output : 700 ISSUE OF A DOCUMENTARY CREDIT

Sender : PNBPHKHHKXXX
WACHOVIA BANK, NA(HONG KONG BRANCH)
12 TAIROO WAN ROAD, TAIROO SHING, ISLAND EAST
HONG KONG, HONG KONG, HK

Receiver : PNBPCNSHCXXX
WACHOVIA BANK, NA. UNIT 1604, 99 FUCHENG ROAD,
PUDONG, SHANGHAI, CHINA.

-----------------------------------Message Text--

27: SEQUENCE OF TOTAL
1/1

40A: FORM OF L/C (Y/N/T)
IRREVOCABLE

20: DOCUMENT CREDIT NO
725594

31C: DATE OF ISSUE
120218

40E: APPLICABLE RULES
UCP LATEST VERSION
31D: DATE AND PLACE OF EXPIRE
120522, CHINA.
50: APPLICANT
BANCO DE CREDITO DEL PERU.
JR,LAMPA NO. 499 LIMA 1, PERU.
59: BENEFICIARY
WUHAN METAL FORMING MACHINERY CO., LTD.
1 ZHONGBEI RD, WUCHANG, 430077, WUHAN, CHINA.
32B: CURRENCY CODE, AMOUNT
USD 65360.00
39B: MAXIMUM CREDIT AMOUNT
NOT EXCEEDING
41D: AVAILABLE WITH … BY …
WACHOVIA BANK, NATIONAL ASSOCIATION SHANGHAI
BY NEGOTIATION.
42C: DRAFTS AT
DRAFT AT SIGHT, FOR 100 PERCENT OF INVOICE VALUE
42A: DRAWEE
WACHOVIA BANK, NATIONAL ASSOCIATION, HONG KONG.
43P: PARTIAL SHIPMENT
PROHIBITED
43T: TRANSSHIPMENT
PROHIBITED
44E: PORT OF LOADING/AIRPORT OF DEPARTURE
HUBEI, CHINA
44F: PORT OF DISCHARGE/AIRPORT OF DESTINATION
CALLAO, PERU.
44C: LATEST DATE OF SHIPMENT
120501
45A: DESCRIPTION OF GOODS/SERVICES
SHIPPING TERM CIF CALLAO-PERU, INCOTRERMS 2010.
HYDRAULIC GUILLOTINE SHEAR, MODEL HGN31/8.
46A: DOCUMENTS REQUIRED

+02 ORIGINAL SIGNED COMMERCIAL INVOICE PLUS 01 COPY EVIDENCING CIF VALUE. AND MUST INDICATE: YEAR OF MANUFACTURE, MODEL AND SERIAL NO.

+FULL SET OF CLEAN ON BOARD OCEAN BILLS OF LADING PLUS 3 NON-NEGOTIABLE COPIES CONSIGNED TO THE ORDER OF BANCO DE CREDITO DEL PERU. LIMA—PERU. NOTIFY BANCO DE CREDITO DEL PERU.

MARKED 'FREIGHT PREPAID'.

+ORIGINAL SIGNED PACKING LIST IN PLUS 1 COPY.

+ORIGINAL INSURANCE POLICY OR CERTIFICATE, PLUS 2 COPIES AGAINST ALL RISKS COVERING NOT LESS THAN 110 PCT OF CIF AMOUNT DULY ENDORSED IN FAVOUR OF BANCO DE CREDITO DEL PERU. LIMA—PERU.

47A: ADDITIONAL CONDITIONS

+T/T REIMBURSEMENT IS NOT ALLOWED.

71B: CHARGES

+ALL BANKING CHG./COMM.

INCLUDING REIM CHG OUTSIDE PERU

FOR ACCOUNT OF BENEFICIARY

48: PERIOD FOR PRESENTATION

WITHIN 21 DAYS AFTER THE DATE OF

SHIPMENT BUT WITHIN THE CREDIT VALIDITY

49: CONFIRMATION INSTRUCTION

CONFIRM

78: INSTR TO PAY/ACCEP/NEG

+THE AMOUNT OF EACH DRAWING MUST BE NOTED ON THE REVERSE OF THIS CREDIT BY NEGOTIATING BANK.

+A FEE OF USD70 OR EQUIVALENT IS TO BE DEDUCTED FROM EACH DRAWING FOR THE ACCOUNT OF BENEFICIARY IF DOCUMENTS ARE PRESENTED WITH DISCREPANCY.

+ALL DOCUMENTS MUST BE PRESENTED TO WACHOVIA BANK, NATIONAL ASSOCIATION SHANGHAI.

72: SENDER TO RECEIVER INFORMATION

PLEASE NOTIFY BENEFICIARY, ATTN MR. LI JIAN.

PHONE: 86 7146355458

FAX: 86 7142355972

--Message Trailer--

END.

2. 装运资料（Information of Shipment）

除合同外，所有单证的填制和签发日期均为信用证的最迟装运期“2012-05-01”，就近清关。

货　　名：液压剪切机
型　　号：HGN31/8，2 台
签 约 地：武汉
签约日期：2012-01-01
生产厂家：武汉麦特锻压机械公司
法人代表：王建
地　　址：中国武汉武昌中北路 1 号
邮　　编：430077
电　　话：8765654
海关代码：4201065611
出关口岸：洋山港区
提 单 号：COSW66890
签发承运人：鲁超
船　　名：新月号（NEW MOON），07 航次
海段运费：USD3 000.00/20′
集装箱号：APLU7896754
封 志 号：WSKO9287876
总 毛 重：14 000 公斤
总 体 积：25 立方米
总 件 数：2 木箱
唛　　头：CALLAO, PERU.
　　　　　725594
　　　　　NO. 1-2.

3.3.2　单证缮制 Making of Documents

1. 商检单证（Inspection Documents）

1）出境货物报检单

中华人民共和国出入境检验检疫
出境货物报检单

报检单位（加盖公章）：　　　　　　　　　　　　　　*编号 ________

报检单位登记号：

联系人：　　　　　　　　电话：　　　　　　　　报检日期：　年　月　日

发货人	（中文）
	（外文）
收货人	（中文）
	（外文）

货物名称（中/外文）	H.S.编码	产地	数/重量	货物总值	包装种类及数量

运输工具名称号码		贸易方式		货物存放地点	
合同号		信用证号		用途	
发货日期		输往国家（地区）		许可证/审批号	
启运地		到达口岸		生产单位注册号	
集装箱规格、数量及号码					

合同、信用证订立的检验检疫条款或特殊要求	标 记 及 号 码	随附单据（划“√”或补填）	
		□ 合同 □ 信用证 □ 发票 □ 换证凭单 □ 装箱单 □ 厂检单	□ 包装性能结果单 □ 许可/审批文件 □ □ □ □

需要证单名称（划“√”或补填）		* 检验检疫费	
□ 品质证书 _正_副 □ 重量证书 _正_副 □ 数量证书 _正_副 □ 兽医卫生证书 _正_副 □ 健康证书 _正_副 □ 卫生证书 _正_副 □ 动物卫生证书 _正_副	□ 植物检疫证书 _正_副 □ 熏蒸/消毒证书 _正_副 □ 出境货物换证凭单 □ 出境货物通关单 □ □	总金额（人民币元）	
		计费人	
		收费人	

报检人郑重声明：	领 取 证 单	
1. 本人被授权报检。 2. 上列填写内容正确属实，货物无伪造或冒用他人的厂标志、认证标志，并承担货物质量责任。 签名：________	日 期	
	签 名	

注：有“*”号栏由出入境检验检疫机关填写　　　　◆国家出入境检验检疫局制

2）厂检单

武汉麦特锻压机械公司

WUHAN METAL FORMING MACHINERY CO., LTD.

中国武汉武昌中北路 1 号　　邮编：430077

1 ZHONGBEI RD, WUCHANG, 430077, WUHAN, CHINA

3）商业发票

武汉麦特锻压机械公司

WUHAN METAL FORMING MACHINERY CO., LTD.

中国武汉武昌中北路 1 号　　邮编：430077

1 ZHONGBEI RD, WUCHANG, 430077, WUHAN, CHINA

COMMERCIAL INVOICE

4）装箱单

武汉麦特锻压机械公司

WUHAN METAL FORMING MACHINERY CO., LTD.

中国武汉武昌中北路 1 号　　邮编：430077

1 ZHONGBEI RD, WUCHANG, 430077, WUHAN, CHINA

PACKING LIST

5）出口合同副本

SALES CONTRACT

CONTRACT NO.

DATE:

PLACE:

SELLERS:　　　　TEL:

FAX:

BUYERS:　　　　TEL:

FAX:

兹经买卖双方同意，由卖方出售如下，买方购进下列货物，并按下列条款签订本合同。

This contract is made by and between the sellers and buyers, whereby the buyers agree to buy and the sellers agree to sell the under mentioned commodity according to the terms and conditions stipulated below.

1. NAME OF COMMODITY AND SPECIFICATION, QUANTITY, UNIT PRICE, TOTAL VALUVE AND TIME OF SHIPMENT:

货号 Article No.	商品品名、规格 Name of Commodity and Specification	数量 Quantity	单价 Unit Price	金额 Amount	装运期 Time of Shipment
数量及总值均得有 % 的增减 Amount and Quantity % More or Less Allowed.		总值 Total Amount			

2. 装运口岸和目的地：
   Loading Port and Destination:
3. 付款条款：买方应按本合同所规定的装运期前____天开出见票____天付款的，允许转让的，可分割的信用证。信用证应规定数量和金额允许____%的增减，信用证的议付有效期应规定在装运期后至少____天在受益人国家到期。信用证应规定允许分批装运和转运。
   Terms of Payment: The buyers should according to the contractual stipulations ____ days before the date of shipment open the letter of credit at ____ days' sight, transferable and dividable. And L/C must stipulate ____% both in amount and quantity acceptable and expires at least ____ days after the shipping date in beneficiary's country and partial or transshipment permitted.
4. 保险：
   Insurance:
5. 装船标记：
   Shipping Marks:
6. 仲裁：
   Arbitration:
7. 其他：
   Others:

买方　　　　**卖方**

The Buyers　　　　**The Sellers**

2. 清关单证（Clearance Documents）

1）货运委托书

货运委托书
SHIPPING NOTE

<table>
<tr><td colspan="3">经营单位（托运人）</td><td colspan="4"></td><td>公司编号</td><td></td></tr>
<tr><td rowspan="3">提/运单项目</td><td colspan="8">发货人（SHIPPER）</td></tr>
<tr><td colspan="8">收货人（CONSIGNEE）</td></tr>
<tr><td colspan="8">通知人（NOTIFY ）</td></tr>
<tr><td colspan="2">海运费（　）
SEA FREIGHT</td><td colspan="2">预付（　）或到付（　）
PREPAID/COLLECT</td><td>提单份数</td><td></td><td>提/运单
寄送地址</td><td colspan="2"></td></tr>
<tr><td>起运港</td><td></td><td>目的港</td><td></td><td>可否转船</td><td></td><td>可否分批</td><td colspan="2"></td></tr>
<tr><td>标记唛码</td><td>包装件数</td><td colspan="2">中英文货名
DESCRIPTION</td><td>毛重
KG</td><td>尺码
M^3</td><td colspan="3">成交条件（总价）</td></tr>
<tr><td></td><td></td><td colspan="2"></td><td></td><td></td><td colspan="3"></td></tr>
<tr><td colspan="4" rowspan="5">声明事项</td><td>结算方式</td><td colspan="4"></td></tr>
<tr><td>代办项目</td><td colspan="4"></td></tr>
<tr><td>预配运输船
工 具 名 称</td><td colspan="4"></td></tr>
<tr><td>提/运单号</td><td colspan="4"></td></tr>
<tr><td colspan="5">签名：</td></tr>
</table>

2）出口货物报关单

中华人民共和国海关出口货物报关单

预录入编号：　　　　　　　　　　　　　　海关编号：

出口口岸		备案号	出口日期	申报日期
经营单位		运输方式	运输工具	提运单号
发货单位		贸易方式	征免性质	结汇方式
许可证号	抵运国（地区）		指运港	境内货源地
批准文号	成交方式	运费	保费	杂费
合同协议号	件数	包装种类	毛重	净重
集装箱号	随附单据			生产厂家

标记唛码及备注

项号	商品编号	商品名称、规格型号	数量及单位	最终目的国（地区）	单价	总价	币制	征免

税费征收情况

录入员　录入单位	兹申明以上申报无讹并承担法律责任	海关审单批注及放行日期（签章） 审单　审价
报关员	申报单位（签章）	征税　统计
单位地址		
邮编　电话	填制日期	查验　放行

3）商业发票

同商检单证。

4）装箱单

同商检单证。

5）出口合同副本

同商检单证。

6）熏蒸/消毒证明书

中华人民共和国出入境检验检疫
ENTRY-EXIT INSPECTION AND QUARNTINE
OF THE PEOPLE'S REPUBLIC OF CHINA

熏蒸/消毒证明书　　　　编号
FUMIGATION/DISINFECTION CERTIFICATE

发货人名称及地址
Name and Address of Consignor ______

收货人名称及地址
Name and Address of Consignee ______

品名
Description of Goods ______
产地
Place of Origin ______

报验数量
Quantity Declared ______

标记及号码
Mark & No.

启运地
Place of Dispatch ______

到达口岸
Port of Destination ______

运输工具
Name of Conveyance ______

印章
Official Stamp

签证地点 Place of Issue ______ 签证日期 Date of Issue ______

授权签字人 Authorized Officer ______ 签名 Signature ______

3. 结算单证（Settlement Documents）

1）海运提单

<table>
<tr><td colspan="3">Shipper</td><td colspan="5" rowspan="5">B/L NO.

中国远洋运输（集团）总公司
CHINA OCEAN SHIPPING（GROUP）CORP.

Combined Transport BILL OF LADING</td></tr>
<tr><td colspan="3">Consignee</td></tr>
<tr><td colspan="3">Notify Party</td></tr>
<tr><td>Pre-carriage by</td><td colspan="2">Place of Receipt</td></tr>
<tr><td>Ocean Vessel Voy. No.</td><td colspan="2">Port of Loading</td></tr>
<tr><td>Port of Discharge</td><td colspan="2">Place of Delivery</td><td colspan="5">Final Destination for the Goods（not the ship）see article 7 par（2）</td></tr>
<tr><td>Marks & Nos. Container/Seal No.</td><td colspan="2">No. of Containers or P'kgs</td><td colspan="2">Kind of Packages; Description of Goods</td><td colspan="2">Gross Weight</td><td>Measurement</td></tr>
<tr><td></td><td colspan="2"></td><td colspan="2"></td><td colspan="2"></td><td></td></tr>
<tr><td colspan="2">Total Number of Containers or Packages（In Words）</td><td colspan="6"></td></tr>
<tr><td colspan="2">Freight & Charges</td><td>Revenue Tons</td><td>Rate</td><td>Per</td><td>Prepaid</td><td colspan="2">Collect</td></tr>
<tr><td colspan="2" rowspan="2">Exchange Rate</td><td>Prepaid at</td><td colspan="2">Payable at</td><td colspan="3">Place and Date of Issue</td></tr>
<tr><td>Total Prepaid</td><td colspan="2">No. of Original B(S)/L</td><td colspan="3">Signed for the Carrier</td></tr>
<tr><td colspan="8">LADEN ON BOARD THE VESSEL
DATE ______ BY ______（TERMS PLEASE FIND ON BACK OF ORIGINAL B/L）
（COSCO STANDARD FORM 1）</td></tr>
</table>

2）商业发票

同商检、清关单证。

3）装箱单

同商检、清关单证。

4）保险单

PICC 中国人民保险公司湖北分公司

The People's Insurance Company of China, Hubei Branch

货 物 运 输 保 险 单

CARGO TRANSPORTATION INSURANCE POLICY

发票号（INVOICE NO.）　　　　保单号次

合同号（CONTRACT NO.）　　　　POLICY NO.

信用证号（L/C NO.）

被保险人：

Insured：

中国人民保险公司（以下简称本公司）根据被保险人的要求，由被保险人向本公司缴付约定的保险费，按照本保险单承保险别和背面所列条款与下列特款承保下述货物运输保险，特立本保险单。

THIS POLICY OF INSURANCE WITNESSES THAT THE PEOPLE'S INSURANCE COMPANY OF CHINA (HEREINAFTER CALLED "THE COMPANY") AT THE REQUEST OF THE INSURED AND IN CONSIDERATION OF THE AGREED PREMIUM PAID TO THE COMPANY BY THE INSURED, UNDERTAKES TO INSURE THE UNDERMENTIONED GOODS IN TRANSPORTATION SUBJECT TO THE CONDITIONS OF THIS POLICY AS PER THE CLAUSES PRINTED OVERLEAF AND OTHER SPECIAL CLAUSES ATTACHED HEREIN.

标记 MARKS & NOS.	包装、数量及保险货物项目 PACKING, QUANTITY, DESCRIPTION OF GOODS	保险金额 AMOUNT INSURED

总保险金额

TOTAL AMOUNT INSURED: ______________________

保费　　　　启运日期

PREMIUM: ______________　DATE OF COMMENCEMENT: ______________

装载运输工具　　　　自　　　　经　　　　至

PERCONVEYANCE: __________　FROM __________　VIA __________　TO __________

承保险别：

CONDITIONS：

所保货物，如发生保险单项下可能引起索赔的损失或损坏，应立即通知本公司下述代理人查勘。如有索赔应向本公司提交保险单正本（共　　份正本）及有关文件。如一份正本已用于索赔，其余正本自动失效。

IN THE EVENT OF LOSS OR DAMAGE WHICH MAY RESULT IN A CLAIM UNDER THIS POLICY, IMMEDIATE NOTICE MUST BE GIVEN TO THE COMPANY'S AGENT AS MENTIONED HEREUNDER. IN THE EVENT OF CLAIMS, IF ANY, ONE OF THE ORIGINAL POLICY WHICH HAS BEEN ISSUED IN ______ ORIGINAL(S) TOGETHER WITH THE RELEVANT DOCUMENTS SHALL BE SURRENDERED TO THE COMPANY. IF ONE OF THE ORIGINAL POLICY HAS BEEN ACCOMPLISHED, THE OTHERS SHALL BE VOID.

中国人民保险公司湖北分公司
The People's Insurance Company of China
Hubei Branch

赔款偿付地点

CLAIM PAYABLE AT __________

出单日期

ISSUING DATE __________

____
Authorised Signature

地址：中国湖北省武汉市
ADDRESS：WUHAN，HUBEI，CHINA

电话：027－87788990
TEL：027－87788990

5）汇票

BILL OF EXCHANGE

No. Wuhan ____________

Exchange for ______________________

At ____________ sight of this First of Exchange (Second of the same tenor and date unpaid), pay to the Order of ______________________

____

the sum of ______________________

Drawn under ______________________

____

To: ______________________

____

BILL OF EXCHANGE

No. Wuhan ____________

Exchange for ______________________

At ____________ sight of this Second of Exchange (First of the same tenor and date unpaid), pay to the Order of ______________________

____

the sum of ______________________

Drawn under ______________________

____

To: ______________________

____

1. 如何理解商业发票和装箱单的各施其主？
2. 什么出口货物包装需要办理熏蒸证书？
3. 简述空运单与海运提单的异同点。
4. 保险单的被保险人为什么要填写出口人自已？进口人又如何得到保险赔偿？
5. 信用证没有规定保险单的份数时，按惯例提交几份？提交正本还是副本？
6. 保险赔偿按惯例应该在何地给付？

托收项下的出口物流单证

Documents for Export Logistics under Collection

4.1 托收业务简介

Brief Introduction to Collection

托收项下的出口物流单证具有这样的特点：报检与清关的单证几乎没有太大的区别，只是报检时，没有信用证提交；报关单据则和信用证业务的一样，只是在“结汇方式”栏填写“托收”；至于结算单证，其汇票的出票依据“drawn under”一栏，填写合同号（发票号），“受票人（TO）”一栏填写进口人的名称；其他的与信用证业务一样，只是托收单证不存在不符点。

但是，托收与信用证业务一样也有惯例或规则，URC 522 即是《托收统一规则——国际商会出版物 522 号》。现简单回顾一下托收业务的流程。

托收可以非为光票托收和跟单托收两种。跟单托收又可以分为付款交单和承兑交单两种。付款交单包括即期付款交单和远期付款交单。

4.1.1 即期付款交单的过程 The Process of D/P at Sight

（1）Upon shipment is completed, the exporter（principal，委托人）applies to the remitting bank（托收行）for collecting the invoice value by submitting an application, a sight bill and shipping documents to it.

（2）The remitting bank draws up a collection order（facial letter）and transfers it along with the sight bill and shiping documents to the collecting bank（代收行）.

（3）The collecting bank presents the bill of exchange and shipping documents to the importer against the instructions in the collecting order.

（4）The importer pays the bill for purchasing price at sight to the collecting bank.

（5）The collecting bank releases the documents to the importer.

（6）The collecting bank transfers accounts to the remitting bank via a debit notice.

（7）The remitting bank transfers the accounts to the principal.

4.1.2　远期付款交单的过程 The Process of D/P after Sight

（1）Upon shipment is completed, the exporter（principal，委托人）applies to the remitting bank（托收行）for collecting the invoice value by submitting an application, a sight bill and shipping documents to it.

（2）The remitting bank draws up a collection order（facial letter）and transfers it along with the sight bill and shiping documents to the collecting bank（代收行）.

（3）The collecting bank presents the bill of exchange and shipping documents to the importer requesting him or her accept（承兑）the set of documents.

（4）The importer pays in due course to the collecting bank.

（5）The collecting bank delivers the documents to the importer.

（6）The collecting bank transfers accounts to the remitting bank.

（7）The remitting bank transfers the accounts to the principal.

注意：在 D/P 远期方式下，托收行的面函必须明示，是做付款交单还是承兑交单。如果没有说明，就按付款交单办理。如果说明按承兑交单办理，则风险等同于 D/A 远期。因此，URC 522 建议 D/P 不要做远期，因为各个国家或地区的习惯不一样，很容易引起纠纷。例如，东盟一些国家，像柬埔寨等，并不遵守国际惯例，尽管我国银行的托收面函明示："仅为付款交单——Documents can only be released after payment by the importer."，但他们的代收行却视而不见，径直按 D/A 处理，交涉中也闭口不谈 URC 522。

4.1.3　承兑交单的过程 The Process of D/A

类似于 D/P 远期。但是 D/A 没有所谓"远期付款交单"，而只有承兑交单。也就是说，代收行只需取得进口人（受票人）的承兑（Acceptance）签认，即可放单，而对于进口人（受票人）到期后付不付款、付多少款，均不承担任何责任。这种做法对于出口人是绝对的风险。

4.2　托收项下的出口物流单证样板

Sample Documents for Export Logistics under Collection

托收项下出口单证与信用证项下的出口单证在类型与样数上是一样的，制单的依据是合同与托收指示书。托收指示书（Instruction for Collection）如下所示。

Instruction for Collection

To: SHIDA TRADING CORPORATION　　　Date: Apr. 10, 2012

CONTRACT NO.: SDE1204　　　AMOUNT: USD32,000.00

DRAWEE: ELITE BROTHERS AND CO., LTD.

56 SOUTH STREET 56735 ATLANTIC AVE., LOS ANGELES, USA.

COLLECTING BANK: CITI BANK, LOS ANGELES, USA.

TRADE TERMS: FOB CHINA　　　PAYMNET: D/P AT SIGHT

DOCUMENTS REQUIRED:

1. SIGNED COMMERCIAL INVOICE IN 3 COPIES.
2. DETAILED PACKING LIST IN 3 COPIES EVIDENCING THAT GOODS ARE PACKED IN STRONG WOODEN CASE.
3. GSP FORM A　-------　1/1.
4. CERTIFICATES OF QUANTITY, QUALITY & WEIGHT ISSUED BY AN AUTHORISED UTILITY ------------1/1.
5. INSURANCE POLICY IN 2 COPIES.
6. COPY OF SHIPPING ADVICE.
7. CERTIFICATE PROVING THAT ONE SET OF NON-NEGOTIABLE SHIPPING DOCU. HAS BEEN SENT DIRECTLY TO HANWA CO., LTD. 24 HOURS AFTER THE SHIPMENT IS EFFECTED.
8. FULL SET CLEAN ON BOARD B/L MADE OUT TO ORDER AND BLANK ENDORSED MARKED FREIGHT PREPAID AND NOTIFY ELITE BROTHERS AND CO., LTD. 56 SOUTH STREET 56735 ATLANTIC AVE., LOS ANGELES, USA.

THIS COLLECTING INSTRUCTION IS SUBJECT TO URC 522.

ELITE BROTHERS AND CO., LTD.

MARTIN RUTHUR

托收项下与信用证项下的单证仅有如下区别。

（1）清关单证中，仅出现在出口托运单和出口货物报关单的“结汇（结算）方式”一栏，见如下样板的黑体字处。

货 运 委 托 书
SHIPPING NOTE

<table>
<tr><td colspan="2">经营单位（托运人）</td><td colspan="4">盛大贸易公司</td><td>公司编号</td><td>SDE1204</td></tr>
<tr><td rowspan="3">提/运单项目</td><td colspan="7">发货人（SHIPPER）　SHIDA TRADING CORPORATION</td></tr>
<tr><td colspan="7">收货人（CONSIGNEE）　TO ORDER</td></tr>
<tr><td colspan="7">通知人(NOTIFY)　ELITE BROTHERS AND CO., LTD.
56 SOUTHT STREE 56735 ATLANTIC AVE., LOS ANGELES, USA</td></tr>
<tr><td colspan="2">海运费（√）
SEA FREIGHT</td><td colspan="2">预付（√）或到付（ ）
PREPAID/COLLECT</td><td>提单份数</td><td>3/3</td><td>提/运单
寄送地址</td><td></td></tr>
<tr><td>起运港</td><td>SHENZHEN</td><td>目的港</td><td>LONG BEACH</td><td>可否转船</td><td>NO</td><td>可否分批</td><td>NO</td></tr>
<tr><td>标记唛码</td><td>包装件数</td><td colspan="2">中英文货名
DESCRIPTION</td><td>毛重
KG</td><td>尺码
CUB</td><td colspan="2">成交条件（总价）</td></tr>
<tr><td>N/M</td><td>1,600
CARTON</td><td colspan="2">MACHINE SCREW USS
机器螺钉</td><td>17,000</td><td>20</td><td colspan="2">FOB CANTON, CHINA
USD32,000.00</td></tr>
<tr><td colspan="4" rowspan="5">**声明事项**

SHIDA TRADING CORPORATION
盛大贸易公司</td><td>结算方式</td><td colspan="3">**托　收**</td></tr>
<tr><td>代办项目</td><td colspan="3"></td></tr>
<tr><td>预配船名</td><td colspan="3">9290282/R1104A</td></tr>
<tr><td>提/运单号</td><td colspan="3">B11012151</td></tr>
<tr><td colspan="4">签名：王　磊</td></tr>
</table>

中华人民共和国出口货物报关单

预录入编号： 827422741　　　　海关编号：420820121000004310

出口口岸　大鹏海关 5316	备案号 -	出口日期 2012-05-28	申报日期 2012-05-26
经营单位　盛大贸易公司 470803961476	运输方式 水路运输	运输工具 9290282/R1104A	提运单号 B11012151
发货单位　盛大有限公司 470803961476	贸易方式 一般贸易 0110	征免性质 一般征税 101	结汇方式 托　收

许可证号	抵运国 美国（502）		指运港 长滩（3151）	境内货源地 佛山其他（44069）
批准文号	成交方式 FOB	运费	保费	杂费
合同协议号 11TR3002	件数 1,600	包装种类 纸箱	毛重 17,000	净重 16,000
集装箱号 TCKU 1788650	随附单据号			生产厂家 盛大紧固件公司

标记唛码及备注

EARTH BEST 牌

项号	商品编号	商品名称，规格型号	数量及单位	最终目的国（地区）	单价	总价	币制	征免
1	81191000	机器螺钉　USS	16.000 千克	美国（502）	2,000.00	32,000.00	USD 美元	照章征税

税费征收情况

录入员　录入单位	兹申明以上申报无讹并承担法律责任	海关审单批注及放行日期（签章）
报关员　申报单位（签章）		审单　审价
单位地址　深圳市新日通物流有限公司	深圳市新日通物流有限公司 报关专用章	征税　统计 中华人民共和国大鹏海关 验讫章（93）
邮编　电话	填制日期　2012-05-28	查验　放行 签发官员　李敦亮 签发日期　2012-05-27

（2）结算单证中，仅出现在汇票的“出票依据（Drawn under）”和“受票人（To：）”处的斜体字部分。

Bill of Exchange

No. SDE1204　　　　　　　　　　　　Shenzhen 2012-05-30

Exchange for USD 32,000.00

At * * * sight of this First Exchange (Second of the same tenor and date unpaid), pay to the Order of BANK OF CHINA SHENZHEN the sum of SAY UNITED STATES DOLLARS THREE THOUSAND TWO HUNDRED ONLY.

Drawn under *CONTRACT NO. SDE1204*

To: *ELITE BROTHERS AND CO., LTD.*

56 SOUTH STREET 56735 ATLANTIC AVE., LOS ANGELES, USA

盛 大 贸 易 公 司
SHIDA TRADING CORPORATION

张长江

4.3 托收项下的出口物流单证模拟实训

Simulating Practice for Export Logistics Documents under Collection

4.3.1 业务资料 Business Information

1. 托收指示书（Instruction for Collection）

INSTRUCTION FOR COLLECTION

TO: WUHAN HONGKI FASTENERS CO., LTD. DATE: MAY 10, 2012

CONTRACT NO.: HW003 AMOUNT: USD60,000.00

DRAWEE: HANWA CO., LTD. KYOTO, JAPAN.

COLLECTING BANK: ASASHI BANK. CHIYODAKU 1-CHOME.
KYOTO, JAPAN.

TRADE TERMS: CIF YOKOHAMA. PAYMNET: D/P AT SIGHT

DOCUMENTS REQUIRED:

1. SIGNED COMMERCIAL INVOICE IN 3 COPIES.
2. DETAILED PACKING LIST IN 3 COPIES EVIDENCING THAT GOODS ARE PACKED IN STRONG WOODEN CASE.
3. GSP FORM A ------- 1/1.
4. CERTIFICATES OF QUANTITY, QUALITY & WEIGHT ISSUED BY AN AUTHORISED UTILITY ------------1/1.
5. INSURANCE POLICY IN 2 COPIES.
6. COPY OF SHIPPING ADVICE.
7. CERTIFICATE PROVING THAT ONE SET OF NON-NEGOTIABLE SHIPPING DOCU. HAS BEEN SENT DIRECTLY TO HANWA CO., LTD. 24 HOURS AFTER THE SHIPMENT IS EFFECTED.
8. FULL SET CLEAN ON BOARD B/L MADE OUT TO ORDER AND BLANK ENDORSED MARKED FREIGHT PREPAID AND NOTIFY HANWA CO., LTD. H.K. TEL/FAX: 008522678556

THIS COLLECTING INSTRUCTION IS SUBJECT TO URC 522.

HANWA CO., LTD.
阪 和 株 式 会 社

田中川崎

2. 售货合同（Sales Contract）

售 货 合 同
Sales Contract

编 号（No.）：HW003
日 期（Date）：MAY 1, 2012
签约地点（Signed at）：KYOTO

卖方（Seller）：WUHAN HONGKI FASTENERS CO., LTD.　买方（Buyer）：HANWA CO., LTD.
地址（Address）：1ST LIYUAN ROAD, WUCHANG, 430077, WUHAN, CHINA　地址（Address）：________
电话（Tel）：________　电话（Tel）：________
传真（Fax）：________　传真（Fax）：________
电子邮箱（E-mail）：________　电子邮箱（E-mail）：________

买卖双方经协商同意按下列条款成交：

The undersigned Seller and Buyer have agreed to close the following transactions according to the terms and conditions set forth as below:

1. 货物名称（Name）　规格（Specifications）　质量（Quality）

货物名称（Name）	规格（Specifications）	质量（Quality）
FASTENERS 2000M	JIS FASTENERS	BLACK TREATED

2. 数量（Quantity）：100 MT
3. 单价及价格条款（Unit Price and Terms of Delivery）：CIF YOKOHAMA, JAPAN

［除非另有规定，FOB、CFR 和 CIF 均应依照国际商会制定的《2000 年国际贸易术语解释通则》（INCOTERMS 2000）办理。］

［The terms FOB, CFR, or CIF shall be subject to the International Rules for the Interpretation of Trade Terms (INCOTERMS 2000) provided by International Chamber of Commerce (ICC) unless otherwise stipulated herein.］

4. 总价（Total Amount）：USD600,000.00
5. 允许溢短装（More or Less）：5 %
6. 装运期限（Time of Shipment）：END OF JULY, 2012
7. 付款条件（Terms of Payment）：D/P AT SIGHT
8. 包装（Packing）：IN WOODEN CASE OF 25 KG EACH/GROSS WT 26KG

9. 保险（Insurance）：

按发票金额的______%投保__________险，由__________负责投保。

Covering All Risks for __110__% of Invoice Value to be effected by the SELLERS.

10. 品质/数量异议（Quality/Quantity Discrepancy）：

如买方提出索赔，凡属品质异议须于货到目的口岸之日起30天内提出，凡属数量异议须于货到目的口岸之日起15天内提出，对所装货物所提任何异议属于保险公司、轮船公司、其他有关运输机构或邮递机构所负责者，卖方不负任何责任。

In case of quality discrepancy, claim should be filed by the Buyer within 30 days after the arrival of the goods at port of destination, while for quantity discrepancy, claim should be filed by the Buyer within 15 days after the arrival of the goods at port of destination. It is understood that the Seller shall not be liable for any discrepancy of the goods shipped due to causes for which the Insurance Company, Shipping Company, other Transportation Organization/or Post Office are liable.

11. 不可抗力（Force Majeure）：

由于发生人力不可抗拒的原因，致使本合约不能履行，部分或全部商品延误交货，卖方概不负责。本合同所指的不可抗力系指不可干预、不能避免且不能克服的客观情况。

The Seller shall not be held responsible for failure or delay in delivery of the entire lot or a portion of the goods under this Sales Contract in consequence of any Force Majeure incidents which might occur. Force Majeure as referred to in this contract means unforeseeable, unavoidable and insurmountable objective conditions.

12. 仲裁（Arbitration）：

凡因本合同引起的或与本合同有关的任何争议，如果协商不能解决，应提交中国国际经济贸易仲裁委员会华南分会，按照申请仲裁时该会实施的仲裁规则进行仲裁。仲裁裁决是终局的，对双方均有约束力。

Any dispute arising from or in connection with the Sales Contract shall be settled through friendly negotiation. In case no settlement can be reached, the dispute shall then be submitted to China International Economic and Trade Arbitration Commission (CIETAC), South China Sub-Commission for arbitration in accordance with its rules in effect at the time of applying for arbitration. The arbitral award is final and binding upon both parties.

13. 通知（Notices）：

所有通知用______文写成，并按照如下地址用传真/电子邮件/快件送达给各方。如果地址有变更，一方应在变更后______日内书面通知另一方。

All notice shall be written in ______ and served to both parties by fax/e-mail/courier according to the following addresses. If any changes of the addresses occur, one party shall inform the other party of the change of address within ____ days after the change.

14. 本合同为中英文两种文本，两种文本具有同等效力。本合同一式______份。自双方签字（盖章）之日起生效。

This Contract is executed in two counterparts each in Chinese and English, each of which shall be deemed equally authentic. This Contract is in ______ copies effective since being signed/sealed by both parties.

The Seller:
卖方签字：牛少华

The Buyer:
买方签字：田中川崎

3. 装运资料（Information of Shipment）

品　　名：日标紧固件

就地出口清关

生 产 地：武汉市洪山区

生产厂家：武汉宏气标准件有限公司

发票号码：HW003

发票日期：2012 年 6 月 15 日

提单号码：KGES5825691

提单日期；2012 年 6 月 20 日

船名：BUTTERFLY V-089

保险单号：04-2988956

装箱情况：100 吨/4 000 纸箱

集装箱号：SOCU6689721-5（5X20'）

净重：25 KG/箱

毛重：26 KG/箱

封志号：CUSO600341-5

出口日期/申报日期：2012 年 5 月 19 日

总尺码：156 CUBIC METRE

4.3.2　单证缮制 Making of Documents

1. 商检单证（Inspection Documents）

1）出境货物报检单

中华人民共和国出入境检验检疫
出境货物报检单

报检单位（加盖公章）： *编号______

报检单位登记号：

联系人： 电话： 报检日期： 年 月 日

发货人	（中文）				
	（外文）				
收货人	（中文）				
	（外文）				
货物名称（中/外文）	H.S.编码	产地	数/重量	货物总值	包装种类及数量

运输工具名称号码		贸易方式		货物存放地点	
合同号		信用证号		用途	
发货日期		输往国家（地区）		许可证/审批号	
启运地		到达口岸		生产单位注册号	
集装箱规格、数量及号码					

合同、信用证订立的检验检疫条款或特殊要求	标 记 及 号 码	随附单据（划“√”或补填）	
		□ 合同	□ 包装性能结果单
		□ 信用证	□ 许可/审批文件
		□ 发票	□
		□ 换证凭单	□
		□ 装箱单	□
		□ 厂检单	□

需要证单名称（划“√”或补填）		* 检验检疫费	
□ 品质证书 _正_副	□ 植物检疫证书 _正_副	总金额（人民币元）	
□ 重量证书 _正_副	□ 熏蒸/消毒证书 _正_副		
□ 数量证书 _正_副	□ 出境货物换证凭单	计费人	
□ 兽医卫生证书 _正_副	□ 出境货物通关单		
□ 健康证书 _正_副	□		
□ 卫生证书 _正_副	□	收费人	
□ 动物卫生证书 _正_副			

报检人郑重声明：	领 取 证 单	
1. 本人被授权报检。	日 期	
2. 上列填写内容正确属实，货物无伪造或冒用他人的厂标志、认证标志，并承担货物质量责任。		
签名：______	签 名	

注：有“*”号栏由出入境检验检疫机关填写 ◆ 国家出入境检验检疫局制

2）厂检单

武汉宏气标准件有限公司
WUHAN HONGKI FASTENERS CO., LTD.

中国武汉武昌梨园路 1 号　　邮编：430077
1 LI YUAN RD, WUCHANG, 430077,WUHAN, CHINA

3）商业发票

武汉宏气标准件有限公司
WUHAN HONGKI FASTENERS CO., LTD.

中国武汉武昌梨园路 1 号　　邮编：430077
1 LI YUAN RD, WUCHANG, 430077,WUHAN, CHINA

4）装箱单

武汉宏气标准件有限公司

WUHAN HONGKI FASTENERS CO., LTD.

中国武汉武昌梨园路 1 号　　邮编：430077

1 LI YUAN RD, WUCHANG, 430077,WUHAN, CHINA

5）出口合同副本

SALES CONTRACT

CONTRACT NO.

DATE：

PLACE：

SELLERS：　　TEL：　FAX：

BUYERS：　　TEL：　FAX：

兹经买卖双方同意，由卖方出售如下，买方购进下列货物，并按下列条款签订本合同。

This contract is made by and between the sellers and buyers, whereby the buyers agree to buy and the sellers agree to sell the under mentioned commodity according to the terms and conditions stipulated below.

1. NAME OF COMMODITY AND SPECIFICATION, QUANTITY, UNIT PRICE, TOTAL VALUVE AND TIME OF SHIPMENT：

货号 Article No.	商品品名、规格 Name of Commodity and Specification	数量 Quantity	单价 Unit Price	金额 Amount	装运期 Time of Shipment
数量及总值均得有　% 的增减 Amount and Quantity　% More or Less Allowed.		总值 Total Amount			

2. 装运口岸和目的地：
   Loading Port and Destination：
3. 付款条款：买方应按本合同所规定的装运期前____天开出见票____天付款的，允许转让的，可分割的信用证。信用证应规定数量和金额允许____% 的增减，信用证的议付有效期应应规定在装运期后至少____天在受益人国家到期。信用证应规定允许分批装运和转运。
   Terms of Payment：The buyers should according to the contractual stipulations ____ days before the date of shipment open the letter of credit at ____ days' sight, transferable and dividable. And L/C must stipulate ____% both in amount and quantity acceptable and expires at least ____ days after the shipping date in beneficiary's country and partial or transshipment permitted.
4. 保险：
   Insurance：
5. 装船标记：
   Shipping Marks：
6. 仲裁：
   Arbitration：
7. 其他：
   Others：

买方　　　　**卖方**

The Buyers　　　　**The Sellers**

2. 清关单证（Clearance Documents）

1）货运委托书

<table>
<tr><th colspan="8">货运委托书
SHIPPING NOTE</th></tr>
<tr><td colspan="3">经营单位（托运人）</td><td colspan="3"></td><td>公司编号</td><td></td></tr>
<tr><td rowspan="3">提/运单项目</td><td colspan="7">发货人（SHIPPER）</td></tr>
<tr><td colspan="7">收货人（CONSIGNEE）</td></tr>
<tr><td colspan="7">通知人（NOTIFY ）</td></tr>
<tr><td colspan="2">海运费（ ）
SEA FREIGHT</td><td colspan="2">预付（ ）或到付（ ）
PREPAID/COLLECT</td><td>提单份数</td><td></td><td>提/运单
寄送地址</td><td></td></tr>
<tr><td>起运港</td><td></td><td>目的港</td><td></td><td>可否转船</td><td></td><td>可否分批</td><td></td></tr>
<tr><td>标记唛码</td><td>包装件数</td><td colspan="2">中英文货名
DESCRIPTION</td><td>毛重
KG</td><td>尺码
M^3</td><td colspan="2">成交条件（总价）</td></tr>
<tr><td></td><td></td><td colspan="2"></td><td></td><td></td><td colspan="2"></td></tr>
<tr><td colspan="4" rowspan="5">**声明事项**</td><td>结算方式</td><td colspan="3"></td></tr>
<tr><td>代办项目</td><td colspan="3"></td></tr>
<tr><td>预配运输船
工 具 名 称</td><td colspan="3"></td></tr>
<tr><td>提/运单号</td><td colspan="3"></td></tr>
<tr><td colspan="4">签名:</td></tr>
</table>

2）出口货物报关单

中华人民共和国海关出口货物报关单

预录入编号：　　　　　　　　　　　　　　　　　　海关编号：

出口口岸		备案号	出口日期	申报日期
经营单位		运输方式	运输工具	提运单号
发货单位		贸易方式	征免性质	结汇方式
许可证号	抵运国（地区）		指运港	境内货源地
批准文号	成交方式	运费	保费	杂费
合同协议号	件数	包装种类	毛重	净重
集装箱号	随附单据			生产厂家
标记唛码及备注				

项号	商品编号	商品名称、规格型号	数量及单位	最终目的国（地区）	单价	总价	币制	征免

税费征收情况		
录入员　录入单位	兹申明以上申报无讹并承担法律责任	海关审单批注及放行日期（签章） 审单　审价
报关员	申报单位（签章）	
单位地址		征税　统计
邮编　电话	填制日期	查验　放行

3）商业发票

同商检单证。

4）装箱单

同商检单证。

5）出境货物通关单

中华人民共和国出入境检验检疫
出境货物通关单

编号：

<table>
<tr><td colspan="2">1. 发货人</td><td colspan="2" rowspan="3">5. 标记及号码</td></tr>
<tr><td colspan="2">2. 收货人</td></tr>
<tr><td>3. 合同/信用证号</td><td>4. 输往国家或地区</td></tr>
<tr><td>6. 运输工具名称及号码</td><td>7. 发货日期</td><td colspan="2">8. 集装箱规格及数量</td></tr>
<tr><td>9. 货物名称及规格</td><td>10. H. S. 编码</td><td>11. 申报总值</td><td>12. 数/重量、包装数量及种类</td></tr>
<tr><td colspan="4">13. 证明
上述货物业经检验检疫，请海关予以放行。
本通关单有效期至　　年　　月　　日
签字：　　　　日期：　　年　　月　　日</td></tr>
<tr><td colspan="4">14. 备注</td></tr>
</table>

6）熏蒸/消毒证明书

中华人民共和国出入境检验检疫
ENTRY-EXIT INSPECTION AND QUARNTINE
OF THE PEOPLE'S REPUBLIC OF CHINA

熏蒸/消毒证明书　　　　编号
FUMIGATION/DISINFECTION CERTIFICATE

发货人名称及地址
Name and Address of Consignor ________________

收货人名称及地址
Name and Address of Consignee ________________

品名　　　　　　　　　　　　产地
Description of Goods ________　Place of Origin ________

报验数量
Quantity Declared ________

标记及号码
Mark & No.

启运地
Place of Dispatch ________

到达口岸
Port of Destination ________

运输工具
Name of Conveyance ________

印章　　签证地点 Place of Issue ________　签证日期 Date of Issue ________
Official Stamp　授权签字人 Authorized Officer ________　签名 Signature ________

3. 结算单证（Settlement Documents）

发票与装箱单免做，可以与清关单证中的通用。

1）海运提单

Shipper		B/L NO. 中国远洋运输(集团)总公司 **CHINA OCEAN SHIPPING(GROUP) CORP.** **Combined Transport BILL OF LADING**
Consignee		
Notify Party		
Pre-carriage by	Place of Receipt	
Ocean Vessel Voy. No.	Port of Loading	
Port of Discharge	Place of Delivery	Final Destination for the Goods (not the ship) see article 7 par (2)

Marks & Nos. Container/Seal No.	No. of Containers or P'kgs	Kind of Packages; Description of Goods	Gross Weight	Measurement

Total Number of Containers or Packages(In Words)					
Freight & Charges	Revenue Tons	Rate	Per	Prepaid	Collect
Exchange Rate	Prepaid at	Payable at	Place and Date of Issue		
	Total Prepaid	No. of Original B(S)/L	Signed for the Carrier		

LADEN ON BOARD THE VESSEL
DATE ______ BY ______ (TERMS PLEASE FIND ON BACK OF ORIGINAL B/L)
(COSCO STANDARD FORM 1)

2）商业发票

同商检、清关单证。

3）装箱单

同商检、清关单证。

4）保险单

PICC 中国人民保险公司湖北分公司
The People's Insurance Company of China, Hubei Branch

货 物 运 输 保 险 单
CARGO TRANSPORTATION INSURANCE POLICY

发票号（INVOICE NO.）　　　　保单号次

合同号（CONTRACT NO.）　　　　POLICY NO.

信用证号（L/C NO.）

被保险人：

Insured：

中国人民保险公司（以下简称本公司）根据被保险人的要求，由被保险人向本公司缴付约定的保险费，按照本保险单承保险别和背面所列条款与下列特款承保下述货物运输保险，特立本保险单。

THIS POLICY OF INSURANCE WITNESSES THAT THE PEOPLE'S INSURANCE COMPANY OF CHINA (HEREINAFTER CALLED "THE COMPANY") AT THE REQUEST OF THE INSURED AND IN CONSIDERATION OF THE AGREED PREMIUM PAID TO THE COMPANY BY THE INSURED, UNDERTAKES TO INSURE THE UNDERMENTIONED GOODS IN TRANSPORTATION SUBJECT TO THE CONDITIONS OF THIS POLICY AS PER THE CLAUSES PRINTED OVERLEAF AND OTHER SPECIAL CLAUSES ATTACHED HEREIN.

标记 MARKS & NOS.	包装、数量及保险货物项目 PACKING, QUANTITY, DESCRIPTION OF GOODS	保险金额 AMOUNT INSURED

总保险金额
TOTAL AMOUNT INSURED: ______________________

保费　　　　　　　　　　　　　启运日期
PREMIUM: ______________ DATE OF COMMENCEMENT: ______________

装载运输工具　　　　　　　　自　　　　　　　　经　　　　　　　至
PERCONVEYANCE: __________ FROM __________ VIA __________ TO __________

承保险别:
CONDITIONS:

所保货物,如发生保险单项下可能引起索赔的损失或损坏,应立即通知本公司下述代理人查勘。如有索赔应向本公司提交保险单正本(共　　份正本)及有关文件。如一份正本已用于索赔,其余正本自动失效。

IN THE EVENT OF LOSS OR DAMAGE WHICH MAY RESULT IN A CLAIM UNDER THIS POLICY, IMMEDIATE NOTICE MUST BE GIVEN TO THE COMPANY'S AGENT AS MENTIONED HEREUNDER. IN THE EVENT OF CLAIMS, IF ANY, ONE OF THE ORIGINAL POLICY WHICH HAS BEEN ISSUED IN ______ ORIGINAL(S) TOGETHER WITH THE RELEVANT DOCUMENTS SHALL BE SURRENDERED TO THE COMPANY. IF ONE OF THE ORIGINAL POLICY HAS BEEN ACCOMPLISHED, THE OTHERS SHALL BE VOID.

中国人民保险公司湖北分公司
The People's Insurance Company of China
Hubei Branch

赔款偿付地点
CLAIM PAYABLE AT __________

出单日期
ISSUING DATE __________

____
Authorised Signature

地址:中国湖北省武汉市　　　　　　　　电话:027－87788990
ADDRESS: WUHAN, HUBEI, CHINA　　　　TEL: 027－87788990

5）汇票

BILL OF EXCHANGE

No. Wuhan ____________

Exchange for ______________________

At ____________ sight of this First of Exchange (Second of the same tenor and date unpaid), pay to the Order of ______________________

____

the sum of ______________________

Drawn under ______________________

____

To: ______________________

____

1

BILL OF EXCHANGE

No. Wuhan ____________

Exchange for ______________________

At ____________ sight of this Second of Exchange (First of the same tenor and date unpaid), pay to the Order of ______________________

____

the sum of ______________________

Drawn under ______________________

____

To: ______________________

____

2

6）普惠制产地证（A格式）

<table>
<tr><td colspan="3">1. Goods consigned from (Export's name, address, country)</td><td colspan="3" rowspan="2">Reference No. G016004/04/0530
GENERALIZED SYSTEM OF PREFERENCES
CERTIFICATE OF ORIGIN
(Combined declaration and certificate)
FORM A
Issued in THE PEOPLE'S REPUBLIC OF CHINA
(country)</td></tr>
<tr><td colspan="3">2. Goods consigned to (Consignee's name, address, country)</td></tr>
<tr><td colspan="3">3. Means of transport and route (as far as known)</td><td colspan="3">4. For official use</td></tr>
<tr><td>5. Item number</td><td>6. Marks and numbers of packages</td><td>7. Number and kind of packages; Description of goods</td><td>8. Origin criterion</td><td>9. Gross weight or other quantity</td><td>10. Number and date of invoice</td></tr>
<tr><td colspan="3">11. Certification
It is hereby certified, on the basis of control Carried out, that the declaration by the exporter is correct.

Place and date, signature and stamp of certifying authority</td><td colspan="3">12. Declaration by the exporter
The undersigned hereby declares that the above details and statements are correct; that all the goods were produced in
____
(country)
And that they comply with the origin requirements specified for those goods in the Generalized System of Preferences for goods exported to
____
(importing country)

Place and date,signature of authorized signatory</td></tr>
</table>

7）数量、质量和重量证书

中华人民共和国出入境检验检疫
ENTRY-EXIT INSPECTION AND QUQRANTINE
OF THE PEOPLE'S REPUBLIC OF CHINA

检 验 证 书
CERTIFICATE

编号
No.

发货人：
Consignor ______

收货人：
Consignee ______

品名：
Description of Goods ______

报验数量/重量：
Quantity/Weight Declared ______

包装种类及数量：
Number and Type of Packages ______

标记及号码
Mark & No.

运输工具：
Means of Conveyance ______

检验结果：
Results of Inspection ______

我们已尽所知和最大能力实施上述检验，不能因我们签发本证书而免除买方或其他方面根据合同和法律所承担的产品质量责任和其他责任。

All inspections are carried out conscientiously to the best of our knowledge and ability. This certificate does not in any respect absolve the seller and other related parties from his contractual and legal obligations especially when product quality is concerned.

印章　签证地点 Place of issue ______ 签证日期 Date of issue ______

Official Stamp　授权签字人 authorized officer ______ 签名 Signature ______

8）装船通知副本

（略）

9）证明

此证明件证明，在装运执行后的 24 小时之内，将一套非议付单据直接发送给了信用证的申请人。

1. 简述托收的含义和种类。
2. 阐述托收与信用证的区别。
3. 简述 L/C 项下与托收项下汇票缮制的不同点。
4. 结合实际情况，论述托收可能存在的风险及防范措施。

进口物流单证

The Documenting System for Import Logistics

进口单证除了合同与信用证申请书较复杂外，其余单证较简单。和出口单证一样，进口单证也分为商检单证、清关单证和结算单证三套。在商检单证和清关单证中，自填制的单证很少，大部分可以提交供应商提供的副本。至于结算单证，就更少了，可能只有一张备忘录或协议，或者一张电汇申请单，甚至只是在银行的付款确认书上签字。

5.1 进口物流单证样板

Sample Documents for Import Logistics

进口商检单证同样也由3种组成，但是有些可以提交复印件。

5.1.1 进口物流商检单证 Inspection Documents for Import Logistics

进口业务报检所需的单证如下。

（1）入境货物报检单（Application for Inspection）——填制单证。

（2）商业发票（Commercial Invoice）——供货商签发单证，可以是复印件。

（3）装箱单（Packing List）——供货商签发单证，可以是复印件。

（4）进口合同副本（Import Contract Copy）——自制单证。

（5）海运提单、空运单、承运货物收据、收多式联运单据（Bill of Lading, Air Waybill,

Cargo Receipt, Inter-modal Transport Documents）——可以是复印件。

下面来看进口商检单证的样板。

1. 入境货物报检单（Application for Inspection）

中华人民共和国出入境检验检疫
入境货物报检单

NO. 987654

发 货 人	（中文）
	（外文）VOITH TURBO H+L HYDRAULIC GMBH & CO., KG SCHUCKERT STR.15 DE-71277, RUTESHEIM
收 货 人	（中文）华兴机械设备有限公司
	（外文）HAUXING MACHINERY AND EQUIPMENTS CO., LTD.

货物名称（中/外文）	H.S.编码	产地（地区）	数/重量	货物总值	包装种类及数量
液压冲头（钢铁制，数控转塔车床用，不带金刚）PUNCHING UNIT	82073000	德国	1 台 351 公斤	12,700.00 欧元	木箱 1

运输工具名称号码	KL 0742644680			合同号	2013IM/Y01
贸易方式	一般贸易	贸易国别（地区）	德国	提单/运单号	99024276
到货日期	2013-03-15	启运国家（地区）	德国	许可证/审批号	
卸毕日期		启运口岸	斯图加特	入境口岸	浦东机场
索赔有效期至		经停口岸		目的地	湖北黄石

集装箱规格、数量及号码			
合同、信用证订立的检验检疫条款或特殊要求		存货地点	海关监管区
		用途	企业自用
随附单据（划“√”或补填）	标记及号码	外商投资财产	□ 是 ☑ 否

随附单据		标记及号码	检验检疫费	
☑ 合同 ☑ 发票 ☑ 提/运单 □ 兽医卫生证 □ 植物检疫证书 □ 动物检 □ 磅码单 □ 验收报告 □ 海关进口证	□ 许可/审批文件 □ 到货通知 □ 装箱单 □ 质保书 □ 理货清单 □ 疫证明 □ 卫生证书 □ 原产地证书 □ 明书	VTHL/38125	总金额（人民币元）	
			计费人	
			收费人	

报检人郑重声明：	领 取 证 单	
1. 本人被授权报检。 2. 上列填写内容正确属实，货物无伪造或冒用他人的厂名、标志、认证标志，并承担货物质量责任。 签名：周军	日期	
	签名	

入境货物报检单的填制要求如下。

（1）收货人：外贸合同中的收货人，应中英文对照填写。

（2）发货人：外贸合同中的发货人。

（3）货物名称（中/外文）：进口货物的品名，应与进口合同、发票名称一致，如为废旧物应注明。

（4）H.S.编码：进口货物的商品编码，以当年海关公布的商品税则编码分类为准。

（5）原产国（地区）：该进口货物的原产国家或地区。

（6）数/重量：以商品编码分类中标准重量为准，应注明数/重量单位。

（7）货物总值：入境货物的总值及币种，应与合同、发票或报关单上所列的货物总值一致。

（8）包装种类及数量：货物实际运输包装的种类及数量。

（9）运输工具名称号码：运输工具的名称和号码。

（10）合同号：对外贸易合同、订单或形式发票的号码。

（11）贸易方式：该批货物进口的贸易方式。

（12）贸易国别（地区）：进口货物的贸易国别。

（13）提单/运单号：货物的海运提单号或空运单号，有二程提单的应同时填写。

（14）到货日期：进口货物到达口岸的日期。

（15）启运国家（地区）：货物的启运国家或地区。

（16）卸毕日期：货物在口岸的卸毕日期。

（17）启运口岸：货物的启运口岸。

（18）入境口岸：货物的入境口岸。

（19）索赔有效期至：对外贸易合同中约定的索赔期限。

（20）经停口岸：货物在运输中曾经停靠的外国口岸。

（21）目的地：货物的境内目的地。

（22）集装箱规格、数量及号码：货物若以集装箱运输应填写集装箱的规格、数量及号码。

（23）合同、信用证订立的检验检疫条款或特殊要求：在合同或信用证中订立的有关检验检疫的特殊条款及其他要求应填入此栏。

（24）存货地点：货物存放的地点。

（25）用途：本批货物的用途。自以下 9 种选项中选择：① 种用或繁殖；② 食用；③ 奶用；④ 观赏或演艺；⑤ 伴侣动物；⑥ 试验；⑦ 药用；⑧ 饲用；⑨ 其他。

（26）随附单据：在随附单据的种类前划“ √ ”或补填。

（27）标记及号码：货物的标记号码，应与合同、发票等有关外贸单据保持一致。若没有标记及号码则填“N/M”。

（28）外商投资财产：由检验检疫机构报检受理人员填写。

（29）签名：由持有报检员证的报检人员手签。

（30）检验检疫费：由检验检疫机构计费人员核定费用后填写。

（31）邻取证单：报检人在领取检验检疫机构出具的有关检验检疫证单时填写领证日期及领证人的姓名。

报检人要认真填写入境货物报检单，内容应按合同、国外发票、提单、运单上的内容填写，报检单应填写完整、无漏项，字迹清楚，不得涂改，且中英文内容一致，并加盖申请单位公章。

2. 商业发票（Commercial Invoice）

商业发票是供货商签发的单证，可以是复印件。

3. 装箱单（Packing List）

装箱单是供货商签发的单证，可以是复印件。

往往国外供货商只提交商业发票，并将装箱单的有关内容罗列其上，也被商检和海关接受。下面就是这种加列装箱单内容的发票。

H+L Holding AG
CH-6340 Baar

HUAXING MACHINERY AND
EQUIPMENTS CO., LTD.
Tuan Cheng Shan 435000 Huangshi, P.R. China.

Hydraulic
+
Lunsere Prazision.Ihr(brfolg)
Notify
Mr. Xiong Da-ming
Mobile: +86 13786754324
E-mail: sales@ysa-hd.com

Invoice

Your ref.	Our ref.	Date	
U-lvd09010402	**VS/KBr.**	**13.03.2013**	**3028684/54454725**

Dispatch

Logwin Air & Ocean

Item	Quantity	Part No./Description	Eur/pc	Eur total
01	SET	Punching Unit	12,700.00	Eur 12,700.00
	1	HKL 30 to Siemens		

Total CIP Shanghai　　　　　　　　　　Eur 12,700.00

Shipping marks: VTHL/38125

1 case 351.0 kg net. 396.0 kg gross.

ORIGIN: F.R. OF GERMANY.

Payment: 100% prepaid

H+L Holding AG.

Address

H+L Holding AG.

Lindenstr.14

CH-6340 Baar

Telefon　041 7672614

Fax　041 7672559

Bank details

UBS AG

CH-6301 Zug

Swift-code-no.UBS WCHZH80A

IBAN-NR.CH67 00273273 5453 557H Y

KK€ 273-545355, 7HY.

4. 进口合同副本（Import Contract Copy）

CONTRACT

CONTRACT NO.　2013IM/Y01　　　　DATE: JAN 4，2013.

THE SELLERS: H+L Holding AG.　　　　TEL: 0049-41-767251
ADDRESS: Lindenstrasse.14 CH-6340 Baar　　　　FAX: 0049-41-767250

THE BUYERS: HAUXING MACHINERY AND EQUIPMENTS CO., LTD.　　　　TEL: 00086-714-63554558
FAX: 00086-714-63554556
ADDRESS: Tuan Cheng Shan 435000 huangshi, P.R. China.

This contract is made by and between the sellers and buyers, whereby the buyers agree to buy and the sellers agree to sell the under-mentioned commodity according to the terms and conditions stipulated below:

货号 Article No.	商品品名，规格 Name of Commodity and Specification	数量 Quantity	单价 Unit Price	金额 Amount	装运期 Time of Shipment
	Punching Unit HKL 30 to Siemens ORIGIN: F. R. OF GERMANY.	Set 1	Eur 12,700.00	Eur 12,700.00	4–6 weeks after payment

TOTAL: CIP SHANGHAI AIRPORT EUR12,700.00

SHIPPING MARKS:　VTHL/38125
PORT OF SHIPMENT:　GERMAN PORT
PORT OF DESTINATION:　SHANGHAI AIR PORT IN CHINA
TERMS OF PAYMENT:　BY T/T IN ADVANCE

HAUXING MACHINERY AND EQUIPMENTS CO.,LTD.

HARTMANN+LAMMLE
GMBH+CO., KG.
SCHUCKERTSTR-15,09152/
992-371277　HUTESHEIM.

5. 海运提单、空运单、承运货物收据、多式联运单据（Bill of Lading, Air Waybill, Cargo Receipt, Inter-modal Transport Documents）

STAPLE DOCUMENTS ABOVE PERFORATION

MASTERAIR WAYBILL NUMBER.

COS-0021 5836

Shipper's name and address	Not negotiable
VOITH TURBO H+L HYDRAULIC GMBH & CO., KG. SCHUCKERTSTR. 15DE-7127，RUTESHEIM.	Air Waybill ISSUED BY **LOGWIN AIR+OCEAN DEUTSCHLAND GMBH 70629 STUTTGART**
Consignee's name and address	It is agreed that the goods described herein are accepted in apparent good order and condition (except as noted) for carriage, SUBJECT TO THE CONDITIONS OF CONTRACT ON THE REVERSE HEREOF, ALL GOODS MAY BE CARRIED BY ANY OTHER MEANS. INCLUDING ROAD OR ANY OTHER CARRIER UNLESS SPECIFIC CONTRARY INSTRUCTIONS ARE GIVEN HEREON BY THE SHIPPER. THE SHIPPER'S ATTENTION IS DRAWN TO THE NOTICE CONCERNING CARIER'S LIMITATION OF LIABILITY.
HAUXING MACHINERY AND EQUIPMENTS CO., LTD. Tuan Cheng Shan 435000 Huangshi, P.R. China.	
Airport of departure　IATA CODE **STUTTGART AIRPORT.**	

To	By first carrier	to	by	to	by	Currency	CALSS CODE	WT PPD	VOL COLL	OTH PPD	RER COLL	N V D	N C D
PVG	KL							X		X			

Airport of destination	FLIGHT DATE	AMOUNT OF INSURANCE	INSURANCE:
SHANGHAI PUDONG AKL	**.895/14**	**XXX**	

Handling Information　**MARKS:VTHL/38125ED ENCL.;COMMERCIAL INVOICE（S）.**

No. of pieces RCP	GROSS WT	KG LB	RATE CLASS	CHARGEABLE WEIGHT	RATE/ CHARGE	TOTAL	Nature and quantity of goods(incl.dimentions or volume)
1	**KG 396**			**KG 396.0**		**AS AGREED**	**PUNCHING UNIT 1/125X90X137 CM 1.541 CBM 257.00 KG**

Other charges

Accounting information

Shipper certifies that the particulars on face hereof are correct and that insofar as any part of the consignment contains restricted articles,such part is property described by name and is in proper condition for carriage by air according to the International Air Transport Association's restricted articles regulations

VOITH TURBO H+L HYDRAULIC GMBH & CO., KG.
SCHUCKERTSTR. 15DE-7127，RUTESHEIM.

Signature of Shipper or His Agent

LOGWIN AIR+OCEAN
DEUTSCHLAND GMBH
70629 STUTTGART　　14, 03, 2013.
Executed on　(date) at　(place) signature of issuing Branch

COPY 8　　**COS-0021 5836**

5.1.2 进口物流清关单证 Clearance Documents for Import Logistics

进口清关单证大部分由出口人提供，且可以向海关提交复印件。但是，以下单证必须提交正本：原产地证书、入境货物通关单、许可类证件和进口货物报关单。

一般进口单证列举如下。

（1）进口货物报关单（正本）（Entry Inward）——自填制单证。

（2）入境货物通关单（正本）（Customs Access）——签发单证。

（3）自动进口许可证（正本）（Automatic Import Licence）——签发单证。

（4）原产地证书（正本）（Certificate of Origin）——外商提供的签发单证。

（5）海运提单、空运单、承运货物收据、多式联运单据（Bill of Lading, Air Waybill, Cargo Receipt, Inter-modal Transport Documents）。

（6）商业发票（Commercial Invoice）。

（7）装箱单（Packing List）。

（8）熏蒸/消毒证明书（Fumigation/Disinfection Certificate）。

（9）进口合同副本（Import Contract Copy）——自备单证，可用复印件。

以上第（5）～（8）项单证均由供货方提供，可用复印件，也属签发单证。

1. 进口货物报关单（Entry Inward）

中华人民共和国海关进口货物报关单

预录入编号：630083970　　　　海关编号：223320081338463942

进口口岸	备案号	进口日期	申报日期
浦东机场　2233		2013-08-05	2013-08-05
经营单位	运输方式	运输工具名称	提运单号
华兴机械设备有限公司 4203901234	航空运输	KL 0742644680	99024276
收货单位	贸易方式	征免性质	征税比例
华兴机械设备有限公司 4203901234	一般贸易　0100	一般征税（101）	0.%

许可证号	起运国（地区）	装运港	境内目的地
	德国（304）	斯图加特	黄石（42029）

批准文号	成交方式	运费	保费	杂费
	CIP			

合同协议号	件数	包装种类	毛重（公斤）	净重（公斤）
2013IM/Y01	1	木箱（419）	419	351

集装箱号	随附单据	用途

标记唛码及备注

VTHL/38125ED

项号	商品编号	商品名称	规格型号	数量及单位	原产国（地区）	单价	总价	币制	征免
1	82073000	液压冲头（钢铁制 数控转塔车床用，不带金刚）	HK1.30.382	351.000 千克 1.000 个	德国（304）		12,700.00	EUR	一般征税

税费征收情况

录入员　　录入单位	兹申明如上申报无讹并承担法律责任	海关审单批注及放行日期（盖章）
报关员		审单　　审价
		征税　　统计
		查验　　放行
申报单位（盖章） 嘉里天通物流有限公司 上海分公司	嘉里天通物流有限公司上海分公司 报关专用章（上海）	中华人民共和国浦东机场海关 放行章
		签发官员：吴晓明
邮编　　电话　　填制日期　　年　月　日		签发日期：2013-08-08

2. 入境货物通关单（Customs Access）

中华人民共和国出入境检验检疫
入境货物通关单

编号：3100034568729

1. 收货人 华兴机械设备有限公司			5. 标记及号码 VTHL/38125ED
2. 发货人 VOITH TURBO H+L HYDRAULIC GMBH & CO., KG SCHUCKERT STR. 15 DE-7127, RUTESHEIM			
3. 合同/提（运）单号 2013IM/Y01		4. 输出国家或地区 德 国	
6. 运输工具名称及号码 空运 KL 0742644680		7. 目的地 黄 石	8. 集装箱规格及数量
9. 货物名称及规格 液 压 冲 头 HK 1.30.382	10. H.S.编码 82073000	11. 申报总值 EUR 12,700.00 欧元	12. 数/重量、包装数量及种类 1 个/1 木箱/419 公斤
13. 内容 上述货物办完海关手续后，请及时联系落实检验检疫事宜，未经检验检疫，不得销售，使用，对未经检验检疫而擅自销售或使用者，检验检疫机构将按照法律法规规定予以处罚。 中华人民共和国上海市出入境检验检疫局 CIQ 签字 黄桐林 2013 年 08 月 05 日			
14. 备注 （检验时已提供无木质包装申明）			

3. 自动进口许可证（Automatic Import Licence）

中华人民共和国自动进口许可证

AUTOMATIC IMPORT LICENCE OF THE PEOPLE'S REPUBLIC OF CHINA

1. 进口商 Importer 华兴机械设备有限公司	3. 自动进口许可证号： Automatic import licence No.
2. 进口用户 Consignee 华兴机械设备有限公司	4. 自动进口许可证有效截止日期 Automatic import licence expiry date
5. 贸易方式 Terms of trade 一般贸易	8. 贸易国(地区) Country/Region of trading 德　国
6. 外汇来源 Terms of foreign exchange 购　汇	9. 原产地国(地区) Country/Region of origin 德　国
7. 报关口岸 Place of clearance 上　海	10. 商品用途 Use of goods 生产自用

11. 商品名称 Description of goods	商品编码（H.S.） Code of goods	设备状态 Status of goods
液 压 冲 头	82073000	全　新

12. 规格、型号 Specification	13. 单位 Unit	14. 数量 Quantity	15. 单价（　） Unit price	16. 总值（　） Amount	17. 总值折美元 Amount in USD
H K 1.30.382	个	**1**	**EUR 12,700. 00**	**EUR 12,700. 00**	
数控转塔车床用					
18. 总计 Total		**1**		**EUR 12,700. 00**	

19. 备　注 Supplementary details	20. 发证机关签章 Issuing authority' stamp 中华人民共和国自动进口许可证 专用章 21. 发证日期　**2013-01-01** Licence date

中华人民共和国商务部监制（2005）

4. 原产地证书（Certificate of Origin）

一般都包含在发票中。同商检单证。

5. 海运提单、空运单、承运货物收据、多式联运单据（Bill of Lading, Air Waybill, Cargo Receipt, Inter-modal Transport Documents）

同商检单证。

6. 商业发票（Commercial Invoice）

同商检单证。

7. 装箱单（Packing List）

同商检单证。

8. 熏蒸/消毒证明书（Fumigation/Disinfection Certificate）

可以提供复印件，或以包装情况说明代替。

包装情况说明

上海市出入境检验检疫局：

本公司现有如下所述入境货物：

运单号：KL 0742644680

货物名称：液压冲头　　数量 1 件　　重量 419 公斤

贸易国别或地区：德国（GERMANY）　　原产国：德国（GERMANY）

本公司郑重承诺，该批货物所使用的木质包装已在输出国家或地区按照国际植物保护公约组织（IPPC）公布的国际植物检疫措施标准第 15 号《国际贸易中木质包装材料管理准则》进行了检疫除害处理，并已在木质包装上加施了 IPPC 认可的专用标识，特此申明！

本公司保证该申明是真实的。如有不实，愿意接受检验检疫机构按照中国检验检疫法律法规及相关规定的处罚。

华兴机械设备有限公司

9. 进口合同副本（Import Contract Copy）

同商检单证。

5.1.3　进口物流结算单证 Settlement Documents for Import Logistics

如上所述，进口结算单证一般是在一张银行的付款确认书上签字，或制作一份终验收协议书或一份电汇申请书，并根据信用证或合同的要求，提交到银行，以申办付款。

以下是一张付款确认书的样板。

招 商 银 行

CHINA MERCHANTS BANK

(Incorporated in P. R. China)

进口单据付款/承兑确认书

Wuhan Branch　　　　　　　　　　Tel：82825812
93 Yanjiang Rd，Wuhan，China　　　Fax：82825934

致：湖北三环国际贸易有限公司　　　武汉 2013 年 8 月 18 日
本行编号：CMIB00/0/0174

提/运单	发票	保险单	重量单	装箱单	品质证书	汇票	产地证	
3	3	2		2	1	2	2	

信用证号码	汇票金额	到期日
CMLC00/0/0086	USD12,700.00	AT SIGHT

托收/议付行名称和地址	托收/议付行编号
港汇丰	BACHKH429/48CNC

单据不符点：Invoice not indicating contract No.

上述单据收到，请按下列打“×”标示办理：

[×] 请即划付我司账户。

[ ] 随函寄上已承兑汇票，请于到期日划付我司账户。

[ ] 发现上述不符点，请对外拒付。

公司盖章

招商银行武汉分行 刘军

2013－08－18

本联请签并退我行

5.2 信用证项下的进口物流单证模拟实训

Simulating Practice for Import Logistics Documents under L/C

5.2.1 信用证项下的进口合同模拟实训 Simulating Practice for Import Contract under L/C

一般大型设备（指一台/套价值 30 万美元以上）的进口必须通过国内省级招标，多为项目性贸易，起始于设备选型、可行性研究报告报批，然后是谈判。一般分为技术交流性谈判和商务性混合谈判。开标后，还可以进行商议，最后签署进口合同。本节以此类业务为例。

PURCHASE CONTRACT

CONTRACT NO:

DATE:

PLACE:

THE BUYER:

THE SELLER:

The Contract, made out, in Chinese and English, English edition being decisive version by and between the Sellers and the Buyers whereby the Sellers agree to sell and the Buyers agree to buy the under-mentioned goods subject to the terms and conditions set forth hereinafter as follows:

SECTION 1

1. Name of Commodity， specification， quantity and price:

Item No.	Name and Specification	Unit	Quantity	Unit Price	Amount
Total					

2. Country of Origin & Manufacturer:
3. Packing (sea worthy):
4. Insurance (to be covered by the Buyers unless otherwise stipulated):
5. Time of Shipment:
6. Port of Loading:
7. Port of Destination:
8. Shipping Marks: Shipping marks shown as below in addition to the port of destination, package number, gross and net weights, measurements and other marks as the Buyers may require stencilled or marked conspicuously with fast and unfailing pigments on each package. In the case of dangerous and/or poisonous cargo (es), the Sellers are obliged to take care to ensure that the nature and the generally adopted symbol shall be marked conspicuously on each package.
9. Terms of Payment:

   One month prior to the time of shipment the Buyers shall open with the Bank of __________ a Letter of Credit in favour of the Sellers payable at the issuing bank against presentation of documents after departure of the carrying vessel. The said Letter of Credit shall remain in force till the 15th day after shipment.
10. Other Terms:

    Unless otherwise agreed and accepted by the Buyers, all other matters related to this contract shall be governed by Section 2, the Terms of Delivery which shall form an integral part of this Contract. Any supplementary terms and conditions that may be attached to this Contract shall automatically prevail over the terms and conditions of this Contract if such supplementary terms and conditions come in conflict with terms and conditions herein and shall be binding upon both parties.

SECTION 2

11. FOB/FAS Terms:

11.1 The shipping space for the contracted goods shall be booked by the Buyers or the Buyers' shipping agent___________.

11.2 Under FOB terms, the Sellers shall undertake to load the contracted goods on board the vessel nominated by the Buyers on any date notified by the Buyers, within the time of shipment as stipulated in Clause 5 of this Contract.

11.3 Under FAS terms, the Sellers shall undertake to deliver the contracted goods under the tackle of the vessel nominated by the Buyers on any date notified by the Buyers, within the time of shipment as stipulated in Clause 5 of this Contract.

11.4 10-15 days prior to the date of shipment, the Buyers shall inform the Sellers by fax or e-mail of the contract number, name of vessel, ETA of vessel, quantity to be loaded and the name of shipping agent, so as to enable the Sellers to contact the shipping agent direct and arrange the shipment of the goods.The Sellers shall advise by fax or e-mail in time the Buyers of the result thereof. Should, for certain reasons, it become necessary for the Buyers to replace the named vessel with another one, or should the named vessel arrive at the port of shipment earlier or later than the date of arrival as previously notified to the Sellers, the Buyers or its shipping agent shall advise the Sellers to this effect in due time. The Sellers shall also keep in close contact with the agent or the Buyers.

11.5 Should the Sellers fail to load the goods on board or to deliver the goods under the tackle of the vessel booked by the Buyers. Within the time as notified by the Buyers, after its arrival at the port of shipment the Sellers shall be fully liable to the Buyers and responsible for all losses and expenses such as dead freight, demurrage. Consequential losses incurred upon and/or suffered by the Buyers.

11.6 Should the vessel be withdrawn or replaced or delayed eventually or the cargo be shut out etc., and the Sellers be not informed in good time to stop delivery of the cargo, the calculation of the loss in storage expenses and insurance premium thus sustained at the loading port shall be based on the loading date notified by the agent to the Sellers (or based on the date of the arrival of the cargo at the loading port in case the cargo should arrive there later than the notified loading date). The abovementioned loss to be calculated from the 16th day after expiry of the free storage time at the port should be borne by the Buyers with the exception of Force Majeure. However, the Sellers shall still undertake to load the cargo immediately upon the carrying vessel's arrival at the loading port at its own risk and expenses. The payment of the afore-said expenses shall be effected against presentation of the original vouchers after the Buyers' verification.

12. CFR Terms:

12.1 The Sellers shall ship the goods within the time as stipulated in Clause 5 of this Contract by a direct vessel sailing from the port of loading to China port. Transhipment on route is not allowed without the Buyers' prior consent. The goods shall not be carried by vessels flying flags of countries not acceptable to the Port Authorities of China.

12.2 The carrying vessel chartered by the Sellers shall be sea worthy and cargo worthy. The Sellers shall be obliged to act prudently and conscientiously when selecting the vessel and the carrier when chartering such vessel. The Buyers is justified in not accepting vessels chartered by the Sellers that are not members of the PICLUB.

12.3 The carrying vessel chartered by the Sellers shall sail and arrive at the port of destination within the normal and reasonable period of time. Any unreasonable aviation or delay is not allowed.

12.4 The age of the carrying vessel chartered by the Sellers shall not exceed 15 years. In case her age exceeds 15 years, the extra average insurance premium thus incurred shall be borne by the Sellers. Vessel over 20 years of age shall in no event be acceptable to the Buyers.

12.5 For cargo lots over 1,000 M/T each, or any other lots less than 1,000 metric tons but identified by the Buyers, the Sellers shall, at least 10 days prior to the date of shipment, inform the Buyers by telex or cable of the following information: the contract number, the name of commodity, quantity, the name of the carrying vessel, the age, nationality, and particulars of the carrying vessel, the expected date of loading, the expected time of arrival at the port of destination, the name, telex and cable address of the carrier.

12.6 For cargo lots over 1,000 M/T each, or any other lots less than 1,000 metric tons but identified by the Buyers, the Master of the carrying vessel shall notify the Buyers respectively 7 (seven) days and 24 (twenty-four) hours prior to the arrival of the vessel at the port of destination, by telex or cable about its ETA (expected time of arrival), contract number, the name of commodity, and quantity.

12.7 If goods are to be shipped per liner vessel under liner Bill of Lading, the carrying vessel must be classified as the highest ____________ or equivalent class as per the Institute Classification Clause and shall be so maintained throughout the duration of the relevant Bill of Lading. Nevertheless, the maximum age of the vessel shall not exceed 20 years at the date of loading. The sellers shall bear the average insurance premium for liner vessel older than 20 years. Under no circum -stances shall the Buyers accept vessel over 25 years of age.

12.8 For break bulk cargoes, if goods are shipped in containers by the Sellers without prior consent of the Buyers, a compensation of a certain amount to be agreed upon by both parties shall be payable to the Buyers by the Sellers.

12.9 The Sellers shall maintain close contact with the carrying vessel and shall notify the Buyers by fastest means of communication about any and all accidents that may occur while the carrying vessel is on route. The Sellers shall assume full responsibility and shall compensate the Buyers for all losses incurred for its failure to give timely advice or notification to the Buyers.

13. CIF Terms:

Under CIF terms, besides Clause 15 CFR Terms of this contract which shall be applied the Sellers shall be responsible for covering the cargo with relevant insurance with irrespective percentage.

14. Advice of Shipment:

Within 48 hours immediately after completion of loading of goods on board the vessel the Sellers shall advise the Buyers by cable or telex of the contract number, the name of goods, weight (net/gross) or quantity loaded, invoice value, name of vessel, port of loading, sailing date and expected time of arrival (ETA) at the port of destination. Should the Buyers be unable to arrange insurance in time owing to the Sellers' failure to give the above mentioned advice of shipment by cable or telex, the Sellers shall be held responsible for any and all damages and/or losses attributable to such failure.

15. Air Transport:

If the goods under this Contract are to be dispatched by air, all the terms and conditions of this Contract in connection with ocean transportation shall be governed by relevant air terms.

16. Instruction Leaflets on Dangerous Cargo:

For dangerous and/or poisonous cargo, the Sellers must present leaflets stating the hazardous or poisonous properties, transportation, storage and handling remarks, as well as precautionary and first-air measures and measures against fire. The Sellers shall airmail, together with other shipping documents, three copies each of the same to the Buyers and ________ Transportation Corporation at the port of destination.

17. Inspection & Claims:

In case the quality, quantity or weight of the goods be found not in conformity with those as stipulated in this Contract upon re-inspection by CIQ within 60 days after completion of the discharge of the goods at the port of destination or, if goods are shipped in containers, 60 days after the opening of such containers, the Buyers shall have the right to request the Sellers to take back the goods or lodge claims against the Sellers for compensation for losses upon the strength of the Inspection Certificate issued by the said Bureau, with the exception of those claims for which the insurers or owners of the carrying vessel are liable, all expenses including but not limited to inspection fees, interest, losses arising from the return of the goods or claims shall be borne by the Sellers. In such a case, the Buyers may, if so requested, send a sample of the goods in question to the Sellers, provided that sampling and sending of such sample is feasible.

18. Damages:

With the exception of late delivery or non-delivery due to "Force Majeure" causes, if the Sellers fails to make delivery of the goods in accordance with the terms and conditions, jointly or severally, of this Contract, the Sellers shall be liable to the Buyers and indemnify the Buyers for all losses, damages, including but not limited to, purchase price and/or purchase price differentials, dead freight, demurrage, and all consequential direct or indirect losses. The Buyers shall nevertheless have the right to cancel in part or in whole of the contract without prejudice to the Buyers' right to claim compensations.

19. Force Majeure:

Neither the Sellers or the Buyers shall be held responsible for late delivery or non-delivery owing to generally recognized "Force Majeure" causes. However in such a case, the Sellers shall immediately advise by cable or telex the Buyers of the accident and airmail to the Buyers within 15 days after the accident, a certificate of the accident issued by the competent government authority or the chamber of commerce which is located at the place where the accident occurs as evidence thereof. If the said "Force Majeure" cause lasts over 60 days, the Buyers shall have the right to cancel the whole or the undelivered part of the order for the goods as stipulated in Contract.

20. Arbitration:

Both parties agree to attempt to resolve all disputes between the parties with respect to the application or interpretation of any term hereof of transaction hereunder, through amicable negotiation. If a dispute cannot be resolved in this manner to the satisfaction of the Sellers and the Buyers within a reasonable period of time, maximum not exceeding 90 days after the date of the notification of such dispute, the case under dispute shall be submitted to arbitration if the Buyers should decide not to take the case to court at a place of jurisdiction that the Buyers may deem appropriate. Unless otherwise agreed upon by both parties, such arbitration shall be held in __________, and shall be governed by the rules and procedures of arbitration stipulated by the Foreign Trade Arbitration Commission of the China Council for the Promotion of International Trade. The decision by such arbitration shall be accepted as final and binding upon both parties. The arbitration fees shall be borne by the losing party unless otherwise awarded.

THE SELLERS　　　　　　　　**THE BUYERS**

进口合同的中文译文：

进 口 合 同

合同号码：

签约日期：

地点：

买方：

卖方：

本合同由买卖双方缔结，用中、英文字写成，以英文版本为准，按照下述条款，卖方同意售出买方同意购进以下商品。

第一部分

1. 商品名称、规格、数量及价格

品目号	商品名称及规格	单 位	数 量	单 价	合 计
总 计					

2. 生产国别及制造厂商：

3. 包装（适合海洋运输）：

4. 保险（除非另有协议，保险均由买方负责）：

5. 装船时间：

6. 装运口岸：

7. 目的口岸：

8. 装运唛头：卖方负责在每件货物上用牢固的不褪色的颜料明显地刷印或标明下述唛头，以及目的口岸、件号、毛重和净重、尺码和其他买方要求的标记。如系危险及/或有毒货物，卖方负责保证在每件货物上明显地标明货物的性质说明及习惯上被接受的标记。

9. 付款条件：买方于货物装船时间前一个月通过____________银行开出以卖方为抬头的不可撤销信用证，卖方在货物装船启运后凭本合同交货条款所列单据在开证银行议付货款。上述信用证有效期将在装船后 15 天截止。

10. 其他条件：除非经买方同意和接受，本合同其他一切有关事项均按第二部分交货条款之规定办理，该交货条款为本合同不可分的部分，本合同如有任何附加条款将自动地优先执行附加条款，如附加条款与本合同条款有抵触，则以附加条款为准。

第二部分

11. FOB/FAS 条件：

11.1　本合同项下货物的装运舱位由买方或买方的运输代理人____________________租订。

11.2　在 FOB 条件下，卖方应负责将所订货物在本合同第 5 条所规定的装船期内按买方所通知的任何日期装上买方所指定的船只。

11.3　在 FAS 条件下，卖方应负责将所订货物在本合同第 5 条所规定的装船期内按买方所通知的任何日期交到买方所指定船只的吊杆下。

11.4　货物装运日前 10～15 天，买方应以电报或电传通知卖方合同号、船只预计到港日期、装运数量及船运代理人的名称，以便卖方经与该船运代理人联系及安排货物的装运。卖方应将联系结果通过电报或电传及时报告买方。如买方因故需要变更船只或者船只比预先通知卖方的日期提前或推迟到达装运港口，买方或其船运代理人应及时通知卖方。卖方亦应与买方的运输代理或买方保持密切联系。

11.5　如买方所订船只到达装运港后，卖方不能在买方所通知的装船时间内将货物装上船只或将货物交到吊杆之下，卖方应负担买方的一切费用和损失，如空舱费、滞期费及由此而引起的及/或遭受的买方的一切损失。

11.6　如船只撤换或延期或退关等而未及时通知卖方停止交货，在装港发生的栈租及保险费损失的计算，应以代理通知之装船日期（如货物晚于代理通知之装船日期抵达装港，应以货物抵港日期）为准，在港口免费堆存期满后第 16 天起由买方负担，人力不可抗拒的情况除外。上述费用均凭原始单据经买方核实后支付。但卖方仍应在装载货船到达装港后立即将货物装船，并承担费用及风险。

12. CFR 条件：

12.1 卖方在本合同第 5 条规定的时间之内应将货物装上由装运港到中国口岸的直达船。未经买方事先许可，不得转船。货物不得由悬挂中国港口当局所不能接受的国家旗帜的船装载。

12.2 卖方所租船只应适航和适货。卖方租船时应慎重和认真地选择承运人及船只。买方不接受非保赔协会成员的船只。

12.3 卖方所租载货船只应在正常合理时间内驶达目的港，不得无故绕行或迟延。

12.4 卖方所租载货船只船龄不得超过 15 年。对超过 15 年船龄的船只其超船龄额外保险费应由卖方负担。买方不接受船龄超过 20 年的船只。

12.5 一次装运数量超过一千吨的货载或其他少于一千吨但买方指明的货载，卖方应在装船日前至少 10 天用电传或电报通知买方合同号、商品名称、数量、船名、船龄、船籍、船只主要规范、预计装货日、预计到达目的港时间、船公司名称、电传和电报挂号。

12.6 一次装运一千吨以上货载或其他少于一千吨但买方指明的货载，其船长应在该船抵达目的港前 7 天和 24 小时分别用电传或电报通知买方预计抵港时间、合同号、商品名称及数量。

12.7 如果货物由班轮装运，载货船只必须是__________船级社最高船级或船级协会条款规定的相同级别的船级，船只状况应保持至提单有效期终了时止，以装船日为准船龄不得超过 20 年。超过 20 年船龄的船只，卖方应负担超船龄外保险费。买方绝不接受超过 25 年船龄的船只。

12.8 对于散件货，如果卖方未经买方事前同意而装入集装箱，卖方应负责向买方支付赔偿金，由双方在适当时间商定具体金额。

12.9 卖方应和载运货物的船只保持密切联系，并以最快的手段通知买方船只在途中发生的一切事故，如因卖方未及时通知买方而造成买方的一切损失卖方应负责赔偿。

13. CIF 条件：

在 CIF 条件下，除本合同第 11 条 CFR 条件适用之外卖方负责货物的保险，但不允许有免赔率。

14. 装船通知：

货物装船完毕后 48 小时内，卖方应即以电报或电传通知买方合同号、商品名称、所装重量（毛/净）或数量、发票价值、船名、装运口岸、开船日期及预计到达目的港时间。如因卖方未及时用电报或电传给买方以上述装船通知而使买方不能及时保险，卖方负责赔偿买方由此而引起的一切损害及/或损失。

15. 空运条款：

合同所订货物如用空运，则本合同有关海运的一切条款均按空运条款执行。

16. 危险品说明书：

凡属危险品及/或有毒物品，卖方必须提供其危险或有毒性能，运输、仓储和装卸注意事项及防治、急救、消防方法的说明书，卖方应将此项说明书各三份随同其他装船单据航空邮寄给买方及目的口岸的____运输公司。

17. 检验和索赔：

货物在目的口岸卸毕 60 天内（如果用集装箱装运则在开箱后 60 天）经中国进出口商品检验局复验，如发现品质、数量或重量及其他任何方面与本合同规定不符，除属于保险公司或船行负责者外，买方有权凭上述检验局出具的检验证书向卖方提出退货或索赔。因退货或索赔引起的一切费用包括检验费、利息及损失均由卖方负担。在此情况下，凡货物适于抽样及寄送时如卖方要求，买方可将样品寄交卖方。

18. 赔偿费：

因“人力不可抗拒”而推迟或不能交货者除外，如果卖方不能交货或不能按合同规定的条件交货，卖方应负责向买方赔偿由此而引起的一切损失和遭受的损害，包括买价及 / 或买价的差价、空舱费、滞期费，以及由此而引起的直接或间接损失。买方有权撤销全部或部分合同，但并不妨碍买方向卖方提出索赔的权利。

19. 人力不可抗：

由于一般公认的“人力不可抗拒”原因而不能交货或延迟交货，卖方或买方都不负责任。但卖方应在事故发生后立即用电报或电传告买方并在事故发生后 15 天内航空邮寄买方灾害发生地点之有关政府机关或商会所出具的证明，证实灾害存在。如果上述“人力不可抗拒”继续存在 60 天以上，买方有权撤销合同的全部或一部分。

20. 仲裁：

双方同意对一切因执行和解释本合同条款所发生的争议，努力通过友好协商解决。在争议发生之日起一个合理的时间内，最多不超过 90 天，协商不能取得对买卖双方都满意的结果时，如买方决定不向他认为合适的有管辖权的法院提出诉讼，则该争议应提交仲裁。除双方另有协议，仲裁应在中国北京_____举行，并按中国国际贸易促进委员会对外贸易仲裁委员会所制订的仲裁规则和程序进行仲裁。该仲裁为终局裁决，对双方均有约束力。仲裁费用除非另有决定，由败诉一方负担。

卖方：　　　　　　　　　　　　　　　　　　　　买方：

5.2.2 信用证项下的进口开证模拟实训 Simulating Practice for L/C Establishment of Import under L/C

根据以下资料填写开证申请书（Application Form）

信用证形式：跟单
开证行：BANK OF CHINA, WUHAN
受益人：MTI CO.，LTD. USA
开证方式：SWIFT
开证日期：2013/04/05
通知行：FARGO BANK, ARIZONA, U.S.A.
有效期：2013 年 7 月 21 日在美国到期
申请人：HUBEI TRI-RING INT'L TRADE CO., LTD.
金　额：USD500,000.00
议付：限通知行，即期，按发票金额的 85%开具汇票
受票人：开证行
货物描述：INERTIA FRICTION WELDER (90 M) AND ACCESSORIES
贸易条款：LOS ANGELES/LONG BEACH. 装运港船上交货价，平理舱.平舱——TRIMMED, 理舱——STOWED
制造商：受益人
唛　头：06TR003/SHANGHAI, CHINA/HUBEI VALVE/BOX 1-UP.
包　装：内衬厚塑料布，外用结实木箱包装
受益人证明：装船后 24 小时之内发给申请人有关船名、提单号、起航日期、合同号、信用证号及发运商品的数量、重量、价值的传真
附加条件：开证行以外的费用由受益人负担；15%余款，凭用户、制造商和进口代理公司三方签署的终验收协议付给；装运期后 21 天提交单据
运输条件：由洛杉矶运往上海
最迟装运期：2013 年 6 月 30 日
开证费：由申请人承担
分批、转船：均不允许
装运港：长滩/洛杉矶
目的港：上海
本信用证遵守《跟单信用证统一惯例（2007 年修订本）》（国际商会出版物 600 号）。

盖章签名
朱　琳
2013-04-05

APPLICATION FOR ISSUING LETTER OF CREDIT

To: Date:

Please issue on our behalf and for our account the following

DOCUMENTARY LETTER OF CREDIT

by ( ) TELEX/ ( ) AIRMAIL ( )

L/C No. (left for bank to fill)

Beneficiary: (full name & detailed address)	Advising Bank: (left for bank to fill)
Applicant: (full name & detailed address)	Date of Expiry: Place of Expiry:
Amount: (both in figure and words)	

Dear Sirs,

We hereby issue our DOCUMENTARY LETTER OF CREDIT in your favour for account of the above applicant available by your draft(s) drawn [ ] at sight/ [ ] ________ on [ ] us/ [ ] advising bank/ [ ] applicant for % of invoice value as drawn under this L/C accompanied by following documents marked with X:

A1 [ ] Signed commercial invoice in __________ copies indicating Contract No. __________.

A2 [ ] Full set 3/3 clean on board ocean Bills of Lading [ ] made out to order and Endorsed in blank/ [ ] applicant/ [ ] notifying [ ] China National Foreign Trade Transportation Corp. at destination/ [ ] applicant/ [ ] China National Foreign Trade Transportation Corp. at destination and applicant marked freight [ ] to collect/ [ ] prepaid [ ] indicating freight amount.

A3 [ ] Insurance policy or certificate in __________ copies endorsed in blank covering __________ ______________________________ for % of invoice value.

A4 [ ] Packing list/weight memo in ________ copies indicating quantity/gross and net weight of each package.

A5 [ ] Quality certificate in__________copies issued by [ ] below mentioned manufacturer/ [ ] public recognized surveyor/ [ ].

A6 [ ] Copy of your telex advising applicant within 24 hours after Shipment indicating Contract No., L/C No., goods name, quantity invoice value, vessel's name/air flight No., packages, loading port and shipping date.

A7 [ ] Other documents if any:

B. Evidencing shipment of:

Packing:

Price term: CIF/CFR/FOB or ____________

Manufacturer:

Shipping mark:

C. Special instruction:

C1 [ ] The remaining 15% of invoice value will be paid ________.

C2 [ ] All banking charges [ ] outside China/ [ ] in Hongkong are for beneficiaries' account.

D. Documents should be presented within ______ days from the date of shipment, but in any event within the validity of this L/C.

E. Shipment from ____________ to ____________ not later than ____________.

Transshipment is [ ] allowed/ [ ] not allowed; partial shipments are [ ] allowed/ [ ] not allowed; on deck shipment is [ ] allowed/ [ ] not allowed; third party transport documents are [ ] allowed/ [ ] not allowed.

* May leave in blank. Negotiation limited by Advising Bank.

* THIS L/C IS ISSUED SUBJECT TO UCP ____________ REVISION ICC PUBLICATION NO. ____________.

Sealed & Signed by: ____________

Account No. ________ **with** ____________

(name of Bank)

Telephone No. ____________

Sealed & Signed by Issuing Bank:

____

5.2.3 信用证项下的进口物流商检单证模拟实训 Simulating Practice for Inspection Documents of Import Logistics under L/C

1. 入境货物报检单（Application for Inspection）

中华人民共和国出入境检验检疫
入境货物报检单

NO.

发 货 人	（中文）
	（外文）
收 货 人	（中文）
	（外文）

货物名称（中/外文）	H. S.编 码	产地（地区）	数/重量	货物总值	包装种类及数量

运输工具名称号码				合同号	
贸易方式	一般贸易	贸易国别（地区）		提单/运单号	
到货日期		启运国家（地区）		许可证/审批号	
卸毕日期		启运口岸		入境口岸	
索赔有效期至		经停口岸		目的地	
集装箱规格、数量及号码					

合同、信用证订立的 检验检疫条款或特殊要求		存货地点	
		用途	
随附单据（划“√”或补填）	标记及号码	外商投资财产	□是　□否
□ 合同　□ 许可/审批文件 □ 发票　□ 到货通知 □ 提/运单　□ 装箱单 □ 兽医卫生证　□ 质保书 □ 植物检疫证书　□ 理货清单 □ 动物检疫证明　□ 磅码单 □ 卫生证书　□ 验收报告 □ 原产地证书　□ 海关进 □ 证明书		检验检疫费	
		总金额 （人民币元）	
		计费人	
		收费人	

报检人郑重声明： 1. 本人被授权报检。 2. 上列填写内容正确属实，货物无伪造或冒用他人的厂名、标志、认证标志，并承担货物质量责任。 签名：________	领　取　证　单	
	日期	
	签名	

2. 商业发票（Commercial Invoice）

商业发票是供货商签发的单证，可以是复印件，免缮制。

3. 装箱单（Packing List）

装箱单是供货商签发单证，可以是复印件，免缮制。

4. 进口合同副本（Import Contract Copy）

进口合同副本是自制单证，可以是复印件，免缮制。

5. 海运提单、空运单、承运货物收据、多式联运单据（Bill of Lading, Air Waybill, Cargo Receipt, Inter-modal Transport Documents）

海运提单、空运单、承运货物收据、或多式联运单据可以是复印件，免缮制。

5.2.4 信用证项下的进口物流清关单证模拟实训 Simulating Practice for Clearance Documents of Import Logistics under L/C

1. 进口货物报关单（Entry Inward）

中华人民共和国海关进口货物报关单

预录入编号：　　　　　　　　　　　　　　　　　　　　海关编号：

<table>
<tr><td colspan="2">进口口岸</td><td>备案号</td><td>进口日期</td><td>申报日期</td></tr>
<tr><td colspan="2">经营单位</td><td>运输方式</td><td>运输工具</td><td>提运单号</td></tr>
<tr><td colspan="2">收货单位</td><td>贸易方式</td><td>征免性质</td><td>征税比例</td></tr>
<tr><td>许可证号</td><td colspan="2">起运国（地区）</td><td>装运港</td><td>境内目的地</td></tr>
<tr><td>批准文号</td><td>成交方式</td><td>运费</td><td>保费</td><td>杂费</td></tr>
<tr><td>合同协议号</td><td>件数</td><td>包装种类</td><td>毛重（公斤）</td><td>净重（公斤）</td></tr>
<tr><td>集装箱号</td><td colspan="3">随附单据</td><td>用途</td></tr>
<tr><td colspan="5">标记唛码及备注</td></tr>
<tr><td colspan="5">项号　商品编号　商品名称、规格型号　数量及单位　原产国（地区）　单价　总价　币制　征免</td></tr>
<tr><td colspan="5"></td></tr>
<tr><td colspan="5">税费征收情况</td></tr>
<tr><td>录入员　录入单位</td><td colspan="2" rowspan="2">兹申明以上申报无讹并承担法律责任

申报单位（签章）</td><td colspan="2">海关审单批注及放行日期（签章）
审单　　　审价</td></tr>
<tr><td>报关员</td><td colspan="2">征税　　　统计</td></tr>
<tr><td colspan="3">单位地址

邮编　　　电话　　　填制日期　　年　月　日</td><td colspan="2">查验　　　放行</td></tr>
</table>

2. 入境货物通关单（Customs Access）

中华人民共和国出入境检验检疫

入境货物通关单

编号：

<table>
<tr><td colspan="4">1. 收货人</td><td rowspan="3">5. 标记及号码</td></tr>
<tr><td colspan="4">2. 发货人</td></tr>
<tr><td colspan="2">3. 合同/提（运）单号</td><td colspan="2">4. 输出国家或地区</td></tr>
<tr><td colspan="2">6. 运输工具名称及号码</td><td colspan="2">7. 目的地</td><td>8. 集装箱规格及数量</td></tr>
<tr><td>9. 货物名称及规格</td><td colspan="2">10. H. S. 编码</td><td>11. 申报总值</td><td>12. 数/重量、包装数量及种类</td></tr>
<tr><td colspan="5">13. 证明
上述货物办完海关手续后，请及时联系落实检验检疫事宜，未经检验检疫，不得销售、使用，对未经检验检疫而擅自销售或使用者，检验检疫机构将按照法律法规规定予以处罚。
签字：　　　　日期：　　　月　　日</td></tr>
<tr><td colspan="5">14. 备注
（检验时已提供无木质包装声明）</td></tr>
</table>

3. 自动进口许可证（Automatic Import Licence）

中华人民共和国自动进口许可证

AUTOMATIC IMPORT LICENCE OF THE PEOPLE'S REPUBLIC OF CHINA

1. 进口商 Importer	3. 自动进口许可证号： Automatic import licence No.
2. 进口用户 Consignee	4. 自动进口许可证有效截止日期 Automatic import licence expiry date
5. 贸易方式 Terms of trade	8. 贸易国（地区） Country/Region of trading
6. 外汇来源 Terms of foreign exchange	9. 原产地国（地区） Country/Region of origin
7. 报送口岸 Place of clearance	10. 商品用途 Use of goods

11. 商品名称 Description of goods	商品编码（H.S.） Code of goods	设备状态 Status of goods

12. 规格、型号 Specification	13. 单位 Unit	14. 数量 Quantity	15. 单位（　） Unit price	16. 总值（　） Amount	17. 总值折美元 Amount in USD
18. 总计 Total					

19. 备注 Supplementary details	20. 发证机关签章 Issuing authority' stamp 21. 发证日期 Licence date

中华人民共和国商务部监制（2005）

以下单证由外商提供，免制作。

4. 原产地证书（Certificate of Origin）
提交原件。

5. 海运提单、空运单、承运货物收据、多式联运单据（Bill of Lading, Air Waybill, Cargo Receipt, Inter-modal Transport Documents）
可以提交复印件。

6. 商业发票（Commercial Invoice）
可以提交复印件。

7. 装箱单（Packing List）
可以提交复印件。

8. 熏蒸/消毒证明书（Fumigation/Disinfection Certificate）
可以提交复印件。

5.2.5 信用证项下的进口物流结算单证模拟实训 Simulating Practice for Settlement Documents of Import Logistics under L/C

请将如下终验收协议翻译成英文。

10M 改进型摩擦焊接机终验收协议

制造方：美国 MTI 公司	编号：QMI08-003
购买方：湖北麻城气门厂	合同号：08TR003
国内代理方：湖北三环国际贸易有限公司	型号：改进 10M 型
	系列号：90BHLF03

根据合同 07TR003，美国 MTI 公司 Duane Neuerburg 和 Brian Roberts 工程师于 2013 年 7 月 16 日至 28 日，在湖北麻城气门厂对 90M 改进型摩擦焊接机进行了安装、调试（commission）、连续加工及对购买方工程师进行技术培训，通过了中方的终验收。中方代理，湖北三环国际贸易有限公司的代表，参与了整个验收过程，并承

担了全程翻译工作。

加工零件的精度及试验结果详见附件报告。

在机器终验收签字之日后一个月内，美国 MTI 公司必须将下列零件寄送到湖北麻城气门厂。

1. 尾座夹具　　1 副　　图号 SB 18601

2. 限位开关　　1 套　　型号 802T-DT

美国 MTI 公司、湖北麻城气门厂和湖北三环国际贸易有限公司的代表完全同意上述结论。本协议由中英文书就，以英文文本为准。

签字：王直虎

代表湖北麻城气门厂　　日期：2013 年 7 月 19 日

签字：Brian Robert

代表美国 MTI 公司　　日期：2013 年 7 月 19 日

签字：朱　林

代表湖北三环国际贸易有限公司　　日期：2013 年 7 月 19 日

5.3 信用证项下的设备进口物流单证模拟实训

Simulating Practice for Import Logistics Documents of Equipments under L/C

5.3.1 阅读已开出的信用证 Read the Established L/C

SWIFT-MT: 700 NORMAL DM=2
SWIFT-DEST: PCBCDEFF
SENT TO
CHINA CONSTRUCTION BANK(FRANKFURT B)
RHEIN MAINZ CENTER BOCKENHEIMER LAN
DSTR. 51-53 60325 FRANKFURT AM MAIN
GERMANY
: 27: SEQUENCE OF TOTAL
1/1
: 40A: FORM OF DOCUMENTARY CREDIT
IRREVOCABLE
: 20: DOCUMENTARY CREDIT NUMBER
4220080010000099
: 31C: DATE OF ISSUE
120102
: 40E: APPLICABLE RULES
UCP LATEST VERSION
ISSUING BANK: CHINA CONSTRUCTION BANK, HUBEI BRANCH
: 31D: DATE AND PLACE OF EXPIRY
140630 GERMANY
: 50: APPLICANT
HUBEI XIN YEGANG SPECIAL TUBE CO., LTD.
316 HUANGSHI AVE., HUANGSHI, HUBEI, P.R. CHINA

TEL: 867146297366 FAX: 867146297792

: 59: BENEFICIARY

SMS MEER GMBH

OHLERKIRCHWEG 66 4120089

MOENCHENGLADBACH,GERMANY

TEL: 492161350 FAX: 492161350

: 32B: CURRENCY CODE, AMOUNT

EUR22787012

: 41D: AVAILABLE WITH ... BY ...

ANY BANK

BY NEGOTIATION

: 42C: DRAFTS AT

DRAFT AT SIGHT FOR 100PCT OF INVOICE VALUE

: 42D: DRAWEE

ISSUING BANK

: 43P: PARTIAL SHIPMENTS

ALLOWED

: 43T: TRANSHIPMENT

NOT ALLOWED

: 44E: PORT OF LOADING

EUROPEAN MAJOR SEAPORT OR EUROPEAN AIRPORT

: 44F: PORT OF DISCHARGE

SHANGHAI SEAPORT OR SHANGHAI AIRPORT

: 44C: LATEST DATE OF SHIPMENT

130330

: 45A: DESCRIPTION OF GOODS AND/OR SERVICES

NEW ASSEL MILL

PACKING IN STANDARD EXPORT STRONG WOODEN CASES SUITABLE FOR LONG DISTANCE OCEAN AND INLAND TRANSPORTATION OR AIRFREIGHT, NUMEROUS HANDLING LOADING AND UNLOADING.

FOB EUROPEAN MAJOR SEAPORT AND/OR CIP SHANGHAI AIRPORT

: 46A: DOCUMENTS REQUIRED

++THE FIRST PAYMENT EUR2,012,008,187.00 WILL BE PAID AGAINST THE FOLLOWING DOCUMENTS:

+SIGNED BENEFICIARY'S COMMERCIAL INVOICE IN 3 ORIGINALS AND 3 COPIES, COVERING

100PCT OF THE SHIPPING VALUE OF THE DELIVERED GOODS LESS PAYMENTS ALREADY RECEIVED AND AMOUNTS STILL PAYABLE RESPECTIVELY AS WELL AS THE DUE AMOUNT, I.E. 75PCT OF THE SHIPPING VALUE.

+3/3 FULL SET OF ORIGINAL CLEAN ON BOARD BILL OF LADING MADE OUT TO ORDER, BLANK ENDORSED AND MARKED “FREIGHT COLLECT” IN 3 ORIGINALS AND 3 COPIES.OR IN CASE OF AIRLIFTING AIR WAYBILL CONSIGNED TO APPLICANT IN 1 ORIGINAL AND 2 COPIES.

+SIGNED PRO-FORMA INVOICE COVERING 100PCT OF THE TOTAL PRICE OF THE EFFECTED SHIPMENT IN 3 ORIGINALS AND 2 COPIES.

+CERTIFICATE OF COUNTRY OF ORIGIN ISSUED BY THE RELEVANT AUTHORITY OF THE BENEFICIARY IN 1 ORIGINAL AND 4 COPIES.

+DETAILED PACKING LIST IN 3 ORIGINALS AND 2 COPIES.

+QUALITY CERTIFICATE ISSUED BY THE BENEFICIARY IN 3 ORIGINALS AND 2 COPIES.

+BENEFICIARY’S CERTIFICATE IN 1 ORIGINAL AND 1 COPY CONFIRMING THAT GOODS ARE PACKED IN WOODEN BOXES MARKED ‘IPPC’ WHICH ARE TREATED AS CALLED FOR BY THE CHINESE GOVERNMENT OR 1 ORIGINAL AND 1 COPY OF THE NON-WOODEN PACKAGE CERTIFICATE ISSUED BY THE BENEFICIARY IF WOODEN BOXES HAVE NOT BEEN USED AS PACKAGING.

++THE SECOND PAYMENT EUR2,680,825.00 WILL BE PAID AGAINST THE FOLLOWING DOCUMENTS:

+SIGNED BENEFICIARY’S FINAL COMMERCIAL INVOICE IN 3 ORIGINALS AND 3 COPIES COVERING 10PCT OF THE SHIPPING VALUE OF THE DELIVERED GOODS.

+2 PHOTOSTATIC COPIES OF THE FINAL ACCEPTANCE CERTIFICATE SIGNED BY THE REPRESENTATIVES OF THE BENEFICIARY, THE APPLICANT AND THE ENDUSER, I.E. HUBEI XIN YEGANG SPECIAL TUBE CO., LTD.

+THE ABOVE FINAL ACCEPTANCE CERTIFICATE MAY BE REPLACED BY THE BENEFICIARY’S STATEMENT OF DEEMED ACCEPTANCE,HOWEVER DATE OF SUCH STATEMENT SHALL NOT BE EARLIER THAN 15 MONTHS AFTER THE LAST CONTRACTUAL FOB EUROPEAN SEAPORT SHIPMENT OF CONTRACT EQUIPMENT, IN CASE THE ACCEPTANCE TEST HAS NOT BEEN DONE FOR REASONS NOT DUE TO THE BENEFICIARY.

+1 ORIGINAL AND 1 COPY OF AN IRREVOCABLE LETTER OF GUARANTEE OF EUR1,340,412.50 WITH A VALIDITY OF 12 MONTHS WARRANTY PERIOD ISSUED BY A FIRST-CLASS BANK OR INSURANCE AGENCY IN BENEFICIARY’S COUNTRY IN FAVOR OF THE APPLICANT.

: 47A: ADDITIONAL CONDITIONS

+A DISCREPANCY HANDLING FEE OF USD50.00 (OR EQUIVALENT) AND RELATIVE CABLE CHARGES WILL BE DEDUCTED FROM PROCEEDS FOR EACH SET OF DOCUMENTS PRESENTED WITH DISCREPANCIES.
+ALL DOCUMENTS SHOULD BE ISSUED IN ENGLISH AND BEAR OUR L/C NO.
+DRAFT DRAWN HEREUNDER MUST BEAR OUR NAME,THE CREDIT NO. AND DATE.
+EXTRA COPIES OF DOCUMENTS ARE REQUESTED TO BE PRESENTED FOR ISSUING BANK'S REFERENCE ONLY.
+DOCUMENTS ISSUED PRIOR TO L/C ISSUING DATE ARE ACCEPTABLE.
+CHARTER PARTY BILL OF LADING ARE ACCEPTABLE.
+THIRD PARTY DOCUMENTS EXCEPT INVOICE AND DRAFT ACCEPTABLE.
+DOCUMENT MUST BE SENT IN ONE LOT VIA COURIER SERVICES TO CHINA CONSTRUCTION BANK, HUBEI BRANCH, 35/F, JIANYIN BUILDING, NO.709, JIANSHE AVENUE WUHAN 430015, CHINA
: 71B: CHARGES
ALL BANKING CHARGES OUTSIDE THE ISSUING BANK INCLUDING REIMBURSING CHARGES ARE FOR ACCOUNT OF BENEFICIARY.
: 48: PERIOD FOR PRESENTATION
DOCUMENTS BE PRESENTED WITHIN 21 DAYS AFTER B/L DATE BUT WITHIN THE VALIDITY OF THIS CREDIT.
: 49: CONFIRMATION INSTRUCTIONS
WITHOUT
: 78: INSTRUCTIONS TO THE PAYING/ACCEPTING/NEGOTIATING BANK
+AMOUNT OF EACH DRAWING MUST BE ENDORSED ON THE REVERSE OF THIS CREDIT BY THE NEGOTIATING/PRESENTING BANK.
+ONLY UPON RECEIPT OF FULL SET OF DOCUMENTS AT OUR COUNTERS CONSTITUTING A COMPLYING PRESENTATION, WE WILL EFFECT PAYMENT AS PER YOUR INSTRUCTION.
+T/T REIMBURSEMENT NOT ALLOWED.
: 57D: ADVISE THROUGH BANK
DEUTSCHE BANK AG.

5.3.2 返填信用证申请书 Anti-fill the Application Form

APPLICATION FOR ISSUING LETTER OF CREDIT

To: Date:

Please issue on our behalf and for our account the following

DOCUMENTARY LETTER OF CREDIT

by ( ) TELEX/( ) AIRMAIL ( )

L/C No. (left for bank to fill)

Beneficiary: (full name & detailed address)	Advising Bank: (left for bank to fill)
Applicant: (full name & detailed address)	Date of Expiry: Place of Expiry:
Amount: (both in figure and words)	

Dear Sirs,

We hereby issue our DOCUMENTARY LETTER OF CREDIT in your favour for account of the above applicant available by your draft(s) drawn [ ] at sight/[ ] ________ on [ ] us/[ ] advising bank/[ ] applicant for % of invoice value as drawn under this L/C accompanied by following documents marked with X:

A1 [ ] Signed commercial invoice in ______________ copies indicating Contract No. ______________.

A2 [ ] Full set 3/3 clean on board ocean Bills of Lading [ ] made out to order and Endorsed in blank/[ ] applicant/[ ] notifying [ ] China National Foreign Trade Transportation Corp. at destination/[ ] applicant/[ ] China National Foreign Trade Transportation Corp. at destination and applicant marked freight [ ] to collect/[ ] prepaid [ ] indicating freight amount.

A3 [ ] Insurance policy or certificate in __________ copies endorsed in blank covering ______________
____
for % of invoice value.

A4 [ ] Packing list/weight memo in __________ copies indicating quantity/gross and net weight of each package.

A5 [ ] Quality certificate in __________ copies issued by [ ] below mentioned manufacturer/[ ] public recognized surveyor/[ ].

A6 [　] Copy of your telex advising applicant within __24__ hours after Shipment indicating Contract No. , L/C No. , goods name, quantity invoice value, vessel's name/air flight No. , packages, loading port and shipping date.

A7 [　] Other documents if any:

B. Evidencing shipment of:

Packing:

Price term: CIF/CFR/FOB or ____

Manufacturer:　　　　　　　　　　　　Shipping mark:

C. Special instruction:

C1 [　] The remaining 15% of invoice value will be paid __________.

C2 [　] All banking charges [　] outside China/[　] in Hongkong are for beneficiaries' account.

D. Documents should be presented within __________ days from the date of shipment, but in any event within the validity of this L/C.

E. Shipment from ____________________ to ____________________ not later than ____________________. Transshipment is [　] allowed/[　] not allowed; partial shipments are [　] allowed/[　] not allowed; on deck shipment is [　] allowed/[　] not allowed; third party transport documents are [　] allowed/[　] not allowed.

* May leave in blank. Negotiation limited by Advising Bank.

* THIS L/C IS ISSUED SUBJECT TO UCP ____________________ REVISION ICC PUBLICATION NO. ____________________.

Sealed & Signed by: ____

Account No. ________________ **with** ____

(name of Bank)

Telephone No. ____

Sealed & Signed by Issuing Bank:

____

5.3.3 装运资料 Information of Shipment

品　　名：新型阿赛尔轧机　　　　　　　　　　武汉清关
项目名称：湖北兴业钢特种管件有限公司引进德国阿赛尔轧机系列
项目类型："十二五"技改
所属行业：黑色冶金
进口/申报及所有单证签发日期：2013/05/25
首入口岸：上海吴淞
发货人：信用证受益人
经营单位/收货单位：湖北兴业钢特种管件有限公司
海关代码：4210089001
提单号：HB-098989
船名：SHENCKERNER V-067
启运港：汉堡
境内目的地：黄石
件数：1 000 木箱
净重：900 MT
毛重：1 000 MT
体积：1 000 立方米
运费：EUR. DOLLAR 30 000.00
唛头：XYGST
HBXYG460
BEIJING
NO. 1-10

5.3.4 信用证项下的设备进口物流商检单证模拟实训 Simulating Practice of Inspection Documents for Import Logistics of Equipments under L/C

1. 入境货物报检单（Application for Inspection）

中华人民共和国出入境检验检疫
入境货物报检单

NO.

<table>
<tr><td rowspan="2">发 货 人</td><td colspan="8">（中文）</td></tr>
<tr><td colspan="8">（外文）</td></tr>
<tr><td rowspan="2">收 货 人</td><td colspan="8">（中文）</td></tr>
<tr><td colspan="8">（外文）</td></tr>
<tr><td>货物名称（中/外文）</td><td>H. S.编 码</td><td>产地（地区）</td><td colspan="3">数/重量</td><td colspan="2">货物总值</td><td>包装种类及数量</td></tr>
<tr><td></td><td></td><td></td><td colspan="3"></td><td colspan="2"></td><td></td></tr>
<tr><td>运输工具名称号码</td><td colspan="5"></td><td colspan="2">合同号</td><td></td></tr>
<tr><td>贸易方式</td><td>一般贸易</td><td colspan="2">贸易国别（地区）</td><td colspan="2"></td><td colspan="2">提单/运单号</td><td></td></tr>
<tr><td>到货日期</td><td></td><td colspan="2">启运国家（地区）</td><td colspan="2"></td><td colspan="2">许可证/审批号</td><td></td></tr>
<tr><td>卸毕日期</td><td></td><td colspan="2">启运口岸</td><td colspan="2"></td><td colspan="2">入境口岸</td><td></td></tr>
<tr><td>索赔有效期至</td><td></td><td colspan="2">经停口岸</td><td colspan="2"></td><td colspan="2">目的地</td><td></td></tr>
<tr><td colspan="2">集装箱规格、数量及号码</td><td colspan="7"></td></tr>
<tr><td colspan="2" rowspan="2">合同、信用证订立的
检验检疫条款或特殊要求</td><td colspan="3" rowspan="2"></td><td colspan="4">存货地点</td></tr>
<tr><td colspan="4">用途</td></tr>
<tr><td colspan="2">随附单据（划“√”或补填）</td><td colspan="3">标记及号码</td><td colspan="2">外商投资财产</td><td colspan="2">□是　□否</td></tr>
<tr><td colspan="2" rowspan="4">□ 合同　□ 许可/审批文件
□ 发票　□ 到货通知
□ 提/运单　□ 装箱单
□ 兽医卫生证　□ 质保书
□ 植物检疫证书　□ 理货清单
□ 动物检疫证明　□ 磅码单
□ 卫生证书　□ 验收报告
□ 原产地证书　□ 海关进
□ 证明书</td><td colspan="3" rowspan="4"></td><td colspan="4">检验检疫费</td></tr>
<tr><td colspan="2">总金额
（人民币元）</td><td colspan="2"></td></tr>
<tr><td colspan="2">计费人</td><td colspan="2"></td></tr>
<tr><td colspan="2">收费人</td><td colspan="2"></td></tr>
<tr><td colspan="5" rowspan="3">报检人郑重声明：
1. 本人被授权报检。
2. 上列填写内容正确属实，货物无伪造或冒用他人的厂名、标志、认证标志，并承担货物质量责任。

签名：________</td><td colspan="4">领　取　证　单</td></tr>
<tr><td colspan="2">日期</td><td colspan="2"></td></tr>
<tr><td colspan="2">签名</td><td colspan="2"></td></tr>
</table>

2. 商业发票（Commercial Invoice）

商业发票是供货商签发的单证，可以是复印件，免缮制。

3. 装箱单（Packing List）

装箱单是供货商签发的单证，可以是复印件，免缮制。

4. 进口合同副本（Import Contract Copy）

进口合同副本是自制单证，可以是复印件，免缮制。

5. 海运提单、空运单、承运货物收据、多式联运单据（Bill of Lading, Air Waybill, Cargo Receipt, Inter-modal Transport Documents）

海运提单、空运单、承运货物收据、多式联运单据可以是复印件，免缮制。

5.3.5 信用证项下的设备进口物流清关单证模拟实训 Simulating Practice of Clearance Documents for Import Logistics of Equipments under L/C

1. 进口货物报关单（Entry Inward）

中华人民共和国海关进口货物报关单

预录入编号：　　　　　　　　　　　　　　　　　　　　海关编号：

<table>
<tr><td colspan="2">进口口岸</td><td>备案号</td><td>进口日期</td><td>申报日期</td></tr>
<tr><td colspan="2">经营单位</td><td>运输方式</td><td>运输工具</td><td>提运单号</td></tr>
<tr><td colspan="2">收货单位</td><td>贸易方式</td><td>征免性质</td><td>征税比例</td></tr>
<tr><td>许可证号</td><td colspan="2">起运国（地区）</td><td>装运港</td><td>境内目的地</td></tr>
<tr><td>批准文号</td><td>成交方式</td><td>运费</td><td>保费</td><td>杂费</td></tr>
<tr><td>合同协议号</td><td>件数</td><td>包装种类</td><td>毛重（公斤）</td><td>净重（公斤）</td></tr>
<tr><td>集装箱号</td><td colspan="3">随附单据</td><td>用途</td></tr>
<tr><td colspan="5">标记唛码及备注</td></tr>
<tr><td colspan="5">项号　商品编号　商品名称、规格型号　数量及单位　原产国（地区）　单价　总价　币制　征免</td></tr>
<tr><td colspan="5"></td></tr>
<tr><td colspan="5">税费征收情况</td></tr>
<tr><td>录入员　录入单位</td><td colspan="2" rowspan="2">兹申明以上申报无讹并承担法律责任

申报单位（签章）</td><td colspan="2">海关审单批注及放行日期（签章）
审单　审价</td></tr>
<tr><td>报关员</td><td colspan="2">征税　统计</td></tr>
<tr><td colspan="3">单位地址

邮编　电话　填制日期　年　月　日</td><td colspan="2">查验　放行</td></tr>
</table>

2. 入境货物通关单（Customs Access）

中华人民共和国出入境检验检疫

入境货物通关单

编号：

<table>
<tr><td colspan="3">1. 收货人</td><td rowspan="3">5. 标记及号码</td></tr>
<tr><td colspan="3">2. 发货人</td></tr>
<tr><td>3. 合同/提（运）单号</td><td colspan="2">4. 输出国家或地区</td></tr>
<tr><td>6. 运输工具名称及号码</td><td colspan="2">7. 目的地</td><td>8. 集装箱规格及数量</td></tr>
<tr><td>9. 货物名称及规格</td><td>10. H. S. 编码</td><td>11. 申报总值</td><td>12. 数/重量、包装数量及种类</td></tr>
<tr><td colspan="4">13. 证明
上述货物办完海关手续后，请及时联系落实检验检疫事宜，未经检验检疫，不得销售、使用，对未经检验检疫而擅自销售或使用者，检验检疫机构将按照法律法规规定予以处罚。
签字：　　日期：　　月　　日</td></tr>
<tr><td colspan="4">14. 备注
（检验时已提供无木质包装声明）</td></tr>
</table>

3. 自动进口许可证（Automatic Import Licence）

中华人民共和国自动进口许可证
AUTOMATIC IMPORT LICENCE OF THE PEOPLE'S REPUBLIC OF CHINA

1. 进口商 Importer	3. 自动进口许可证号： Automatic import licence No.
2. 进口用户 Consignee	4. 自动进口许可证有效截止日期 Automatic import licence expiry date
5. 贸易方式 Terms of trade	8. 贸易国（地区） Country/Region of trading
6. 外汇来源 Terms of foreign exchange	9. 原产地国（地区） Country/Region of origin
7. 报送口岸 Place of clearance	10. 商品用途 Use of goods

11. 商品名称 Description of goods	商品编码（H.S.） Code of goods	设备状态 Status of goods

12. 规格、型号 Specification	13. 单位 Unit	14. 数量 Quantity	15. 单位（　） Unit price	16. 总值（　） Amount	17. 总值折美元 Amount in USD
18. 总计 Total					

19. 备注 Supplementary details	20. 发证机关签章 Issuing authority' stamp 21. 发证日期 Licence date

中华人民共和国商务部监制（2005）

5.3.6 信用证项下的设备进口物流结算单证模拟实训 Simulating Practice of Settlement Documents for Import Logistics of Equipments under L/C

翻译以下终验收协议（中译英）。

终验收协议书

中方：湖北兴业钢特种管件有限公司
德方：SMS米尔有限公司
项目：新型阿赛尔轧机（ASN-08）

2013年12月1日至30日，中国方面，湖北兴业钢特种管件有限公司（下称“兴业特管”）与德国方面，SMS米尔有限公司（下称“米尔公司”）对新型阿赛尔轧机（ASN-08）进行了安装、调试和一周的试运行。其机械性能、工艺标准及环保指标均达到合同要求。另外，米尔公司还对兴业特管的工程技术人员就该设备的运转和维护等进行了有效的培训，特别是对轧辊最优尺寸的选用测算和管坯的最佳轧制温度的讲解，收效突出。其代表该轧机生产质量的试件DIA-500M/M共十根，双方各存五根作为封样。米尔公司应当在2014年1月20日以前，向兴业特管开出金额为1 340 412.50欧元的银行反担保书，有效期为12个月，与合同质保期一致。2014年1月20日之前，米尔公司必须将如下配件快递到兴业特管：

DIN931–8.8级发黑螺栓DIA-35　　100只；
DIN934–8.8级发黑螺母DIA-35　　100只。

如上协议用中英文书就，以英文版为准。本协议书共一式四份，双方各执2份，未尽事宜，通过友好协商处理，或按照合同提交仲裁审理。

黄文
代表
湖北兴业钢特种管件有限公司
中国

鲁道夫
代表
SMS米尔有限公司
德国

2014年3月30日

5.4　信用证项下的设备进口物流单证大作业

Assignment for Import Logistics Documents of Equipments under L/C

5.4.1　阅读已开出的信用证 Read the Established L/C

SWIFT-MT : 700 NORMAL DM=2.
SWIFT-DEST: PCBCDEFR
SENT TO
CHINA CONSTRUCTION BANK, HONG KONG
LIPPO TOWER FLOOR 44 89 QUEENSWAY ADMIRALTY HONG KONG.
: 27: SEQUENCE OF TOTAL 1/1
: 40A: FORM OF DOCUMENTARY CREDIT
IRREVOCABLE
: 20: DOUCMENTARY CREDIT NUMBER
42060010000160
: 31C: DATE OF ISSUE
121005
: 40E: APPLCABLE RULES
UCP LATEST VERSION
ISSUING BANK: CHINA CONSTRUCTION BANK, HUBEI BRANCH
: 31D: DATE AND PLACE OF EXPIRY
141230 HONGN KONG
: 50: APPLICANT
HUBEI XINYEGANG SPECIAL TUBE CO., LTD.
316 HUANGSHI AVENUE HUANGSHI HUBEI P.R. CHINA 435001
: 59: BENEFICIARY
ABB(HONG KONG) LTD.
TEL: 852-29293838
FAX: 852-29293553
BENEFICIARY ADDRESS SEE 47.
: 32 B: CURRENCY CODE AMOUNT,
EUR3,214,105.00
: 41D: AVAILABLE WITH ... BY ...
ANY BANK

BY NEGOTIATION
: 42C: DRAFTS AT
DRAFTS AT SIGHT FOR 100 PCT OF INVOICE VALUE
: 42D: DRAWEE
ISSUING BANK
: 43P: PARTIAL SHIPMENT
ALLOWSED
: 43T: TRANSSHIPMENT
NOT LLOWED
: 44E: PORT OF LOADING
EUROPEAN MAJOR SEAPORTS OR EUROPEAN AIRPORTS
: 44F: PORT OF DISCHARGE
SHANGHAI SEAPORT OR SHANGHAI AIRPORTS:
: 44C: LATEST DATE OF SHIPMENT
131030
:45A: DESCRIPTION OF GOODS AND/OR SERVICES
ELECTRICAL EQUIPEMNTS FOR CTP AND ASSEL MILL AREAS.

PACKING IN STRONG EXPORT WOODEN CASES SUITABLE FOR LONG DISTANCE OCEAN AND INLAND TRANSPORTATION OR AIRFREIGHT, NUMEROUS HANDLING, LOADING AND UNLOADING.
FOB ROTTERDAM/HONG KONG SEAPORT AND CIP BEIJING AIRPORT
: 46A: DOCUMENTS REQUIRED:
++THE FIRST PAYMENT WILL BE PAID AGAINST THE FOLLOWING DOCUMENTS:
+ THE BENEFICIARY'S DRAFTS DRAWN ON ISSUING BANK AT SIGHT FOR EUR2,835,975.00 OF THE PROVISIONAL COMMERCIAL INVOICE VALUE.
+MANUALY SIGNED COMMERCIAL INVOICE IN 3 COPIES, INDICATING THE SHIPPING MARK, DESCRIPTION OF GOODS, VALUE, L/C NO., AND CONTRACT NO. HBXYG460-08EE03-029.
+FULL SET CLEAN ON BOARD OCEAN BILL OF LADING SHOWING "FREIGHT COLLECT", MADE OUT TO ORDER, BLANK ENDORSED AND NOTIFYING APPLCANT, OR CLEAN AIR WAYBILL CONSIGNED TO HUBEI XIN DEGANG SPECIAL TUBE CO., LTD. MARKED "FREIHGT PREPAID".
+PACKING LIST /WEIGHT MEMO IN 3 COPIES INDICATING GOODS NAME, QUANTITY, GROSS AND NET WEIGHT FOR EACH PACKAGE.
+CERTIFICATE OF QUALITY IN 3 COPIES ISSUED BY THE MANUFACTURER OR BENEFICIARY.
++THE SECOND PAYMENT WILL BE PAID AGAINST THE FOLLOWING DOCUMENTS:
+THE BENEFICIARY'S DRAFTS DRAWN ON ISSUING BANK AT SIGHT FOR EUR378,130.00 OF THE PROVISIONAL COMMERCIAL INVOICE VALUE.

+SIGNED BENEFICIARY'S COMMERCIAL INVOICE IN THREE COPIES.
+ONE ORIGINAL OF THE FINAL ACCEPTANCE CERTIFICATE SIGNED BY THE REPRESENTATIVE OF BOTH PARTIES, APPLICANT AND BENEFICIARY.
+IRREVOCABLE RETENTION GUARANTEE VALID FROM RECEIPT OF RETENTION MONEY BY THE BENEFICIARY TILL EXPIRATION OF WARRANTY PERIOD AS PER APPENDIX 2 OF THE PRESENT CONTRACT COVERING 10 PCT OF THE CONTRACTUAL VALUE IN ONE ORIGINAL.
: 47A: ADDITIOANL CONDITIONS:
+BENEFICIARY ADDRESS IS 3/F, NO. 3 DAI HEI STREET, TAI PO INDUSRTRIAL ESTATE,TAI PO NEW TERRITORIES, HONG KONG.
+A DISCREPANCY HANDLING DEE OF USD50.00 (OR EQUIVALENT) AND RELATIVRE CABLE CHARGES WILL BE DEDUCTED FROM PROCEEDS FOR EACH SET OF DOCUMENTS PRESENTED WITH DISCREPANCIES.
+ALL DOCUMENTS SHOULD BE ISSUED IN ENGLISH AND BEAR OUR L/C NO.
+DRAFT DRAWN HEREUNDER MUST BEAR OUR NAME, THE CREDIT NO. AND DATE.
+EXTRA COPIES OF DOCUMENTS ARE REQUIRED TO BE PRESENTED FOR ISSUING BANK'S REFERENCE ONLY.
+DOCUMENTS ISSUED PRIOR TO ISSUE DATE ARE ACCEPTABLE.
+CAHRTER PARTY BILLS OF LADING ARE ACCEPTABLE.
+THIRD PARTY DOCUMNENTS EXCEPT INVOICE AND DRAFTS ACCEPTABLE.
+LOAD PORT: ROTTERDAM SEAPORT AND HONG KONG SEAPORT AND ZURICH AIRPORT AND SWEDEN AIRPORT.
+ THE DOCUMENTS FOR THE FIRST PAYMENT MUST BE PRESENTED WITHIN 21 DAYS AFTER BILLS OF LADING DATE.
+DOCUMENTS MUST BE SENT IN ONE LOT VIA COURIER SERVICES TO CHINA CONSTRUCTION BANK, HUBEI BRANCH, 35/F JIANYIN BUILDING, NO 709, JIANSHE AVENUE WUHAN 430015, CHINA.
: 71B: CHARFES
ALL BANKING CHARGES OUTSIDE CHINA ARE FOR BENEFICIARY'S ACCOUNT, ALL BANKING CHARGES INSIDE CHINA ARE FOR APPLICANT'S ACCOUNT.
: 48: PERIOD FOR PRECENTATION
SEE 47A
: 49: CONFIRMATION INSTRUCTION
WITHOUTUNT
: 78: INSTRUCITONS TO THE PAYING/ACCEPTING/NEGOTIATING BANK
AMOUNT OF EACH DRAWING MUST BE ENDORSED ON THE REVERSE OF THIS CREDIT BY THE NEGOTIATING BANK.
+ONLY UPON RECEIPT OF FULL SET OF DOCUMENTS, WE WILL EFFECT PAYMENT AS PER YOUR INSTRUCTION.
+T/T REIMBURSEMENT NOT ALLOWED.

5.4.2 返填信用证申请书 Anti-fill the Application Form

APPLICATION FOR ISSUING LETTER OF CREDIT

To: Date:

Please issue on our behalf and for our account the following

DOCUMENTARY LETTER OF CREDIT

by ( ) TELEX/( ) AIRMAIL ( )

L/C No. (left for bank to fill)

Beneficiary: (full name & detailed address)	Advising Bank: (left for bank to fill)
Applicant: (full name & detailed address)	Date of Expiry: Place of Expiry:
Amount: (both in figure and words)	

Dear Sirs,

We hereby issue our DOCUMENTARY LETTER OF CREDIT in your favour for account of the above applicant available by your draft(s) drawn [ ] at sight/[ ] ________ on [ ] us/[ ] advising bank/[ ] applicant for % of invoice value as drawn under this L/C accompanied by following documents marked with X:

A1 [ ] Signed commercial invoice in ______________ copies indicating Contract No. ________ ________.

A2 [ ] Full set 3/3 clean on board ocean Bills of Lading [ ] made out to order and Endorsed in blank/[ ] applicant/[ ] notifying [ ] China National Foreign Trade Transportation Corp. at destination/[ ] applicant/[ ] China National Foreign Trade Transportation Corp. at destination and applicant marked freight [ ] to collect/[ ] prepaid [ ] indicating freight amount.

A3 [ ] Insurance policy or certificate in _________ copies endorsed in blank covering ______________ ____ for % of invoice value.

A4 [ ] Packing list/weight memo in _________ copies indicating quantity/gross and net weight of each package.

A5 [ ] Quality certificate in _________ copies issued by [ ] below mentioned manufacturer/[ ] public recognized surveyor/[ ].

A6 [ ] Copy of your telex advising applicant within 24 hours after Shipment indicating Contract No. ,

L/C No. , goods name, quantity invoice value, vessel's name/air flight No. , packages, loading port and shipping date.

A7 [ ] Other documents if any:

B. Evidencing shipment of:

Packing:

Price term: CIF/CFR/FOB or ______________________________

Manufacturer: Shipping mark:

C. Special instruction:

C1 [ ] The remaining 15% of invoice value will be paid ________.

C2 [ ] All banking charges [ ] outside China/[ ] in Hongkong are for beneficiaries' account.

D. Documents should be presented within ________ days from the date of shipment, but in any event within the validity of this L/C.

E. Shipment from ______________ to ______________ not later than ______________.

Transshipment is [ ] allowed/[ ] not allowed; partial shipments are [ ] allowed/[ ] not allowed; on deck shipment is [ ] allowed/[ ] not allowed; third party transport documents are [ ] allowed/[ ] not allowed.

* May leave in blank. Negotiation limited by Advising Bank.

* THIS L/C IS ISSUED SUBJECT TO UCP ______________ REVISION ICC PUBLICATION NO. ______________.

Sealed & Signed by: ______________________________

Account No. ______________ **with** ______________________________

(name of Bank)

Telephone No. ______________________________

Sealed & Signed by Issuing Bank:

____

5.4.3 装运资料 Information of Shipment

品　　名：CTP 及阿塞尔轧制区段电控设备
项目名称：湖北兴业钢特种管件有限公司引进德国阿赛尔轧机系列
项目类型："十二五"技改
所属行业：黑色冶金
进口/申报及所有单证签发日期：2013/08/31
入境口岸：上海浦东机场
发货人：信用证受益人
经营单位/收货单位：湖北兴业钢特种管件有限公司
海关代码：4210089001
组织机构代码：4-7898787
航班号：AUG4567
空运单号：AUGB3303
启运机场：斯图加特机场
境内目的地：黄石
件数：10 木箱
净重：9 MT
毛重：10 MT
体积：5 立方米
运费：EUR. DOLLAR 3,000.00
唛头：XYGST
　　　HBXYG460
　　　BEIJING
　　　NO. 1-10

5.4.4 信用证项下的设备进口物流商报检单证模拟实训 Simulating Practice of Inspection Documents for Import Logistics of Equipments under L/C

1. 入境货物报检单（Application for Inspection）

中华人民共和国出入境检验检疫
入境货物报检单

NO.

发货人	（中文）				
	（外文）				
收货人	（中文）				
	（外文）				
货物名称（中/外文）	H. S.编 码	产地（地区）	数/重量	货物总值	包装种类及数量
运输工具名称号码				合同号	
贸易方式	一般贸易	贸易国别（地区）		提单/运单号	
到货日期		启运国家（地区）		许可证/审批号	
卸毕日期		启运口岸		入境口岸	
索赔有效期至		经停口岸		目的地	
集装箱规格、数量及号码					
合同、信用证订立的检验检疫条款或特殊要求			存货地点		
			用途		
随附单据（划“√”或补填）		标记及号码	外商投资财产	□ 是 □ 否	
□ 合同 □ 发票 □ 提/运单 □ 兽医卫生证 □ 植物检疫证书 □ 动物检疫证明 □ 卫生证书 □ 原产地证书 □ 证明书	□ 许可/审批文件 □ 到货通知 □ 装箱单 □ 质保书 □ 理货清单 □ 磅码单 □ 验收报告 □ 海关进		检验检疫费		
			总金额（人民币元）		
			计费人		
			收费人		
报检人郑重声明： 1. 本人被授权报检。 2. 上列填写内容正确属实，货物无伪造或冒用他人的厂名、标志、认证标志，并承担货物质量责任。 签名：________			领 取 证 单		
			日期		
			签名		

2. 商业发票（Commercial Invoice）

商业发票是供货商签发的单证，可以是复印件，免缮制。

3. 装箱单（Packing List）

装箱单是供货商签发的单证，可以是复印件，免缮制。

4. 进口合同副本（Import Contract Copy）

进口合同副本是自制单证，可以是复印件，免缮制。

5. 海运提单、空运单、承运货物收据、多式联运单据（Bill of Lading, Air Waybill, Cargo Receipt, Inter-modal Transport Documents）

海运提单、空运单、承运货物收据、多式联运单据可以是复印件，免缮制。

5.4.5 信用证项下的设备进口物流清关单证模拟实训 Simulating Practice of Clearance Documents for Import Logistics of Equipments under L/C

1. 进口货物报关单（Entry Inward）

中华人民共和国海关进口货物报关单

预录入编号：　　　　　　　　　　　　　　　　　　海关编号：

<table>
<tr><td colspan="2">进口口岸</td><td>备案号</td><td>进口日期</td><td>申报日期</td></tr>
<tr><td colspan="2">经营单位</td><td>运输方式</td><td>运输工具</td><td>提运单号</td></tr>
<tr><td colspan="2">收货单位</td><td>贸易方式</td><td>征免性质</td><td>征税比例</td></tr>
<tr><td>许可证号</td><td colspan="2">起运国（地区）</td><td>装运港</td><td>境内目的地</td></tr>
<tr><td>批准文号</td><td>成交方式</td><td>运费</td><td>保费</td><td>杂费</td></tr>
<tr><td>合同协议号</td><td>件数</td><td>包装种类</td><td>毛重（公斤）</td><td>净重（公斤）</td></tr>
<tr><td>集装箱号</td><td colspan="3">随附单据</td><td>用途</td></tr>
<tr><td colspan="5">标记唛码及备注</td></tr>
<tr><td colspan="5">项号　商品编号　商品名称、规格型号　数量及单位　原产国（地区）　单价　总价　币制　征免</td></tr>
<tr><td colspan="5"></td></tr>
<tr><td colspan="5">税费征收情况</td></tr>
<tr><td>录入员　录入单位</td><td colspan="2">兹申明以上申报无讹并承担法律责任</td><td colspan="2">海关审单批注及放行日期（签章）
审单　　审价</td></tr>
<tr><td colspan="3" rowspan="2">申报单位（签章）
报关员
单位地址
邮编　　电话　　填制日期　　年　月　日</td><td colspan="2">征税　　统计</td></tr>
<tr><td colspan="2">查验　　放行</td></tr>
</table>

2. 入境货物通关单（Customs Access）

中华人民共和国出入境检验检疫

入境货物通关单

编号：

<table>
<tr><td colspan="3">1. 收货人</td><td rowspan="3">5. 标记及号码</td></tr>
<tr><td colspan="3">2. 发货人</td></tr>
<tr><td colspan="2">3. 合同/提（运）单号</td><td>4. 输出国家或地区</td></tr>
<tr><td colspan="2">6. 运输工具名称及号码</td><td>7. 目的地</td><td>8. 集装箱规格及数量</td></tr>
<tr><td>9. 货物名称及规格</td><td>10. H.S. 编码</td><td>11. 申报总值</td><td>12. 数/重量、包装数量及种类</td></tr>
<tr><td colspan="4">13. 证明
上述货物办完海关手续后，请及时联系落实检验检疫事宜，未经检验检疫，不得销售、使用，对未经检验检疫而擅自销售或使用者，检验检疫机构将按照法律法规规定予以处罚。
签字：　　　　日期：　　月　　日</td></tr>
<tr><td colspan="4">14. 备注
（检验时已提供无木质包装声明）</td></tr>
</table>

3. 自动进口许可证（Automatic Import Licence）

中华人民共和国自动进口许可证
AUTOMATIC IMPORT LICENCE OF THE PEOPLE'S REPUBLIC OF CHINA

1. 进口商 Importer			3. 自动进口许可证号： Automatic import licence No.		
2. 进口用户 Consignee			4. 自动进口许可证有效截止日期 Automatic import licence expiry date		
5. 贸易方式 Terms of trade			8. 贸易国（地区） Country/Region of trading		
6. 外汇来源 Terms of foreign exchange			9. 原产地国（地区） Country/Region of origin		
7. 报送口岸 Place of clearance			10. 商品用途 Use of goods		
11. 商品名称 Description of goods		商品编码（H.S.） Code of goods			设备状态 Status of goods
12. 规格、型号 Specification	13. 单位 Unit	14. 数量 Quantity	15. 单位（　） Unit price	16. 总值（　） Amount	17. 总值折美元 Amount in USD
18. 总计 Total					
19. 备注 Supplementary details			20. 发证机关签章 Issuing authority' stamp 21. 发证日期 Licence date		

中华人民共和国商务部监制（2005）

4. 原产地证书（Certificate of Origin）

供应商提供，免制作。

5. 海运提单、空运单、承运货物收据、多式联运单据（Bill of Lading, Air Waybill, Cargo Receipt, Inter-modal Transport Documents）

海运提单、空运单、承运货物收据、多式联运单据可以是复印件，免缮制。

6. 商业发票（Commercial Invoice）

商业发票是供货商签发的单证，可以是复印件，免缮制。

7. 装箱单（Packing List）

装箱单是供货商签发的单证，可以是复印件，免缮制。

8. 熏蒸/消毒证明书（Fumigation/Disinfection Certificate）

供应商提供，免制作。

9. 进口合同副本（Import Contract Copy）

进口合同副本是自制单证，可以是复印件，免缮制。

5.4.6 信用证项下的设备进口物流结算单证模拟实训 Simulating Practice of Settlement Documents for Import Logistics of Equipments under L/C

模仿前例编写中英文终验收协议书（Simulate the previous examples to write a final acceptance agreement in both Chinese and English）。

1. 简述开证申请书的性质。
2. 进口清关单证一般由哪些组成？
3. 进口结算单证一般有哪些？
4. 美国供应商提供的熏蒸证书英文名称怎么写？其含义是什么？
5. 进口商付出设备尾款前，一般都要求供货商提供什么文件？

加工贸易项下的对流单证

Reciprocal Documents under Tolling Logistics

加工贸易包括来料加工、来件装配、进料加工、出料加工和补偿贸易。它与通常所说的“三来一补”（即来料加工、来件装配、来样加工和中小型补偿贸易）的区别在于：来样加工属于一般出口贸易，不在加工贸易的范围内。加工贸易项下的国际物流单证最大的特点是“对流性”，也就是有进口单证必有出口单证。本章只介绍进料加工项下的国际物流单证。因此，在制作单证之前必须对这种贸易做一定的了解。

6.1　进料加工简介

Brief Introduction to Tolling

“进料加工”是指经营单位进口部分或全部原料、材料、辅料、元器件、零部件、配套件和包装物料（简称进口料件），由国内生产者加工成成品或半成品后再销往国外市场的贸易方式。进料加工存在两种类型。一种是对口合同加工贸易。它是指国外料件提供方也是未来的成品购买方，能够提供对口合同的料件进口时，海关给予免交许可证和全免税的待遇（除了限制类的料件进口以外）。另一种是非对口合同加工贸易。这就是进口加工方自购自销，自己把握市场风险。这样的加工贸易项下的进口料件海关一般先征 5%或以上的进口税，作为非对口合同项下可能会滞留部分无法复出口的准备。但是，这两种类型又是分开的两笔交易，各付各账。也就是说，加工方进口料件时付汇境外的提供商，而出口成品时又向境外的购货方出口收汇。

进料加工的资格条件如下。

（1）应为有进出口经营权的境内企业。

（2）应由持有报核员证的报核人员办理有关手续。

向海关办理备案登记手续需交验的文件如下。

（1）对外签订的进口合同。对口合同还需向海关提供出口合同（副本）。

（2）外经贸主管部门批件。

（3）加工企业生产能力证明。

（4）税务部门签发的审核证明。

（5）为确定单耗所需的必要资料。

（6）属于国家有专项规定的商品，需交验许可证件。

（7）加工企业保函（工、外贸企业需提供）。

（8）“登记手册”及加工合同备案申请表、保税合同备案预录入呈报表。

（9）海关需要的其他单证。

进料加工首先需要办理加工贸易业务批准证，一般在属地对外经贸管理机构办理。各省市由商务厅局审批；沿海城市由外经贸局审批。如果是对口合同，还需提交进出口合同。如下是初始申报与备案的一笔对口合同项下的进料加工业务的“加工贸易业务批准证”、出口成品备案清单、料件单耗申报单、所属的料件进口合同与制成品出口合同。

海关对此加工贸易业务实行报核员（非普通报关员）管理制度。在进行本类业务之前先要完成如上所述申报、注册、登记和备案；在完成其进出口物流过程后，需要核销，即在手册和单耗情况等说明中，如实反映该笔业务的实际用料数量和出口成品数量、料件/成品比是否正常。对于数量大的剩余料件还涉及补征税款、补办许可证等手续。如果比例正常，则一次核销完毕，结关。

1. 加工贸易业务批准证

加工贸易业务批准证

批准证号：台（2013）加贸进字第 00895 号

<table>
<tr><td colspan="2">1. 经营企业名称：
枫叶家用电器有限公司</td><td colspan="3">3. 加工企业名称
枫叶家用电器有限公司</td></tr>
<tr><td colspan="2">2. 经营企业类型：港、澳、台商投资企业
经营企业编码：8909887873　国内企业</td><td colspan="3">4. 加工企业类型：港、澳、台商投资企业
加工企业编码：8909887873 国内企业</td></tr>
<tr><td colspan="2">5. 加工贸易类型：
进料加工</td><td colspan="3">6. 出口至成品返销截止日期
2013 年 12 月 30 日</td></tr>
<tr><td rowspan="3">进料
加工</td><td>7. 进口合同号
TEE1301</td><td rowspan="3">来料
加工</td><td colspan="2">10. 合同外商</td></tr>
<tr><td>8. 出口合同号
ML13E-05</td><td colspan="2">11. 合同号</td></tr>
<tr><td>9. 客供辅料合同号</td><td colspan="2">12. 加工费（美元）</td></tr>
<tr><td colspan="2">13. 进口主要料件（详细目录见清单）
带线插头、指示灯及开关（2 件一套）</td><td colspan="3">16. 出口主要制成品
六座三插带插头插线板</td></tr>
<tr><td colspan="2">14. 进口料件总值（美元）
USD 60,000.00</td><td colspan="3">17. 出口至成品总值
USD 120,000.00</td></tr>
<tr><td colspan="2">15. 进口口岸
温州关区，上海关区，宁波关区</td><td colspan="3">18. 出口口岸
温州关区，上海关区，宁波关区</td></tr>
<tr><td colspan="2">19. 加工企业地址、联系人、电话
台州市泽国区彩虹工业开发区 12 号</td><td colspan="3">20. 加工地主管海关
台州海关</td></tr>
<tr><td colspan="2">21. 加工企业生产能力审查单位
台州市外经贸局</td><td colspan="3">22. 加工企业银行基本账户账号
346 877665444555678789</td></tr>
<tr><td colspan="2">23. 国产料件总值（美元）
1,000.00</td><td colspan="2" rowspan="2">24. 深加工结转金额</td><td>转入（美元）</td></tr>
<tr><td colspan="2">25. 备注</td><td>转出（美元）</td></tr>
<tr><td colspan="2"></td><td colspan="3">26. 发证机关签章

台州市外经贸局加工贸易业务
审批专用章
（台州）

27. 发证日期　2013-01-01</td></tr>
</table>

2. 出口成品备案清单

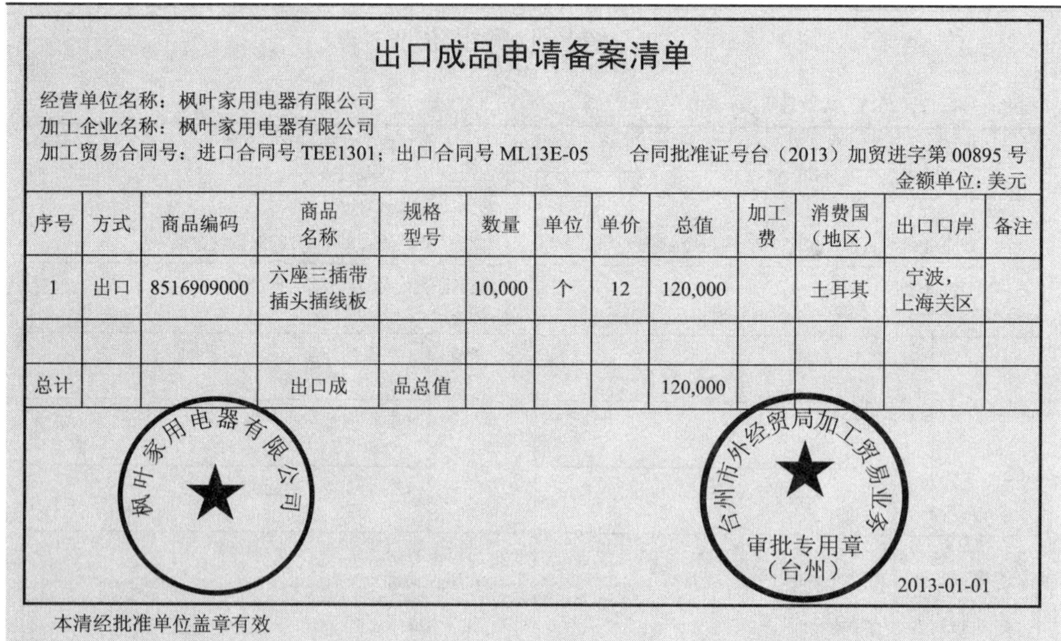

出口成品申请备案清单

经营单位名称：枫叶家用电器有限公司
加工企业名称：枫叶家用电器有限公司
加工贸易合同号：进口合同号 TEE1301；出口合同号 ML13E-05　　合同批准证号台（2013）加贸进字第 00895 号
金额单位：美元

序号	方式	商品编码	商品名称	规格型号	数量	单位	单价	总值	加工费	消费国（地区）	出口口岸	备注
1	出口	8516909000	六座三插带插头插线板		10,000	个	12	120,000		土耳其	宁波，上海关区	
总计			出口成	品总值				120,000				

枫叶家用电器有限公司

台州市外经贸局加工贸易业务审批专用章（台州）

2013-01-01

本清经批准单位盖章有效

3. 料件单耗申报单

中华人民共和国海关加工贸易单耗申报单

企业名称	枫叶家用电器有限公司	企业编码			手册（电子底账）编号		
申报环节	☑备案　☐ 出口成品前　☐深加工结转前　☐内销前　☐保核前						

成品	项号	1	版本号		商品编码	8516909000	
成品	商品名称	六座三插带插头插线板	计量单位	个	规格型号		

料件	项号	商品编码	商品名称	计量单位	规格型号	单耗/净耗	损耗率	非保税料件比例
	1	8443999100	带线插头	个（2个1套）		1	0	0
	2	8443999100	指示灯及开关			1		

注："单耗/净耗"栏申报内容为净耗，则需申报相应损耗率数据；若"单耗/净耗"栏申报内容为单耗，则不必重复申报损耗率数据，"损耗率"栏应为空。

经办人（签字）吴家华　　申报日期：2013-03-03　　联系电话：67865544　　企业印章：

枫叶家用电器有限公司

4. 料件进口合同

Contract

No.: TEE1301

Order Date　　Confirmation Date　　Order Date

Jan. 1st, 2013.

Delivery Address:
12 Caihong Industrial Developing Zone
Zeguo, Taizhou, Zhejiang, China.

Customer Address:
MAPLE-LEAF ELECTRIC APPLIANCE CO., LTD.
12 Caihong Industrial Developing Zone
Zeguo, Taizhou, Zhejiang, China.

Shipping Vessel:

Terms of Payment:
T/T AFTER THE B/L IS ISSUED.

Trade Terms: CIF NINGBO, CHINNA.

Delivery Date: Feb. 20, 2013.

Partial Shipment: not allowed

Transshipment: not allowed

Transport from Pakistani main Ports to Ningbo, China.

Item	Description & Specification	Quantity PC	Unit Price	Amount
1	Plug with cord,	10,050		USD60,000.00
2	LED with switch (2 PC/Set)	10,050		

TOTAL: SAY UNITED STATES DOLLARS SIXTY THOUSAND ONLY.

SIGNED BY THE SELLERS
Hassyio glue
On behalf of
TURKEYE ELECTRCALS CO., LTD.

Date: Jan. 3, 2013.

SIGNED BY THE BUYERS
莫 君
On behalf of
MAPLE-LEAF ELECTRIC APPLIANCE CO., LTD.

Date: Jan. 3, 2013.

5. 制成品出口合同

SALES CONTRACT

CONTRACT NO.: ML13E-05

DATE: 2013-01-03

SELLERS: MAPLE-LEAF ELECTRIC APPLIANCE CO., LTD.

BUYERS: TURKEYE ELECTRCALS CO., LTD.

兹经买卖双方同意，由卖方出售如下，买方购进下列货物，并按下列条款签订本合同。

This contract is made by and between the sellers and buyers, whereby the buyers agree to buy and the sellers agree to sell the under mentioned commodity according to the terms and conditions stipulated below.

1. NAME OF COMMODITY AND SPECIFICATION, QUANTITY, UNIT PRICE, TOTAL VALUVE AND TIME OF SHIPMENT:

货号 Article No.	商品品名、规格 Name of Commodity and Specification	数量 Quantity	单价 Unit Price	金额 Amount	装运期 Time of Shipment
	SIX SOCKET AND THREE PIN TERMINAL BLOCK WITH PLUG	PC 10,000	FOB	NINGBO CHINA USD 120,000.00	BEFORE DECEMBER 30, 2013.
数量及总值均得有___%的增减。 Amount and Quantity ___% More or Less Allowed.		总值 Total Amount		USD120,000.00	

2. 装运口岸和目的地：

   Loading Port and Destination: FROM NINGBO, CHINA TO ISTANBUL

3. 付款条款：

   买方应按本合同所规定的装运期前______天开出见票______天付款的，允许转让的，可分割的信用证。信用证应规定数量和金额允许______%的增减，信用证的议付有效期应规定在装运期后至少______天在受益人国家到期。信用证应规定允许分批装运和转运。

   Terms of Payment: The buyers should according to the contractual stipulations ______ days before the date of shipment open the letter of credit at ______ days' sight, transferable and dividable. And L/C must stipulate ___% both in amount and quantity acceptable and expires at least days after the shipping date in beneficiary's country and partial or transshipment permitted.

4. 保险：

Insurance: TO BE EFFECTED BY THE BUYERS

5. 装船标记：

Shipping Marks: AT THE SELLERS' OPTION

6. 仲裁：

Arbitration: DISPUTES, IF ANY, WILL BE SUBMITTED TO CHINA INTERNATIONAL ECONOMIC AND TRRADE ARBITRATION COMMISSISON (CIETAC).

7. 其他：

Others：PACKING IN CORRUGATED CARTONS OF 100 PC EACH.

买方	卖方
The Buyers	The Sellers
Hassyio glue	莫 君

6.2　加工贸易项下的对流单证样板

Sample Reciprocal Documents under Tolling Logistics

具体业务操作时分为两个阶段。第一阶段是料件进口阶段，第二阶段是成品出口阶段。请看下面一笔进料加工业务的对流单证。

6.2.1　进口业务操作阶段的单证 Import Business Documents

第一阶段的国际物流单证同样由商检单证、报关单证和结算单证组成。除了报关单的颜色不一样和填写的贸易方式不一样以外，只是增加了通关手册。

1. 商检单证（Inspection Documents）

1）入境货物报检单

中华人民共和国出入境检验检疫
入境货物报检单

NO. 987321

<table>
<tr><td rowspan="2">发货人</td><td colspan="5">（中文）</td></tr>
<tr><td colspan="5">（外文）PAKISTANI HARDWARES COMPANY, LTD.</td></tr>
<tr><td rowspan="2">收货人</td><td colspan="5">（中文）枫叶家用电器有限公司</td></tr>
<tr><td colspan="5">（外文）MAPLE-LEAF ELECTRIC APPLIANCE CO., LTD.</td></tr>
<tr><td>货物名称（中/外文）</td><td>H.S.编码</td><td>产地（地区）</td><td>数/重量</td><td>货物总值</td><td>包装种类及数量</td></tr>
<tr><td>PLUG WITH CORD, LED WITH SWITCH (2 PC/SET) 带线插头、指示灯及开关（2 件一套）</td><td>8443999100</td><td>巴基斯坦</td><td>20,100 件/
10,050 套</td><td>USD（美元）
60,000.00</td><td>110 纤维纸箱/
10,000 公斤</td></tr>
<tr><td>运输工具名称号码</td><td colspan="3">KITUMU V-09</td><td>合同号</td><td>TEE1301</td></tr>
<tr><td>贸易方式</td><td>加工贸易</td><td>贸易国别（地区）</td><td>土耳其</td><td>提单/运单号</td><td>KITAG897</td></tr>
<tr><td>到货日期</td><td>2013 年 3 月 1 日</td><td>启运国家（地区）</td><td>巴基斯坦</td><td>许可证/审批号</td><td>台（2013）加贸进字第 00895 号</td></tr>
<tr><td>卸毕日期</td><td></td><td>启运口岸</td><td>KARAKI 卡拉奇</td><td>入境口岸</td><td>宁波</td></tr>
<tr><td>索赔有效期至</td><td></td><td>经停口岸</td><td></td><td>目的地</td><td>台州</td></tr>
<tr><td colspan="2">集装箱规格、数量及号码</td><td colspan="4">1x40′ APLU 6784530</td></tr>
<tr><td colspan="2" rowspan="2">合同、信用证订立的检验检疫条款或特殊要求</td><td rowspan="2">见进口合同</td><td colspan="3">存货地点 海关监管区</td></tr>
<tr><td colspan="3">用途 企业自用</td></tr>
<tr><td colspan="2">随附单据（划“√”或补填）</td><td>标记及号码</td><td>外商投资财产</td><td colspan="2">□ 是 ☑ 否</td></tr>
<tr><td colspan="2" rowspan="4">☑ 合同 □ 许可/审批文件
☑ 发票 □ 到货通知
☑ 提/运单 ☑ 装箱单
□ 兽医卫生证 □ 质保书
□ 植物检疫证书 □ 理货清单
□ 动物检疫证明 □ 磅码单
□ 卫生证书 □ 验收报告
☑ 原产地证书 □ 海关进口证明</td><td rowspan="4"></td><td colspan="3">检验检疫费</td></tr>
<tr><td>总金额
（人民币元）</td><td colspan="2"></td></tr>
<tr><td>计费人</td><td colspan="2"></td></tr>
<tr><td>收费人</td><td colspan="2"></td></tr>
<tr><td colspan="3" rowspan="3">报检人郑重声明：
1. 本人被授权报检。
2. 上列填写内容正确属实，货物无伪造或冒用他人的厂名、标志、认证标志，并承担货物质量责任。
签名：吴珊</td><td colspan="3">领 取 证 单</td></tr>
<tr><td>日期</td><td colspan="2">2013-03-02</td></tr>
<tr><td>签名</td><td colspan="2">吴珊</td></tr>
</table>

2）商业发票

商业发票是供货商签发的单证，可以是复印件。

3）装箱单

装箱单是供货商签发的单证，可以是复印件。

4）进口合同副本

进口合同副本是自制单证，可以是复印件。

5）海运提单、空运单、铁路运单或多式联运单据等

海运提单、空运单、铁路运单或多式联运单据等可以是复印件。

2. 清关单证（Clearance Documents）

1）进口货物报关单（粉红色）

中华人民共和国海关进口货物报关单

预录入编号：　　　　　　　　　　　　　　　　　　　　　　　　　　海关编号：

进口口岸 北仑海关	备案号 C31109676789	进口日期 2013-03-01	申报日期 2013-03-03
经营单位 枫叶家用电器有限公司 2138990007	运输方式 江海运输	运输工具名称 KITUMU V-09	提运单号 KITAG897
收货单位 枫叶家用电器有限公司 2138990007	贸易方式 进料加工（0615）	征免性质 进料加工（0615）	征税比例 进料对口
许可证号 台（2013）加贸进字第 00895 号	起运国（地区） 巴基斯坦	装运港 卡拉奇	境内目的地 台州
批准文号	成交方式 CIF　　运费 1,300.00 美元	保费 120.00 美元	杂费
合同协议号 TEE1301	件数 110　　包装种类 纤维纸箱	毛重（公斤） 10,000	净重（公斤） 9,500
集装箱号 APLU 6784530	随附单据 加工手册		用途 加工返销

标记唛码及备注

项号	商品编号	商品名称	规格型号	数量及单位	原产国（地区）	单价	总价	币制	征免
1.	8443999100	带线插头		10,050 个	巴基斯坦				全免
2.	8443999100	指示灯及开关		10,050 个	巴基斯坦				
		（2 件一套）		20,100 个			60,000 美元		

税费征收情况

对口合同进料加工。

录入员　录入单位　　兹申明如上申报无讹并承担法律责任 报关员　戴　军 申报单位（盖章）［印章：枫叶家用电器有限公司 报关专用章］ 进口结汇专用 邮编　电话　　填制日期　2013 年 03 月 03 日	海关审单批注及放行日期（盖章） 审单　　审价 征税　　统计 查验　　放行 ［印章：中华人民共和国北仑海关］ 签发官员：张　丽 签发日期：**2013-03-03**

2）入境货物通关单

中华人民共和国出入境检验检疫
入境货物通关单

编号：3100034568729

<table>
<tr><td colspan="2">1. 收货人
枫叶家用电器有限公司</td><td colspan="2" rowspan="3">5. 标记及号码
N/M</td></tr>
<tr><td colspan="2">2. 发货人
PAKISTANI HARDWARES COMPANY, LTD.</td></tr>
<tr><td>3. 合同/提（运）单号
KITAG897</td><td>4. 输出国家或地区
巴基斯坦</td></tr>
<tr><td>6. 运输工具名称及号码
KITUMU V-09</td><td>7. 目的地
台州</td><td colspan="2">8. 集装箱规格及数量
1×40′</td></tr>
<tr><td>9. 货物名称及规格
带线插头、指示灯及开关（2 件一套）</td><td>10. H.S.编码
8443999100</td><td>11. 申报总值
60,000 美元</td><td>12. 数/重量、包装数量及种类
20,100 个/ 110 纤维纸箱</td></tr>
<tr><td colspan="4">13. 内容
上述货物办完海关手续后，请及时联系落实检验检疫事宜，未经检验检疫，不得销售、使用，对未经检验检疫而擅自销售或使用者，检验检疫机构将按照法律法规规定予以处罚。

签字 王 立　　2013 年 03 月 02 日</td></tr>
<tr><td colspan="4">14. 备注
（检验时已提供无木质包装申明）</td></tr>
</table>

3）加工手册（通关手册）

通 关 手 册

企业内部编号	KITAG897	手册编号	C31109676789	手册类型	进料加工
主管海关	台州海关	主管外经贸	台州外经贸局	收货地区	台州其他
经营单位	2138990007	枫叶家用电器有限公司		加工单位	同经营单位
外商公司	土耳其电器有限公司	外商经理人		贸易方式	进料加工
征免性质	进料加工	起抵地		成交方式	
内销比		协议号		许可证号	
批准文号	台（2013）加贸进字第 00895 号	进口合同	TEE1301	出口合同	ML13E-05
备案进口总额	60,000 美元	进口币制	美元	备案出口总额	USD120 000
出口币制	美元	加工种类	其他	保税方式	
有效日期	2013-12-30	进出口岸	温州关区，上海关区，宁波关区	进口货物项数	2
本次进口总额	60,000 美元	出口货物项数	1	本次出口总额	120,000.00
处理标志	新增	管理对象	本公司	录入日期	2013-0[illegible]-10
申报日期	2013-10-9	单耗申报环节	已备案	备注	
台账银行	中国银行				

企业联系人及电话　　李晓丽 78665444　　陈阳/顾群 13876655435

台州市外经贸局加工贸易业务 审批专用章（台州）

附表

料 件 表

记录号	商品编码	附加	商品名称	规格型号	主料标志	计量	法定计量	申报数量	申报单价	申报总价	币制	产销	法定征免	处理	非保税	备注
5	8443999100	00	带线插头、指示灯及开关	2 件一套共 20 100 个	非主料	套	个	20,100		60,000	美元	巴基斯坦	全免	新增	0	

成 品 表

记录号	商品编码	附加	商品名称	规格型号	计量单位	法定	申报数量	申报单价	申报总价	币制	产销	法定征免	处理	申报	备注	
3	8516909000	00	六座三插带插头插线板		个	个	10,000	12	120,000	美元	土耳其	全免	新增	企业	申报	

单 耗 表

成品名称	成品规格	成品	料件序号	料件名称	料件规格	料件	净耗	损耗率	处理标志	备注						
六座三插带插头插线板		个	1	带线插头、指示灯及开关		套	1	0	新增							

4）商业发票

商业发票是供货商签发的单证，同商检单证。

5）装箱单

装箱单是供货商签发的单证，同商检单证。

6）进口合同副本

进口合同副本是自制单证，同商检单证。

7）海运提单、空运单、铁路运单或多式联运单据等

海运提单、空运单、铁路运单或多式联运单据等同商检单证。

3. 结算单证（Settlement Documents）

由于此笔业务采用电汇付款，在此仅展示电汇申请单样板，故不存在其他的结算单证。

<table>
<tr><td colspan="6">境　外　汇　款　申　请　书
APPLICATION FOR FUNDS TRANSFERS (OVERSEAS)
日期 Date　2013　JAN.　10</td></tr>
<tr><td colspan="2"></td><td colspan="2">☒ 电汇 T/T　☐ 票汇 D/D　☐ 信汇 M/T</td><td colspan="2">发电等级 Priority
☒普通 Normal　☐ 加急 Urgent</td></tr>
<tr><td colspan="2">申报号码 BOP Reporting No.</td><td colspan="4">☐☐☐☐☐☐　☐☐☐☐　☐☐　☐☐☐☐☐☐　☐☐☐☐</td></tr>
<tr><td>20</td><td>银行业务编号
Bank Transac. Ref. No.</td><td>BP20133108797788</td><td>收电行/付款行
Receiver/Drawn on</td><td colspan="2">TURKEYE NATIONAL BANK LTD.</td></tr>
<tr><td>32A</td><td>汇款币种及金额
Currency & Interbank Settlement Amount</td><td>USD60,000.00</td><td>金额大写
Amount in Words</td><td colspan="2">SAY UNITED STATES DOLLARS SIXTY THOUSAND ONLY.</td></tr>
<tr><td rowspan="3">其中</td><td>现汇金额
Amount in FX</td><td>USD60,000.00</td><td colspan="2">账号 Account No./Credit Card No.</td><td>5009009988</td></tr>
<tr><td>购汇金额
Amount of Purchase</td><td></td><td colspan="2">账号 Account No./Credit Card No.</td><td></td></tr>
<tr><td>其他金额
Amount of Others</td><td></td><td colspan="2">账号 Account No./Credit Card No.</td><td></td></tr>
<tr><td>50a</td><td>汇款人名称及地址
Remitter's Name & Address</td><td colspan="4">MAPLE-LEAF ELECTRIC APPLIANCE CO., LTD.
枫叶家用电器有限公司
12 Caihong Industrial Developing Zone , Zeguo, Taizhou, Zhejiang, China.</td></tr>
<tr><td colspan="3" rowspan="2">☐对公 组织机构代码 Unit Code ☐☐☐☐☐☐☐☐-☐</td><td rowspan="2">☐对私</td><td colspan="2">个人身份证件号码 Individual ID NO.</td></tr>
<tr><td colspan="2">☐中国居民个人 Resident Individual
☐中国非居民个人 Non-Resident Individual</td></tr>
</table>

54/56a	收款银行之代理行 名称及地址 Correspondent of Beneficiary's Bank Name & Address		
57a	收款人开户 银行名称及地址 Beneficiary's Bank Name & Address	收款人开户银行在其代理行的账号 Bene's Bank A/C No.	
		TURKEYE NATIONAL BANK LTD.	
59a	收款人名称及地址 Beneficiary's Name & Address	收款人账号 Bene's A/C No.	**TECL93858397530850**
		TURKEYE ELECTRCALS CO., LTD.	

70	汇款附言 Remittance Information	只限 140 个字位 Not Exceeding 140 Characters	71A	国内外费用承担
		For Plug with cord and LED with switch (2 PC/Set)	All Bank's Charges If Any Are to Be Borne By ☒汇款人 OUR ☐收款人 BEN ☐共同 SHA	

收款人常驻国家(地区)名称及代码 Resident Country/Region Name & Code	☐☐☐
请选择：☒ 预付货款 Advance Payment ☐ 货到付款 Payment Against Delivery ☐ 退款 Refund ☐ 其他 Others	最迟装运日期

交易编码 BOP Transac. Code	☐☐☐☐☐☐	相应币种及金额 Currency & Amount		交易附言 Transac. Remark	
	☐☐☐☐☐☐				

是否为进口核销项下付款	☐ 是 ☐ 否	合同号		发票号	
外汇局批件/备案表号		报关单经营 单位代码	☐☐☐☐☐☐☐☐☐☐		
报关单号		报关单币种及总金额		本次核注金额	
报关单号		报关单币种及总金额		本次核注金额	

<table>
<tr><td colspan="2">银行专用栏
For Bank Use Only</td><td colspan="2">申 请 人 签 章
Applicant's Signature</td><td colspan="2">银 行 签 章
Bank's Signature</td></tr>
<tr><td>购汇汇率 @
Rate</td><td>CNY6.1/USD</td><td colspan="2" rowspan="6">请按照贵行背页所列条款代办以上汇款并进行申报

Please effect the upwards remittance, subject to the conditions overleaf.

（印章：枫叶家用电器有限公司）

申请人姓名　吴家华
Name of Applicant

电话
Phone No. 87687679</td><td colspan="2" rowspan="6">（印章：中国银行浙江省分行台州支行 国际业务部）

核准人签字　罗君
Authorized Person

日期：2013-01-10
Date</td></tr>
<tr><td>等值人民币
RMB Equivalent</td><td>36,100.00</td></tr>
<tr><td>手续费
Commission</td><td>USD300.00</td></tr>
<tr><td>电邮费
E-mail Charges</td><td></td></tr>
<tr><td>合计
Total Charges</td><td>USD300</td></tr>
<tr><td>支付费用方式
In Payment of the Remittance</td><td>□ 现金 by Cash
□ 支票 by Check
☒ 账户 from Account</td></tr>
<tr><td>核印 Sig. Ver.</td><td></td><td>经办 Maker</td><td></td><td>复核 Checker</td><td>万里</td></tr>
</table>

填写前请仔细阅读各联背面条款及填报说明

Please read the conditions and instructions overleaf before filling in this application

电汇申请单的填制说明如下。

（1）境外汇款申请书：凡采用电汇、票汇或信汇方式对境外付款的机构或个人（统称“汇款人”），须逐笔填写此申请书。

（2）日期：指汇款人填写此申请书的日期。

（3）申报号码：根据国家外汇管理局有关申报号码的编制规则，由银行编制（此栏由银行填写）。

（4）银行业务编号：指该笔业务在银行的业务编号（此栏由银行填写）。

（5）收电行/付款行：此栏由银行填写，或根据收款人要求填写。

（6）汇款币种及金额：指汇款人申请汇出的实际付款币种及金额。

（7）现汇金额：汇款人申请汇出的实际付款金额中，直接从外汇账户（包括外汇保证金账户）中支付的金额。汇款人将从银行购买的外汇存入外汇账户（包括外汇保证金账户）后对境外支付的金额应作为现汇金额。汇款人以外币现钞方式对境外支付的金额作为现汇金额。

（8）购汇金额：指汇款人申请汇出的实际付款金额中，向银行购买外汇直接对境外支付的金额。

（9）其他金额：指汇款人除购汇和现汇以外对境外支付的金额，包括跨境人民币交易及记账贸易项下交易等的金额。

（10）账号：指银行对境外付款时扣款的账号，包括人民币账号、现汇账号、现钞账号、保证金账号、银行卡号。如从多个同类账户扣款，填写金额大的扣款账号。

（11）汇款人名称及地址：对公项下指汇款人预留银行印鉴或国家质量监督检验检疫总局颁发的组织机构代码证或国家外汇管理局及其分支局（以下简称“外汇局”）签发的特殊机构代码赋码通知书上的名称及地址；对私项下指个人身份证件上的名称及住址。

（12）组织机构代码：按国家质量监督检验检疫总局颁发的组织机构代码证或外汇局签发的特殊机构代码赋码通知书上的单位组织机构代码或特殊机构代码填写。

（13）收款银行之代理行名称及地址：为中转银行的名称，所在国家、城市及其在清算系统中的识别代码。

（14）收款人开户银行名称及地址：为收款人开户银行名称，所在国家、城市及其在清算系统中的识别代码。

（15）收款人开户银行在其代理行的账号：为收款银行在其中转行的账号。

（16）收款人名称及地址：指收款人全称及其所在国家、城市。

（17）汇款附言：由汇款人填写所汇款项的必要说明，可用英文填写且不超过 140 个字符（受 SWIFT 系统限制）。

（18）国内外费用承担：指由汇款人确定办理对境外汇款时发生的国内外费用由何方承担，并在所选项前的□中打√。

（19）收款人常驻国家（地区）名称及代码：指该笔境外汇款的实际收款人常驻的国家或地区。名称用中文填写，代码根据“国家（地区）名称代码表”填写。

（20）交易编码：应根据本笔对境外付款交易性质对应的“国际收支交易编码表（支出）”填写。如果本笔付款为多种交易性质，则在第一行填写最大金额交易的国际收支交易编码，第二行填写次大金额交易的国际收支交易编码；如果本笔付款涉及进口付汇核销项下交易，则核销项下交易视同最大金额交易处理；如果本笔付款为退款，则应填写本笔付款对应原涉外收入的国际收支交易编码。

（21）相应币种及金额：应根据填报的交易编码填写，如果本笔对境外付款为多种交易性质，则在第一行填写最大金额交易相应的币种和金额，第二行填写其余币种及金额，两栏合计数应等于汇款币种及金额；如果本笔付款涉及进口付汇核销项下交易，则核销项下交易视同最大金额交易处理。

（22）交易附言：对本笔对境外付款交易性质进行详细描述。如果本笔付款为多种交易性质，则应对相应的对境外付款交易性质分别进行详细描述；如果本笔付款为退款，则应填写本笔付款对应原涉外收入的申报号码。

（23）报关单经营单位代码：指由海关颁发给企业的“自理报关单位注册登记证明书”上的代码。

（24）报关单号：指海关报关单上的编码，应与海关报关数据库中提示的编码一致。若有多张关单，表格不够填写，可附页。

（25）最迟装运日期：指货物的实际装运日期。在境外工程物资和转口贸易项下的支付中，最迟转运日期应为收汇日期。

6.2.2 出口业务操作阶段的单证 Export Business Documents

第二阶段的国际物流单证同样也是由报检单证、报关单证和结算单证组成。除了报关单的颜色不一样和填写的贸易方式不一样以外，只是增加了通关手册。

1. 商检单证（Inspection Documents）

1）出境货物报检单

中华人民共和国出入境检验检疫
出境货物报检单

报检单位（加盖公章）： 编号：________

报检单位登记号：

联系人：吴家华 电话：87687679 报检日期：2013 年 09 月 29 日

发货人	（中文）枫叶家用电器有限公司					
	（外文）MAPLE-LEAF ELECTRIC APPLIANCE CO., LTD.					
收货人	（中文）					
	（外文）TURKEYE ELECTRCALS CO., LTD.					
货物名称（中/外文）	H.S.编码	产地	数/重量	货物总值	包装种类及数量	
SIX SOCKET AND THREE PIN TERMINAL BLOCK WITH PLUG（六座三插带插头插线板）	8516909000	中国浙江	PC 10,000	120,000.00	内塑料袋/外瓦楞纸箱	
运输工具名称号码		贸易方式	加工贸易	货物存放地点		
合同号	ML13E-05	信用证号		用途	家用	
发货日期	13 年 12 月 30 日	输往国家（地区）	土耳其	许可证/审批号		
启运地	台 州	到达口岸	伊斯坦布	生产单位注册号		
集装箱规格、数量及号码						

合同、信用证订立的检验检疫条款或特殊要求	标 记 及 号 码	随附单据（划“√”或补填）	
		☑ 合同	☑ 包装性能结果单
		☐ 信用证	☐ 许可/审批文件
		☑ 发票	☐
		☐ 换证凭单	☐
		☑ 装箱单	☐
		☑ 厂检单	☐

需要证单名称（划“√”或补填）		* 检验检疫费	
☐ 品质证书 _正_副	☐ 植物检疫证书 _正_副	总金额（人民币元）	
☐ 重量证书 _正_副	☐ 熏蒸/消毒证书 _正_副		
☐ 数量证书 _正_副	☑ 出境货物换证凭单	计费人	
☐ 兽医卫生证书 _正_副	☐ 出境货物通关单		
☐ 健康证书 _正_副	☐	收费人	
☐ 卫生证书 _正_副	☐		
☐ 动物卫生证书 _正_副			

报检人郑重声明：	领 取 证 单	
1. 本人被授权报检。 2. 上列填写内容正确属实，货物无伪造或冒用他人的厂标志、认证标志，并承担货物质量责任。	日 期	
签名：吴家华	签 名	

注：有“*”号栏由出入境检验检疫机关填写 ◆国家出入境检验检疫局制

2）厂检单

枫叶家用电器有限公司
MAPLE-LEAF ELECTRIC APPLIANCE CO., LTD.

出厂产品检验单

编号：ML13E-05　　品名：六孔三插接线板，带插头　　规格：MAPLE-LEAF 330

参数：电压 380V，周波 50 赫兹，带浪涌保护和指示灯。

尺寸：300X200X30M/M.

结论：符合国家标准（GB/T 28219—2011）和出厂标准。

2013 年 8 月 20 日

3）商业发票

枫叶家用电器有限公司
MAPLE-LEAF ELECTRIC APPLIANCE CO., LTD.

COMMERCIAL INVOICE

TO: TURKEYE ELECTRCALS CO., LTD.　　NO.: ML13E-05

DATE: 2013-08-30

MAKS AND NO.	DESCRIPTION	QUANTITY	UNIT PRICE	AMOUNT
N/M	SIX SOCKET AND THREE PIN TERMINAL BLOCK WITH PLUG	PC 10,000	FOB NINGBO	CHINA USD 120,000.00
TOTAL		10,000	USD	120,000.00

枫 叶 家 用 电 器 有 限 公 司
MAPLE-LEAF ELECTRIC APPLIANCE CO., LTD.

莫 君

4）装箱单

枫叶家用电器有限公司
MAPLE-LEAF ELECTRIC APPLIANCE CO., LTD.

PACKING LIST

TO: TURKEYE ELECTRCALS CO., LTD.　　　　NO.: ML13E-05

DATE: 2013-08-30

MARKS AND NOS.	DESCRIPTION	QUANTITY	PACKAGE	GROSS WEIGHT	NET WEIGHT	MEASURE.
N/M	SIX SOCKET AND THREE PIN TERMINAL BLOCK WITH PLUG	PC 10,000	CORRUGATED CARTON 100	KG 20/2,000	KG 15/1,500	CM 60×40×30/7.2 CUBIC METRE
TOTAL		10,000	100	2,000	1,500	7.2

枫 叶 家 用 电 器 有 限 公 司
MAPLE-LEAF ELECTRIC APPLIANCE CO., LTD.

莫　君

5）出口合同副本

填制单证，同前。

2. 清关单证（Clearance Documents）

1）货运委托书

货 运 委 托 书

SHIPPING NOTE

<table>
<tr><td colspan="2">经营单位（托运人）</td><td colspan="4">枫叶家用电器有限公司</td><td>公司编号</td><td>ML13E-05</td></tr>
<tr><td rowspan="3">提/运单项目</td><td colspan="7">发货人（SHIPPER）　MAPLE-LEAF ELECTRIC APPLIANCE CO., LTD.</td></tr>
<tr><td colspan="7">收货人（CONSIGNEE）　TURKEYE ELECTRCALS CO., LTD.</td></tr>
<tr><td colspan="7">通知人（NOTIFY）　TURKEYE ELECTRCALS CO., LTD.
30 ISTANBUL ST., 567654, ISTANBUL, TURKEYE</td></tr>
<tr><td colspan="2">海运费（√）
SEA FREIGHT</td><td colspan="2">预付（　）或到付（√）
PREPAID/COLLECT</td><td>提单份数</td><td>3/3</td><td>提/运单
寄送地址</td><td></td></tr>
<tr><td>起运港</td><td>NONGBO
（宁波）</td><td>目的港</td><td>ISTANBUL
（伊斯坦布）</td><td>可否转船</td><td>NO</td><td>可否分批</td><td>NO</td></tr>
<tr><td>标记唛码
MARK</td><td>包装件数
PACKAGE</td><td colspan="2">中英文货名
DESCRIPTION</td><td>毛重
KG</td><td>尺码
CUB</td><td colspan="2">成交条件（总价）
TRADE TERMS
& AMOUNT</td></tr>
<tr><td>N/M</td><td>CORRU GATED
CARTON

100</td><td colspan="2">SIX SOCKET AND THREE PIN TERMINAL BLOCK WITH PLUG</td><td>2,000</td><td>CUM

7.2</td><td colspan="2">FOB NINGBO, CHINA

USD120,000.00</td></tr>
<tr><td colspan="4" rowspan="5">声明事项
B/L INDICATES: CONTAINERIZED SHIPPING.

枫叶家用电器有限公司</td><td>结算方式</td><td colspan="3">电汇</td></tr>
<tr><td>代办项目</td><td colspan="3">商检</td></tr>
<tr><td>预配船名</td><td colspan="3">LONG WIND V. 45</td></tr>
<tr><td>提/运单号</td><td colspan="3">COS303</td></tr>
<tr><td colspan="4">签名：吴家华</td></tr>
</table>

2）出口货物报关单

中华人民共和国海关出口货物报关单

预录入编号：　　　　海关编号：

出口口岸 北仑海关	备案号 C31109676789		出口日期 2013-10-10		申报日期 2013-10-10
经营单位 枫叶家用电器有限公司 2138990007	运输方式 江海运输		运输工具 LONG WIND V. 45		提运单号 COS303
发货单位 枫叶家用电器有限公司 2138990007	贸易方式 加工贸易　（0615）		征免性质		结汇方式 电汇
许可证号	抵运国（地区） 土耳其		指运港 伊斯坦布		境内货源地 浙江台州
批准文号	成交方式 FOB	运费	保费		杂费
合同协议号 ML13E-05	件数 100	包装种类 瓦楞纸箱	毛重 2,000 公斤		净重 1,500 公斤
集装箱号 COSU9987766	随附单据 B				生产厂家 枫叶家用电器有限公司
标记唛码及备注					

项号	商品编号	商品名称、规格型号	数量及单位	最终目的国（地区）	单价	总价	币制	征免
1.	8516909000	六座三插	10,000 只	土耳其	12.00	120,000.00	美元	
		带插头插线板						

税费征收情况		
录入员　录入单位	兹申明以上申报无讹并承担法律责任	海关审单批注及放行日期（签章） 审单　　审价
报关员　　申报单位（签章） （印章：枫叶家用电器有限公司 报关专用章） 单位地址		征税　　统计 查验　　放行 （印章：中华人民共和国北仑海关 放行章） 签发官员：王冲
邮编　　电话　　填制日期 2013-10-10		签发日期：2013-10-10

3）商业发票

同商检单证。

4）装箱单

同商检单证。

5）熏蒸/消毒证明书

纸箱包装，免。

6）出口合同副本

同商检单证。

7）原进口货物报关单

粉红色，即进口业务操作阶段的进口货物报关单。

8）加工手册（通关手册）

同前。

3. 结算单证（Settlement Documents）

由于次笔业务双方均采用电汇付款，仅需要向对方传真或电邮海运提单、商业发票与装箱单。对方提货亦不需要提单正本，因为提单已经做成记名式。

1）海运提单

<table>
<tr><td colspan="2">Shipper
MAPLE-LEAF ELECTRIC APPLIANCE CO., LTD.</td><td colspan="4" rowspan="6">B/L NO. COS303

中国远洋运输（集团）总公司
CHINA OCEAN SHIPPING（GROUP）CORP.

Combined Transport BILL OF LADING</td></tr>
<tr><td colspan="2">Consignee
TURKEYE ELECTRCALS CO., LTD.</td></tr>
<tr><td colspan="2">Notify Party
TURKEYE ELECTRCALS CO., LTD.
30 ISTANBUL ST., 567654, ISTANBUL, TURKEYE</td></tr>
<tr><td>Pre-carriage by</td><td>Place of Receipt</td></tr>
<tr><td>Ocean Vessel Voy No.</td><td>Port of Loading
NINGBO, CHINA</td></tr>
<tr><td>Port of Discharge
ESTANBUL</td><td>Place of Delivery</td></tr>
<tr><td colspan="6">Final Destination for the Goods (not the ship)see article 7 par (2)</td></tr>
<tr><td>Marks & Nos Container/Seal No.</td><td>No. of Containers or P'kgs</td><td>Kind of Packages; Description of Goods</td><td>Gross Weight</td><td colspan="2">Measurement</td></tr>
<tr><td>N/M</td><td>1×40'/100
CORRUGATED
CARTON</td><td>SIX SOCKET AND THREE
PIN TERMINAL BLOCK
WITH PLUG
FREIGHT COLLECT
LADEN ON BOARD
OCT. 10, 2013.</td><td>KG
2,000</td><td colspan="2">CUBIC METRE
7.2</td></tr>
<tr><td colspan="2">Total Number of Containers or Package (In Words)</td><td colspan="4">SAY ALL PACKED IN ONE HUNDRED CORRUGATGED CARTON ONLY.</td></tr>
<tr><td>Freight & Charges</td><td>Revenue Tons</td><td>Rate</td><td>Per</td><td>Prepaid</td><td>Collect</td></tr>
<tr><td rowspan="2">Exchange Rate</td><td>Prepaid at</td><td colspan="2">Payable at</td><td colspan="2">Place and date of Issue.
鲁小明 **Oct. 10, 13.**</td></tr>
<tr><td>Total Prepaid</td><td colspan="2">No. of Original B(S)/L
3</td><td colspan="2">Signed for the Carrier
CHINA OCEAN SHIPPING (GROUP) CORP.</td></tr>
<tr><td colspan="6">LADEN ON BOARD THE VESSEL
DATE ________ BY ________ (TERMS PLEASE FIND ON BACK OF ORIGINAL B/L)
(COSCO STANDARD FORM 1)</td></tr>
</table>

2）商业发票

同商检单证。

3）装箱单

同商检单证。

6.3　进料加工单证模拟实训

Simulating Practice for Tolling Documents

根据给定的进料加工项下的进出口合同资料，进行国际物流对流单证的模拟训练。

6.3.1　业务资料 Business Information

1. 料件进口合同（Import Contract of Materials and Parts）

CONTRACT

SELLERS: SWISS MACHINERY CO., LTD.
GENEVA AVE. GENEVA, 45786, SWISS

CONTRACT NO.: SWMA13-04
DATE: MAY 5TH, 2013

Delivery Address
HONGYI MACHINERY PROCESSING CO., LTD.
32 NIUSHAN RD, WENZHOU, ZHEJIANG, P.R. CHINA
Shipping Vessel:
Trade Terms: CIF WENZHOU, CHINA
Partial Shipment: not allowed
Transshipment: not allowed
Transport from India main Ports to shanghai, China.

Customer Address
HONGYI MACHINERY PROCESSING CO., LTD.
32 NIUSHAN RD, WENZHOU, ZHEJIANG, P.R. CHINA.
Terms of Payment: T/T AFTER THE B/L IS ISSUED
Delivery Date: JULY 20, 2013

Item	Description & Specification	Quantity PC	Unit Price	Amount USD
1.	CAST GEAR BOX BLANK	1,010	20.00	20,200.00
2.	FORGED SHAFT BLANK	3,030	30.00	90,900.00
3.	FORGED GEAR BLANK	6,060	30.00	181,800.00
(1 BOX, 3 SHASFTS AND 6 GEARS /Set)				
				USD 292,900.00

TOTAL: SAY UNITED STATES DOLLARS TWO HUNDRED NINETY TWO THOUSAND NINE HUNDRED ONLY.

SIGNED BY THE SELLERS
DONQUEWIST
On behalf of
SWISS MACHINERY CO., LTD.
GENEVA AVE. GENEVA, 45786, SWISS

Date: MAY 5, 2013

SIGNED BY THE BUYERS
ZHOU LI
On behalf of
HONGYI MACHINERY PROCESSING CO., LTD.
32 NIUSHAN RD, WENZHOU, ZHEJIANG, P.R. CHINA

Date: MAY 5, 2013

2. 制成品出口合同（Sales Contract of Manufactured Products）

SALES CONTRACT

CONTRACT NO.: HY1304
DATE: 2013-05-05

SELLERS: HONGYI MACHINERY PROCESSING CO., LTD.

BUYERS: SWISS MACHINERY CO., LTD.

兹经买卖双方同意，由卖方出售如下，买方购进下列货物，并按下列条款签订本合同。

This contract is made by and between the sellers and buyers, whereby the buyers agree to buy and the sellers agree to sell the under mentioned commodity according to the terms and conditions stipulated below.

1. NAME OF COMMODITY AND SPECIFICATION, QUANTITY ,UNIT PRICE,TOTAL VALUVE AND TIME OF SHIPMENT:

货号 Article No.	商品品名，规格 Name of Commodity and Specification	数量 Quantity	单价 Unit Price	金额 Amount	装运期 Time of Shipment
	GEAR BOX HY1304	SET 1,000	CFR	ROTTER-DAM USD 700,000.00	BEFORE OCT. 30TH, 2013
数量及总值均得有___%的增减 Amount and Quantity ___% More or Less Allowed.		总值 Total Amount		USD700,000.00	

2. 装运口岸和目的地：
   Loading Port and Destination: FROM SHANGHAI, CHINA TO ROTTERDAM
3. 付款条款：
   买方应按本合同所规定的装运期前____天开出见票____天付款的，允许转让的，可分割的信用证。信用证应规定数量和金额允许____%的增减，信用证的议付有效期应应规定在装运期后至少____天在受益人国家到期。信用证应规定允许分批装运和转运。
   Terms of Payment: The buyers should according to the contractual stipulations ____ days before the date of shipment open the letter of credit at ____ days' sight, transferable and dividable. And L/C must stipulate _____% both in amount and quantity acceptable and expires at least ____ days after the shipping date in beneficiary's country and partial or transshipment permitted.
4. 保险：
   Insurance: TO BE EFFECTED BY THE BUYERS
5. 装船标记：
   Shipping Marks: AT THE SELLERS' OPTION
6. 仲裁：
   Arbitration: DISPUTES, IF ANY, WILL BE SUBMITTED TO CHINA INTERNATIONAL ECONOMIC AND TRRADE ARBITRATION COMMISSISON (CIETAC).
7. 其他：
   Others: PACKING IN CORRUGATED CARTONS OF 100 PC EACH.

买方 **The Buyers** DONQUEWIST	卖方 **The Sellers** ZHOU LI

6.3.2　进口业务操作阶段的单证模拟实训 Simulating Practice for Import Business Documents

1. 商检单证（Inspection Documents）

1）入境货物报检单

中华人民共和国出入境检验检疫
入境货物报检单

NO.

发货人	（中文）				
	（外文）				
收货人	（中文）				
	（外文）				
货物名称（中/外文）	H.S.编码	产地（地区）	数/重量	货物总值	包装种类及数量
运输工具名称号码				合同号	
贸易方式	一般贸易	贸易国别（地区）		提单/运单号	
到货日期		启运国家（地区）		许可证/审批号	
卸毕日期		启运口岸		入境口岸	
索赔有效期至		经停口岸		目的地	
集装箱规格、数量及号码					
合同、信用证订立的 检验检疫条款或特殊要求			存货地点		
			用途		
随附单据（划“√”或补填）		标记及号码	外商投资财产	□ 是　□ 否	
□ 合同 □ 发票 □ 提/运单 □ 兽医卫生证 □ 植物检疫证书 □ 动物检疫证明 □ 卫生证书 □ 原产地证书 □ 证明书	□ 许可/审批文件 □ 到货通知 □ 装箱单 □ 质保书 □ 理货清单 □ 磅码单 □ 验收报告 □ 海关进		检验检疫费		
			总金额 （人民币元）		
			计费人		
			收费人		
报检人郑重声明： 1. 本人被授权报检。 2. 上列填写内容正确属实，货物无伪造或冒用他人的厂名、标志、认证标志，并承担货物质量责任。 签名：________			领 取 证 单		
			日期		
			签名		

2）商业发票

商业发票是供货商签发的单证，可以是复印件。

3）装箱单

装箱单是供货商签发的单证，可以是复印件。

4）进口合同副本

进口合同副本是自制单证，可以是复印件。

5）海运提单、空运单、铁路运单或多式联运单据等

海运提单、空运单、铁路运单或多式联运单据等可以是复印件。

2. 清关单证（Clearance Documents）

1）进口货物报关单（粉红色）

中华人民共和国海关进口货物报关单

预录入编号：　　　　　　　　　　　　海关编号：

进口口岸		备案号	进口日期	申报日期
经营单位		运输方式	运输工具	提运单号
收货单位		贸易方式	征免性质	征税比例
许可证号	起运国（地区）		装运港	境内目的地
批准文号	成交方式	运费	保费	杂费
合同协议号	件数	包装种类	毛重（公斤）	净重（公斤）
集装箱号	随附单据			用途
标记唛码及备注				

项号	商品编号	商品名称、规格型号	数量及单位	原产国（地区）	单价	总价	币制	征免

税费征收情况

录入员　录入单位	兹申明以上申报无讹并承担法律责任	海关审单批注及放行日期（签章） 审单　　审价
报关员	申报单位（签章）	征税　　统计
单位地址 邮编　　电话	填制日期　年　月　日	查验　　放行

2）入境货物通关单

中华人民共和国出入境检验检疫
入境货物通关单

编号：

<table>
<tr><td colspan="3">1. 收货人</td><td rowspan="3">5. 标记及号码</td></tr>
<tr><td colspan="3">2. 发货人</td></tr>
<tr><td colspan="2">3. 合同/提（运）单号</td><td>4. 输出国家或地区</td></tr>
<tr><td colspan="2">6. 运输工具名称及号码</td><td>7. 目的地</td><td>8. 集装箱规格及数量</td></tr>
<tr><td>9. 货物名称及规格</td><td>10. H.S. 编码</td><td>11. 申报总值</td><td>12. 数/重量、包装数量及种类</td></tr>
<tr><td colspan="4">13. 证明
上述货物办完海关手续后，请及时联系落实检验检疫事宜，未经检验检疫，不得销售、使用，对未经检验检疫而擅自销售或使用者，检验检疫机构将按照法律法规规定予以处罚。
签字：　　　日期：　　　月　　日</td></tr>
<tr><td colspan="4">14. 备注
（检验时已提供无木质包装声明）</td></tr>
</table>

3）加工手册（通关手册）

通关手册

企业内部编号		手册编号		手册类型	
主管海关		主管外经贸		收货地区	
经营单位				加工单位	
外商公司		外商经理人		贸易方式	
征免性质		起抵地		成交方式	
内销比		协议号		许可证号	
批准文号		进口合同		出口合同	
备案进口总额		进口币制		备案出口总额	
出口币制		加工种类		保税方式	
有效日期		进出口岸		进口货物项数	
本次进口总额		出口货物项数		本次出口总额	
处理标志		管理对象		录入日期	
申报日期		单耗申报环节		备注	
台账银行					

企业联系人及电话

附表

<table>
<tr><td colspan="17">料　件　表</td></tr>
<tr><td>记录号</td><td>商品编码</td><td>附加</td><td>商品名称</td><td>规格型号</td><td>主料标志</td><td>计量</td><td>法定计量</td><td>申报数量</td><td>申报单价</td><td>申报总价</td><td>币制</td><td>产销</td><td>法定征免</td><td>处理</td><td>非保税</td><td>备注</td></tr>
<tr><td></td><td></td><td></td><td></td><td></td><td></td><td></td><td></td><td></td><td></td><td></td><td></td><td></td><td></td><td></td><td></td><td></td></tr>
<tr><td colspan="17">成　品　表</td></tr>
<tr><td>记录号</td><td>商品编码</td><td>附加</td><td>商品名称</td><td>规格型号</td><td>计量单位</td><td>法定</td><td>申报数量</td><td>申报单价</td><td>申报总价</td><td>币制</td><td>产销</td><td>法定征免</td><td>处理</td><td>申报</td><td>备注</td><td></td></tr>
<tr><td></td><td></td><td></td><td></td><td></td><td></td><td></td><td></td><td></td><td></td><td></td><td></td><td></td><td></td><td></td><td>申报</td><td></td></tr>
<tr><td colspan="17">单　耗　表</td></tr>
<tr><td>成品名称</td><td>成品规格</td><td>成品</td><td>料件序号</td><td>料件名称</td><td>料件规格</td><td>料件</td><td>净耗</td><td>损耗率</td><td>处理标志</td><td>备注</td><td></td><td></td><td></td><td></td><td></td><td></td></tr>
<tr><td></td><td></td><td></td><td></td><td></td><td></td><td></td><td></td><td></td><td></td><td></td><td></td><td></td><td></td><td></td><td></td><td></td></tr>
<tr><td></td><td></td><td></td><td></td><td></td><td></td><td></td><td></td><td></td><td></td><td></td><td></td><td></td><td></td><td></td><td></td><td></td></tr>
</table>

4）商业发票

商业发票是供货商签发的单证，同商检单证。

5）装箱单

装箱单是供货商签发的单证，同商检单证。

6）进口合同副本

进口合同副本是自制单证，同商检单证。

7）海运提单、空运单、铁路运单或多式联运单据等

海运提单、空运单、铁路运单或多式联运单据等同商检单证。

3. 结算单证（Settlement Documents）

由于此笔业务采用电汇付款，在此仅展示电汇申请单样板，故不存在其他的结算单证。

<table>
<tr><td colspan="6">境 外 汇 款 申 请 书
APPLICATION FOR FUNDS TRANSFERS (OVERSEAS)
日期
Date</td></tr>
<tr><td colspan="2"></td><td colspan="2">□ 电汇T/T □ 票汇D/D □ 信汇M/T</td><td colspan="2">发电等级 Priority
□普通 Normal □ 加急 Urgent</td></tr>
<tr><td colspan="2">申报号码 BOP Reporting No.</td><td colspan="4">□□□□□□ □□□□ □□
□□□□□□ □□□□</td></tr>
<tr><td>20</td><td>银行业务编号
Bank Transac. Ref. No.</td><td></td><td>收电行/付款行
Receiver/Drawn on</td><td colspan="2"></td></tr>
<tr><td>32A</td><td>汇款币种及金额
Currency & Interbank Settlement Amount</td><td></td><td>金额大写
Amount in Words</td><td colspan="2"></td></tr>
<tr><td rowspan="3">其中</td><td>现汇金额
Amount in FX</td><td></td><td colspan="2">账号 Account No./Credit Card No.</td><td></td></tr>
<tr><td>购汇金额
Amount of Purchase</td><td></td><td colspan="2">账号 Account No./Credit Card No.</td><td></td></tr>
<tr><td>其他金额
Amount of Others</td><td></td><td colspan="2">账号 Account No./Credit Card No.</td><td></td></tr>
<tr><td>50a</td><td>汇款人名称及地址
Remitter's Name & Address</td><td colspan="4"></td></tr>
<tr><td colspan="3">□对公 组织机构代码 Unit Code □□□□□□□□-□</td><td>□对私</td><td colspan="2">个人身份证件号码 Individual ID NO.
□中国居民个人 Resident Individual
□中国非居民个人 Non-Resident Individual</td></tr>
</table>

<table>
<tr><td>54/56a</td><td>收款银行之代理行
名称及地址
Correspondent of Beneficiary's
Bank Name & Address</td><td colspan="4"></td></tr>
<tr><td>57a</td><td>收款人开户
银行名称及地址
Beneficiary's Bank Name & Address</td><td colspan="2">收款人开户银行在其代理行的账号
Bene's Bank A/C No.</td><td colspan="2"></td></tr>
<tr><td>59a</td><td>收款人名称及地址
Beneficiary's Name & Address</td><td colspan="2">收款人账号 Bene's A/C No.</td><td colspan="2"></td></tr>
<tr><td>70</td><td>汇款附言
Remittance Information</td><td colspan="2">只限 140 个字位 Not Exceeding 140 Characters</td><td>71A</td><td>国内外费用承担
All Bank's Charges If Any Are to Be Borne By
☒汇款人 OUR　☐收款人 BEN
☐共同 SHA</td></tr>
<tr><td colspan="4">收款人常驻国家（地区）名称及代码　Resident Country/Region Name & Code</td><td colspan="2">☐☐☐</td></tr>
<tr><td colspan="4">请选择：☐ 预付货款　Advance Payment　☐ 货到付款　Payment Against Delivery
☐ 退款　Refund　☐ 其他　Others</td><td>最迟装运日期</td><td></td></tr>
<tr><td>交易编码
BOP
Transac.
Code</td><td>☐☐☐☐☐☐☐
☐☐☐☐☐☐☐</td><td>相应币种及金额
Currency & Amount</td><td></td><td>交易附言
Transac. Remark</td><td></td></tr>
<tr><td>是否为进口核销项下付款</td><td>☐ 是　☐ 否</td><td>合同号</td><td></td><td>发票号</td><td></td></tr>
<tr><td>外汇局批件/备案表号</td><td colspan="2"></td><td>报关单经营单位代码</td><td colspan="2">☐☐☐☐☐☐☐☐☐☐☐</td></tr>
<tr><td>报关单号</td><td></td><td>报关单币种及总金额</td><td></td><td>本次核注金额</td><td></td></tr>
<tr><td>报关单号</td><td></td><td>报关单币种及总金额</td><td></td><td>本次核注金额</td><td></td></tr>
</table>

<table>
<tr><td colspan="2">银行专用栏
For Bank Use Only</td><td colspan="2">申 请 人 签 章
Applicant's Signature</td><td colspan="2">银 行 签 章
Bank's Signature</td></tr>
<tr><td>购汇汇率 @
Rate</td><td></td><td colspan="2" rowspan="5">请按照贵行背页所列条款代办以上汇款并进行申报
Please effect the upwards remittance, subject to the conditions overleaf:

申请人姓名
Name of Applicant</td><td colspan="2" rowspan="5">核准人签字
Authorized Person</td></tr>
<tr><td>等值人民币
RMB Equivalent</td><td></td></tr>
<tr><td>手续费
Commission</td><td></td></tr>
<tr><td>电邮费
E-mail Charges</td><td></td></tr>
<tr><td>合计
Total Charges</td><td></td></tr>
<tr><td>支付费用方式
In Payment of the Remittance</td><td>□ 现金 by Cash
□ 支票 by Check
□ 账户 from Account</td><td colspan="2">电话
Phone No.</td><td colspan="2">日期：
Date</td></tr>
<tr><td>核印 Sig. Ver.</td><td></td><td>经办 Maker</td><td></td><td>复核 Checker</td><td></td></tr>
</table>

填写前请仔细阅读各联背面条款及填报说明

Please read the conditions and instructions overleaf before filling in this application

6.3.3 出口业务操作阶段的单证模拟实训 Simulating Practice for Export Business Documents

1. 商检单证（Inspection Documents）

1）出境货物报检单

中华人民共和国出入境检验检疫
出境货物报检单

报检单位（加盖公章）：　　　　　　　　　　　　　　　　编号：__________

报检单位登记号：

联系人：　　　　　　　　电话：　　　　　　　　报检日期：　　年　　月　　日

发货人	（中文）
	（外文）
收货人	（中文）
	（外文）

货物名称（中/外文）	H.S.编码	产地	数/重量	货物总值	包装种类及数量

运输工具名称号码		贸易方式		货物存放地点	
合同号		信用证号		用途	
发货日期		输往国家（地区）		许可证/审批号	
启运地		到达口岸		生产单位注册号	
集装箱规格、数量及号码					

合同、信用证订立的检验检疫条款或特殊要求	标记及号码	随附单据（划“√”或补填）	
		□ 合同 □ 信用证 □ 发票 □ 换证凭单 □ 装箱单 □ 厂检单	□ 包装性能结果单 □ 许可/审批文件 □ □ □ □

需要证单名称（划“√”或补填）		* 检验检疫费	
□ 品质证书 _正_副 □ 重量证书 _正_副 □ 数量证书 _正_副 □ 兽医卫生证书 _正_副 □ 健康证书 _正_副 □ 卫生证书 _正_副 □ 动物卫生证书 _正_副	□ 植物检疫证书 _正_副 □ 熏蒸/消毒证书 _正_副 □ 出境货物换证凭单 □ 出境货物通关单 □ □	总金额（人民币元）	
		计费人	
		收费人	

报检人郑重声明：	领 取 证 单	
1. 本人被授权报检。 2. 上列填写内容正确属实，货物无伪造或冒用他人的厂标志、认证标志，并承担货物质量责任。	日　期	
签名：__________	签　名	

注：有“*”号栏由出入境检验检疫机关填写　　　　◆国家出入境检验检疫局制

2）厂检单

HONGYI MACHINERY PROCESSING CO., LTD.
弘毅机械加工有限公司
32 NIUSHAN RD, WENZHOU, ZHEJIANG, P.R. CHINA

3）商业发票

HONGYI MACHINERY PROCESSING CO., LTD.
弘毅机械加工有限公司
32 NIUSHAN RD, WENZHOU, ZHEJIANG, P.R. CHINA

COMMERCIAL INVOICE

4）装箱单

HONGYI MACHINERY PROCESSING CO., LTD.
弘毅机械加工有限公司

32 NIUSHAN RD, WENZHOU, ZHEJIANG, P.R. CHINA

PACKING LIST

5）出口合同副本

免，已存在。

2. 清关单证（Clearance Documents）

1）货运委托书

货运委托书

SHIPPING NOTE

经营单位（托运人）					公司编号		
提/运单项目	发货人（SHIPPER）						
	收货人（CONSIGNEE）						
	通知人（NOTIFY ）						
海运费（ ） SEA FREIGHT		预付（ ）或到付（ ） PREPAID/COLLECT		提单份数		提/运单 寄送地址	
起运港		目的港		可否转船		可否分批	
标记唛码	包装件数	中英文货名 DESCRIPTION		毛重 KG	尺码 M^3	成交条件（总价）	
声明事项				结算方式			
				代办项目			
				预配运输船 工 具 名 称			
				提/运单号			
				签名：			

2）出口货物报关单

中华人民共和国海关出口货物报关单

预录入编号：　　　　　　　　　　　　　　　　　　　　海关编号：

出口口岸		备案号	出口日期	申报日期
经营单位		运输方式	运输工具	提运单号
发货单位		贸易方式	征免性质	结汇方式
许可证号	抵运国（地区）		指运港	境内货源地
批准文号	成交方式	运费	保费	杂费
合同协议号	件数	包装种类	毛重	净重
集装箱号	随附单据			生产厂家
标记唛码及备注				

项号	商品编号	商品名称、规格型号	数量及单位	最终目的国（地区）	单价	总价	币制	征免

税费征收情况		
录入员　录入单位	兹申明以上申报无讹并承担法律责任	海关审单批注及放行日期（签章） 审单　　审价
报关员 单位地址 邮编　　电话　　填制日期	申报单位（签章）	征税　　统计 查验　　放行

3）商业发票

同商检单证。

4）装箱单

同商检单证。

5）加工手册（通关手册）

同前。

6）合同副本

同商检单证。

7）原进口货物报关单

粉红色。

8）熏蒸/消毒证明书

中华人民共和国出入境检验检疫
ENTRY-EXIT INSPECTION AND QUARNTINE
OF THE PEOPLE'S REPUBLIC OF CHINA

熏蒸/消毒证明书　　编号
FUMIGATION/DISINFECTION CERTIFICATE

发货人名称及地址
Name and Address of Consignor ______

收货人名称及地址
Name and Address of Consignee ______

品名
Description of Goods ______

产地
Place of Origin ______

报验数量
Quantity Declared ______

标记及号码
Mark & No.

启运地
Place of Dispatch ______

到达口岸
Port of Destination ______

运输工具
Name of Conveyance ______

印章
Official Stamp

签证地点 Place of Issue ______　签证日期 Date of Issue ______

授权签字人 Authorized Officer ______　签名 Signature ______

3. 结算单证（Settlement Documents）

由于次笔业务双方均采用电汇付款，仅需要向对方传真或电邮海运提单、商业发票与装箱单。对方提货亦不需要提单正本，因为提单已经做成记名式。

1）海运提单

Shipper		B/L NO. 中国远洋运输（集团）总公司 **CHINA OCEAN SHIPPING（GROUP）CORP.** **Combined Transport BILL OF LADING**
Consignee		
Notify Party		
Pre-carriage by	Place of Receipt	
Ocean Vessel Voy. No.	Port of Loading	
Port of Discharge	Place of Delivery	Final Destination for the Goods（not the ship）see article 7 par（2）

Marks & Nos. Container/Seal No.	No. of Containers or P'kgs	Kind of Packages; Description of Goods		Gross Weight	Measurement
Total Number of Containers or Packages（In Words）					
Freight & Charges	Revenue Tons	Rate	Per	Prepaid	Collect
Exchange Rate	Prepaid at	Payable at	Place and Date of Issue		
	Total Prepaid	No. of Original B(S)/L	Signed for the Carrier		

LADEN ON BOARD THE VESSEL
DATE ______ BY ______（TERMS PLEASE FIND ON BACK OF ORIGINAL B/L）
（COSCO STANDARD FORM 1）

2）商业发票

同商检单证。

3）装箱单

同商检单证。

1. 加工贸易包括哪些形式？
2. 来样加工是否属于加工贸易的范畴？
3. 进料加工的运作分为哪两个阶段？各个阶段同样需要哪几类单证？
4. 加工贸易比一般进出口贸易多了哪些单证？
5. 进料加工为“对口合同”交易时，经营单位进出口清关享受什么待遇？

附录 A

特殊业务单证样板

Sample Documents under Special Trade

A.1 现金交易项下的国际物流单证样板

Sample Documents for International Logistics under Cash

现金支付条款下的国际物流单证基本上以清关单证为主，结算单证只是海运提单或其他运单、商业发票、装箱单及保险单等。对非洲的贸易，很多情况下均采用现金支付，所以在非洲众多的展卖式仓库的外墙上，都可以看到醒目的招商标语——“Cash and Carry”（“付现装货”）。下面是一笔出口西部非洲科特迪瓦的全套国际物流单证。

1. 清关单证（Clearance Documents）

1）售货合同

销售合同
SALE CONTRACT

合同号码/NO.：070910D
日期/DATE：AUG,20,2007

卖方/THE SELLER：WUHAN ××× FOREIGN TRADE CO.，LTD　　电话/TEL：
　　　　　　　　　　　　　　　　　　　　　　　　　　　传真/FAX：
买方/THE BUYER：China Turquoise Company Limited　　电话/TEL：
　　　　　　　　　　　　　　　　　　　　　　　　　　　传真/FAX：

唛 头 Marks	（1）品 名 及 规 格 Commodity & Specification	数 量 Quantity	单 价 Unit Price	总 值 Amount
			FOB SHANGHAI PORT	
N/M	DONGFENG LIGHT TRUCK IN CKD 1. EQ1021F29D 2. EQ1021H29D	 1 UNIT 1 UNIT	 USD9,225.00 USD9,358.00	 USD9,225.00 USD9,358.00
TOTAL	FOB SHANGHAI USD 18,583.00			

允许卖方在装货时有_____%增减，价格按合同单价计算。
The seller is allowed to load _____% more or less; the price shall be according to unit price.

（2）包装：裸装　　　　　　　　　（3）运抵口岸：科特迪瓦
　Packing：nude　　　　　　　　　　Destination：
（4）装运口岸：上海　　　　　　　（5）装运期限：
　Port of loading：SHANGHAI　　　　Time of shipment：

(6)付款方式：
　Terms of payment：pay to seller's account　By Cash

（7）不可抗力：如因人力不可抗拒的事件使卖方延迟或不能发货，卖方概不负责，但卖方应即以传真通知买方，如买方要求，卖方应向买方提供证明上述事件存在的证明。
Force Majeure: The Seller shall not be held responsible for the delay or failure in delivery of the goods due to Force Majeure. However, in such case the Seller shall inform the Buyer immediately by fax.

（8）仲裁：凡因执行本合同发生的一切争议，应通过友好协商解决，如协商不能解决，应提交中国对外贸易仲裁委员会，仲裁是终局的，对双方都有约束力。
Arbitration: Any disputes arising from the execution of this contract should be settled through friendly negotiation. In case so settlement can be reached, the case shall then be submitted to the Foreign Trade Arbitration Commission of the CCPIT whose award is final and binding upon both parties.

（9）本合同一式两份，双方各执一份，自签章之日起生效。
The contract is done in duplicate, one for each party. It is effective from the signing date.

卖方　　　　　　　　　　　　　　　　买方
THE SELLER:　　　　　　　　　　　　THE BUYER: Linda

2）出口货物报关单

JG09

主页

1

收汇核销联

中华人民共和国海关出口货物报关单

预录入编号：110348912　　海关编号：220920070597105399

出口口岸	备案号	出口日期	申报日期
外港海关　2225		2007-09-28	2007-09-26

经营单位	运输方式	运输工具名称	提运单号
4201263048 武汉××汽车对外贸易有限公司	江海运输	PACIFIC SPIRIT/15	HOEGP915CSAM0001

发货单位	贸易方式	征免性质	结汇方式
4201263048 武汉××汽车对外贸易有限公司	一般贸易　0110	一般征税　（101）	信用证

许可证号	运抵国（地区）	指运港	境内货源地
07-17-200126	科特迪瓦　（223）	科特迪瓦(象牙海岸)（223）	武汉经济技（42012）

批准文号	成交方式	运费	保费	杂费
086891602	FOB			

合同协议号	件数	包装种类	毛重（公斤）	净重（公斤）
070910D	2	其它	2970	2970

集装箱号	随附单据	生产厂家
0	B	

标记唛码及备注

散货 港口AMSTERDAM

随附单证号：310050207481139

项号	商品编号	商品名称、规格型号	数量及单位	最终目的国（地区）	单价	总价	币制	征免
1.	87042100 (0)	东风轻卡(柴油) EQ1021F29D DONGFENG LIGHT TRUCK	1.000辆 0.000 1.000辆	科特迪瓦（223）	9225.0000	9225.00	USD 美元	照章征税 用途:
2.	87042100 (0)	东风轻卡(柴油) EQ1021H29D DONGFENG LIGHT TRUCK	1.000辆 0.000 1.000辆	科特迪瓦（223）	9358.0000	9358.00	USD 美元	照章征税 用途:

税费征收情况

录入员　录入单位	兹声明以上申报无讹并承担法律责任	海关审单批注及放行日期(签章)
报关员	1099800972082	审单　审价
单位地址	申报单位(签章) 上海旭尔国际货运有限公司	征税　统计
邮编　电话	填制日期	查验　放行 签发关员：祝群 签发日期：2007-10-0

3）出口许可证

中华人民共和国出口许可证

EXPORT LICENCE OF THE PEOPLE'S REPUBLIC OF CHINA No. 7347595

1. 出口商：Exporter 4201792422729 武汉××汽车对外贸易有限公司	3. 出口许可证号：Export licence No. 07-17-200126
2. 发货人：Consignor 4201792422729 武汉××汽车对外贸易有限公司	4. 出口许可证有效截止日期：Export licence expiry date 2008年02月29日
5. 贸易方式：Terms of trade 一般贸易	8. 进口国（地区）：Country/Region of purchase 科特迪瓦
6. 合同号：Contract No. 070910D	9. 付款方式：Payment 汇付
7. 报关口岸：Place of clearance 上海海关	10. 运输方式：Mode of transport 海上运输
11. 商品名称：Description of goods 柴油型其他小型货车(小型指车辆总重量≤5吨)	商品编码：Code of goods 8704210000

12. 规格、等级 Specification	13. 单位 Unit	14. 数量 Quantity	15. 单价（USD） Unit price	16. 总值（USD） Amount	17. 总值折美元 Amount in USD
东风轻卡	辆	*1.0	*9,225.0000	*9,225	$9,225
东风轻卡	辆	*1.0	*9,358.0000	*9,358	$9,358
18. 总计 Total	辆	*2.0		*18,583	$18,583

19. 备注 Supplementary details	20. 发证机关签章 Issuing authority's stamp & signature （印章：中华人民共和国商务部 出口许可证专用章 湖北）
	21. 发证日期 Licence date 2007年09月19日

中华人民共和国商务部监制（2007）

第一联（正本）发货人办理海关手续 海关验放签注栏在背面

4）商业发票

WUHAN ××× FOREIGN TRADE CO., LTD.

COMMERCIAL INVOICE

TO: CHINA TURQUOISE COMPANY LIMITED

ROOMS 2303-04, 23/F., WING ON CENTRE, NO.111 CONNAUGHT ROAD CENTRAL, H.K.

CONTRACT NO. : 070910D　　PAYMENT TERMS: T/T

INVOICE NO.: 070910D030　　INVOICE DATE: JULY, 1ST, 2007

LOADING PORT: SHANGHAI, CHINA　　DESTINATION PORT: ABIDJAN，IVORY COAST

MARK	DESCRIPTION OF GOODS	QUANTITY (UNIT)	UNIT PRICE	AMOUNT
N/M	DONGFENG LIGHT TRUCK 1.EQ1021F29D 2.EQ1021H29D	 1 UNIT 1 UNIT	 USD9,225.00 USD9,358.00	 USD9,225.00 USD9,358.00

TOTAL QUANTITY: 2 UNITS

TOTAL AMOUNT: (FOB SHANGHAI)USD18,583.00

(TOTAL AMT FOB SHANGHAI SAY U.S. DOLLARS EIGHTEEN THOUSAND AND FIVE HUNDRED EIGHTY THREE ONLY)

5）装箱单

WUHAN ××× FOREIGN TRADE CO., LTD.

PACKING LIST

TO: CHINA TURQUOISE COMPANY LIMITED

ROOMS 2303-04, 23/F., WING ON CENTRE, NO.111 CONNAUGHT ROAD CENTRAL, H.K.

CONTRACT NO. : 070910D　　PAYMENT TERMS: T/T

INVOICE NO.: 070910D030　　INVOICE DATE: JULY 1ST, 2007

LOADING PORT: SHANGHAI, CHINA　　DESTINATION PORT: ABIDJAN，IVORY COAST

DESCRIPTION OF GOODS	PACKAGE	G.W.	N.W.	MEAS.
DONGFENG LIGHT TRUCK				
1.EQ1021F29D	1 NUDE	1450 KGS	1450 KGS	14.17 M3
2.EQ1021H29D	1 NUDE	1520 KGS	1520 KGS	14.17 M3

TOTAL PACKAGE: 2 PACKAGES

G.W.: 2970 KGS

N.W.: 2970 KGS

MEAS.: 28.34 KGS

6）装货单

2209200705971053 99

装货单

SHANGHAI NORSHIPPING AGENCY CO.,LTD.

SHIPPING ORDER

托运人
Shipper:

船名
Name of Vessel: PACIFIC SPIRIT

航次
Voyage: 15

编号
D/R No.: HOEGP915CSAM0001

目的港
Port of Destination: AMSTERDAM

标记及号码 Marks & Nos.	件数 Quantity	货名 Description of Goods	重量公斤 Weight Kilos 净重 Net Weight	毛重 Gross Weight
N/M	2 UNITS	DONGFENG LIGHT TRUCK EQ1021F29D EQ1021H29D		2970KGS
			尺码 Measurement	28.34CBM

四、装货联

共计件数（大写）：
Total Number of Packages in Words

运费付款方式 (Payment)

FREIGHT PREPAID

SAY TWO UNITS ONLY.

兹将上述完好状况之货物装船后希签署收货单

Receive on board the abovementioned goods apparent in good order and condition, sign the accompanying receipt for the same

日期
Date

时间
Time

装入何舱

2. 结算单证（Settlement Documents）

1）海运提单

Shipper
WUHAN GFENG FOREIGN TRADE CO., LTD.

BILL OF LADING

B/L No.
TMLP915CSAM0001
Nationality of Ocean Vessel

Consignee
TO ORDER

TRIMPH MARINE LTD

Notify Address
MBANGOT-SERRA XAVIER STANE

Pre-carriage by | *Place of Receipt by Pre-carrier

COPY
NON-NEGOTIABLE

Ocean Vessel: PACIFIC SPIRIT V.15
Port of Loading: SHANGHAI
Port of Discharge: ABIDJAN
*Final destination (if goods to be transhipped at port of discharge): ABIDJAN
Freight payable at
Number of original B(s)/L: THREE

Particulars Furnished by Merchants

Marks & Nos.	Number and kind of packages; description of goods	Gross weight kgs	Measurement
N/M	2 UNITS DONGFENG LIGHT TRUCK EQ1021F29D EQ1021H29D	2970KGS	28.34CI

SHIPPED ON BOA[RD]
[illegible] SEP 2007

TOTAL PACKAGES (IN WORDS): SAY TWO UNITS ONLY.

Freight and charges
FREIGHT PREPAID

Place of B(s)/L issue: SHANGHAI
Dated

Signed for the Carrier
TRIMPH MARINE LTD.

*) Applicable only when document used as a Through Bill of Lading

No: 000022

2）商业发票

同前（略）。

3）装箱单

同前（略）。

4）车辆参数表

科特迪瓦车辆参数表

THE VEHICLE PARAMETRES FOR COTE DIVOIRE

车辆名称 NO. DESCRIPTION	畅游　EQ1021F29D-103 CHANGYOU	畅游　EQ1021H29D-107 CHANGYOU
发动机号 ENGINE	70807444	70807335
底盘号 CHASIS NO.	7G605138	7G605141
车辆外形尺寸 OUTER DEMENSIONS	5030X1690X1630	5035X1690X1630

WUHAN ××× FOREIGN TRADE CO. , LTD.

5）保险单

保单正本份数：
Number of originals:

货物运输保险单
CARGO TRANSPORTATION INSURANCE POLICY

保险单号（Policy No）：ARAA0004SCA2007E000336　　发票号（Invoice No）：070910D030
提单号（B/L No）：　　信用证号（L/C No）：
被保险人（Insured）：CHINA TURQUOISE COMPANY LIMITED　　地址（Address）：

永安财产保险股份有限公司（以下简称本公司）根据被保险人的要求，由被保险人向本公司缴付约定的保险费，按照本保险单承保险别和背面所载条款与下列特款承保下列货物运输保险，特立本保险单。

This Policy of Insurance witnesses that Yong An Insurance Company Ltd.(hereinafter called "The Company")at the request of the Insured and in consideration of the agreed premium being paid to the Company by The Insured,undertakes to insure the undermentioned goods in transportation subject to the conditions of this policy as per the clauses printed overleaf and other special clauses attached hereon.

标　记 Marks & Nos.	包装及数量 Packing & Quantity	保险货物项目 Description of Goods	保险金额 Amount Insured
N/M	1450 KGS 1520 KGS	EQ1021F29D EQ1021H29D	USD 20441.30

ORIGINAL

总保险金额：
Total amount insured：U.S. DOLLARS TWENTY THOUSAND FOUR HUNDRED AND FORTY ONE THIRTY CENTS
保险费：Premium：as arranged　　费率：Rate：as arranged　　免赔额/免赔率：Deductible：
开航日期：Slg.on or abt：AS PER B/L　　装载运输工具：Per conveyance S.S：PACIFIC SPIRIT　PACIFIC SPIRIT
起运地：From：SHANGHAI,CHINA　　中转地：Via：　　目的地：To：ABIDJAN,IVORY COAST
承保险别 Conditions
Covering All Risks as per Ocean Marine Cargo CLauses (1/1/1981) of The People's Insurance Company of China (Abbreviated as C.I.C.-All Risks).Warehouse to Warehouse Clause is included

所保货物，如遇出险，本公司凭本保险单及其他有关证明文件给付赔款。所保货物，如发生本保险单项下负责赔偿的损失或事故，应立即通知本公司下述代理人查勘：

Claims ,if any,payable on surrender of this policy together with other relevant documents.In the event of accident whereby loss or damage may result in a claim under this policy immediate notice applying for survey must be given to the company's agent as mentioned hereunder:

赔款偿付地点：Claim payable at：ABIDJAN,IVORY COAST　　授权代表签章：Authorized signature：
经办公司电话：Tel .of the insurer：027-59527862　　传真：Fax：027-59527864　　出单日期：Issuing date：2007-2-26

总公司地址：中国西安南二环西段60号永安大厦
Head office Address: Yong An Buliding No.60 West Section 2nd South Ring Road Xi'an China

鄂：00040656

永安财产保险股份有限公司
YONG AN INSURANCE COMPANY LTD

A.2 国际铁路运单样板（货协）

Samples of International Rail Waybill

运 单 副 本 — Дубликат накладной
（给发货人）—（для отправителя）

发送路简称（Сокращенное наименование дороги отправления）
中铁 КЖД
3

1 发货人，通信地址— Отправитель, почтовый адрес
××××华源制盐有限公司
××××HUA YUAN SALT MANUFACTURE CO.,LTD

25 批号— Отправка №（检查标签— контрольная этикетка）
运输号码

2 合同号码— Договор №

3 发站— Станция отправления
江岸车站

4 发货人的特别声明— Особые заявления отправителя
委托包头鼎力通国际货物运输代理有限公司办理转关
答付二连
ДАФ ЭРЭЭН

5 收货人，通信地址— Получатель, почтовый адрес
萨如拉敖奇公司
SARUUL－OCH CO.,LTD
SUXBAATAR ALTAI 14-425,MONGOLIA
电话:00976-11-312778　收货人:朝科图

26 海关记载— Отметки таможни

6 对铁路无约束效力的记载— Отметки, необязательные для железной дороги
答付二连
ДАФ ЭРЭЭН

7 通过的国境站— Пограничные станции перехода
二连-----扎门乌德

8 到达路和到站— Дорога и станция назначения
蒙铁 / 乌兰巴托物资站
(ULAANBAATAR MATERIAL IMPEX)

27 车辆— Вагон/ 28 标记载重（吨）Подъемная сила (т)/ 29 轴数— Оси
30 自重— Масса тары/ 31换装后的货物重量— Масса груза после перегрузки

27	28	29	30	31
P/3335752				

国际货协—运单 СМГС-Накладная
慢运 малой скорости

9 记号、标记、号码 Знаки, марки, номера	10 包装种类 Род упаковки	11 货物名称 Наименование груза	50 附件第2号 прил. 2	12 件数 Число мест	13 发货人确定的重量（公斤）— Масса (в кг) определен отправителем	32 铁路确定的重量（公斤）— Масса (в кг) определен железной дорогой
N/M	P.P. BAG	精制盐 REFINED SALT		1200	60100	

14 共计件数（大写）— Итого мест 壹仟贰佰袋

15 共计重量（大写）— Итого 陆万零壹佰公斤

16 发货人签字 ××××华源制盐有限公司

17 互换托盘— Обменные поддоны
数量— Количество

集装箱/运送用具— Контейнер/Перевозочные средства
18 种类— Вид 类型— Категория
19 所属者及号码 Владелец и №

20 发货人负担下列过境铁路的费用— Отправителем приняты платежи за следующие транзитные дороги
运费到付

21 办理种别— Род отправки
整车*）повагонная*）　零担*）мелкая*）　大吨位集装箱*）Крупнотоннажного контейнера*）

22 由何方装车 Погружено
发货人*）отправителем*）　铁路*）железной дорогой*）

*）不需要的划消— Ненужное зачеркнуть

23 发货人添附的文件— Документы, приложенные отправителем

发　票	1份
装箱单	1份
检疫证	1份
关　封	1个
厂检单	1份

24 货物的声明价格 Объявленная ценность груза
瑞士法郎 Шв. фр.

45 封印 Пломбы

个数 Количество	记号— Знаки	
2	2537/1	2537/2
20	DPPP3	DPPP4

33
34
35
36
37
38
39
40
41
42
43
44

46 发站日期戳— Календарный штемпель станции отправления
2006.11.08

47 到站日期戳— Календарный штемпель станции назначения

48 确定重量方法 Способ определения массы
按标记重量

49 过磅站戳记，签字— Штемпель станции взвешивания, подпись

Solution of Hungary Mathematics Olympiad (Volume 2)

匈牙利奥林匹克数学竞赛题解

第2卷

●《匈牙利奥林匹克数学竞赛题解》编写组　编译

内 容 提 要

本书共分为2卷,第2卷收集了1934年至1974年匈牙利奥林匹克数学竞赛的一百多道试题及解答,一题多解,并有理论说明.虽然用中学生学过的初等数学知识就可以解答这些试题,但是它又涉及许多高等数学的课题.参阅此书不仅有助于锻炼逻辑思维能力,对进一步学习高等数学也颇有好处.

本书可供中学生、中学教师及广大数学爱好者学习与参考.

图书在版编目(CIP)数据

匈牙利奥林匹克数学竞赛题解.第2卷/《匈牙利奥林匹克数学竞赛题解》编写组编译.—哈尔滨:哈尔滨工业大学出版社,2016.5

ISBN 978-7-5603-5941-0

Ⅰ.①匈… Ⅱ.①匈… Ⅲ.①中学数学课-竞赛题-题解 Ⅳ.①G634.605

中国版本图书馆CIP数据核字(2016)第071742号

策划编辑 刘培杰 张永芹
责任编辑 张永芹 张永文
封面设计 孙茵艾
出版发行 哈尔滨工业大学出版社
社 址 哈尔滨市南岗区复华四道街10号 邮编150006
传 真 0451-86414749
网 址 http://hitpress.hit.edu.cn
印 刷 哈尔滨市石桥印务有限公司
开 本 787mm×1092mm 1/16 印张16 字数243千字
版 次 2016年5月第1版 2016年5月第1次印刷
书 号 ISBN 978-7-5603-5941-0
定 价 28.00元

⊙

目录

第 15 章 1934 年～1935 年试题及解答 1

§53 关于将三角函数的和化为乘积 //4
§54 有向无穷图 //5
§55 关于某些著名的不等式的一个共同来源 //8
§56 关于有限点集合的重心 //13
§57 算术平均值的一个性质 //15

第 16 章 1936 年试题及解答 16

§58 关于无穷级数的求和 //17
§59 关于调换无穷级数的项 //19
§60 关于无穷集合的势的比较,可数集合 //23
§61 关于连续统假设 //27

第 17 章 1937 年～1938 年试题及解答 29

§62 关于将自然数表示成两个整数的平方和的形式 //31
§63 关于华林问题 //34
§64 关于调和级数 //36

第18章　1939年～1941年试题及解答　40

§65　关于多元函数的琴生不等式　//40
§66　关于费马数　//46

第19章　1942年～1943年试题及解答　53

§67　关于整点　//56

第20章　1947年～1951年试题及解答　67

§68　与完全图有关的某些问题　//68
§69　威尔逊定理　//83
§70　关于赫利定理　//87

第21章　1952年～1955年试题及解答　89

§71　有限图的完全子图　//93
§72　关于法雷分数　//108

第22章　1957年～1964年试题及解答　111

§73　关于哈密尔顿图　//117
§74　关于完全偶图　//161

第23章　1965年～1974年试题及解答　165

附录　对匈牙利数学的一次采访　212

Bolyais,父与子　//212
奥匈协定及解放　//213
竞赛与刊物　//215
匈牙利特色　//218
黎　兹　//221
厄多斯与图兰(Turán)　//225

结　语　//226
Alfred Rényi　//227

参考文献　230

第 15 章　1934 年 ～ 1935 年试题及解答

112 假设

$$A=\frac{1\cdot 3\cdot 5\cdot \cdots \cdot (2n-1)}{2\cdot 4\cdot 6\cdot \cdots \cdot 2n}$$

这里 n 是正整数.证明:在序列

$$A,2A,4A,8A,\cdots,2^kA,\cdots$$

中,从某处开始所遇到的都是整数.

证明　将分数 A 的分子和分母同乘以 $2\cdot 4\cdot 6\cdot \cdots \cdot (2n-2)$,我们得到

$$A=\frac{1\cdot 2\cdot 3\cdot 4\cdot 5\cdot 6\cdot \cdots \cdot (2n-1)}{[2\cdot 4\cdot 6\cdot \cdots \cdot (2n-2)]^2\cdot 2n}=$$

$$\frac{1}{2^{2n-1}}\cdot \frac{(2n-1)!}{[(n-1)!]^2 n}=$$

$$\frac{1}{2^{2n-1}}\cdot \frac{(2n-1)!}{n!(n-1)!}=$$

$$\frac{1}{2^{2n-1}}C_{2n-1}^{n-1} \tag{1}$$

式(1)右端的二项式系数 C_{2n-1}^{n-1} 是整数(等于从 $2n-1$ 个元素中取出 $n-1$ 个元素的组合数).因此

$$2^{2n-1}A$$

是整数,这就是所要证明的.

如果利用在阶乘的标准分解式中含有给定素数的最大指数的勒让德定理,也可以证明本题的断言.

113 在给定圆中,怎样的圆内接多边形的边的平方和达到最大值?

解法 1　(1)如果在圆内接多边形中,有一个角是钝角,那么当去掉这个钝角的顶点时,所得到的圆内接多边形,其边的平方和大于原来的圆内接多边形的边的平方和,因为在钝角三角形中,钝角所对的边的平方大于其他两边的平方和(见第 1 卷第 57 题的证法 2 和 §38).

因为 n 边形的内角和等于

$$(n-2)180^\circ=[n+(n-4)]\cdot 90^\circ$$

所以在任何一个五边形和四边形（除了矩形以外）中，至少有一个钝角. 于是应该在三角形和矩形中来寻求其边的平方和具有最大值的圆内接多边形.

（2）假设 α,β,γ 是内接于给定圆的三角形的三个角，r 是圆的半径. 三角形的边的平方和可以表示成下面的形式（见第1卷第6题解法1）

$$4r^2(\sin^2\alpha+\sin^2\beta+\sin^2\gamma) \tag{1}$$

利用 §53 和第1卷 §9(1) 中的公式，可以将括号中的表达式变成

$$\sin^2\alpha+\sin^2\beta+\sin^2\gamma=$$
$$1-\cos^2\alpha+\frac{1}{2}(1-\cos 2\beta)+\frac{1}{2}(1-\cos 2\gamma)=$$
$$2-\cos^2\alpha-\cos(\beta+\gamma)\cos(\beta-\gamma)=$$
$$2-\cos^2\alpha+\cos\alpha\cos(\beta-\gamma)=$$
$$2-\left[\cos\alpha-\frac{1}{2}\cos(\beta-\gamma)\right]^2+\frac{1}{4}\cos^2(\beta-\gamma) \tag{2}$$

式(2)最后一个表达式当

$$\cos\alpha=\frac{1}{2}\cos(\beta-\gamma),\cos(\beta-\gamma)=1$$

时有最大值 $\frac{9}{4}$. 由式(2)推出（因为我们所研究的是三角形的角）：$\beta=\gamma,\alpha=60^\circ$. 因此，$\beta=\gamma=60^\circ$. 于是由关系式(1)，在半径为 r 的圆中，圆内接正三角形的边的平方和等于 $9r^2$，而其他任何圆内接三角形的边的平方和小于 $9r^2$.

（3）在半径为 r 的圆中，圆内接矩形的边的平方和等于 $8r^2$，因此，小于正三角形的边的平方和.

于是，在所有内接于给定的圆且自不相交的多边形中，正三角形的边的平方和最大. ★

解法2 （1）如果 a,b,c 是三角形的边，m 是边 c 上的中线，那么

$$a^2+b^2=\frac{c^2}{2}+2m^2$$

假设 k 是中线 m 在边 c 上的投影，h 是边 c 上的高（图120）. 边 a 和 b 在边 c 上的投影是长为 $\frac{c}{2}+k$ 和 $\left|\frac{c}{2}-k\right|$ 的线段. 我们来研究三个直角三角形，它们具有公共的直角边 h，其余边分别为 a,b,m. 根据勾股定理

$$a^2+b^2=2h^2+\left(\frac{c}{2}+k\right)^2+\left(\frac{c}{2}-k\right)^2=$$

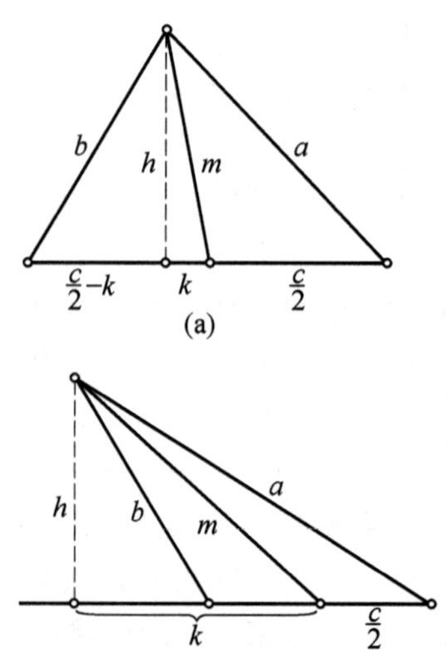

图 120

$$\frac{c^2}{2}+2(h^2+k^2)=\frac{c^2}{2}+2m^2$$

(2) 如果 AB 是一条弦(小于直径)，把圆周分成一条大弧和一条小弧，点 M 是小弧的中点，点 N 是大弧的中点. 那么当点 P 沿着圆周从点 M 往点 N 移动时，平方和 PA^2+PB^2 单调递增(图 121).

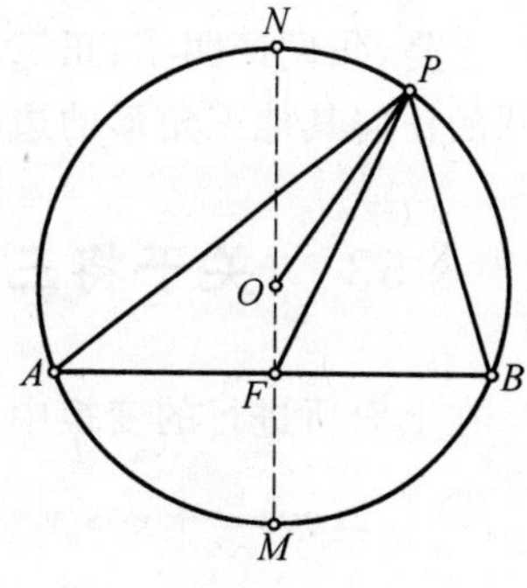

图 121

为了证明这个定理，我们利用上面已经证明过的断言. 于是只要证明当点 P 沿着圆周从点 M 向点 N 移动时，联结点 P 和弦 AB 的中点 F 的线段 PF 的长度单调递增. 这可以证明如下：当点 P 移动时，在 $\triangle POF$ 中，边 OF 和 OP 的长度不变，而 $\angle MOP$ 单调递增，所以它所对的边 PF 也单调递增(见第 1 卷 §38).

(3) 由(2) 中所证明的定理推出，对于圆内接多边形的顶点 P 来说，如果顶角 APB 是钝角或直角，那么当用弦来代替相邻的边 AP 和 PB 时，我们得到新的内接多边形，而且它的边的平方和大于(如果 $\angle APB$ 是钝角) 或等于(如果 $\angle APB$ 是直角) 原来的多边形的边的平方和.

重复"削去"钝角和直角足够多次，我们总可以把任意一个圆内接多边形化为内接于同一个圆的三角形，而且边的平方和大于或等于原来的边的平方和，仅仅当所得到的三角形的一条边和外接圆的直径重合时，边的平方和才会相等. 这样一来，如果我们证明了在所有的内接于给定圆的三角形中，正三角形的边的平方和最大，那么我们就证明了正三角形是本题的答案.

(4) $\triangle APB$ 内接于给定圆，我们来研究它的边的平方和. 如果三角形不是等边三角形，我们选取这样的记号，使得 $\overset{\frown}{PA}$ 是最大的弧，$\overset{\frown}{PB}$ 是最小的弧. 于是，$\overset{\frown}{AB}$ 小于圆周的一半，因为不然的话，它就是最大的弧了. 由于 $\triangle APB$ 不是等边三角形，所以 $\overset{\frown}{AP}$ 大于圆周的三分之一. 我们将顶点 P 向点 N 移动(图 121). 根据在(2) 中所证明的定理，$\triangle APB$ 的边的平方和将单调递增. 沿着圆弧移动点 P，使点 P 到达这样的位置：或者 $\overset{\frown}{AP}$ 等于圆周的三分之一，或者 $\overset{\frown}{PB}$ 等于圆周的三分之一，或者 $\overset{\frown}{AP}$ 和 $\overset{\frown}{PB}$ 同时等于圆周的三分之一. 后一种情况只有当 $\overset{\frown}{AN}$ 和 $\overset{\frown}{NB}$ 都等于圆周的三分之一时才有可能. 如果 $\overset{\frown}{AN}$ 和 $\overset{\frown}{NB}$ 小于(或大于) 圆周的三分之一，那么应该使点 P 移动到使 $\overset{\frown}{AP}$(或 $\overset{\frown}{PB}$) 等于圆周的三分之一的位置. 因此在给定圆中，对于任何一个不等边的内接三角形，都可以作出一个内接于同一圆的三角形，其边的平方和更大，而且一条边所对的劣弧等于圆周的三分之一.

对于所得到的三角形，我们又可以应用上面的论证，不过这时用$\overset{\frown}{AB}$表示等于圆周的三分之一的那一段弧.

于是，我们证明了：正三角形的边的平方和大于内接于同一圆的任何其他三角形的边的平方和.

§53 关于将三角函数的和化为乘积

在上面所进行的变换中，我们利用了关系式

$$\cos x+\cos y=2\cos\frac{x+y}{2}\cos\frac{x-y}{2}$$

此外，注意到下面的关系式也是有益的

$$\sin x+\sin y=2\sin\frac{x+y}{2}\cos\frac{x-y}{2}$$

$$\sin x-\sin y=2\cos\frac{x+y}{2}\sin\frac{x-y}{2}$$

$$\cos x-\cos y=-2\sin\frac{x+y}{2}\sin\frac{x-y}{2}$$

它们可以从两角和的正弦和余弦的公式推出，如果在每一个关系式的左边代之以

$$x=\frac{x+y}{2}+\frac{x-y}{2}, y=\frac{x+y}{2}-\frac{x-y}{2}$$

114 假设在平面上给定了无穷多个矩形，它们的顶点的直角坐标是

$$(0,0),(0,m),(n,0),(n,m)$$

其中m和n是正整数. 证明：在这些矩形之中，总可以挑选出两个矩形，使得一个矩形在另一个矩形里面.

证法1 我们把本题条件中所说的n叫作矩形的宽，m叫作矩形的高.

因为矩形的宽n是正整数，所以在它们之中有一个最小的矩形（见第1卷§2和§3）. 我们选取任意一个有最小宽n_1的矩形，假设m_1是它的高. 另外再任意取m_1个矩形. 如果在这m_1个矩形中，有一个矩形的高大于m_1，那么这个矩形将把具有最小宽n_1，高为m_1的那个矩形包含在内. 如果在所取的m_1+1个矩形中，没有任何一个矩形的高大于m_1，那么这m_1+1个矩形的高的值只能是$1,2,\cdots,m_1$，因此它们的高不可能完全不同（见第1卷§30）. 这样一来，在所取的m_1+1个矩形中，至少有两个矩形的高相等，而一个包含在另一个的里面.

证法 2　(1) 如果一个矩形的高或宽等于另一个矩形的高或宽,那么在这两个矩形中,一定有某一个包含另一个.

(2) 如果任意两个矩形的高和宽都不同,那么我们任取一个矩形,假设它的宽为 n,高为 m. 由于任何两个矩形的宽和高都不同,所以比我们所取的矩形要窄的矩形的个数是有限的(不多于 $n-1$ 个),而且比这个矩形要矮的矩形的个数也是有限的(不多于 $m-1$ 个). 除了这些有限个矩形之外,其他所有的矩形都包含我们所选取的那个矩形.

证法 3　我们来证明,在本题的条件下,存在一个无穷的矩形序列,在这个序列中,前一个矩形包含在后一个矩形之中.

(1) 如果任何一个矩形都包含在另外某一个矩形之中,那么所要证明的断言显然成立.

(2) 如果在矩形中有这样一个矩形,它不包含在任何其他的矩形内,那么所有其他的矩形,要么比这个矩形窄,要么比这个矩形矮. 但是给定的矩形有无穷多个,因此比较窄或比较矮的矩形也有无穷多个. 不失一般性,我们可以假设有无穷多个比较窄的矩形(在相反的情况下,只要在说到矩形的宽时,用它的高来代替就行了). 这样的矩形的宽只可能取有限个不同的值. 因此在它们之中,一定有无穷多个矩形的宽是相同的. 显然,它们可以排成我们所要的序列.

§54　有向无穷图

(1) 在第 114 题的证法 3 的(2) 中,我们得到了无穷的矩形序列,它们之中的每一个包含前一个矩形. 显然在(1) 中也可以得到具有同样性质的无穷的矩形序列. 我们来证明这个比原题更强的断言对于任意的无穷矩形序列也是正确的,只要在它的每一个无穷的子序列中,至少有一个矩形包含这个子序列的另一个矩形. (对于顶点在点 $(0,0)$, $(0,m)$, $(n,0)$, (n,m) 的矩形,这个断言一定成立,因为对于这种矩形的任一无穷子集合,原题的断言是正确的.) 我们先把上面所说的较强的断言变成图论的语言再来证明它.

关于什么是图以及图论研究什么,前面已经说过了(见第 1 卷 §52). 虽然在那里说到的仅仅是有限个顶点的图,但是图的定义的本身绝没有把图含有无穷多个顶点的情况排除在外. 此外,在解决图论的某些问题时,指出边的方向,即在两个用给定的边联结起来的顶点中,指明哪一个顶点算作起点,哪一个顶点算作终点,将是方便的. 具有给定方向的边叫作有向边. 如果图的所有的边都是有向的,那么这个图叫作有向的. 如果不是图的所有的边是有向的，而只是某些边是有向的，那么这样的图叫作部分有向的.（应该指出，如果每一条无向边用两条反向的边来代替，那么任何一个图都可以认为是有向的.）如果在一个有向图中，对于任何三个顶点，如果有从第一个顶点到第二个顶点的边和从第二个顶点到第三个顶点的边，则一定有从第一个顶点到第三个顶点的边，那么这样的有向图称为可传递的有向图.

还必须引入和任意的(不一定是有向的) 图有关的两个概念.如果图的任何两个顶点之间都有边相连，这样的图叫作完全图.由图 G 的部分顶点和联结它们的边所构成的图叫作给定图 G 的子图.我们说子图是在给定图 G 的顶点的子集合上张成的，如果它包含所有以这个子集合的任意一对顶点为端点的边.

(2) 现在我们回到第 114 题并且把它的条件表示成无穷的有向图的形式.每一个矩形对应于图的一个顶点.如果某一个矩形包含另一个矩形，那么图的对应顶点用有向边联结起来，有向边的起点“对应” 的矩形被包含在另一个矩形之中.当然这样的图没有说到矩形的边长用整数表示，也没有说到矩形的顶点是怎样分布的.这些条件以及其他的条件只是在证明图中有边存在时需要用到.在(1) 中已经说过，所构成的图的任何一个无穷的子图含有边.此外所构成的图是可传递的有向图.因为如果一个矩形包含另一个矩形，而这个矩形也包含一个矩形，那么第一个矩形包含第三个矩形.

正像在(1) 中所提到过的那样，从本题条件推出，从矩形中可以挑选出一个矩形包含在另一个矩形之中的无穷序列.这意味着本题的图包含无穷的、可传递的、有向的完全子图.产生一个问题：仅仅由我们刚才所说的子图的性质是否能推出这种子图存在？我们来证明这个结论是正确的，甚至于不必假设原来的图是可传递的有向图，即我们证明下面的定理：

如果无穷有向图的顶点的任一无穷子集合包含彼此有边相连的两个顶点，那么这样的图包含无穷的、可传递的、有向的完全子图.

首先证明我们的图包含这样的顶点，从它发出无穷条边或者有无穷多条边进入这个顶点.我们取图的任意一个顶点，然后选取任意一个和它没有边相连的顶点(如果这样的顶点存在的话)，再后又取一个和前面的任何一个顶点都没有边相连的顶点，如果这样的顶点存在的话.经过有限步之后，这个过程就中断了，因为我们的图的顶点的任一无穷子集合包含两个彼此有边相连的顶点.因此图的其余的每一个顶点至少和所选取的顶点中的某一个顶点有边相连．这样一来，在所选取的顶点中，至少有一个顶点（我们用点 A_1 来表示它）和无穷多个顶点有边相连．在联结顶点 A_1 和图的其他的顶点的边中，或者有无穷多条边是由点 A_1 发出的（在这种情况下，我们将把点 A_1 叫作第 1 类的顶点），或者有无穷多条边进入它（第 2 类顶点）．

假设 G_1 是这样的无穷子图，如果是第 1 类的顶点，那么 G_1 是由从点 A_1 发出的边的终点组成的，如果点 A_1 是第 2 类的顶点，那么 G_1 是由进入点 A_1 的边的起点组成的．这个子图满足定理的条件，因此，在它的顶点中可以找到这样的顶点 A_2，由它发出或进入无穷多条边．继续讨论下去，我们作出了一个无穷的顶点序列 $A_1, A_2, \cdots$，而且在这个序列中，或者由点 A_i 发出联结它和所有后面的顶点的边（A_i 是第 1 类的），或者以点 A_i 之后的每一个顶点为起点的边都进入 A_i（A_i 是第 2 类的）．研究我们的序列中由同一类顶点构成的两个子集合，至少有一个子集合是无穷的．当取属于这个子集合的顶点时，我们得到无穷的、可传递的、有向的完全子图．

115 假设 $b_1, b_2, \cdots, b_n$ 是正数 $a_1, a_2, \cdots, a_n$ 的某一个排列．证明

$$\frac{a_1}{b_1}+\frac{a_2}{b_2}+\cdots+\frac{a_n}{b_n}\geqslant n$$

证法 1 我们利用数

$$\frac{a_1}{b_1}, \frac{a_2}{b_2}, \cdots, \frac{a_n}{b_n}$$

的算术平均值和几何平均值之间的不等式（见第 1 卷 § 42）．因为数 $b_1, b_2, \cdots, b_n$ 不是别的，而是数 $a_1, a_2, \cdots, a_n$ 在另一种次序下的排列，所以

$$\frac{\frac{a_1}{b_1}+\frac{a_2}{b_2}+\cdots+\frac{a_n}{b_n}}{n}\geqslant\sqrt[n]{\frac{a_1a_2\cdots a_n}{b_1b_2\cdots b_n}}=1$$

于是证明了所要证明的不等式．等号对应于下面的情况

$$\frac{a_i}{b_i}=1\quad(i=1,2,\cdots,n)$$

也就是说，只是把数 $a_1, a_2, \cdots, a_n$ 中相同的数重新排列．

证法 2 （1）我们用完全数学归纳法来证明不等式（见第 1 卷 § 3）．当 $n=1$ 时，不等式蜕化成等式，它一定成立．

（2）假设不等式对任意 $n=k$ 个正数是成立的．我们来证明它对任意 $k+1$ 个正数也成立．如果对某个 i，数 a_i 和 b_i 重合，那

么其余的数 b 是下标不为 i 的数 a 的一个排列. 这样的数有 k 个，而且根据归纳假设，形如$\frac{a_i}{b_j}(j \neq i)$ 的 k 个分数的和大于或等于 k. 在不等式的两边加上 1，便得到所要的不等式. 在它的左边有 $k+1$ 个被加项，而右边是数 $k+1$.

(3) 如果所有的分数$\frac{a_i}{b_i}$ 都不等于 1，那么我们用 a_i 表示 a 中最大的(如果这样的数不止一个，我们任取其中的一个). 假设 $b_j = a_i$. 将 b_i 和 b_j 对换以后，我们得到新的和数 S'，将 S' 和原来的和数 S 来进行比较. 根据假设，$b_i < a_i$，$a_j < b_j = a_i$，因此

$$S - S' = \frac{a_i}{b_i} + \frac{a_j}{b_j} - \frac{a_i}{b_j} - \frac{a_j}{b_i} = (a_i - a_j)\left(\frac{1}{b_i} - \frac{1}{b_j}\right) =$$

$$(b_j - a_i)\left(\frac{1}{b_i} - \frac{1}{a_i}\right) > 0$$

因为在新的和数 S' 中，第 i 个被加项的分子和分母相同，所以根据(2) 中所证明的有 $S' \geqslant k+1$. 因此

$$S > S' \geqslant k+1$$

这就完成了归纳证明. ★

§55 关于某些著名的不等式的一个共同来源

(1) 如果利用下面的问题的解，就可以无困难地证明第 1 卷第 115 题的断言和某些其他著名的不等式.

设

$$a_1, a_2, \cdots, a_n$$

和

$$b_1, b_2, \cdots, b_n$$

是正实数，而

$$c_1, c_2, \cdots, c_n$$

是数 $b_1, b_2, \cdots, b_n$ 的任一排列在和

$$S = a_1c_1 + a_2c_2 + \cdots + a_nc_n$$

中，怎样的和最大，怎样的和最小？

在某些具体的情况下，也许每一次都能正确回答这些问题. 例如，我们假设在一个箱子中放的是面值为 1 角的人民币，在第二个箱子中放的是面值为 2 角的人民币，在第三个箱子中放的是面值为 5 角的人民币，在第四个箱子中放的是面值为 1 元的人民币，允许我们从这些箱子中分别取出 3，4，5，6 张人民币，但不指定从每一个箱子中取出的张数. 也许最有利的取法是从放最大面值(每张都是 1 元的) 的箱子中取出最多张数(6 张)，然后从放 5 角的箱子中取张数第二多(5 张) 的人民币等.

也许大家都会同意最不利的取法是从放 1 角的人民币的箱子中取 6 张，从放 2 角的人民币的箱子中取 5 张等. 这样一来，如果 c_1, c_2, c_3, c_4 表示数 3,4,5,6 的任一排列，那么[①]

$$10\times 6+20\times 5+50\times 4+100\times 3\leqslant$$
$$10c_1+20c_2+50c_3+100c_4\leqslant$$
$$10\times 3+20\times 4+50\times 5+100\times 6$$

在一般的情况下，可以有下面的断言. 在和数 S 中，最大的和数所对应的情况是：数 b 按数 a 的大小次序调整好（即数 b 中最大的数对应于数 a 中最大的数，数 b 中第二大的数对应于数 a 中第二大的数等）[②]，而最小的和数所对应的情况是：两个序列的大小次序正好相反（数 a 中最大的数对应于数 b 中最小的数）.

如果数 a 所有的数都相等，那么对于数 b 的任一排列，和数 S 具有相同的值（当数 b 所有的数都相等时也一样）. 我们假设在数 a 中有不相同的数，例如，设 $a_r>a_s$. 我们来比较两个和数

$$S=a_1c_1+\cdots+a_rc_r+\cdots+a_sc_s+\cdots+a_nc_n$$

和

$$S'=a_1c_1+\cdots+a_rc_s+\cdots+a_sc_r+\cdots+a_nc_n$$

它们不同的仅仅是在第二个和数中，c_s 和 c_r 调换了位置. 因为

$$S'-S=a_rc_s+a_sc_r-a_rc_r-a_sc_s=(a_r-a_s)(c_s-c_r)$$

所以若 $c_r<c_s$，那么 $S'>S$；若 $c_r>c_s$，那么 $S'<S$.

由给定的数 a 和 b 只能构成有限个不同的和数 S. 在它们之中总有最大的和最小的. 它们正好对应于上面所说的断言，因为对于数 c 的另一种排列，所得到的和数或者是上升的，或者是下降的.

第 1 卷第 115 题是上面所证明的断言的特殊情况. 事实上，我们将数 $a_1, a_2, \cdots, a_n$ 以上升的次序排好，并且取

$$b_1=\frac{1}{a_1}, b_2=\frac{1}{a_2}, \cdots, b_n=\frac{1}{a_n}$$

这时，数 b 是以下降的次序排列的，和数 S 取最小值，它等于

$$a_1b_1+a_2b_2+\cdots+a_nb_n=n$$

(2) 由所证明的断言可以推出许多著名的不等式. 例如，由它可以引出：任何正数

---

① 在上面的一段中，原文用的是匈牙利货币的名称，为了方便我国读者，改为人民币. 这里的 10 表示 1 角，20 表示 2 角，50 表示 5 角，100 表示 1 元. —— 中译者注

② 在数 a 和 b 中可能有相等的数. 自然，调动相等的数并不改变大小次序.

$$x_1, x_2, \cdots, x_n$$

的几何平均值不大于它们的算术平均值(见第1卷 §42).

设

$$c=\sqrt[n]{x_1 x_2 \cdots x_n}$$

是数 $x_1, x_2, \cdots, x_n$ 的几何平均值.我们构造两个数列

$$a_1=\frac{x_1}{c}, a_2=\frac{x_1 x_2}{c^2}, a_3=\frac{x_1 x_2 x_3}{c^3}, \cdots, a_n=\frac{x_1 x_2 \cdots x_n}{c^n}=1$$

$$b_1=\frac{1}{a_1}, b_2=\frac{1}{a_2}, b_3=\frac{1}{a_3}, \cdots, b_n=\frac{1}{a_n}=1$$

因为在两个数列中的数互为倒数,所以和数

$$a_1 b_1+\cdots+a_n b_n$$

小于或等于

$$a_1 b_n+a_2 b_1+a_3 b_2+\cdots+a_n b_{n-1}$$

即

$$1+1+\cdots+1 \leqslant \frac{x_1}{c}+\frac{x_2}{c}+\cdots+\frac{x_n}{c}$$

$$n \leqslant \frac{x_1+x_2+\cdots+x_n}{c}$$

所以

$$c \leqslant \frac{x_1+x_2+\cdots+x_n}{n}$$

等号仅可能在

$$a_1=a_2=\cdots=a_n$$

或

$$\frac{x_1}{c}=\frac{x_1}{c} \cdot \frac{x_2}{c}=\frac{x_1}{c} \cdot \frac{x_2}{c} \cdot \frac{x_3}{c}=\cdots=\frac{x_1}{c} \cdot \frac{x_2}{c} \cdot \frac{x_3}{c} \cdot \cdots \cdot \frac{x_n}{c}=1$$

时成立,这时

$$x_1=x_2=\cdots=x_n=c$$

(3) 在(1)中所引出的断言还能够证明切比雪夫不等式,比通常的直接证明要简单得多.设

$$a_1, a_2, \cdots, a_n$$
$$b_1, b_2, \cdots, b_n$$

是两个有相同次序的序列(例如,两个序列或者以上升的次序排列,或者以下降的次序排列).这时根据我们的基本定理

$$a_1 b_1+\cdots+a_n b_n=a_1 b_1+a_2 b_2+\cdots+a_n b_n$$
$$a_1 b_1+\cdots+a_n b_n \geqslant a_1 b_2+a_2 b_3+\cdots+a_n b_1$$
$$a_1 b_1+\cdots+a_n b_n \geqslant a_1 b_3+a_2 b_4+\cdots+a_n b_2$$
$$\vdots$$
$$a_1 b_1+\cdots+a_n b_n \geqslant a_1 b_n+a_2 b_1+\cdots+a_n b_{n-1}$$

把所得到的关系式全部加起来,我们得到

$$n(a_1b_1+\cdots+a_nb_n)\geqslant(a_1+\cdots+a_n)(b_1+\cdots+b_n)$$

即

$$\frac{a_1b_1+\cdots+a_nb_n}{n}\geqslant\frac{a_1+\cdots+a_n}{n}\cdot\frac{b_1+\cdots+b_n}{n}\tag{1}$$

类似地可以证明:如果 a 和 b 是两个有相反次序的序列,那么

$$\frac{a_1b_1+\cdots+a_nb_n}{n}\leqslant\frac{a_1+a_2+\cdots+a_n}{n}\cdot\frac{b_1+b_2+\cdots+b_n}{n}\tag{2}$$

(4) 如果 $a_1,\cdots,a_n$ 是正数,此外,$\alpha>0,\beta>0$,那么序列 $a_i^\alpha,a_i^\beta(i=1,2,\cdots,n)$ 有相同的次序,因此根据(1) 有

$$a_1^{\alpha+\beta}+a_2^{\alpha+\beta}+\cdots+a_n^{\alpha+\beta}\geqslant$$
$$\frac{1}{n}(a_1^\alpha+\cdots+a_n^\alpha)(a_1^\beta+\cdots+a_n^\beta)$$

如果 $\alpha>0,\beta<0(a_1,a_2,\cdots,a_n$ 仍然是正数),那么序列 a_i^α,a_i^β 有相反的次序,由(2) 有

$$a_1^{\alpha+\beta}+a_2^{\alpha+\beta}+\cdots+a_n^{\alpha+\beta}\leqslant$$
$$\frac{1}{n}(a_1^\alpha+a_2^\alpha+\cdots+a_n^\alpha)(a_1^\beta+a_2^\beta+\cdots+a_n^\beta)$$

在 $\alpha=\beta=1$ 的特殊情况下,我们得到

$$a_1^2+a_2^2+\cdots+a_n^2\geqslant\frac{1}{n}(a_1+a_2+\cdots+a_n)^2$$

或

$$\frac{a_1+a_2+\cdots+a_n}{n}\leqslant\sqrt{\frac{a_1^2+a_2^2+\cdots+a_n^2}{n}}\tag{3}$$

即算术平均值不大于平方平均值.

如果 $a_1,\cdots,a_n$ 和 $b_1,\cdots,b_n$ 是有相反次序的正数序列,那么由不等式(2) 和(3) 得到不等式

$$a_1b_1+a_2b_2+\cdots+a_nb_n\leqslant$$
$$\frac{1}{n}(a_1+a_2+\cdots+a_n)(b_1+b_2+\cdots+b_n)\tag{4}$$

和

$$a_1b_1+a_2b_2+\cdots+a_nb_n\leqslant\sqrt{n(a_1^2b_1^2+a_2^2b_2^2+\cdots+a_n^2b_n^2)}\tag{5}$$

它们比柯西不等式(见 §65)

$$a_1b_1+a_2b_2+\cdots+a_nb_n\leqslant$$
$$\sqrt{(a_1^2+a_2^2+\cdots+a_n^2)(b_1^2+b_2^2+\cdots+b_n^2)}$$

更强.

事实上

$$\frac{1}{n}(a_1+a_2+\cdots+a_n)(b_1+b_2+\cdots+b_n)\leqslant$$
$$\frac{1}{n}\sqrt{n(a_1^2+a_2^2+\cdots+a_n^2)}\sqrt{n(b_1^2+b_2^2+\cdots+b_n^2)}=$$
$$\sqrt{(a_1^2+a_2^2+\cdots+a_n^2)(b_1^2+b_2^2+\cdots+b_n^2)}$$

和

$$\sqrt{n(a_1^2b_1^2+a_2^2b_2^2+\cdots+a_n^2b_n^2)}\leqslant$$
$$\sqrt{n\cdot\frac{1}{n}(a_1^2+a_2^2+\cdots+a_n^2)(b_1^2+b_2^2+\cdots+b_n^2)}=$$
$$\sqrt{(a_1^2+a_2^2+\cdots+a_n^2)(b_1^2+b_2^2+\cdots+b_n^2)}$$

不等式(4)和(5)中的哪一个更强，在一般的情况下是不可能断定的，因为适当选择数 a 和 b 时，既可以使不等式(4)的右边大于不等式(5)的右边，也可以使不等式(4)的右边小于不等式(5)的右边.

116 如果集 H 的任意一点关于 O 的对称点仍然属于 H，点 O 叫作点集 H 的对称中心. 证明：有限集不可能有两个不同的对称中心.

证法1 假设 O 是点集 H 的对称中心. 因为我们所研究的集合只有有限个点，所以在这个点集中，一定有一个点 A，它到 O 的距离不小于 H 的其他所有的点到点 O 的距离. 换句话说，如果以点 O 为圆心，以 OA 为半径画一个圆 G，那么集合 H 的任何点都不会在这个圆外. 和点 A 关于圆心对称的点 B 在圆 G 上，且又属于集合 H.

如果 O' 是不同于 O 的点，那么

$$AO'+O'B\geqslant AB$$

所以在线段 AO' 和 $O'B$ 中，至少有一条线段大于线段 AB 的一半①. 不妨设线段 AO' 大于 AB 的一半.

假设点 C 是点 A 关于点 O' 对称的点，那么

$$AC=AO'+O'C=2AO'>AB$$

这就是说，点 C 到点 A 的距离大于圆 G 的直径，因此点 C 不属于集合 H. 因此点 O' 不可能是有限点集合 H 的对称中心.

证法2 我们来证明：任何一个点集若有两个对称中心，那么它是无穷集合.

① 如果 $AO'=O'B=\frac{AB}{2}$，那么 $O'=O$（O' 与 O 重合）. —— 俄译者注

假设 O_1 和 O_2 是所研究的集合 H 的对称中心，点 P_1 是 H 的一个点，点 P'_1 是 P_1 关于 O_1 的对称点，点 P_2 是 P'_1 关于 O_2 的对称点，点 P'_2 是 P_2 关于 O_1 的对称点，点 P_3 是 P'_2 关于 O_2 的对称点（图 122）.

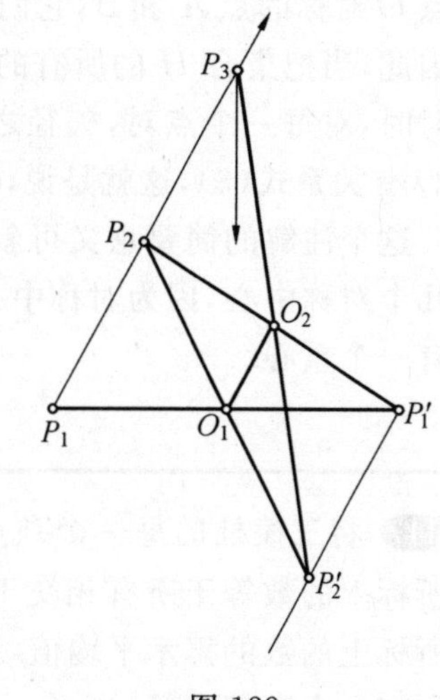

图 122

因为 O_1O_2 是 $\triangle P_1P'_1P_2$ 的两条边的中点的连线，所以线段 O_1O_2 和 P_1P_2 平行，且 $P_1P_2=2O_1O_2$. 这个断言对于 $\triangle P_1P'_1P_2$ 蜕化成直线段的情况仍然有效. 类似地，线段 O_1O_2 也可以看作是 $\triangle P_2P'_2P_3$ 的两边中点的连线，于是线段 P_2P_3 和 O_1O_2 平行，且 $P_2P_3=2O_1O_2$. 因此线段 P_2P_3 是线段 P_1P_2 的延伸.

如果现在从点 P_3 开始，作它关于点 O_1 的对称点，然后再作所得到的点关于点 O_2 的对称点，如此等，那么这样无限重复地作下去，我们就会在线段 P_1P_2 所在的直线上得到无穷多条线段，这些线段的长度都等于 P_1P_2，而且是一个接着一个地延伸. 如果 H 有两个对称中心，那么这些线段的端点都应该属于点集 H. 但这是不可能的，因为根据本题条件，点集 H 只有有限个点.

实际上，我们不仅仅是证明了本题的，而是更一般的结论. 从上面的论证推出，如果点集的对称中心多于一个，那么这个集合不可能是有界的（即：不可能作一个圆，使得这个集合的点都在这个圆内）. 这样一来，有界点集顶多只有一个对称中心.

不难证明，如果点集有两个不同的对称中心，那么它有无穷多个对称中心. 事实上，在直线 O_1O_2 上，离线段 O_1O_2 的端点的距离为 O_1O_2 的整数倍的点都是这个集合的对称中心. ★

§56　关于有限点集合的重心

(1) 点 $P_1,P_2,\cdots,P_n$ 的集合的重心可以用下面的方式来定义. 选取任意一始点 O，作集合的所有的点的矢径 $\overrightarrow{OP_1}=\boldsymbol{p}_1$，$\overrightarrow{OP_2}=\boldsymbol{p}_2,\cdots,\overrightarrow{OP_n}=\boldsymbol{p}_n$. 若点 S 的矢径 $\overrightarrow{OS}=\boldsymbol{s}$ 满足关系式

$$\boldsymbol{s}=\frac{\boldsymbol{p}_1+\boldsymbol{p}_2+\cdots+\boldsymbol{p}_n}{n} \tag{1}$$

则点 S 叫作点集合的重心.

我们来证明 S 与始点 O 的选取无关，为此将关系式(1) 写成形式

$$(\boldsymbol{p}_1-\boldsymbol{s})+(\boldsymbol{p}_2-\boldsymbol{s})+\cdots+(\boldsymbol{p}_n-\boldsymbol{s})=\boldsymbol{0} \tag{2}$$

或者根据矢量的减法写成形式

$$\overrightarrow{SP_1}+\overrightarrow{SP_2}+\cdots+\overrightarrow{SP_n}=\boldsymbol{0} \tag{3}$$

对点 S 式(3) 是否成立与始点 O 的选取是无关的. 因此，与等式

(3) 等价的等式(1) 和(2) 也与点 O 的选取无关.

(2) 如果由有限个点组成的集合 H 具有对称中心 O，那么 O 和集合的重心 S 重合(试比较第1卷 §36 中类似的断言). 为了证明这一点，只要注意到下面的事实就够了：对于任何关于始点 O 对称的点 A 和 B，它们的矢径之和等于零：$\overrightarrow{OA}+\overrightarrow{OB}=\mathbf{0}$. 因此，当把集合 H 的所有的点分成关于对称中心 O 对称的点对时，对每一个点对，矢径之和为零. 这样一来，对于对称中心 O 有关系式(3)，这就是说，O 和集合的重心 S 重合.

这个注解的简要意义可叙述如下：有限点集合 H 不可能有几个对称中心，因为对称中心总是和重心重合的，而集合 H 只有一个重心.

117 将三棱柱的每一个顶点标上一个数. 使每一个顶点所标上的数等于所有相交于这个顶点的棱的另一个端点所标上的数的算术平均值. 证明：三棱柱的顶点所对应的所有六个数都相等.

证法1 假设点 A_1,A_2,A_3 是三棱柱的上底面的顶点，点 B_1,B_2,B_3 是它的下底面的顶点，而 a_1,a_2,a_3,b_1,b_2,b_3 是标在这些顶点的数(图 123).

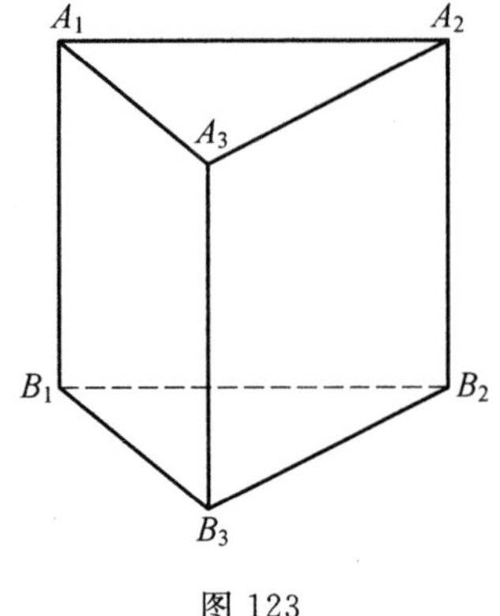

图 123

根据本题条件，数 a_1,a_2,a_3,b_1,b_2,b_3 满足方程

$$3a_1=a_2+a_3+b_1,3b_1=b_2+b_3+a_1 \quad (1)$$

$$3a_2=a_3+a_1+b_2,3b_2=b_3+b_1+a_2 \quad (2)$$

$$3a_3=a_1+a_2+b_3,3b_3=b_1+b_2+a_3 \quad (3)$$

将式(1) 的第一个等式的两边加上 a_1-b_1，第二个等式的两边加上 b_1-a_1，我们得到

$$4a_1-b_1=a_1+a_2+a_3 \quad (4)$$

$$4b_1-a_1=b_1+b_2+b_3 \quad (5)$$

另一方面，将式(1)，(2)，(3) 左边一列的三个等式两边分别相加，得

$$3(a_1+a_2+a_3)=2(a_1+a_2+a_3)+b_1+b_2+b_3$$

由此有

$$a_1+a_2+a_3=b_1+b_2+b_3 \quad (6)$$

因为有关系式(6)，所以等式(4) 和(5) 的右边彼此相等，从而它们的左边也应该相等

$$4a_1-b_1=4b_1-a_1$$

即

$$b_1=a_1 \quad (7)$$

用类似的办法可以得到其他两个等式

$$b_2 = a_2, b_3 = a_3 \tag{8}$$

将所得到的关系式代入到原等式的左边,我们得到

$$3a_1 = a_2 + a_3 + a_1 = 3a_2 = 3a_3$$

由此式和关系式(7)和(8),我们得到

$$a_1 = a_2 = a_3 = b_1 = b_2 = b_3$$

这就是所要证明的.

证法 2　在三棱柱的顶点所对应的数中,我们选出最小的数(如果最小的数有几个,我们任取其中的一个),并记作 a_1. 我们知道,对于若干个不相等的数来说,它们的算术平均值比它们当中最小的数要大,而相等的数的算术平均值等于它们的共同值.★

因为根据本题的条件,数 a_1 等于 a_2, a_3, b_1(和我们的挑选相对应的数)的算术平均值,而它不大于它们之中的任何一个,所以这四个数应该相等,因此 b_1 等于三棱柱顶点所对应的数中最小的数 a_1. 这就是说,b_1 也是这些数中最小的数. 另一方面,数 b_1 等于数 b_2, b_3, a_1 的算术平均值,因此,根据刚才的论证,这四个数也应该相等. 于是,标在三棱柱顶点的所有六个数都相等.

§57　算术平均值的一个性质

如果在实数 $a_1, a_2, \cdots, a_n$ 中没有数小于 a_1,也没有数大于 a_n,那么

$$\frac{a_1 + a_2 + \cdots + a_n}{n} \geqslant \frac{na_1}{n} = a_1$$

$$\frac{a_1 + a_2 + \cdots + a_n}{n} \leqslant \frac{na_n}{n} = a_n$$

等号在上述两种情况下都只有在 $a_1 = a_2 = \cdots = a_n$ 的条件下成立. 这样一来,n 个数的算术平均值总是包含在它们之中最小的数和最大的数之间,除了所有 n 个数相等的情况外(这时算术平均值和它们之中的任何一个相等).

第16章　1936年试题及解答

118 证明

$$\frac{1}{1\cdot 2}+\frac{1}{3\cdot 4}+\frac{1}{5\cdot 6}+\cdots+\frac{1}{(2n-1)\cdot 2n}=$$
$$\frac{1}{n+1}+\frac{1}{n+2}+\frac{1}{n+3}+\cdots+\frac{1}{2n}$$

证法1　引入下面的记号

$$S(n)=\frac{1}{1\cdot 2}+\frac{1}{3\cdot 4}+\frac{1}{5\cdot 6}+\cdots+\frac{1}{(2n-1)\cdot 2n}$$
$$T(n)=\frac{1}{n+1}+\frac{1}{n+2}+\cdots+\frac{1}{2n}$$

用完全数学归纳法来证明. 当 $n=1$ 时，有

$$S(1)=\frac{1}{1\times 2}=T(1)$$

假设对某一个 $k\geqslant 2$，有

$$S(k-1)=T(k-1) \tag{1}$$

因为

$$T(k)-T(k-1)=\frac{1}{2k-1}+\frac{1}{2k}-\frac{1}{k}=\frac{1}{(2k-1)2k}=$$
$$S(k)-S(k-1)$$

所以由归纳假设可推出

$$T(k)=S(k)$$

因而当 $n=k$ 时，本题断言成立. 于是本题断言对所有的 n 都成立.

证法2　将关系式

$$\frac{1}{1\times 2}=\frac{1}{1}+\frac{1}{2}-\frac{1}{1}$$
$$\frac{1}{3\times 4}=\frac{1}{3}+\frac{1}{4}-\frac{1}{2}$$
$$\vdots$$
$$\frac{1}{(2n-1)2n}=\frac{1}{2n-1}+\frac{1}{2n}-\frac{1}{n}$$

两边分别相加，我们就可得到所要求的等式.

因为所得到的等式的右边可表示为

$$\left(\frac{1}{1}+\frac{1}{2}+\cdots+\frac{1}{2n}\right)-\left(\frac{1}{1}+\frac{1}{2}+\cdots+\frac{1}{n}\right)=$$

$$\frac{1}{n+1}+\frac{1}{n+2}+\cdots+\frac{1}{2n}^{\star}$$

§58 关于无穷级数的求和

(1) 例如

$$1+\frac{1}{2}+\frac{1}{4}+\frac{1}{8}+\cdots+\frac{1}{2^{n-1}}+\cdots$$

$$2+\frac{3}{2}+\frac{9}{8}+\frac{27}{32}+\cdots+2\times\left(\frac{3}{4}\right)^{n-1}+\cdots$$

$$1-0.9+0.81-0.729+\cdots+(-0.9)^{n-1}+\cdots$$

$$0.23+0.002\,3+0.000\,023+\cdots$$

$$\frac{1}{1\times 2}+\frac{1}{2\times 3}+\frac{1}{3\times 4}+\frac{1}{4\times 5}+\frac{1}{5\times 6}+\cdots$$

$$2+\frac{3}{2}+\frac{4}{3}+\frac{5}{4}+\frac{6}{5}+\frac{7}{6}+\cdots$$

这些包含无穷多项的表达式叫作无穷级数.所有这些表达式暂且还是毫无意义的,但是我们想应该怎样理解无穷多项的和,给出一个简单的定义.这样的想法是有根据的,譬如第四个级数不是别的,而是无限循环十进制小数

$$0.232\,323\cdots$$

只不过是把它写成了不太习惯的形式.仅仅只有在说明了应该怎样理解无限十进制小数以后才能对无限十进制小数进行运算.在进行计算的时候,这样的小数在某一个地方被截断了.应该在什么地方截断,这与所进行的计算所要求的精确度有关.在我们对无限十进制小数的认识中,最主要的是:在必要的时候,可以用任意多个有限的符号来近似地代替这个小数.当然,这时我们得到的只是无限十进制小数的近似值,但是误差可以任意小.

我们尝试一下对其他的无穷级数一项一项地求和.级数的前 n 项的和叫作级数的第 n 个部分和.前四个级数是等比级数.等比级数的任意多项的和的公式是知道的.对前四个级数的前 n 项应用求和公式,我们求得它们的第 n 个部分和

$$\frac{1-\left(\frac{1}{2}\right)^n}{1-\frac{1}{2}}=2-2\left(\frac{1}{2}\right)^n,\ 2\,\frac{1-\left(\frac{3}{4}\right)^n}{1-\frac{3}{4}}=8-8\left(\frac{3}{4}\right)^n$$

$$\frac{1-(-0.9)^n}{1+0.9}=\frac{10}{19}-\frac{10}{19}(-0.9)^n$$

$$0.23\frac{1-(0.01)^n}{1-0.01}=\frac{23}{99}-\frac{23}{99}(0.01)^n$$

在每一个第 n 个部分和中都包含有其绝对值小于 1 的数的 n 次幂. 大家知道(见第 1 卷第 35 题的解答和 §29)，如果幂指数 n 大于以适当的方式所选取的某个数，那么正数 $\lambda<1$ 的 n 次幂可以任意小. 对于数 $\lambda<1$ 的 n 次幂，如果再将它乘以 2，8，$\frac{10}{19}$，$\frac{23}{99}$ 以及任何其他的(与 n 无关)常数，也可以得出同样的结论. 因此当 n 充分大时，第一个级数的第 n 个部分和与 2 相差很小(幂指数 n 应该大于与允许误差有关的数 v). 类似的断言对于第二个、第三个、第四个级数的第 n 个部分和也是对的. 只需要用数 8，$\frac{10}{19}$，$\frac{23}{99}$ 来代替数 2. 我们说这样的级数是收敛的，而它们的和等于 2，8，$\frac{10}{19}$，$\frac{23}{99}$. 在一般的情况下，无穷级数

$$a_1+a_2+\cdots+a_n+\cdots$$

如果对于任意的 $\varepsilon>0$，可以找到这样一个数 v，使得当 $n>v$ 时，级数的第 n 个部分和与 s 的差的绝对值小于 ε，则说这个级数是收敛的，且 s 是这个级数的和.

为了简单起见，常常写作

$$a_1+a_2+\cdots+a_n+\cdots=s$$

但是所指的不是通常的和，而是在刚才所定义的意义下的和.

(2) 在上面所给出的定义的意义下来理解的无穷级数的和，保持了有限个被加项的和的大多数性质，但不是所有的性质. 首先，并不是所有的无穷级数都有和. 例如，第六个无穷级数的每一项都大于 1. 因此当 n 充分大时，这个级数的第 n 个部分和将大于任何预先给定的数. 因此，满足上面所说的级数和定义的数 s 是不存在的. 我们说不存在级数和的无穷级数是发散的. 尽管级数的部分和，或者是部分和的绝对值都不是无限上升的，然而这样的级数仍可能是发散的. 例如，无穷级数

$$1-1+1-1+1-1+\cdots$$

是发散的，因为它所有的偶数个项的部分和等于 0，奇数个项的部分和等于 1，因而不存在数 s，使这两个数值与 s 相差任意小.

同第 118 题的证明直接有关的无穷多个被加项的和与有限多个被加项的和的其他区别将在 §59 中指出. 现在我们回到第五个无穷级数. 乍然看来要求出它的第 n 个部分和是不容易的，但是如果注意到对于任意的 k，这个级数的一般项(第 k 项)可以表示成形式

$$\frac{1}{k(k+1)}=\frac{1}{k}-\frac{1}{k+1}$$

那么第 n 个部分和可以毫不困难地计算出

$$\frac{1}{1\cdot 2}+\frac{1}{2\cdot 3}+\frac{1}{3\cdot 4}+\cdots+\frac{1}{(n-1)n}+\frac{1}{n(n+1)}=$$

$$\left(1-\frac{1}{2}\right)+\left(\frac{1}{2}-\frac{1}{3}\right)+\left(\frac{1}{3}-\frac{1}{4}\right)+\cdots+$$

$$\left(\frac{1}{n-1}-\frac{1}{n}\right)+\left(\frac{1}{n}-\frac{1}{n+1}\right)=$$

$$1-\frac{1}{n+1}$$

对于充分大的 n，量 $\frac{1}{n+1}$ 任意小. 因此

$$\frac{1}{1\cdot 2}+\frac{1}{2\cdot 3}+\frac{1}{3\cdot 4}+\frac{1}{4\cdot 5}+\cdots=1$$

我们引作例子的仅仅是收敛性不难建立的无穷级数，但是正像在 §59 中研究的例子所表明的那样，在一般情况下，要确定无穷级数的收敛性并不那么简单.

§59 关于调换无穷级数的项

(1) 正像在第 118 题的证法 2 中所表明的那样，所要证明的恒等式的左边可以表示成形式

$$\left(1+\frac{1}{2}+\cdots+\frac{1}{2n}\right)-\left(1+\frac{1}{2}+\cdots+\frac{1}{n}\right)=$$

$$\left(1+\frac{1}{2}+\cdots+\frac{1}{2n}\right)-2\left(\frac{1}{2}+\frac{1}{4}+\cdots+\frac{1}{2n}\right)=$$

$$1-\frac{1}{2}+\frac{1}{3}-\frac{1}{4}+\cdots+\frac{1}{2n-1}-\frac{1}{2n} \tag{1}$$

这不是别的，而是无穷级数

$$1-\frac{1}{2}+\frac{1}{3}-\frac{1}{4}+\cdots+\frac{1}{2n-1}-\frac{1}{2n}+\cdots \tag{2}$$

的第 $2n$ 个部分和. 我们来证明级数(2) 收敛.

由第 118 题所证明的恒等式的右边的每一项提出因子 $\frac{1}{n}$，所得到的表达式

$$\frac{1}{n}\cdot\frac{1}{1+\frac{1}{n}}+\frac{1}{n}\cdot\frac{1}{1+\frac{2}{n}}+\frac{1}{n}\cdot\frac{1}{1+\frac{3}{n}}+\cdots+\frac{1}{n}\cdot\frac{1}{1+\frac{n}{n}} \tag{3}$$

具有下面的极好的性质. 我们作函数 $y=\frac{1}{1+x}$ 的图像. 将 x 轴上的区间 $[0,1]$ 分成 n 等份，并且从每一个分点引这个函数的纵坐标(图 124). 表达式(3) 的每一项等于宽为 $\frac{1}{n}$，以右端分点

的纵坐标为高的矩形的面积. 这些矩形的面积之和即表达式(1)的值，将小于S的面积，这里的S是由曲线$y=\frac{1}{1+x}$，x轴上的线段$[0,1]$及通过端点O和1的纵坐标线所围成的曲线梯形. 如果我们取宽为$\frac{1}{n}$，以左端分点的纵坐标为高的矩形，它们的面积之和与表达式(3)不同的仅仅是在第一项的前面出现了新的项$\frac{1}{n}$，而最后一项$\frac{1}{2n}$没有了. 因此当n充分大时，级数(2)的部分和与S相差任意小，从而曲线梯形的面积①和级数(2)的和重合.

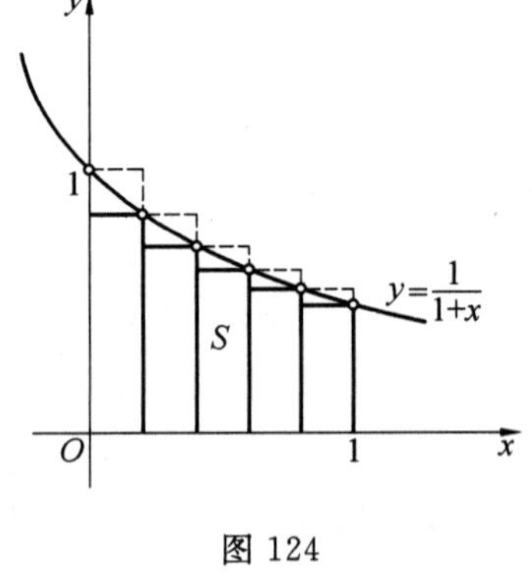

图 124

把级数(2)的所有的项都除以2并且将级数所有的正项表示成$\frac{1}{2k}=\frac{1}{k}-\frac{1}{2k}$的形式. 这时

$$\frac{1}{2}-\frac{1}{4}+\frac{1}{6}-\frac{1}{8}+\frac{1}{10}-\frac{1}{12}+\cdots+\frac{1}{4n-2}-\frac{1}{4n}+\cdots=$$

$$1-\frac{1}{2}-\frac{1}{4}+\frac{1}{3}-\frac{1}{6}-\frac{1}{8}+\frac{1}{5}-\frac{1}{10}-\frac{1}{12}+\cdots+$$

$$\frac{1}{2n-1}-\frac{1}{4n-2}-\frac{1}{4n}+\cdots$$

不难看出，最后的级数是收敛的，并且它的和等于$\frac{1}{2}S$. 因为$S\neq 0$，所以这个和的值与它原来的值S是不同的，虽然新的级数还是由级数(2)的那些项组成的：它包含所有奇数的倒数的正项和所有偶数的倒数的负项.

级数的和在调换项的次序后被改变了，这是因为由级数(2)的项的绝对值所构成的级数(所谓调和级数；见§64)是发散的. 如果由某个级数的绝对值构成的级数是收敛的，那么当任意调换它的项的次序时，原来的级数的收敛性不会破坏，而且它的和仍然不变.

119 在$\triangle ABC$内取一点S，使$\triangle ABS$，$\triangle BCS$，$\triangle CAS$的面积相等. 证明：点S是$\triangle ABC$的重心.

证法1 过点S引一条直线e和边AB平行(图125). 根据本题条件，$\triangle ABS$的面积等于$\triangle ABC$的面积的三分之一. 因

① 熟悉积分学的人马上可算出$S=\int_0^1\frac{dx}{1+x}=\ln 2$. ——俄译编辑注

此由顶点 S 向边 AB 所作的高等于由顶点 C 向边 AB 所作的高的三分之一.根据我们的作法,直线 e 和边 AB 平行,所以联结顶点 C 和边 AB 上任一点的线段(边 AB 的中线也在内)被直线 e 分成的两段的比是 $2:1$.因此直线 e 通过 $\triangle ABC$ 的重心.通过点 S 作直线 f 和边 BC 平行,那么 f 也应该通过 $\triangle ABC$ 的重心.因为直线 e 和 f 不重合,所以它们只有一个交点 S.因此点 S 和 $\triangle ABC$ 的重心重合.

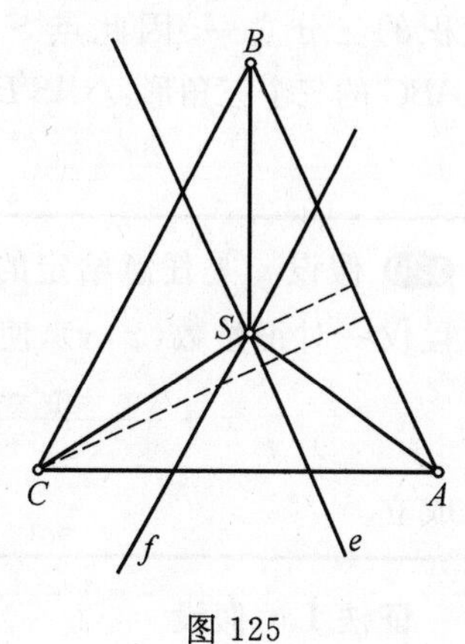

图 125

于是我们证明了:如果点 S 是三个等面积的三角形:$\triangle ABS$,$\triangle BCS$,$\triangle CAS$ 的顶点,那么点 S 是 $\triangle ABC$ 的重心.

证法 2　(1)由几何学可知,如果点 A 和 B 到直线 e 是等距的,那么要么是直线 e 和线段 AB 平行(点 A 和 B 在直线 e 的同一侧),要么是直线 e 通过线段 AB 的中点(点 A 和 B 在 e 的两侧).除此之外,在所有其他情况下,点 A 和 B 到直线 e 的距离是不相等的.

因此我们可以断言:如果在 $\triangle ABC$ 所在的平面内的点 D(不和顶点 C 重合),使 $\triangle ACD$ 和 $\triangle BCD$ 的面积相等,那么点 D 要么在 $\triangle ABC$ 的通过顶点 C 的中线上,要么在通过顶点 C 和边 AB 平行的直线上,因为 $\triangle ACD$ 和 $\triangle BCD$ 的面积相等意味着点 A 和点 B 到直线 CD 的距离相等.

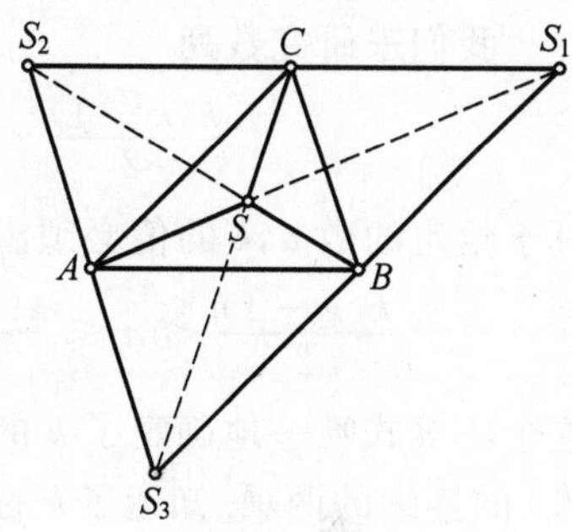

图 126

(2)由上面的证明推出,点 S 在 $\triangle ABC$ 的三条中线上,而且三中线的交点 —— 三角形的重心 —— 满足本题的条件.为了证实这一点,只需指出 $\triangle ABC$ 内的点 S 不可能在三角形外部的任何一条直线上就行了.

(3)由(1)的证明推出,如果等积的三角形:$\triangle ABS$,$\triangle BCS$,$\triangle CAS$ 的顶点 S 在 $\triangle ABC$ 的外部,那么只可能是点 S_1,S_2,S_3,这些点 S_1,S_2,S_3 中的每一个点是 $\triangle ABC$ 的一个顶点关于对边中点的对称点(图 126).

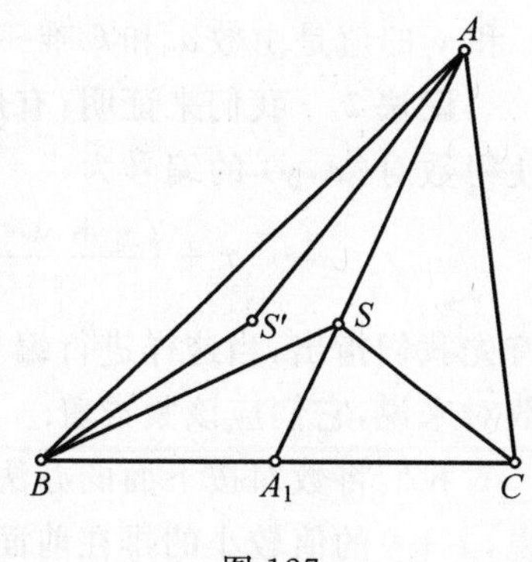

图 127

证法 3　首先我们来证明,三角形的重心满足本题的条件.假设 AA_1 是三角形的一条中线,点 S 是重心.这时 $\triangle AA_1B$ 和 $\triangle AA_1C$ 的边 BA_1 和 A_1C 相等,而且这两条边上的高就是 $\triangle ABC$ 中边 BC 上的高(图 127).因此 $\triangle AA_1B$ 和 $\triangle AA_1C$ 的面积相等.同理可证,$\triangle BA_1S$ 和 $\triangle CA_1S$ 的面积相等,因此 $\triangle ABS$ 和 $\triangle ACS$ 的面积相等.根据同样的理由,$\triangle BCS$ 的面积和它们之中的任何一个都相等.

还需要证明,任何其他的点 S' 不具有这个性质.假设点 S' 是 $\triangle ABC$ 内任何一个和点 S 不同的点.点 S' 在 $\triangle ASB$,$\triangle BSC$,$\triangle CSA$ 中的某一个三角形的内部或边界上.例如,我们假设点 S' 在 $\triangle ASB$ 内.这时 $\triangle AS'B$ 仅仅是 $\triangle ASB$ 的一部分,因而 $\triangle AS'B$ 的面积小于 $\triangle ASB$ 的面积,即小于 $\triangle ABC$ 的

面积的三分之一.因此点 S' 不具有所要求的性质，因为构成$\triangle ABC$ 的三个三角形：$\triangle AS'B$，$\triangle BS'C$，$\triangle CS'A$ 的面积不相等.

120 假设 a 是任意给定的正整数.证明：总可以找到一对且仅一对正整数(x,y)，使得关系式

$$x+\frac{(x+y-1)(x+y-2)}{2}=a$$

成立.

证法1 假设

$$x+y-1=k$$

这时

$$\frac{(x+y-1)(x+y-2)}{2}=\frac{k(k-1)}{2}\quad(0<x\leqslant k)$$

我们来研究数列

$$\frac{k(k-1)}{2}\quad(k=1,2,\cdots)\tag{1}$$

对于给定的数 a，k 的值必须满足下面的不等式

$$\frac{k(k-1)}{2}<a\leqslant\frac{k(k-1)}{2}+k=\frac{(k+1)k}{2}$$

这个不等式唯一地确定了 k 的值，因为它的左边和右边是序列(1)的连续的两项.知道了 k 的值以后，我们就可求得 x 和 y，即

$$x=a-\frac{k(k-1)}{2},y=k+1-x$$

x 和 y 的值是由数 a 和 k 唯一确定的，且都为正整数.

证法2 我们来证明：有序的正整数对可以这样来编号，使得数对(x,y)的编号为

$$x+\frac{(x+y-1)(x+y-2)}{2}$$

首先我们指出，当这样进行编号时，对于 $x+y$ 具有相同的值的数对来说，它们应该紧挨着.

我们将数对按下面的办法进行排队：对于任何两个数对来说，$x+y$ 的值较小的排在前面，$x+y$ 的值较大的排在后面，如果它们的 $x+y$ 的值相等，那么 x 的值较小的数对排在前面，x 的值较大的排在后面.

在这样的次序下，最初的若干个数对如下

$$(1,1),(1,2),(2,1),(1,3),(2,2),(3,1),$$
$$(1,4),(2,3),(3,2),(4,1),(1,5),\cdots$$

和 $x+y$ 等于给定值 m 的数对(x,y)共有 $m-1$ 个.因此，由于和等于 $2,3,\cdots,x+y-1$ 的数对都排在数对(x,y)的前面，所

以这些数对的总个数等于

$$1+2+\cdots+(x+y-2)=\frac{(x+y-2)(x+y-1)}{2}$$

接着往后排的数对是

$$(1,x+y-1),(2,x+y-2),\cdots,(x,y)$$

这样一来,在我们的排队中,数对(x,y)的顺序号等于

$$x+\frac{(x+y-2)(x+y-1)}{2}$$

所得到的表达式取所有的正整数值,而且对于不同的数对来说,它们的编号是不一样的,从而证明了本题的断言.

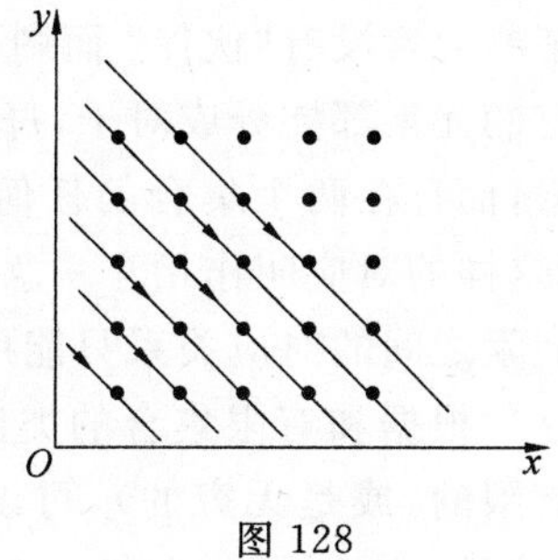

图 128

数对(x,y)可以用平面上坐标为x和y的点来表示.这些点是第一象限内的所有整点(图 128),而且$x+y$的值相同的点在一条直线上.当我们从左下角开始,沿着每一条直线按箭头所指的方向从上往下走时,我们将会经过所有的点,而且经过这些点的先后次序就是数对(x,y)排队编号时的次序.★

§60 关于无穷集合的势的比较,可数集合

(1) 在第 120 题的证法 2 中我们利用了下述事实:由自然数构成的数对可以排成无穷序列的形式.我们用分数$\frac{m}{n}$来代替每一个数对(m,n),而且从序列中去掉可约分数,所得到的序列包含所有的正有理数.如果在序列的第一项的前面加上 0,在每一项的后面加上和它仅符号相反的数以及去掉等于 1 的分母,那么所有的有理数排成一个序列

$$0,1,-1,\frac{1}{2},-\frac{1}{2},2,-2,\frac{1}{3},-\frac{1}{3},3,-3,$$

$$\frac{1}{4},-\frac{1}{4},\frac{2}{3},-\frac{2}{3},\frac{3}{2},-\frac{3}{2},4,-4,\frac{1}{5},-\frac{1}{5},\cdots$$

这样一来,我们将每一个有理数和一个正整数对应,这个正整数是该有理数在序列中的编号,而且对不同的有理数,编号是不同的.

如果两个有限集合的元素可以这样分成对,使得在每一个对子中包含每一个集合的一个元素,而且任何一个元素都不会没有“伙伴”而剩下,那么两个有限集合中的任何一个集合所包含的元素和另一个集合的元素一样多.在比较两个无穷集合时,也可以用这个方法.因此由于我们将每一个有理数和一个且仅一个正整数对应起来了,所以有“有理数和自然数是一样多的”.这个断言听起来是奇怪的,因为在有理数中不仅包含有自然数,而且还有无穷多个分数.由此可做出结论,比较无穷集

合同比较有限集合相比，对前者要小心得多.

在一般的情况下，两个无穷集合的元素之间的对应关系可以用几种方法来建立，这时可能发现，在一种对应下，一个集合的某些元素没有“伙伴”而剩下，而在另一种对应下，两个集合所有的元素都能分成对子，每一个对子包含每一个集合的一个元素，而且在两个集合的任何一个集合中都没有“多余的”元素（这样的对应叫作相互一意的对应；我们注意，两个有限集合的元素之间的对应关系只能用上述两种方法中的一种方法来建立）. 根据和有限集合的类比，如果对于任何两个集合（无论是有限的，或是无穷的），可以用一种方法将它们的元素分成对，使每一个对子包含每一个集合的一个元素，那么我们就认为这两个集合全是“相等的”. 如果两个集合的元素之间可以建立相互一意的对应关系，即可以这样分成对，每一对包含每一个集合的一个元素，使得任何一个集合的每一个元素对应于一个而且仅仅一个另一个集合的元素[①]，我们说这两个集合是等势的. 和自然数集合等势的集合叫作可数的. 任何一个可数集合的元素可用自然数来编号. 逆断言也是正确的：如果某集合的元素可用自然数来编号，那么它是可数的.

于是，有理数集合是可数的.

(2) 由第120题的证法2还可以得出下面的定理.

设 $H_1,H_2,H_3,\cdots$ 是没有公共元素的可数集合的可数序列. 这时包含所有的集合 $H_1,H_2,H_3,\cdots$ 的元素的集合 H 是可数的.（集合 H 通常叫作集合 H_1 的并集）

我们来证明这个定理.

把每一个集合的元素排成序列的形式. 集合 H_i 的占据第 k 个位置的元素和与第120题的证法2中的数对 (i,k) 的编号相对应. 于是集合 H 的每一个元素将和某一个自然数对应，而且不同的元素将和不同的自然数对应. 因此，H 是可数集合.

我们来证明：一元整系数多项式集合是可数的.

如果知道了一个多项式的次数以及它所有的系数，那么这个多项式就被确定了. 我们将每一个多项式和它的次数与它的系数的绝对值之和 m 对应. 对应于同一个值 m 的多项式的个数是有限的. 例如，当 $m=4$ 时，只要列举零，一，二，三次的多项式就够了[②]. 在零次多项式（常数）中，对应于值 $m=4$ 的只有 4，-4. 在一次多项式中，只有多项式 $x+2$，$x-2$，$-x+2$，

① 上面所研究的例子表明，全体（有理数集合）可以和自己的部分（自然数集合）等势.

② 当 $m=4$ 时，四次多项式的所有系数都等于0. —— 俄译编辑注

$-x-2,2x+1,2x-1,-2x+1,-2x-1,3x,-3x$. 在二次多项式中,对应于值 $m=4$ 的是 $x^2+1,x^2-1,-x^2+1,-x^2-1,x^2+x,x^2-x,-x^2+x,-x^2-x,2x^2,-2x^2$. 而在三次多项式中,只有 x^3 和 $-x^3$.

用类似的方式对任何值 m 可以列举出所有的整系数多项式.

于是,当一个接一个地写出具有 $m=0,1,2,\cdots$ 的所有整系数多项式时,我们得到无穷序列

$$0;1,-1;2,-2,x,-x;3,-3,-x+1,$$
$$x-1,-x+1,-x-1,2x,-2x,x^2,-x^2;$$
$$4,-4,x+2,x-2,-x+2,-x-2,2x+1,$$
$$2x-1,-2x+1,-2x-1,3x,-3x,x^2+1,$$
$$x^2-1,-x^2+1,-x^2-1,x^2+x,x^2-x,-x^2+x,$$
$$-x^2-x,2x^2,-2x^2,x^3,-x^3;\cdots$$

它包含任意一个整系数多项式,而且仅仅一次. 于是断言被证明了.

上述序列中的多项式的根叫作代数数(见第1卷 §20)[①]. 我们知道,多项式的根的个数不大于它的次数. 一个一个取出整系数多项式,我们将它们的不同的根编成一个统计表,后面的多项式的根只有在它的根和序列中前面任何一项的根不相同时,才把它记入统计表中. 所编成的根的序列包含所有的代数数. 于是,所有的代数数的集合是可数的.

(3) 所列举的可数集合的例子以及某些无穷集合的可数性的证明自然会产生一个问题:在无穷集合之间可以说出什么区别吗? 有无穷而不可数的集合吗? 我们来证明:

小于1的正数的集合是不可数的.

我们把所有这些数写成无限十进制小数的形式. 不难看出,有限十进制小数可以用两种方法表示成无限的形式. 例如,小数

$$0.735\ 200\ 000\ 0\cdots$$

和

$$0.735\ 199\ 999\ 9\cdots$$

在写成通常的(非十进制的) 分数时化为相同的数

$$\frac{7\ 352}{10\ 000}=\frac{919}{1\ 250}$$

我们规定从这两个办法中选取第一个. 所有其余的小于1的正

① 如果数 α 是具有有理系数的多项式 $p(x)$ 的根,那么它也是整系数多项式的根,当用 $p(x)$ 的所有系数的分母的最小公倍数来乘 $p(x)$ 时,就可以得到这个整系数多项式.——俄译编辑注

数唯一地表示成无限十进制小数.

如果我们证明了包含在0和1之间的数的任一无穷序列至少不包含0和1之间的一个数，那么上面所说的断言就被证明了.

我们研究0和1之间的数的一个序列.将它的每一个元素写成无限十进制小数的形式，设a_{ik}是第i个元素中小数点后第k个数字.这时我们的序列可以写成表的形式

$$\begin{array}{c} 0.a_{11}a_{12}a_{13}\cdots \\ 0.a_{21}a_{22}a_{23}\cdots \\ 0.a_{31}a_{32}a_{33}\cdots \\ \vdots \end{array}$$

我们按下列规则构造一个新的数$b=0.b_1b_2b_3\cdots$.假设它在小数点后的第一个符号和第一个小数的第一个符号不同（例如，如果a_{11}是不为5的任一数字，那么取$b_1=5$，如果$a_{11}=5$，可取$b_1=6$）.类似地，若$a_{22}=5$，设第二个数符$b_2=6$，而在所有其他的情况下，设$b_2=5$.一般地，如果$a_{ii}=5$，那么设第i个数符$b_i=6$，如果$a_{ii}\neq 5$，设$b_i=5$.

上述序列中的任何一项都不会等于数b，因为第i个小数的第i个符号和数b的第i个符号是不同的.另外，数b以另一种形式出现在上述序列中的情况也是不可能的，因为在此需要在数b的十进制展开式中，从某个地方开始应该都是数字9，而在构造数b所利用的数字中，没有任何一个9.于是断言被证明了.

我们来研究在(2)的最后所说的有序的全体代数数的序列.把这个序列的元素写成无限十进制小数（仅取0和1之间的代数数）的形式并构造数b，我们得到超越数.于是证明了超越数的存在性.超越数集合是不可数的.事实上，如果它是可数的，那么当把代数数和超越数排成两个序列的形式时，我们轮流从它们之中一个一个取元素将得到一个新的序列.所作出的序列包含所有的实数，但我们已经知道，全体实数的集合不是可数的.

对于0和1之间所有实数的集合的不可数性，我们所利用的证明方法是：把无限十进制小数写成表的形式，并求出一个数，它的符号和表的对角线上的符号不同.因此这个方法叫作康托[①]对角线法（为了纪念集合论的奠基人乔治·康托）.

---

① 康托（Cantor，1845—1918），德国数学家.19世纪数学伟大成就之一——集合论的创立人.——中译者注

(4) 我们仅仅研究了包含在 0 和 1 之间的数，这个区间范围是无关紧要的，数轴上任何两个区间的数的集合总是等势的. 我们把数轴上的两个区间画成两条平行的线段 AB 和 CD 的形式. 设点 O 是直线 AC 和 BD 的交点，点 P 是线段 AB 上的一点，OP 与 CD 相交于点 P'，我们把"位于"点 P 的数与点 P' 的数对应起来(图 129). 显然，这个对应关系是相互一意的.

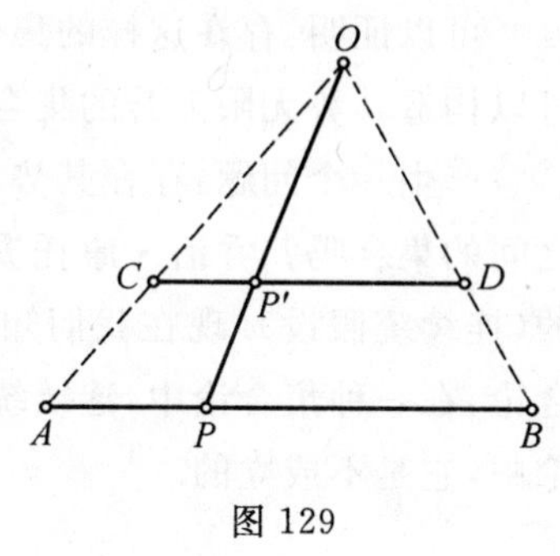

图 129

类似地可以证明，0 和 1 之间的数的集合和所有的正数集合等势. 从坐标为 $(-1,1)$ 的点，将 y 轴上的区间 $0<y<1$ 投影到 x 的正半轴上(图 130). 不难算出，正数 x 和包含在 0 和 1 之间的数

$$y=\frac{x}{1+x} \tag{1}$$

对应，这种对应是相互一意的. 由图 131 看出，属于数轴上任何一个有限区间的数的集合和全体实数的集合等势.

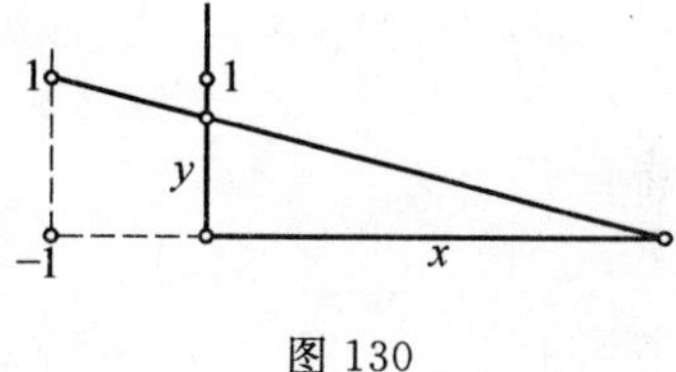

图 130

如果代替区间 $0<y<1$ 而研究区间 $0\leqslant y\leqslant 1$ 或者半区间 $0<y\leqslant 1$，$0\leqslant y<1$，可能会产生某些困难. 为了证明这些集合中的任一个和全体正数的集合等势，我们用下面的办法来处理.

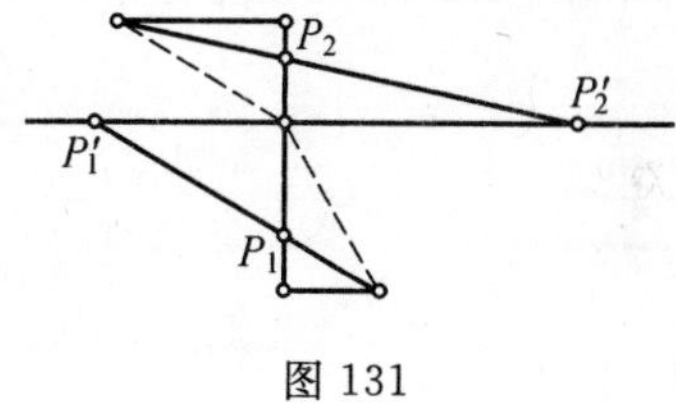

图 131

如果在区间 $0<y<1$ 的点和 x 的正半轴的点之间的对应关系由公式(1) 规定了，那么彼此对应的数，或者两个都是有理数，或者两个都是无理数. 我们将认为区间 $0\leqslant y\leqslant 1$ 的无理数和正半轴的无理数之间的对应关系按公式(1) 来规定. 属于区间的有理数集合是可数的. 事实上，它的所有元素包含在全体有理数集合的元素之中. 从(1) 中所研究的全体有理数的无穷序列中划去多余的元素，我们得到只包含我们所研究的区间中的有理数的无穷序列. 当建立了两个等势的(可数的) 集合 —— 全体正有理数集合和属于区间 $[0,1]$ 的有理数集合 —— 的元素之间的对应关系之后，我们得到了所需要的两个数集合的对应关系. 对于半区间也可类似处理.

§ 61　关于连续统假设

包含在两个不同的数之间的实数集合的势，全体正数集合的势，全体实数集合的势叫作连续统的势. 可以认为连续统的势大于可数集合的势，因为任何一个具有连续统的势的集合包含可数的子集合. 例如，实数集合包含可数的有理数子集合，但整个实数集合是不可数的.

可以证明：存在这样的集合，它的势大于连续统的势，并且可以构造其势无限上升的集合.

产生一个问题：存在其势界于可数集合的势和连续统的势之间的集合吗？乔治·康托提出一个假设：这样的势是不存在的(连续统假设). 现在我们知道，可以建立两种不相矛盾的集合论，在一种集合论中，连续统假设是成立的，而在另一种集合论中，它是不成立的.

第 17 章　1937 年 ～ 1938 年试题及解答

121 假设正整数 $a_1, a_2, \cdots, a_n$ 的和小于某一个正整数 k. 证明

$$a_1!\ a_2!\ a_3!\ \cdots a_n!\ < k!$$

证明　从阶乘 $k! = 1 \cdot 2 \cdot 3 \cdot \cdots \cdot k$ 中分出前 a_1 项，可以得到 $a_1!$. 如果 $n > 1$，那么当 $1 < i \leqslant n$ 时，在阶乘 $k!$ 的展开式中，前 $a_1 + a_2 + \cdots + a_{i-1}$ 个因子后面的 a_i 个因子依次大于数 $1, 2, \cdots, a_i$. 因此，这 a_i 个因子的乘积大于 $a_i!$. 这样一来，乘积 $a_1!\ a_2!\ \cdots a_n!$ 不超过 $(a_1 + a_2 + a_3 + \cdots + a_n)!$，后者一定小于 $k!$.

122 空间中的三个圆两两彼此相切，且所有三个切点是不同的. 证明：这些圆要么在一个球面上，要么在一个平面上.（空间中的两个圆，如果它们有一个公共点，并且在这点有公共的切线，我们说这两个圆相切）

证明　(1) 首先我们证明，两个彼此相切的圆，或者在一个球面上，或者在一个平面上. 我们把通过圆心且和这个圆所在的平面垂直的直线叫作这个圆的轴. 轴上任何一点到这个圆的所有的点的距离都是相等的. 我们来研究两个彼此相切的圆的轴. 两条轴都在通过圆的切点且和公切线垂直的平面上. 这样一来，如果两个相切的圆不在一个平面上，从而它们的轴不平行，因此这两个轴应该相交（因为它们在一个平面上）. 以交点为中心，通过两个圆的切点作一个球面. 那么这两个圆在这个球面上，因为两个圆上的每一个点到轴的交点是等距离的，且等于球面的半径（轴的交点到两圆的切点的线段长）.

(2) 根据(1) 中的证明，在本题条件中所说的三个圆 k_1，k_2, k_3 中，每一对圆确定一个球面或者确定一个平面. 必须证明，所有三对圆确定同一个球面，或者确定同一个平面.

假设圆 k_1 和 k_3 所确定的球面（或平面）G_1 和圆 k_2 和 k_3 所确定的球面（或平面）G_2 不重合. 如果两个球面（或一个球面和

一个平面）不重合，但有公共的圆，那么除了这个圆上的点以外，它们没有任何其他的公共点. 因此对于 G_1 和 G_2 来说，除了圆 k_3 上的点以外，不能再有其他的公共点. 但这是不对的，因为 G_1 和 G_2 都包含了圆 k_1 和 k_2 的切点，根据本题条件，所有三个切点是不同的，所以这个点不在圆 k_3 上. 所得到的矛盾表明 G_1 和 G_2 重合.

123 点 $A_1, A_2, \cdots, A_n$ 不在一条直线上. 假设点 P 和点 Q 是这样两个点（它们不同于点 $A_1, A_2, \cdots, A_n$，且彼此不相重合），使得有

$$A_1P + A_2P + \cdots + A_nP = A_1Q + A_2Q + \cdots + A_nQ = s$$

证明：存在这样一个点 K，使得

$$A_1K + A_2K + \cdots + A_nK < s$$

证明 我们来证明，线段 PQ 的中点可以作为点 K. 假设点 B_i 是点 A_i 关于点 K 的对称点（图 132(a)），这时

$$A_iK = KB_i, A_iQ = B_iP$$

由 $\triangle A_iB_iP$（如果点 A_i 在直线 PQ 上，它蜕化成一条直线段）我们得到

$$A_iB_i = 2A_iK \leqslant A_iP + B_iP = A_iP + A_iQ \quad (1)$$

因为由本题条件知，点 A_i 不在一条直线上，所以所有的点不可能都在直线 PQ 上. 于是对于某些 i，不等式(1) 的左边严格小于右边.

把这些不等式对所有的 i 加起来，我们得到

$$2(A_1K + A_2K + \cdots + A_nK) < (A_1P + A_2P + \cdots + A_nP) + (A_1Q + A_2Q + \cdots + A_nQ) = 2s$$

这就是所要证明的.

下面我们来证明，不仅是线段 PQ 的中点可以作为点 K，而且线段 PQ 内的任意点都可以作为点 K.

假设点 K 是线段 PQ 内的任意一点，则

$$\frac{PK}{QK} = \lambda$$

我们将线段 A_iK 往点 K 外延长，过点 P 作一条直线和 A_iQ 平行（图 132(b)），和 A_iK 的延长线交于点 B_i. 根据作法，$\triangle B_iPK$ 和 $\triangle A_iQK$ 相似，且任意两条对应边的比为 λ. 因此

$$B_iK = \lambda A_iK, B_iP = \lambda A_iQ$$

利用这些关系式，由 $\triangle A_iB_iP$ 可得到不等式

$$A_iB_i = (1 + \lambda)A_iK \leqslant A_iP + B_iP = A_iP + \lambda A_iQ$$

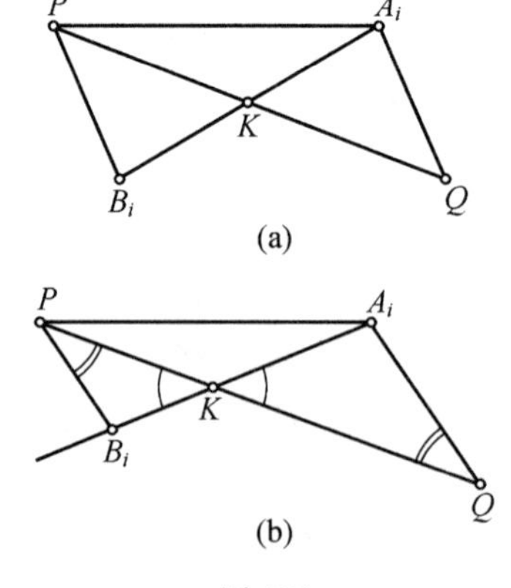

图 132

将所得到的类似的不等式加起来，我们得到

$$(1+\lambda)(A_1K+A_2K+\cdots+A_nK)<$$
$$(A_1P+A_2P+\cdots+A_nP)+$$
$$\lambda(A_1Q+A_2Q+\cdots+A_nQ)=$$
$$(1+\lambda)s$$

(因为根据本题条件，点 A_i 不在一条直线上，所以等号仍然可以去掉）这就是所要证明的①.

124 证明：整数可以表示为两个整数的平方和的充要条件是这个数的 2 倍也具有这种性质.

证明 假设整数 x 可以表示成两个整数的平方和

$$x=a^2+b^2$$

则

$$2x=(a+b)^2+(a-b)^2$$

反之，如果对于整数 x 来说，有

$$2x=a^2+b^2$$

那么数 a 和 b 要么同为偶数，要么同为奇数. 无论在哪种情况下，x 都可以表示成两个整数的平方和的形式★

$$x=\left(\frac{a+b}{2}\right)^2+\left(\frac{a-b}{2}\right)^2$$

§62 关于将自然数表示成两个整数的平方和的形式

(1) 由于解答第 124 题而产生一个问题：什么样的自然数可以表示成两个整数的平方和的形式，什么样的自然数不能这样表示？由本题断言推出，如果奇数 m 可以表示成两个整数的平方和的形式，那么形如 2^am 的数也可以表示成两个整数的平方和的形式. 这样一来，为了回答我们感兴趣的问题，只要弄清什么样的奇数可以分解成两个整数的平方和的形式就行了.

如果考虑到下面的断言，问题可以得到实质性的简化：

两个可以表示为两个整数的平方和的形式的数的乘积，也

① 令 $f(P)=A_1P+\cdots+A_nP$. 正文中的论证表明，$f(K)<\frac{1}{1+\lambda}f(P)+\frac{\lambda}{1+\lambda}f(Q)$ 对任意不同的 P 和 Q（而不仅仅是使 $f(P)=f(Q)$ 的点）都成立，这就是说，函数 $f(P)$ 是严格凸的（见第 1 卷 §44）. 如果点 $A_1,A_2,\cdots,A_n$ 在一条直线上，这个断言已经不正确的（独立证明这一点）. —— 俄译者注

可以表示为两个整数的平方和的形式.

这个断言的正确性可由恒等式

$$(a^2+b^2)(u^2+v^2)=(au+bv)^2+(av-bu)^2$$

推出.

我们证明两个定理：

1° 如果素数 p 被 4 除的余数等于 3，而数 p 的本身是两个整数的平方和的约数，那么这两个数中的每一个都能单独地被 p 整除.

2° 被 4 除而余 1 的所有素数可以表示成两个整数的平方和的形式.

在第一个定理中所说的素数 p 可以写成 $4k+3$ 的形式；在第二个定理中所说的素数 p 可以写成 $4k+1$ 的形式. 显然，所有的奇素数具有这两种形式中的一种.

从这些定理推出：

一个自然数，当且仅当在它的标准分解式中不包含形如 $4k+3$ 的素数的奇次幂时，这个自然数可以表示为两个整数的平方和的形式.

事实上，因为 $2=1^2+1^2$，所以数 2 的任意次乘幂和（根据定理 2°）形如 $4l+1$ 的素数的任意次乘幂的乘积可以表示成两个整数的平方和的形式. 如果两个整数的平方和乘以某一个整数的平方（例如，乘以这样一个数，它分解成形如 $4k+3$ 的素数的偶次幂的乘积），那么，当前两个平方中的每一个单独乘以它时，乘积又可以表示成两个整数的平方和的形式. 这样一来，满足上面所说的条件的自然数能够分解为两个整数的平方和的形式.

另一方面，假设两个整数的平方和能被形如 $4k+3$ 的素数 p 整除. 这时根据定理 1°，这两个数中的每一个都能被 p 整除. 因此，当从平方和中提出因子 p^2 后，我们又得到另外两个整数的平方和. 如果新的平方和能被 p 整除，那么它也能被 p^2 整除，又可以重复提取因子 p^2. 这样一来，在可以表示成两个整数平方和的形式的自然数的标准分解式中，形如 $4k+3$ 的素数 p 的最高次数是偶数. 于是断言被证明了（在假定定理 1° 和定理 2° 证明了的情况下）.

(2) 为了证明第一个定理，我们利用费马小定理（见第 1 卷 §19）. 设 a^2+b^2 能被形如 $4k+3$ 的素数 p 整除. 我们利用同余理论（见第 1 卷 §12）中所采用的表示法时，这可写作

$$a^2+b^2\equiv 0 \pmod p \quad 或 \quad a^2\equiv -b^2 \pmod p$$

我们将后一个同余式的两边进行 $\frac{p-1}{2}=2k+1$ 次乘方. 由

于 $2k+1$ 是奇数,因此我们得到同余式

$$a^{p-1} \equiv -b^{p-1} \pmod{p}$$

同余式的两边或者对于模 p 和 0 同余(即被 p 整除),或者它们之中的任何一个和 0 都不同余. 第一种情况只有在数 a 和 b 中的每一个分别能被 p 整除时才有可能. 我们来证明同余式(1)的两边对于模 p 都不和 0 同余的情况是不可能的. 事实上,如果 $a^{p-1} \not\equiv 0 \pmod{p}$ 和 $b^{p-1} \not\equiv 0 \pmod{p}$,那么无论是 a 或 b,都不能被 p 整除. 但这时根据费马小定理有

$$a^{p-1} \equiv 1 \pmod{p}, b^{p-1} \equiv 1 \pmod{p}$$

而且由同余式(1) 我们得到

$$1 \equiv -1 \pmod{p}$$

即

$$2 \equiv 0 \pmod{p}$$

但是最后一个同余式意味着奇素数 p 是数 2 的约数,这是不可能的.

为了证明第二个定理,我们利用下面的断言(见 §69 的 2):

对于任意的形如 $4l+1$ 的素数 p,可以找到这样的整数 n,使 n^2+1 能被 p 整除,即有同余式

$$n^2+1 \equiv 0 \pmod{p} \qquad (2)$$

我们来研究所有可能的形如 $nx-y$ 的数,这里的 x 和 y 取小于 $\sqrt{p}$ 的非负整数值. 设 k 是 x 和 y 所允许的值中最大的数,因为 $\sqrt{p}$ 是非整数,所以 k 是满足不等式

$$k < \sqrt{p} < k+1$$

的整数. 形如 $nx-y$ 的数的总个数为

$$(k+1)^2 > (\sqrt{p})^2 = p$$

因为数 x 和 y 的每一个分别取 $k+1$ 个值. 当 $nx-y$ 被 p 除时,余数可以取 p 个不同的值:$0,1,2,\cdots,p-1$. 因为数对 (x,y) 可以取 $(k+1)^2 > p$ 个,所以可以找到两个不同的数对 (x,y),对于它们,形如 $nx-y$ 的数被 p 除时给出相同的余数. 我们把这两个数表示成 nx_1-y_1 和 nx_2-y_2. 这时

$$nx_1-y_1 \equiv nx_2-y_2 \pmod{p}$$

因此

$$(x_1-x_2)n \equiv y_1-y_2 \pmod{p}$$

数 x_1 和 x_2 不可能相等,否则将有

$$y_1-y_2 \equiv 0 \pmod{p}$$

但是差 y_1-y_2 小于 p,因此它们对于模 p 和 0 同余,即能被 p 整除,只有在数 y_1 和 y_2 相等的条件下才有可能. 但这时数对

(x_1, y_1) 和 (x_2, y_2) 不是不同的了. 因此 $x_1 \neq x_2$.

适当选取附标的值，使 $x_1 > x_2$. 设 $u = x_1 - x_2$，$v = y_1 - y_2$. 数 u 和 v 满足不等式

$$0 < u < \sqrt{p}, \ |v| < \sqrt{p} \quad (3)$$

因为被减数 x_1, y_1 和减数 x_2, y_2 是正的，而数 x_1, x_2, y_1, y_2 中的每一个都小于$\sqrt{p}$. 数 x_1, x_2, y_1, y_2 适合

$$un \equiv v \pmod{p} \quad (4)$$

将同余式(2) 乘以 u^2，我们得到

$$u^2 n^2 + u^2 \equiv 0 \pmod{p}$$

利用同余式(4)，将最后的同余式左边第一个项用 v^2 代替，得

$$v^2 + u^2 \equiv 0 \pmod{p}$$

即 $v^2 + u^2$ 能被 p 整除. 因为 u 和 v 满足不等式(3)，所以

$$0 < u^2 + v^2 < 2p$$

但是平方和 $u^2 + v^2$ 是 p 的倍数，所以

$$u^2 + v^2 = p$$

于是定理 2° 被证明了.

§ 63　关于华林问题

正像已经证实的那样，并不是所有的自然数都可以表示成两个整数的平方和的形式. 稍微比较困难地可以证明：形如 $4^a(8k+7)$ 的自然数，其中 a 和 k 是正整数或零，不能表示为三个整数的平方和的形式. 1770 年，华林[①]在他自己的一篇著作中提出了一个未加证明的断言：所有的正整数可以表示成 4 个整数的平方和，9 个整数的立方和，19 个整数的四次方和，"等"(某些被加项可能等于 0). 词句"等"应该理解成下面的意思：对于任何一个幂指数 k，存在这样一个仅与 k 有关的数 S_k，使得每一个自然数可以表示成 S_k 个整数的 k 次方之和的形式.

当 $k = 2$ 时，华林问题被同时代的拉格朗日[②]解决了. 在一般形式下的问题过了一百多年由希尔伯特[③]成功地解决了. 设 g_k 是这样一个数，任何一个自然数可以表示成 g_k 个整数的 k

---

① 华林(Waring，1734—1798)，英国数学家. 他是 18 世纪数论的代表人物之一. —— 中译者注

② 拉格朗日(Lagrange，1736—1813)，法国籍，意大利数学家、天文学家，他的成就包括著名的拉格朗日中值定理，创立了拉格朗日力学等. —— 中译者注

③ 希尔伯特(Hilbert，1862—1943)，德国数学家，还是一名伟大的数学教育家，他一生共培养出 69 位数学博士. —— 中译者注

次方之和的形式,但不能表示成更少个数的整数的 k 次方之和的形式.例如,不难验证,数 $23=2\times 2^3+7\times 1^3$ 不能表示成少于 9 个整数的立方和,而数 $79=4\times 2^4+15\times 1^4$ 不能表示成少于 19 个整数的四次方之和.因此,$g_3\geqslant 9$,$g_4\geqslant 19$.当一个数一个数地检查时能够发现,除了 23 以外,只有一个数 $239=2\times 4^3+4\times 3^3+3\times 1^3$ 可以分解成不少于 9 个数的立方和,除了已经说的两个数以外,总共有 15 个数不能分解成少于 8 个整数的立方和,虽然被检验的数要大大超过它们之中最大的数(等于 8 042).很有可能仅仅是自然数列开头的一些数能够分解成具有较多个数的被加项的立方和,因为只能在不多的一组数中选取被加项.当把数分解成立方和而被加项可能的"候选者"变大时,被加项本身的个数将减少.因此,对于把自然数分解成整数的立方和来说,更有特征性的不是数 g_3,而是另一个数 G_3,它表明超过某一个限度的任一自然数(但不是这个限度以内的数)可以分解成多少个整数的立方和.类似地可以对任意的 k 定义数 G_k.

希尔伯特研究了和华林问题有关的所有范围内的问题,得到了许多光辉的结果,并且创造了新的方法,这些方法后来在数论中得到了广泛的应用.他仅仅在某些特殊的情况下成功地确定了 g_k 的精确值.另一方面,对于充分大的自然数,用来代替 g_k 的 G_k 的值,除了在极个别的情况下可以精确地确定以外,都是考虑它的近似值.之所以发生这种情况是因为 g_k 表征的仅仅是若干"小数"的性状,而 G_k 表征的是整个自然数列的性状.例如,一个上面所说的极个别情况是找到了当 $k=4$ 时 G_4 的精确值(它等于16).关于 g_4 的值只知道它包含在 19 与 27 之间.

125 证明:对所有的整数 $n>1$,有不等式

$$\frac{1}{n}+\frac{1}{n+1}+\cdots+\frac{1}{n^2-1}+\frac{1}{n^2}>1$$

证明　对于表达式

$$\frac{1}{n}+\frac{1}{n+1}+\cdots+\frac{1}{n^2}$$

中所有的项,除第一项以外(即总共 n^2-n 项),用它们中的最小的项$\left(等于\frac{1}{n^2}\right)$来代替,我们得到不等式

$$\frac{1}{n}+\frac{1}{n+1}+\cdots+\frac{1}{n^2}>\frac{1}{n}+\frac{n^2-n}{n^2}=\frac{1}{n}+\frac{n-1}{n}=1$$

这就是所要证明的.★

§64 关于调和级数

(1) 无穷级数

$$1+\frac{1}{2}+\frac{1}{3}+\cdots$$

叫作调和级数.取这个名称是因为级数一连串的项之间的关系和调和地发出和声的频率之间的关系是一样的.

我们证明,当 $k>1$ 时,有不等式

$$\frac{1}{k+1}+\frac{1}{k+2}+\cdots+\frac{1}{2k}>\frac{1}{2}$$

事实上,将左边的表达式的每一项用最小的项(最后一项) 来代替时,我们仅仅将左边缩小了,并得到

$$k\cdot\frac{1}{2k}=\frac{1}{2}$$

当我们用 s_k 来表示第 k 个部分和时,所得到的不等式可以写成下面的形式

$$s_{2k}-s_k>\frac{1}{2} \tag{1}$$

因此,调和级数是发散的(见 §58).事实上,如果调和级数收敛,那么对于给定的任意一个正数,例如$\frac{1}{4}$,我们总可以找到这样一个附标 v,使得当 $k>v$ 时,级数的所有部分和 s_k 与它的和的差异小于$\frac{1}{4}$.但是对于这样的 k 值,调和级数的部分和 s_k 和 s_{2k} 彼此之差应该小于$\frac{1}{2}$,因为它们之中的每一个与级数的和的差异小于$\frac{1}{4}$.我们得到了矛盾,因为对于所有的 $k>1$,不等式(1) 成立.于是,调和级数发散.

关于调和级数,不仅可以证明它的部分和序列不收敛于一个确定的极限,而且可以证明它的部分和无限上升.这个断言更精确地可以叙述成:对任一(随便怎样大的) 数 ω,可以找到这样一个数 v,当 $k>v$ 时,有不等式

$$s_k>\omega$$

为此,将调和级数分成段,使每一段各项的和大于$\frac{1}{2}$,于是将它写成

$$1+\frac{1}{2}+\left(\frac{1}{3}+\frac{1}{4}\right)+\left(\frac{1}{5}+\frac{1}{6}+\frac{1}{7}+\frac{1}{8}\right)+$$

$$\left(\frac{1}{9}+\cdots+\frac{1}{16}\right)+\cdots$$

我们这样选取 v，使得调和级数的前 v 项可以分成多于 2ω 的段（在上面的写法中，属于一段的项包含在圆括号中）. 这时当 $k>v$ 时，调和级数的所有部分和 s_k 将大于 $\frac{1}{2}\cdot 2\omega$，即大于 ω. 于是证明了断言：调和级数的部分和不仅不收敛于一个确定的极限，而且无限上升.

(2) 由不等式(1) 直接推出，对所有的 $k>1$，有

$$s_{4k}-s_k=(s_{4k}-s_{2k})+(s_{2k}-s_k)>1 \tag{2}$$

不等式(2) 当 $k=1$ 时也成立，因为第一个括号中的项之和大于 $\frac{1}{2}$. 于是

$$\frac{1}{k+1}+\frac{1}{k+2}+\cdots+\frac{1}{4k}>1$$

由此当 $m\geqslant 4k$ 时，我们得到不等式

$$\frac{1}{k+1}+\frac{1}{k+2}+\cdots+\frac{1}{m}>1$$

由后一个不等式可以推出第 125 题的断言，因为当 $k=n-1$ 和 $m=n^2$ 时，条件 $m>4k$ 变成不等式

$$n^2\geqslant 4(n-1)$$

它等价于不等式 $(n-2)^2\geqslant 0$，它对所有的 n 都是成立的.

(3) 我们来证明，在第 125 题中所要证明的不等式的左边的和

$$\frac{1}{n}+\frac{1}{n+1}+\cdots+\frac{1}{n^2}$$

当 n 上升时将无限上升.

这个断言由不等式

$$\frac{1}{n}+\frac{1}{n+1}+\cdots+\frac{1}{n^2}>$$

$$\left(\frac{1}{n+1}+\cdots+\frac{1}{2n}\right)+\left(\frac{1}{2n+1}+\cdots+\frac{1}{3n}\right)+\cdots+$$

$$\left[\frac{1}{(n-1)n+1}+\cdots+\frac{1}{n^2}\right]>$$

$$n\cdot\frac{1}{2n}+n\cdot\frac{1}{3n}+\cdots+n\cdot\frac{1}{n^2}=$$

$$\frac{1}{2}+\frac{1}{3}+\cdots+\frac{1}{n}$$

推出，因为正像在(1) 中所证明的，调和级数的部分和随着 n 的上升而无限上升.

126 我们把联结三角形任一顶点和它的对边（或延长线）上任一点的直线段叫作三角形的截线. 证明：对空间中的任何一个锐角三角形，一定可以找到这样一个点，使得任一截线对这点所张的角都是直角.

证法1 （1）如果满足本题条件的点存在，那么它对三角形的每一条边所张的角都是直角. 反之，如果空间某一点 O 对 $\triangle ABC$ 的三边所张的角都是直角，那么线段 OA，OB，OC 互相垂直. 因此，如果我们选取三角形的顶点 C，那么 OC 垂直于平面 OAB，从而 OC 垂直于平面 OAB 上的任一条直线. 这样一来，通过顶点 C 的任何一条截线对点 O 的张角都是直角，对于顶点 A 和 B 也是如此. 于是，点 O 满足本题条件.

于是，为了证明本题，只要作出这样一个点，它对三角形的三边所张的角都是直角，也就是说，联结这个点和三角形三个顶点所得到的三条线段互相垂直.

（2）现在原题可用下面的方式来叙述. 从空间点 O 发出三条相互垂直的射线. 证明：在这些射线上可以选取三点 A，B，C（一条射线上取一个点），使 $\triangle ABC$ 和已知的锐角三角形全等.

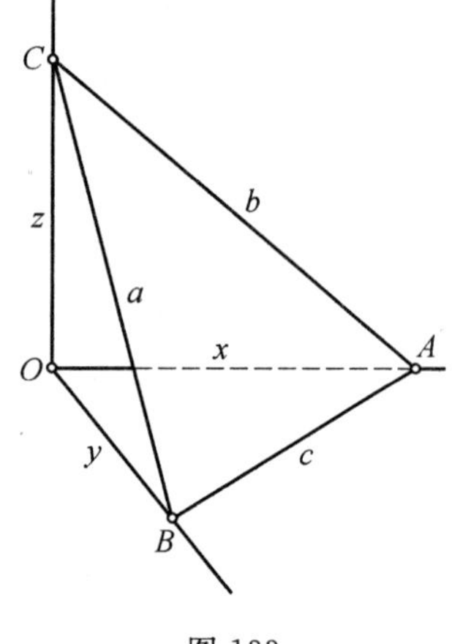

图 133

设 a，b，c 是已知三角形的三边的长，x，y，z 是联结点 O 和它的顶点所得的线段 OA，OB，OC 的长（图 133）. 这时

$$x^2+y^2=c^2, y^2+z^2=a^2, z^2+x^2=b^2$$

由此推出

$$2x^2=b^2+c^2-a^2$$
$$2y^2=c^2+a^2-b^2$$
$$2z^2=a^2+b^2-c^2$$

因为在锐角三角形中，任意一条边的平方小于其他两边的平方和（见第1卷第57题的证法2的（1）和 §38），所以满足本题条件的点 O 是存在的.

证法2 在证法1的（1）中证明了，如果存在这样一个点，它对三角形的三边所张的角都是直角，那么本题就解决了. 对三角形的一条边所张的角为直角的空间点的轨迹是以这条边为直径的球面. 因此必须证明，以三角形的三条边为直径的三个球面具有公共点.

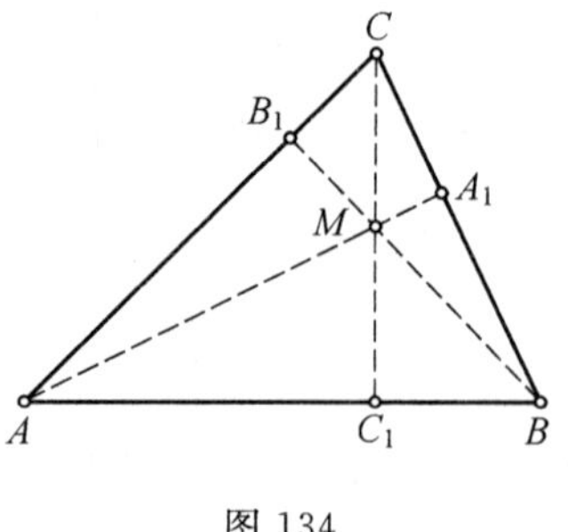

图 134

首先，我们研究两个这样的球面的公共点. 例如研究以 AB 和 BC 为直径的球面. 由顶点 B 作对边 AC 的垂线，垂足为 B_1，那么点 B 和 B_1 在以 AB 和 BC 为直径的球面上（图 134）. 因为任何两个球面的交线是一个圆，而以 AB 和 BC 为直径的球

面关于 $\triangle ABC$ 的平面是对称的，所以，所交成的圆关于这个平面也是对称的．因此，这个圆在和 $\triangle ABC$ 所在的平面垂直的平面上，且以线段 BB_1 为其直径．同理可证，以 AC 和 BC 为直径的球面所交成的圆在和 $\triangle ABC$ 所在的平面垂直的平面上，且以线段 CC_1 为其直径．这样一来，如果以 BB_1 和 CC_1 为直径的两个圆有交点，那么以 $\triangle ABC$ 的三边为直径的三个球面也有交点．这两个圆的交点如果存在的话，只能在通过两条高 BB_1 和 CC_1 的交点 M 所作的和 $\triangle ABC$ 的平面垂直的直线 l 上．这两个交点确实是存在的，因为每一个圆是以 BC 为直径的球面和以三角形另一条边为直径的球面的交线，因此，所要求的两个点是垂线 l 和第一个球面的交点．

在作所要求的点时，我们认为 $\triangle ABC$ 的高的交点（我们把它叫作垂心）在三角形内，如果 $\triangle ABC$ 是锐角三角形，这一点是成立的．如果 $\triangle ABC$ 不是锐角三角形，那么对三边的张角都是直角的点 O 是不存在的，因为三角形的垂心不在三角形内．

第 126 题和第 129 题有密切的联系．这个联系将在第 129 题的解法 2 中加以研究．

第18章　1939年～1941年试题及解答

127 假设实数 $a_1, a_2, b_1, b_2, c_1, c_2$ 满足不等式

$$a_1a_2 > 0, a_1c_1 \geqslant b_1^2, a_2c_2 \geqslant b_2^2$$

证明

$$(a_1 + a_2)(c_1 + c_2) \geqslant (b_1 + b_2)^2$$

证明　由本题条件可推出，数 a_1, a_2, c_1, c_2 同号.

利用条件中所给的不等式可以得到

$$(a_1 + a_2)(c_1 + c_2) = a_1c_1 + a_2c_2 + a_1c_2 + a_2c_1 \geqslant b_1^2 + b_2^2 + a_1c_2 + a_2c_1 \quad (1)$$

后面两项是非负的，因此对它们可以应用算术平均值和几何平均值之间的不等式

$$a_1c_2 + a_2c_1 \geqslant 2\sqrt{a_1c_2a_2c_1} \geqslant 2 \mid b_1 \mid \cdot \mid b_2 \mid$$

（后一个不等式由本题条件推出）将所得到的不等式代入到关系式(1)的右边，得到不等式

$$(a_1 + a_2)(c_1 + c_2) \geqslant b_1^2 + b_2^2 + 2 \mid b_1 \mid \cdot \mid b_2 \mid = (\mid b_1 \mid + \mid b_2 \mid)^2 \geqslant (b_1 + b_2)^2$$

这就是所要证明的. ★

§65　关于多元函数的琴生不等式

在所有的数 $a_1, a_2, b_1, b_2, c_1, c_2$ 是正的且 $b_1 = \sqrt{a_1c_1}, b_2 = \sqrt{a_2c_2}$ 这个特殊情况下，第127题所证明的不等式（两边开平方以后）可以写成形式

$$\sqrt{a_1c_1} + \sqrt{a_2c_2} \leqslant \sqrt{(a_1 + a_2)(c_1 + c_2)} = 2\sqrt{\frac{a_1 + a_2}{2} \cdot \frac{c_1 + c_2}{2}} \quad (1)$$

由证明可以推出，严格的等式仅在下述情况下成立：如果

$$a_1c_2 + a_2c_1 = 2\sqrt{a_1c_1a_2c_2}$$

即如果

$$\frac{a_1}{c_1} = \frac{a_2}{c_2} \text{ 或 } c_1 = \lambda a_1, c_2 = \lambda a_2$$

不等式(1) 意味着对于函数 $F(x,y)=\sqrt{xy}$ 有不等式

$$F(x_1,y_1)+F(x_2,y_2)\leqslant 2F\left(\frac{x_1+x_2}{2},\frac{y_1+y_2}{2}\right) \quad (2)$$

如果对于属于一个给定的(有限的或无限的) 区间的任意的 x_1,x_2 和属于另一个给定区间的任意的 y_1,y_2,不等式(2) 成立,那么不等式

$$F(x_1,y_1)+F(x_2,y_2)+\cdots+F(x_n,y_n)\leqslant$$
$$nF\left(\frac{x_1+x_2+\cdots+x_n}{n},\frac{y_1+y_2+\cdots+y_n}{n}\right)$$

对属于这些给定区间中的所有的 $x_1,x_2,\cdots,x_n$ 和 $y_1,y_2,\cdots,y_n$ 都成立.

这个不等式不是别的,而是二元函数的琴生不等式,在第 1 卷 §43 中证明的是一元函数的琴生不等式. 可以用第 1 卷 §42 中证明柯西不等式的方法来证明二元函数的琴生不等式.

因此,利用不等式(1),我们可以对任意的正数 $a_1,a_2,\cdots,a_n,c_1,c_2,\cdots,c_n$ 推出不等式

$$\sqrt{a_1c_2}+\sqrt{a_2c_2}+\cdots+\sqrt{a_nc_n}\leqslant$$
$$n\sqrt{\frac{a_1+a_2+\cdots+a_n}{n}\cdot\frac{c_1+c_2+\cdots+c_n}{n}}=$$
$$\sqrt{(a_1+a_2+\cdots+a_n)(c_1+c_2+\cdots+c_n)} \quad (3)$$

设

$$\sqrt{a_1}=x_1,\sqrt{a_2}=x_2,\cdots,\sqrt{a_n}=x_n$$
$$\sqrt{c_1}=y_1,\sqrt{c_2}=y_2,\cdots,\sqrt{c_n}=y_n$$

则上面的不等式变为

$$x_1y_1+x_2y_2+\cdots+x_ny_n\leqslant$$
$$\sqrt{(x_1^2+x_2^2+\cdots+x_n^2)(y_1^2+y_2^2+\cdots+y_n^2)} \quad (4)$$

一步一步地考察琴生不等式的证明,不难相信,严格的等式仅当 $y_1=\lambda x_1,y_2=\lambda x_2,\cdots,y_n=\lambda x_n$ 时达到,其中的 λ 是任意的数.

不等式(4) 以柯西不等式[①]的名称而为人熟知. 在 $n=3$ 这个特殊情况下,它具有下面的几何意义. 不等式的左边和矢量 (x_1,x_2,x_3) 与 (y_1,y_2,y_3) 的数量积相同(见第 1 卷 §51),而右边是这两个矢量的长度之积. 柯西不等式当 $n=3$ 时可由下推出:两个矢量的数量积等于这两个矢量的长度之积乘它们夹角的余弦,而任何角的余弦不大于 1.

---

① 常用“许瓦兹不等式”和“柯西 — 布涅柯夫斯基不等式”这些名称. —— 俄译编辑注

128 在能除尽 2^n！的 2 的所有乘幂中，其最高的幂次是多少？

解 这道题的解法完全类似于第 1 卷第 86 题的解法. 在数

$$(2^n)! = 2^n \times (2^n - 1) \times (2^n - 2) \times \cdots \times 3 \times 2 \times 1$$

的展开式中，每隔一个因子才是一个偶数. 因此总共有 2^{n-1} 个偶数因子，其中 2^{n-2} 个因子能被 4 整除，有 2^{n-3} 个因子能被 8 整除等. 最后，有两个因子能被 2^{n-1} 整除，有一个因子能被 2^n 整除. 这样一来，在(2^n)！中包含 2 的最大幂次等于

$$2^{n-1} + 2^{n-2} + \cdots + 2 + 1 = 2^n - 1$$

129 以锐角 $\triangle ABC$ 的三边 AB，BC，CA 为直径向外作三个半圆. 在这三个半圆上求点 C_1，A_1，B_1，使

$$AB_1 = AC_1, BA_1 = BC_1, CA_1 = CB_1$$

解法 1 (1) 假设点 A_1，B_1，C_1 满足本题要求. 由它们向 $\triangle ABC$ 的三边作垂线，垂足分别为点 A_2，B_2，C_2(图 135). 因为 $\triangle BC_1A$ 和 $\triangle AB_1C$ 的顶角 $\angle C_1$ 和 $\angle B_1$ 是直角，根据在直角三角形中关于比例中项的定理，有

$$AC_1^2 = AC_2 \cdot AB, AB_1^2 = AB_2 \cdot AC \quad (1)$$

又因为根据本题条件 $AB_1 = AC_1$，所以

$$AC_2 \cdot AB = AB_2 \cdot AC \quad (2)$$

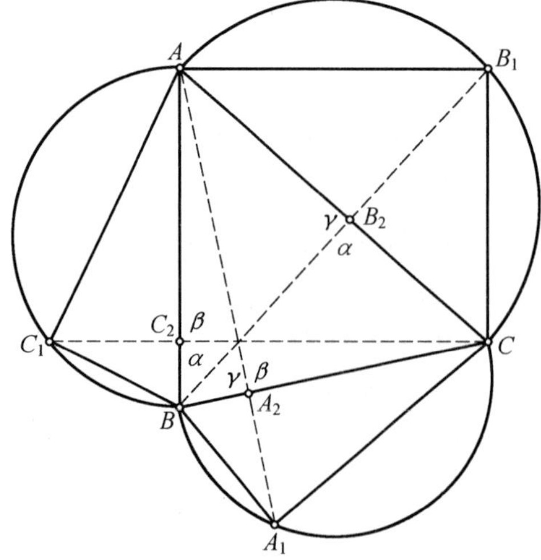

图 135

根据由一点向圆引割线的定理的逆定理(逆定理将在下面

证明)，点 B，C_2，B_2 和 C 在一个圆上. 同理可证，点 C，A_2，C_2，A 在一个圆上，点 A，B_2，A_2，B 也具有同样的性质. 由圆周角的定理可以推出，$\triangle ABC$ 的每一条边对其他两边上的垂足所张的角都相等而且都等于直角. 事实上，例如，我们来研究点 A_2，它对于边 AB 和 AC 张的角分别等于点 B_2 和 C_2 对于边 BC 所张的角的补角，但是后两个张角相等，所以它们的补角也相等. 因为点 A_2 对 AB 和 AC 所张的角相等，这两个角之和为 $180°$，所以它们都是直角.

于是，所要求的点只能是三角形的高和以它的边为直径向外作的半圆的交点.

(2) 这样的交点是存在的，因为对于锐角三角形来说，任何一个顶点到对边的高将和对边的本身(而不是这条边的延长线) 相交，因而和这些边上的半圆相交. 高和半圆的交点满足本题的全部要求. 例如，由顶点 B 和 C 所作的高的垂足 B_2 和 C_2，对三角形的边 BC 所张的角是直角. 因此，点 B，C_2，B_2，C 在一个圆上，且满足关系式(2). 但这时对于 $Rt\triangle BC_1A$ 和 $Rt\triangle AB_1C$ 来说，应该满足等式(1)，也就是 $AC_1 = AB_1$.

用同样的办法可以证明其余的等式.

现在我们来证明关于由一点向圆引割线的定理的逆定理(这个定理，我们在解答本题时用了)：如果点 C_2 在线段 AB 上，点 B_2 在线段 AC 上，且满足关系式(2)，那么点 B，C_2，B_2 和 C 在一个圆上(图 136).

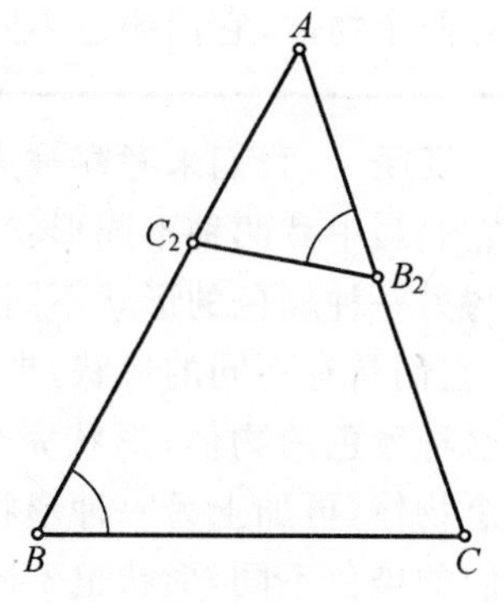

图 136

不难看出，由关系式(2) 可以得到等式

$$AB : AC = AB_2 : AC_2$$

$\triangle ABC$ 和 $\triangle AB_2C_2$ 有公共的顶角 $\angle A$. 因此，它们是相似三角形，特别有

$$\angle ABC = \angle AB_2C_2, \angle C_2BC + \angle C_2B_2C = 180°$$

这就意味着，对四边形 BC_2B_2C 可作一个外接圆.

解法 2　(1) 假设我们已经作出了满足本题要求的点 A_1，B_1，C_1. 以顶点 B 为圆心，作一个圆通过点 A_1 和 C_1，以顶点 C 为圆心，作一个圆通过点 A_1 和 B_1(图 137). 因为

$$\angle AB_1C = \angle AC_1B = 90° \tag{1}$$

所以线段 AC_1，AB_1 和所作的圆相切. 根据本题条件，$AB_1 = AC_1$，因此，点 A 在这两个圆的根轴上(见第 1 卷 § 48). 但是根轴通过两圆的交点 A_1 且和它们两圆的连心线 BC 垂直. 因此，点 A 到 BC 上的高与以 BC 为直径所画的半圆的交点和点 A_1 重合.

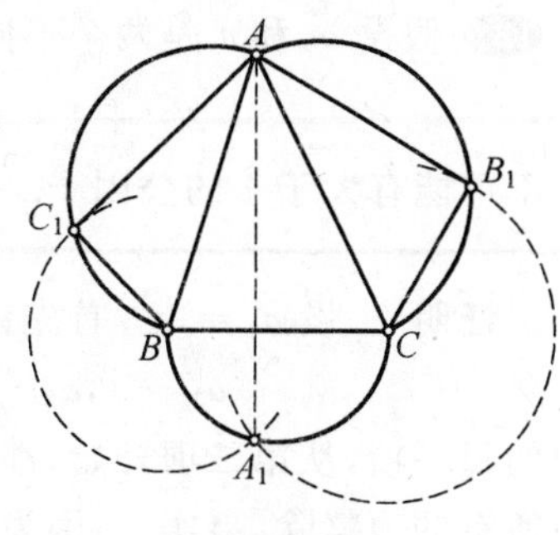

图 137

(2) 设点 A_1 是顶点 A 到 BC 上的高与以 BC 为直径所画的半圆的交点. 以顶点 B 和 C 为圆心，以 BA_1 和 CA_1 为半径作辅助圆，这两个圆和以三角形的边 AB 及 AC 为直径的半圆相交

于点 C_1 和 B_1. 因为 $\angle AB_1C=\angle AC_1B=90°$，所以 AC_1 和 AB_1 是所作的辅助圆的切线. 但是点 A 在辅助圆的根轴上，因此 $AC_1=AB_1$. 根据我们的作法，本题条件所说的其他两个等式也成立. 因此，点 A_1，B_1，C_1 是本题的解.

我们将边 AB 和 AC 上所作的半圆绕它们的直径转动，使点 C_1 和 B_1 和空间某点 O 重合. 因为 $\triangle BOC$ 和 $\triangle BA_1C$ 全等，所以 $\triangle ABC$ 所有的边对点 O 所张的角都是直角. 因此，点 O 满足第 126 题的条件. 反之，如果知道了点 O 是第 126 题的解，那么，如果把 $\triangle AOB$，$\triangle BOC$，$\triangle COA$ 绕边 AB，BC，CA 转动到 $\triangle ABC$ 所在的平面上，我们便得到第 129 题的解.

因此，在这两道题中，只要解答了一道，便可得到另一道题的解答.

130 假设有若干个物体，每一个都被染成两种颜色中的某一种颜色（两种颜色的都有），且具有两种形状中的一种形状（两种形状的都有）. 证明：在这些物体中，可以挑出这样两个物体，它们颜色不同，形状也不同.

证明 我们来考察被染成某一种颜色的全部物体. 如果在它们当中有两种不同形状的物体，那么就可以从它们之中选取与另一种颜色的形状不同的物体，这时我们便可得到两个物体，它们具有不同的形状，也具有不同的染色. 如果我们所考察的这种颜色的物体，形状完全一样，那么从它们之中任意选取一个物体，再加上另一种形状的物体，我们也可得到两个物体，它们的染色不同，形状也不同.

131 假设 m 和 n 是两个不同的正整数. 证明

$$2^{2^m}+1 \quad \text{和} \quad 2^{2^n}+1$$

不可能有大于 1 的公因子.

证明 设 $a_k=2^{2^k}$. 首先证明，序列

$$a_1-1, a_2-1, a_3-1, \cdots$$

中的每一项，从第二项开始，都能被前一项整除，从而能被它前面所有的项整除. 事实上，因为

$$a_{n+1}-1=a_n^2-1=(a_n+1)(a_n-1)$$

所以 $a_{n+1}-1$ 能被 a_n-1 整除. 不难看出，a_n+1 是数 $a_{n+1}-1$ 的约数，从而是数 a_m-1 的约数，这里 $m>n$.

由此推出，当 $m > n$ 时，有

$$a_m + 1 = q(a_n + 1) + 2$$

这里 q 是整数. 同样，这意味着奇数 $a_m + 1$ 和 $a_n + 1$ 的最大公约数是数 2 的约数. 因此，数 $a_m + 1$ 和 $a_n + 1$ 的最大公约数只可能等于 1.

如果利用后面第 133 题的解答，我们还可以得到本题的另一种证法.

132 证明：每一个三角形的三条中线可以构成新的三角形. 再证明：如果 $\triangle H_1$ 是原来的三角形，$\triangle H_2$ 是 $\triangle H_1$ 的中线构成的三角形，$\triangle H_3$ 是 $\triangle H_2$ 的中线构成的三角形，那么 $\triangle H_1$ 和 $\triangle H_3$ 相似.

证法 1 (1) 假设点 A, B, C 是 $\triangle H_1$ 的顶点，点 A_1, B_1, C_1 是边 BC, CA, AB 的中点. 把 $\triangle H_1$ 扩充成 $\square ABCD$. 假设 A_1E 和 C_1F 是平行四边形对边中点的连线(图 138). 我们来证明：$\triangle AA_1F$ 的边等于 $\triangle H_1$ 的中线. 对于边 AA_1 来说，这是显然的，由于四边形 AC_1CF 和四边形 A_1BB_1F 是平行四边形，所以对其他两条边，上面的断言也是成立的.

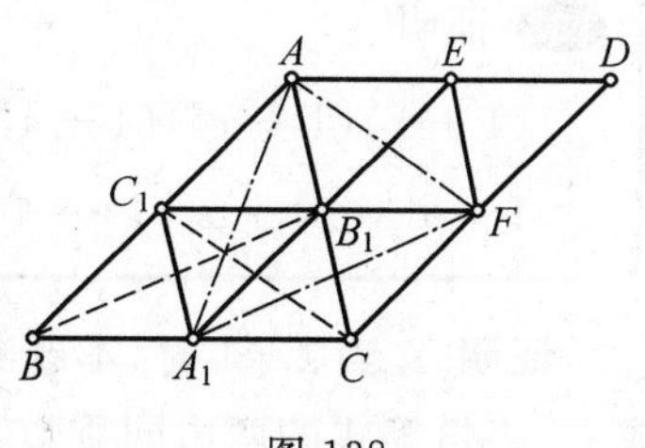

图 138

(2) 从图 138 看出，$\triangle AA_1F$ 的中线和原来的 $\triangle ABC$ 的对应边的比为 $\frac{3}{4}$ ∶ 1，因为 $\square A_1B_1FC$，$\square AB_1FE$，$\square AB_1A_1C_1$ 的对角线被交点平分，且点 B_1 是 $\triangle AA_1F$ 的重心. 这样一来，$\triangle H_3$ 和 $\triangle H_1$ 相似，而且 $\triangle H_3$ 和 $\triangle H_1$ 的对应边的比等于 $\frac{3}{4}$.

证法 2 (1) 我们将 $\triangle H_1$ 的三边取定方向，使得一个矢量的始点和另一个矢量的终点重合(关于矢量，见第 1 卷 §51). 这时

$$\boldsymbol{a} + \boldsymbol{b} + \boldsymbol{c} = \boldsymbol{0} \tag{1}$$

中线 BB_1 的方向这样来取，使得它可以表示成矢量 $\boldsymbol{a}$ 和 $\frac{\boldsymbol{b}}{2}$ 的和(图 139).

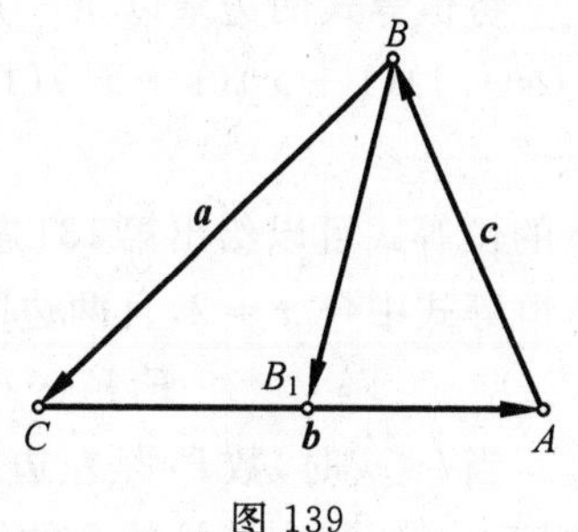

图 139

用类似的方法选取其他两条中线的方向，我们得到矢量

$$\boldsymbol{a} + \frac{\boldsymbol{b}}{2}, \boldsymbol{b} + \frac{\boldsymbol{c}}{2}, \boldsymbol{c} + \frac{\boldsymbol{a}}{2}$$

因为由关系式(1) 有，矢量 $\boldsymbol{a}, \boldsymbol{b}, \boldsymbol{c}$ 的和等于零，所以，当我们把矢量 $\boldsymbol{a} + \frac{\boldsymbol{b}}{2}, \boldsymbol{b} + \frac{\boldsymbol{c}}{2}, \boldsymbol{c} + \frac{\boldsymbol{a}}{2}$ 一个接一个地放置，使后一个矢量的始点和前一个矢量的终点相重合的时候，我们便作出了一个封闭的三角形. 于是便证明了，可以作出一个 $\triangle H_2$，它的边和原来的 $\triangle H_1$ 的中线相等，甚至和它平行.

(2) 按照在 $\triangle H_1$ 中选取中线方向的原则，我们在 $\triangle H_2$ 中来选取中线的方向. 这时利用关系式(1)，$\triangle H_2$ 的一条中线可以表示成下面的形式

$$\left(\boldsymbol{a}+\frac{\boldsymbol{b}}{2}\right)+\frac{1}{2}\left(\boldsymbol{b}+\frac{\boldsymbol{c}}{2}\right)=\boldsymbol{a}+\boldsymbol{b}+\frac{\boldsymbol{c}}{4}=-\frac{3}{4}\boldsymbol{c}$$

对于 $\triangle H_2$ 的其他两条中线，可以写出类似的表达式，我们得到矢量

$$-\frac{3}{4}\boldsymbol{a},\ -\frac{3}{4}\boldsymbol{b},\ -\frac{3}{4}\boldsymbol{c}$$

它们构成 $\triangle H_3$. 不难看出，它的边和原来的 $\triangle H_1$ 的对应边的比是 $\frac{3}{4}:1$. 因此，$\triangle H_1$ 和 $\triangle H_3$ 相似.

133 证明

$$(1+x)(1+x^2)(1+x^4)(1+x^8)\cdots(1+x^{2^{k-1}})=$$
$$1+x+x^2+x^3+\cdots+x^{2^k-1}$$

证明 当 $k=1$ 时，本题断言显然成立，假设它对某 $k>1$ 成立. 将恒等式的两边同乘以 $1+x^{2^k}$. 这时，原式右边的项增加了用 x^{2^k} 乘 $1,x,x^2,\cdots,x^{2^k-1}$ 的项，即包含了 x 的从 0 次到 $2^{k+1}-1$ 次的所有乘幂. 于是由归纳假设所成立的恒等式出发，我们又得到了一个恒等式，这两个恒等式不同的仅仅是数 k 被 $k+1$ 代替了. 因此，所要证明的恒等式对所有的自然数 k 都是成立的.

将恒等式两边乘以 $x-1$，我们得到

$$(x-1)(1+x)(1+x^2)(1+x^4)(1+x^8)\cdots(1+x^{2^{k-1}})=$$
$$x^{2^k}-1$$

新的恒等式可以给出第131题另一种证法. 假设 $F_k=2^{2^{k-1}}+1$. 在恒等式中令 $x=2$，且两边同加上 2，恒等式可以化成关系式

$$F_1F_2\cdots F_k+2=F_{k+1}$$

当 $l\leqslant k$ 时，数 F_l 是左边乘积中的因子. 因此，数 F_l 和 F_{k+1} 的最大公约数应该是数 2 的约数，但由于数 F_l 和 F_{k+1} 都是奇数，所以，最大公约数只能等于 1. ★

§66　关于费马数

费马说出一个假设：所有的数 F_k 都是素数. 当 $k=0,1,2,3,4$ 时，费马假设被证实了. 但是数 F_5 已经是复合数了：正像欧

拉所证明的，$2^{2^5}+1=641\times 6\ 700\ 417$. 自那时起，为了研究每一个特定的费马数是素数还是复合数，提出了许多种数论方法，并且利用了计算机. 但是在费马数中未能发现任何一个新的素数. 至今还未解决下面的问题：除了我们已经知道的以外，是否还有其他的费马数是素数，如果有，那么有多少个，是无穷多个还是有限多个？

虽然关于 $k>5$ 时，是否有素费马数的事谁也不知道，但是我们毕竟可以利用费马数序列来证明：在自然数中有无穷多个素数. 事实上，任何两个具有不同附标的费马数没有公约数. 因此，它们的标准分解式包含不同的素数. 但这时所有后面的费马数的素约数是不同的，因此，素数有无穷多个.

还存在很多其他的序列，它的任意两项是互素的整数. 例如，不难证明：如果 a 和 b 是互素的数并且按下面的规律来构造序列

$$a_0=1, a_k=a+ba_0a_1\cdots a_{k-1}\quad (k\geqslant 1)$$

那么序列的任意两项是互素的. 如果 $a=2, b=1$，那么按定义设 $F_0=1$，我们得到费马数序列 F_k.

134 其坐标（关于某个直角坐标系）为整数的点叫作整点. 证明：如果某一平行四边形的顶点和整点相重合，在平行四边形的内部或它的边上还有另外的整点，那么，这个平行四边形的面积大于 1.

证明　我们把顶点和整点重合的多边形叫作整点多边形.

我们来研究整点三角形的顶点

$$P_i(x_i, y_i), i=1,2,3$$

如果这样的三角形不是蜕化的，那么它的面积满足不等式

$$S=\frac{1}{2}\left|x_1(y_2-y_3)+x_2(y_3-y_1)+x_3(y_1-y_2)\right|\geqslant\frac{1}{2}$$

因为绝对值符号里面的数是整数，而 $S\neq 0$.

假设在整点平行四边形内或它的边上，除了顶点以外，至少还有一个整点. 将这个整点和平行四边形的所有顶点联结起来，于是我们将整点平行四边形至少分成三个非蜕化的整点三角形. 因为它们之中每一个的面积都不小于 $\frac{1}{2}$，所以平行四边形的面积不小于 $\frac{3}{2}$，于是必定大于 1，这就是所要证明的.

因为所有的整点平行四边形都可以分成两个整点三角形，所以任何一个整点平行四边形的面积都不小于 1. 而且逆命题也成立：如果整点平行四边形除了顶点外，不再包含其他的整

点，那么它的面积等于 1. 这个命题的证明见 §67.

135 六边形 $ABCDEF$ 内接于一圆，它的边 AB，CD，EF 等于圆的半径. 证明：六边形 $ABCDEF$ 的其他三边的中点是正三角形的顶点.

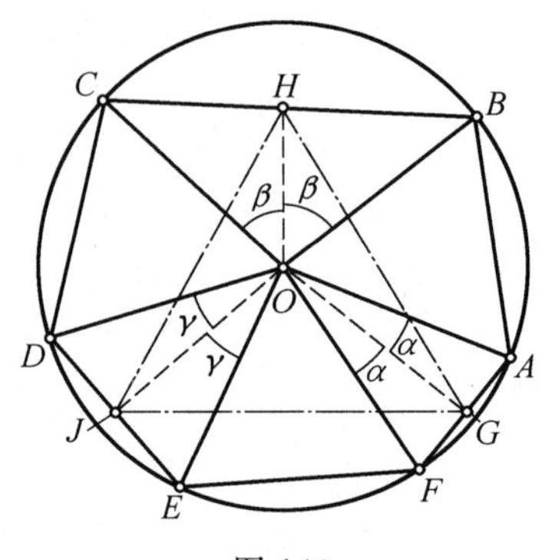

图 140

证法 1 假设点 O 是外接圆的圆心，r 是它的半径，点 G，H，J 是边 FA，BC，DE 的中点. 此外，设 $\alpha=\angle GOF=\angle GOA$，$\beta=\angle HOB=\angle HOC$，$\gamma=\angle JOD=\angle JOE$（图 140）. 这时

$$\alpha+\beta+\gamma=90^\circ$$

我们将 $\triangle GHJ$ 的某一条边，例如 GH，用 r，α，β，γ 来表示. 对于边 HJ 和 JG 的表达式，其不同的仅仅是将 GH 的表达式中的角 α，β，γ 改为 β，γ，α 和 γ，α，β. 如果 GH 的表达式与角 α，β，γ 的排列次序无关，那么就证明了 $\triangle GHJ$ 是等边三角形.

对 $\triangle GHO$ 应用余弦定理，我们得到

$$GH^2=GO^2+HO^2-2GO\cdot HO\cdot\cos(\alpha+60^\circ+\beta)$$

但是

$$GO=r\cos\alpha, HO=r\cos\beta, \alpha+60^\circ+\beta=150^\circ-\gamma$$

因此

$$\begin{aligned}GH^2=&r^2[\cos^2\alpha+\cos^2\beta-2\cos\alpha\cos\beta\cos(150^\circ-\gamma)]=\\&r^2(\cos^2\alpha+\cos^2\beta+\cos^2\gamma-2\cos\alpha\cos\beta\cos\gamma\cos150^\circ-\\&\cos^2\gamma-\cos\alpha\cos\beta\sin\gamma)\end{aligned}$$

显然，当角 α，β，γ 重新排列时，圆括号中的表达式的前四项是不变的. 后两项可变为

$$\begin{aligned}&\cos^2\gamma+\cos\alpha\cos\beta\sin\gamma=1-\sin\gamma(\sin\gamma-\cos\alpha\cos\beta)=\\&\quad 1-\sin\gamma[\cos(\alpha+\beta)-\cos\alpha\cos\beta]=\\&\quad 1+\sin\alpha\sin\beta\sin\gamma\end{aligned}$$

显然，当角 α，β，γ 重新排列时，后一等式的右边也不改变. 这就证明了本题.

证法 2 设点 G，H，J，K，L，M 是六边形的边 FA，BC，DE，AB，CD，EF 的中点. 线段 HK 作为 $\triangle ABC$ 的中点连线而平行于弦 AC 且长度为它的一半（图 141）. 因此，同位角 $\angle BHK$ 和 $\angle BCA$ 相等. 又因为 $\angle BCA$ 是弦 AB 上的圆周角，根据本题条件，弦 AB 等于外接圆圆周的半径，所以 $\angle BHK=30^\circ$. 类似地可以证明 $\angle CHL=30^\circ$. 线段 HK 和 HL 是相等的，因为它们之中的每一条都等于等腰梯形 $ABCD$ 的对角线的一半（$HK=\frac{1}{2}AC$，$HL=\frac{1}{2}BD$）. 以点 H 为圆心，$HL=HK$ 为半

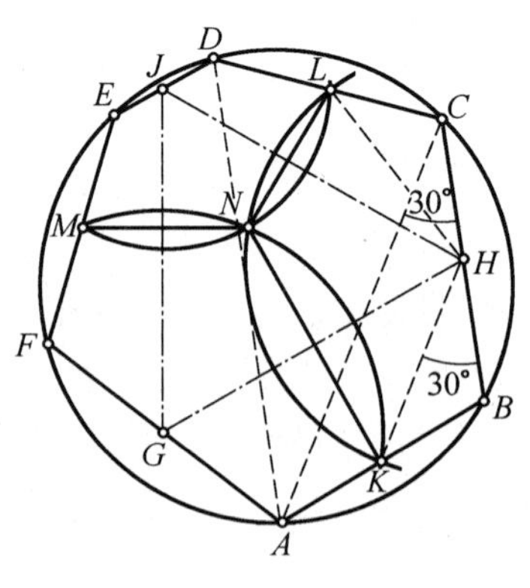

图 141

径画圆.线段 KL 在这个圆上所截的 $\overset{\frown}{KL}$ 是 $120°$,因为圆心角 $\angle KHL$ 等于 $120°$.以点 J 为圆心,以 $JL=JM$ 为半径画圆,我们又得到 $120°$ 的 $\overset{\frown}{LM}$.线段 MK 对两弧交点 N 所张的角 $\angle MNK$ 等于 $120°$,这是因为和它共组成 $360°$ 角的 $\angle MNL$ 和 $\angle KNL$ 都等于 $120°$.因此,点 N 在以点 G 为圆心,GM 为半径所画的圆的 $\overset{\frown}{MK}$ 上.两两联结所有圆的圆心 G,H,J 所得的线段垂直于它们的公共弦,因此 $\triangle GHJ$ 的边垂直于线段 NK,NL 和 NM.这些线段中的任意两个的夹角是 $120°$(顶点在点 N),因而 $\triangle GHJ$ 的所有的角都等于 $60°$,即 $\triangle GHJ$ 是等边三角形,这就是所要证明的.

证法 3　我们在下面更一般的形式下证明本题.

如果 $\triangle OAB$,$\triangle OCD$,$\triangle OEF$ 是等边三角形,且记号是这样选取的:所有三个三角形的环绕方向相同(每一个三角形的顶点以这个三角形记号中的次序环绕),那么以线段 FA,BC,DE 的中点为顶点的三角形是等边三角形.

设点 G,H,J 是边 FA,BC,DE 的中点.

我们假设当三角形成某一种分布时,断言是对的.然后我们将 $\triangle OAB$ 旋转到某一新的位置,例如旋转到 $\triangle OA'B'$ 的位置(图 142).边 FA' 和 $B'C$ 的中点用点 G' 和 H' 来表示.线段 GG' 作为 $\triangle FAA'$ 的两边中点的连线而平行于线段 AA' 且等于它的一半.类似地,$HH' /\!/ BB'$ 且 $HH'=\frac{1}{2}BB'$,而且线段 BB' 等于线段 AA',且旋转 $60°$ 时 BB' 和 AA' 重合.根据假设,$\triangle GHJ$ 是等边三角形,所以线段 JH 等于线段 JG,且朝同一方向旋转 $60°$ 时,JH 和 JG 重合.因此,$\triangle JGG'$ 和 $\triangle JHH'$ 全等,且当旋转 $60°$ 时,一个三角形和另一个三角形重合.这就意味着线段 JG' 和 JH' 相等且所夹之角为 $60°$,因此 $\triangle G'H'J$ 是等边三角形.

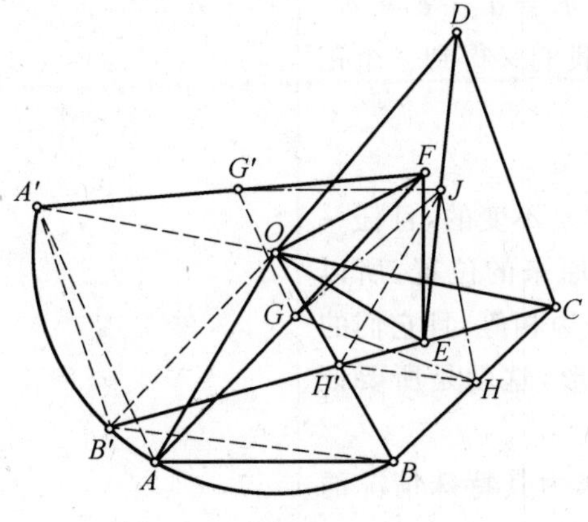

图 142

于是，为了证明比第135题更一般的断言，只要找出三角形的这样一种分布，使得在这种分布中，所说的$\triangle GHJ$是等边三角形就行了. 我们将$\triangle OAB$，$\triangle OCD$，$\triangle OEF$这样放，使得相邻两个三角形的边之间的夹角等于$60°$（图143）. 这时$\triangle GHJ$的边将是梯形$FABC$，梯形$BCDE$，梯形$DEFA$的两腰中点的连线. 因为它们平行于线段FC，BE和DA，而这些线段两两之间的夹角为$60°$，所以$\triangle GHJ$的任意两边之间的夹角等于$60°$. 因此，$\triangle GHJ$是等边三角形，这就是所要证明的.

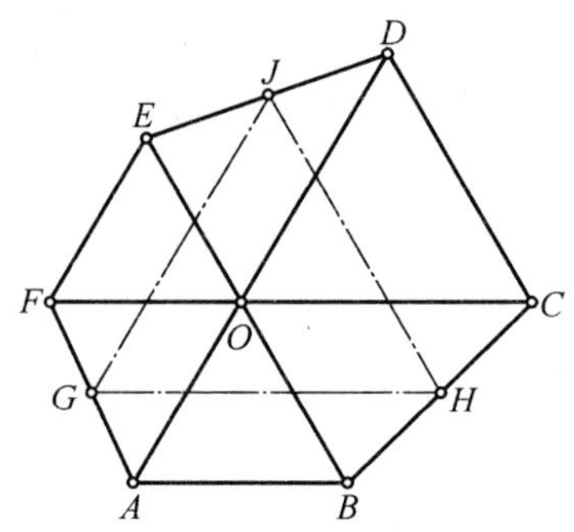

图 143

本题原来断言的推广可以用证法2的方法得到. 事实上，不难看出，如果$\triangle OAB$和$\triangle OCD$是环绕方向一致的等边三角形，而点K，H，L是边AB，BC，CD的中点，那么线段HK和HL相等，且其夹角为$120°$（图144）. 事实上，容易看出，$\triangle BOD$是由$\triangle AOC$旋转$60°$得到的.

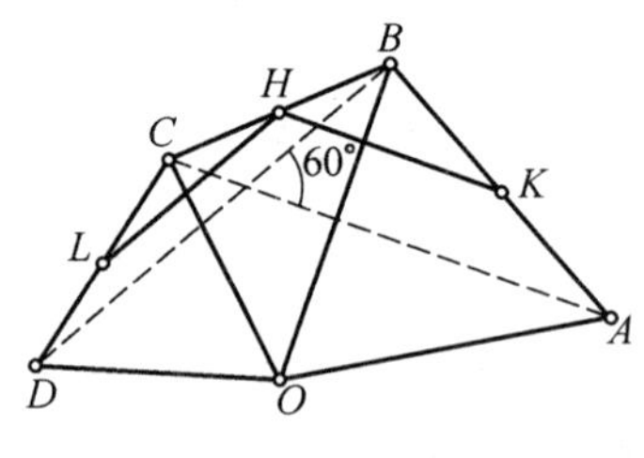

图 144

证法4 我们对上一证法中所叙述的原题推广，再给出一个证明.

假设$\triangle G_1H_1J_1$是和$\triangle GHJ$关于点O的同位相似三角形，相似系数为2. 显然，我们只要证明$\triangle G_1H_1J_1$是等边三角形就行了.

我们把给定的等边$\triangle OAB$，等边$\triangle OCD$，等边$\triangle OEF$的边看作矢量，其方向和上一证法中这些三角形的环绕方向一致. 矢量$\boldsymbol{r}$旋转$120°$所得到的矢量记作$\boldsymbol{r}'$. 显然

$$\boldsymbol{r}'''=\boldsymbol{r} \tag{1}$$

设$\overrightarrow{OA}=\boldsymbol{a}$，$\overrightarrow{OC}=\boldsymbol{c}$，$\overrightarrow{OE}=\boldsymbol{e}$（图145）. 这时

$$\overrightarrow{AB}=\boldsymbol{a}',\overrightarrow{BO}=\boldsymbol{a}'',\overrightarrow{CD}=\boldsymbol{c}',\overrightarrow{DO}=\boldsymbol{c}'',\overrightarrow{EF}=\boldsymbol{e}',\overrightarrow{FO}=\boldsymbol{e}''$$

因为四边形OFG_1A，四边形OBH_1C，四边形ODJ_1E是平行四边形，所以

$$\overrightarrow{G_1H_1}=\overrightarrow{G_1A}+\overrightarrow{AB}+\overrightarrow{BH_1}=\overrightarrow{FO}+\overrightarrow{AB}+\overrightarrow{OC}=\boldsymbol{e}''+\boldsymbol{a}'+\boldsymbol{c}$$

和

$$\overrightarrow{H_1J_1}=\overrightarrow{H_1C}+\overrightarrow{CD}+\overrightarrow{DJ_1}=\overrightarrow{BO}+\overrightarrow{CD}+\overrightarrow{OE}=\boldsymbol{a}''+\boldsymbol{c}'+\boldsymbol{e}$$

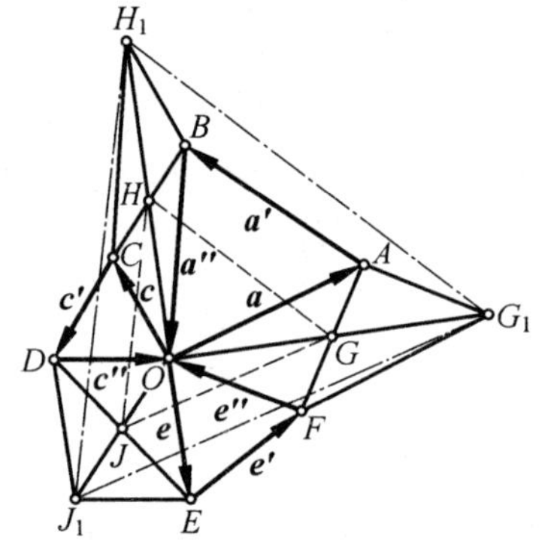

图 145

将第一个等式中的所有矢量旋转$120°$，我们又得到一个正确的等式，但这时每一个矢量加上了一撇

$$(\overrightarrow{G_1H_1})'=\boldsymbol{e}'''+\boldsymbol{a}''+\boldsymbol{c}'$$

因为矢量的和在改变它们相加的次序时是不变的，且任一矢量旋转三次，每次旋转$120°$时，又回到它原来的位置，所以$(\overrightarrow{G_1H_1})'=\overrightarrow{H_1J_1}$. 于是在$\triangle G_1H_1J_1$中，两条边相等，且它们的外角等于$120°$. 因此$\triangle G_1H_1J_1$是等边三角形，这就是所要证明的.

证法5 在证法3中所叙述的把原题作为其特殊情况的断言还可以进一步推广.

如果在平面上给定了相似的三角形 $\triangle A_1A_2A_3$，$\triangle B_1B_2B_3$，$\triangle C_1C_2C_3$(具有相同附标的顶点彼此相应)，且这些三角形的环绕方向是一致的，那么以 $\triangle A_1B_1C_1$，$\triangle A_2B_2C_2$，$\triangle A_3B_3C_3$ 的重心 S_1，S_2，S_3 为顶点的三角形和 $\triangle A_1A_2A_3$ 相似(图 146).

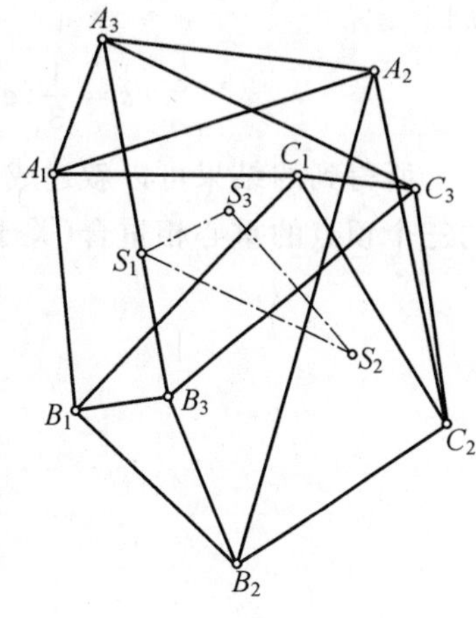

图 146

对等边 $\triangle ABO$，等边 $\triangle OCD$，等边 $\triangle FOE$ 应用所说的定理，我们便可得到 $\triangle S_1S_2S_3$ 是等边三角形(图 147). 因为这个三角形和 $\triangle GHJ$ 关于点 O 是同位相似的，相似系数为 $\frac{2}{3}$，所以 $\triangle GHJ$ 也是等边三角形.

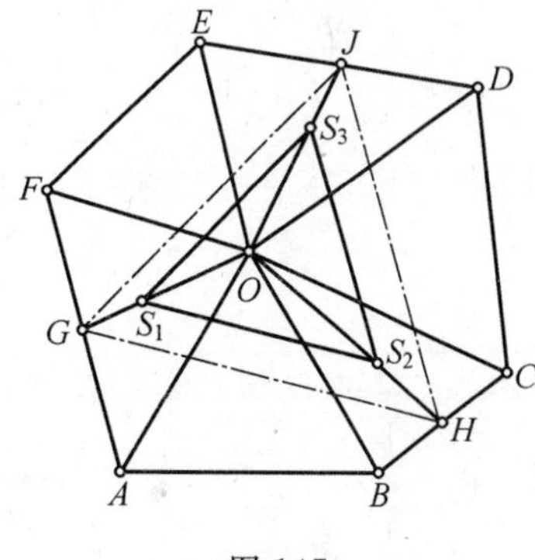

图 147

关于 $\triangle S_1S_2S_3$ 和 $\triangle A_1A_2A_3$ 相似的一般定理借助于矢量很容易证明. 我们从点 O 到点 A_i，B_i，C_i，$S_i(i=1,2,3)$ 引矢量且记作 $\boldsymbol{a}_i$，$\boldsymbol{b}_i$，$\boldsymbol{c}_i$，$\boldsymbol{s}_i$，这时

$$\boldsymbol{s}_i=\frac{1}{3}(\boldsymbol{a}_i+\boldsymbol{b}_i+\boldsymbol{c}_i)\quad(i=1,2,3)$$

根据条件，将三角形的边 A_1A_2，B_1B_2，C_1C_2 旋转同一个角度(等于 $\angle A_2A_1A_3$) 且放大或缩小同一个比例(等于 $A_1A_3:A_1A_2$)，我们就得到边 A_1A_3，B_1B_3，C_1C_3.

在以 $\triangle A_1B_1C_1$，$\triangle A_2B_2C_2$，$\triangle A_3B_3C_3$ 的重心为顶点的三角形中，边 S_1S_2 的方向和长度由矢量

$$\boldsymbol{s}_2-\boldsymbol{s}_1=\frac{1}{3}[(\boldsymbol{a}_2-\boldsymbol{a}_1)+(\boldsymbol{b}_2-\boldsymbol{b}_1)+(\boldsymbol{c}_2-\boldsymbol{c}_1)]$$

来确定.

如果将这个等式右端的所有矢量旋转 $\angle A_2A_1A_3$ 且放大或缩小一个比例 $A_1A_3:A_1A_2$，那么等式左边的矢量也将受到同样的变换. 根据本题的条件，右边在旋转和放大(或缩小) 以后变成矢量

$$\frac{1}{3}[(\boldsymbol{a}_3-\boldsymbol{a}_1)+(\boldsymbol{b}_3-\boldsymbol{b}_1)+(\boldsymbol{c}_3-\boldsymbol{c}_1)]$$

它等于 $\boldsymbol{s}_3-\boldsymbol{s}_1=\overrightarrow{S_1S_3}$. 但是这意味着 $\triangle S_1S_2S_3$ 和 $\triangle A_1A_2A_3$ 相似.

在上面的证明中，我们利用了下一点：如果 $\boldsymbol{a}$，$\boldsymbol{b}$，$\boldsymbol{c}$ 是三角形顶点的矢径，那么它的重心的矢径可以表示成下面的形式

$$\boldsymbol{s}=\frac{1}{3}(\boldsymbol{a}+\boldsymbol{b}+\boldsymbol{c})$$

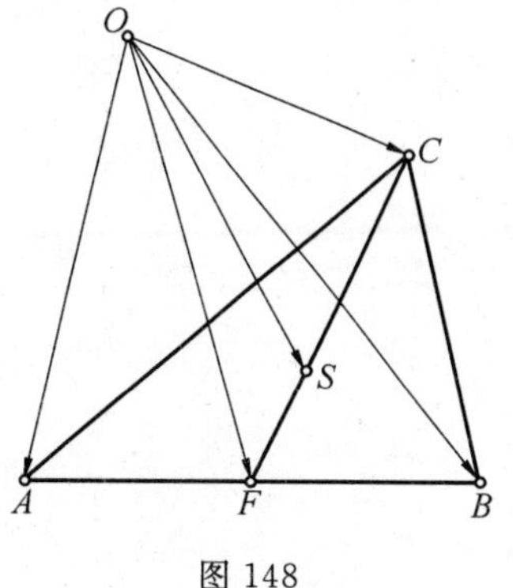

图 148

事实上，由图 148 得

$$\boldsymbol{s}=\overrightarrow{OF}+\frac{1}{3}\overrightarrow{FC}=\overrightarrow{OF}+\frac{1}{3}(\boldsymbol{c}-\overrightarrow{OF})=\frac{1}{3}(2\overrightarrow{OF}+\boldsymbol{c})$$

但因为

$$\overrightarrow{OF}=\boldsymbol{a}+\frac{1}{2}\overrightarrow{AB}=\boldsymbol{a}+\frac{1}{2}(\boldsymbol{b}-\boldsymbol{a})=\frac{1}{2}(\boldsymbol{a}+\boldsymbol{b})$$

所以

$$\boldsymbol{s}=\frac{1}{3}(\boldsymbol{a}+\boldsymbol{b}+\boldsymbol{c})$$

所得到的结果可以叙述成：均匀的三角形薄板的重心和它的三个顶点的重心相重合(关于重心见 §56).

第 19 章　1942 年 ～ 1943 年试题及解答

136 证明：在任何三角形的边中，比它上面的高要小的边不能多于一条.

证明　三角形的任何一条高不可能大于由同一个顶点引出的边.

如果三角形的两条边都小于它上面的高. 例如，如果 $a < h_a$ 和 $b < h_b$，那么有不等式

$$a < h_a \leqslant b < h_b \leqslant a$$

这是不可能的.

137 假设 a,b,c,d 是使方程组

$$ax + by = m, cx + dy = n$$

对所有的整数 m,n 都有整数解的整数. 证明：这时有

$$ad - bc = \pm 1$$

证法 1　设 $D = ad - bc$. 显然，所有的数 a,b,c,d 不可能都等于 0. 例如，设 $a \neq 0$.

如果 $D = 0$，那么，设 $\lambda = \frac{c}{a}$，我们得到

$$c = \lambda a, d = \lambda b$$

由此推出，原方程组仅当 $n = \lambda m$ 时有整数解，这和本题条件相违. 因此 $D \neq 0$.

对给定的 m 和 n，原方程组有解

$$x = \frac{md - nb}{D}, y = \frac{na - mc}{D}$$

对于所有的整数对 (m,n)，它们都应该是整数. 取 $m = 1, n = 0$ 和 $m = 0, n = 1$，我们求得

$$x_1 = \frac{d}{D}, y_1 = -\frac{c}{D}, x_2 = -\frac{b}{D}, y_2 = \frac{a}{D}$$

因此

$$x_1 y_2 - y_1 x_2 = \frac{ad - bc}{D^2} = \frac{1}{D}$$

是整数. 但是仅当

$$D=\pm 1$$

时，D 和 $\frac{1}{D}$ 才可能都是整数，这就是所要证明的.

在阅读下面的证明之前，应该先去看看 §67.

证法2 首先我们证明：一组对边垂直于 x 轴的基本整点平行四边形的面积等于1，然后再证明：任何一个基本的整点平行四边形和这样一个平行四边形等积.

(1) 如果基本的整点 $\square ABCD$ 的边 AB 垂直于 x 轴，那么 AB 具有单位长度，且 AB 上面的高也等于1. 事实上，如果平行四边形的边 AB 上的高大于1，那么整点平行四边形包含一条单位长的线段，这条线段平行于边 AB，它在 x 轴上的投影是离 AB 的投影最近（也就是距离一个单位长）的整点（图149）. 这条线段的端点或一个内点一定和某个整点相重合，因而整点平行四边形不是基本的. 因此，边和 x 轴垂直的基本的整点平行四边形的面积等于1，这就是所要证明的.

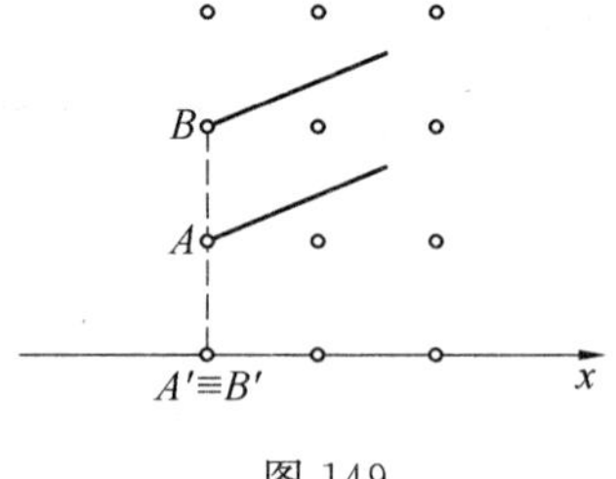

图 149

(2) 我们假设基本的整点 $\square ABCD$ 的边和 x 轴不垂直. 这时 $\square ABCD$ 可以用和它等积的另一个基本的整点平行四边形来代替，而新的平行四边形在 x 轴下有较小的投影. 设点 A'，B'，C'，D' 是 $\square ABCD$ 的顶点在 x 轴上的投影. 我们是这样选取顶点的记号的：在 x 轴上，使点 B' 和 D' 在点 A' 和 C' 之间，而且如果点 B' 和 D' 不重合，那么点 B' 在点 D' 和 C' 之间（图150）. 移动 $\triangle BCD$，使它的边 CD 和平行四边形的边 AB 重合. 假设点 E 是 $\triangle BCD$ 移动后所得到的三角形的第三个顶点. 点 E 和平行四边形的顶点 D 关于边 AB 的中点是对称的. $\triangle ABE$，除了和它的顶点相重合的那些整点以外，不包含其他的整点. 事实上，如果 $\triangle ABE$ 除了顶点 A，B，E 以外，哪怕还包含有一个整点，那么和这个整点关于线段 AB 的中点对称的整点属于 $\triangle ABD$，从而属于 $\square ABCD$，这是不可能的，因为四边形 $ABCD$ 是基本的平行四边形.

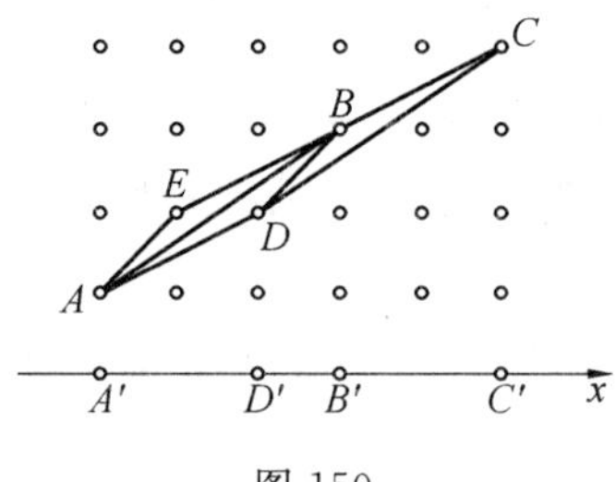

图 150

于是，从 $\square ABCD$ 出发，我们作出了与它等积的基本的整点 $\square ADBE$. 新的平行四边形在 x 轴上投影成线段 $A'B'$，因为点 D 在 x 轴上的投影 D' 在线段 $A'B'$ 内，所以和点 D 关于线段 AB 的中点对称的点 E 在 x 轴上的投影也在线段 $A'B'$ 内. 这时 $A'B'<A'C'$. 这种作法可以重复下去，只要所得到的平行四边形的边和 x 轴不垂直. 经过有限次作法以后，所得到的平行四边形的边将和 x 轴垂直，这是因为平行四边形投影成的线段的长度是用正整数表示的，所以不超过给定正整数的递减正整数序列只能有有限个项数. 边和 x 轴垂直的平行四边形在 x 轴上

投影成长度最短的线段. 根据(1) 中的证明,这样的平行四边形的面积等于 1. 因此,和它等积的 $\square ABCD$ 的面积也等于 1.

证法 3　假设四边形 $ABCD$ 是基本的整点平行四边形. 把它当作初始的,我们作整点平行四边形网格. 另一方面,通过整点作和 x 轴以及 y 轴平行的直线,于是我们得到边长为 1 的正方形网格,每一种网格都无空白也不重叠地充满了整个平面(图 151). 在图中,两种网格只画出了一部分,仅画出了那些和 $\square ABCD$ 相交的正方形,以及和这些正方形有公共部分的平行四边形.

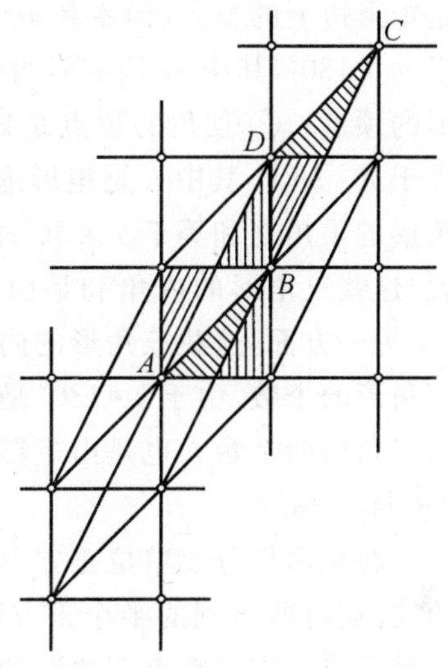

图 151

我们选取某一个正方形,用平行移动的办法,$\square ABCD$ 将被正方形网格切成几部分. 移到这个正方形内(在图 151 中,选取的是以 AB 为对角线的正方形). 移到正方形的平行四边形的各部分是没有公共内点的. 因为事实上,如果我们作平行移动,使所选取的正方形和任何一个其他的正方形格子重合时,我们也将整个 $\square ABCD$ 移动了,那么它也平移到某一个其他的平行四边形格子,而且对于不同的平行移动,$\square ABCD$ 将和不同的格子重合,这些格子互不重叠地填满了整个平面. 另一方面,我们所选取的正方形的每一个点属于平行四边形网格中的某一个格子,因为这些格子无空白地填满了整个平面. 我们来研究所选取的正方形的任意一点. 利用平行移动,在使 $\square ABCD$ 和包含这个点的平行四边形重合时,从而也就使一个正方形格子和我们所选取的正方形重合,而我们所选取的点被 $\square ABCD$ 在这个正方形格子内的那一部分盖住了.

因为所选取的正方形的面积等于 1,所以 $\square ABCD$ 的面积也等于 1.

证法 4　本题的断言等价于:每一个基本的整点三角形的面积等于 $\frac{1}{2}$. 事实上,作一条对角线总可以把任一基本的整点平行四边形分成两个等积的基本的整点三角形,反之,作一个三角形的基本的整点三角形关于它任意一边对称,我们得到基本的整点平行四边形,其面积比三角形大一倍.

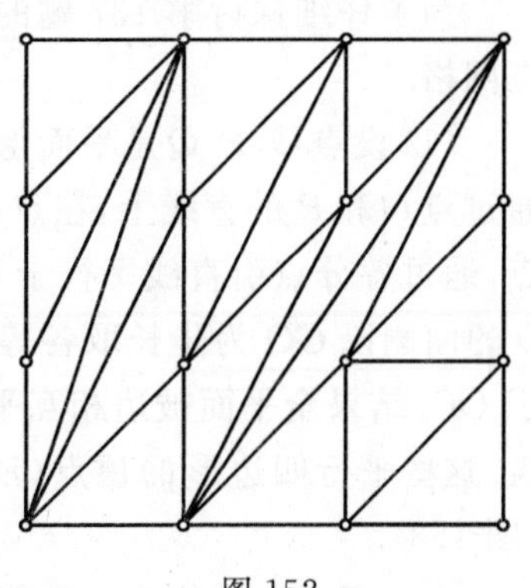
图 152

我们研究某一个整点三角形,它包含在某一条边和坐标轴平行的整点矩形内. 我们把这个矩形分成基本的整点三角形,使得其中一个就是我们所选取的整点三角形(图 152). 这总是可以做得到的.

我们来证明,包含在整点矩形中的基本的整点三角形的个数不依赖于将这个矩形划分为这样的三角形的方式.

为了证明这个断言,我们来计算所有的三角形的内角和. 这些三角形的顶点是在矩形内或它的边界上的整点. 我们这样来计算.将这些三角形的顶角分成如下几类：① 顶角的顶点也是矩形的顶点.显然这些顶角之和等于 $4\times 90^\circ$；② 顶角的顶点是矩形边上的整点(但不和矩形顶点重合).这样的顶角之和等于 $m\cdot 180^\circ$，其中 m 是矩形四条边上的整点的个数(不包括矩形的顶点)；③ 顶角的顶点是矩形内的整点.这样的顶角之和等于 $n\cdot 360^\circ$，其中 n 是矩形内整点的个数.这样一来，这些三角形的顶角之和等于 $4\times 90^\circ+m\times 180^\circ+n\times 360^\circ$.这也就是说，这些三角形的内角和是由矩形所含有的整点数唯一确定的.另一方面，这些三角形的内角和又等于 $k\cdot 180^\circ$，这里的 k 是三角形的个数.由于 $k\cdot 180^\circ$ 是由矩形的整点数唯一确定的，所以三角形的个数 k 也是由矩形的整点数唯一确定的，而且 $k=2+m+2n$.[①]

将矩形划分成单位正方形，且在每一个正方形中引一条对角线.这时所得到的半个正方形的个数和在原来的划分中，矩形被分成基本的整点三角形的个数是相等的.矩形的面积等于它所包含的基本的整点三角形的个数的一半.因此，将矩形任意划分成基本的整点三角形时，这些基本的整点三角形的面积都应该等于 $\frac{1}{2}$，因为任何一个整点三角形的面积不小于 $\frac{1}{2}$(整点三角形的面积等于 $\frac{1}{2}$ 和某一个整数的乘积)[②].因此本题断言得证.

§67　关于整点

为了仔细探讨第137题的几何意义，我们在平面上引入整点网格.

(1) 设点 O,P,Q 是平面上不在一条直线上的任意三点.在通过点 O 和 P 的直线上，在点 O 的两侧以 OP 为步长取各等分点，通过各分点引直线平行于 OQ.类似地，在直线 OQ 上，在点 O 的两侧以 OQ 为步长取各等分点，而通过各分点引直线平行于 OP.结果全平面被边相互平行且全等的平行四边形网络覆盖.这些平行四边形的顶点(所引直线的交点)构成所谓点阵(图153).

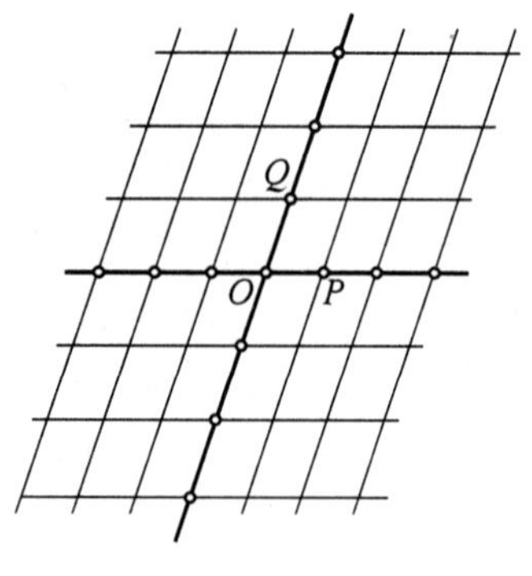

图153

平行四边形网格唯一地确定点阵，但反之不然.例如，如果点 O 和 P 不变，而用以 OP，OQ 为边的平行四边形的另一个顶

① 对原文的这一段做了一些改动.——中译者注

② 在第134题的解答中表明了，整点三角形的面积仅仅在它是基本的整点三角形时达到最小值.

点来代替点 Q，那么由这三个点出发可以作出新的平行四边形网格，它和原来的网格是不同的，但是点阵仍然是其自身.

设 $\boldsymbol{p}$ 和 $\boldsymbol{q}$ 是由点 O 到点 P 和 Q 的矢径. 这时任何一个整点（网格结点）的矢径可以写成

$$x\boldsymbol{p}+y\boldsymbol{q} \tag{1}$$

的形式，其中 x 和 y 是整数，而所有矢径能表示成式(1)的形式的点和一个整点重合. 换句话说，如果 x 和 y 相互独立地取所有的整数值，那么具有形如式(1)的矢径的点的集合和具有边 $\boldsymbol{p}$ 和 $\boldsymbol{q}$ 的平行四边形的顶点所构成的点阵相重合.

两条相互垂直的轴以及和它们平行且相互的距离为整数的直线所构成的点阵具有特别重要的意义. 这样的网格叫作基本的. 基本网格是边平行于坐标轴的单位正方形的网格. 由它所生成的点阵包含其坐标为整数的点，而且仅仅包含这样的点（这样的网格在第 134 题中遇到过）. 现在我们感兴趣的仅仅是这样的网格，虽然读者可以毫无困难地将下面所说的断言推广到由任意的平行四边形网格所生成的点阵上去. 今后所说的点阵（若不指明是平行四边形网格）将意味着是由基本网格所生成的点阵.

(2) 其坐标为整数的矢量叫作整点矢量. 所有始点和终点与整点重合的矢量是整点矢量，反之，如果整点矢量的一个端点和整点重合，那么另一个端点也和整点重合. 整点矢量的和以及整点矢量乘以整数所得到的矢量仍然是整点矢量. 由此推出，整点关于任何其他整点的对称点或关于联结两个整点所得到的线段的中点的对称点仍然是整点. 此外，和整点同位相似 —— 以任意其他的整点为同位相似中心而相似系数为整数的也是整点. 事实上，设 $\boldsymbol{a},\boldsymbol{b},\boldsymbol{c}$ 是整点 A,B,C 的矢径，而 $\boldsymbol{d}=\overrightarrow{AB}$. 这时点 A 关于点 B 的对称点 A' 的矢径等于 $\boldsymbol{b}+\boldsymbol{d}$（图 154(a)），点 A 关于线段 BC 的中点的对称点 A' 的矢径等于 $\boldsymbol{c}+\boldsymbol{d}$（图 154(b)，(c)，(d)），和矢量 $\overrightarrow{AB}$ 乘以整数 k 所得到的矢量的终点相重合的点的矢径等于 $\boldsymbol{a}+k\boldsymbol{d}$（图 154(e)）. 所有三个矢量 $\boldsymbol{b}+\boldsymbol{d},\boldsymbol{c}+\boldsymbol{d},\boldsymbol{a}+k\boldsymbol{d}$ 都是整点矢量（最后一个是整点矢量，这是因为 k 是整数），因而是整点的矢径.

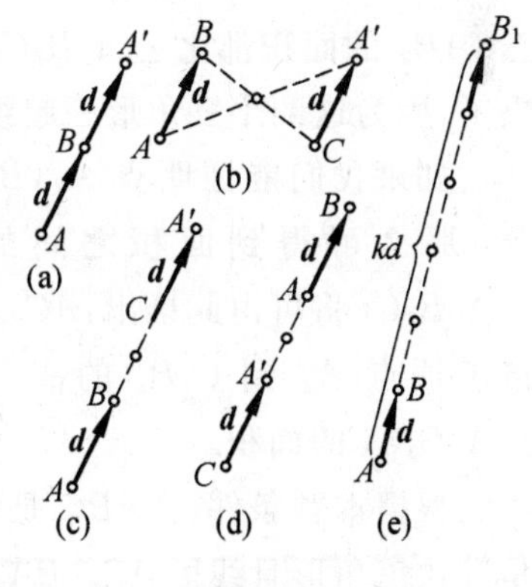

图 154

(3) 现在我们回到第 137 题. 设 $\boldsymbol{p}=(a,c),\boldsymbol{q}=(b,d)$ 是整点矢量. 方程

$$ax+by=m,cx+dy=n$$

的左边可以看作是矢量

$$x\boldsymbol{p}+y\boldsymbol{q}$$

的坐标. 根据本题条件，a,b,c,d 是这样选取的，当 x 和 y 取所有的整数值时，我们将得到所有整点的矢径.

这就意味着由边为 $\boldsymbol{p},\boldsymbol{q}$ 的平行四边形网格所产生的点阵和基本的点阵相重合.换句话说,后一个点阵的整点分布在平行四边形的顶点上,而且任何一个整点都不在平行四边形的内部或周界上.顶点为整点而且其内部和周界上都不含有任何一个整点(除了和它的顶点相重合的整点以外)的平行四边形叫作基本的整点平行四边形.

如果以矢量 $\boldsymbol{p},\boldsymbol{q}$ 作成的平行四边形的面积用这些矢量的坐标来表示,那么将得到表达式 $|ad-bc|$.这样一来,如果我们证明了每一个基本的整点平行四边形的面积等于1,那么我们就得到了本题的断言.

138 在正 $\triangle ABC$ 的边 BC,CA,AB 上有三点 A_1,B_1,C_1,使

$$AC_1=2C_1B,BA_1=2A_1C,CB_1=2B_1A$$

证明:线段 AA_1,BB_1,CC_1 所交成的三角形的面积为 $\triangle ABC$ 的面积的 $\frac{1}{7}$.

证法1 设点 C_2,A_2 和 B_2 是线段 AA_1 和 BB_1,BB_1 和 CC_1,CC_1 和 AA_1 的交点.如果我们证明了 $\triangle ABC_2$,$\triangle BCA_2$,$\triangle CAB_2$ 的面积都比 $\triangle A_2B_2C_2$ 的面积大一倍,那么本题就解决了,因为这四个三角形一起组成 $\triangle ABC$(图155).

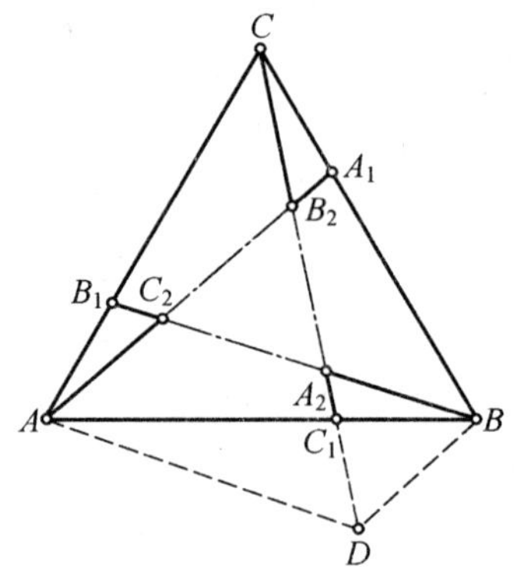

图155

如果我们能证明点 A_2,B_2,C_2 将线段 BC_2,CA_2,AB_2 平分,那么可得到面积之间的比.例如,对于 $\triangle ABC_2$ 和 $\triangle A_2B_2C_2$ 将可由此推出:$AC_2=C_2B_2$,且顶点 B 到 AC_2 的高2倍于顶点 A_2 到 C_2B_2 的高.因此,$\triangle ABC_2$ 的面积2倍于 $\triangle A_2B_2C_2$ 的面积.

根据本题条件,$\triangle ABC$ 是等边三角形,因此 $\triangle A_2B_2C_2$ 也是等边三角形且线段 AC_2,BA_2,CB_2 相等.因为当将 $\triangle ABC$ 绕着自己的中心旋转 120° 时,这个三角形将变到自身,而线段 AC_2,BA_2,CB_2 将从一个变到另一个.因此,只要证明点 A_2 平分线段 BC_2 就够了.

设点 D 是过顶点 B 的平行于线段 AA_1 的直线和线段 CC_1 的延长线的交点.$\triangle A_2BD$ 是等边三角形,因为它的边和 $\triangle A_2B_2C_2$ 的边平行.因此 $BD=BA_2$.又因为 $BA_2=AC_2$,所以 $BD=AC_2$,从而四边形 AC_2BD 是平行四边形.

线段 BC_2 和 DA 作为平行四边形的对边是相等的.因此,

必须证明 $BA_2=\frac{1}{2}DA$，我们研究 $\triangle A_2BC_1$ 和 $\triangle DAC_1$. 因为它们的边平行，所以这两个三角形相似，它们的对应边成比例，$BA_2:DA=BC_1:AC_1=\frac{1}{2}$，这就是所要证明的.

证法 2 本题只需对某一个等边三角形来证明就行了，因为所有的等边三角形都是相似的，而扩大或缩小它的边并不影响 $\triangle ABC$ 和 $\triangle A_2B_2C_2$ 的面积比. 为了证明本题断言，最简单的办法是取一个等边 $\triangle A_2B_2C_2$，在它的边 A_2B_2，B_2C_2，C_2A_2 的延长线上且在顶点 B_2，C_2，A_2 的外边取线段和它的任一边等长(图 156)，这些线段的端点记作点 A，B，C. 如果原来的 $\triangle A_2B_2C_2$ 是等边三角形，那么以点 A，B，C 为顶点的三角形也一定是等边三角形. 从证法一中前两段的论证可以推出：$\triangle A_2B_2C_2$ 的面积是 $\triangle ABC$ 的面积的 $\frac{1}{7}$. 现在来证明：小 $\triangle A_2B_2C_2$ 的边的延长线在大 $\triangle ABC$ 的边上所截取的线段等于它的边长的 $\frac{1}{3}$. 例如，设点 C_1 是小三角形的边 A_2B_2 的延长线和大三角形的边 AB 的交点. 过顶点 C_2 作平行于线段 A_2C_1 的直线. 设这条直线和边 AB 的交点为 C_1'. 因为 $AC_2=C_2B_2$，所以 $AC_1'=C_1'C$. 此外，由 $C_2A_2=A_2B$ 推出，$C_1'C_1=C_1B$. 于是

$$BC_1=C_1C_1'=C_1'A=\frac{1}{3}AB$$

对其他两条边也可类似证明. 因此，本题断言对所作的 $\triangle ABC$ 成立，从而对每一个等边三角形都成立.

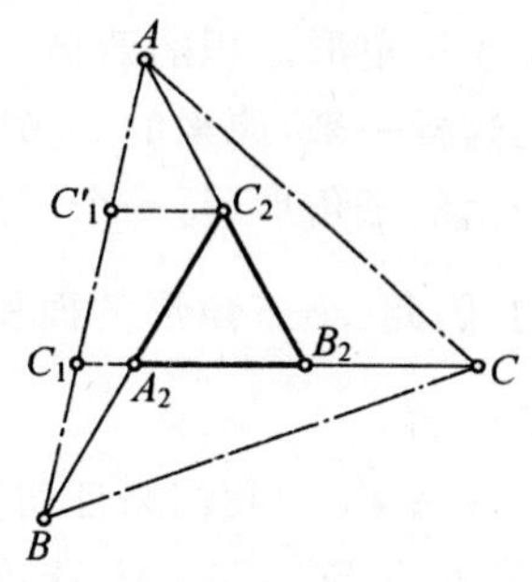

图 156

证法 3 我们证明本题断言在 $\triangle ABC$ 不是等边三角形而是任意的三角形时也是正确的. 将 $\triangle ABC$ 的边 AC 和 CB 分成三等分(图 157). 将 AC 上靠近顶点 A 的分点和顶点 B 连成直线，过另一个分点，顶点 A 与 C 作和所得到的直线平行的直线. 同样地，从边 BC 上靠近顶点 C 的分点入手，重复类似的作法. 结果我们在 $\triangle ABC$ 的外边得到一个大的外接平行四边形，它由 3×3 个小的平行四边形构成.

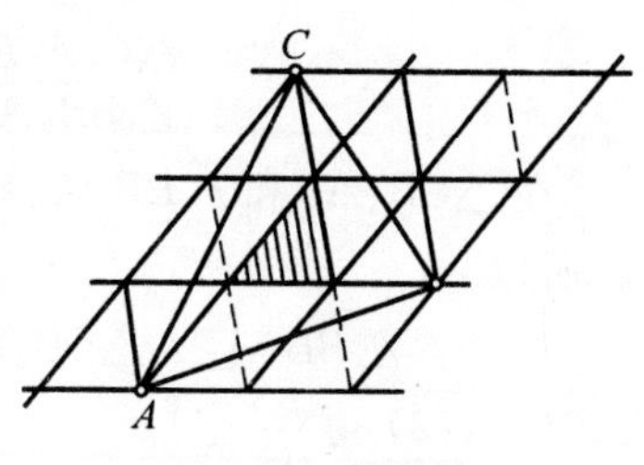

图 157

通过顶点 C 引大平行四边形的对角线以及与它平行的小平行四边形的对角线，我们得到 5 条平行且等距的直线. 其中有两条通过 $\triangle ABC$ 的顶点 A 和 B，而另外两条和边 AB 相交且把它分成三等分. 后面这两条直线中靠近顶点 B 的直线通过顶点 C.

所引的直线把小平行四边形分成全等的三角形，它们构成三角形网格，且覆盖了原来的 $\triangle ABC$. 在这些三角形中，有一个完全分布在 $\triangle ABC$ 内. 它的面积正好是 $\triangle ABC$ 的面积的

$\frac{1}{7}$. 我们来证明这一点. 除了完全分布在原三角形内的小三角形外，$\triangle ABC$ 被12个小三角形盖住了. 将这些小三角形每四个联起来可以组成3个平行四边形. 每一个平行四边形的一条对角线和 $\triangle ABC$ 相应的一条边重合，每一个平行四边形的面积等于小三角形面积的四倍.

这样一来，原来的 $\triangle ABC$ 是由一个小三角形的三个面积大一倍的三角形（每一个三角形是一个平行四边形的一半）组成的. 因此，小三角形的面积是 $\triangle ABC$ 的面积的 $\frac{1}{7}$，这就是所要证明的.

证法4[①] 我们来证明更一般的命题：设 $\triangle ABC$ 是任一三角形. 在边 BC，CA，AB 上有三点 A_1，B_1，C_1，使

$$AC_1 : C_1B = BA_1 : A_1C = CB_1 : B_1A = \lambda$$

设线段 AA_1，BB_1，CC_1 所交得的三角形是 $\triangle A_2B_2C_2$，则（图158）

$$\frac{\triangle A_2B_2C_2}{\triangle ABC} = \frac{(\lambda-1)^2}{\lambda^2+\lambda+1}$$

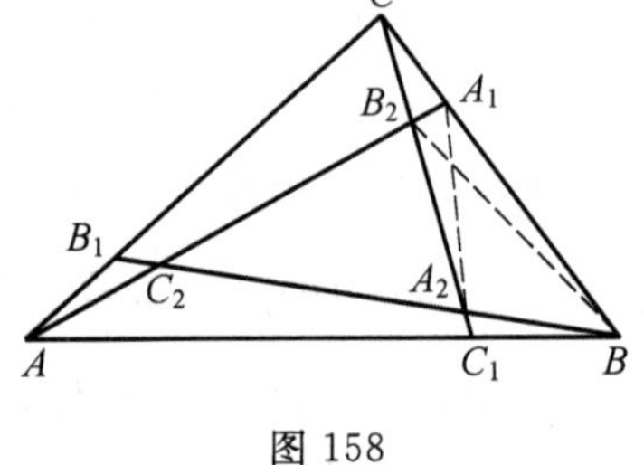

图 158

这里我们不但用 $\triangle ABC$ 来表示这个三角形，而且表示它的面积.

我们来证明这个命题.

在 $\triangle C_1A_1B_2$ 和 $\triangle BB_2A_1$ 中，它们有共同的一条边 A_1B_2，所以它们的面积之比等于从顶点 C_1 和 B 到这条边 A_1B_2 的高之比，由 $AC_1 : C_1B = \lambda$ 可推出这两条高的比等于 $\frac{\lambda}{\lambda+1}$，于是

$$\frac{\triangle C_1A_1B_2}{\triangle BB_2A_1} = \frac{\lambda}{\lambda+1} \tag{1}$$

在 $\triangle CB_2A_1$ 和 $\triangle BB_2A_1$ 中，由公共顶点 B_2 到对边的高相同. 所以

$$\triangle BB_2A_1 : \triangle CB_2A_1 = BA_1 : CA_1 = \lambda \tag{2}$$

由式(1)，(2)得

$$\frac{\triangle CB_2A_1}{\triangle C_1A_1B_2} = \frac{\lambda+1}{\lambda^2} \tag{3}$$

因为在 $\triangle CB_2A_1$ 和 $\triangle C_1A_1B_2$ 中，由公共的顶点 A_1 到对边的高相同，所以式(3)表明

$$\frac{CB_2}{C_1B_2} = \frac{\lambda+1}{\lambda^2}$$

由此可推出

① 此证法系中译者所加.

$$\frac{CB_2}{CC_1}=\frac{\lambda+1}{\lambda^2+\lambda+1}$$

于是

$$\frac{\triangle ACB_2}{\triangle ACC_1}=\frac{CB_2}{CC_1}=\frac{\lambda+1}{\lambda^2+\lambda+1}$$

再由

$$\frac{\triangle ACC_1}{\triangle ABC}=\frac{AC_1}{AB}=\frac{\lambda}{\lambda+1}$$

便可得到

$$\triangle ACB_2=\frac{\lambda}{\lambda^2+\lambda+1}\triangle ABC$$

同理可得

$$\triangle BAC_2=\triangle CBA_2=\frac{\lambda}{\lambda^2+\lambda+1}\triangle ABC$$

于是

$$\triangle A_2B_2C_2=\triangle ABC-\triangle ACB_2-\triangle BAC_2-\triangle CBA_2=\frac{(\lambda-1)^2}{\lambda^2+\lambda+1}\triangle ABC$$

这就是所要证明的.

注 1　在原题 138 中,$\lambda=2$,于是 $\triangle A_2B_2C_2$ 是 $\triangle ABC$ 的 $\frac{1}{7}$.

注 2　当 $\lambda=1$ 时,$\triangle A_2B_2C_2$ 的面积等于 0. 容易证明这时 $\triangle A_2B_2C_2$ 缩成了一点. 这说明了三角形的三条中线相交于一点.

139 证明:在任何一群人中,认识这一群人中奇数个的人有偶数个.①

证法 1　为了证明本题断言,我们对熟人对(即相互认识的一对人)的个数利用完全数学归纳法.

如果在这一群人中,只有两个人相互认识(即熟人对的个数等于 1),那么本题断言显然成立. 假设熟人对的个数等于 k 时,断言成立. 如果熟人对的个数增加 1,即介绍两个原来不相识的人相认识,将会发生什么情况呢? 如果在这两个人中,有一个人在介绍之前和奇数个人相认识,而另一个人和偶数个人相认识,那么介绍之后,在这一群人中,认识奇数个人的人的个

① 若 A 认识 B,则认为 B 也认识 A. —— 中译者注

数不变（只是具体的人变了）. 如果在介绍之前，两个人或者都和偶数个人相认识，或者都和奇数个人相认识，那么在介绍之后，在这一群人中，认识奇数个人的人数或者增加 2，或者减小 2，因此仍然是偶数，这就是所要证明的.

证法 2 我们对这一群人中的每一个人都问一下他认识多少人，然后把这些答数加起来. 由于每一对熟人意味着两个人彼此相识，于是所得到的答数的总和必定是偶数. 因此，在这些答数中，所有答数为奇数的数之和也为偶数，不然总和就不能为偶数. 由于奇数之和为偶数，所以，答数为奇数的个数是偶数. 因此，在一群人中，认识奇数个人的人有偶数个，这就是所要证明的.

第 139 题可以有很多其他的叙述形式. 我们引出其中的一些.

试证：在所有生活在地球上（不论什么时候）的人们中，和奇数个人握过手的人有偶数个.

试证：在任何一个多面体中，有奇数条棱的面有偶数个.

试证：在任何一个多面体中，有奇数条棱相汇的顶点有偶数个.

所有这些问题就实质上来说都可以归结为图论（见第 1 卷 §52）中的同一个问题：

在任何一个有限图中，有奇数条边相汇的顶点有偶数个.

在最后一个问题中，多面体的顶点是图的顶点，多面体的棱是图的边.

在原来的奥林匹克试题以及和奇数个人握过手的人数问题中，图的顶点表示所说的人，而互相认识或握过手的人所对应的顶点用边联结起来，在关于任意一个多面体有奇数条棱的面的问题中，多面体的每一个面对应于图的一个顶点，对应的面有公共棱的顶点用边联结起来.

第 139 题的证明就实质上来说包含了上面所指出的图论中的定理的证明.

140 假设点 P 是锐角 $\triangle ABC$ 内的任一点. 证明：点 P 到 $\triangle ABC$ 的边上的点的最大距离 D 比最小距离 d 至少大一倍. 在什么条件下，$D=2d$？

证法 1 将 $\triangle ABC$ 内的点 P 和顶点 A，B，C 联结起来，且由点 P 引边 BC，CA，AB 的垂线 PA_1，PB_1，PC_1（图 159）. 如果三角形是锐角三角形，那么由它的任一内点到三边的垂线的垂

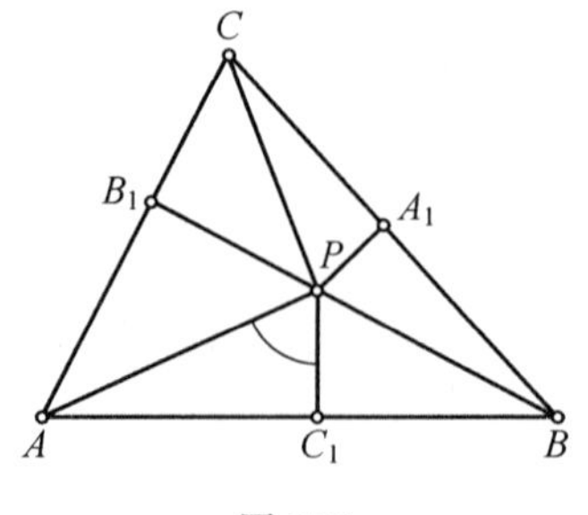

图 159

足在这些边的本身上，而不在它们的延长线上．因此，线段 PA,PB,PC 和垂线 PA_1,PB_1,PC_1 把原来的 $\triangle ABC$ 分成 6 个三角形．这 6 个三角形在顶点 P 处的顶角之和等于 $360°$．因此其中至少有一个顶角不小于 $60°$．例如，设 $\angle APC_1 \geqslant 60°$．这时

$$d \leqslant PC_1 \leqslant \frac{1}{2}AP \leqslant \frac{1}{2}D$$

等式

$$d=\frac{1}{2}D$$

仅当顶点 P 处的 6 个顶角都等于 $60°$ 时成立．但这时边 PA，PB，PC 和三角形的边之间的夹角等于 $30°$．因此，在这种情况下，$\triangle ABC$ 是等边三角形，而点 P 和它的内角平分线的交点重合，即和三角形的内心重合．

证法 2　设 r 是内切圆半径，R 是外接圆半径．本题断言可由不等式

$$d \leqslant r, D \geqslant R, r \leqslant \frac{R}{2}$$

推出．我们来证明这些不等式．其中第二个不等式和第 1 卷第 102 题的前半部分相同，因此我们认为不等式 $D \geqslant R$ 已经被证明了．剩下的两个不等式可以由下面的引理导出．

设点 P 在三角形内，但不和内切圆心重合．这时，在这点到三角形三边的距离中，其中有一个小于内切圆半径 r，还有一个大于内切圆半径 r．

设点 P 是 $\triangle ABC$ 内的点且不和内切圆心 O 重合．点 P 属于 $\triangle AOB$，$\triangle BOC$，$\triangle COA$ 中的一个(点 P 属于这些三角形中的两个仅当它在它们公共边上，即属于线段 OA,OB,OC 中的一条时)．例如，假设点 P 属于 $\triangle AOB$(图 160)．这时，点 P 到边 AB 的距离小于点 O 到这一边的距离，即小于 r．另一方面，内切圆心 O 属于 $\triangle ABP$，$\triangle BCP$，$\triangle CAP$ 中的一个，例如属于 $\triangle BCP$．因此，点 P 到边 BC 的距离大于内切圆半径 r．

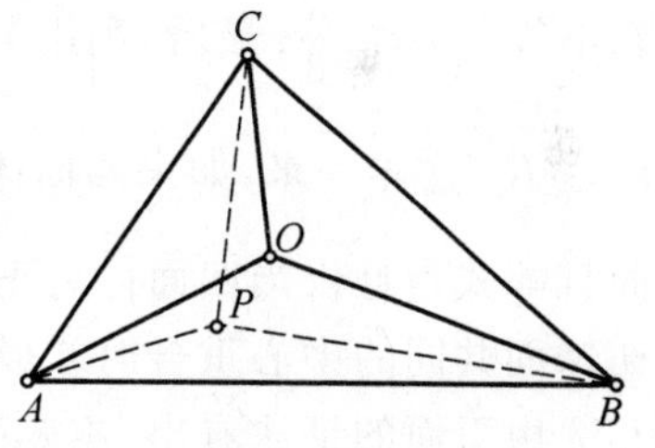

图 160

不等式 $d \leqslant r$ 可由所证明的引理的前一半推出．第三个不等式可以证明如下：假设点 A_1,B_1,C_1 是边 BC,CA,AB 的中点，点 P 是 $\triangle A_1B_1C_1$ 的外接圆心(图 161)．$\triangle A_1B_1C_1$ 的外接圆半径等于 $\frac{R}{2}$．根据所证明的引理，点 P 到 $\triangle ABC$ 的一条边(假设这条边是 AB)的距离不小于 r．假设 FQ 是由点 F 到 AB 的垂线．这时

$$r \leqslant FQ \leqslant FC_1=\frac{R}{2}$$

由此推出第三个不等式．

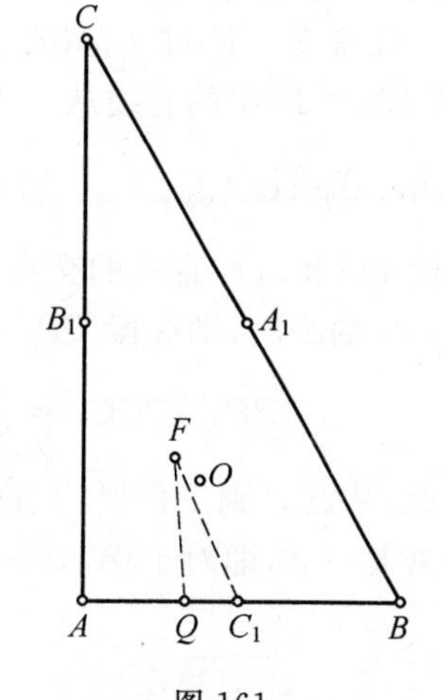

图 161

等式 $d=\frac{1}{2}D$ 仅当所有三个我们证明过的不等式都蜕化成为等式时才成立. 前两个不等式仅当点 P 到 $\triangle ABC$ 的三边等距以及到三顶点等距时成立. 假设这个条件满足. 将点 P 和 $\triangle ABC$ 的顶点连成线段并由点 P 向三边作垂线，于是 $\triangle ABC$ 被分成 6 个全等的直角三角形，这是因为所有的直角三角形有相等的斜边和相等的一条直角边. 这时每一个直角三角形在顶点 P 处的顶角都等于 60°，而和原来三角形的一个顶点重合的顶点处的顶角等于 30°. 因此，$\triangle ABC$ 是等边三角形且点 P 和内切圆以及外接圆的共同的中心相重合，于是 $r=\frac{R}{2}$ 且关系式 $d=\frac{1}{2}D$ 成立.

第 140 题的证法 2 可以毫无困难地推广到三维空间的情形. 这时代替三角形将取四面体. 假设 d 和 D 是联结点 P 和四面体界面上的点所得到的线段中最短的和最长的线段的长度，R 是外接球面的半径，r 是内切球面的半径. 与我们证明过的相类似的引理和不等式 $d\leqslant r$ 对四面体仍然成立. 如果外接球面的中心属于四面体，那么，对于通过四面体的 4 个界面重心的球面①的中心，进行和平面情形对点 F 一样的论证，我们将得到不等式 $r\leqslant\frac{R}{3}$. 最后，利用第 186 题的断言可以证明不等式 $D\geqslant R$. 这样一来，如果四面体包含外接球心，那么 $d\leqslant\frac{1}{3}D$，而且等式当且仅当四面体为正四面体，点 P 和外接球面以及内切球面共同的中心重合时才成立.

由下面的证法看出，本题结论对任意的三角形（和任意的四面体）仍然成立.

证法 3 通过 $\triangle ABC$ 的重心 S 作平行于边 AB 的直线（图 162）. 所作的直线从 $\triangle ABC$ 中截出一个梯形，从高 CC_1 中截出一条线段 UC_1，UC_1 的长度等于高 CC_1 的 $\frac{1}{3}$. 如果点 V 是线段 PC 和所作直线的交点. 那么从梯形的任意一点 P 到它的底 AB 的距离，即线段 PP_1 的长，满足不等式

$$PP_1\leqslant UC_1=\frac{1}{2}UC\leqslant\frac{1}{2}VC\leqslant\frac{1}{2}PC$$

因此，从点 P 到三角形的顶点 C 的距离至少比点 P 到边 AB 的距离大一倍，即对于梯形的任一点本题断言成立.

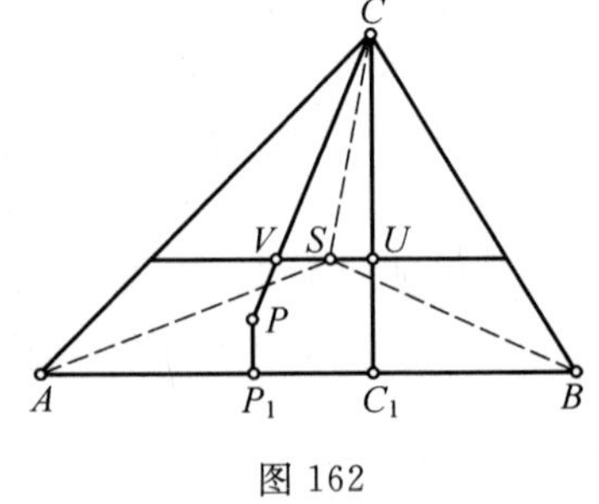

图 162

① 这个球面的半径等于 $\frac{R}{3}$. —— 中译者注

因此，本题断言对包含在梯形中的 $\triangle SAB$ 的任意一点成立. 通过 $\triangle ABC$ 的重心 S 作直线和它的边 AC 和 BC 平行，进行同样的论证，我们可以得到本题断言对于 $\triangle SBC$ 和 $\triangle SCA$ 的任意一点都成立. 因为 $\triangle SAB$，$\triangle SBC$，$\triangle SCA$ 构成了 $\triangle ABC$，所以这就证明了本题断言对 $\triangle ABC$ 的任一点都成立.

如果从平面情形转到空间情形，代替三角形，我们研究四面体(图 163)，其证明就其实质来说没有什么改变.

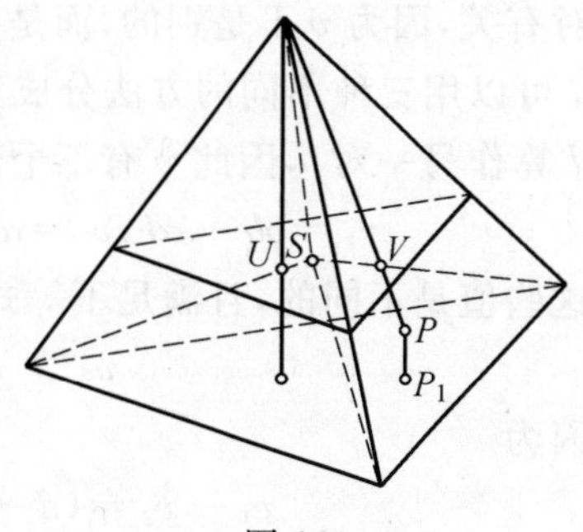

图 163

141 假设 $a<b<c<d$. 如果变量 x,y,z,t 是数 a,b,c,d 的某一排列，那么表达式

$$n=(x-y)^2+(y-z)^2+(z-t)^2+(t-x)^2$$

可以取多少种不同的值？

解法 1　由函数 n 的形状推出，当变量作循环排列时，函数值不变. 因此，不失一般性，可以认为 $x=a$. 若变量的值 a,i_1,i_2,i_3 用 a,i_3,i_2,i_1 这一组值来代替，我们仅仅改变了所有的差的符号，但因为在 n 中包含的项是差的平方，所以 n 的值在这种替换下仍然不变. 这样一来，数 b,c,d 的六种排列中只有三种可能使 n 取不同的值. 数 b,c,d 的这三种排列确实使 n 取不同的值，事实上，一方面

$$n(a,b,c,d)-n(a,b,d,c)=$$
$$(b-c)^2+(d-a)^2-(b-d)^2-(c-a)^2=$$
$$2(bd+ac-bc-ad)=2(b-a)(d-c)>0$$

因为根据本题条件，因子 $b-a$ 和 $d-c$ 是正的. 而另一方面，同样可得

$$n(a,c,b,d)-n(a,b,c,d)=$$
$$(a-c)^2+(b-d)^2-(a-b)^2-(c-d)^2=$$
$$2(ab+cd-ac-bd)=2(c-b)(d-a)>0$$

这样一来，表达式 n 所取的值可以按大小排列如下

$$n(a,c,b,d)>n(a,b,c,d)>n(a,b,d,c)$$

解法 2　显然，表达式

$$n(x,y,z,t)+(x-z)^2+(y-t)^2=$$
$$n(x,y,z,t)+(x^2+y^2+z^2+t^2)-2(xz+yt)$$

与我们选取数 a,b,c,d 的哪一种排列作为自变量的值是无关的，因为它是自变量的两两之间的 6 个差的平方和. 表达式 $x^2+y^2+z^2+t^2$ 对自变量的值 a,b,c,d 的任一排列也取同一个值. 因此，n 的值仅与表达式 $xz+yt$ 取怎样的值有关，且和它一起达到最大值和最小值.

表达式 $v=xz+yt$ 的值将以怎样的方式将数 a,b,c,d 分成对有关，因为 v 不是别的，而是每一对数的乘积之和. 数 a,b,c,d 可以用三种不同的方法分成对（例如，数 a 和 b 算作一对，c 和 d 算作另一对），因此 v 有三个值

$$v_1=ab+cd,v_2=ac+bd,v_3=ad+bc$$

这些值是不同的，且满足不等式

$$v_1>v_2>v_3$$

因为

$$v_1-v_2=(d-a)(c-b)>0$$

$$v_2-v_3=(b-a)(d-c)>0$$

因此，例如：当 $x=a,y=c,z=b,t=d$ 时，表达式 n 取最大值，当 $x=a,y=b,z=d,t=c$ 时，n 取最小值.

第 20 章　1947 年 ～ 1951 年试题及解答

142 证明:如果 n 是奇数,那么

$$46^n + 296 \times 13^n$$

能被 1 947 整除.

证法 1　因为 $1\ 947 = 33 \times 59$,而 33 和 59 互素,所以只要证明(见第 1 卷 §23):$46^n + 296 \times 13^n$ 分别能被数 33 和 59 整除就行了.我们知道,$a^n - b^n$ 能被 $a - b$ 整除,而且如果 n 是奇数,那么 $a^n + b^n$ 能被 $a + b$ 整除.因此 $46^n + 296 \times 13^n = (46^n - 13^n) + 9 \times 33 \times 13^n$ 能被 $46 - 13 = 33$ 整除,而当 n 是奇数时,$46^n + 296 \times 13^n = (46^n + 13^n) + 5 \times 59 \times 13^n$ 能被 $46 + 13 = 59$ 整除.从而本题断言获证.

证法 2　不把数 1 947 分解成互素的因子也可解答第 142 题,如果将本题条件中所说的表达式变换一下,例如变成下面的形式

$$46^n + 296 \times 13^n = 46(46^{n-1} - 13^{n-1}) + (46 + 296 \times 13) \times 13^{n-1} \quad (1)$$

因为数 n 是奇数,所以数 $n - 1$ 是偶数,因此式(1) 右边第一个被加项含有的因子 $46^{n-1} - 13^{n-1}$ 能被 $46^2 - 13^2 = (46 - 13)(46 + 13) = 1\ 947$ 整除.式(1) 右边第二个被加项含有因子 $46 + 296 \times 13 = 2 \times 1\ 947$.因此,整个表达式 $46^n + 296 \times 13^n$ 能被 1 947 整除.

143 证明:在任何六个人中,总可以找到三个相互认识的人或三个相互不认识的人(如果 A 认识 B,B 也认识 A,就认为 A 和 B 是相互认识的).

证明　假设 A 是 6 个人中的一个人.我们先假设 A 和这些人中的 3 个人相互认识.如果这 3 个人中有两个人相互认识,那么,他们和 A 这三个人便满足本题条件,因为他们之中的任何两个人都相互认识.如果和 A 相识的 3 个人之间彼此都不相识,那么他们这 3 个人也满足本题条件.

现在我们假设在6个人中有3个人不认识A.如果他们之中有两个人彼此不相识,那么A和这两个人满足本题条件,因为他们三人彼此不相识.如果和A不相识的三个人中,任意两个人都彼此相识,那么他们三人也满足本题条件.

在6个人中没有任何三个人和A相识,也没有任何三个人和A不相识的情况是不可能的,因为这时和A相识的人数不大于2且和A不相识的人数也不大于2,于是总人数(包括A在内)不得大于5.这样一来,本题断言对所有的情况都成立.★

§68　与完全图有关的某些问题

(1) 用图论(见第1卷§52)的语言来"翻译"本题的条件.为了便于翻译,我们利用某些新的概念.关于什么是完全图和子图,已经在§54中说过了.

如果图G包含和图$\overline{G}$相同的顶点,但是在G中任何两个顶点之间当且仅当它们在$\overline{G}$中设有用边联结才用边联结,而且在G中任何两个顶点不能用多于一条的边相联结,则图G叫作图$\overline{C}$的补图.

当回到第143题的条件中所说的一群人时,我们使它的每一个成员对应于图的一个顶点,而且两个顶点所对应的成员相互认识的话,就把这两个顶点用边联结起来,本题的断言可以叙述如下.

设G是任何一个有6个顶点的图.这时或者是图G,或者是它的补图包含3个顶点的完全子图.

这个断言可以叙述成下面不太对称的形式:

如果在有6个顶点的图中,任何3个顶点之间有2个顶点有边相联结,那么这样的图包含具有3个顶点的完全子图.

(2) 由最后一个问题产生了下面比较一般的问题:是否对每一个自然数k都可以找到这样的数$n(k)$,使得在至少有$n(k)$个顶点的图中,若任何三个顶点中有两个顶点彼此有边相联结,那么这样的图包含具有k个顶点的完全子图?如果这样的数$n(k)$存在,那么其中最小的是多少?

我们用完全数学归纳法来证明具有上面所说的性质的数$n(k)$对于任何一个自然数k都是存在的.由第134题断言推出,$k=3$对应于$n(3)=6$(显然$k=2$对应于$n(2)=3$).

我们假设,对某一个k存在对应于它的值$n(k)$.设G是具有那种性质的图:它的任何三个顶点中的两个顶点有边相连,而且不含有具有$k+1$个顶点的完全子图.我们来计算一下图G可能有多少个顶点.从它的顶点中任取一个顶点P.在图G

中，和点 P 没有用边联结的顶点应该是图 G 的完全子图的顶点，因为如果 Q 和 R 是这样两个顶点，那么在三个顶点 P,Q,R 中，仅仅是它们可以用边联结．因此，图 G 中和我们所选取的顶点 P 没有边联结的所有顶点彼此有边相连，即属于图 G 的完全子图．因为图 G 不包含具有 $k+1$ 个顶点的完全子图，所以图 G 中和我们所取的顶点 P 设有边联结的图 G 的顶点不得多于 k 个．

现在我们研究图 G 的一个子图，它的每一个顶点和我们所取的顶点 P 有边相连，包含在这个子图中的任何一个完全子图的顶点的个数小于 k，因为不然的话，若存在有 k 个顶点的完全子图，再加上顶点 P，我们就得到有 $k+1$ 个顶点的完全子图，它是不可能的．因为加上图 G 上的条件对图 G 的任何一个子图也都成立，所以根据归纳假设，在那些取的顶点 P 有边联结的图 G 的顶点上张成的子图包含不多于 $n(k)-1$ 个顶点．因此图 G 包含不多于

$$1+k+n(k)-1=n(k)+k$$

个顶点．这样一来，如果在具有

$$n(k)+k+1=n(k+1)$$

个顶点的图中，任意三个顶点中有两个顶点彼此之间有边相连，那么这样的图包含又具有 $k+1$ 个顶点的完全子图．这就证明了所说的断言对 $k+1$ 也正确．因此，它对所有的 k 值是正确的．

从上面所进行的证明看出，$n(k)$ 的一个可能的值由公式

$$n(k)=1+2+\cdots+k=\frac{k(k+1)}{2}$$

得到．

当 $k=2$ 和 $k=3$ 时，由这个公式计算出来的 $n(k)$ 的值和最小的值一致：$n(2)=3$，$n(3)=6$．在一般的情况下，还不知道 $n(k)$ 的最小值．

利用第 158 题的断言（见 §71）可以证明：$n(k)$ 的最小值不能小于 $3k-3$，已经知道了更强得多的结果：巴尔·爱尔焦什证明了，对于任何常数 c 和 $k>k(c)$，存在有 $\frac{ck^2}{\ln k}$ 个顶点的图，它具有那样的性质：在任何三个顶点中，至少有 2 个顶点彼此用边联结，而且不含有 k 个顶点的完全子图．

(3) 由于上面所说的和原题 143 等价的图论中的问题而产生了一个问题：是否对于所有的自然数 k 都能找到这样一个数 $m(k)$，使得任何一个有 $m(k)$ 个顶点的图或它的补图包含具有 k 个顶点的完全子图？如同类似于上面所进行的论证所表明的，这样的数 $m(k)$ 对所有的自然数 k 都是存在的，例如

$$m(k)=C_{2k-2}^{k-1}$$

最小的 $m(k)$ 的值还不知道.巴尔·爱尔焦什证明了

$$m(k)>2^{\frac{k}{2}}$$

必须注意,由爱尔焦什所提出的证明,在两种情况下都只能推出具有所要求的性质的图的存在性,而不是作这种图的具体方法.学会作相应的图将是十分有趣的.

正像在 §54 中所证明的,如果图是无限的,那么无论是它本身,或是补图,都含有无限的完全子图.

144 设小圆的半径为$\frac{r}{2}$,大圆的半径为 r.试问:最少要用多少个这样的小圆才能将大圆盖住?

解 (1) 半径为 r 的圆可用 7 个半径小一半的圆盖住.圆的分布如图 164 所示:6 个小圆的圆心和大圆的内接正六边形的边的中点重合,第 7 个小圆的圆心和大圆的圆心重合.

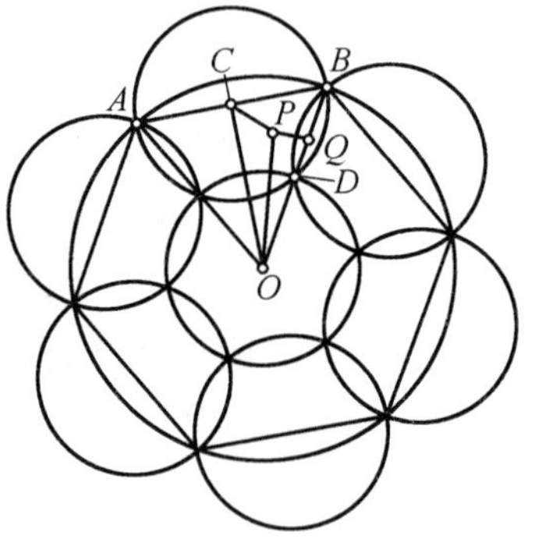

图 164

我们来证明,这样分布的 7 个小圆确实盖住了大圆.假设 AB 是大圆的内接正六边形的一条边,点 C 是它的中点.显然,只需研究大圆的一部分,即在 $\angle BOC$ 内且在以点 O 为圆心,$\frac{r}{2}$为半径的圆外的那一部分.

于是,需要证明:如果点 P 在 $\angle BOC$ 内或边界上,且$\frac{r}{2}<OP\leqslant r$,那么 $CP\leqslant\frac{r}{2}$.在半径 OB 上取线段 OQ 和线段 OP 相等.这时点 Q 在线段 BD 上,这里点 D 是半径 OB 的中点.因为在 $\triangle COP$ 和 $\triangle COQ$ 中,有两组边对应相等,且它们的夹角有下面的关系:$\angle COP\leqslant\angle COQ$,所以 $CP\leqslant CQ$.因此,只要证明 $CQ\leqslant\frac{r}{2}$ 就行了.这一不等式是成立的,因为 $\triangle BCD$ 是等边三角形,边长等于$\frac{r}{2}$,联结它的顶点和对边上的任意一点的线段不可能大于$\frac{r}{2}$.

(2) 用少于 7 个半径为$\frac{r}{2}$ 的圆,不能盖住半径为 r 的圆.我们用下面的办法来证明这一点.因为在半径为$\frac{r}{2}$ 的圆中,两点之间最大的距离等于 r,而在半径为 r 的圆周上,弧长为圆周长的$\frac{1}{6}$ 的两点之间的直线距离正好等于 r,所以小圆只能盖住大圆圆周的一部分，而且这一部分不超过整个圆周长的$\frac{1}{6}$. 因此，为了盖住大圆的圆周，至少必须用 6 个小圆. 但这 6 个小圆不能盖住大圆的圆心，因为假若某个小圆盖住了大圆的圆心，那么这个小圆最多和大圆的圆周有一个公共点. 所以用 6 个小圆是不能盖住大圆的.

145 1948 年 10 月 23 日是星期六. 可以断言元旦是星期日的天数比是星期一的天数多吗？

解　(1) 按照历法规定，如果某年的年号能被 4 整除，那么这一年算作闰年. 但是对于那些年号最后是两个零的，只有当它的年号能被 400 整除时，才算作闰年. 所以，每个世纪开头的那一年为闰年是很少的，每 400 年才有一个闰年. 每一个常年有 365 天，而闰年比常年多一天. 不难算出，每 400 年有 97 个闰年. 因此，400 年所包含的总天数等于 $400 \times 365 + 97$. 由于 365 被 7 除时余 1，所以 400 年所包含的总天数被 7 除时，其余数等于 497 被 7 除时的余数. 由于 497 能被 7 整除，所以我们可以断定：每过 400 年，日历又重复了. 某年的 1 月 1 日的星期数[①]和 400 年前的 1 月 1 日的星期数是相同的. 因为 400 不能被 7 整除，所以一星期的 7 个星期数不可能以同样的次数在 1 月 1 日出现.

于是，原题可化成下面的问题：能否断言在 400 年内，1 月 1 日是星期日的天数比是星期一的天数多？

(2) 因为 365 被 7 除余 1，所以，每经过一个常年，1 月 1 日的星期数往后推 1 天. 例如某一年的 1 月 1 日是星期日，那么，它后一年的 1 月 1 日是星期一. 经过一个闰年，1 月 1 日的星期数往后推两天(由星期日变到星期二). 我们来做一个统计表，选取连续的 400 年，逐一写出所有 400 年的 1 月 1 日的星期数，我们还在统计表每一个闰年(400 年间共有 97 个闰年)的 1 月 1 日后面，记上这一年的 12 月 31 日的星期数. 于是在我们的统计表中，得到星期数的一个紧接着一个的正常序列，这就是说，星期一后面紧跟着的是星期二，星期二后面紧跟着的是星期三，星期三后面紧跟着的是星期四，……，星期日后面紧跟着的是星期一，而且在这个序列中，每一个星期数所出现的次数是相等的(恰好 71 次).

① 星期数是指这一天是星期几的数字，如对于星期一，就说它的星期数等于 1. —— 中译者注

这样一来，如果我们能证明97个闰年的最后一天是星期日的天数比是星期一的天数少，那么就证明了1月1日是星期日的天数比是星期一的天数多.

(3) 我们再来做一个表(这个表比上面的表简单一些)，逐一写出从1600年到1996年的每一个闰年的12月31日的星期数，然后从所得到的表中划去1704年，1708年，1804年，1808年，1904年，1908年的12月31日的星期数(下面将可以看出我们为什么要这样做). 于是在我们的统计表中剩下91个星期数，而且这些星期数一个比一个往前推两天(例如在星期日后面写的是星期五，星期四后面写的是星期二). 我们来证明这个断言. 在我们的统计表中，从一个12月31日到下一个12月31日，其间经过了4年或16年. 如果从一个12月31日到下一个12月31日经过了4年，在这4年中有一个闰年和三个常年，所以总天数被7除时，余数是5，即第二个12月31日是星期数比第一个12月31日的星期数“落后”了五天，这也就是说，往前推了两天. 如果从一个12月31日到下一个12月31日，其间经过了16年(例如，从1896年12月31日到1912年12月31日便是这样的)，其中有3个闰年(1904年，1908年，1912年). 因此，从一个12月31日到下一个12月31日的总天数被7除时，其余数与16＋3＝19被7除的余数相同，即余5. 所以无论在哪一种情况下，上面所说的断言都是对的.

由上面的证明可以推出，在由91个12月31日所构成的统计表中，一星期的每一天出现的次数是一样多的(恰好13次)，这是因为在统计表的每7个连续的12月31日中，星期一到星期日正好都出现一次，而91又能被7整除. 这样一来，原来的问题又可以化成下面的问题：能否断言1704年，1708年，1804年，1808年，1904年，1908年的12月31日是星期日比是星期一少?

(4) 下面我们来具体地算出1704年，1708年，1804年，1808年，1904年，1908年的12月31日是星期几.

因为10月23日到这一年的12月31日共有8＋30＋31＝69天，69被7除时余6，所以1948年12月31日是星期五. 1908年12月31日到1948年12月31日的总天数被7除时，其余数和40＋10＝50被7除的余数相同，即余1. 因此1908年12月31日是星期四.

1808年12月31日到1908年12月31日和1708年12月31日到1808年12月31日的总天数被7除时，其余数和数100＋24＝124被7除的余数相同，即余5. 所以，1808年12月31日是星期六，1708年12月31日是星期一.

由此我们可以推出，1904 年，1804 年，1704 年的 12 月 31 日分别是星期六、星期一、星期三，因为就像我们在(3) 中所证明的那样，如果两个“相邻”的闰年之间相隔 4 年，那么某一个闰年的 12 月 31 日的星期数比上一个闰年的 12 月 31 日的星期数往前推两天.

于是，对问题“1704 年，1708 年，1804 年，1808 年，1904 年和 1908 年的最后一天是星期日比是星期一是否要少”的回答是肯定的. 这样一来，对原题的回答也是肯定的：1 月 1 日是星期日比是星期一要多.

不难算出，在 400 年间，1 月 1 日有 56 次是星期一和星期六，57 次是星期三和星期四，58 次是星期日、星期二和星期五.

146 证明：除四面体外，不存在任何一个凸多面体①，它的每一个顶点和所有其余的顶点之间都有棱相联结.

证法 1　我们假设某个凸多面体 P 有多于四个顶点，而且每一个顶点和其他所有的顶点都用棱联结起来，我们来证明这样的假设会导致矛盾.

多面体 P 的每一个面都具有三角形的形状，因为在每一条边数更多的多边形中，总可以找到两个顶点，它们之间没有边相联结. 多面体 P 的棱 AB 是两个三角形 —— 相交于棱 AB 的两个面的公共边. 因为多面体 P 的顶点数大于 4，那么这个多面体还有这样的顶点 C，即和相交于棱 AB 的三角形的面的顶点不相重合的顶点，因此，$\triangle ABC$ 不是多面体的面.

$\triangle ABC$ 的边是多面体 P 的棱. 沿着这些棱剪开，这时多面体的表面分离成两片，因为 P 是凸多面体(仅仅在这个地方利用了多面体表面的凸性. 非凸多面体的表面在沿棱 AB，BC 和 CA 剪开后，也许不能分离成单个的片). 在每一片内至少包含多面体 P 的一个顶点，因为任何一片都不和 $\triangle ABC$ 重合. 设点 D 是在某一片内的多面体的顶点，而点 E 是在另一片内的顶点. 根据本题条件，联结顶点 D 和 E 的线段应该是多面体 P 的棱，并因此，DE 和两片的边界($\triangle ABC$ 的周界) 在某处相交. 但这是不可能的，因为棱 DE 和棱 AB，BC，CA 中的任何一个既没有公共点也不相交.

证法 2　如果多面体的 n 个顶点两两彼此用棱相连，那么

① 蜕化在一个平面上的立体不能算作多面体. 因此特别是，多面体的顶点不得少于 4 个. —— 俄译者注

多面体总共有 C_n^2 条棱. 因为每一条棱属于两个面的边界，而每一个面至少有三条棱，所以多面体的面数不大于 $\frac{2}{3}C_n^2$. 利用对凸多面体成立的欧拉定理，我们得到不等式(1)

$$n+\frac{2}{3}C_n^2 \geqslant C_n^2+2 \tag{1}$$

将不等式(1) 两边乘以 6 并化简，我们得到

$$6n+2n(n-1) \geqslant 3n(n-1)+12$$
$$n^2-7n+12 \leqslant 0$$

或

$$(n-3)(n-4) \leqslant 0$$

由此推出，在所有的整数值中，n 只能取这样的值：$n=3$ 和 $n=4$. 因为多面体至少有 4 个顶点，所以 $n=3$ 不可能成立. 剩下唯一可能的值 $n=4$. 因此，其每一个顶点和所有其余的顶点都用棱联结的只能是四面体.

我们指出，虽然我们没有充分利用多面体凸性这个条件，但是它却不能去掉. 正如阿柯希・恰沙尔所证明的那样，本题断言对任意的多面体是不成立的. 他作出了有 7 个顶点的非凸多面体，它的顶点彼此之间都有棱相连.

147 证明：从 n 个给定的自然数中，总可以挑选出若干个数(至少一个，也可能是全体)，它们的和能被 n 整除.

证明 设 $a_1, a_2, \cdots, a_n$ 是给定的 n 个数. 我们来研究和

$$a_1$$
$$a_1+a_2$$
$$a_1+a_2+a_3$$
$$\vdots$$
$$a_1+a_2+\cdots+a_n$$

将这些和分成 n 类，所有被 n 除时余数相同的算作同一类.

如果所有的和数被 n 除时余数都不相同，那么有一个和数被 n 除时余数为 0，这是因为总共只有 n 个不同的余数：$0, 1, \cdots, n-1$. 因此，在这种情况下，本题的断言成立.

如果在 n 个和中，有两个和属于同一类(被 n 除时，余数相同)，那么在这两个和数中有一个和数的被加项的个数比另一个多. 在这种情况下，包含在一个和数中但不包含在另一个和数中的那些被加项的和能被 n 整除. 这样一来，本题断言在这种情况下也成立.

148 证明:对每一个正角 $\alpha<180^\circ$,有不等式

$$\sin\alpha+\frac{1}{2}\sin 2\alpha+\frac{1}{3}\sin 3\alpha>0$$

证法1 利用关系式

$$\sin 2\alpha=2\sin\alpha\cos\alpha,\sin 3\alpha=3\sin\alpha\cos^2\alpha-\sin^3\alpha$$

可将要证的不等式的左边变成

$$\sin\alpha+\frac{1}{2}\sin 2\alpha+\frac{1}{3}\sin 3\alpha=$$

$$\sin\alpha+\sin\alpha\cos\alpha+\sin\alpha\cos^2\alpha-\frac{\sin^3\alpha}{3}=$$

$$\frac{\sin\alpha}{3}(3+3\cos\alpha+3\cos^2\alpha-\sin^2\alpha)=$$

$$\frac{\sin\alpha}{3}(2+3\cos\alpha+4\cos^2\alpha)=$$

$$\frac{\sin\alpha}{3}[(1+\cos\alpha)^2+(1+\cos\alpha)+3\cos^2\alpha]$$

最后一个等式右边所有的项都是正的,因为 $0<\alpha<180^\circ$,函数 $\sin\alpha,1+\cos\alpha$ 和 $\cos^2\alpha$ 都为正值.因此原不等式获证.

证法2 首先我们证明,对于开区间 $(0,\pi)$ 的任意一点 x,有

$$\sin x+\frac{1}{2}\sin 2x>0 \tag{1}$$

不等式(1)可推导如下:它的左边可表示为 $\sin x(1+\cos x)$,对于开区间 $(0,\pi)$ 中的任一 x,函数 $\sin x$ 和 $1+\cos x$ 都取正值.

如果不等式(1)的左边再加上一项 $\frac{1}{3}\sin 3x$,那么对于新的不等式只要对开区间 $\left(\frac{\pi}{3},\frac{2\pi}{3}\right)$ 中的 x 来证明就行了,因为所加的项 $\frac{1}{3}\sin 3x$ 只在这个区间中才取负值.但是对于这个区间的任一点 x,$\sin x>\sin\frac{\pi}{3}=\frac{\sqrt{3}}{2}$,此外,对任何 u 有不等式 $\sin u\geqslant -1$,因此

$$\sin x+\frac{1}{2}\sin 2x+\frac{1}{3}\sin 3x>\frac{\sqrt{3}}{2}-\frac{1}{2}-\frac{1}{3}>0$$

最后一个不等式可以表示 $\frac{\sqrt{3}}{2}>\frac{5}{6}$ 或者两边平方以后为 $\frac{3}{4}>\frac{25}{36}$.

证法3 我们重复证法二中的论证.利用这一点:在开区间 $(0,\pi)$ 内,函数 $\sin x$ 的弧是凹的,即它的任一弦在联结这条

弦的端点的那一段弧之下(见第 1 卷 § 44).

为了证明不等式(1),只要研究使左边第二项为负的那些点,且证明在开区间 $\left(\frac{\pi}{2},\pi\right)$ 内,函数 $\sin x$ 的弧在函数 $-\frac{1}{2}\sin 2x$ 的弧的上面. 将 x 轴往点 $x=\pi$ 压缩一倍,将函数 $\sin x$ 的弧往 x 轴压缩一倍,我们就得到在区间 $\left(\frac{\pi}{2},\pi\right)$ 内的 $-\frac{1}{2}\sin 2x$ 的弧. 弧 $-\frac{1}{2}\sin 2x$ 的每一个点和 $\sin x$ 的弧的一条弦的中点相重合,又因为在区间 $(0,\pi)$ 内,这条弧是凹的,所以任意一条弦都在它的下面(图 165).

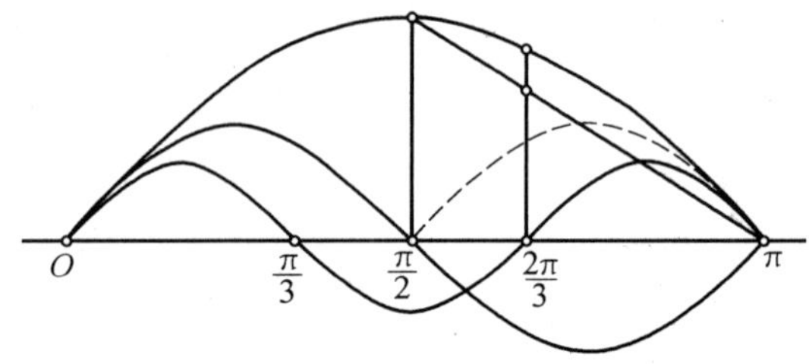

图 165

当左边再添上一项 $\frac{1}{3}\sin 3x$ 时,为了证明不等式,只要在开区间 $\left(\frac{\pi}{3},\frac{2\pi}{3}\right)$ 中来研究就行了,因为第三个被加项只在这个区间才为负的. 对于这个区间中的任何一个 x,有

$$\sin x>\sin\frac{\pi}{3},\frac{1}{2}\sin 2x>-\frac{1}{2}\sin\frac{\pi}{3},\frac{1}{3}\sin 3x>-\frac{1}{3}$$

因此

$$\sin x+\frac{1}{2}\sin 2x+\frac{1}{3}\sin 3x>\frac{1}{2}\sin\frac{\pi}{3}-\frac{1}{3}>0$$

最后一个不等式可推导如下:在区间 $\left(0,\frac{\pi}{2}\right)$ 中,$\sin x$ 的弧是凹的,因此位于它的任意两点所连成的弦之上,从而 $\sin\frac{\pi}{3}>\frac{2}{3}$.

在上面的证明中,仅仅利用了函数 $\sin x$ 的下列性质:第一,曲线 $y=\sin x$ 关于 x 轴的点 $x=\pi$ 和 $x=2\pi$ 的对称性,此外,对直线 $x=\frac{\pi}{2}$ 对称;第二,函数 $y=\sin x$ 在这个区间 $(0,\pi)$ 内是凹的. 这意味着,代替 $\sin x$,取任何其他具有这两个性质的函数时,我们的证明仍然是有效的.

本题是被利波特·费叶尔证明的下述定理的特殊情形:

对于任何正整数 n 和开区间 $(0,\pi)$ 中的 x,有不等式

$$\sin x+\frac{1}{2}\sin 2x+\frac{1}{3}\sin 3x+\cdots+\frac{1}{n}\sin nx>0$$

在证明这个不等式时要利用三角函数某些很深刻的性质.

149 通过等腰 $\triangle ABC$ 的底边 BC 上的点 P 引平行于两腰的直线,交两腰于点 Q 和 R. 证明:点 P 关于直线 QR 的对称点 D 在等腰 $\triangle ABC$ 的外接圆上.

证法 1　如果我们证明四边形 $ACBD$ 可以内接于一圆(图 166),那么问题就解决了. 为此只要证明:四边形 $ACBD$ 的对角之和相等

$$\angle A+\angle B=\angle C+\angle D$$

事实上,四边形 $ACBD$ 的所有内角之和为 $360°$,因此,如果对角之和相等,那么每一对对角之和都为 $180°$,从而四边形 $ACBD$ 可以内接于一圆.

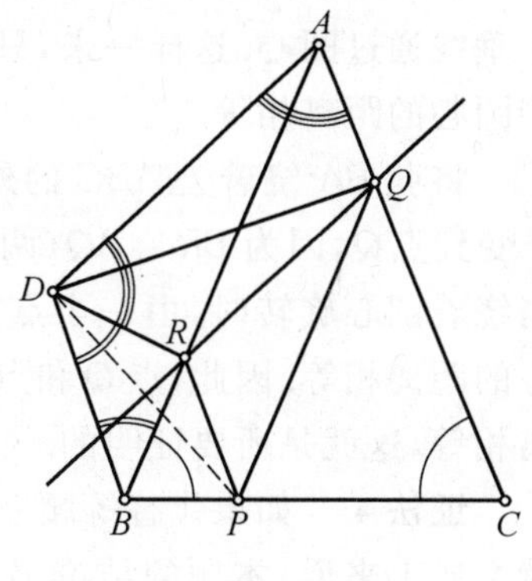

图 166

$\angle ABC$ 和 $\angle ACB$ 相等. 因为它们是等腰 $\triangle ABC$ 的两个底角(在图 166 中,它们用一条弧线标出). $\triangle RBD$ 是等腰三角形. 事实上,点 D 和点 P 关于直线 QR 对称(因而 $DR=RP$),而 $\triangle BRP$ 和等腰 $\triangle ABC$ 相似(因而 $RP=RB$). 因此 $\angle RDB$ 和 $\angle RBD$ 作为等腰 $\triangle RBD$ 的两个底角是相等的(在图166中,它们用两条弧线标出). 四边形 $AQRD$ 是等腰梯形. 事实上,它的对角线 AR 和 QD 相等(两条对角线都等于同一条线段 QP:对角线 AR 由于 $\square AQPR$ 的对边相等而等于 QP,对角线 QD 和线段 QP 关于直线 QR 对称),此外 $AQ=DR$(如像前面所证明的,它们之中的每一条线段都等于线段 RP). 因此,在边 AD 上的两个底角相等(在图 166 中,这两个角用三条弧线标出).

四边形 $ACBD$ 的每一对对角之和都包含用一条、两条、三条弧线标出的角,因此 $\angle A+\angle B=\angle C+\angle D$,这就是所要证明的.

证法 2　正如证法一中所证明的,$RB=RP=RD$. 用类似的方法可以证明:$QC=QP=QD$. 因此,通过点 C,P,D 的圆的圆心和点 Q 重合,而通过点 B,P,D 的圆的圆心和点 R 重合(图 167). 由于同一弧上的圆周角为圆心角的一半,所以

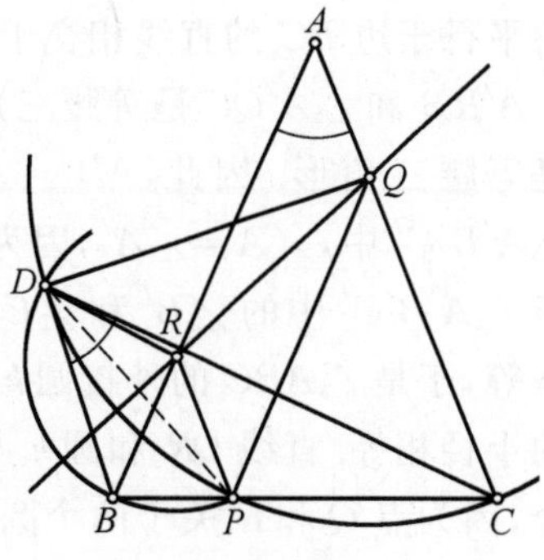

$$\angle CDP=\frac{1}{2}\angle CQP \tag{1}$$

$$\angle PDB=\frac{1}{2}\angle PRB \tag{2}$$

图 167

等式(1),(2) 右边的角都等于 $\angle CAB$,因为夹这些角的边平行且指向同一方面. 等式(1),(2) 左边两个角之和等于 $\angle CDB$.

因此

$$\angle CDB = \angle CAB$$

这样一来，点 A 和 D，B，C 在一个圆上，这就是所要证明的.

证法 3 上面已经证明了，四边形 $AQRD$ 是等腰梯形，因此点 D 和点 A 关于线段 QR 的中垂线是对称的(图 168). 如果某条直线通过圆心，则圆上的点关于这条直线的对称点也在这个圆上. 于是，只要证明线段 QR 的中垂线通过 $\triangle ABC$ 的外接圆心就行了.

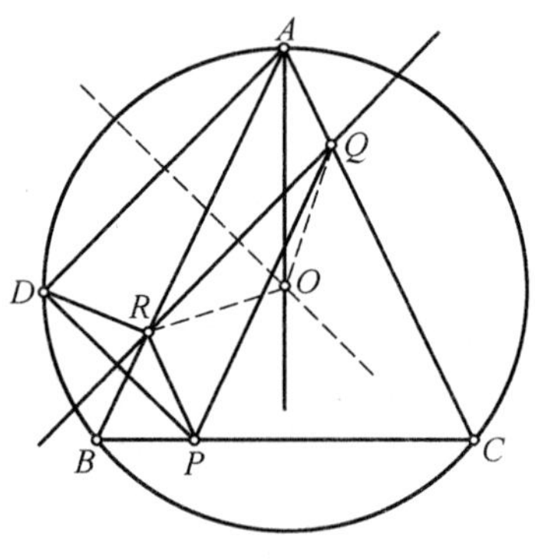

图 168

如果线段的两个端点到圆心的距离相等，那么这条线段的中垂线通过圆心. 这样一来，只需证明点 Q 和 R 到 $\triangle ABC$ 的外接圆心的距离相等.

将弦 BA 绕着 $\triangle ABC$ 的外接圆心 O 旋转到弦 AC. 这时点 R 变到点 Q，因为 $BR = AQ$(两条线段都等于同一条线段 PR). 当绕着圆心旋转时，由一个点旋转到另一个点，这两个点到圆心的距离相等. 因此，点 Q 和点 R 到 $\triangle ABC$ 的外接圆心 O 的距离相等，这就是所要证明的.

证法 4 如果代替等腰三角形，我们研究任意的三角形，就本质上来说，本题的结论仍然成立. 但需换成下面的方式来叙述本题.

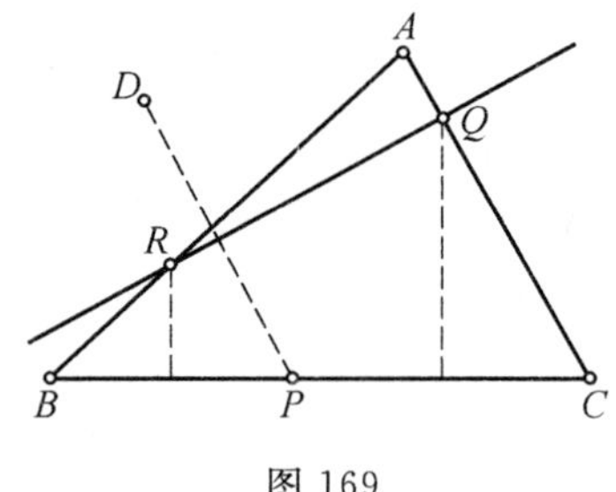

图 169

假设点 P 是任意 $\triangle ABC$ 的边 BC 上的一点，点 Q 和点 R 是线段 PC 和 BP 的中垂线和三角形的边 AC 和 AB 的交点(图 169). 那么点 P 关于直线 QR 的对称点 D 落在 $\triangle ABC$ 的外接圆上.

如果 $\triangle ABC$ 是等腰三角形，那么问题的新的叙述方式和原来的是一样的.

我们来证明新的断言. 假设 $A' \equiv P$ 是我们在 $\triangle ABC$ 的边 BC 上所取的一点. 延长线段 $A'R$ 和 $A'Q$，使和通过顶点 A 所作的平行于边 BC 的直线相交于点 B' 和 C'(图 170). 根据作法，$\triangle A'RB$ 和 $\triangle A'QC$ 是等腰三角形，因此 $\triangle ARB'$ 和 $\triangle AQC'$ 也是等腰三角形. 因此，$AB = A'B'$，$AC = A'C'$. 在 $\triangle ABC$ 和 $\triangle A'B'C'$ 中，$\angle A = \angle A'$，因为 $\triangle ABC$ 中的 $\angle B$ 和 $\angle C$ 分别等于 $\triangle A'B'C'$ 中的 $\angle B'$ 和 $\angle C'$. 这样一来，$\triangle ABC$ 和 $\triangle A'B'C'$ 全等，于是 $\triangle ABC$ 的外接圆 k 的半径和 $\triangle A'B'C'$ 的外接圆 k' 的半径相等. 直线 QR 和圆 k 与 k' 的根轴(见第 1 卷 §48) 重合，因为点 Q 和 R 关于两个圆具有同样的幂：$QA \cdot QC = QC' \cdot QA'$(由于 $QA = QC'$，$QC = QA'$) 和 $RA \cdot RB = RB' \cdot RA'$. 由此推出，圆 k 和 k' 关于直线 QR 是对称的，因为两个半径相同的圆的对称轴和它们的根轴重合. 这样一来，和圆 k' 上的点 A' 关于直线 QR 的对称点 A'' 在圆 k 上.

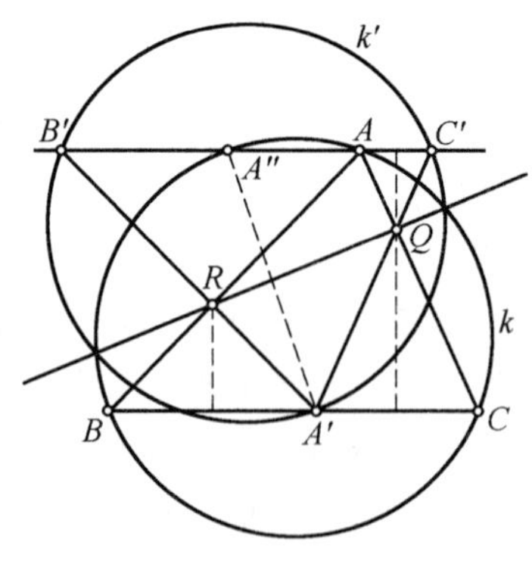

图 170

150 什么样的自然数不能表示成连续的自然数之和的形式?

解 我们证明:可以表示成连续的自然数之和的数,只能是那样的自然数 $n>1$,要么它本身是奇数,要么它有奇约数.

具有奇约数的数 $(2k+1)m$ 可以表示成由 $m-k$ 到 $m+k$ 的连续整数的和.如果 k 大于 m,那么和是从负项开始的,这些负项可以和与它的绝对值相等的正项相抵消.剩下的项都是自然数,且其和为 $(2k+1)m$.这些被加项的个数不小于2,因为不然的话,则有不等式 $-(m-k)>m+k-2$,即 $m<1$,这是不可能的.

剩下的还要证明,连续的自然数之和总能被奇数整除.这个断言可以如下导出:在算术级数

$$a+(a+1)+\cdots+(a+n)$$

中,首尾两项的和等于 $2a+n$,项数为 $n+1$,这两个数不可能同为偶数或同为奇数,因为它们的差 $2a-1$ 是奇数.但这时数 $2a+n$ 和 $n+1$ 的乘积,从而它的一半(等于上面所写的算术级数的和),能被奇数整除.

于是我们证明了,含有奇约数的自然数 n 大于 1 且只有这样的自然数能表示为连续自然数的和.不能表示为连续自然数的和这种形式的自然数只有偶约数;且把它们分解成素数的乘积时,只能是数 2 的乘幂.

151 某一天有若干名读者去过图书馆,他们是单独去的,但是在任何三名读者中,至少有两个人这一天在图书馆相遇.证明:一定可以找到这样两个时刻,使得在这一天到过图书馆的任何一名读者,至少在这两个时刻中的一个时刻是在图书馆的.

证法 1 我们假设某一名读者无论是在第一名离馆的读者离开图书馆的那一时刻或是在最后入馆的读者进入图书馆的那一时刻都不在图书馆.这只可能在那种情况下发生:如果这名不在图书馆的读者是在第一名离馆的读者离馆之后进馆的(因为任何读者都不能更早得离开图书馆),而且在最后一名进馆的读者进馆之前就离开了图书馆(因为任何读者都不能更迟得进入图书馆).但是这时,在这名读者,第一名离馆的读者和最后一名进馆的读者构成的三人组中,任何两个人都不可能

在图书馆相遇，这与本题条件不符. 因此，在这一天到过图书馆的每一名读者在下列两个时刻中，至少有一个时刻一定是在图书馆的：一名是第一名离馆的读者离馆的时刻，一名是最后一名进馆的读者进馆的时刻.

证法2 我们假设委托图书馆管理员在读者减少之前发布两次重要通知，使尽可能多的读者听到. 第一次应当在什么时刻发布通知呢？显然应该在第一个离馆的读者离馆的时刻. 第二次应该在什么时候发布通知呢？显然是在没有听到第一次通知的读者（这样的读者是在第一个离馆之后进馆的）中第一个离馆的读者离馆的时刻. 由本题条件推出，没有任何一名读者没有听到通知. 事实上，有这样的读者存在将意味着，他是在管理员第二次发布通知以后进馆的. 这样的读者，第一名离馆的读者，第一名离馆之后进馆的读者中第一名离馆的读者所构成的三人组将违反本题的条件，在他们三人中，任何两个人都不可能在图书馆相遇.

用证法2可以证明更一般的命题. 假设 n 是任一自然数，我们假设，在任何 n 名读者（代替3人）中，至少有两名在图书馆相遇. 那么，在这一天内有 $n-1$ 个时刻，所有这天到过图书馆的读者，在这些时刻中的某一个时刻是在图书馆的.

152 平面上的三个圆 k_1，k_2，k_3 两两彼此相切于三个不同的点. 将 k_1 和 k_2 的切点与其他两个切点联结成线段. 证明：这两条线段和它们的延长线与圆 k_3 的交点是一条直径的两个端点.

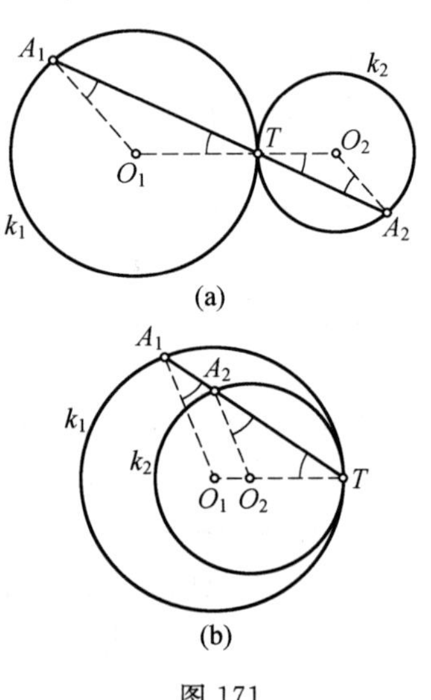

图 171

证明 首先我们证明下面的引理：

如果点 T 是圆 k_1 和 k_2 相切的切点，点 A_1 和 A_2 是圆 k_1 和 k_2 上不同于 T 的点，且点 A_1，A_2，T 在一条直线上，那么联结圆 k_1 和 k_2 的圆心和点 A_1 与 A_2 的两个半径平行.

为了证明引理，我们研究等腰 $\triangle TO_1A_1$ 和等腰 $\triangle TO_2A_2$，这里点 O_1 和 O_2 是圆 k_1 和 k_2 的圆心（图171）. 在两个三角形中，顶角 T 是相等的（若两圆外切，它们是对顶角，若两圆内切，这两个角相重合）. 因此顶角 $\angle A_1$ 和 $\angle A_2$ 也相等. 于是，根据与第三条直线相交的两直线的定理，半径 O_1A_1 和 O_2A_2 平行，因为它和直线 A_1A_2 相交所构成的内错角或同位角相等.

现在不难证明本题的断言，假设 T_{ij} 表示圆 k_i 和 k_j 的切点. 如果直线 $T_{12}T_{13}$ 和 $T_{12}T_{23}$ 与圆 k_3 相交于点 A 和 B，那么根据所证明的引理，圆 k_3 的半径 O_3A 和 O_3B 平行于通过圆 k_1 和 k_2 的切点所引的 k_1 和 k_2 的半径(图 172 ～ 图 174). 因此，半径 O_3A 和 O_3B 在一条直线上，因为点 A 和 B 不重合，所以它们是圆 k_3 的直径的端点.

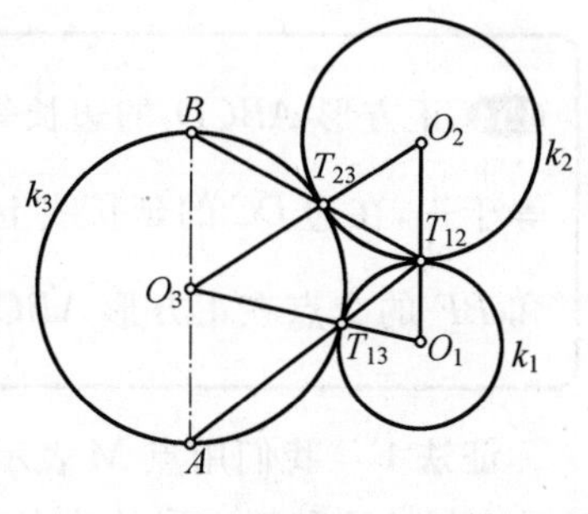

图 172

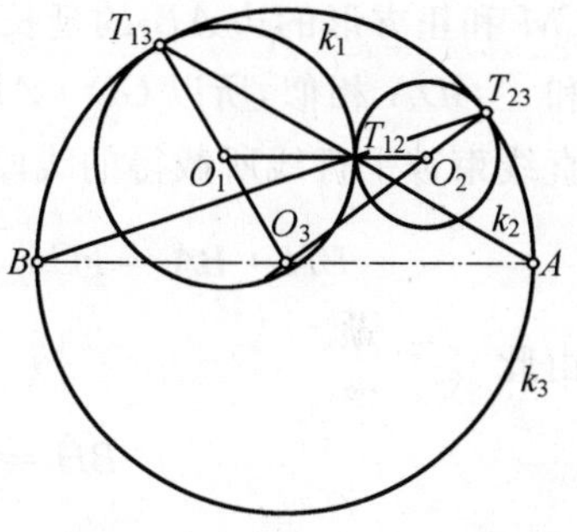

图 173

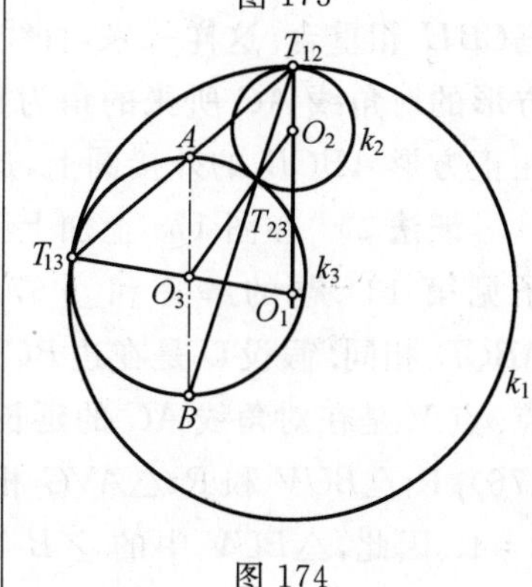

图 174

153 假设 a_1,b_1,c_1,a_2,b_2,c_2 是这样的实数，使得对于任何整数 x 和 y，数

$$a_1x+b_1y+c_1 \quad 和 \quad a_2x+b_2y+c_2$$

中至少有一个是偶整数. 证明：两组系数 a_1,b_1,c_1 和 a_2,b_2,c_2 中至少有一组全是整数.

证明　对于所研究的表达式中的(x,y)，代之以下列三组数：$(1,0)$，$(0,0)$ 和$(-1,0)$. 这时，表达式 $a_1x+b_1y+c_1$ 和 $a_2x+b_2y+c_2$ 中的某一个至少两次取偶数值，因为要不然的话，就不是对所有的整数 x 和 y，它们之中的某一个取偶数值了，这与本题条件相违. 这样一来，在值 $a+c,c,-a+c$ 中，至少有两个取偶数值，在这里，它们是当(x,y) 等于$(1,0)$，$(0,0)$ 和$(-1,0)$ 时，某一个表达式所取的值(附标省略了). 因此，在三个数 $a+c,c,-a+c$ 中，至少有两个数的差是偶数. 但是，在这些数中，任何两个数的差或者等于 a，或者等于 $2a$，因此，在我们所研究的这个表达式中，系数 a 一定是整数. 在这同一个表达式中，系数 c 也应该是整数，因为要不然的话，这个表达式所取的三个值没有一个是整数. 于是，两个表达式中的某一个表达式的系数 a 和 c 是整数.

利用类似的方法((x,y) 代之以数对$(0,1)$，$(0,0)$，$(0,-1)$)可以证明：在两个表达式中，某一个表达式的系数 b 和 c 也是整数. 如果在两种情况中，系数属于同一个表达式，那么有一组系数 a,b,c 都是整数，于是，本题的断言被证明了. 在相反的情况，由上面的证明只可以推出：在一个表达式中，系数 a 和 c 是整数，而在另一个表达式中，b 和 c 是整数.

用数组$(1,1)$ 代替(x,y)，在两种情况下我们都得到 $a+b+c$ 是整数. 因此，三个数 a,b,c 中的任意两个(或者 a 和 c，或者 b 和 c)是整数，那么第三个数也一定是整数，这就是所要证明的.

154 正方形 $ABCD$ 的边长等于 a. 在边 BC 上取线段 BE 等于 $\frac{a}{3}$，在边 DC 的延长线上取 CF 等于 $\frac{a}{2}$. 证明：直线 AE 和 BF 的交点在正方形 $ABCD$ 的外接圆上.

证法 1 我们用点 M 表示直线 AE 和 BF 的交点. 假设点 G 是直线 AE 和正方形的边 DC 的延长线的交点，点 H 是直线 CM 和正方形的边 AB 的延长线的交点（图 175）. 因为 $\triangle ABE$ 和 $\triangle GDA$ 相似，所以 $GD : AD = 3$，$GD = 3a$. 根据通过一点的直线束被平行线所截得的线段成正比的定理，有

$$BH : BA = FC : FG = \frac{a}{2} : \frac{3a}{2} = 1 : 3$$

由此

$$BH = \frac{AB}{3} = \frac{a}{3}$$

这就证明了，当把 $\triangle ABE$ 绕顶点 B 旋转 90° 时，它和 $\triangle CBH$ 相重合. 这样一来，直线 AE 和 CH 垂直，且点 M 在正方形的对角线 AC 所张的角为直角的点的轨迹上. 因此，点 M 在正方形 $ABCD$ 的外接圆上，这就是所要证明的.

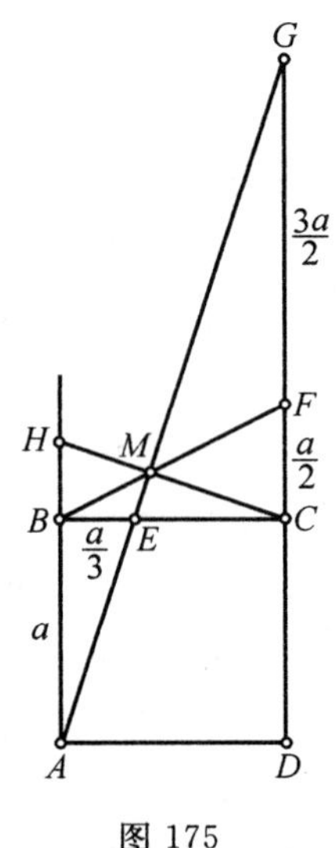

图 175

证法 2 在图 175 上加上正方形的格子（关于平面上的格子见第 134 题的解答和 §67），这些方格的大小和正方形 $ABCD$ 相同. 假设 U 是在边 BC 的延长线上和顶点 C 最近的整点. 点 V 是在对角线 AC 的延长线上和顶点 C 最近的整点（图 176）. $\mathrm{Rt}\triangle BUV$ 和 $\mathrm{Rt}\triangle AVG$ 相似，因为它们的直角边的比为 $2 : 1$. 因此，$\triangle BUV$ 中的 $\angle B$ 等于 $\triangle AVG$ 中的 $\angle A$. 这样一来，正方形 $ABCD$ 的顶点 A 和 B 都在对线段 MC 所张的角为 $\angle MBC = \angle MAC$ 的点的轨迹上. 这时点 M 在通过点 A，B，C 的圆上，即在正方形 $ABCD$ 的外接圆上，这就是所要证明的.

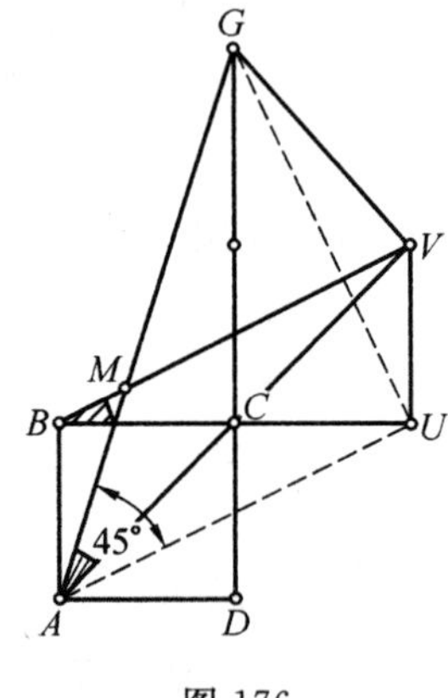

图 176

证法 3 从图 176 看出，$\triangle AUG$ 是等腰直角三角形，因此 $\angle UAG = 45^\circ$，又因为 $BV \parallel AU$，$\angle UAG = \angle AMB$（内错角），所以 $\angle AMB = 45^\circ$. 因此，点 M 在正方形 $ABCD$ 的外接圆上，因为这个圆的圆心对正方形的任一边所张的角都是 90°.

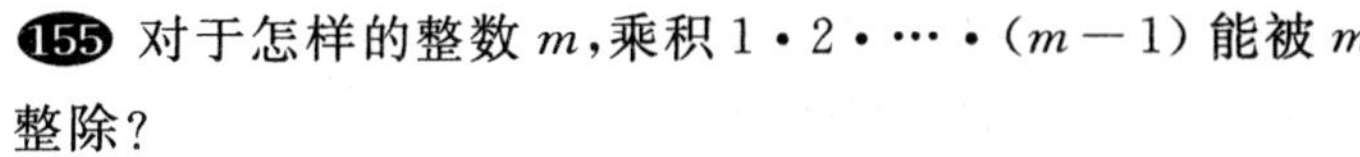

155 对于怎样的整数 m，乘积 $1 \cdot 2 \cdot \cdots \cdot (m-1)$ 能被 m 整除？

解　首先，如果 $m=p$ 是素数，那么显然乘积 $1\cdot 2\cdot 3\cdot \cdots \cdot(m-1)$ 不能被 p 整除. 因此，我们只要讨论 m 是复合数的情况.

如果 m 可以分解为两个不同的整数的乘积，即可表示成 $m=ab$，这里 $a\neq b$，那么乘积 $1\cdot 2\cdot 3\cdot \cdots \cdot(m-1)$ 能被 m 整除，因为数 a 和 b 将和它的某一个因子相同.

剩下的我们还要研究数 m 只能分解为两个相同因子的乘积的情况，即 m 可表示为素数 p 的平方的形式($m=p^2$). 乘积 $1\cdot 2\cdot 3\cdot \cdots \cdot(p^2-1)$ 能被 p^2 整除仅仅在那种情况下：如果乘积中有两个因子能被 p 整除，即在乘积中含有因子 $2p$. 因为所有的因子都小于 p^2，所以为此必须有 $2p<p^2$. 而任意大于 2 的整数都满足这个不等式，特别是所有的素数，除 2 以外，都满足这个不等式.

于是，对于除 $m=4$ 外的任意复合数 m，且仅仅对于这些数，本题的断言是成立的★.

§69　威尔逊定理

(1) 在第 155 题的解答中证明了：如果 p 是素数，那么 $(p-1)!$ 不能被 p 整除. 在威尔逊[①]定理中包含了更加强得多的断言：

如果 p 是素数，那么 $(p-1)!+1$ 能被 p 整除.

我们借助于直观的几何想法来证明这个数论中著名的定理. 我们假设 $p>2$，因为当 $p=2$ 时，定理的断言可直接验证.

我们来研究顶点 $P_0,P_1,P_2,\cdots,P_{n-1}$ 的圆内接正 p 边形. 数 $1,2,\cdots,p-1$ 的所有可能的排列的个数等于 $(p-1)!$. 我们可以把每一个排列直观地描述为有向“多边形”的形式：排列 $(i_1,i_2,\cdots,i_{p-1})$ 对应于封闭的有向折线 $P_0P_{i_1}P_{i_2}\cdots P_{i_{p-1}}$ (图 177). 图 177 所画的有向折线对应于 $p=7$ 时的排列 $(2,1,6,4,3,5)$. 显然，不同的排列对应于不同的封闭有向折线，而且在和排列相对应的折线中会遇到所有的具有 p 个分布在圆上的顶点的折线. 这样一来，所有的有向折线的个数等于 $(p-1)!$. 必须证明用 p 去除 $(p-1)!$ 时得到余数 $p-1$. 如果从总数中除去 $p-1$ 条折线以后，其余的折线可以分成类，而每一类有 p 条折线，那么我们就得到了证明.

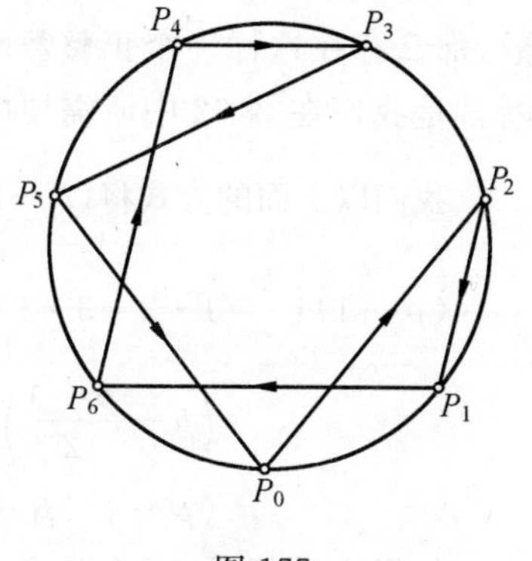

图 177

我们用下面的方式将折线进行分类. 如果折线绕着圆心旋

① 威尔逊(Wilson,1741—1793)，英国法官，华林的学生. —— 中译者注

转时，可以从一条变到另一条，这两条折线就认为属于同一类．在一般的情况下，每一个这样的类包含有 p 条折线，因为将圆绕圆心旋转时，它的任意一点都可以和圆内接 p 边形的 p 个不同的顶点重合．仅仅在下面的情况下某一类中才含有较少的折线：如果在使点和 p 边形的顶点重合的旋转中，并不是对于所有 p 条旋转都得到不同的折线，即当旋转角 $r\alpha$ 时，其中 $\alpha=\frac{360^\circ}{p}$，$r<p$，折线已经变到了自身．但是如果某一条折线当绕圆心旋转角 $r\alpha$ 时变到了自身，那么当它绕圆心旋转角

$$0,r\alpha,2r\alpha,\cdots,(p-1)r\alpha$$

时也将变到自身．所有这些旋转实质上是不同的，即其中任何两种旋转彼此相差的角度不等于 360°，也不是 360° 的倍数．事实上，$\angle kr\alpha$ 和 $\angle lr\alpha$ 之差仅仅在 $(k-l)r$ 能被 p 整除时才能为 $360^\circ=p\alpha$ 的倍数，这是不可能的，因为 $r<p$，$k<p$，$l<p$，而 p 是素数（见第1卷§2）．因此，在角

$$0,r\alpha,2r\alpha,\cdots,(p-1)r\alpha$$

中包含有 $\angle\alpha$ 所有不同的倍数（在这里两个角认为是相同的，如果它们中的一个和另一个的差为 360° 的倍数），因为仅仅只有 p 个这样的角．于是我们证明了，如果某一条折线属于不包含有 p 条折线的类，那么这样的类仅仅是由一条折线组成的．

只包含一条折线的类是正（凸的或星形的）p 边形中的一个，由第1卷§14知，有向的正 p 边形的个数等于 $p-1$．于是断言被证明了．因为除了正 p 边形以外，所有其他的封闭的有向折线可以分成类，每一类包含有 p 条折线．

(2) 由(1)中所证明的断言推出，如果 p 是形如 $4k+1$ 的素数，那么存在这样一个正整数 n，使得 n^2+1 能被 p 整除．这个断言是我们在§62中所需要的：

我们以下面的方式将 $(p-1)!$ 中大于 $\frac{p}{2}$ 的那些因子分出来

$$(p-1)!=1\cdot2\cdot3\cdot1\cdot\cdots\cdot\frac{p-3}{2}\cdot\frac{p-1}{2}\cdot$$
$$\left(p-\frac{p-1}{2}\right)\left(p-\frac{p-3}{2}\right)\cdot\cdots\cdot$$
$$(p-4)(p-3)(p-2)(p-1)$$

如果去掉括号，那么除了一项以外，所有的项都含有因子 p．这些项的和我们记作 pQ．唯一不包含因子 p 的项是由第二行中每一个差中取减数得到的．这样一来，$(p-1)!$ 可以表示成

$$(p-1)!=pQ+\left(1\cdot2\cdot3\cdot\cdots\cdot\frac{p-3}{2}\cdot\frac{p-1}{2}\right)^2\cdot$$

$$(-1)^{\frac{p-1}{2}}=pQ+\left\{\left(\frac{p-1}{2}\right)!\right\}^2$$

因为根据(1)中所证明的，这个数加上 1 以后能被 p 整除. 因为右边第一项 pQ 能被 p 整除，所以这就意味着 $\left\{\left(\frac{p-1}{2}\right)!\right\}^2+1$ 能被 p 整除. 因此，数 $n=\left(\frac{p-1}{2}\right)!$ 便是我们要证明其存在性的那个数.

156 同一平面上的四个半平面完全覆盖了这个平面，即：平面的任一点至少和四个半平面中的一个半平面的某一内点相重合. 证明：从这些半平面中，可以挑选出三个半平面，它们仍能覆盖全平面.

证法 1　若本题断言不成立，那么，如果从四个半平面中除去一个半平面时，我们每次都发现平面上至少有一个点未被盖住. 这就意味着，在平面上有四个点 P_1,P_2,P_3,P_4，它们之中的每一个仅被一个半平面覆盖，并且四个半平面中的每一个仅仅盖住点 P_1,P_2,P_3,P_4 中的一个. 我们来证明这是不可能的，即要证明在任何盖住全平面的任意四个半平面中，总可以找到这样一个半平面，它们盖住四个给定点中的两个点.

首先我们注意到，如果三个点在一条直线上，那么盖住中间一点的半平面至少应当盖住两条边上的点中的一个. 因此，四个点中的任意三个点都不在一条直线上. 剩下的要研究点 P_1,P_2,P_3,P_4 在平面上的下列两个可能的分布：

(1) 一点在以其他三点为顶点的三角形内；

(2) 四点构成凸四边形.

我们研究第一种情况. 假设点 P_4 在以其他三点为顶点的三角形内，点 M 是直线 P_3P_4 和边 P_1P_2 的交点(图 178). 由于前面我们所作的说明，盖住点 P_4 的半平面应当或者盖住了点 P_3，或者盖住了点 M. 由同样的说明可以推出，如果这个半平面盖住了点 M，那么它至少也盖住了点 P_1 和 P_2 中的一个点.

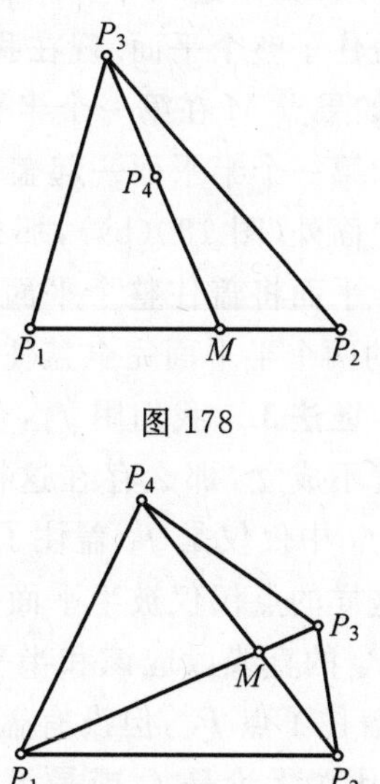

图 178

图 179

我们再研究第二种情况，作四边形的对角线，并用点 M 表示它们的交点(图 179). 由于前面所作的说明，盖住点 M 的半平面至少应该盖住对角线 P_1P_3 的两个端点中的一个点和对角线 P_2P_4 的一个端点，即至少盖住了四个点 P_1,P_2,P_3,P_4 中的两个点.

这样一来，无论是在第一种情况或是在第二种情况，四个半平面中的一个半平面盖住了四个给定的点中的两个. 从而本题获证.

证法 2　我们先证明下面的引理.

如果三条射线盖住了一条直线,那么在它们之中可以挑选出两条射线盖住整条直线.

为了证明这条引理只要注意到下面的事实就够了:盖住整条直线的三条射线中有两条射线是指向同一方向的,且如果两条射线指向同一方向,那么它们中的一个完全包含在另一个里面. 如果把这个完全包含在另一条射线里面的射线去掉,那么剩下的两条射线将盖住了整条直线. 于是,引理得证.

现在我们研究一个半平面(我们把这个半平面叫作第一个半平面)的边界直线. 第一个半平面的边界线被其他三个半平面覆盖住. 如果它们之中的一个盖住了整个边界线,那么它将把整个第一半平面包含在它里面(要不然,这两个半平面将覆盖整个平面 —— 中译者注). 因此,去掉第一个半平面所剩下的三个半平面盖住了整个平面. 于是在这种情况下,本题断言获证.

如果三个半平面中的每一个半平面盖住的仅仅是两条射线(这个平面的边界线把第一个半平面的边界线所分成的两条射线) 中的一条,那么,利用引理可以断定:三条射线(指被三个半平面盖住的射线 —— 中译者注) 中的两条(因而三个半平面中的两个半平面) 盖住了第一个半平面的整条边界线. 如果三个半平面中的一个和第一个半平面的边界线没有任何一个公共点时,这个断言仍然成立.

我们来研究盖住第一个半平面的边界线的两个半平面的边界线. 如果这两个半平面的边界直线平行,那么这两个半平面盖住了整个平面. 现在我们假设两个半平面的边界线交于点 M. 如果点 M 在第一个半平面内(图 180(a)),那么这两个半平面和第一个半平面一起盖住了整个平面. 如果点 M 在第一个半平面外(图 180(b)),那么第一个半平面可以去掉,而其他三个半平面将盖住整个平面,因为在这种情况下,边界线交于点 M 的两个半平面完全盖住了第一个半平面. 于是,本题获证.

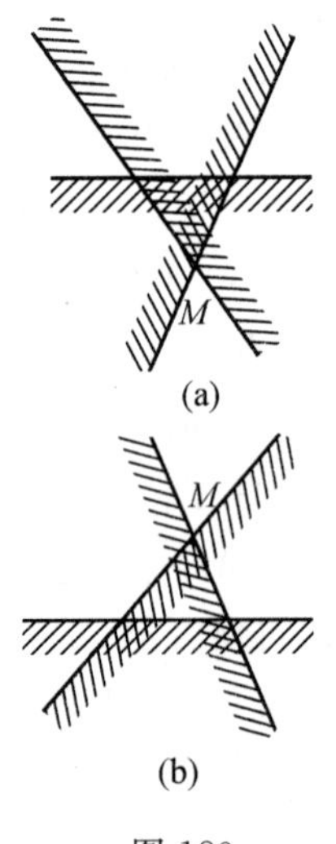

图 180

证法 3　我们用 f_1, f_2, f_3, f_4 来表示半平面. 如果本题的断言不成立,那么存在这样一个点 P_1,在四个半平面 f_1, f_2, f_3, f_4 中仅仅是 f_1 盖住了它. 此外,还存在点 P_2, P_3, P_4,每一个这样的点仅仅被半平面 f_2, f_3, f_4 中的一个盖住. 联结点 P_1 和 P_4 的直线段应该和半平面 f_4 的边界线有公共点 Q_1,因为 f_4 盖住了点 P_4,但没有盖住点 P_1. 半平面 f_2, f_3 没有盖住点 Q_1,因为无论是 f_2 或是 f_3 都不能盖住线段 P_1P_4 的端点,因而不能盖住 P_1P_4 的内点. 因此,在四个半平面中,盖住点 Q_1 的只

能是半平面 f_1，实际上 f_1 也盖住了 Q_1（不然的话，点 Q_1 就不被任何半平面覆盖）. 类似地，半平面 f_4 的边界上还有这样的点 Q_2 和 Q_3，它们中的一个只被半平面 f_2 覆盖，另一个点只被半平面 f_3 覆盖. 但这是不可能的，因为 Q_1，Q_2 和 Q_3 是一条直线（半平面 f_4 的边界线）上的三个互不相同的点，盖住它们中间的点的半平面至少盖住两条边上的点中的一个.

所得到的矛盾证明了本题断言的正确性.

第 156 题可以叙述成下面代数的形式：

如果不等式组

$$a_1x+b_1y+c_1>0$$
$$a_2x+b_2y+c_2>0$$
$$a_3x+b_3y+c_3>0$$
$$a_4x+b_4y+c_4>0$$

具有那样的性质：x，y 的任何一对值至少满足不等式组中的某一个，那么可以从不等式组中去掉一个不等式而不破坏它的性质.

不利用上面的几何方法而直接证明这个断言是相当困难的. ★

§70 关于赫利定理

(1) 对于平面图形，如果它在包含任何两个点的同时还包含了这两个点所连成的整条线段，我们说这个图形是凸的. 圆、三角形、半平面、无限的带子，包含在一个角的两条夹边之间的平面部分，直线、射线或线段可以作为凸图形的例子. 根据凸图形的定义直接推出，如果两个凸图形有公共部分，那么公共部分也是凸的. 关于凸图形的公共部分有下面的赫利定理.

设在平面上给定了有限多个凸图形. 如果其中任何三个凸图形包含有公共点，那么存在这样一个点，它同时属于所有这些图形.

首先我们研究在平面上给定四个凸图形的情况. 将它们记作 F_1，F_2，F_3，F_4. 根据定理的条件，图形 F_2，F_3，F_4 具有公共点 P_1. 我们假设点 P_1 不属于图形 F_1，因为要不然的话我们就没有什么要证明的了. 用类似的方法选取点 P_2，P_3，P_4（点 P_2 不属于图形 F_2，但属于其他三个图形，点 P_3 不属于图形 F_3，点 P_4 不属于图形 F_4）. 因为图 F_1 包含点 P_2，P_3，P_4 中的每一个点，所以它在包含其中任意两个点的同时，还包含联结它们的线段上的所有的点和由这些线段所围成的 $\triangle P_2P_3P_4$（它可能蜕化成线段）. 图形 F_2，F_3，F_4 完全包含 $\triangle P_1P_3P_4$，$\triangle P_1P_2P_4$，

$\triangle P_1P_2P_3$. 但是对于四个三角形,$\triangle P_2P_3P_4$,$\triangle P_1P_3P_4$,$\triangle P_1P_2P_4$,$\triangle P_1P_2P_3$,总可以找到这样一个点 K,它属于其中的每一个三角形(并且在三角形内或它们的周界上).这个断言无论是在点 P_1,P_2,P_3,P_4 分布在凸四边形的顶点上的情况(可以取四边形的对角线的交点作为所要的点),或是三个点分布在某一个三角形的顶点上,而第四个点包含在这个三角形内的情况(可以取第四个点作为点 K),或是所有四个点分布在一条直线上的情况(作为点 K 可以取两个中间的点之中的任意一个或者联结它们的线段中的任意一点),都是正确的.于是我们证明了,总存在这样一个点 K,它属于四个三角形,$\triangle P_2P_3P_4$,$\triangle P_1P_3P_4$,$\triangle P_1P_2P_4$,$\triangle P_1P_2P_3$ 中的每一个,因而属于包含这些三角形的四个凸图形 F_1,F_2,F_3,F_4 中的每一个.于是赫利定理对于有四个凸图形的情况被证明了.

对于凸图形的个数大于4的情况,我们用完全数学归纳法来证明赫利定理.假设定理对 n 个凸图形是正确的.设凸图形 F_1,F_2,$\cdots$,F_n,F_{n+1} 中的任何三个都包含有公共点.我们用 F 表示图形 F_n 和 F_{n+1} 的公共部分.所有 n 个图形 F_1,F_2,$\cdots$,F_{n-1},F 是凸边形,而且其中任何三个图形都有公共点.事实上,如果我们所选取的三个图形中有一个是 F,那么 F_i,F_j,F 包含有公共点,因为根据已经证明的对于4个凸图形的赫利定理,图 F_i,F_j,F_n,F_{n+1} 包含有公共点.因此,对 n 个凸图形 F_1,F_2,$\cdots$,F_{n-1},F 应用归纳假设,于是这 n 个图形包含有公共点 K.但这时凸图形 F_1,F_2,$\cdots$,F_{n-1},F_n,F_{n+1} 中的每一个包含点 K.于是我们证明了,如果赫利定理对 n 个图形是正确的,那么它对$n+1$ 个图形也是正确的.因此,赫利定理对任意 n 个凸图形是正确的.

(2) 第156题的断言可直接由赫利定理推出.为此只要研究把本题所说的四个半平面的每一个补充为全平面的那些带有边界直线的半平面就行了.显然,四个补充的半平面不包含任何一个公共点,因为这样的点不可能是四个原来的半平面中的任何一个的内点.根据赫利定理,四个补充的半平面没有公共点,于是在它们之中可以找到三个不含有公共的半平面.但是这意味着,和它们互补的原来的三个半平面覆盖整个平面.

第 21 章　1952 年 ～ 1955 年试题及解答

> **157** 彼此没有公共内点的三个圆的圆心在一条直线上. 证明:如果第四个圆和所有三个圆都相切,那么它的半径不可能小于所有三个圆的半径.

证法 1　假设点 O_1, O_2, O_3 是三个已知圆的圆心,且设点 O_2 在点 O_1 和 O_3 之间. 圆的半径用 r_1, r_2, r_3 表示. 如果第四个圆在三个已知圆的某一个的里面,那么它不能和其他两个圆相切. 某个已知圆和第四个圆相内切的情况也可以不考虑,因为这时第四个圆的半径大于和它内切的圆的半径,因此,它的半径不可能是四个圆的半径中最小的. 这样一来,只需考虑第四个圆和三个已知圆相外切的情形就可以了(图 181). 假设点 O 是第四个圆的圆心,r 是它的半径.

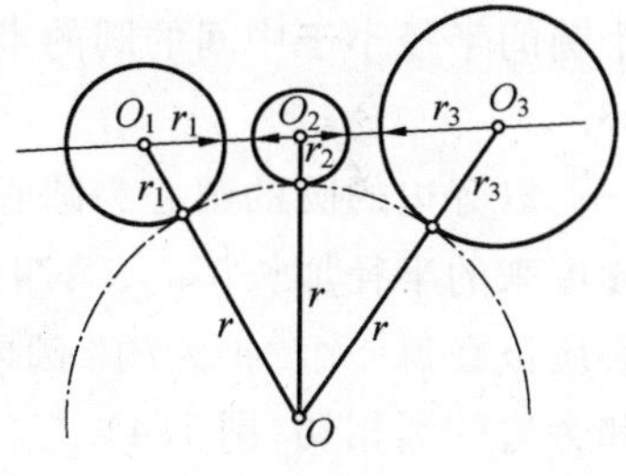

图 181

$\triangle OO_1O_3$ 的边满足不等式

$$OO_1 + OO_3 \geqslant O_1O_3$$

因为圆彼此外切. 所以 $OO_1 = r + r_1, OO_3 = r + r_3$. 根据本题条件,三个已知圆中的任何两个都没有公共内点,而线段 O_1O_3 包含中间的圆的直径和两条边上的圆的半径,且直径和两个半径不重叠. 因此,$O_1O_3 \geqslant r_1 + 2r_2 + r_3$. 这个关系式当中间的圆和一条或两条边上的圆相切时也成立. 在后一种情况,不等式变成严格的等式.

由所得到的关系式我们得到不等式

$$r_1 + 2r + r_3 \geqslant r_1 + 2r_2 + r_3$$

由此 $r_1 \geqslant r_2$. 这样一来,第四个圆的半径 r 不能小于所有的半径 r_1, r_2, r_3.

证法 2　假设点 A 和点 B 是联结一个旁边的圆的点和另一个旁边的圆的点的线段中最短的线段的端点. 显然,点 A 和 B 是两个旁边的圆与它们的连心线的交点(图 182). 因为中间的圆的直径在线段 AB 上,所以

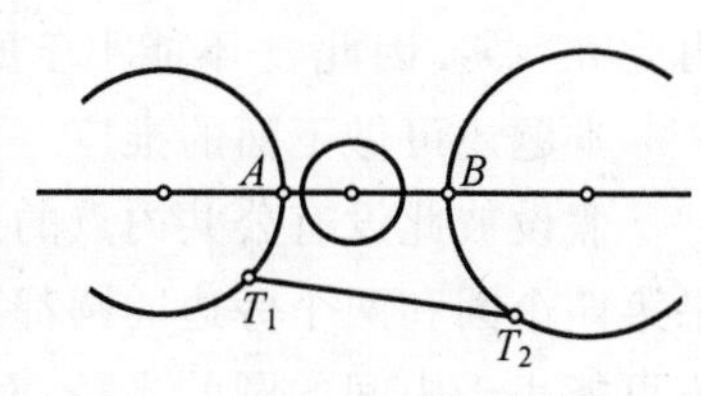

图 182

$$AB \geqslant 2r_2$$

假设点 T_1 和点 T_2 是第四个圆和两个旁边的圆的公共点. 因为线段 T_1T_2 可以看作是第四个圆的弦,所以

$$2r \geqslant T_1T_2$$

根据点 A,B 的取法，有

$$T_1T_2 \geqslant AB$$

比较这些不等式，我们得 $2r \geqslant 2r_2$，或 $r \geqslant r_2$. 从而证明了本题断言.

证法 3 三个已知圆的连心线和中间的圆有两个交点，过这两交点作连心线的垂线(图 183). 两个旁边的圆在这两条垂线所围成的带子的两侧. 因为第四个圆和两个旁边的圆都有公共点，所以第四个圆超出了带子的每一条边界线. 因此，第四个圆的直径不可能小于带子的宽度，也就是说，第四个圆的半径不小于中间的圆的半径.

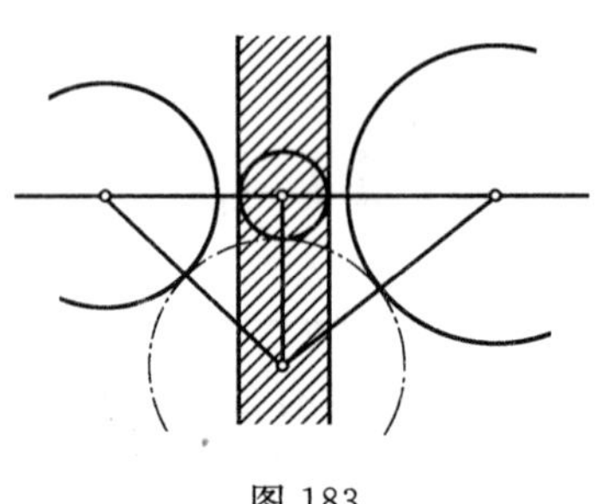

图 183

证法 4 我们假设和旁边两个圆各有一个公共点的第四个圆的半径小于中间的圆的半径. 我们试图来求第四个圆的圆心.

以旁边的圆的圆心为圆心画两个新的圆，使得新圆的半径比原来的半径加长了 r_2. 第四个圆的半径小于 r_2，所以它的圆心应该在每一个"扩大的"圆内，因为不然的话，第四个圆不能和旁边的圆相切(图 184).

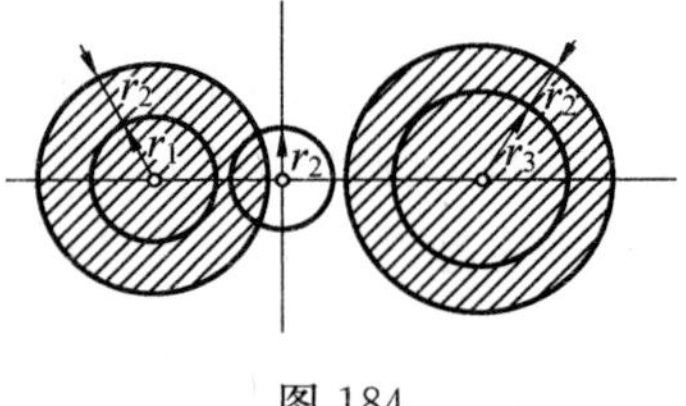

图 184

过中间圆的圆心向已知圆的连心线作垂线. 因为每一个"扩大的"圆的半径和原来的圆的半径的差是中间的圆的半径，所以"扩大的"圆在所作的垂线的两侧. 因此，扩大的圆不可能有公共的内点，从而半径小于 r_2 的第四个圆是不存在的.

证法 5 联结第四个圆的圆心 O 和中间圆的圆心 O_2. $\angle OO_2O_1 + \angle OO_2O_3 = 180°$. 因此，两个角不可能小于 $90°$(图 185).

例如，设 $\angle OO_2O_3 \geqslant 90°$. 这时 $\angle OO_2O_3$ 是 $\triangle OO_2O_3$ 中最大的角，于是 OO_3 是这个三角形中最大的边，由此

$$OO_3 > O_2O_3$$

因为圆 O 和圆 O_3 有公共点，所以 $OO_3 \leqslant r + r_3$. 圆 O_2 和圆 O_3 没有公共内点，所以 $O_2O_3 \geqslant r_2 + r_3$. 这样一来

$$r + r_3 > r_2 + r_3$$

由此 $r > r_2$. 因此，r 不能小于所有的 r_1, r_2, r_3.

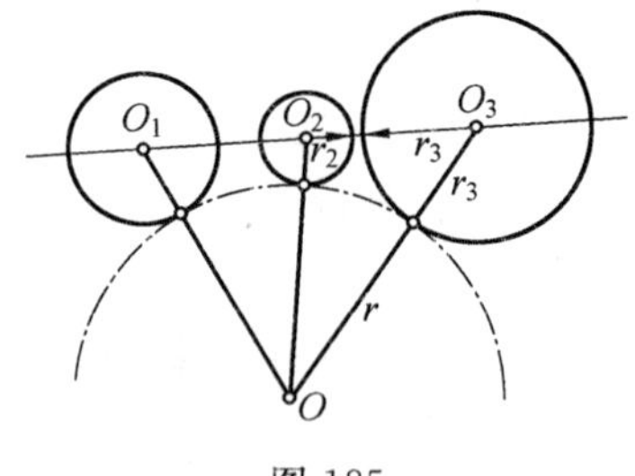

图 185

本题还可做下面的推广.

假设彼此没有公共内点的三个圆的圆心在一条直线上. 如果第四个圆和两个旁边的圆都有公共点，那么第四个圆的半径不可能小于中间的圆的半径，而且只有当中间的圆和两个旁边的圆都相切且第四个圆和中间的圆相重合时，第四个圆的半径才能等于中间的圆的半径.

158 从整数 1 到 $3n$ 中任意挑出 $n+2$ 个数. 证明:当 $n>1$ 时,从所挑出的数中,一定可以找到这样两个数,它们的差大于 n 而小于 $2n$.

证法 1　如果在挑出来的数中,没有 $3n$ 这个数,那么可以将挑出来的每一个数加上同样一个数,使最大的数等于 $3n$. 因为任意两个数的差仍然不变,所以只要研究所挑出来的数中有一个是 $3n$ 的情况就可以了. 加上这一假设后,用下面的方法来论证.

如果在所挑出来的数中,有一个数是数 $n+1,n+2,\cdots,2n-1$ 中的某一个,那么 $3n$ 和这个数的差将大于 n 而小于 $2n$,满足本题断言.

如果在所挑出来的数中,没有任何一个数是 $n+1,n+2,\cdots,2n-1$ 中的某一个,那么这意味着,不同于 $3n$ 的 $n+1$ 个数是从数对

$$(1,2n),(2,2n+1),(3,2n+2),\cdots,(n,3n-1)$$

中的数里挑出来的. 因为数对一共只有 n 对,而挑出的数有 $n+1$ 个,所以必定从某一个数对中挑了两个数. 因此,在这种情况下,在所挑出的 $n+2$ 个数中,有两个数的差等于 $2n-1$,即它们的差大于 n 而小于 $2n$,因为当 $n>1$ 时,不等式 $2n-1>n$ 是成立的.

证法 2　将前 $3n$ 个自然数按上升的次序放在一个圆圈上(当 $n=4$ 时,这些数放在一般的钟的数字上).

对于这样两个数:如果从小数往大数走,弧长超过圆周的 $\frac{1}{3}$ 而小于圆周的 $\frac{2}{3}$,本题断言是成立的. 若某一段弧大于 $\frac{1}{3}$ 圆而小于 $\frac{2}{3}$ 圆周,那么和它互补的弧(两段弧之和构成整个圆周,我们叫它们互补)也大于 $\frac{2}{3}$ 圆周而小于 $\frac{2}{3}$. 因此,若这两个数之间的两段弧都大于 $\frac{1}{3}$ 圆周,那么本题断言成立.

根据上面的说明,我们可将原题用下面的方式来叙述. 将 $3n$ 个点等距离地分布在一个圆周上. 从这 $3n$ 个点中任意挑出 $n+2$ 个点. 证明:在所挑出来的点中,总可以找到这样两个点,使得联结这两个点的两段弧都大于圆周的三分之一.

我们来研究从 $3n$ 个点中用怎样的办法可以挑选出这样一个子集合,使它的任意两个点不能把圆周分成都大于 $\frac{1}{3}$ 圆周

的两段弧. 不能选取的点所分布的位置可用下面的禁规除去：不能在长为$\frac{1}{3}$圆周的圆弧内选取点，如果这段弧的补弧的中点已被选取了的话.

如果某段圆弧除端点外，不包含子集合的点，我们将该圆弧叫作自由弧. 根据上面所说的禁规，自由弧中有一个应该不小于圆周的$\frac{1}{3}$. 从禁规还可以推出：自由弧不可能既大于圆周的$\frac{1}{3}$又小于圆周的$\frac{2}{3}$（不然的话，弧的端点将与禁规相违）. 这样一来，子集合的点的选取只允许下面两种情况，最大的自由弧或者等于圆周的$\frac{1}{3}$，或者不小于圆周的$\frac{2}{3}$.

如果最大的自由弧等于圆周的$\frac{1}{3}$，那么子集合只能有三个被选取的点（图 186），其中的两个点是这条自由弧的端点. 在这条自由弧的补弧（长为$\frac{2}{3}$圆周）中，除了中点以外，不能再有所选取的点，因为这条弧的端点是选取的点 —— 长为$\frac{1}{3}$圆周的自由弧的端点. 这条补弧的中点一定是选取的点，因为要不然的话，$\frac{1}{3}$的圆周不是最大的自由弧.

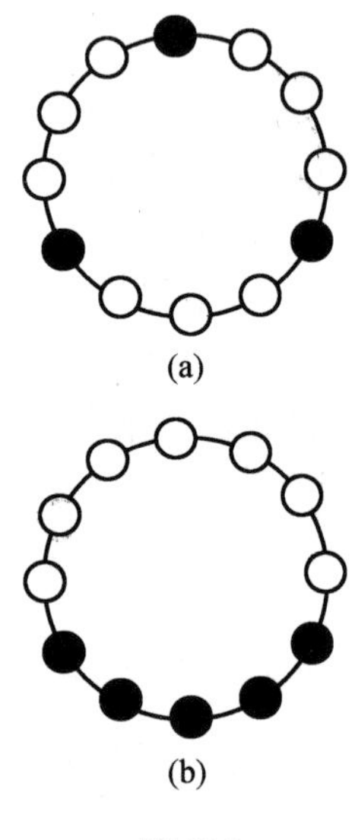
图 186

如果最大的自由弧不小于$\frac{2}{3}$圆周，那么所选取的点都分布在长为$\frac{1}{3}$圆周的圆弧上，包括它的端点在内. 因为在$\frac{1}{3}$圆周长的弧中总共只包含$n+1$个点，所以在这种情况下，所挑的点不超过$n+1$个. 当我们把这填满$\frac{1}{3}$圆周的$n+1$个点都选取出来时，也不会违反禁规.

因为$n+2>n+1$，当且$n>1$时，数$n+2>3$，所以在违反禁规的条件下，是不能选出$n+2$个点的，这就证明了本题的断言.

证法 3 当$n=60$时，本题可以变成下面较有趣的形式.

图书馆每天 12 点开馆，15 点闭馆. 进馆要有一分钟的间隔. 第一名读者可以正好 12 点入馆，最后一名读者可以正好在 14 点 59 分入馆. 读者只能一个一个入馆. 读者入馆一小时后都要在书上睡着，而且刚好睡一小时，同时只有闭馆才不影响他睡觉. 当任何一名读者睡着的时候，规定停止入馆. 证明：在这种奇怪的规则下，一天之内不能有 62 名读者到过图书馆.

去掉啰嗦的细节，我们不难发现，它就是第 158 题.

如果当第一名读者出现的时候，图书馆的工作人员把钟的指针往后拨到 12 点上，显然他这样做是为了使得在一天之内让尽可能多的读者到图书馆来. 为了避免工作人员的奔走，我们假设最早出现在图书馆的第一名读者正好是 12 点入馆的. 必须区分下面三种情况：

我们研究第一种情况. 恰好在 13 点和 14 点有一名读者入馆. 显然，在这一天，所有其他的读者不能到图书馆去. 事实上，从 12 点到 13 点前，不能有任何读者入馆，因为这时入馆的读者在 14 点时正好睡着了而不让任何人入馆，以免吵醒他们. 12 点 入馆的读者从 13 点到 14 点前正在睡觉，13 点入馆的读者从 14 点到 15 点前正在睡觉. 因此，在这一天之内，到过图书馆的总共只有 3 人.

我们研究第二种情况. 假设 13 点时有一名读者入馆，但在 14 点时无人入馆. 显然，13 点以后没有读者入馆：12 点入馆的读者从13点到14点在睡觉，13点入馆的从14点到15点在睡觉. 因此，在这种情况下，在这一天到过图书馆的读者都是从 12 点到 13 点之间入馆的. 所以，在一天到过图书馆的不超过 61 人.

最后我们研究第三种情况. 假设在 13 点时无人入馆，我们挑出 13 点以前入馆的最后一名读者(可能是 12 点入馆的第一名读者). 在所挑出的这名读者入馆以后的两小时内没有人入馆，因为他是 13 点前入馆的最后一名读者，13 点时没有人入馆，从13点开始到他入馆以后2小时内有人睡着了(从13点到14点睡着的是12点入馆的读者，然后是我们挑出的读者，如果他不是第一个入馆的读者的话). 这样一来，在 180 名可以入馆的时刻错过了 119 名. 因此，在这种情况下，一天之内到过图书馆的不超过 61 人.

于是可以断定，在所有的情形，一天之内到过这个有着奇怪规则的图书馆的读者不超过 61 人. 显然，上面的论证在下面的情形仍然有效. 如果1小时不是60分钟，而是n分钟的话. 唯一应当注意的是：用数 $n+1$ 来代替 61，且 $n+1$ 不得小于 3，即有不等式 $n>1$. ★

§71　有限图的完全子图

由第 158 题断言推出：

对于任何一个自然数 $n>1$，存在一个有 $3n$ 个顶点的图，在这个图中，任何 3 个顶点中有 2 个顶点有边联结，而且不含有 $n+2$ 个顶点的完全子图.

这个事实在 §68 中提到过. 具有所要求的性质的图可以这样做. 沿着圆周彼此等距离地放上 $3n$ 个点 —— 图的顶点

(它们用1到$3n$的连续自然数来编号),而且每一个顶点和n个前面的顶点以及n个后面的顶点用边联结.两个顶点之间没有用边联结的仅仅是那些顶点,它们的编号之差大于n而小于$2n$.由第158题的断言推出,在任何$n+2$个顶点中总可以找到两个顶点,它们之间没有边联结.另一方面,在任何三个顶点中,总可以找到两个顶点是有边联结的,因为如果点的编号a,b,c按上升的次序排列(即$a<b<c$)且$c-a<2n$,那么差$b-a$和$c-b$中总有一个小于n.

159 假设$\frac{1}{2}<\lambda<1$,在$\triangle ABC$的边BC,CA和AB上取线段

$$BA_1=\lambda\cdot BC,CB_1=\lambda\cdot CA,AC_1=\lambda\cdot AB$$

证明:$\triangle A_1B_1C_1$的周长不超过$\triangle ABC$的周长乘以λ.

证明 通过点A_1,B_1,C_1作直线和边AB,BC,CA平行,这些直线和三角形各边的交点记作(以同样的次序)点B_2,C_2,A_2(图187).因为$\lambda>\frac{1}{2}$,所以点B_2,C_2和A_2在线段CB_1,AC_1,BA_1上.

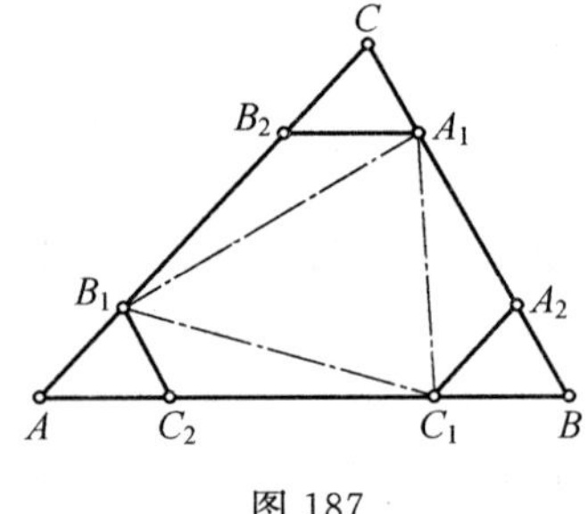

图187

$\triangle A_1B_1C_1$的每一条边都小于六边形$A_1B_2B_1C_2C_1A_2$的两条边之和.因此,$\triangle A_1B_1C_1$的周长小于六边形$A_1B_2B_1C_2C_1A_2$的周长,所以我们只要证明这个六边形的周长小于或等于原三角形的周长的λ倍就行了.

因为A_1B_2 // AB,B_1C_2 // BC,C_1A_2 // AC,所以$\triangle AC_2B_1$,$\triangle C_1BA_2$,$\triangle B_2A_1C$都和$\triangle ABC$相似.

由等式

$$A_1C=(1-\lambda)BC,B_1A=(1-\lambda)CA,C_1B=(1-\lambda)AB$$

可知,$\triangle AC_2B_1$,$\triangle C_1BA_2$,$\triangle B_2A_1C$全等.于是$A_1B_2=C_2A$,$B_1C_2=A_2B$,$C_1A_2=B_2C$,因而六边形$A_1B_2B_1C_2C_1A_2$的周长等于线段AC_1,BA_1,CB_1之和,即原$\triangle ABC$的周长的λ倍,于是我们便得到了本题断言.

160 给定一个自然数n.由小于n的不同的自然数来构成两组数[①].证明:如果两组数的总个数不小于n,那么从每一组可以挑出一个数,它们的和等于n.

① 在每一组中,各个数不同.但在两个组中,允许有相同的数.——中译者注

证明　我们来构造一个新的数组，它的数是由第二组的数被 n 减所得到的差. 包含在第一组中的某一个数必定出现在新构造的数组中，因为两组数的总个数不小于 n，而由自然数 $1,2,\cdots,n-1$ 中不可能挑出 n 个不同的数. 在新组中出现的第一组的数和第二组相应的数之和为 n，这就是所要证明的.

161 假设 n 是自然数，d 是 $2n^2$ 的正约数. 证明：n^2+d 不是完全平方.

证法 1　假设 $2n^2=kd$，这里 k 是正整数(因为根据本题条件，d 是能除尽 $2n^2$ 的自然数). 如果 n^2+d 是整数 x 的平方，那么

$$x^2=n^2+d=n^2+\frac{2n^2}{k}$$

且

$$k^2x^2=n^2(k^2+2k)$$

但是后一个等式是不可能的. 事实上，它的左边是整数的平方，而它的右边，仅仅是第一个因子是完全平方，第二个因子不可能是整数的平方，因为它满足不等式

$$k^2<k^2+2k<(k+1)^2$$

从而它介于两个连续整数的平方之间.

在解答本题时，我们利用了如下事实：如果 a,b,c 是自然数，且 $a^2=b^2c$，那么 c 应该是某一个整数的平方. 为了证明这个断言的正确性，我们利用将自然数分解成素数的乘幂之积的标准分解式(见第 1 卷 §7). 在数 a^2 和 b^2 的分解式中，所有的素数的指数都是偶数，因为在平方时，指数都增加一倍. 用 b^2 去除 a^2 时，在所得到的商的分解式中，所有的素数的指数仍然是偶数. 因此，c 是某一个数的平方，这就是所要证明的.

证法 2　还设 $2n^2=kd$. 如果本题断言不对，那么存在这样一个数 x，使

$$\frac{k+2}{k}=\frac{n^2+d}{n^2}=\frac{x^2}{n^2} \tag{1}$$

式(1) 左边的分数的分子、分母彼此相差数 2，当约去分子、分母的公因子时，这个差只能减少. 右边的分数在约去分子、分母的公因子后化为 $\frac{p^2}{q^2}$ 的形式，其中 p 和 q 是自然数，且 $p\neq q$，因为 $n^2+d\neq n^2$. 分数 $\frac{p^2}{q^2}$ 的分子和分母的差不小于 3. 事实上，它可以表示成 $p^2-q^2=(p+q)(p-q)$，因为 $p\neq q$，所以 $p+$

$q\geqslant 3$,而 $p-q\geqslant 1$.因此所写的等式(1)是不可能实现的.

162 在等边凸六边形 $ABCDEF$ 中,顶角 $\angle A,\angle C,\angle E$ 之和等于顶角 $\angle B,\angle D,\angle F$ 之和.证明:相对的顶角 $\angle A$ 和 $\angle D$,$\angle B$ 和 $\angle E$,$\angle C$ 和 $\angle F$ 相等.

证法1 我们从证明下面的引理入手:

如果 $\alpha,\beta,\gamma,\alpha_1,\beta_1,\gamma_1$ 是正角,$\alpha+\beta+\gamma=180^\circ$,$\alpha_1+\beta_1+\gamma_1=180^\circ$,此外

$$\sin\alpha : \sin\beta : \sin\gamma=\sin\alpha_1 : \sin\beta_1 : \sin\gamma_1$$

那么

$$\alpha=\alpha_1,\beta=\beta_1,\gamma=\gamma_1$$

我们作两个三角形,一个三角形的角是 α,β,γ,另一个三角形的角是 $\alpha_1,\beta_1,\gamma_1$.根据正弦定理,任一三角形的角的正弦比等于它的边的比.因为根据条件,$\angle\alpha,\angle\beta,\angle\gamma$ 的正弦比等于 $\angle\alpha_1,\angle\beta_1,\angle\gamma_1$ 的正弦比,所以,所作的两个三角形相似,从而它们对应的角相等.于是,引理得证.

假设给定的六边形的 $\angle A,\angle C,\angle E$ 是 $2\alpha_1,2\beta_1,2\gamma_1$(图188).六边形的内角和为 720°,因为根据本题条件,顶角 $\angle A,\angle C,\angle E$ 之和等于顶角 $\angle B,\angle D,\angle F$ 之和,所以 $2\alpha_1+2\beta_1+2\gamma_1=360^\circ$,或 $\alpha_1+\beta_1+\gamma_1=180^\circ$.如果 a 是六边形任一边的长,那么 $\triangle BDF$ 的边等于 $2a\sin\alpha_1,2a\sin\beta_1,2a\sin\gamma_1$.如果 $\triangle BDF$ 的角用 α,β,γ 来表示,那么根据正弦定理

$$BF : BD : DF=\sin\alpha : \sin\beta : \sin\gamma$$

由此

$$\sin\alpha_1 : \sin\beta_1 : \sin\gamma_1=\sin\alpha : \sin\beta : \sin\gamma$$

利用引理便可得到:$\alpha=\alpha_1,\beta=\beta_1,\gamma=\gamma_1$.因此,六边形的对角相等.因为,例如顶角 $\angle D$ 等于角 α 与 β_1 的余角以 γ_1 的余角之和,即 $\alpha+(90^\circ-\beta_1)+(90^\circ-\gamma_1)=2\alpha_1$,而顶角 $\angle A$ 也等于 $2\alpha_1$.

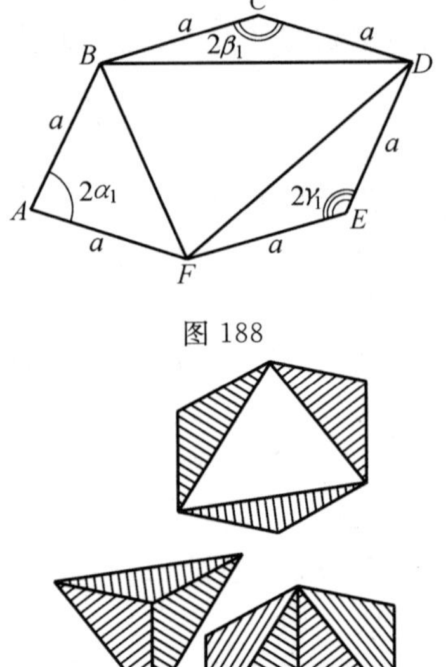

图188

图189

证法2 作三条对角线将六边形切去三个等腰三角形(图189).根据本题条件,这三个三角形的底边所对的顶角之和为 360°.因此,由这三个等腰三角形可以构成一个新的三角形.因为它的边和等腰三角形的底边相等,所以新的三角形的六边形切去三个等腰三角形后所剩下的三角形全等.这样一来,这些等腰三角形可以完全填满原来的六边形所剩下的三角形的内部而不留一点空白.因此,六边形 $ABCDEF$ 可以分成三个菱形(每一个菱形由两个等腰三角形组成,它们关于里面的三角形的边对称).这意味着,六边形的对边平行,从而对角相等.

从图 190 可以看到，证法 2 可以证明第 162 题的一个推广：

如果凸六边形的对边彼此相等，此外，六边形的三个角（其中任何两个角都没有共同的夹边）之和等于六边形的另外三个角之和，那么六边形的对角相等.

如果利用证法 2 的方法，可以证明这个命题而不会产生任何困难.

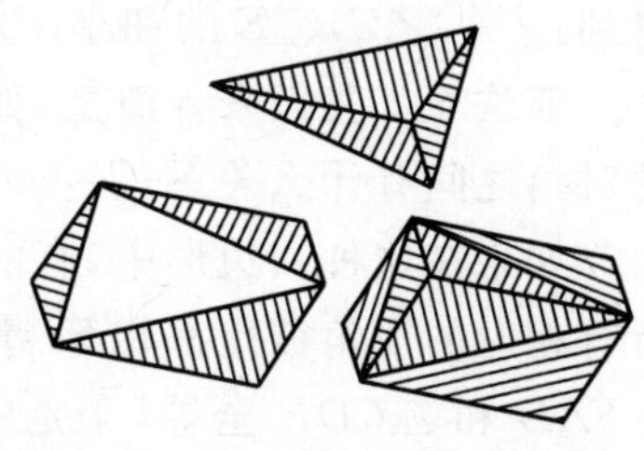
图 190

证法 3　假设给定一个凸六边形 $ABCDEF$，它的对边彼此相等，其角满足本题条件. 我们作一个四边形 DE_1F_1A，使它和四边形 $ABCD$ 关于对角线 AD 的中点对称（图 191），于是我们得到一个具有对称中心的六边形. 因为由对称性，这个六边形的对角相等，所以它既满足本题条件，又满足它的结论.

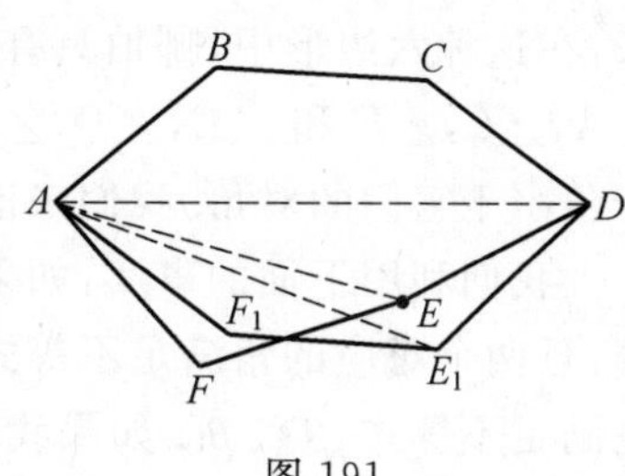

图 191

我们证明：所作的六边形和给定的六边形相重合. 如果不重合，譬如说 $\angle CDE < \angle CDE_1$，那么由第 1 卷 §38 的定理有 $AE < AE_1$. 再对 $\triangle AFE$ 和 $\triangle AF_1E_1$ 应用这个定理得到 $\angle EFA < \angle E_1F_1A$. 但这时两个和数

$$\angle ABC + \angle CDE + \angle EFA$$

和

$$\angle ABC + \angle CDE_1 + \angle E_1F_1A$$

不能同时等于 360°.

证法 4　给定六边形的对边都相等，任意三个没有公共夹边的角之和为 360°. 把三个和已知六边形全等的六边形的这三个角的顶点放在一起，我们可以使它们的三个角组成一个周角. 利用图 192 中所用的表示法可以断定：四边形 $A_1A_2C_2C_1$ 和四边形 $A_2A_3C_2C_1$ 是平行四边形，因为由于六边形全等，故四边形的两组对边相等. 这样一来，顶点 A_1, A_2, A_3 在一条直线上. 由六边形全等还可推出，$\angle B_1A_1A_2 = \angle B_2A_2A_3$. 这时 $A_1B_1 \parallel A_2B_2$. 从而证明了六边形的对边平行，这意味着它的对角相等.

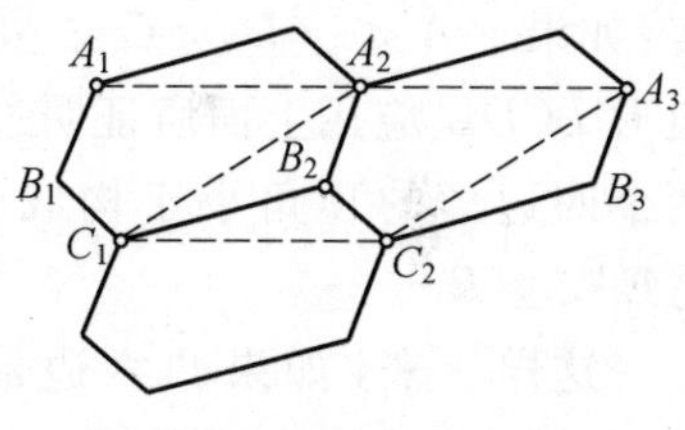

图 192

证法 5　本题断言可以做下面的推广：

如果凸六边形 $ABCDEF$ 的对边相等，其中某一个角小于它的对角，那么，在 $\angle A + \angle C + \angle E$ 和 $\angle B + \angle D + \angle F$ 这两个和中，包含小角的和比另一个和小.

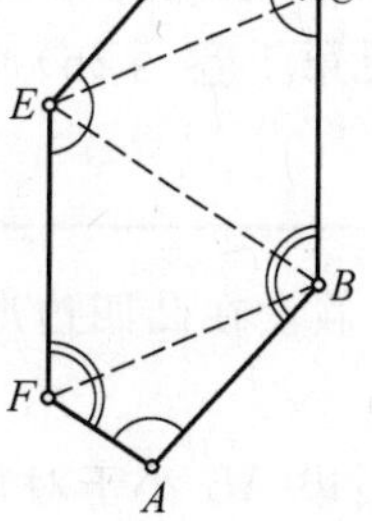

假设在满足本题条件的六边形 $ABCDEF$ 中，$\angle A < \angle E$（图 193）. 因为在 $\triangle FAB$ 和 $\triangle CDE$ 中，这两个角的夹边对应相等，所以 $FB < EC$，而且在 $\triangle FAB$ 中，其他两个角之和比 $\triangle CDE$ 的其他两个角之和大. 在 $\triangle BEF$ 和 $\triangle EBC$ 中，两组边对应相等，而 $\triangle BEF$ 的第三边比 $\triangle EBC$ 的第三边小，因此 $\angle BEF < \angle EBC$，而且在 $\triangle BEF$ 中，其他两个角之和比 $\triangle EBC$ 的其他两个角之和大. 逐项相加所得到的不等式将会

图 193

得到：$\angle A$，$\angle C$，$\angle E$ 的和小于六边形的其他三个顶角之和.

证法 6 我们来弄清楚，如果六边形的对边相等，那么它的对角之间有什么关系.

如果在这种六边形中，有两个相对的顶角相等，那么其他所有相对的顶角彼此都相等. 事实上，例如若 $\angle A=\angle D$，那么 $\triangle FAB$ 和 $\triangle CDE$ 全等，于是 $PB=EC$. 这样一来，$\triangle BEF$ 和 $\triangle EBC$ 全等，且六边形 $ABCDEF$ 有对称中心.

由上面的证明推出，在这种六边形中，相对的顶角或者是所有的角都彼此相等，或者是所有的角彼此都不相等. 这样一来，在这种六边形中，哪怕只有一个角和它的对角不等，那么在 $\angle A$，$\angle C$，$\angle E$ 和 $\angle B$，$\angle D$，$\angle E$ 这两组角中，至少有一组的两个角小于它们的对角. 我们来证明：第三个角也小于它的对角.

我们利用下面的事实：如果两个凸四边形的对应边彼此相等，且两个对应的角满足不等式 $\alpha<\alpha_1$，那么它们的两个对角也满足不等式：$\beta<\beta_1$. 如果我们作对角线把四边形分成两个三角形(图 194)，那么这个断言是很显然的. 事实上，因为 $\alpha<\alpha_1$，所以 $\angle\alpha_1$ 所在四边形的对角线较大，由此可得 $\beta<\beta_1$(在证法 3 中，已对特殊情况引证过，还可参看第 1 卷 §38).

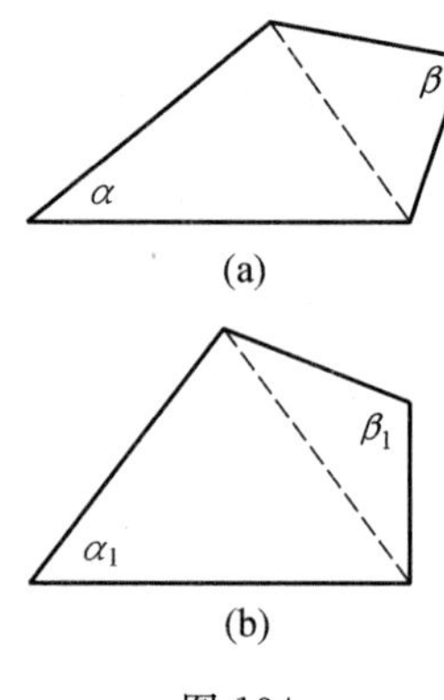

图 194

现在我们已经具备了所有必要的条件来证明原问题的断言：如果 $\angle A<\angle D$，$\angle C<\angle F$，那么对于四边形 $ABEF$ 和四边形 $BCDE$ 应用上面所证明过的断言，我们得到：构成 $\angle E$ 的两个四边形的顶角小于构成 $\angle B$ 的两个角(图 195). 因此，$\angle E<\angle B$.

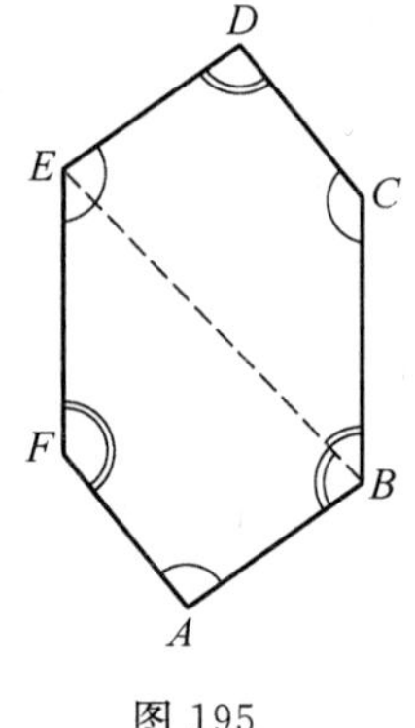

图 195

这样一来，如果凸六边形的对边彼此相等，那么 $\angle A$，$\angle C$，$\angle E$ 或者都分别等于 $\angle B$，$\angle D$，$\angle F$，或者一组中的每一个角都小于它的对角.

于是我们证明了比原题断言更一般的定理.

在最后一个证法中，我们利用的仅仅是欧氏几何中与平行线公理无关的定理. 这就证明了本题的断言及在证明末尾所叙述的比较一般的定理即使是在罗巴切夫斯基－波约依的非欧几何(见第 1 卷 §26) 中也是成立的.

163 假设在凸四边形 $ABCD$ 中，有

$$AB+BD\leqslant AC+CD$$

证明：边 AB 小于对角线 AC.

证法 1 与本题结论相反，我们假设 $AB\geqslant AC$，因此，点 A 或者在线段 BC 的中垂线上，或者在这条中垂线的点 C 所在的

那一侧(图 196). 因为四边形 $ABCD$ 是凸四边形，所以顶点 D 与 C 位于直线 AB 的同侧，点 D 与 A 位于直线 BC 的同侧，点 D 与 B 位于直线 AC 的异侧. 因此，点 D 在从 $\angle ABC$ 截去 $\triangle ABC$ 后所得到的区域内(在图 196 中，点 D 所在的区域划了阴影线). 这个区域完全在线段 BC 的中垂线的顶点 C 所在的那一侧，因为在这个区域的所有边界点中，只有点 A 可能在中垂线上. 这样一来，点 D 和点 C 属于同一个半平面，因此 $BD > CD$. 把所得到的这个不等式和我们一开始所假设的不等式 $AB \geqslant AC$ 加起来，我们得到不等式 $AB + BD > AC + CD$，与本题条件相违. 这就证明了本题断言.

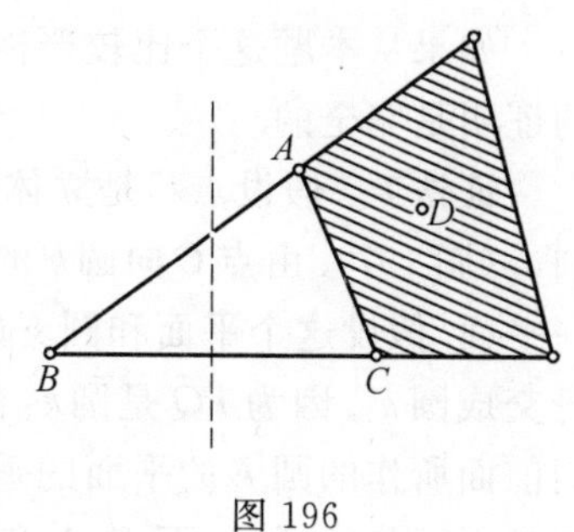

图 196

证法 2　我们知道(如果不知道，那么可以从三角形不等式导出)，凸四边形的对边之和小于它的对角线之和. 因此，在四边形 $ABCD$ 中，有

$$AB + CD < AC + BD \tag{1}$$

根据本题条件，有

$$AB + BD \leqslant AC + CD \tag{2}$$

将不等式(1)，(2) 相加，我们得到 $2AB < 2AC$，这就是所要证明的.

164 证明：若某立体被平面截得的所有截面都是圆，那么这个立体是球.

注解　在证明本题之前，我们做某些注解：

(1) 本题断言最简捷的证明如下. 我们研究给定立体的最大的弦，通过这条弦的任何平面截这个立体所得到的截面都具有圆的形状，这些圆的直径和我们所取的弦相重合，因为要不然的话，这些圆 —— 因而立体的本身，将有更大的弦. 这样一来，给定的立体具有球的形状，它的一条直径和我们所取的弦相重合.

我们的论证是不完全的，因为没有证明最大的弦是存在的，严格的证明要利用高等数学的工具.

(2) 必须精确说明，应该怎样理解本题条件中所说的“某个立体”这句话.

我们把空间点的任一总体叫作点集合(或简单地叫作集合)，我们利用集合的概念来比较严格地叙述本题的条件.

假设给定一个集合，它含有一个以上的点，且具有下面的性质：如果某一个平面包含这个集合的点多于一个，那么这些点填满了这个平面上的一个圆(即圆周本身以及圆周内的平面部分). 证明:给定的点集合是一个球(即球面本身以及球面内的空间部分).

如果从本题这个比较严格的叙述方式出发,那么下面所作的证明是完全的.

证法1 假设点C是立体和某一平面相交所得到的圆k的圆心(图197). 由点C向圆k的平面作垂线,且过这条垂线作任一平面. 假设这个平面和圆k的边界交于点P和Q,和立体本身交成圆k_1. 因为PQ是圆k_1的弦. 所以它的中垂线(也就是我们前面所作的圆k的平面的垂线)包含圆k_1的直径AB. 由于切割平面是任意的,而点A和B限定了属于这个平面的线段AB,因而点A和B在这个立体的边界上,所以可以断言:通过直线AB的任一平面和立体的截面都具有以AB为直径的圆的形状. 这样一来,立体是以AB为直径的球.

证法2 假设k是立体的一个截面,它具有圆的形状(图198). 设点Q是它的一个内点,点P是由点Q出发而不在截面k上的射线和立体表面的交点,G是通过点P的球面,且圆k的边界在这个球面上. 通过直线PQ的平面和圆k的边界相交于点A和B(因为这个平面包含圆k的内点Q),此外,这个平面和球面G交成某一个圆周. 这个圆周和立体被通过直线PQ的平面所截得的圆周重合,因为它们有三个公共点P,A,B. 因此,立体和球面G被任一平面相截,所得的截面相重合.

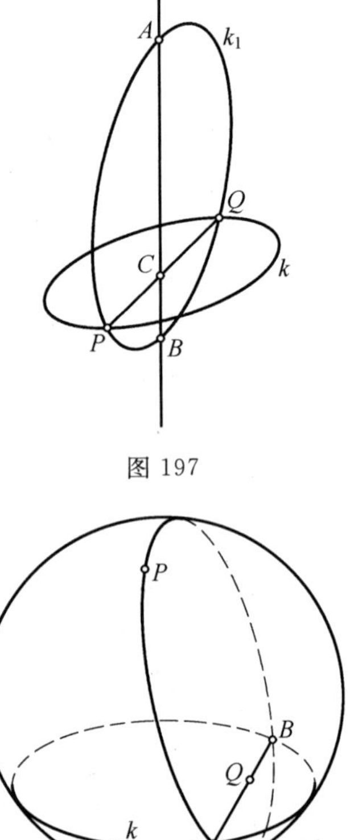

图197

图198

165 每一个参加循环赛的人和所有其余参加比赛的人都要比赛一次,而且任何一次比赛都没有出现平局. 证明:在这些运动员中,可以找到这样的运动员,当他列举被他战胜的人以及他的手下败将所战胜的人时,他能数出所有其他参加比赛的人.

证法1 假设在参加循环赛的运动员中,赢的次数最多的是A. 如果本题断言对A不成立,那么可以找到这样一个比赛的参加者B,无论是A本人,或者是被A战胜的对手都没有战胜他. 因此,B赢的次数比A还多,这是不可能的,因为根据上面的假设,A是赢的次数最多的运动员. 这样一来,本题的断言对A成立.

证法2 我们用完全数学归纳法来证明本题断言. 如果参加循环赛的只有两名运动员,那么本题的断言必然成立. 假设当参加循环赛的人数等于n时,本题的断言成立. 若参加循环赛的人数增至$n+1$,那么根据归纳假设,在前n名运动员中,可以找到这样一名运动员 A，当他列举出被他自己战胜的人以及他的手下败将所战胜的人时，他能说出所有前 n 名运动员的名字. 假设 B 是参加循环赛的 $n+1$ 个人中最后一名运动员. 如果运动员 A 列举被他战胜的人或他的手下败将所战胜的人时，数出了运动员 B，那么对于 A 本题断言成立. 如果 A 没有数出 B，那么这意味着 B 战胜了 A 以及所有能被 A 叫出名字的来的人①，这时本题断言对 B 成立.

证法 3　假设所有参加循环赛的运动员都集合在礼堂里. 我们请其中一名运动员把他所战胜的人从礼堂带出去(可能我们所挑选的这名运动员没有把任何人带出去). 如果此后在礼堂里还有运动员，那么再请其中一名运动员把他所战胜的人带出去. 这样一直进行下去，直到有人把最后一个循环赛的参加者从礼堂带出去为止. 做这些事的人战胜了他亲自带出去的所有运动员，也战胜了当他还留在礼堂里时已经带人出礼堂的所有运动员. 因此，从礼堂把最后一名运动员带出去的运动员(也可能就是最后一名运动员他自己)能数出所有的运动员(除了他自己).

对于上面所作的解答可做某些注解：

(1) 证法 1 表明：问题的断言对循环赛的优胜者(如果有几个优胜者，那么对任一个优胜者)是成立的. 但是不应该认为问题的断言仅仅对优胜者成立. 表 1 表明，本题断言甚至对循环赛的最后一名也是成立的.

更有甚者，本题断言可能对参加循环赛的每一个人都成立. 下面这个循环(表 1)可以作为这个例子.

表 1

	A	B	C	D	E
A	—	1	1	1	0
B	0	—	1	0	1
C	0	0	—	1	1
D	0	1	0	—	1
E	1	0	0	0	—

(2) 本题可以用图论的语言来叙述. 把参加循环赛的每一人比拟为图的一个且仅仅一个顶点. 相应于两名运动员的顶点之间用边来联结，表示他们之间的比赛，边的方向由赢的人指

① 此处原文有误，应为“意味着 B 战胜了 A 以及所有败于 A 的人.”因为 B 不一定能战胜所有能被 A 叫出名字来的人. —— 校者注

向输的人,循环赛结束时,可以得到一个完全有向图,而本题的断言可以叙述作:

在任何一个有限的完全有向图中,可以找到这样一个顶点,从这个顶点出发沿着和有向边一致的方向走,只经过一条或两条相邻的边,可以到达任何一个其他的顶点.

对于无限图,本题断言是不对的.例如假设 $P_1, P_2, P_3, \cdots$ 是无限图的顶点,边 P_iP_k 的方向是由附标大的顶点指向附标小的顶点.这时从任一顶点出发,沿着有向边所指示的方向走,只能到达有小附标的顶点,即仅能走到有限个顶点上.

166 证明:如果梯形的底角不相等,那么从底角较小的顶点所引的对角线大于从另一个顶点所引的对角线.

证法1 将梯形的较小的底角($\angle DAB$)扩大,使之与较大的底角($\angle CBA$)相等,于是我们得到等腰梯形 $ABCE$(图199).由于对称性,梯形 $ABCE$ 的对角线的交点 F 应该在底边 AB 的中垂线上.线段 FC 与顶点 B 所属的腰位于中垂线的同一侧.因为点 D 是线段 EC 的内点,由对 $\triangle BCE$ 的研究便可推出:线段 BD 和线段 FC 相交,所以原来的梯形的对角线的交点 G 也在中垂线的这一侧.底边 AB 的中垂线把平面分成两部分.包含顶点 B 的那个半平面的所有的点到 B 的距离比到 A 的距离小.因此,对点 G 有不等式

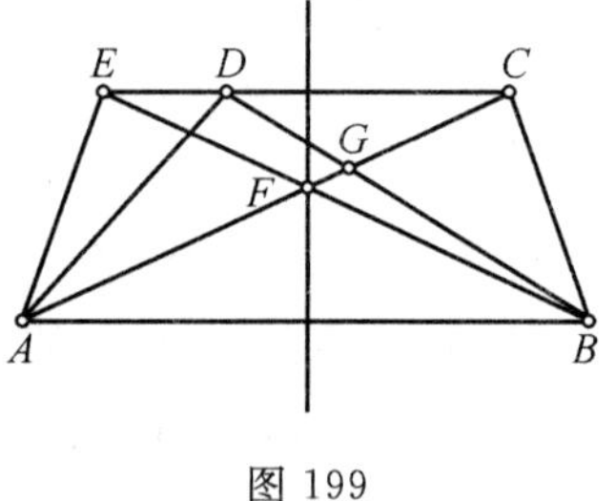

图 199

$$GA > GB \tag{1}$$

因为 $\angle AGB = \angle CGD$(对顶角),其他两个角也相等(内错角),所以 $\triangle ABG$ 和 $\triangle CDG$ 相似.于是由所得到的不等式可得到新的不等式

$$GC > GD \tag{2}$$

将得到的不等式(1),(2)相加,我们得到 $AC > BD$,这就是所要证明的.

证法2 将梯形 $ABCD$ 的底边 AB 上较小的底角扩大,使得和较大的底角相等,我们得到等腰梯形 $ABCD$(图200).梯形 $ABCE$ 的对称轴和线段 EC 的中垂线重合.因为顶点 B 和线段 EC 上靠近顶点 C 的那一半位于对称轴的同一侧,因此 $BC < BE$.

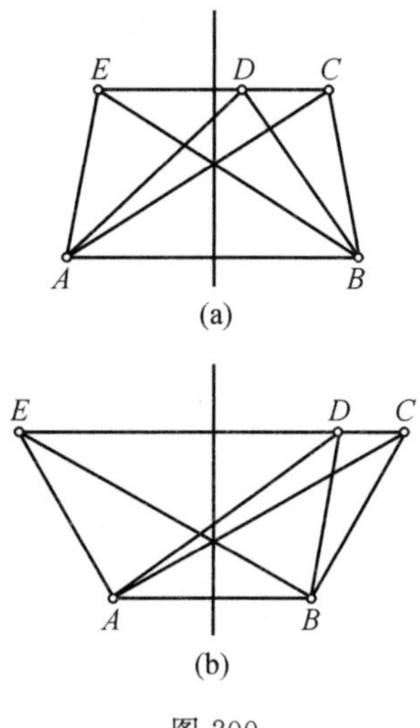

图 200

由于等腰梯形的对称性,所以 $AC = BE$.在 $\triangle BCD$ 和 $\triangle BDE$ 中,$\angle CDB$ 和 $\angle BDE$ 互补,因此这两个角中有一个角或为直角,或为钝角.无论是哪种情况,这个角总是三角形中最大的角,且它所对的边是最大的边.与这个大角在哪一个三角

形($\triangle BCD$ 或 $\triangle BDE$)有关,线段 BD 或小于线段 BE,或小于线段 BC,因此必定小于这两条线段中最大的线段 BE,而 BE 等于对角线 AC.

证法 3　将梯形 $ABCD$ 的底边 AB 上较小的底角扩大使它和较大的底角相等,于是我们得到等腰梯形 $ABCE$(图 200). 补角 $\angle EDB$ 大于 $\triangle DBC$ 的任一不相邻的内角 $\angle DCB$ 和 $\angle DBC$,因此 $\angle EDB > \angle DCB$,又因为等腰梯形 $ABCE$ 关于底边的中垂线对称,所以

$$\angle DCB = \angle AED$$

因此,在 $\triangle BDE$ 中,$\angle BDE > \angle BED$,因为 $\angle BED$ 仅仅是 $\angle AED$ 的一部分,而我们证明了 $\angle AED < \angle EDE$. 因为在每一个三角形中,大角对大边,所以 $BE > BD$. 由于对称性,$AC = BE$,于是本题断言被证明了(我们在第 1 卷第 27 题的解法 2 中遇到过它).

167 有多少个能被 3 整除而又含有数字 6 的五位数?

解法 1　我们把所有能被 3 整除而(在十进制中)又包含数字 6 的五位数按照最后一个数字 6 所在的位置("位置"的编号由个位往高位)来分组.

第一组是以数字 6 为个位数的数. 这些数的中间三位数字可以任意取,而第一个数字(指最高位的数字 —— 中译者注)只能从 1,2,3,4,5,6,7,8,9 中来取(因为五位数不能从零开始),而且要使所有的数字之和能被 3 整除. 三个中间的数字的每一个数字可以有 10 种方法来取,而第一个数字只能有 3 种方法来取. 事实上,除第一个数字外,其他所有的数字之和被 3 除时,其余数只能是 0,1,2 中的一个. 如果余数为 0,那么第一个数字可以取 3,6,9 中的任一个. 如果余数为 1,那么第一个数字可以取 2,5,8 中的任一个. 如果余数为 2,那么第一个数字可以取 1,4,7 中的任一个. 这样一来,第一组共有 $3 \times 10^3 = 3\ 000$ 个数.

第二、三、四组是最后一个数字 6 分别在第二位(十位),第三位(百位),第四位(千位)且其右边不再有 6 的数组成的. 在最后一个 6 的右边的每一位数字可以用 9 种办法来填写,因为在这些数字中不应该有 6. 除了最高位外,所有其他各位可以任意填写,其每一个可以是十个数字中的任一个. 第一个数字可以像上面的情况那样来选取,即每一次都可以从三个允许的数字中选取一个. 这样一来,第二组有 $3 \times 10^2 \times 9 = 2\ 700$ 个数,

第三组含有 $3\times10\times9^2=2\ 430$ 个数，第四组有 $3\times9^3=2\ 187$ 个数.

第五组是由最高位(万位)为6，而其他各位不出现数字6的数组成的. 这时中间三个数字中的每一个可以有9种办法来选取，因为这些数字可以取6以外的任何数字. 最后一位数字应该从同样9个数字中选取，且使数字之和能被3整除. 最后一位数字仅能有三种办法来选取(如果前四位数字之和能被3整除，那么最后一位数字只能从0，3，9中挑一个，如果前四个数字之和被3除时余1，那么只能从2，5，8中挑一个；如果余2，那么只能从1，4，7中挑一个). 这样一来，第五组有2 187个数.

于是有 $3\ 000+2\ 700+2\ 430+2\ 187+2\ 187=12\ 504$ 个满足本题全部要求的五位数.

解法2　我们把本题的解答分成两部分：首先，我们计算有多少个不包含有数字6的五位数，然后证明：其余的数的三分之一恰好能被3整除.

(1) 总共有90 000个五位数. 我们来确定其中有多少个不包含数字6. 这些数的第一个数字可以用8种办法(除0和6以外的任何数字都可以)来选取，而其他四位的数字可以用9种办法来选取(对于它们仅不能取数字6). 因此，总共有 $8\times9^4=52\ 488$ 个不包含数字6的五位数，而至少包含一个6的五位数共有 $90\ 000-52\ 488=37\ 512$ 个. 这个数能被3整除.

(2) 我们把所有的五位数按上升的次序排列起来，且把所得到的序列从第一个数开始每10个数分成一段. 属于同一段的数彼此仅仅是最后一位数字不同. 在每一段中标出包含数字6的数. 在某些段所有的数都被标出了. 所有前四位数中含有6的那些段 —— 在同一段内，由一个数变成到一个数时，前四位数字不变便是这样的. 在其他的段，所标出的仅仅是一个数，这个数的个位数字是6.

我们来确定两个相邻的标出的数之差等于什么(在图201中，为了明显起见，黑点对应于标出的数，圆圈对应于未标出的数). 如果两个标出的数属于同一段，那么这整个一段的数都是标出的数，从而相邻的标出的数之差等于1. 差等于1也发生在那种情况，如果两个相邻的标出的数属于两个相邻的段，这两段都是标出的数组成的(图201第一排所示). 如果在两个被研究的数中，较小的数属于全部都是标出的数的一段，而较大的数属于只包含一个标出的数的一段(图201第二排)那么差等于7. 如果两个数中，较大的数属于都是标出的数的一段，而较小的数属于仅包含一个标出的数的一段(图201第三排)，那么差等于4. 最后，如果两个数都属于再没有其他标出的数的段

(图 201 第四排)，那么差等于 10. 于是两个相邻的标出的数之差只能取值 1,4,7 和 10.

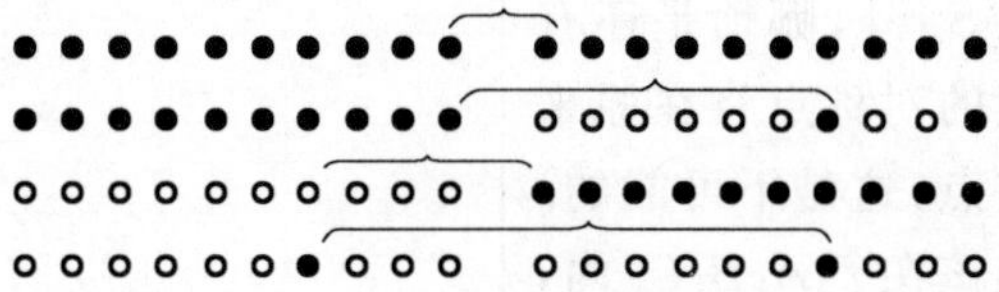

图 201

因为这四个数中的每一个被 3 除都余 1，所以可以断定：在以上升次序排列好的标出的数中，每第三个数能被 3 整除，因为与能被 3 整除的标出的数最靠近的标出的数被 3 除时余 1；在它之后的标出的数被 3 除时余 2；再后面标出的数又能被 3 整除等. 因为标出的数共有 37 512 个，而这个数能被 3 整除，所以，所有标出的数的三分之一(37 512 : 3 = 12 504) 能被 3 整除.

解法 3 90 000 个五位数中，每第三个能被 3 整除，即有 30 000 个五位数能被 3 整除. 我们来确定它们之中有多少个不含有数字 6.

这些数的第一个数字可以用 8 种办法来选取，因为在最高位仅不能取数字 0 和 6. 第二个、第三个、第四个数字每个都有 9 种办法来选取，因为只是不能利用数字 6. 最后一个数字应该这样取，使得这个数的所有五个数字之和能被 3 整除. 与前四个数字之和被 3 除时余数等于什么有关，最后一个数字或者可以取 1,4,7 中的一个，或者可以取 2,5,8 中的一个，或者可以取 0,3,9 中的一个. 这样一来，最后的数字可以有三种办法来选取.

因此，在能被 3 整除的五位数中，有 $8\times 9^3\times 3=17\ 496$ 个不含有数字 6，而有 $30\ 000-17\ 496=12\ 504$ 个至少含有一个数字 6.

168 两个坐标都是整数的点叫作平面上的整点. 证明：如果三角形的顶点和整点重合，且三角形的三边不再含有其他的整点，但是在三角形内有唯一的一个整点，那么这个三角形的重心和这个"内部的"整点重合.

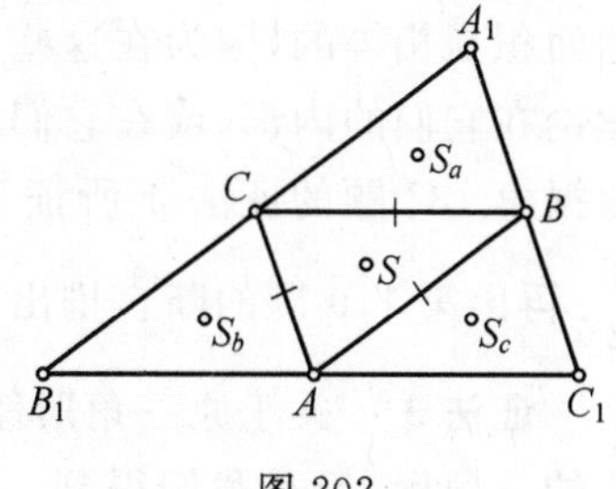

图 202

证法 1 不难看出，整点关于其他的整点或者关于两个整点所连成的线段的中点的对称点还是整点(见 §67).

我们来研究本题条件中所说的整点 $\triangle ABC$. 假设 S 是整点 $\triangle ABC$ 内的整点. 我们作整点 S 关于 $\triangle ABC$ 的三边的中点的对称点(图 202). 所有这些点仍然是整点. 将这些整点记作

S_a,S_b,S_c. 它们在和原来的 $\triangle ABC$ 对称的 $\triangle A_1BC$,$\triangle AB_1C$,$\triangle ABC_1$ 内. 在 $\triangle A_1BC$,$\triangle AB_1C$,$\triangle ABC_1$ 内. 没有其他的整点. 因为,譬如说,在 $\triangle A_1BC$ 内,除了整点 S_a 外,哪怕是还有一个整点,那么这个整点关于边 BC 的中点的对称点将在原来的 $\triangle ABC$ 内. 因此,在 $\triangle ABC$ 内有两个整点,这是不可能的. 作顶点 A_1 关于整点 S_a 的对称点. 这个点应该在 $\triangle A_1B_1C_1$ 内,而且是整点,因为 $\triangle A_1B_1C_1$ 和 $\triangle A_1BC$ 同位相似,相似中心是点 A_1,相似系数等于 2,而点 S_a 是整点. 这样一来,所作的点应该和整点 S,S_a,S_b,S_c 中的某一个重合,因为根据上面所证明的,在 $\triangle A_1B_1C_1$ 内没有其他的整点. 由于新作的点是顶点 A_1 关于整点 S_a 的对称点,所以它不能和整点 S_a 本身重合. 我们来证明,所作的点也不可能和整点 S_b,S_c 重合. 我们只要证明它不和这两个点中的某一个整点重合就行了. 我们来证明它不和整点 S_c 重合. 线段 A_1S_a 和 BS_c 关于线段 BC 和 AB 的中点与线段 AS 对称. 因此,线段 A_1S_a 和 BS_c 都平行且等于线段 AS,于是四边形 $A_1S_aS_cB$ 是平行四边形,且整点 S_c 无论如何也不可能和顶点 A_1 关于整点 S_a 对称.

于是我们证明了:顶点 A_1 关于整点 S_a 的对称点只可能是整点 S. 由此推出,点 A_1,S_a,S 在一条直线上. 这条直线通过线段 SS_a 和 BC 的中点,因此也通过顶点 A_1 关于两条线段 SS_a 和 BC 的公共中点的对称点,即通过点 A. 于是整点 S 在 $\triangle ABC$ 的由顶点 A 所引的中线上. 因为 $\triangle ABC$ 的所有顶点是等同的(无论哪一个顶点和任何其他的顶点没有什么不同),所以整点 S 也在 $\triangle ABC$ 的其他两条中线上. 因此整点 S 和 $\triangle ABC$ 的重心重合.

证法 2 如果利用已经知道的整点三角形的性质,那么第 168 题的证明将非常简单. 假设 $\triangle ABC$ 是本题条件中所说的整点三角形,S 是在它里面的整点. 整点 $\triangle SAB$,$\triangle SBC$,$\triangle SCA$ 的面积是相等的,因为在这些三角形中,除了它们的顶点以外,无论在它们的内部,或在它们的边上,都没有其他的整点,于是根据第 137 题的证法 4 所证明的,这样的三角形的面积等于 $\frac{1}{2}$. 再由第 119 题的断言推出,整点 S 和 $\triangle ABC$ 的重心重合.

证法 3 关于原三角形任一条边的中点,作和原三角形对称的三角形,于是我们得到一个平行四边形. 如像在证法 1 中所证明的那样,在这个平行四边形内,除了在原三角形内的整点以及和它(关于所取的三角形的边的中点)对称的整点以外,没有其他的整点. 因此,只要证明下面的断言就行了:

如果在平行四边形的边界上,除了它的顶点以外,没有其他的整点，在平行四边形内，有两个整点，那么这两个整点在平行四边形的对角线上，且把它分成相等的三部分.

我们先来证明引理：

对于平行四边形的任一内点，总可以找到这样一个平行四边形的顶点，使得以这个顶点为中心，相似系数为 2 的同位相似变换把所取的这个点变成另外一个仍然属于平行四边形的点.

引理的断言的正确性可由下列事实推出：通过平行四边形对边中点的直线把平行四边形分成四个平行四边形，如果将这四个平行四边形的每一个做同位相似变换，相似中心是原平行四边形的顶点，相似系数为 2，那么变换以后将和原平行四边形重合.

对我们所作的平行四边形以及在它里面的整点 S 和 T，应用这个引理(图 203). 整点 S 和 T 不会和平行四边形的中心重合，因为不然的话，在平行四边形内便可找到第三个整点，这个整点和另外一个整点关于平行四边形的中心是对称的.

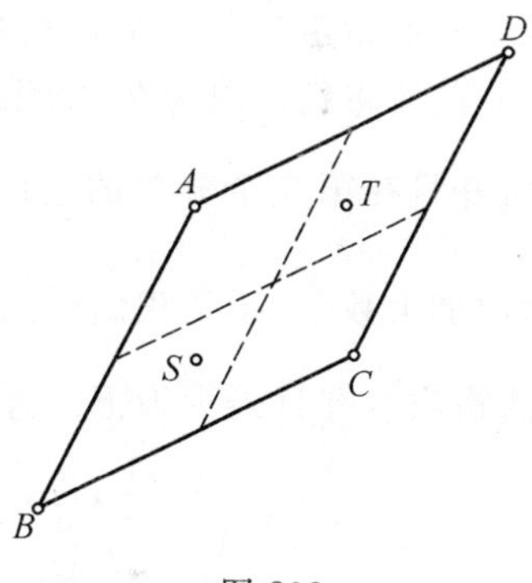

图 203

正像我们在证法 1 中所证明的那样，顶点 B 关于整点 S 的对称点属于这个平行四边形. 这个点也是整点，并且不可能是平行四边形的顶点，因为整点 S 不在平行四边形的边界上，也不和平行四边形的中心重合. 因此，顶点 B 关于整点 S 的对称点应该和整点 T 重合.

利用类似的论证可以证明：顶点 D 关于整点 T 的对称点和整点 S 重合. 这样一来，点 S 和 T 在线段 BD 上且把它分成相等的三部分. 线段 BD 只能是平行四边形的对角线，因为整点 S 和 T 不在平行四边形的边界上. 于是证明了所需要的断言.

证法 4　我们重复在证法 1 开始时所用的论证.

本题条件中所说的整点 $\triangle ABC$ 的三条中线把它分成六个三角形(图 204). 位于 $\triangle ABC$ 内唯一的整点至少属于这些三角形中的某一个，例如在 $\triangle AC_1S$ 内或在它的边界上，但不在线段 AC_1 上. 做同位相似变换，相似中心是顶点 A，相似系数等于 2，这时这个整点变换成新的整点，这个新的整点在 $\triangle ABD$($\triangle AC_1S$ 的像) 内或在它的边界上，但不在边 AB 上. 因为在 $\triangle ABC$ 内只有一个整点，所以新的整点或者在 $\triangle A_1BD$ 内，或者在它的边界上，但不和顶点 B 重合. 如果作 $\triangle A_1CS$ 和 $\triangle A_1BD$ 关于点 A_1 对称，那么在 $\triangle A_1CS$ 内或它的边界上(但不在顶点 C) 将有一个整点，这个整点和属于 $\triangle A_1BD$ 的整点对称. 但是根据本题条件，在 $\triangle ABC$ 内，只有一个整点. 因此，它必须属于 $\triangle A_1CS$，这个三角形是 $\triangle ABC$ 的一部分. 因为 $\triangle AC_1S$ 和 $\triangle A_1CS$ 除了 $\triangle ABC$ 的重心 S 以外，

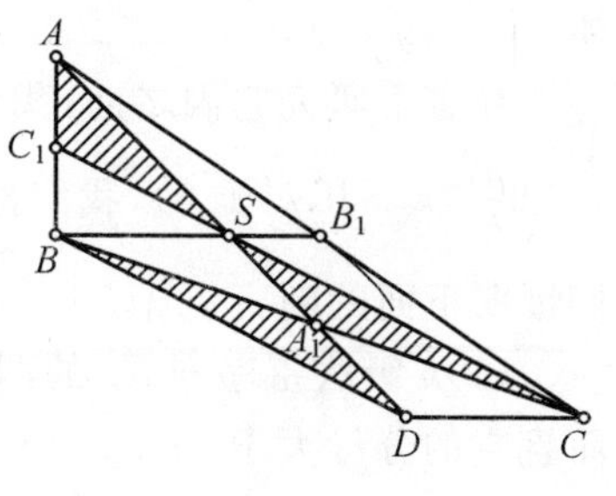

图 204

没有其他的公共点，所以，$\triangle ABC$ 内唯一的整点和点 S 重合，这就是所要证明的.

第 168 题的断言的空间类比是不成立的：存在这样一个四面体，它的顶点是空间整点，其边界面不含有其他的整点，在它的内部只有一个整点，但它的重心不和这个唯一的整点重合.

以点 $A(0,0,0)$，$B(1,0,0)$，$C(0,1,0)$，$D(2,2,5)$ 为顶点的四面体便是一例. 在它的内部只有一个整点 $R(1,1,2)$，但是点 $R(1,1,2)$ 不和这个四面体的重心重合. ★

§72 关于法雷分数

整点可以直观地描述分数.

我们给定任何一个自然数 n，并且研究所有分母小于或等于 n 的不可约的真分数. 如果把这些分数按上升的次序排列起来，并且在第一个分数的前面加上数 $\frac{0}{1}$，而在最后一个分数的后面加上数 $\frac{1}{1}$，于是我们得到一组数，通常称为 n 级法雷[①]序列（法雷贯），并且表示为 F_n，例如，F_8 看来是下面的样子

$$\frac{0}{1},\frac{1}{8},\frac{1}{7},\frac{1}{6},\frac{1}{5},\frac{1}{4},\frac{2}{7},\frac{1}{3},\frac{3}{8},\frac{2}{5},\frac{3}{7}$$

$$\frac{1}{2},\frac{4}{7},\frac{3}{5},\frac{5}{8},\frac{2}{3},\frac{5}{7},\frac{3}{4},\frac{4}{5},\frac{5}{6},\frac{6}{7},\frac{7}{8},\frac{1}{1}$$

如果把这些数画到数轴上去，那么要看出点的分布的任何一种规律性是不可能的；它们时而密集，时而稀疏，然而所有这些构成 n 级法雷序列 F_n 的分数还是服从一些十分简单的规律.

在着手研究它们之前，我们引进一个新的定义. 对于分数 $\frac{h}{k}$ 和 $\frac{h'}{k'}$（$k>0$，$k'>0$），我们把分数 $\frac{h+h'}{k+k'}$ 叫作它们的中项. 我们证明下面的断言：

(1) n 级法雷序列 F_n 的两个相邻的项的中项是不可约的，而且它的分母大于 n；

(2) n 级法雷序列 F_n 的两个相邻的项之差等于它们的分母的乘积的倒数；

(3) F_n 的三个连续的项的中间项等于和它相邻的项的中项.

断言(3) 和第 168 题密切相关.

① 法雷（Farey，1766—1826），是英国一位多才多艺的“杂家”. —— 中译者注

我们在平面上引入直角坐标系，并且每一个分数$\frac{h}{k}$($0<h\leqslant k\leqslant n$)对应于坐标为$(k,h)$的整点. 分数$\frac{h}{k}$的不可约性意味着在联结点$(k,h)$和坐标原点的线段上，除了和点$(k,h)$重合的线段端点以外，没有其他的整点. 关于这个点可以说，从坐标原点可以看见它，或者为了简短起见，把它叫作可见点. 分数$\frac{h}{k}$越大，则联结点(k,h)和坐标原点的线段和x的正半轴之间的夹角也越大. 对应于n级法雷序列的项的所有点，除了描述分数$\frac{0}{1}$的点以外，都在x轴的上面. 点$(1,0)$在x轴上. 另一方面，所有这些点，除了对应于分数$\frac{1}{1}$的点$(1,1)$以外，都在坐标轴的夹角平分线之下. 最后，从对应于n级法雷序列的项的点到y轴的最大距离等于n(图 205). 这三个条件确定了一条直角边等于n的等腰直角三角形. 在这个三角形的内部或周界上的任何一个可见整点对应于F_n的某一项. 我们用H_n表示这个三角形. 设P和P'是对应于两个法雷分数的整点，点O是坐标原点，点Q是整点P和P'所对应的分数的中项所对应的点. 这时四边形$OPQP'$是平行四边形.

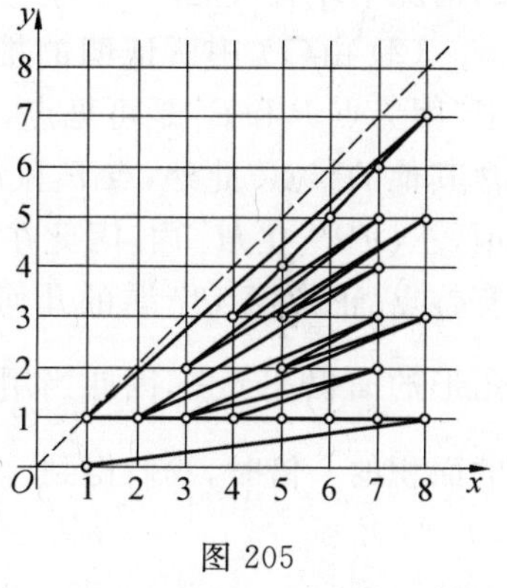

图 205

如果分数$\frac{h}{k}$对应于坐标为$(k-h,h)$的整点，那么将清楚地看出，n级法雷序列F_n的项关于区间$[0,1]$的中点$-x=\frac{1}{2}$的点是对称分布的(图 206). ①即使在这种情况下，对应于F_n的项的点也分布在直角边等于n的一个等腰直角三角形内，而且法雷分数所“占据的”整点的其他性质仍然保持. 因此，在证明上面所叙述的定理时，我们可以利用任何一种直观表示n级法雷序列的项的方法.

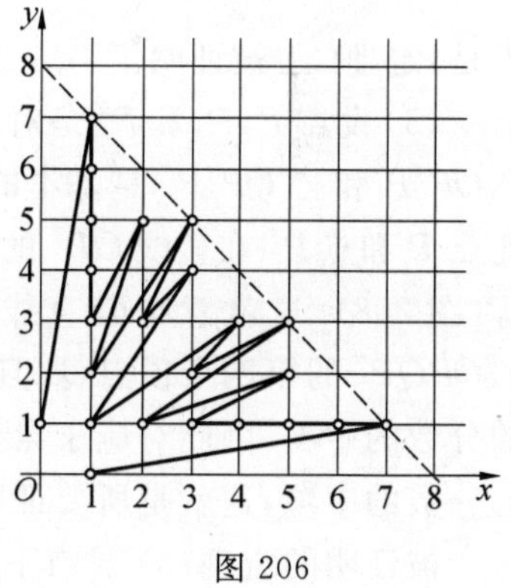

图 206

(1) 假设点P和P'是描述法雷序列相邻两项$\frac{h}{k}$和$\frac{h'}{k'}$的点. 点Q对应于分数$\frac{h}{k}$和$\frac{h'}{k'}$的中项，从坐标原点O到点Q指明了$\square OPQP'$的对角线. 因此，可以从对应于n级法雷序列F_n的两个相邻的项的点P和P'之间看见点Q，而且和点Q的坐标重合的整点在$\triangle H_n$外，因为F_n不包含那些分数，这些分数所对应的点在通过坐标原点O而且在$\angle POP'$内的直线上(图 207). 在对角线OQ上没有比点Q更靠近坐标原点的整

① 关于坐标角的平分线对称的点将与对称的项对应. —— 俄译编辑注

点，因为不然的话，将有一个整点在线段 OQ 内，并且线段 OQ 将被一些整点分成相等的部分. 但这时，从坐标原点 O 可以看见的位于对角线 OQ 上的整点不能比点 O 到线段 OQ 的二等分点（同时也是线段 PP' 的二等分点）更远，于是这个整点在 $\triangle H_n$ 内，但这是不可能的. 于是可见点对应于不可约的分数 $\frac{h+h'}{k+k'}$，而且可见点在 $\triangle H_n$ 外和 $\angle POP'$ 内只能在

$$k+k'>n \tag{1}$$

的情况下才有可能.

(2) 由(1) 中所证明的推出，$\triangle OPP'$ 是基本的整点三角形，因为点 P 和 P' 是可见点，因此三角形的边 OP 和 OP' 不包含其他的整点. 此外，点 P 和 P' 对应于 n 级法雷序列的相邻的项，$\triangle OPP'$ 在 H_n 内，因此在 $\triangle OPP'$ 内以及在边 PP' 上也没有整点. 正像第 137 题的几何描述中所证明的，基本的整点三角形的面积等于 $\frac{1}{2}$，因此当用点 P 和 P' 的坐标来表示 $\triangle OPP'$ 的面积的 2 倍时，我们得到

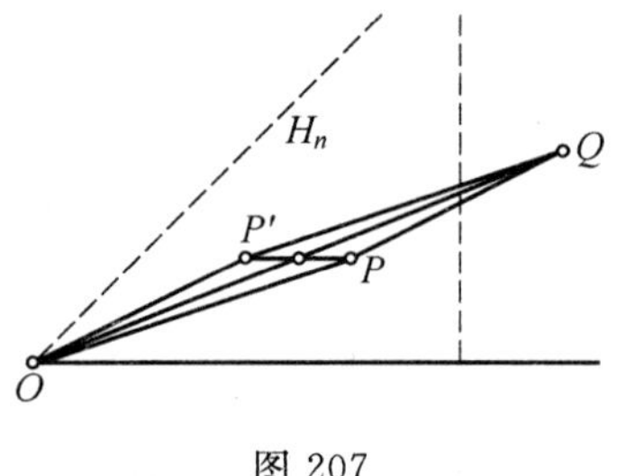

图 207

$$h'k-hk'=\pm 1 \tag{2}$$

由此得到

$$\frac{h'}{k'}-\frac{h}{k}=\frac{h'k-hk'}{kk'}=\pm\frac{1}{kk'}$$

于是，定理(2) 被证明了.

(3) 设点 P,P' 和 P'' 是对应于 F_n 的连续的三项的点. 这时 $\triangle OP'P$ 和 $\triangle OP'P''$ 是基本的整点三角. 它们的面积相等，因此点 P 和点 P'' 在直线 OP' 的不同的两侧，且到 OP' 的距离相等(图 208). 这就意味着直线 OP' 平分线段 PP''，因此通过 $\square OPQP''$ 的第四个顶点 Q. 但是点 Q 对应于点 P 和 P'' 所对应的分数的中项，因此对应于点 P' 的数也等于点 P 和 P'' 所对应的分数的中项，这就是所要证明的.

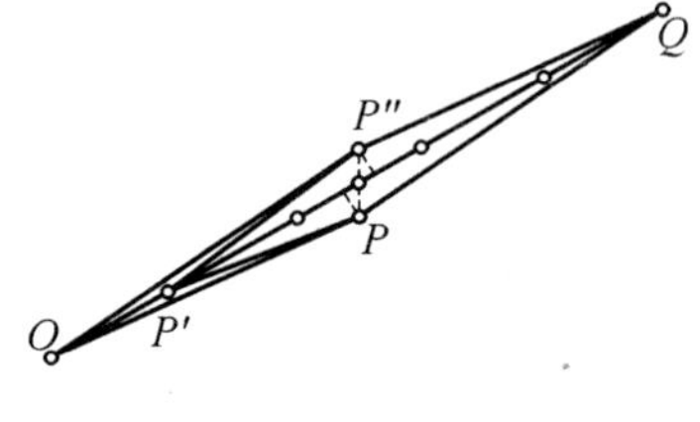

图 208

被证明的定理(3) 具有下面的几何意义：如果整点三角形包含和它的顶点不同的整点，并且这些整点分布在通过三角形的一个顶点的直线上，那么这条直线和三角形的中线重合.

如果除了和三角形的顶点重合的整点以外，它的周界不含有其他的整点，而在三角形内有一个唯一的整点，那么三角形的所有三个顶点满足定理(3) 的以几何形式叙述的条件，且内部的整点和三角形的重心重合. 因此，第 168 题可以看作是定理(3) 的特殊情况.

第 22 章　1957 年 ～ 1964 年试题及解答

169 在平面上给定一个锐角 $\triangle ABC$. 我们研究所有以给定的三角形为底面，而侧面为锐角三角形的棱锥. 从棱锥的顶点作 $\triangle ABC$ 所在平面的垂线，求这些垂线的垂足的轨迹.

解　设点 P 是 $\triangle ABC$ 所在的平面内的一点，过点 P 作一条直线和这个平面垂直，并且在这条垂线上取一点 D. 我们来弄清楚，为了使得我们所选取的点 D 满足本题的要求（也就是使 $\triangle ABD$，$\triangle BCD$，$\triangle CAD$ 都是锐角三角形），需要些什么条件？

我们先来研究 $\triangle ABD$，$\triangle BCD$，$\triangle CAD$ 的那些和 $\triangle ABC$ 有公共边 AB，BC，CA 相连的角，例如，我们取 $\angle BAD$. 过顶点 A 作一平面垂直于边 AB，当且仅当顶点 D 与顶点 B 位于这个平面的同一侧时，$\angle BAD$ 是锐角. 对于过点 P 而垂直于 $\triangle ABC$ 所在的平面的直线来说，这个条件要么对这条垂线上所有的点都满足，要么对它上面的任何一点都不满足，因为垂直于 $\triangle ABC$ 的平面的直线和垂直于边 AB 的平面是平行的. 因此，和 $\triangle ABC$ 的边相连的所有六个角是不是锐角将只和点 P 的选取有关，如果这个条件对点 P 本身是满足的，也就是说，如果每一个角

$$\angle BAP, \angle ABP, \angle CBP, \angle BCP, \angle ACP, \angle CAP \quad (1)$$

都是锐角，那么对于通过点 P 而垂直于 $\triangle ABC$ 所在平面的直线上的任何点 D，这个条件也将被满足.

其次，我们来研究 $\triangle ABD$，$\triangle BCD$，$\triangle CAD$ 在顶点 D 处的角. 显然，如果平面上的点在以给定的线段为弦，所含的角为锐角的弓形弧上的话，那么这个点对给定线段所张的角为锐角. 因此，对于 $\triangle ABD$，$\triangle BCD$，$\triangle CAD$ 在顶点 D 处的角来说，仅当顶点 D 到 $\triangle ABC$ 的每一条边的中点的距离大于这条边的边长的一半的时候，这些角才是锐角. 在通过点 P 而垂直于 $\triangle ABC$ 的平面的直线上，这样的点 D 总是可以选取到的，为此只要使点 D 到 $\triangle ABC$ 的平面的距离大于 $\triangle ABC$ 的最大边长的一半就行了.

于是，如果我们作出了使式(1) 中所有六个角都是锐角的点 P 的轨迹，那么便求出了满足本题要求的点的轨迹.

当且仅当在下面的情况下 $\angle BAP$ 和 $\angle ABP$ 都是锐角：如果点 P 在 $\triangle ABC$ 所在平面的一个带形内，这个带形是由通过顶点 A 和 B 而垂直于边 AB 的两条直线限定的. 事实上，如果点 P 在通过顶点 A 而垂直于边 AB 的垂线的顶点 B 所在的那一侧时，$\angle BAP$ 是锐角. 类似的断言对 $\angle ABP$ 也是正确的. 这样一来，使得式(1) 中所有六个角都是锐角的点 P 的轨迹是三个带形所交成的区域，这些带形是通过 $\triangle ABC$ 的顶点而且和它的边垂直的直线所限定的.

如果具有变动顶点 D 的棱锥底面 $\triangle ABC$ 是锐角三角形，那么三个带形所交成的是六边形(图 209)，它的内部是满足本题要求的点的轨迹.

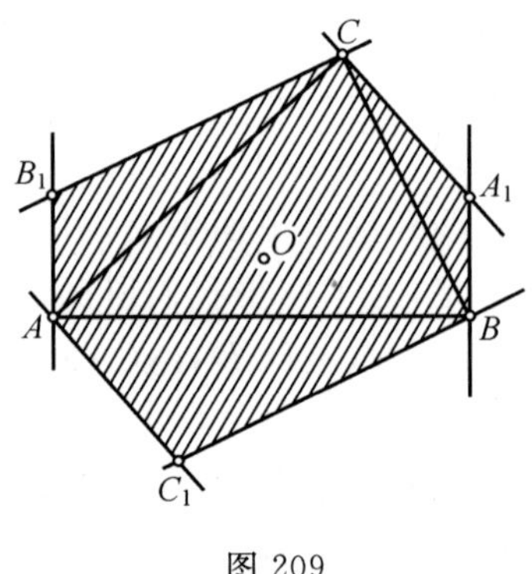

图 209

对于所作的解答，我们做某些注解.

(1) 如果我们不利用图 209 的直观性来论证，也可以证明使式(1) 中所有的角都是锐角的点的轨迹是六边形的内部.

只要验证每一个带形对于 $\triangle ABC$ 的外接圆心 O 是对称的就行了. 事实上，点 O 在每一个带形的中线上，这条中线和 $\triangle ABC$ 某相应的边的中垂线相重合. 因此，三个带形所交成的区域关于点 O 是对称的.

$\triangle ABC$ 的顶点 C 属于宽为 BC 和 CA 的带形所交成的区域(因为带形的边界不平行，所以它们是相交的). 因为 $\triangle ABC$ 是锐角三角形，所以顶点 C 也在第三个宽为 AB 的带形内，因而属于所有三个带形所交成的区域. 类似的断言对顶点 A 和 B 也是对的.

从三个带形所交成的区域关于点 O 的对称性推出：不仅 $\triangle ABC$ 的顶点属于所交成的区域，而且这些顶点关于点 O 的对称点 A_1,B_1,C_1 也属于所交成的区域. 点 A,B,C,A_1,B_1,C_1 是彼此不同的，因为外接圆心 O 既不和 $\triangle ABC$ 的任一边的中点重合，也不和它的顶点重合. 三个带形所交成的区域不可能有其他的顶点，因为三个带形是由六条直线所限定的，因此它们所交成的区域具有多边形的形状，其边数不超过 6. 因此，三个宽为 AB,BC 和 CA 的带形所交成的区域实际上是六边形.

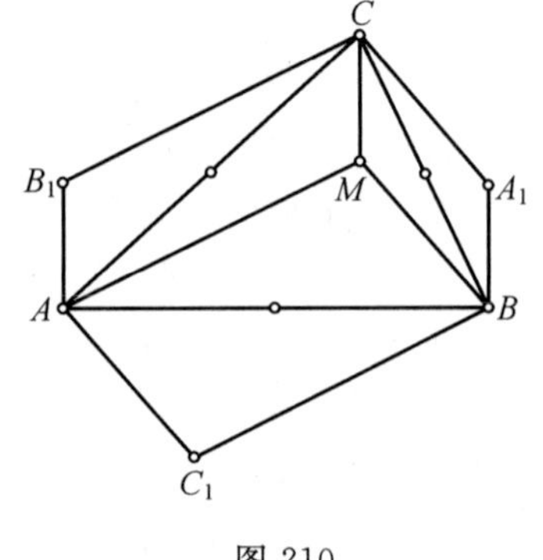

图 210

(2) 点 A_1,B_1,C_1 不仅可以作为 $\triangle ABC$ 的顶点关于外接圆心 O 的对称点来做，也可以作为三角形的垂心(三角形高的交点) 关于它的边的中点的对称点来做(图 210). 事实上，如果点 M 是点 C_1 关于边 AB 的中点的对称点，那么四边形 AC_1BM 是平行四边形. 于是线段 AM 和 BM 分别垂直于三角形的边 BC 和 AC. 这样一来，点 M 和三角形的两条高的交点相重合，这就意味着和它的垂心相重合.

由所证明的推出:六边形 $AC_1BA_1CB_1$ 的面积比 $\triangle ABC$ 的面积大一倍,因为在 $\triangle ABC$ 的边上向外作的 $\triangle C_1AB$,$\triangle A_1CB$,$\triangle B_1AC$ 和构成 $\triangle ABC$ 的 $\triangle AMB$,$\triangle BMC$,$\triangle CMA$ 分别相等.

(3) 本题的解答表明:可以作出四个点,使得其中任意三个点都构成锐角三角形.我们顺便指出,直到现在还不知道下列问题的答案:最多可以有多少个点,使得其中任意三个点构成锐角三角形.

170 某工厂生产由六种不同颜色的纱织成的双色布.在这个工厂所生产的双色布中,每一种颜色至少和三种其他的颜色搭配.证明:可以挑出三种不同的双色布,它们含有所有六种颜色.

证法 1 我们将六种颜色用 1 到 6 的一位数来编号,而布的花色规定用两位数来表示,它的数字对应于纱的颜色的编号.

我们取工厂生产的一种布,例如花色为 56 的布.如果工厂还生产花色为 12 和 34 或 13 和 24 的布,那么本题的断言已经成立(在三种布 56,12,34 和 56,13,24 的花色中有全部六种颜色).在相反的情况下,工厂不生产(12,34) 和(13,24) 每对中的一种花色的布.假设工厂不生产花色 12 和 13 的布.(我们指出,布的花色的任意一种搭配方式都可以化为我们所研究的情况,只要挑取适当的方式对颜色进行编号就能做到这一点)

因为在工厂生产的双色布中,每一种颜色至少和其他三种颜色搭配,所以对每一种颜色来说,它最多只能和其他两种颜色搭配,使得工厂的产品中没有这种双色布.对颜色 1 来说,我们知道了两个这样的搭配:12 和 13.因此,工厂一定生产花色为 14 的布.我们假设工厂不生产花色为 23 的布,因为不然的话,本题的断言对三种花色为 14,23,56 的布成立.

但是,如果工厂不生产花色 12 和 23 的布,那么由上面的证明推出,它一定要生产花色为 25 的布;因为在生产的花布中,没有花色为 13 和 23 的布,所以工厂应该生产花色为 36 的布.这样一来,本题断言在这种情况下也成立,因为在花色为 14,25 和 36 的布中出现了全部六种颜色.

第 170 题可以"翻译"成图论的语言.把每一种颜色和图的顶点相对应,联结一对顶点之间的边表示工厂所生产的布的花色. 所得到的图有6个顶点，任意两个顶点之间的边不得多于1条. 根据本题条件，从每一个顶点发出的边至少有3条，所以每一个顶点的阶数大于或等于3. 本题断言意味着，在图的边中可以找到3条没有公共端点的边.

在没有边相连的顶点之间有用虚线联结起来. 这时在证法1中所用的论证步骤可以直观地表示为图211所表示的图的形式. 在那个图中，仅仅是证法1中所说到的那些边用实线画出来了.

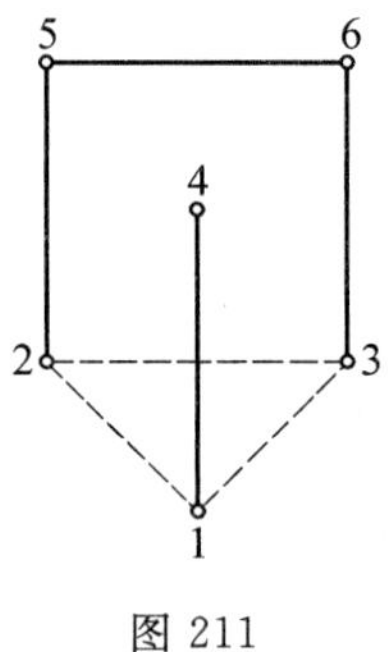

图 211

在下面的证法中，我们仍然用图论的语言来叙述本题.

证法2　假设点 $P_1,P_2,\cdots,P_6$ 是图的顶点. 不失一般性，我们假设图含有边 P_1P_2. 因为从顶点 P_3 出发的至少有3条边，我们研究其中一条不以 P_1 和 P_2 为终点的边. 我们总可以适当选择记号使得另一条边以顶点 P_4 为终点. 这样一来，我们所研究的图含有边 P_3P_4. 因此只要研究图不含有边 P_5P_6 的情形就行了，因为如果图含有边 P_1P_2,P_3P_4,P_5P_6，那么本题断言已成立了（证法2的论证步骤类似于证法1中的步骤，它用图212直观地表示）.

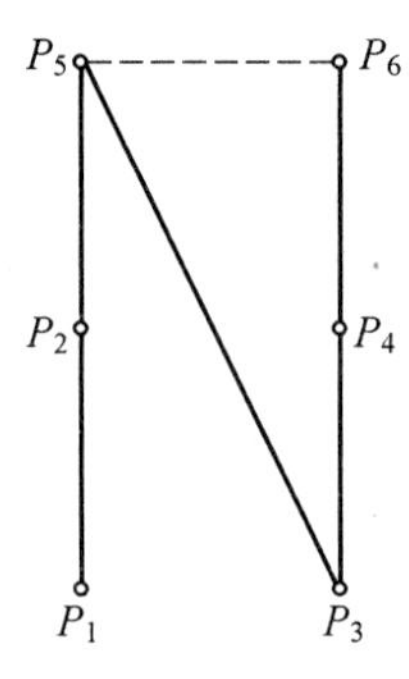

图 212

因为由顶点 P_5 发出的边至少有3条，那么在边 P_1P_5，P_2P_5,P_3P_5,P_4P_5 中，属于图的棱不少于3条，不属于图的边不多于一条. 因此，顶点 P_5 至少和每一条边 P_1P_2 和 P_3P_4 的一个端点有边相连. 不失一般性，可以假设我们所研究的图含有边 P_2P_5 和 P_3P_5.

对顶点 P_6 做类似的论证将表明，在边 P_1P_6,P_2P_6,P_3P_6，P_4P_6 中，不属于图的不多于一条. 因此，在边 P_1P_6 和 P_4P_6 中. 至少有一条（例如，后一条）属于图. 于是本题断言对边 P_1P_2，P_3P_5,P_4P_6 成立，这就是所要证明的.

现在我们想就试题的本身做某些注解.

(1) 本题的断言可有下面的推广（这里以及下面所有的注解，我们都用图论的语言来叙述）：如果图至少包含有6个顶点，并且它的任意两个顶点之间的边不多于一条，而每一个顶点的阶数不小于3，那么从图的边中，可以挑选出三条端点都不相同的边.

我们可以这样来证明这个断言，在证法2中，对于“图不包含边 P_5P_6”这一假设用另一个假设“图不包含联结附标为 $i>4,j>4$ 的两个顶点的边”来代替.

(2) 前面所说的断言，当用数 n 和 $2n$ 来代替数3和6时，仍然成立：

如果图至少包含 $2n$ 个顶点，且任意两个顶点之间的边数不多于1，而且每一个顶点的阶数不小于 n，那么从图的边中，

可以挑选出 n 条端点互不相同的边.

这里的 n 表示自然数.可以利用类似于证法 2 中所用的方法来证明这个断言.

我们将图的边一条接一条地选出来,后面选出来的边和所有前面选出来的边没有公共的端点.这样一直进行下去,直到再选不出这样的边为止.假设我们能选出 k 条边.如果 $k \geqslant n$,那么断言被证明了.我们假设 $k < n$,且在选出了边 P_1P_2,P_3P_4,…,$P_{2k-1}P_{2k}$ 之后,在其他的边中,每一条边至少有一个端点和点 P_1,P_2,…,P_{2k} 中的某一个重合.这时顶点 P_{2k+1} 和 P_{2k+2} 至少和 P_1,P_2,…,P_{2k} 中的 n 个顶点相连(因此,不等式 $2k \geqslant n$ 对所有的情况都成立).

如果我们能证明,在被选出的边中有这样一条边,它的一个端点和顶点 P_{2k+1} 相连,而另一个端点和顶点 P_{2k+2} 相连(在证法 2 中,P_3P_4 是这样的边),那么定理将被证明了,因为若我们从被选出的边中去掉刚才说的这条边,而补充两条新的边:一条是所去掉的这条边的一个端点和顶点 P_{2k+1} 连成的边,另一条是所去掉的这条边的另一个端点和顶点 P_{2k+2} 连成的边,这时所选取的边的条数增加了 1,而且只要所选取的边的条数不等于 n,我们就可以一直进行下去.

上面所提到的断言可以证明如下.首先注意,除了选出的 k 条边以外,其他任何一条边至少有一个端点和顶点 P_1,P_2,…,P_{2k} 中的某一个重合.由于选出的边只有 k 条,而从 P_{2k+1} 和 P_{2k+2} 发出的边总共不少于 $2n$ 条,于是在这些 $2n$ 条以上的边中,至少有 3 条边的端点和同一条选出的边的端点重合,因为要不然的话,从 P_{2k+1} 和 P_{2k+2} 发出的边不得多于 $2k < 2n$ 条.于是,在所选取的边中,有这样一条边,它的一个端点和顶点 P_{2k+1} 相连,而另一个端点和 P_{2k+2} 相连.这条边的存在正是我们要证明的.

证法 3　如果在图的边中有这样的边,把它去掉之后,所得到的新图仍然满足本题的条件,那么可以把这条边叫作多余的并把它去掉.去掉图中所有多余的边(它们的条数是有限的,因为图是有限的)之后,我们得到新的图,在这个新图中,如果去掉任意一条边,那么至少有一个顶点的阶数(即从它发出的边数)小于 3.本题断言只要对这样的图来证明就行了.因为去掉多余的边并不破坏本题的条件(每一个顶点的阶数仍然大于或等于 3).

我们研究这样的图,它的顶点和原图的顶点重合,而边是联结在原图中没有边相连的一对顶点的(这样的图叫作补图;见 §68).因为从原图的每一个顶点发出的边不少于 3 条,所以从补图的每一个顶点发出的边不多于2条.若从原图中去掉边将会破坏这个性质,因为这时在原图中至少有一个顶点的阶数小于3了.因此,对补图补加边也会使它破坏上面所说的性质.

我们来弄清楚,为了使得一个图可以看成是原图的补图,这个图应该是怎样的图.

属于图的两个顶点仅仅在它们有边相连时,它们的阶数才可能都小于2,因为如果它们之间没有边相连,我们将图补加上从一个顶点到另一个顶点的边,这时图的无论哪一个顶点的阶数都不大于2,但这是不可能的.由此推出,只能有这样一些图,在这些图中:(1) 所有顶点的阶数为2;(2) 只有一个顶点的阶数小于2,而所有其余的顶点的阶数都等于2;(3) 有两个顶点的阶数为1,且它们之间有边相连,而其余所有的顶点都是2阶的.事实上,如果图有3个阶数小于2的顶点,那么它们彼此之间可以用边来联结,于是它们之中的每一个都发出两条边,但这是不可能的,因为根据假设它们的阶数小于2.

因为每一条边有两个端点(每一条边联结图的两个顶点),所以不管边的条数有多少,图的顶点被它们联结的次数是偶数.这就意味着,图的所有顶点的阶数之和是偶数.由此推出,如果图只有一个阶数小于2的顶点,那么它不可能发出任何一条边(这种孤立点的阶数等于0).于是我们证明了原图的补图的一个重要性质:如果补图的边是从2阶顶点发出的,那么这条边的另一个端点也是2阶顶点.

这样一来,对于2阶顶点可以断言:联结它们的边所构成的环路是“多边形”,因为当从一个2阶顶点出发我们到达另一个2阶顶点,从这个2阶顶点再前进又可以到达第三个2阶顶点等,只要没回到原来的2阶顶点就可以一直走下去.像上面所证明的那样,原图的补图可能含有6个,5个或4个2阶顶点.如果有6个2阶顶点,那么联结它们的边或者构成一个六边形,或者构成两个三角形.如果有5个2阶顶点或4个2阶顶点,那么联结它们的边构成五边形或四边形.这样一来,所有多边形的边数不小于3.

于是我们弄清了原图的补图有下列各种形状(图213):(a) 六边形;(b) 两个没有公共顶点的三角形;(c) 由一个五边形和一个单独的顶点构成的图;(d) 由一个四边形和两个有边相连的顶点所构成的图.

对于所有四个图,不难补加三条边,使得这些边联结所有6个顶点而又没有公共端点.(在图214中画出两个图,每一个图都对应于图213中所表示的四种图的任一个).这意味着,在工厂所生产的布中,总可以挑选出三种由所有6种颜色的纱生

产出来的不同花色的布.★

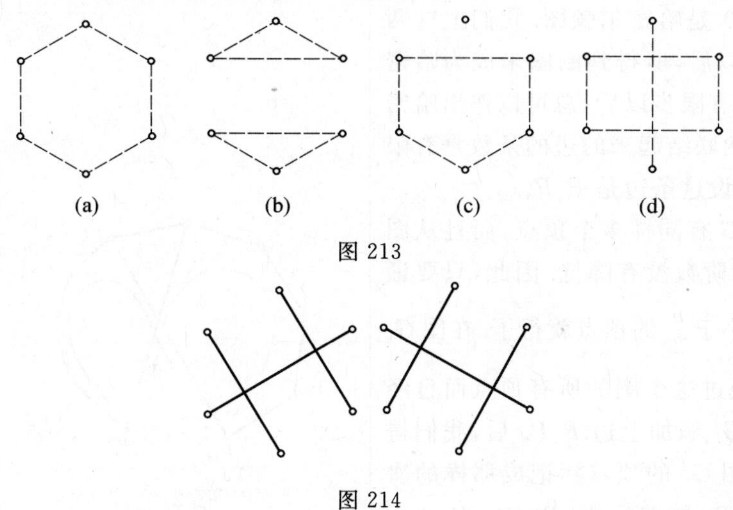

图 213

图 214

§73　关于哈密尔顿图

将图 214 中所画的两个图一个放在另一个的上面，我们得到图 215 所画的六边形. 可以走遍这个六边形的所有顶点，而且每一个顶点仅仅经过一次. 如果由图的边可以作成一个包含图的所有顶点的环路，这些顶点被图的边一个接着一个地联结起来，使得当沿着环路走一遍时，每一个顶点仅仅遇到一次，那么这样的环路叫作哈密尔顿[①]环路，而图的本身叫作哈密尔顿图. 第 170 题的断言可以叙述成下面的形式：具有 6 个顶点且其阶数不小于 3 的图是哈密尔顿图. 当然，我们仅仅考虑任何两个顶点不能用多于一条的边联结的图.

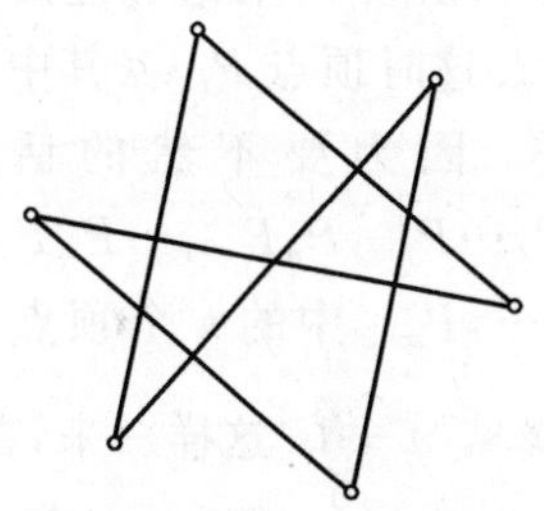

图 215

本题的断言可以推广. 如果代替 6 而取 n 个顶点，代替最小的阶数 3 而规定顶点的最小阶数等于$\frac{n}{2}$(自然数 n 应该大于 2，而在其他方面是任意的)，那么断言仍然是正确的.

我们来证明：如果图有 n 个顶点($n \geqslant 3$) 且每一个顶点的阶数不小于$\frac{n}{2}$，那么这样的图是哈密尔顿图. 这个定理是嗄波尔·狄拉克在 1951 年证明的. 下面的证明属于拉约什·波沙(他想出这个证明还是在中学学习的时候).

我们证明等价的断言：如果图 G 有 n 个($n \geqslant 3$) 顶点，并且不是哈密尔顿图，那么它的某一个顶点的阶数小于$\frac{n}{2}$.

① 哈密尔顿(Hamilton，1805—1865)，英国数学家，其在物理学、天文学上的贡献也是杰出的. —— 中译者注

图 G 至少有两个顶点没有用边联结，因为完全图（其每一对顶点彼此之间用边联结起来了）是哈密尔顿图. 我们把这两个顶点用边连起来. 如果联结边以后，所得到的图未成为哈密尔顿图，就照此重复做下去. 经过有限步以后，总可以作出哈密尔顿图，因为将有限图的顶点两两联结起来的边的条数是有限的. 我们去掉最后所连的一条边，设这条边是 P_1P_n.

所得到的图 G_1 和原来的图 G 有同样多个顶点，而且从图 G 变到图 G_1 时，任何一个顶点的阶数没有降低. 因此，只要证明在图 G_1 中可以找到一个阶数小于 $\frac{n}{2}$ 的顶点就行了. 在图 G_1 中存在一条从 P_1 到 P_n 的路径经过这个图的所有顶点而且经过每一个顶点仅仅一次，因为对 G_1 添加上边 P_1P_n 后，我们得到哈密尔顿图（图 216）. 我们将图 G_1 的顶点标记成那样的次序，使得它们依次出现在 P_1 到 P_n 的路径中：$P_1, P_2, P_3, \cdots, P_n$，因此图 G_1 包含有边 P_iP_{i+1}，对于所有的 $i=1,2,\cdots,n-1$ 都如此. 设 P_1 是 k 阶顶点，P_n 是 l 阶顶点. 我们用 $P_{i_1}, P_{i_2}, \cdots, P_{i_k}$ 表示和顶点 P_l 有边相连的顶点，其中 $i_1=2<i_2<\cdots<i_k\leqslant n-1$. 这时顶点 P_{i_j-1}（其中 $j=2,3,\cdots,k$）不能和顶点 P_n 有边相连，因为要不然的话，图 G_1 包含有哈密尔顿环路 $P_1P_2\cdots P_{i_j-1}P_nP_{n-1}\cdots P_{i_j}P_1$. 因此，顶点 P_n 至少和顶点 P_1，$P_2,\cdots,P_{n-1}$ 中的 k 个顶点没有边联结，于是 $l\leqslant n-1-k$，$l+k\leqslant n-1$. 这样一来，在数 k 和 l 中，至少有一个小于 $\frac{n}{2}$. 于是定理得证.

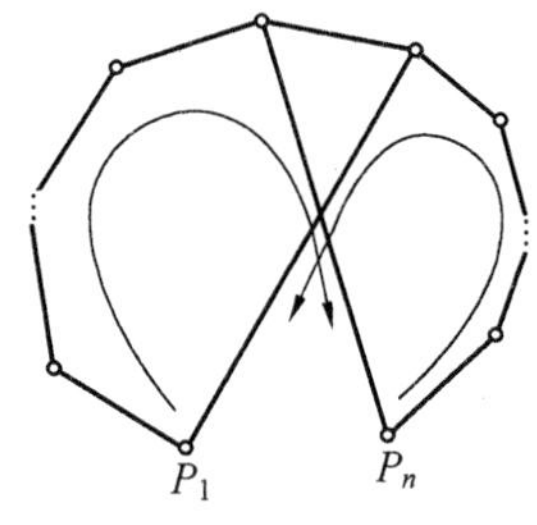

图 216

利用类似的方法，波沙证明了下面更一般的定理：

设图 G 有 $n\geqslant 3$ 个顶点. 如果对于每一个 $k<\frac{n-1}{2}$，阶数不超过 k 的顶点的个数小于 k，而且对于奇数 n，$\frac{n-1}{2}$ 阶的顶点的个数不超过 $\frac{n-1}{2}$，那么 G 是哈密尔顿图.

171 假设 $a_1, a_2, \cdots, a_n$ 是自然数 $1,2,\cdots,n$ 的某一排列. 对 $1,2,\cdots,n$ 的所有排列，求和

$$|a_1-1|+|a_2-2|+\cdots+|a_n-n|$$

的最大值.

解 和数中的绝对值符号是可以去掉的，只要在 $a_k-k<0$ 的位置将数 a_k 和 k 都反号就行了. 这样一来，我们可以把原

来的和数表示成 $2n$ 个被加项(带有不同的符号)的和,在这些被加项中,数 $1,2,\cdots,n$ 中的每一个数出现两次,而且有 n 个被加项是负的.从数 $1,1,2,2,\cdots,n,n$ 的和中减去那些负的被加项①的和的 2 倍,便可得到原来的和的值.因此,如果负的被加项的和最小,原来的和达到最大值.因为负的被加项有 n 个,所以它们的和不可能小于数列 $1,1,2,2,\cdots,n,n$ 的前 n 项的和.当挑取数 $1,2,\cdots,n$ 的适当的排列,可以使得在原来的和中具有负号的正好是这前 n 项.例如,排列 $n,n-1,\cdots,1$ 就是这样的排列,它把原来的和化为

$$|n-1|+|(n-1)-2|+\cdots+|1-n|$$

于是,剩下的只要计算最大的和了.我们注意到,无论从和的哪一端(左端或右端)往和的中间走,每下一个被加项总比前一项减少 2.和的两端的项等于 $n-1$.当往和的中间走时,只要没达到中间项,它的项的值总在减小.可能有两种情况:或者有两个中间项等于 1,或者一个中间项等于 0.

因此,如果数 n 是偶数,那么算出公差为 2,项数为 $\frac{n}{2}$ 的算术级数 $1,3,\cdots,n-1$ 的和的 2 倍,便求得了原来的和的最大值.这样一来,当 n 是偶数时,原和的最大值等于 $\frac{n^2}{2}$.如果 n 是奇数,那么算出公差为 2,项数为 $\frac{n-1}{2}$ 的算术级数 $2,4,\cdots,n-1$ 的和的 2 倍,便求得了原和的最大值.这样一来,当 n 是奇数时,原和的最大值等于 $\frac{n-1}{2}\cdot(n+1)=\frac{n^2-1}{2}$.

不用算术级数求和公式,如果用特别的办法来选取数 $1,2,\cdots,n$ 的排列,也可以算出原和的最大值.

当 $n=2k$ 时,选取排列 $k+1,k+2,\cdots,2k,1,2,\cdots,k$ 是方便的.在去掉原和的绝对值符号以后,在每一个差 a_1-l 中,数 $1,2,\cdots,k$ 是较小的数,而且数 $1,2,3,\cdots,k$ 中的每一个在较小的数中出现两次.根据最先的证明可以断定:对于排列 $k+1,k+2,\cdots,2k,1,2,\cdots,k$,原来的和达到最大值.每一个差的绝对值等于 k.因此,所有绝对值的和等于 2^{k^2}.

当 $n=2k+1$ 时,选取排列 $k+2,k+3,\cdots,2k+1,k+1,1,2,\cdots,k$ 是方便的.在每一个差中,较小的数又是 $1,2,\cdots,k$,但是正中间的差,减数和被减数都等于 $k+1$.由此可以得出结论:对于排列 $k+2,k+3,\cdots,2k+1,k+1,1,2,\cdots,k$,原和达到

① 注意:这里说的"负的被加项"是一种方便的说法,实际上是指它们的绝对值.—— 中译者注

最大值.最中间的差的绝对值等于 0,所有其他的差的绝对值等于 $k+1$.因此,绝对值的和等于 $2k(k+1)$.

两个结果可以合起来:原和的最大值等于数$\frac{n^2}{2}$的整数部分,也就是不超过$\frac{n^2}{2}$的最大整数.

172 在平面上给定六个点,其中任何三点都不在一条直线上.证明:在这六个给定的点中,可以挑出这样三个点,使得在这三个点构成的三角形中,有一个角不小于 120°.

证明 本题等价于下面的命题:从在平面上给定的 6 个点中总可以挑选出这样 3 个点,使得从一个点引出的通过其他两个点的射线之间的夹角不小于 120°.我们在这种形式下来证明本题的断言.

给定的点或者构成一个凸六边形,或者其中有 3 个,4 个或 5 个点构成三角形,凸四边形或凸五边形,而其余的点在它们的内部.我们把三角形、四边形、五边形或六边形叫作给定点的凸包①.

如果凸包具有六边形的形状,那它至少有一个角不小于 120°,因为六个角的和等于 720°.

如果凸包具有四边形或五边形的形状,那么,假若我们作一条对角线(在四边形的情况)或从一个顶点引两条对角线(在五边形情况),我们总可以把它划分成三角形.在所得的三角形中,某一个三角形必定包含给定的点.因此,总可以得到一个三角形,它的顶点是给定的点,还包含有其他给定的点,这个点不和三角形的任一顶点重合.把这个被包含的点和三角形的三个顶点联结得三条线段,这些线段之间的夹角至少有一个不小于 120°,因为三个夹角之和等于 360°.

如果凸包是三角形,不难用上面的方法进行证明.

这就证明了本题的断言.

对于本题的条件和它的结论我们指出下面几点:

(1)6 个定点中的任何 3 点不在一条直线上不是本质的.如果某 3 个点在一条直线上,那么由中间的点到边上的点的射线之间的夹角为 180°(即大于 120°).

---

① 在给定的平面点上插上小针(每个小针和平面垂直),并且在这些小针上缠上线,把这些线拉紧,我们就可得到给定点的凸包.

(2) 将 6 个给定的点中的每一个点和其余五个点联结成线段. 对每一个点来说,线段之间最大的夹角能否不大于 120°,如果可能,那是在什么情况下?

如果 6 个给定点的凸包是六边形,将给定的点两两连成线段,那么对每一个点来说线段之间最大的夹角不超过 120°,仅当所有这些角都等于 120° 的时候,这时六边形的边和某一个正六边形的边平行(凸包的本身不一定具有正六边形的形状).

如果 6 个给定点的凸包不是六边形,那么正像在第 172 题的证明中所推得的那样,在给定的点中,可以挑选出这样三个点,使得以这三个点为顶点的三角形至少还包含一个给定的点 P,而且点 P 对这个三角形的三边所张的角都为 120°,因为要不然的话,对某一条边的张角将大于 120°.

如果这个条件满足,只要再取一个给定点 Q,这时在两两联结 6 个给定点的线段的夹角中,最大的夹角必定大于 120°(图 217). 事实上,如果点 Q 在由点 P 引的通过三角形的一个顶点的射线上,那么三个给定点在一条直线上,联结中间的点和旁边两个点的线段之间的夹角等于 180°,换句话说,它大于 120°. 如果点 Q 在由点 P 引的通过三角形的顶点的射线把平面所分成的一个 120° 的角内,那么由点 P 引的通过点 Q 的射线和由点 P 引的通过点 Q 所在的 120° 的角的外面的点的射线之间的夹角大于 120°. 于是我们证明了下面的断言:假设在平面上给定 6 个点,那么在由每一个点引的通过其他 5 个点的射线之间的 6 组夹角中,最大的夹角总不小于正六边形的顶角,而且仅仅只有当给定的 6 个点分布在一个六边形的顶点上且这个六边形的边与正六边形的边平行的时候,上面所说的最大的夹角才能和正六边形的顶角相等.

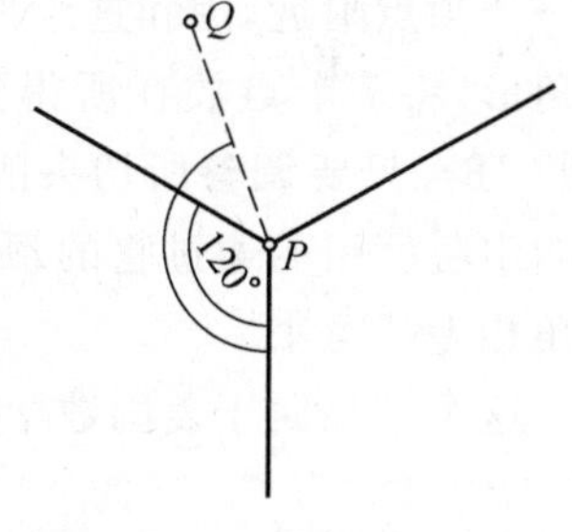

图 217

(3) 如果代替 6 个点,在平面上给定 3 个,4 个或 5 个点,上面所证明的命题仍然成立. 事实上,如果给定的点在作为它们的凸包的多边形的顶点上,那么,如果从它们的每一个顶点引通过多边形的其他的顶点的射线时,我们将发现,射线之间最大的夹角分别不小于正三角形、正方形或正五边形的内角,而且仅在下面的情况下和它相等:如果具有相应边数的多边形的所有的角都相等,即如果它的边和具有同样边数的正多边形的边平行. 如果在给定的点(如果它们有 4 个或 5 个) 中,有一个点不和作为它们的凸包的多边形的顶点重合,那么由这点引的通过多边形的顶点的射线之间最大的夹角不小于 120°,可是正方形和正五边形的内角小于 120°.

不难证实,如果在平面给定的是 7 个点,我们所指出的规律性不再有效了. 我们来证明下面的断言:如果在平面上给定

7个点，那么在从某一点引的通过其他两点的射线之间的夹角中，可以找到大于120°的角；另一方面，对于任一角α大于120°，可以指出平面上7个点的一种分布，使得从任一点引的通过其他两点的两条射线之间夹角总小于α. 对此还应补充一点：在一般的情况下，这样分布的7个点不在凸七边形的顶点上.

如果7个给定点的凸包具有多边形的形状，它的边数小于7，那么我们的断言可由(2)中所证明的推出. 如果7个给定点分布在凸七边形的顶点上，那么从每一个顶点引的通过其余所有的点的射线之间最大的夹角不小于正七边形的内角，而正七边的内角大于120°.

为了证明断言的第二部分，我们取一个正三角形，在它的每一个顶点附近，用和这个顶点的对边平行的直线切去一个小三角形，将7个点放在所得到的六边形的顶点上和它的中心(图218). 只要调整所切去的“角”的大小，总可以使得从六边形的中心所引的通过它的顶点的射线之间最大的夹角与120°的角相差任意小.

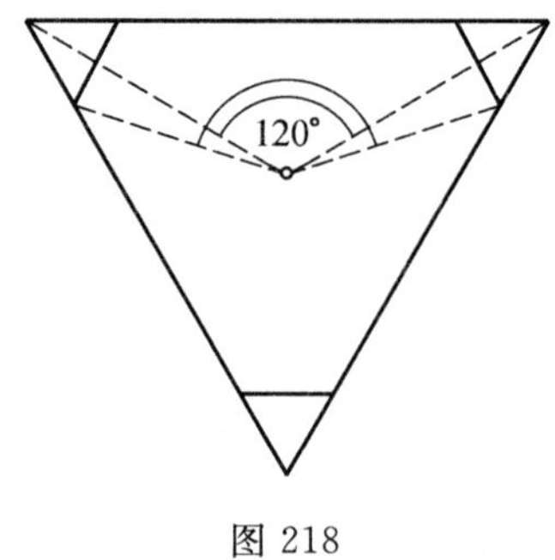

图 218

这个结果属于美国数学家L·M·布留门达利.

173 证明：如果u和v是整数，u^2+uv+v^2能被9整除. 那么u和v都能被3整除.

证明 数u和v的每一个被3除时，其余数只能是0，1，2. 我们取余数的所有可能的组合(共9种)可以得到本题的证明. 但是有比较简捷的证法，无须取所有的组合. 我们研究这个证法.

把原来的表达式变成下面的形式

$$u^2+uv+v^2=(u-v)^2+3uv$$

根据本题条件，原表达式能被9整除，因而也能被3整除，因为右边的第二个被加项能被3整除，所以第一个项也能被3整除.

整数的平方能被3整除仅仅当这个整数的本身能被3整除的时候才有可能，这时它的平方能被9整除.

因为原表达式能被9整除，所在右边的第二项($3uv$)能被9整除. 因此uv能被3整除. 这只有当它们之中的一个因子能被3整除时才有可能. 但在前面我们证明了差$u-v$能被3整除. 这样一来，另一个因子也能被3整除. 于是，两个数u和v都能被3整除，这就是所要证明的.(显然，如果数u和v能被3整

除，那么原表达式能被 9 整除）

174 设凸六边形 $ABCDEF$ 的对边 $AB \parallel DE$，$BC \parallel EF$，$CD \parallel FA$. 证明：$\triangle ACE$ 和 $\triangle BDF$ 的面积相等.

证法 1　我们作对角线 AD，BE 和 CF. 假设点 R，P，Q 是对角线的交点（这三个点可能重合）. 这些点把 $\triangle ACE$ 和 $\triangle BDF$ 分成三角形（图 219）

$$\begin{matrix}\triangle ACQ,\triangle CEP,\triangle EAR,\triangle PQR(\triangle ACE)\\ \triangle DFQ,\triangle FBP,\triangle BDR,\triangle PQR(\triangle BDF)\end{matrix} \quad (1)$$

如果我们能证明上排的每个三角形的面积分别等于它下面的各个三角形的面积，那么本题的断言就被证明了. 对于最后两个三角形，它们的面积显然相等. 我们来证明第一对的两个三角形的面积相等. 这可由 $\triangle ACF$ 和 $\triangle ADF$ 的面积相等推出，因为在 $\triangle ACF$ 和 $\triangle ADF$ 中，AF 是公共边，由于六边形的对边 DC 和 AF 平行，故由顶点 C 和 D 向底边作的高相等. 由 $\triangle ACF$ 和 $\triangle ADF$ 中除去它们的公共部分（$\triangle AQF$）所得到的 $\triangle ACQ$ 和 $\triangle DFQ$ 的面积也相等. 用类似的方法可以证明其余各对三角形的面积相等. 这样，本题断言被证明了.

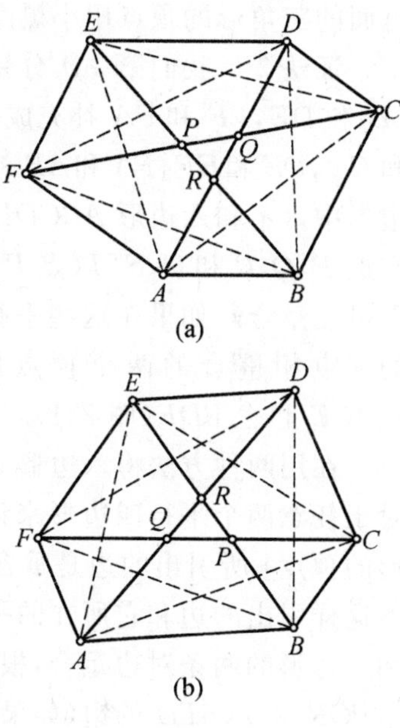

图 219

在上面的证明中，我们是从直观的图形出发，认为式(1)中的三角形无空隙地填满了 $\triangle ACF$ 和 $\triangle BDF$. 我们要指出，本题可以不用这种不严格的叙述来证明.

所作的对角线 AD，BE，CF 和 $\triangle ACE$，$\triangle BDF$ 相交. 事实上，根据本题条件，六边形 $ABCDEF$ 是凸六边形，例如，由于顶点 B，C 和顶点 E，F 在直线 AD 的不同的两侧，所以直线 AD 和线段 CE，FB 相交，这也就意味着，直线 AD 和 $\triangle ACE$ 以及 $\triangle BDF$ 相交. 对角线 AD，BE，CF 的交点属于 $\triangle ACE$ 和 $\triangle BDF$，因为每一条对角线通过这两个三角形的一个顶点且和它的对边交于内点，于是将其他两条对角线的端点分隔开.

如果三条对角线相交于一点，那么不再需要证明什么了. 我们假设对角线 AD，BE 和 CF 不交于一点. 顶点 A，C，E 在 $\triangle PQR$ 的边 QR，PQ，RP 的延长线上. 如果顶点 E 在边 RP 的点 P 外的延长线上，那么顶点 A 不能在边 QR 的点 Q 外的延长线上，因为要不然的话，$\triangle PQR$ 和 $\triangle ACE$ 分布在直线 PQ 不同的两侧，因此，$\triangle PQR$ 不可能在 $\triangle ACE$ 内. 这样一来，或者是顶点 A 在边 QR 的点 R 外的延长线上，顶点 C 在边 PQ 的点 Q 外的延长线上，顶点 E 在边 RP 的点 P 外的延长线，或者顶点 A，C，E 分别在 $\triangle PQR$ 的相应边的相反的延长线上（图 219）.

于是断言被证明了.类似的断言对 $\triangle BDF$ 也是正确的.

所证明的断言可以用下面的方式来叙述.

通过三角形的顶点作和对边相交的直线，我们来研究它们所构成的三角形(如果这些直线不相交于一点).这时原三角形的顶点在里面的三角形的边的延长线上，而且在里面三角形的不同的顶点外面(在图 220 中，原三角形的顶点用小白圈表示，里面的三角形的顶点用小黑圈表示).

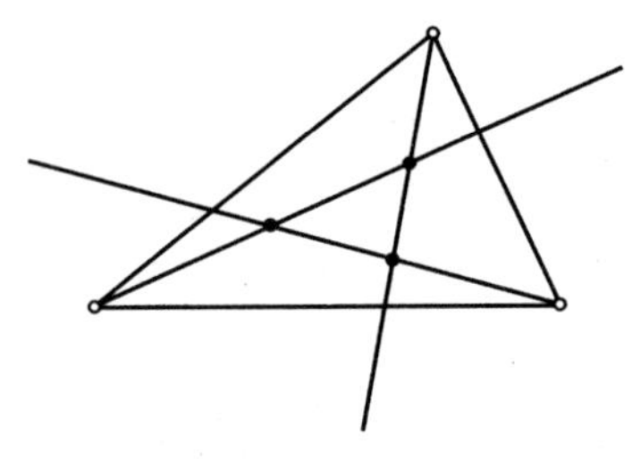

图 220

证法 2 我们第一次分别将六边形的三组边 AB 和 BC，CD 和 DE，EF 和 FA 补充成平行四边形，第二次将三组边 BC 和 CD，DE 和 EF，FA 和 AB 补充成平行四边形.在这些平行四边形中，(不和六边形 $ABCDEF$ 的顶点重合的)第四个顶点记作点 P,Q,R 和 U,S,T(点 P,Q,R 以及点 U,S,T 在特殊情况下可能重合).如果在这些平行四边形中，和六边形 $ABCDEF$ 的顶点相重合的两个顶点用对角线连起来，我们将得到 $\triangle ACE$ 和 $\triangle BDF$(图 221).

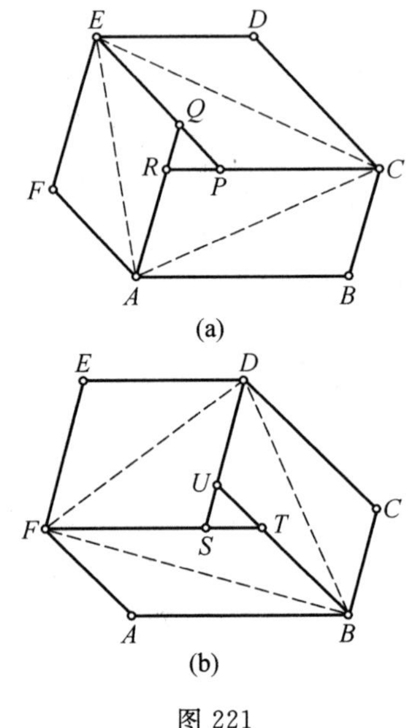

图 221

在用两种方法将六边形 $ABCDEF$ 划分成平行四边形时，对于任意两个平行四边形来说，由它们的公共顶点(也是六边形的顶点)所引出的边是重合的(在同一条直线上)，因为每一条这样引出的边和它所在的平行四边形的对边平行，而这些边和六边形的两条对边重合，根据本题条件，它们是平行的.因此 $\triangle PQR$ 和 $\triangle STU$ 的边(如果三角形不缩成一点)平行于六边形的一对边且等于它们的差，于是 $\triangle PQR$ 和 $\triangle STU$ 全等且

$$S_{\square ABCR}+S_{\square CDEP}+S_{\square EFAQ}=S_{\square FABT}+S_{\square BCDU}+S_{\square DEFS}$$

由此推出，$\triangle ACE$ 和 $\triangle BDF$——由三个一组的平行四边形的“一半”和两个全等的三角形中的一个所组成的，$\triangle ACE$ 和 $\triangle BDF$ 的面积相等.于是本题断言得证.

关于证法 2 也需要做些注解：

(1) 如果能不利用图形的帮助来证明平行四边形的一半和它们的边所交成的三角形既无空隙又不重叠地填满了 $\triangle ACE$ 和 $\triangle BDF$，那么上面的证明才是比较严格的.例如，我们来研究 $\triangle ACE$.直线 AQ，CR，EP 把它分成几部分.这些直线相交时，构成 $\triangle PQR$，因为，例如直线 AQ 和六边形的边 BC 和 EF 平行，而且由于六边形 $ABCDEF$ 的凸性，线段 BC 和 EF 分布在直线 AQ 的两侧.对于直线 CR，EP 以及对 $\triangle BDF$ 可进行类似的论证.在每一个 $\triangle ACE$ 和 $\triangle BDF$ 中，这些直线的分布如同图 220 所示的那样，由此推出所要的断言.

(2) 由证法 2 推出，$\triangle ACE$ 的面积等于六边形 $ABCDEF$ 的面积和 $\triangle PQR$ 的面积的算术平均值，而 $\triangle BDF$ 的面积等于六边形 $ABCDEF$ 的面积和 $\triangle STU$ 的面积的算术平均值.这样一来，$\triangle ACE$（以及 $\triangle BDF$）的面积不小于六边形 $ABCDEF$ 的面积的一半．由此可以断言：在由六边形 $ABCDEF$ 的两条相邻的边构成的三角形中，至少有一个三角形的面积不大于六边形的面积的 $\frac{1}{6}$.（具体地说，在 $\triangle ABC$，$\triangle CDE$，$\triangle EFA$ 中至少有一个的面积不大于六边形的面积的 $\frac{1}{6}$. 同样地，在 $\triangle BCD$，$\triangle DEF$，$\triangle FAB$ 中，至少有一个三角形的面积不大于六边形的面积的 $\frac{1}{6}$）

如果去掉六边形的对边平行这个条件而研究任意的凸六边形，那么不难作出一个例子，使得 $\triangle ACE$ 和 $\triangle BDF$ 中每一个三角形的面积小于六边形的面积的一半，也不难作出一个例子，使得 $\triangle ABC$，$\triangle CDE$，$\triangle EFA$ 的每一个的面积大于六边形的面积的 $\frac{1}{6}$. 我们不加证明地说一下：在由六边形相邻的两条边构成的六个三角形中，不可能每一个三角的面积都大于六边形的面积的 $\frac{1}{6}$，甚至六个三角形的面积的几何平均值也不可能大于六边形的面积的 $\frac{1}{6}$.

证法 3　我们约定：对于 $\triangle ABC$，如果从顶点 A 和 B 再到 C 又到 A 是逆时针方向，我们就把它的面积算作正的，如果是顺时针方向，面积就算作负的.

不难看出，对于 $\triangle ABC$ 所在的平面上的任一点 O，将有等式（图 222）

$$S_{\triangle ABC}=S_{\triangle OAB}+S_{\triangle OBC}+S_{\triangle OCA}{}^{①} \qquad (2)$$

如果某三点在一条直线上，那么它们构成的"三角形"蜕化成一条线段，其面积认为等于零.

在六边形 $ABCDEF$ 所在的平面上取一点 O，并研究所有以点 O 在其一个顶点的三角形．对于有向三角形（即面积可正可负的三角形），通常的平面几何学的命题仍然成立：如果 $\triangle ABC$ 和 $\triangle ABD$ 的顶点 C 和 D 在与它们的公共边 AB 平行的直线上，那么 $\triangle ABC$ 的面积和 $\triangle ABD$ 的面积相等．事实上，$\triangle ABC$ 的面积的绝对值等于 $\triangle ABD$ 的面积的绝对值，而当顶点沿着与三角形的底边平行的直线运动时，周界的回转方向不变.

因此，如果在六边形 $ABCDEF$ 中，$AB \parallel DE$，$BC \parallel EF$，

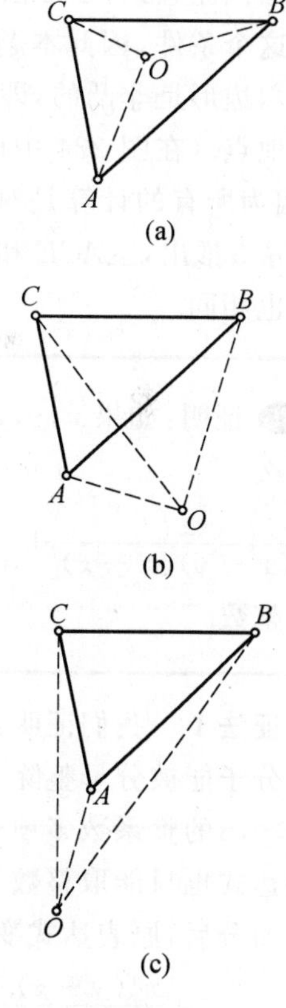

图 222

① $S_{\triangle ABC}$ 表示 $\triangle ABC$ 的面积．—— 中译者注

$CD // FA$，那么有向三角形——$\triangle ABE$ 和 $\triangle ABD$，$\triangle CDA$ 和 $\triangle CDF$，$\triangle EFC$ 和 $\triangle EFB$ 的面积彼此相等(图 223)．由此，利用关系式(2)，我们得到

$$S_{\triangle OAB}+S_{\triangle OBE}+S_{\triangle OEA}=S_{\triangle OAB}+S_{\triangle OBD}+S_{\triangle ODA}$$
$$S_{\triangle OCD}+S_{\triangle ODA}+S_{\triangle OAC}=S_{\triangle OCD}+S_{\triangle ODF}+S_{\triangle OFC}$$
$$S_{\triangle OEF}+S_{\triangle OFC}+S_{\triangle OCE}=S_{\triangle OEF}+S_{\triangle OFB}+S_{\triangle OBE}$$

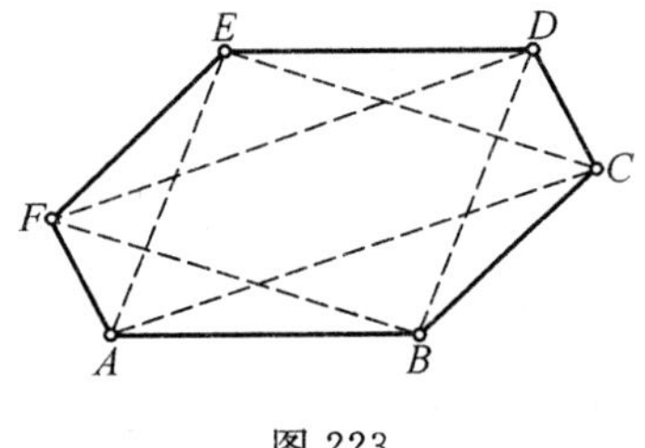

图 223

在上面的三个等式中，左边第一项和右边第一项是相同的，左边三个第二项和右边三个第三项也是相同的，仅仅是顺序不相同．因此，将三个等式左右分别相加，我们得到等式

$$S_{\triangle OEA}+S_{\triangle OAC}+S_{\triangle OCE}=S_{\triangle OBD}+S_{\triangle ODF}+S_{\triangle OFB}$$

由此，利用关系式(2)，我们得到

$$S_{\triangle ACE}=S_{\triangle BDF}$$

这就是所要证明的．

应该注意到，在证法 3 中，我们仅仅利用了六边形的对边平行这个条件，因此本题的断言在下面的情况也是成立的：如果原六边形是非凸的，即它的边可以相交于不是六边形的顶点的其他点．(在图 224 中画出了若干个这样的六边形) 另一方面，因为所有的计算是对有向三角形进行的，所以从第 174 题的证法3推出，$\triangle ACE$ 和 $\triangle BDF$ 的面积不仅绝对值相同，而且符号也相同．

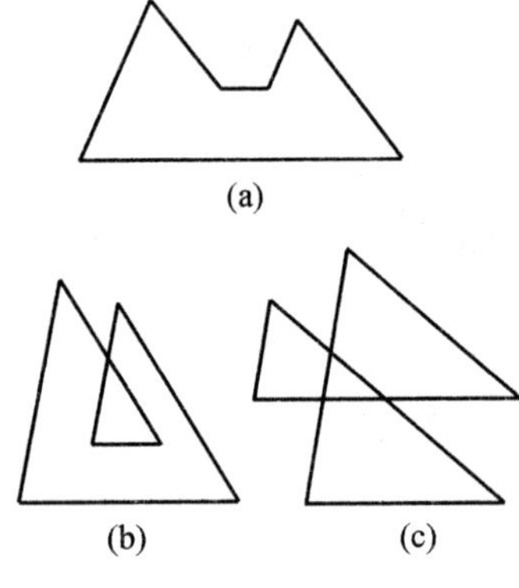

图 224

175 证明：如果 x,y,z 是不同的整数，而 n 是非负的整数，那么

$$\frac{x^n}{(x-y)(x-z)}+\frac{y^n}{(y-x)(y-z)}+\frac{z^n}{(z-x)(z-y)}$$

是整数．

证法 1 我们证明：如果将原表达式的三个被加项通分，那么分子能被分母整除(多项式整除)．它们的商仍然是三个变元 x,y,z 的整系数多项式．这样一来，如果 x,y,z 是整数，那么原表达式也只能取整数值．

通分后，原表达式变成

$$\frac{x^n(y-z)+y^n(z-x)+z^n(x-y)}{(x-y)(x-z)(y-z)} \tag{1}$$

当 $n=0$ 时，分子变成 0

$$(y-z)+(z-x)+(x-y)=0 \tag{*}$$

因此，当 $n=0$ 时，原表达式的值变为 0．其次，利用等式

$$x-y=-(y-z)-(z-x)$$

对任意的 n 可将分子变成

$$(x^n - z^n)(y - z) + (y^n - z^n)(z - x)$$

当 $n=1$ 时，分子变成零. 当 $n \geqslant 2$ 时，可以提出因式 $(x - z)(y - z)$，于是得到下面的形式

$$(x - z)(y - z)[x^{n-1} + x^{n-2}z + \cdots + xz^{n-2} + z^{n-1} - y^{n-1} - y^{n-2}z \cdots - yz^{n-2} - z^{n-1}] =$$

$$(x - y)(x - z)(y - z)[x^{n-2} + x^{n-3}y + \cdots + xy^{n-3} + y^{n-2}) + z(x^{n-3} + \cdots + y^{n-3}) + \cdots + z^{n-2}]$$

方括号中的 x, y, z 的多项式具有整系数，当 x, y, z 为整数时，它只能取整数值，这就是所要证明的.（当 $n=2$ 时，方括号中只剩下最后一项，当 $n=3$ 时，只剩下第一个圆括号中的项和最后一项）

对于上面的证法必须注意下面几点：

(1) 当 $n \geqslant 2$ 时，方括号中的多项式的结构很简单：它是 x, y, z 的所有可能的幂指数之和为 $n - 2$ 的幂的乘积之和.

(2) 为了证明本题的断言，如果仅仅证明了对于任何给定的 x, y, z，表达式(1) 的分子所相应的值能被每一个整数 $x - y, x - z, y - z$ 单独整除是不够的. 由此要得出表达式(1) 的分子能被乘积 $(x - y)(x - z)(y - z)$ 整除必须要三个差 $x - y, x - z, y - z$ 中的任何两个是互素的数. 在一般情况下，这个条件是不满足的.

现在把表达式(1) 的分子和分母看作三个变量 x, y, z 的多项式. 多项式 $x - y, x - z, y - z$ 没有非零次的公因式，即没有包含变量 x, y, z 的公因式，作为多项式，它们是互素的. 由此推出，在整系数多项式类中，从表达式(1) 的分子中可以提取乘积 $(x - y)(x - z)(y - z)$. 但是，在做出这个结论时，我们不加任何证明地利用了比我们所要证明的断言深刻得多的定理.

如果利用关于多项式分解因式的定理，可以证实我们的论证的正确性. 我们将这个定理以下面的形式来叙述：如果数 t 是多项式 $f(x)$ 的零点，那么 $f(x)$ 可以分解成因式 $x - t$ 和某一个次数比多项式 $f(x)$ 的次数低 1 次的多项式的乘积，如果 $f(x)$ 是整系数多项式，t 是整数，那么 $f(x)$ 可以分解成因式 $x - t$ 和某一个次数比多项式 $f(x)$ 的次数低 1 次的整系数多项式的乘积. 这个命题可由第 1 卷 §17 的(1) 中所证明的定理直接推出.

下面的证明实质上是利用这个定理.

证法 2　如果 $n=0$ 或 $n=1$. 表达式(1) 的分子变成 0. 当 $n \geqslant 2$ 时，将分子的项按 x 的降幂排列且用下面的方法将它们归并

$$x^n(y - z) - x(y^n - z^n) + yz(y^{n-1} - z^{n-1}) =$$

$$(y-z)[x^n - x(y^{n-1}+y^{n-2}z+\cdots+z^{n-1})+ \\ yz(y^{n-2}+\cdots+z^{n-2})] \tag{2}$$

（当$n=2$时，最后一个圆括号中的项变成1）我们把所得到的表达式看作是x的多项式f，而y和z当作整数参数($y\neq z$)．当$x=y$时，等式(2)的左边变成零．因为$y\neq z$，所以右边方括号中的因式也为零．这个因式是x的整系数多项式，而y是整数．因此，f可以表示成$(x-y)f_1(x;y,z)$的形式，其中$f_1(x;y,z)$是与y,z有关的x的整系数多项式，其次数比方括号中的多项式低1次．

当$x=z$时，由于等式(2)的左边为零而f_1前面的乘积$(y-z)(x-y)$不为零（因为$y\neq z$），所以这个多项式f_1变成零．因为$f_1(x;y,z)$是x的与y,z有关的整系数多项式，而z是整数，那么f_1可以分解为乘积$(x-z)f_2(x;y,z)$，这里$f_2(x;y,z)$是x的与y,z有关的整系数多项式，其次数比多项式$f_1(x;y,z)$低1次．这样一来，把任意的整数值x_1代入到表达式(1)经过变换后的分子中去，我们得到$(y-z)(x_1-y)(x_1-z)$和整系数多项式$f_2(x_1;y,z)$的乘积．因此，对整数x,y,z，表达式(2)仅有整数值，这就是所要证明的．

证法3 假设表达式(1)用$P_n(x,y,z)$来表示．我们对n用完全数学归纳法来证明$P_n(x,y,z)$是三个变量x,y,z的整系数多项式．

当$n=0$时，断言是对的，因为表达式$P_0(x,y,z)$恒等于零．

假设对某一个值$n=k$，$P_k(x,y,z)$是x,y,z的整系数多项式，约去相同的项，我们得到恒等式

$$P_{k+1}(x,y,z)-zP_k(x,y,z)= \\ \frac{x^{k+1}-zx^k}{(x-y)(x-z)}+\frac{y^{k+1}-zy^k}{(y-x)(y-z)}= \\ \frac{x^k-y^k}{x-y}$$

即

$$P_{k+1}(x,y,z)=zP_k(x,y,z)+(x^{k-1}+x^{k-2}y+\cdots+y^{k-1})$$

其中当$k=0$时，应该用零来代替圆括号中的和．因为根据归纳假设，$P_k(x,y,z)$是x,y,z的整系数多项式，所以类似的断言对$P_{k+1}(x,y,z)$也是对的．因此断言对所有的非负整数n被证明了．

证法4 表达式

$$(t-x)(t-y)(t-z)=t^3-(x+y+z)t^2+ \\ (xy+xz+yz)t-xyz$$

可看作 t 的多项式，当 $t=x, t=y, t=z$ 时，它变为零. 对于表达式

$$t^n(t-x)(t-y)(t-z)$$

也有上面所说的性质，其中 n 是任意的非负整数. 这样一来，不管 t 是表示变量 x, y, z 中的哪一个，总有恒等式

$$t^{n+3}=t^{n+2}(x+y+z)-t^{n+1}(xy+xz+yz)+t^n xyz \quad (t=x, \text{或 } t=y, \text{或 } t=z) \tag{3}$$

(不难直接验证它的正确性)

和在证法 3 中一样，我们用 $P_n(x,y,z)$ 来表示表达式(1). 这时，借助于恒等式(3) 来变换表达式 $P_{n+3}(x,y,z)$，我们得到新的恒等式

$$P_{n+3}(x,y,z)=(x+y+z)P_{n+2}(x,y,z)-(xy+xz+yz)P_{n+1}(x,y,z)+xyzP_n(x,y,z)$$

由此看出，如果对三个连续的整数值 n，表达式 $P_n(x,y,z)$ 是 x,y,z 的整系数多项式，那以对于 n 的所有更大的值，表达式 $P_n(x,y,z)$ 也是 x,y,z 的整系数多项式. 而 $P_0(x,y,z)=P_1(x,y,z)=0, P_2(x,y,z)=1$. 因此，对于 n 的所有非负的整数值，$P_n(x,y,z)$ 是 x,y,z 的整系数多项式.

176 在水平面上，三个点和天线的基点相距 100 m，200 m，300 m，从这三点测得天线的视角的和为 90°. 天线的高等于多少？

解法 1　假设天线高 x m，和天线基点相距 100 m，200 m 和 300 m 的点对天线的张角为 α, β, γ. 这时

$$\tan\alpha=\frac{x}{100}, \tan\beta=\frac{x}{200}, \tan\gamma=\frac{x}{300}$$

根据本题条件 $\alpha+\beta+\gamma=90°$，所以

$$\tan\gamma=\frac{x}{300}=\tan[90°-(\alpha+\beta)]=\cot(\alpha+\beta)=\frac{1}{\tan(\alpha+\beta)}=\frac{1-\tan\alpha\tan\beta}{\tan\alpha+\tan\beta}=\frac{1-\frac{x}{100}\times\frac{x}{200}}{\frac{x}{100}\times\frac{x}{200}}=\frac{100\times200-x^2}{300x}$$

因此

$$2x^2=100\times200$$

因为天线的高 x 只能是正数，所以 $x=100$ m.

解法2 假设 CT 是天线的高. 在不同的两侧取线段 $TA=100$ m 和 $TB=200$ m，使和 CT 都成直角. 这时 $AB=300$ m. 因此，$\angle\gamma$ 显然可以看作是点 A 对线段 $BD=CT$ 的张角，BD 是由点 B 所作线段 AB 的垂线，且和线段 CT 在 AB 的不同的两侧（图225）. 四边形 $BCTD$ 是平行四边形，因为它的两条对边 CT 和 BD 平行且相等. 因此，相交于点 E 的两条对角线 CD 和 TB 相互平分. 于是 $ET=100$ m，$\angle TEC=\alpha$，$\triangle ACE$ 是等腰三角形. 我们来确定 $\angle ACE$. 因为在四边形 $ADBC$ 中，顶点 A 和 B 的顶角之和等于 $\alpha+\beta+\gamma+90°$. 根据本题条件 $\alpha+\beta+\gamma=90°$，所以顶角 A 和 B 之和等于 $180°$. 因此，四边形 $ADBC$ 可以内接于一圆，且 AD 和这个圆的直径重合，因为点 B 对它所张的角为 $90°$. 于是有 $\angle ACD=\angle ACE=90°$. 这样一来，$\triangle ACE$ 是等腰直角三角形，从而角 α 等于 $45°$. 这就是说，$\triangle ATC$ 也是等腰直角三角形，因而天线的高等于 100 m.

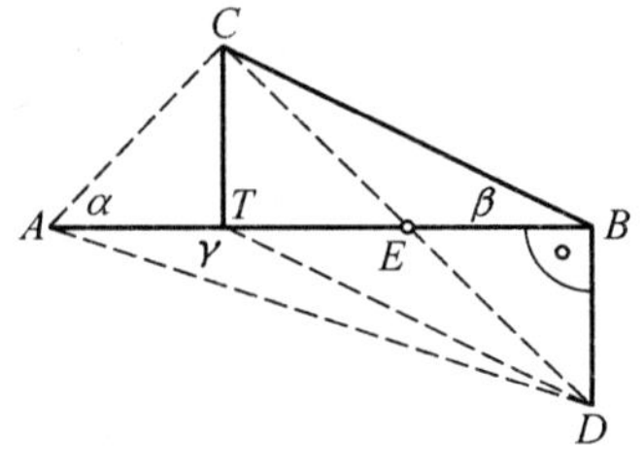

图 225

解法3 我们以三种形式来画天线：在天线基点的两边各取一条线段，线段的端点对天线所张的角为 α 和 β，β 和 γ，γ 和 α（图226），根据本题条件，和 $\triangle A_1D_1B_1$，$\triangle B_2D_2C_2$，$\triangle C_3D_3A_3$ 的边 A_1B_1，B_2C_2，C_3A_3 挨着的顶角之和等于 $2\alpha+2\beta+2\gamma=2\times90°=180°$. 因此，$\angle A_1D_1B_1+\angle B_2D_2C_2+\angle C_3D_3A_3=360°$. 因为 $B_1D_1=B_2D_2$，$C_2D_2=C_3D_3$，$A_3D_3=A_1D_1$，所以由 $\triangle A_1D_1B_1$，$\triangle B_2D_2C_2$，$\triangle C_3D_3A_3$ 可以构成 $\triangle ABC$（图227）. 它的边 $AB=300$ m，$BC=500$ m，$CA=400$ m. 于是有关系式

$$BC^2=CA^2+AB^2$$

由此（根据勾股定理的逆定理）推出，$\triangle ABC$ 是直角三角形，且 $\angle CAB=90°$. 这样一来，$2\alpha=90°$，因而天线的高等于 100 m.

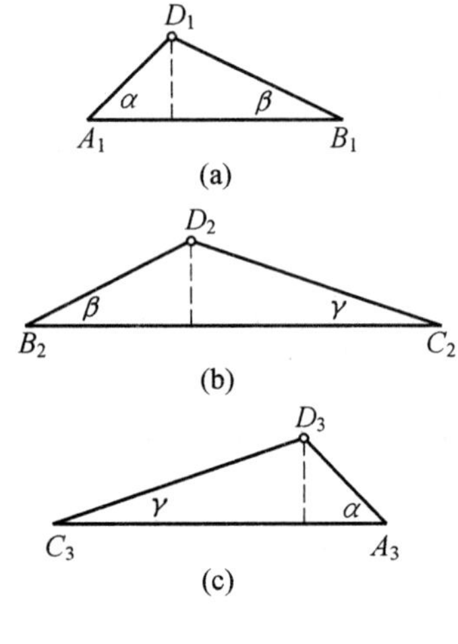

图 226

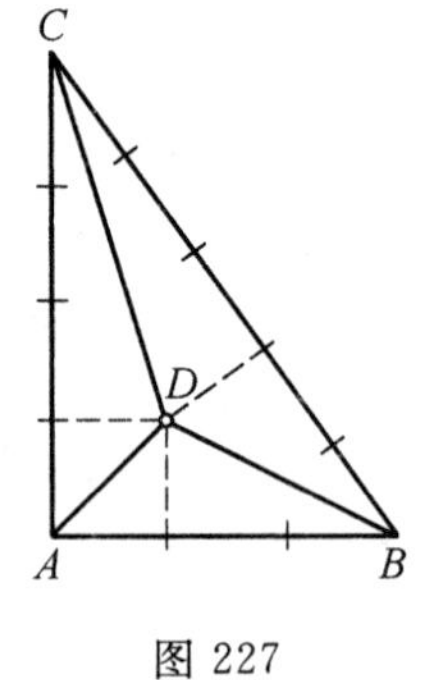

图 227

177 三兄弟在某一天去看望生病的朋友，而且在这同一天，三兄弟的妻子也去看望这位朋友. 任何一名拜访者去的次数都不超过一次. 三兄弟中的每一个人在病友的房间里都遇到了他两个兄弟的妻子. 证明：三兄弟中的某一人在病友的房间里遇到了自己的妻子.

证法1 例如，我们假设兄弟 A 在朋友的病房里没有遇到自己的妻子. 这时 A 的妻子或者在她的丈夫去之前已经离开了（在这种情况下，她比其他两妯娌先离开病房，因为在她之后去的 A 在病房里遇到了这两妯娌），或者是在自己的丈夫离开病房之后去的（在这种情况下，她比其他两妯娌去得迟，因为这两妯娌在病房遇到了她的丈夫 A，而她去之前，A 已经走了). 这样一来，三妯娌中的每一个人仅仅在两种情况下没有遇到自己的丈夫，或者她比其他两妯娌先离开病房，或者她比她们去得晚.

但是在三妯娌中至少有一个人不比其他两个人都去得迟也不比其他两个人都早离开. 因此，三妯娌中至少有一个人在病房里遇到了自己的丈夫.

证法 2　我们用反证法来证明本题断言. 假设任何一对夫妇都没在病房里相遇.

如果兄弟 A 到朋友那儿去比自己的妻子去得早，那么他应该在他的妻子去之前就离开朋友那儿了. 根据本题条件，A 在朋友那儿遇到了兄弟 B 的妻子. 因此，兄弟 B 的妻子去看望生病的朋友比 A 的妻子要早. 兄弟 B 在自己的妻子离开之后(为了使得和她不相遇) 才能在病房遇到 A 的妻子.

如果兄弟 A 到朋友那儿去比自己的妻子去得晚，那么由上面的论证推出：兄弟 B 应该比自己的妻子去得早，即两对夫妇 A 和 B 去看望朋友正好是相反的次序(即若 A 比妻子早去，则 B 比妻子晚去；若 A 比妻子晚去，则 B 比妻子早去. —— 中译者注).

对于夫妇 A 和 C，B 和 C 重复同样的论证，我们得到下面的结论：为了使得夫妇之间不相遇，那么夫妇 C 去看望生病的朋友应该和两对夫妇 A 和 B 的次序相反，这是不可能的，因为根据上面所证明的，夫妇 A 和 B 去看望的次序相反. 因此，三兄弟中至少有一个人在病房里遇到了自己的妻子.

用同样的方法可以证明比较一般的定理. 为了便于理解，我们稍微改变一下方式来叙述原题.

三对夫妇在桌旁就坐，例如，以这样的顺序：兄弟 A，兄弟 B 的妻子，兄弟 C，兄弟 A 的妻子，兄弟 B，兄弟 C 的妻子(她的另一边坐的是兄弟 A). 我们假设经两天这所有在桌旁就坐的六个人去看望生病的朋友，每个人只去一次且在那里遇到了前一天坐在自己左右两边的人. 我们断定，这只可能发生在下面的情况下：如果至少有一对夫妇(在桌旁，他们彼此坐在对面) 在病房相遇.

以这种方式叙述的第 177 题可以看作是下面比较一般的断言的特殊情形.

n 对夫妇在桌旁以这样的方式就坐，使每对夫妇坐在对面. 他们大家约定第二天去看望一个生病的好友. 第二天，每个人去看望朋友时在那里遇到了在桌旁坐在自己左右两边的两个人. 我们知道，每个人看望朋友只去了一次. 试证明：至少有一对夫妇在朋友那里相遇.

我们假设命题是不正确的：任何一对夫妇在病房里都没有相遇（其他条件仍然认为是满足的）. 在桌旁就坐的次序表示作：$A_1, A_2, \cdots, A_{2n}$，这时 A_1 和 A_{n+1}，A_2 和 A_{n+2}，…，A_n 和 A_{2n} 是夫妇. 我们选取这样的表示法，使得在 A_1 和 A_{n+1} 这一对夫妇中，先去看生病的朋友的叫作 A_1（根据问题的条件，这意味着，A_1 和 A_{n+1} 去之前就离开朋友那儿了）. 这时在病友那儿和 A_1 相遇的 A_2 应该比 A_{n+1} 先到朋友那儿去. A_2 的配偶 A_{n+2} 在病友那儿和 A_{n+1} 相遇，但根据问题条件没和 A_2 相遇，所以 A_{n+2} 只能在 A_2 离开朋友那儿以后才去. 类似地 A_{n+3} 只能在 A_3 离开之后才去等. 重复这样的论证 n 次，虽然我们是从假设"A_1 比 A_{n+1} 先到病友那儿去"出发的，可是却得到这样的结论：在病友那儿遇到 A_1 的 A_{2n} 只能在他的（或她的）配偶 A_n（A_n 在病友那儿遇到了 A_{n+1}）走了之后才能去.

因此，至少有一对夫妇在生病的朋友那儿相遇，这就是所要证明的.

178 在参观团的任意四个人中，有一个人原先见过其他三个人. 证明：在任何四名参观团员中，总可以找到一个人，他原先见到过所有的参观团员.

证明 我们只要讨论参观团的人数不少于4人的情况. 如果参观团的人数少于4人，问题的条件和结论就失去意义了.

假设 A 和 B 是两个原来未曾见过面的参观团员. 这个假设是允许的，因为要不然的话，那么每一名团员原先见过所有其他的团员，从而本题断言对每一名团员都成立了. 我们还假设另外还有两名团员（他们构成不同于 AB 的一对）在参观时是首次见面，因为如果不存在这样一对团员，那么在任何四名团员中可以找到这样一个人（甚至两个这样的人），他原先见过所有其他的团员.

在不同于 AB 这一对且原来未曾见过面的一对团员中，必定要么包含有 A，要么包含有 B. 事实上，我们假设在这一对团员中既没有 A 也没有 B（我们用 CD 来表示他们）. 这时在四名团员 A, B, C, D 中找不到任何一个人，他原来见过所有其他三个人，这与本题条件相违. 于是，我们假设不同于 AB 的原来未曾见过面的一对团员是 AC（选用适当的记号，我们总可以做到这一点）.

现在我们来弄清楚：在不同于 AB 和 AC 的一对团员中，能否还有原来未曾见过面的一对团员. 根据上面的证明，在每一个这样的对子中要么有 A，要么有 B. 但是对于 AC，也可进行同样的论证. 因此，在任何两个原来未曾见过面的团员中，要么有 A，要么有 C，这样一来，这个原来未曾见过面的“新”对子只能可是 BC 和 AD，这里的 D 不是上面所说到的团员.

但是，最后一种情况是不可能的，因为四个团员 A,B,C,D 不满足本题的条件. 因此，如果不算对子 AB,AC，那么初次见面的一对团员只可能是 BC. 因此，如果不算团员 A,B,C，那么其他任何一个团员原先和所有的团员都见过面. 因为在任何四个团员中，总可以找到一个不同于 A,B,C 的团员，所以本题的断言被证明了.

第 178 题可以“翻译”成图论(见第 1 卷 § 52)的语言. 每一名参观团员对应于图的一个且仅仅一个顶点，未曾见过面的两名团员所对应的顶点用边联结起来. 根据本题条件，我们得到一个有限图，它所有边联结两个不同的顶点，且联结每一对顶点的边不多于一个，在这个证法中，当说到图时，我们总是指这样的图.

原题可以用下面的方式来叙述，下面所叙述的问题和原题是等价的. 假设在不少于四个顶点的图中，不能找到这样四个顶点，它们之中的每一个顶点至少和其他三个顶点中的一个用边联结起来. 这时，在图的任何四个顶点中，可以找到这样一个顶点，它和所有其他的顶点都没有用边联结起来.

用图论的语言可得到问题的简短而明显的证明.

不失一般性，我们假设在图中至少有两条不同的边 a 和 b，因为要不然的话，在所有的顶点(可能除去两个顶点)中，没有引出任何一条边，因而在图的任何四个顶点中，总可以找到这样一个顶点，它没有引出任何一条边，边 a 和 b 有一个公共的端点，因为要不然的话，它们的端点所构成的四个点不满足本题的条件. 用类似的论证可以查明：假若不算边 a 和 b，那么在图中只能有一条边，而且这条边与边 a 和 b 至少有一个公共端点. 这条边或者是由联结边 a 和 b 的自由端点而得到的，或者是由边 a 和 b 的公共端点发出的(图 228). 后一情形是不可能的，因为由一个顶点发出三条边是和本题条件相违的. 这样一来，只能是和边 a,b 的三个端点相重合的图的顶点才能用边联结. 这就证明了，在任意四个顶点中，至少可以找到这样一个顶点，它不和图的其他任何一个顶点用边联结起来.

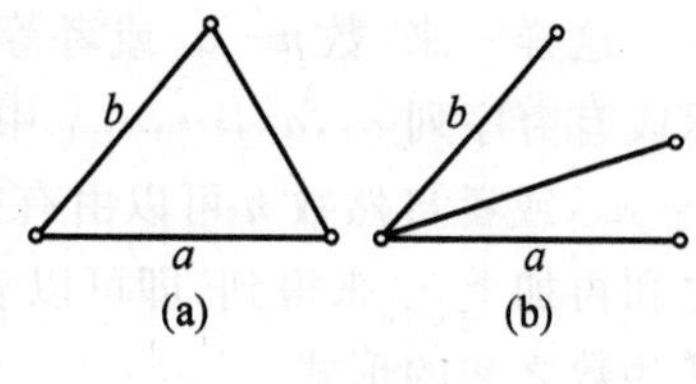

图 228

179 假设 $a_1=1,a_2,a_3,\cdots$ 是无穷的自然数列,当 $k>1$ 时,有不等式

$$a_k\leqslant 1+a_1+a_2+\cdots+a_{k-1}$$

证明:所有的自然数都可以表示成这个数列的某些项之和的形式(在特殊的情形,和可以由一项构成,即自然数可以和数列的某一项重合).

证法1 我们来证明比所要证明的稍广一点的断言,即下面的断言:如果 $0<n\leqslant a_1+a_2+\cdots+a_k$,那么自然数 n 可以表示成有穷序列 $a_1,a_2,\cdots,a_k$ 中某些数之和的形式.我们对 k 利用完全数学归纳法.

如果 $k=1$,那么断言成立,因为根据本题条件 $a_1=1$,在这种情况下,n 只能等于1.

假设 $k>1$.我们假设当上面的不等式中的数 k 用 $k-1$ 来代替的时候,断言成立.

如果 $0<n\leqslant a_1+a_2+\cdots+a_{k-1}$,那么根据归纳假设,数 n 可以表示成所要求的形式,即可表示成有穷序列 $a_1,a_2,\cdots,a_{k-1}$ 中某些数之和的形式.

假设

$$1+a_1+a_2+\cdots+a_{k-1}\leqslant n\leqslant a_1+a_2+\cdots+a_k$$

因为根据本题条件,不等式的左端不小于 a_k,所以从后一不等式推出

$$0\leqslant n-a_k\leqslant a_1+a_2+\cdots+a_{k-1}$$

这样一来,数 $n-a_k$ 或者等于0,或者根据归纳假设可以表示成有穷序列 $a_1,a_2,\cdots,a_{k-1}$ 中的某些数之和的式.于是,或者 $n=a_k$,或者自然数 n 可以由有穷序列 $a_1,a_2,\cdots,a_{k-1}$ 中某些数之和再加上 a_k 来得到,即可以表示为有穷序列 $a_1,a_2,\cdots,a_k$ 的某些数之和的形式.

证法2 如同上面的证法1那样,我们来证明:如果 $0<n\leqslant a_1+a_2+\cdots+a_k$,那么自然数 n 可以表示成有穷序列 $a_1,a_2,\cdots,a_k$ 的某些项之和的形式,但这一次我们对 n 来用完全数学归纳法.

如果 $n=1$,那么断言对任何 k 的值都成立,因为根据本题条件 $a_1=1$.

设 $n>1$.假设断言对于所有小于 n 的数 m 是成立的.

对于固定的 $n>1$,应该研究使不等式 $n\leqslant a_1+a_2+\cdots+a_k$ 成立的 k 的值.这只要研究使不等式

$$a_1+a_2+\cdots+a_{k-1}<n\leqslant a_1+a_2+\cdots+a_k$$

成立的最小的 k 值就行了，因为当 k 增加的时候，只不过是在自然数 n 表示成有穷序列 $a_1,a_2,\cdots,a_k$ 的某些数的和的形式时，这种挑选数的方法增加了而已.

由后一不等式可以得到不等式 $0\leqslant m\leqslant a_k$，其中 $m=a_1+a_2+\cdots+a_k-n$. 利用本题条件所给出的不等式，我们得到

$$0\leqslant m\leqslant a_k-1\leqslant a_1+a_2+\cdots+a_{k-1}<n$$

因此，如果除了 $m=0$（即 $n=a_1+a_2+\cdots+a_k$）的情况以外，那么

$$0<m<n\leqslant a_1+a_2+\cdots+a_k$$

根据归纳假设，这意味着数 m 可以表示 $a_1,a_2,\cdots,a_k$ 中某些项之和. 此外我们得到，自然数 n 可以表示成序列 $a_1,a_2,\cdots,a_k$ 的其余的项之和的形式.

180 假设点 E 是正方形 $ABCD$ 的边 AB 的中点，在边 BC 和 CD 上取点 F 和 G，使 AG 和 EF 平行. 证明：线段 FG 和正方形 $ABCD$ 的内切圆相切.

证法 1　设 $\triangle CFG$ 的某傍切圆和它的边 FG 相切于点 H，和边 CF,CG 的延长线相切于点 J,K（图 229），那么

$$CJ=CK,FJ+GK=FG \tag{1}$$

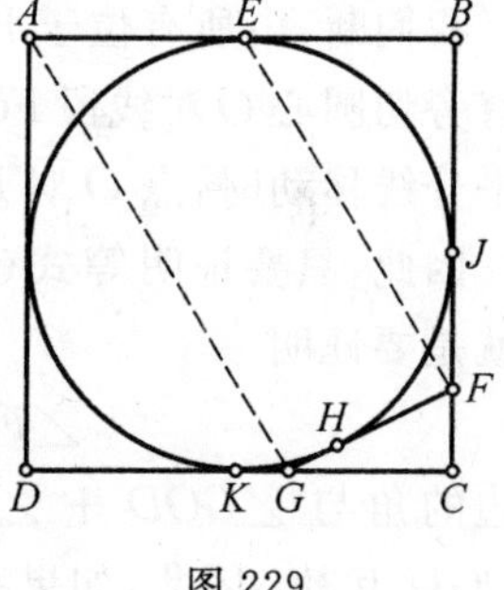

图 229

因为由一点向同一圆所作的切线是相等的，所以 $FJ=FH$ 和 $GK=GH$. 不但如此，而且在所有由一个点在边 CF 的延长线上，另一个点在 CG 的延长线上所构成的点对中，只有这两个和傍切圆相切的切点才能满足关系式(1). 事实上，如果移动点 J 和 K，那么线段 $CJ=CK$ 的长度或者增加，或者减小. 因此，和 $FJ+GK$ 的量值也或者增加，或者减小，已不等于线段 FG 的长了.

如果我们能够证明正方形的边 BC,CD 的中点 J，点 K 是边 BC,CD 和旁切圆相切的切点的话，那么这个旁切圆和正方形 $ABCD$ 的内切圆相重合，且线段 FG 和正方形的内切圆相切. 我们注意：点 J 和 K 在边 CF 和 CG 的延长线上. 事实上，$AG\parallel EF$，$AK\parallel EC$，于是点 K,G,C 的分布顺序和点 C,F,J 的分布顺序是一样的.

设正方形的边长等于 2（换句话说，取正方形的边的一半作为长度单位）. 这时，如果设 $DG=x$，那么

$$CG=2-x,GK=x-1$$

$\triangle ADG$ 和 $\triangle FBE$ 是相似的（因为它们的边平行），因此 2：

$x=FB:1$，即 $FB=\frac{2}{x}$，故

$$CF=2-\frac{2}{x},FJ=\frac{2}{x}-1$$

我们所要证明的关系式 $(FJ+GK)^2=FG^2$ 可用勾股定理变成和它等价的式子

$$\left[\left(\frac{2}{x}-1\right)+(x-1)\right]^2=\left(2-\frac{2}{x}\right)+(2-x)^2 \quad (*)$$

式(*)是成立的，因为它的左边的表达式可表示成

$$\left(\frac{2}{x}-2+x\right)^2=\left(\frac{2}{x}-2\right)^2+2x\left(\frac{2}{x}-2\right)+x^2$$

而

$$2x\left(\frac{2}{x}-2\right)+x^2=4-4x+x^2=(2-x)^2$$

证法2 如果点 O 是 Rt$\triangle CFG$ 的旁切圆的圆心，该圆与斜边 FG 及直角边的延长线相切（图230），那么

$$\angle FOG=45^\circ \quad (2)$$

因为 OF 和 OG 是 $\angle JFH$ 和 $\angle HGK$ 的平分线，而 $\angle JFH$ 和 $\angle HGK$ 是 $\triangle CFG$ 的两个互余的角的补角（点 H,J,K 是切点；这里的表示法和证法1中所用的表示法一样）.

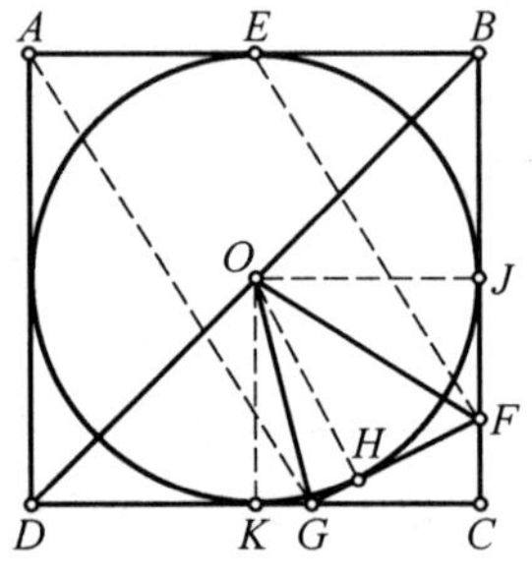

图230

我们断言：所有位于 Rt$\triangle CFG$ 的直角的平分线上的点中，只有旁切圆心 O 对线段 FG 的张角为 45°. 事实上，当点 O 沿着角平分线移动时，点 O 对 FG 的张角或者增加，或者减小.

因此，只要证明等式(2)仅对正方形的中心成立就行了，也就是要证明

$$\angle FOG=\angle GDO \quad (3)$$

左边的角与 $\angle GOD+\angle FOB$ 互补，右边的角与 $\angle GOD+\angle OGD$ 互补. 因此，如果我们能证明

$$\angle FOB=\angle OGD \quad (4)$$

那么式(3)成立.

首先我们注意，因为 $AG /\!/ EF$，$\triangle ADG$ 和 $\triangle FBE$ 相似，所以 $DG:2a=a:BF$，这里 $2a$ 是正方形的边长，因此 $DG\cdot BF=2a^2$. 由于 $DO=BO=\sqrt{2}a$. 所以 $DG:DO=BO:BF$. 由这个比例等式可知 $\triangle GDO$ 和 $\triangle OBF$ 相似，因为在这两个三角形中，$\angle GDO=\angle OBF=45^\circ$. 由这两个三角形相似推出对应角相等. 即等式(4)成立.

证法3 如果点 F 给定了，那么条件 $AG /\!/ EF$ 单值地确定点 G. 如果过点 F 作正方形的内切圆的第二条切线（第一条切线和正方形通过点 F 的边重合），那么它和正方形的边 CD 的交点也由点 F 单值确定. 第180题断言，由给定点 F 单值确

定的两个点互相重合.因此我们来证明:如果线段 FG 和正方形的内切圆相切,那么 $AG \parallel EF$.

在研究正方形的内切圆的同时,我们还研究 $\triangle CFG$ 的和边 CF 以及其他两边的延长线相切的旁切圆(图 231).假设点 R 是这个圆和边 CG 的延长线(因此也是正方形的边 CD 的延长线)相切的切点.点 F 可以看作是两个圆的相似内心,因为它和这两个圆的内公切线的交点重合,由此推出,两个圆分布在内公切线的两侧,由于相似,这两个圆与相互平行的直线 AB 及 DC 相切的切点 E,R 和 F 在一条直线上并在点 F 的两侧.

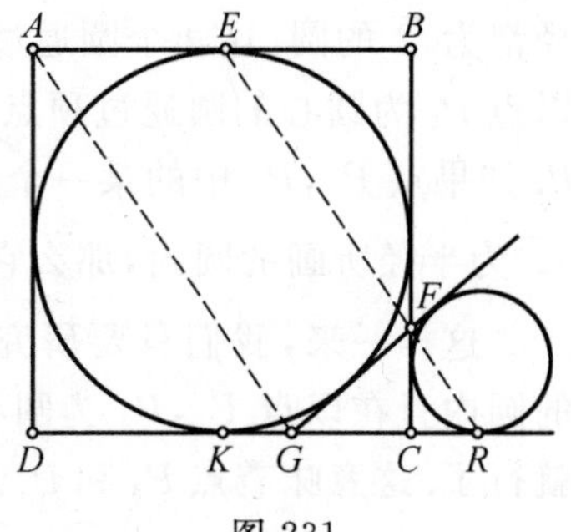

图 231

于是,为了要证明 $AG \parallel EF$(即 ER),也就是要证明四边形 $AERG$ 是平行四边形,只要证明 $GR = AE$ 就行了.但这个等式可以这样推出:首先 $AE = KC$,其中点 K 是边 CD 的中点,其次,$CR = KG$,因为旁切圆同三角形的一条边向两个顶点外的延长线相切,两个切点关于这边的中点是对称的.

对于第 180 题以及上面所作的证明,我们做某些注解.

(1) 在证法 3 中所证明的断言在下面的情况下仍然有效:如果所说的不是属于正方形的边 BC,CD,而是属于直线 BC,CD,以及不是和正方形的内切圆相切的线段 FG,而是和正方形的内切圆相切的直线 FG.新的断言的证明和证法 3 中所作的证明相差不大,我们把它留给读者.

(2) 本题的断言在下面的情况下仍然有效:如果所研究的不是正方形,而是菱形,点 E 不是边 AB 的中点,而是边 AB 和菱形的内切圆相切的切点.在这种情况下,证法 3 可以直接搬过来.

本题的断言在下面情况下仍然有效:如果不仅用菱形来代替正方形,用菱形的一条边和它的内切圆相切的切点来代替边 AB 的中点 E,而且用线段 BC,CD 和 FG 所在的直线来代替这些线段.这个断言的证明和证法 3 差不多,我们把它留给读者.

181 平面上的四个点可以连成六条线段.证明:最长的线段和最短的线段的比不小于$\sqrt{2}$.

证法 1 假设点 P_1,P_2,P_3,P_4 是平面上的四个给定点.我们取这些点所确定的线段中最短的作为长度单位.现在要证明:在 6 条线段中至少有一条线段的长度不小于$\sqrt{2}$.

假设 P_1P_2 是由四个给定的点所确定的线段中最短的线段,即单位长线段.以点 P_1 和 P_2 为圆心作两个单位圆(图 232).点 P_3,P_4 中的任何一个点都不可能在这两个圆内,因为要不然的话，线段 P_1P_2 就不是点 P_1，P_2，P_3，P_4 所确定的线段中最短的线段了．现在我们以点 P_1 和 P_2 为圆心作两个半径都为$\sqrt{2}$ 的圆．这两个圆通过正方形 P_1P_2BA 的顶点 A 和 B，以点 P_2 为圆心的圆通过顶点 A，以点 P_1 为圆心的圆通过顶点 B．如果点 P_3，P_4 中的某一个点不在以点 P_1 和 P_2 为圆心，以 $\sqrt{2}$ 为半径所画的圆内，那么它到圆心的距离不小于$\sqrt{2}$．

这样一来，我们只要研究点 P_3 和 P_4 在每一个半径为$\sqrt{2}$ 的圆内且在以点 P_1，P_2 为圆心的单位圆外（或在圆上）的情形就行了．这意味着点 P_3 和 P_4 属于曲线多边形 $ADBC$ 和曲线多边形 $A'D'B'C'$，但除去$\widehat{AD}$，$\widehat{BD}$ 和$\widehat{A'D'}$，$\widehat{B'D'}$ 上的点．

从图 232 看出，曲线四边形 $ACBD$ 位于以 AB 为对角线的正方形内，且在曲线四边形的顶点中，只有顶点 A 和 B 在正方形的周界上（下面我们严格证明这一点）．由此（由于曲线四边形 $ACBD$ 和曲线四边形 $A'C'B'D'$ 对称）推出，曲线四边形的任意两点之间的距离不大于 1，因为位于正方形内的任一线段不会大于正方形的对角线（也许这样做更显然：作正方形的外接圆，其圆的直径等于正方形的对角线，位于圆内的任一线段总比它的直径短）．

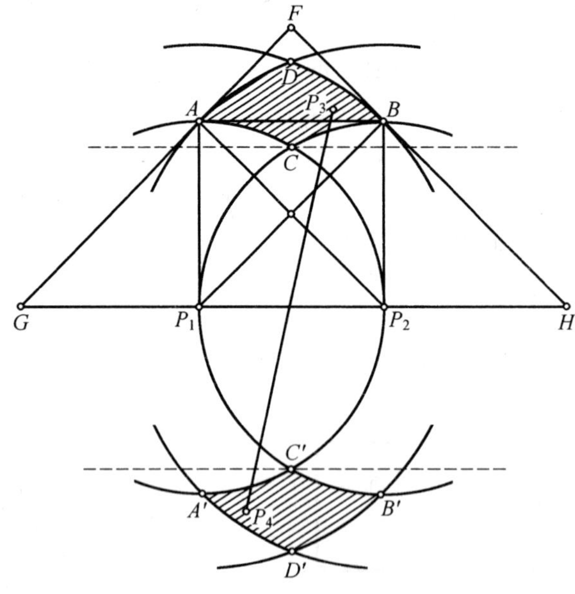

图 232

于是只要研究点 P_3 属于一个曲线四边形，而点 P_4 属于另一个曲线四边形的情况就行了．过点 C 和 C' 作直线和线段 P_1P_2 平行．这两条直线确定了一个带子，这条带子把曲线四边形 $ACBD$ 和曲线四边形 $A'C'B'D'$ 分开了．带子的宽大于$\sqrt{2}$，因为单位长线段 CP_1 和 P_1C' 之间的夹角等于 120°，即大于

90°. 线段 P_3P_4 和带子相交. 因此，它的长度不小于带子的宽，即不小于$\sqrt{2}$，这就是所要证明的.

上面我们借助于图 232 利用了下面这一点：曲线四边形 $ACBD$ 包含在以 AB 为对角线的正方形内，而且只有曲线四边形的顶点 A 和 B 属于正方形的周界. 现在我们比较严格地证明这个断言.

圆周的弧所围成的曲线四边形的顶点 A 和 B 必定在正方形的周界上. 因此只要证明曲线四边形 $ACBD$ 的其他的点不属于正方形的周界就行了. 除了顶点 A 和 B 以外，线段 AF 和 BF 不包含曲线四边形其他的点，因为这两条线段在过点 A 和 B 向大圆弧所作的切线上. 由此推出曲线四边形 $ACBD$ 在 $\triangle FGH$ 内. 以点 P_1 为圆心的单位圆的$\overset{\frown}{AP_2}$ 和 $\triangle FGH$ 的周界相交两次（在点 A 和点 P_2）且把曲线四边形 $ACBD$ 和弦 AP_2 分开. 只有弦 AP_2 的端点才可能是曲线四边形 $ACBD$ 和这条弦 AP_2 的公共点. 因此，除了点 A 以外，线段 AP_2 上的任何其他的点都不可能属于曲线四边形 $ACBD$. 对于线段 BP_1 也可以进行同样的论证（除了点 B 外，它上面的任一点都不属于曲线四边形 $ACBD$）.

证法 2　在直角三角形中，斜边与较小的（精确地说，不是较大的）直角边的比不小于$\sqrt{2}$. 事实上，如果 $a \leqslant b$，那么 $c^2 = a^2 + b^2 \geqslant 2a^2$，由此得到$\frac{c}{a} \geqslant \sqrt{2}$.

如果三角形的两边长度保持不变，而其夹角增加，那么第三边也变大（见第 1 卷 § 38），因此在钝角三角形甚至在蜕化的三角形（彼此衔接起来的线段所组成的）中，最大的边和最小边的比大于$\sqrt{2}$.

于是，只要证明在平面上的四个点中，总可以找到这样三个点，它们是直角三角形、钝角三角形或蜕化成三角形的顶点就行了. 在平面上任意取四个点. 不失一般性，可以假设其中任何三点都不在一条直线上. 我们研究所取四点的凸包，即在这四个点上插上针，将线缠在针上拉紧后所围成的多边形. 因为四个点中的任何三个点都不在一条直线上，它们的凸包或者是三角形，或者是四边形.

如果凸包具有 $\triangle P_1P_2P_3$ 的形状（图 233），由于任何三点都不在一条直线上，所以点 P_4 在这个三角形内. 线段 P_4P_1，P_4P_2，P_4P_3 把 $\triangle P_1P_2P_3$ 分成三个小的三角形. 这三个小三角形在顶点 P_4 的三个顶角之和等于 360°. 因此这些小三角形中至少有一个是钝角三角形（不仅如此，在这些小三角形中至少

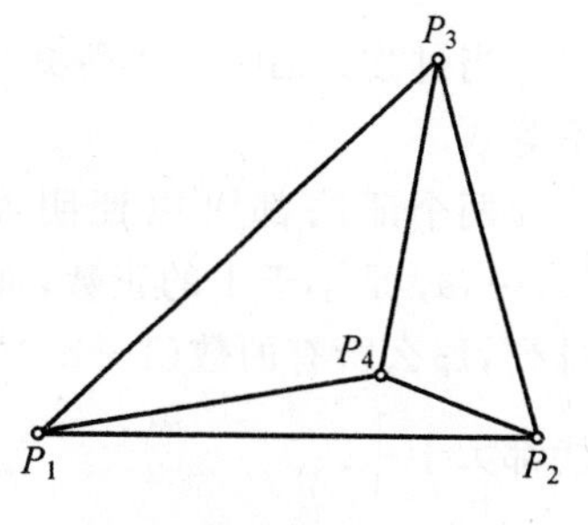

图 233

有两个是钝角三角形).

如果凸包具有四边形的形状,那么可以肯定它的四个内角不可能都是锐角,因为它们的和等于360°.因此,最大的角是直角或钝角,而夹这个角的两边是直角三角形或钝角三角的两条边.

182 证明:由正数 $a<1,b<1,c<1$ 构成的三个乘积

$$(1-a)b,(1-b)c,(1-c)a$$

不可能同时大于$\frac{1}{4}$.

证法1 我们这样着手:如果 $0<a<1$,那么

$$a(1-a)\leqslant\frac{1}{4}$$

因为当把所有的项移到一边时,我们显然得到不等式$\left(a-\frac{1}{2}\right)^2\geqslant 0$.类似的不等式对数 b 和 c 也成立.由此推出:数 $(1-a)b,(1-b)c,(1-c)a$ 的乘积满足不等式

$$[(1-a)b][(1-b)c][(1-c)a]=$$
$$a(1-a)\cdot b(1-b)\cdot c(1-c)\leqslant$$
$$\left(\frac{1}{4}\right)^3$$

方括号中的每一个因式不可能都大于$\frac{1}{4}$,因为不然的话,其乘积将大于$\left(\frac{1}{4}\right)^3$.

证法2 如果将数 a,b,c 循环排列(即取数 c,a,b 来代替数 a,b,c),那么乘积$(1-a)b,(1-b)c,(1-c)a$ 所构成的三数组不变.不失一般性,可以假设 a 是三个数中最大的数,即 $b\leqslant a$.这时

$$(1-a)b\leqslant(1-a)a\leqslant\frac{1}{4}$$

当过渡到后一个不等式时我们利用了证法一中所证明的不等式.

两个证法都可以证明本题断言的一种推广:如果 $a_1,a_2,\cdots,a_n$ 是小于1的正数,而 $b_1,b_2,\cdots,b_n$ 是这些数的某一种排列,那么所有的数$(1-a_1)b_1,(1-a_2)b_2,\cdots,(1-a_n)b_n$ 不可能都大于$\frac{1}{4}$.

183 对两个外离的圆作一条外公切线和一条内公切线. 将属于每个圆的两个切点连成一条弦. 证明：两弦所在的直线的交点在两圆的连心线上.

证法 1　假设点 C 是圆心为 O_1 和 O_2 的两圆的外公切线(A_1A_2)和内公切线(B_1B_2)的交点(图 234). 四边形 $O_1A_1CB_1$ 和四边形 $CA_2O_2B_2$(有时我们把它们叫作三角洲)在顶点 A_1, B_1 和 A_2, B_2 处的顶角为直角，它们是相似的，因为它们在顶点 C 处的两个顶角之和为 $180°$，因此两个四边形的非直角的顶角彼此相等. 四边形的对角线 CO_1 和 CO_2 彼此垂直，因为它们是顶点 C 处的两个和为 $180°$ 的顶角的平分线. 因为对角线 A_1B_1 垂直于对角线 CO_1，而对角线 A_2B_2 垂直于对角线 CO_2(作为三角洲的对角线)，所以 $A_1B_1 /\!/ CO_2$, $A_2B_2 /\!/ CO_1$.

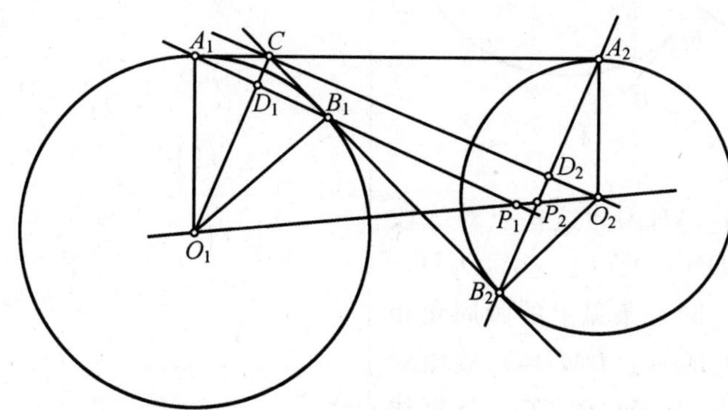

图 234

假设点 P_1 和 P_2 是直线 A_1B_1 和 A_2B_2 与连线 O_1O_2 的交点，我们来证明这两个点重合，即直线 A_1B_1 和 A_2B_2 的交点在连心线 O_1O_2 上. 图 234 是故意画得不正确的，为的是便于讨论. 以后不要忘记这一点.

由四边形 $O_1A_1CB_1$ 和四边形 $CA_2O_2B_2$ 相似推出：对角线的交点 D_1 和 D_2 将对角线 O_1C 和 O_2C 所分成的部分的比相等，即

$$O_1D_1 : O_1C = CD_2 : CO_2$$

根据线束被平行直线相截所得到的线段成比例的定理，平行的对角线 A_1B_1, CO_2 将 $\angle CO_1O_2$ 的边分成这样的

$$O_1D_1 : O_1C = O_1P_1 : O_1O_2$$

而平行的对角线 A_2B_2 和 CO_1 将 $\angle CO_2O_1$ 分成

$$CD_2 : CO_2 = O_1P_2 : O_1O_2$$

比较所得到的比例式，我们得到

$$O_1P_1 : O_1O_2 = O_1P_2 : O_1O_2$$

于是 $O_1P_1=O_1P_2$. 这样一来，点 P_1 和 P_2 重合.

证法 2 除了本题条件中所说的两条切线以外，我们再作一条内公切线 $B_1'B_2'$. 假设点 D 是它和外公切线 A_1A_2 的交点，点 M 是由点 D 向连心线 O_1O_2 所作的垂线的垂足(图 235). 我们来证明：点 M 既在直线 A_1B_1 上，也在直线 A_2B_2 上(从而本题断言得证).

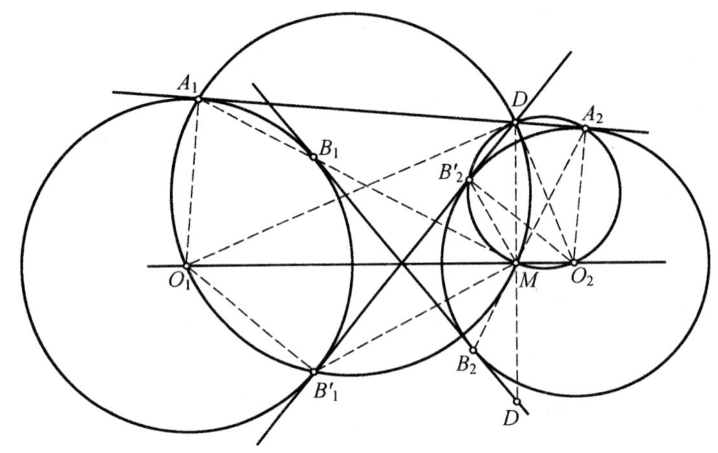

图 235

以 O_2D 为直径的圆通过点 A_2，B_2'，M，因为这些点对线段 O_2D 的张角为直角. 因为 $DA_2=DB'_2$，所以 $\angle A_2O_2D=\angle DO_2B_2'$，于是 $\angle A_2MD=\angle DMB_2'$(同一条弧上的圆周角相等，所以 $\angle A_2O_2D=\angle A_2MD$，$\angle DO_2B_2'=\angle DMB'_2$)，故由对称性推出：$\angle A_2MD=\angle D'MB_2$，即点 A_2，M，B_2 在一条直线上.

对第二种情况也可类似地讨论. 以 O_1D 为直径的圆通过点 A_1，B'_1，M，因为这些点对线段 O_1D 的张角为直角. 因为 $\angle A_1DO_1=\angle O_1DB'_1$，所以 $\angle A_1MO_1=O_1MB'_1$(因为同一弧上的圆周角相等，故 $\angle A_1DO_1=\angle A_1MO_1$，$\angle O_1DB'_1=\angle O_1MB'_1$). 由此由对称性推出：$\angle A_1MO_1=\angle B_1MO_1$，即点 A_1，B_1，M 在一条直线上.

证法 3 利用下面关于两圆的根轴的性质：对两个相交的圆所作的两条切线相等的点在通过两圆交点的直线上(见第 1 卷 §48).

如像在证法 1 中那样，我们首先证明直线 A_1B_1 和 A_2B_2 在点 M 交成直角. 以 A_1A_2 和 B_1B_2 为直径的圆通过点 M，因为点 M 对线段 A_1A_2 和 B_1B_2 所张的角为直角(图 236).

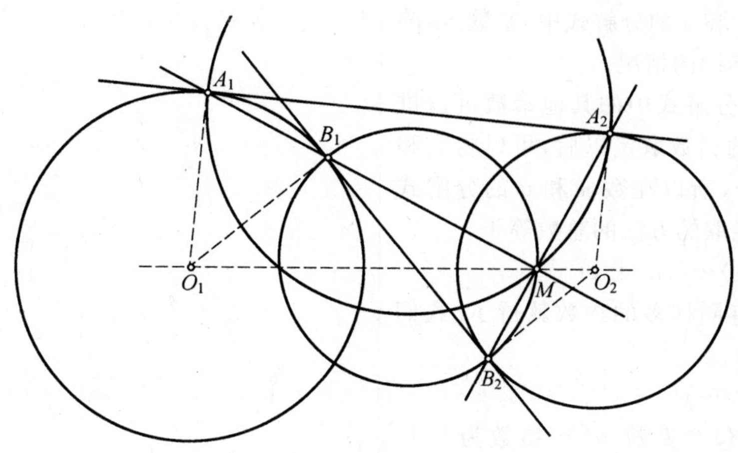

图 236

过点 O_1 所作的两圆的切线 O_1A_1 和 O_1B_1 彼此相等(都等于圆 O_1 的半径),同样地,切线 O_2A_2 和 O_2B_2 相等.由上面所说的性质推出:点 O_1 和 O_2 在通过 A_1A_2 和 B_1B_2 为直径的两个圆的交点 M 的直线(根轴)上.这就证明了点 O_1,O_2 和 M 在一条直线上.

184 设 n 是自然数.我们研究以 n 为最小公倍数的自然数对 (u,v)(如果 $u\neq v$,那么我们认为数对 (u,v) 和数对 (v,u) 是不同的).证明:对给定的数值 n,这种数对的个数等于数 n^2 的正约数的个数.

证法 1 我们把数 n 分解成标准分解式(见第 1 卷 §7)

$$n=p_1^{a_1}p_2^{a_2}\cdots p_s^{a_s}$$

其中 $p_1,p_2,\cdots,p_s$ 是不同的素数,而 $a_1,a_2,\cdots,a_s$ 是正整数.因为我们只研究 $[u,v]=n$(记号 $[u,v]$ 表示数 u 和 v 的最小公倍数:见 §22)的自然数对 (u,v),所以数 u 和 v 分解为标准分解式时只能包含素数 $p_1,p_2,\cdots,p_s$.

我们来确定在数 u 和 v 中含有这些素数中的任何一个素数的指数是多少,例如包含素数 p_1 的指数是多少.因为 p_1 在数 $[u,v]=n$ 的分解式中的指数为 a_1,所以在 u 和 v 的分解式中,p_1 的指数都不大于 a_1.在数 u 和 v 之中,素数 p_1 的所有可能的指数分配可分成三类:(1)在 u 和 v 的分解式中,素数 p_1 的指数都为 a_1(1 种可能的情况);(2)在 u 的分解式中,素数 p_1 的指数为 a_1,而在 v 的分解式中,p_1 有较小的指数,即指数可为 $0,1,2,\cdots,a_1-1$(a_1 种可能的情况);(3)在数 v 的分解式中,p_1 的指数为 a_1,而在数 u 的分解式中,p_1 有较小的指数(又有 a_1

种可能的情况）. 这样一来，在数 u 和 v 的分解式中，素数 p_1 的指数分配总共可能有 $2a_1+1$ 种不同的情况.

对于包含在自然数 u 和 v 的分解式中的其他素数可以进行类似的讨论. 因为当一个素数的指数取定以后，可以将它和另一个素数所有可能的乘幂配合，所以在数 u 和 v 的分解式中，素数 $p_1,p_2,\cdots,p_s$ 的指数可能取的方法的总数等于

$$(2a_1+1)(2a_2+1)\cdots(2a_s+1)$$

于是剩下的只要证明 n^2 也有同样多的约数就行了. 我们利用数 n^2 分解成标准分解式时有

$$n^2=p_1^{2a_1}p_2^{2a_2}\cdots p_s^{2a_s}$$

的形式. 因此，数 n^2 的约数可以包含素数 p_1 的指数为 $0,1,2,\cdots,2a_1$（见第1卷 §21)，即素数 p_1 总共有 $2a_1+1$ 种方式包含在数 n^2 的不同的约数中，因为素数 $p_1,p_2,\cdots,p_s$ 中的每一个的选取与另外的素数无关，所以数 n^2 的约数总个数等于

$$(2a_1+1)(2a_2+1)\cdots(2a_s+1)$$

这就是所要证明的.

证法2 如果我们证明了在最小公倍数为 n 的有序数对 u,v 和 n^2 的约数之间有一个相互单值的对应，那么本题的断言就被证明了.

我们令每一个数对 u,v 同数 d 对应，d 满足关系式

$$\frac{u}{v}=\frac{d}{n} \tag{1}$$

数 d 是整数，因为它可以表示成 $d=u\cdot\frac{n}{v}$，而 $n=[u,v]$ 能被 v 整除. 不但如此，而且数 d 是数 n^2 的约数，因为 n^2 被 d 除的商等于整数 $\frac{n}{u}\cdot v$.

我们利用这一事实：如果 $u_1:v_1=u_2\cdot v_2$，那么有

$$u_1:u_2=v_1:v_2=[u_1,v_1]:[u_1,v_2] \tag{2}$$

事实上，为了求得两个给定的数的最小公倍数，只需求出两个尽可能小的数，这两个数具有这样的性质，其中的一个数乘以给定的一个数的乘积等于另一个数乘以另一个给定的数的乘积. 因此，这两个数的选取只与给定的两个数的比有关. 这样一来，如果我们将一个数对 u_1,v_1 变成另一个具有相同比例的数对 $u_2,v_2(u_1\cdot v_1=u_2:v_2)$ 时，最小公倍数成比例地变化. 这就是我们写成关系式(2) 的断言.

因为 $[u,v]=n$，那么由关系式(1) 和(2) 得到一系列相等的比

$$u:d=v:n=n:[d,n] \tag{3}$$

这样一来，知道了数 d，数 u 和 v 可以由关系式

$$u=\frac{dn}{[d,n]},v=\frac{n^2}{[d,n]} \tag{4}$$

求出.

这样一来，数 n^2 的每一个约数 d 对应于不多于一个的数对 u,v.

不仅如此，如果 d 是数 n^2 的约数，那么由关系式(4)所确定的数 u 和 v 是整数，因为无论是 dn，或是 n^2 都是 d,n 的公倍数，因而能被这两个数的最小公倍数$[d,n]$整除. 这样一来，选取数 n^2 的任何一个约数 d 后，我们由关系式(4)可以得到整数 u,v，它们满足关系式(3)，于是由关系式(2)推出$[u,v]=n$. 于是，数 n^2 的每一个约数对应于一个且仅仅一个有序数对 u,v，这就是所要证明的.

185 证明：在凸 n 边形中，不能挑选出多于 n 条具有下述性质的对角线：它们之中任意两条对角线都有公共点.

证法 1　我们从凸 n 边形中可以挑选出 d 条对角线，使这 d 条对角线中的任何两条对角线都有公共点(图 237). 我们约定：如果凸 n 边形的两个顶点用我们挑选出的 d 条对角线中的一条对角线联结，我们把这两个顶点叫作相邻的(或简单地叫作邻点). 如果 n 边形的顶点有 i 个邻点，我们把它叫作 i 阶顶点. 假设 a_i 是 i 阶顶点的个数，那么

$$a_1+a_2+a_3+\cdots\leqslant n \tag{1}$$

因为式(1)左边的和再加上 a_0 时便等于 n 了，其中 a_0 表示没有任何邻点的顶点的个数，也就是说，a_0 表示 n 边形中那样的顶点的个数，从这些顶点没有引出我们所选取的对角线.

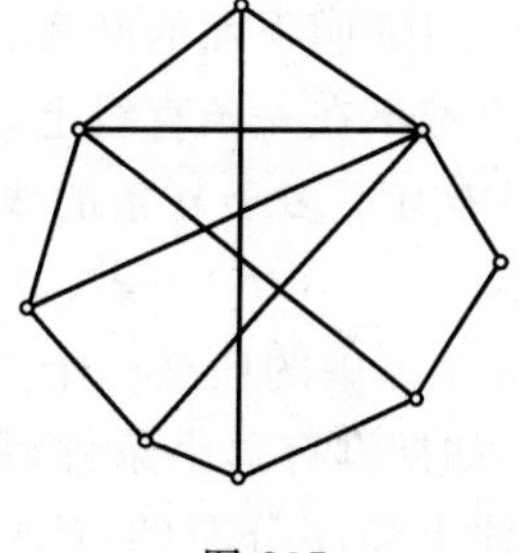

图 237

如果某一个顶点的阶数等于 $i>2$，那么，在由它引出并被选取的对角线中，有两条"边缘的"对角线，在它们之间包含有一条或若干条"内部的"被选出的对角线. 内部的对角线的另一个端点不能和其他任何一个顶点用一条被选出的对角线联结，因为这样的对角线和某一条边缘的对角线没有公共点. 因此，当 $i>2$ 时，每一个 i 阶顶点有不少于 $i-2$ 个 1 阶邻点. 当然，1 阶顶点只能有不多于一个的高阶邻点. 因此，1 阶顶点的个数 a_1 满足不等式

$$a_1\geqslant a_3+2a_4+3a_5+\cdots$$

(3 阶顶点有不少于一个的 1 阶邻点，4 阶顶点有不少于两个的 1 阶顶点等).

d 条被挑选出的对角线共有 $2d$ 个端点. 这些端点分布在 n

边形的顶点上,且每一个 i 阶顶点用挑选出的对角线和 i 个邻点相连. 因此

$$2d = a_1 + 2a_2 + 3a_3 + 4a_4 + \cdots$$

变换这个等式并利用关于 a_1 的不等式,我们得到

$$\begin{aligned}2d &= (a_1 + 2a_2 + 2a_3 + 2a_4 + \cdots) + (a_3 + 2a_4 + 3a_5 + \cdots) \leqslant \\ &(a_1 + 2a_2 + 2a_3 + 2a_4 + \cdots) + a_1 = \\ &2(a_1 + a_2 + a_3 + a_4 + \cdots) \leqslant 2n\end{aligned}$$

这就证明了 $d \leqslant n$.

对于上面所引的证法我们注意下面几点.

(1) 上面的证明,仅仅利用了对角线是联结顶点的直线段这一性质,所以如果我们研究的不仅仅是对角线,而且还有 n 边形的边,证明完全一样并仍然有效,即证明了下面的断言:在联结凸 n 边形的顶点所得到的线段中,不能选取出多于 n 条的线段,使得它们之中的任何两个都有公共点.

(2) 在证明中,仅仅是在说到由 $i > 2$ 阶顶点引出的"内部的"对角线的另一个端点是 1 阶的时候利用了 n 边形的凸性. 其他的地方都没有用到 n 边形的凸性.

可以证明下面的断言:在平面上给定 n 个点,如果其中任何三点都不在一条直线上,那么在这些点两两彼此相连的线段中,只能有不多于 n 条的线段,使它们之中的任意两条都有公共点.

n 个点中的任意三个点都不在一条直线上这个条件是必须的. 如果没有这个条件,那么命题不再成立. 例如,对于在一条直线上顺序分布的点 A,B,C,D,线段 AB,AC,AD,BC 和 BD 便与断言相违.

证法 2 如果在 n 边形的顶点中有 1 阶顶点(由它仅引出一条挑选的线段),那么去掉从它引出的线段(图 238). 假设起初选出的线段的条数等于 d,选出的顶点和选出的线段的端点重合,其个数等于 $m \leqslant n$. 在去掉一条线段后,只剩下 $d_1 = d - 1$ 条选出的线段,而选出的顶点的条数至少减少 1,即等于数 $m_1 \leqslant n - 1$.

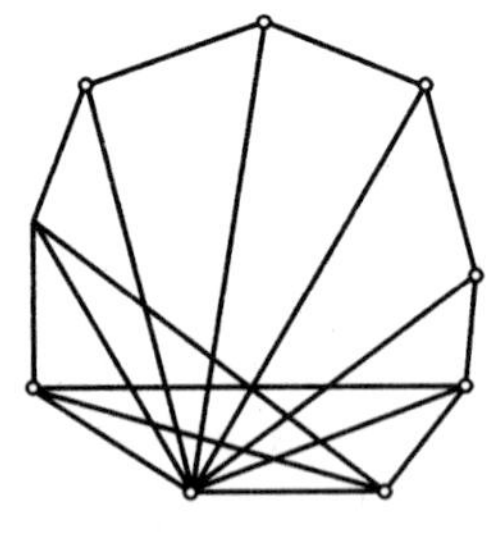
图 238

如果在 n 边形的顶点中,还有 1 阶顶点,那么又去掉由这个顶点引出的一条线段,我们得到 $d_2 = d - 2$ 条选出的线段和 $m_2 \leqslant n-2$ 个选取的顶点. 继续去掉由 1 阶顶点引出的线段,直到不能再去掉时为止. 在去掉最后一条线段以后,剩下 $d_k = d - k$ 条所选取的线段和 $m_1 \leqslant n-k$ 个和它们的端点重合的不同的顶点.

在我们的 n 边形中,不仅没有 1 阶顶点了,而且大于 2 阶的顶点也没有了,因为如果从某顶点至少引出 3 条选取的线段,

那么，如同在上面的证法中所表明的那样，包含在两条边上的线段之间的"内部的"线段把这个顶点和 1 阶顶点连起来了，因此，这些内部的线段被去掉了．于是，在 n 边形中剩下的仅仅是 2 阶顶点．这意味着所剩下的线段的 $2d_k$ 个端点被 d_k 条线段一个接一个地连起来了，即 $m_k = d_k$．

如果去掉由 1 阶顶点引出的线段后，没有剩下任何一条选取的线段，上面所得到的结果仍然成立，因为这时 $d_k = 0$，$m_k = 0$，所以仍有 $m_k = d_k$．

由等式 $d_k = m_k$ 并考虑到上面所导出的不等式，我们得到 $d - k \leqslant n - k$，即 $d \leqslant n$，这就是所要证明的．

证法 3　当我们试图选取最多的两两有公共点的对角线时，所讨论的凸 n 边形到底是什么形状是无关紧要的，因为两条对角线是否有公共点只与它们的端点在 n 边形的周界上的位置有关：一条对角线的端点是否把另一条对角线的端点隔开以及在对角线的端点中是否有重合的．所以，我们只要研究正凸 n 边形就行了．

我们将正凸 n 边形的对角线分成组：彼此平行的对角线属于同一组．如果我们能够证明这种组的个数不超过 n，那么本题的断言就被证明了，因为那时不可能选取出多于 n 个的不同组的对角线，而属于同一组的对角线是平行的，因而彼此没有公共点．

于是，我们来证明组数不超过 n．事实上，我们任取一条对角线并作它的中垂线．所取的对角线将 n 边形的周界分成两段折线，所作的中垂线是通过某一个顶点或是通过 n 边形的一条边的中点，取决于这两段折线所含有的顶点的个数是奇数或是偶数（图 239）．因为 n 边形有 n 个顶点和 n 条边的中点，而每一条中垂线只能从这 $2n$ 个点中"选取""自己的"一对点联结而成，所以不同的中垂线只能有 n 条．由于属于同一组的所有的对角线垂直于同一条中垂线，所以组数不超过 n．

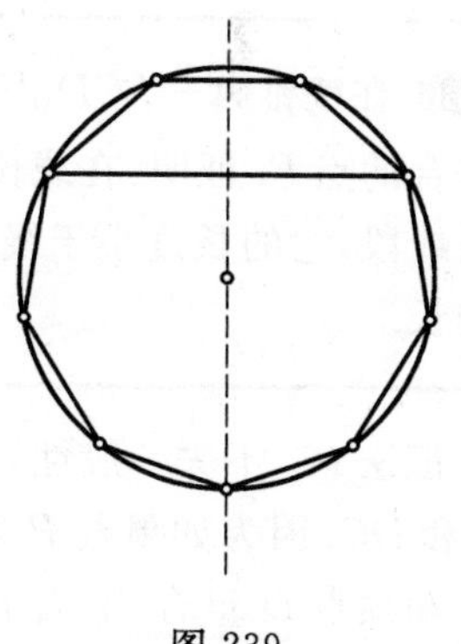
图 239

关于这个证明必须注意到下面的．

我们证明了本题的断言，根据这个断言，不能从凸 n 边形中选取出多于 n 条的对角线，使得这些对角线中的任何两条对角线都有公共点．现在产生了一个问题：能否正好选取出 n 条这样的对角线呢？

显然，如果 $n=3$ 或 $n=4$，那么正好选取出 n 条对角线是不可能的，因为在三角形中，根据不能作任何一条对角线，而在正方形中，只有两条对角线．如果 $n \geqslant 5$，那么总可以选取出 n 条彼此有公共点的对角线，其选取的方法的实质不难由图 239 来理解．如果不仅允许选取对角线，而且也允许选取 n 边形的边，那么上面所说的方法仍然可以用.当然这时已没有必要从我们的研究中除去三角形和正方形了.

在一般的情况下，对于平面上的任意 n 个点，如果它们不是凸 n 边形的顶点，那么在这个点两两连成的线段中，不能选取出 n 条两两有公共点的线段，尽管我们把一个点和其余所有的点联结起来就可以得到 $n-1$ 条这样的线段.这种线段的条数不能再增加了，例如，三个点在 $\triangle ABC$ 的顶点上，其余的 $n-3>0$ 个点在通过三角形内的 $\overset{\frown}{BC}$ 上（图240）.我们可以用下面的方式来证明这一点.

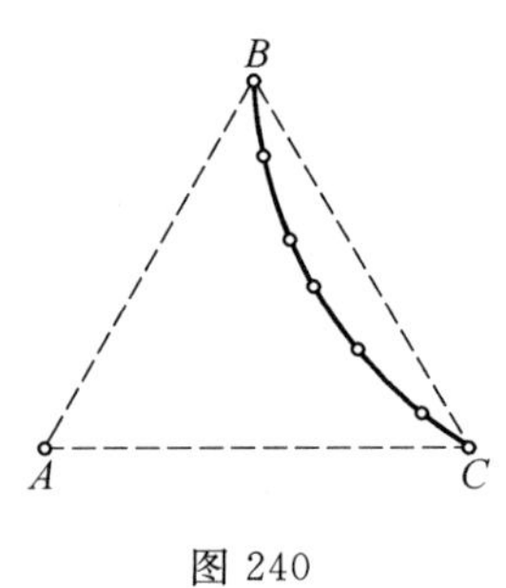

图 240

从点 A 只能引出 $n-1$ 条线段.对于 $\overset{\frown}{BC}$ 上的 $n-1$ 个点来说，由于它们构成一个凸 $(n-1)$ 边形的顶点，所以在它们两两连成的线段中，可以选取出不多于 $n-1$ 条所需要的线段.如果我们选取从点 A 引出的线段以及任一条由 $\overset{\frown}{BC}$ 上的点两两连成的线段，那么它们的公共点只可能是由点 A 引出的线段的另一个端点.因此，如果由点 A 仅仅引出一条所选取的线段，那么它的另一个端点必须属于所有其他选出的线段，而且我们总共得到 $n-1$ 条选取的线段.如果我们选取两个由点 A 引出的线段和 $\overset{\frown}{BC}$ 的某一条弦，那么这条弦和两条线段必须构成三角形，这时再也不能选取任何一条线段而不破坏问题的条件了.

186 在棱锥 $A-BCD$ 内或它的面上给定一个不和顶点 D 重合的点 P.证明：在线段 PA，PB，PC 中可以找到这样一条线段，它的长度小于线段 DA，DB 或 DC 中某一条线段的长.

证法1 不失一般性，我们假设点 P 不属于棱锥的棱 DA，DB 和 DC.因为如果点 P 属于其中某一条棱，例如属于棱 DA 且不和顶点 D 重合，那么 $PA<DA$，从而本题断言成立.

我们只需证明：对任意的点 P，在 $\triangle APD$，$\triangle BPD$，$\triangle CPD$ 中有一个三角形在顶点 P 的顶角或者为直角，或者为钝角.事实上，例如若 $\triangle APD$ 是这样的三角形，那么 DA 是它的最大的边，因此 $PA<DA$（图241）.

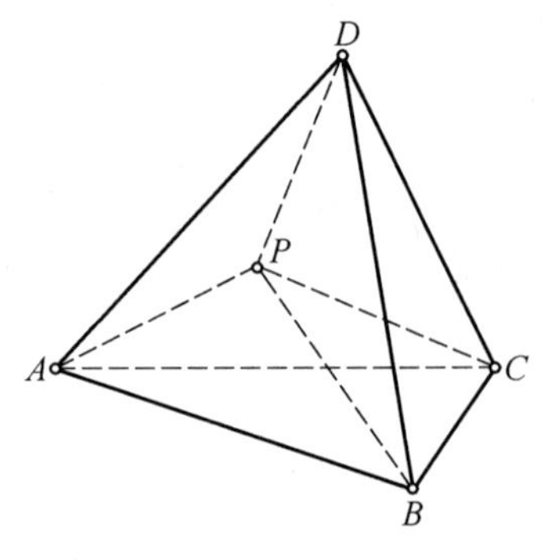

图 241

过点 P 作一平面垂直于线段 PD，过点 P 引射线使和线段 PD 所夹的角为锐角.这些射线在同一个半空间（所作平面所划分的且包含顶点 D 的半空间）内.因此，如果所有的 $\triangle APD$，$\triangle BPD'$，$\triangle CPD$ 在顶点 P 的顶角都是锐角，那么棱锥 $ABCD$ 所有顶点（这意味着棱锥本身）分布在同一个半空间内，虽然根据作法，点 P 属于半空间的边界. 所得到的矛盾证明了在 $\triangle APD$，$\triangle BPD$，$\triangle CPD$ 中有一个三角形在顶点 P 的顶角不是锐角.

证法 2　由点 P 作平面 ABC 的垂线(图 242). 假设点 Q 是棱锥 $A-BCD$ 的在这条垂线上离平面 ABC 最远的点. 显然，点 Q 属于界面 ABD，ACD，BCD 中的一个界面. 为了确定起见，我们假设点 Q 属于界面 ABD. 在平面 ABD 上，过点 Q 作直线和棱 AB 垂直. 假设点 R 是这条垂线上离棱 AB 最远而又属于 $\triangle ABD$ 的点. 点 R 属于一条棱 AD 和 BD. 例如，假设点 R 属于棱 AD.

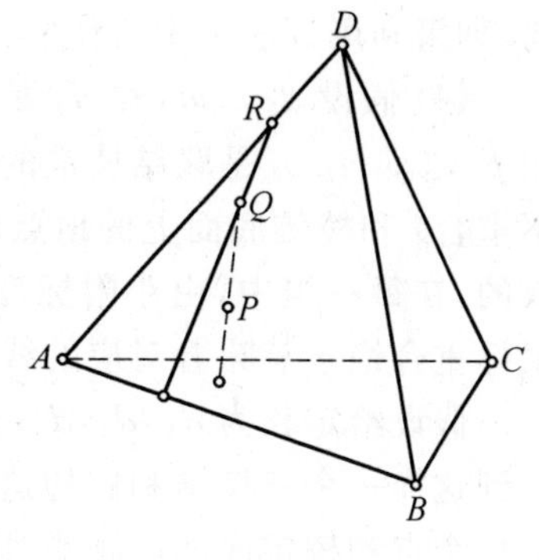

图 242

如果点沿着平面或直线的垂线作背离平面或直线的移动，那么这个点和平面或直线的任一点的距离增加. 因此

$$PA \leqslant QA \leqslant RA \leqslant DA$$

每一个不等式可以单个地变成严格的等式，因为允许点之间两两重合：$P \equiv Q$，$Q \equiv R$，$R \equiv D$. 但是所有的不等式不可能同时变成严格的等式，因为根据本题条件，点 P 不和顶点 D 重合. 因此，至少有一个不等式即使在所有其他的不等式都变成等式的情况下仍保持不等号，于是 $PA < DA$.

证法 3　垂直于线段 PD 且通过它的中点的平面把棱锥 $A-BCD$ 分成两部分，因为点 P 和 D 分布在这个平面的两侧. 由此推出，在这个平面把整个空间分成的两个半空间中，都有棱锥的顶点.(假若不然，如果在一个半空间中没有棱锥的顶点，那么所有的顶点连同棱锥的本身都在另一个半空间内. 但是这时所作的平面不能把棱锥分成两部分) 例如，假设顶点 A 和点 P 在同一个半空间. 这时 $PA < DA$，因为点 A 是包含点 P 的半空间的内点，所以点 A 到点 P 的距离比到另一个半空间的任一内点的距离要近. ①

关于第 186 题以及上面所作的三种证明可做若干注解：

(1) 所有三个证明不仅证明了本题的断言，而且还证明了更广的断言：线段 PA，PB，PC 中的某条线段小于线段 DA，DB，DC 中和它有公共端点的线段.

(2) 证法 2 可以毫不改变地运用到更一般的情况：棱不是有三个侧面而是有任意一个侧面. 用这种方法可以证明下面的断言：属于棱锥但不和棱锥顶点 S 重合的任意一点(或者是内点，或者属于侧面) 到棱锥底面某个顶点的距离小于这个顶点到 S 的距离.

(3) 关于证法 3 可以作出更强的断言. 这个证明可以毫不

① 这个说法是不对的. 正确的说法是："因为点 P 与 D 关于所作的平面是对称的，而 A 与 P 属于同一半空间，所以 A 到 P 的距离比到 D 的距离要近." 把 D 换成"任一内点"，结论是不成立的. —— 校者注

改变地运用到那种情况：代替棱锥可取任意的多面体．从而可以证明下面的定理：多面体的任何一个不和顶点 D 重合的到多面体的一个异于 D 的顶点的距离小于这个顶点到 D 的距离．如果利用证法1中所作的讨论，也不难证明这个定理．

（4）假设 $d_1 \leqslant d_2 \leqslant d_3$ 是不在三棱锥的底面上的棱的长，而 $p_1 \leqslant p_2 \leqslant p_3$ 是联结棱锥的任意一点（和不在底面上的顶点不重合）和棱锥底面上的顶点所得到的线段的长．附标是这样取的，在每一组中，由小附标变到大附标时，线段的长不减小．附标重合绝不意味着对应的线段公共端点．

假设给定长为 $d_1, d_2, d_3, p_1, p_2, p_3$ 的六条线段．是否可以找到这样一个三棱锥和它的这样一个点，使得棱的长度以及联结这个点和棱锥底面的顶点所得的线段的长度等于所给线段的长度？

第186题断定：如果这样的棱锥和点存在，那么

$$p_1 < d_3$$

从证法2不难引出一个必要条件

$$p_1 + p_2 < d_2 + d_3$$

（因为 $PA + PB \leqslant QA + QB \leqslant DA + DB$，且两个不等式不能同时变为等式）

应该注意到：和上面的不等式不同的这种类型的不等式，例如 $p_2 < d_3$ 或 $p_1 + p_2 + p_3 < d_1 + d_2 + d_3$，是不一定成立的（图243所画的是一个被证实的例子，其中每一条线段旁边指出了它的长度）．这使得我们必须小心地去选取必要条件．

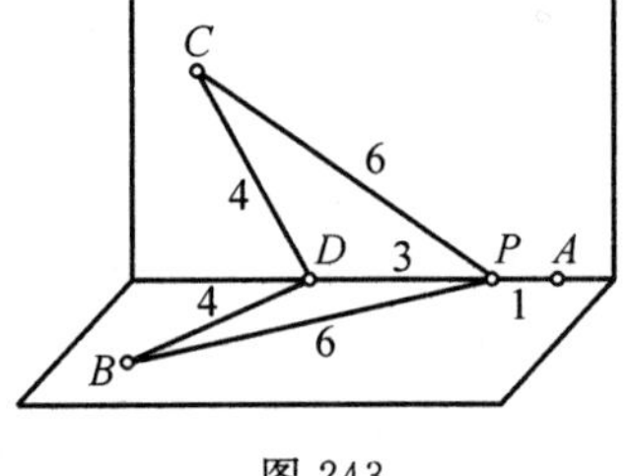

图 243

虽然如此，但是需要补充必要的条件，因为上面所说的两个不等式不足以能够作出在 d_1, d_2, d_3 为棱的三棱锥且在它里面或侧面上有一点到棱锥底的顶点的距离为 p_1, p_2, p_3．对此的必要充分条件现在还不知道．

187 剧院的座位排成 p 排和 q 列（我们规定把纵行的坐标叫作列）．这样，整个剧院可容纳 pq 名观众（$p > 1, q > 1$）．在每一个座位上坐着一名小学生，他们都不一样高．老师在每一排中挑选个子最矮的学生，在这些最矮的学生中，个子最高的等于 a．然后，老师在每一列中挑选最高的学生，他们之中最矮的等于 b．

试说明：三个关系式

$$a < b, a = b, a > b$$

之中的哪一个可以表示数 a 与 b 的关系，并弄清：当剧院里的小学生调换座位时，这个关系是否会改变．

解　我们约定用同一个字母来表示学生本人和他(她)的个高(即个高为 a 的学生用 a 来表示,个高为 b 的学生用 b 来表示等).我们研究学生 a 所坐的一排(排 a)和学生 b 所坐在的那一列(列 b).假设 c 是坐在排 a 和列 b 的交点的位子上的学生.

应该考虑到学生 a,b 和 c 不一定是三个不同的孩子.事实上,如果 a 和 b 坐在同一排,那么 c 和 b 是同一名学生的两种表示法.如果 a 和 b 坐在同一列,那么 c 和 a 表示同一名学生.如果 a 和 b 是同一个人,那么 c 也是这个人.

因为 a 和 c 坐在同一排,而 a 是坐在这一排的学生中最矮的,所以 a 不能比 c 高,即 $a \leqslant c$.此外 $c \leqslant b$(c 和 b 坐在同一列,而 b 是坐在这一列的学生中最高的).因此 $a \leqslant c \leqslant b$,即不等式 $a > b$ 被排除了.我们证明:只要给学生安排适当的坐标,$a = b$ 和 $a < b$ 这两种情况都可以实现.

例如,如果在每一列中,最高的学生坐在最后一排,那么将得到 $a = b$ 的情况.这时坐在最后一排的学生中最矮的学生,我们有权既可把他叫作 a 也可把他叫作 b.因为一方面在最后一排中没有更矮的学生(可能有更矮的学生,但他坐在另一排),而另一方面,在他这一列中没有个子更高的学生(可能有更高的学生,但坐在另一列),因此除了最后一排以外,其他每一排中最矮的学生比他更矮了.除了最后一排以外,如果某排中最矮的学生不是坐在最后一排的学生 a(他也是 b)所坐在的那一列,那么,他可以在他所坐的那一排和其他人换位子,而不会破坏等式 $a = b$.

$a < b$ 的情况我们也可以得到,例如,如果学生开始的时候就像刚才说的那样坐,然后把坐在最后一排的学生中最矮的学生(即 b)和与他坐在同一列的某名学生对换座位.往前坐了的学生 b 仍然保持这个"名字":在他所坐的那一列中,没有学生比他高(尽管在其他列有这样的学生),而在其他的列中,最高的学生仍然坐在最后一排.另一方面,当老师在每一排挑选最矮的学生时,除了最后一排外(可能还有 b 新到的一排),所挑出来的仍然是原来的那些孩子,而最后一排最矮的是在 b 的座位上的学生,这些孩子都比 b 矮,因而这时得到 $a < b$.

在说到和我们所选取的学生坐在同一排或同一列的"其他的"学生时,我们用到了条件 $p > 1$,$q > 1$.这个条件是必须的,因为如果剧院的座位放成一排或一列,那么只可能有等式 $a = b$.

188 证明:如果 α 是锐角,那么有

$$\left(1+\frac{1}{\sin \alpha}\right)\left(1+\frac{1}{\cos \alpha}\right)>5 \quad (1)$$

证法 1 所要证明的三角不等式(1)的左边可以表示为

$$1+\frac{1}{\sin\alpha}+\frac{1}{\cos\alpha}+\frac{2}{\sin 2\alpha} \quad (*)$$

因为 $\sin\alpha\cos\alpha=\frac{1}{2}\sin 2\alpha$. 如果 α 是锐角,那么所有的分母都是正的. 因为任何角的正弦和余弦都不大于 1,第二项和第三项不小于 1,最后一项不小于 2. 因此整个式子的和不小于 5. 但表达式($*$)不可能等于 5,因为中间两项不可能同时等于 1(等式 $\sin\alpha=1$ 和 $\cos\alpha=1$ 只对不同的角成立). 因此,表达式($*$)的和严格大于 5.

证法 2 我们作一个直角三角形,斜边上的高为 1,一个锐角为 α(图 244). 利用 $\angle\alpha$ 的三角函数可将这个三角形的直角边和斜边表示成下面的形式

$$a=\frac{1}{\cos\alpha},b=\frac{1}{\sin\alpha},c=\frac{1}{\cos\alpha\cdot\sin\alpha}$$

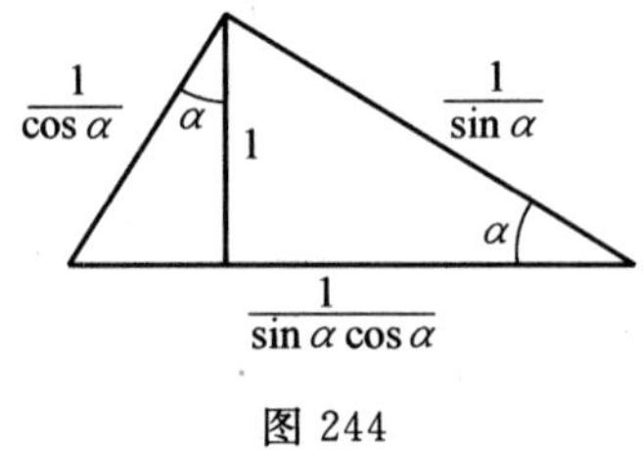

图 244

本题断言我们可以从不等式 $a+b+c>4$ 得到. 首先这个不等式可由 $a+b>c$,而 $c\geqslant 2$ 得到,因为直角三角形斜边上的高不大于以这条斜边为直径所作的圆的半径.

证法 3 我们证明比较强的断言,即:如果 α 是锐角,那么

$$\left(1+\frac{1}{\sin\alpha}\right)\left(1+\frac{1}{\cos\alpha}\right)\geqslant 3+2\sqrt{2}=5.828\cdots$$

而且等式仅当 $\alpha=45^\circ$ 时成立. 由证法 1 知,为此只要证明

$$\frac{1}{\sin\alpha}+\frac{1}{\cos\alpha}\geqslant 2\sqrt{2}$$

而且等式当 $\alpha=45^\circ$ 时成立(事实上,在表达式($*$)中,当 $\alpha=45^\circ$ 时,第四项达到最小值 2). 最后一个不等式可以用三种方法来证明:

(1) 在证法 2 的表示法中,所要证明的不等式可以表示成 $a+b\geqslant 2\sqrt{2}$ 的形式. 它可由不等式

$$(a+b)^2=(a^2+b^2)+2ab=c^2+2ch_c\geqslant 8$$

推出.(当导出最后一个等式的时候我们利用了勾股定理($a^2+b^2=c^2$)还利用了直角三角形的面积可以写成两种形式 $\left(\frac{1}{2}ab=\frac{1}{2}ch_c\right)$,以及等式 $h_c=1$ 和不等式 $c\geqslant 2$) 等式仅当 $c=2h_c$,即如果直角三角形是等腰三角形的时候成立.

(2) 在图 244 所画的三角形中,将高左边的三角形绕着原三角形的直角顶点沿时针方向旋转 90°,我们得到图 245 所画的图形. 如果所要证明的断言是正确的,那么线段 AB 的长度大于过点 C 而和原三角形斜边成 45° 角的线段 A_1B_1 的长度,因为 A_1B_1 的长度等于 $2\sqrt{2}$. 这样一来,只需证明:在通过点 C

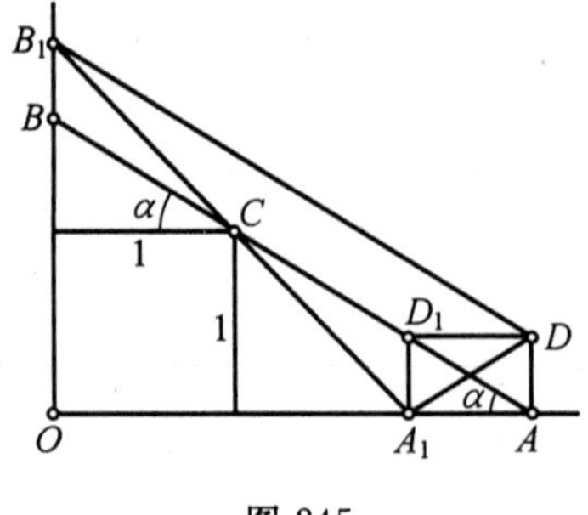

图 245

而其端点在 Rt$\triangle AOB$ 的边上的所有线段中，关于点 C 对称的线段 A_1B_1 是最短的.

因为 Rt$\triangle AOB$ 的两条直角边 OA 和 OB 是"平等的"，所以不失一般性可以假设 $\alpha < 45^\circ$. 假设点 D_1 是点 B 关于点 C 的对称点. 由于关于点 C 的对称性，所以线段 BB_1 和 A_1D_1 平行且相等. 作线段 AD 和它们平行且相等，于是我们得到 $\square BADB_1$ 和矩形 A_1ADD_1.

由矩形 A_1ADD_1 我们求得 $\angle AA_1D = \angle A_1AD_1 = \alpha$，因此 $\angle B_1A_1D = 135^\circ - \alpha > 90^\circ$. 这样一来，$DB_1$ 是 $\triangle B_1A_1D$ 中最大的边，由此 $A_1B_1 < DB_1 = AB$.

(3) 我们利用下面的性质：对于任意的正数 x,y，它们的算术平均值 $a(x,y)$、几何平均值 $g(x,y)$ 和平方平均值 $q(x,y)$ 之间有不等式

$$g(x,y) \leqslant a(x,y) \leqslant q(x,y)$$

且两个不等式仅当 $x = y$ 时变成等式(见 §55，(2) 和(4)).

假设 $x = \dfrac{1}{\sin\alpha}$，$y = \dfrac{1}{\cos\alpha}$，我们得到

$$\frac{1}{\sin\alpha} + \frac{1}{\cos\alpha} = 2a\left(\frac{1}{\sin\alpha},\frac{1}{\cos\alpha}\right) \geqslant 2g\left(\frac{1}{\sin\alpha},\frac{1}{\cos\alpha}\right) =$$

$$\frac{2}{g(\sin\alpha,\cos\alpha)} \geqslant \frac{2}{q(\sin\alpha,\cos\alpha)} = 2\sqrt{2}$$

等式仅当 $\sin\alpha = \cos\alpha$，即 $\alpha = 45^\circ$ 时成立.

189 证明：如果三角形不是钝角三角形，那么它的中线之和不小于外接圆半径的四倍.

证明　如果 $\triangle ABC$ 不是钝角三角形，那么它的外心 O 或者在三角形内，或者在它的周界上，因此外心至少属于 $\triangle SAB$，$\triangle SBC$，$\triangle SCA$（点 S 是 $\triangle ABC$ 的重心）中的一个. 为了确定起见，假设外心 O 属于 $\triangle SAB$（图 246）.

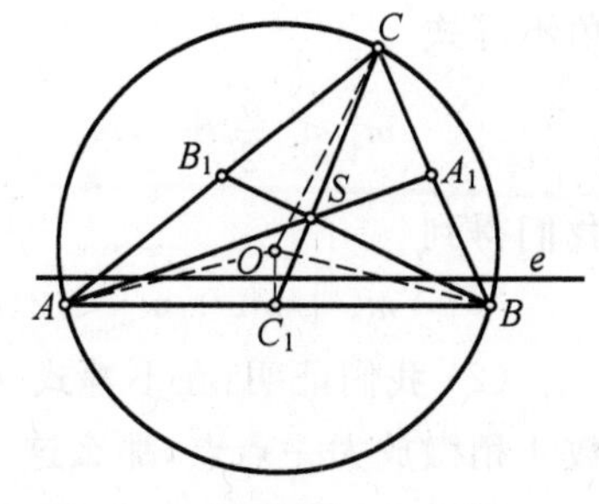

图 246

因为 $\triangle SAB$ 包含 $\triangle OAB$，所以

$$SA + SB \geqslant OA + OB$$

而且等式仅当点 O 和 S 重合时成立. 因此 $\triangle ABC$ 的中线 $m_a = AA_1$ 和 $m_b = BB_1$ 以及外接圆半径 R 满足不等式

$$\frac{2}{3}m_a + \frac{2}{3}m_b \geqslant 2R$$

或

$$m_a + m_b \geqslant 3R$$

如果点O和点C_1重合,那么显然有$CO=CC_1$.如果外心O不和点C_1重合,那么线段OC_1的中垂线e和$\triangle ABC$相交且把与e平行的边AB和顶点C隔开.点C和O属于直线e所限定的同一个半平面,因此点C到点O的距离比点C到点O关于e的对称点C_1的距离近.因为$CC_1=m_c$,$CO=R$,所以

$$m_c \geqslant R$$

而且等式仅当点O和C_1重合时成立.

将所得到的不等式相加便可得到

$$m_a+m_b+m_c \geqslant 4R$$

实际上等式是不可能成立的,因为外心不可能和两个不同的点S以及C_1都重合,所以不可能使两个被加的不等式同时变为等式.

关于本题的条件,断言以及证法我们指出下面几点:

(1) 本题中所说的"三角形不是钝角三角形"这个条件是不能去掉的.如果其中的一个角哪怕是稍微超过了90°,问题的断言就不再成立了.我们来证明这一点.

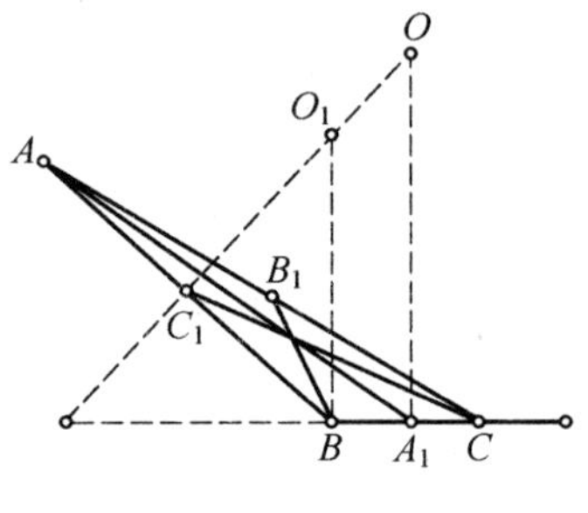

图247

我们从任意给定的钝角$\angle ABC>90°$着手.假设点O_1是过线段AB的中点C_1所作的垂直于AB的直线和过点B所作的垂直于边BC的直线的交点(图247).在边BC上选取一点C,使线段$BC=a$的长度满足不等式

$$a+c<2\cdot BO_1$$

如果R是$\triangle ABC$的外接圆半径,那么

$$R=BO>A_1O>BO_1$$

因为BO_1和A_1O是包含在同一个角的两条边之间的平行线段,而且线段BO_1离角的顶点比线段A_1O近(根据假设,$\triangle ABC$是钝角三角形).

对$\triangle ABC$被中线分成的$\triangle ABA_1$,$\triangle BC_1B_1$,$\triangle CBC_1$有三角不等式

$$m_a<\frac{a}{2}+c,m_b<\frac{a}{2}+\frac{c}{2},m_c<a+\frac{c}{2}$$

我们得到

$$m_a+m_b+m_c<2(a+c)<4BO_1<4R$$

(2) 我们证明:在不等式$m_a+m_b+m_c\geqslant 4R$中,只要将系数4稍微放大一点点,那么这个不等式不再成立.

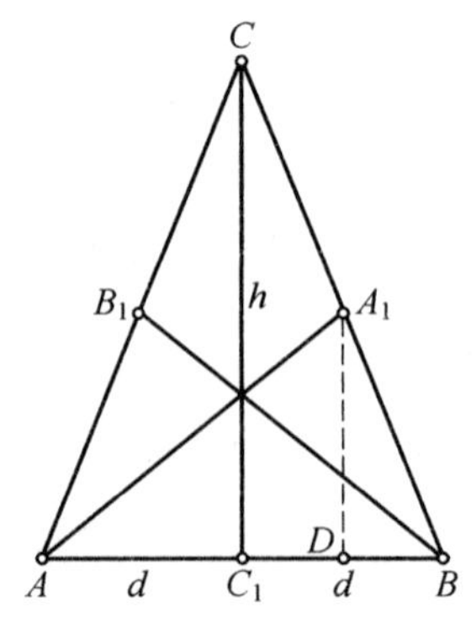

图248

假设$2d$是等腰$\triangle ACB$的底边AB的长,h是底边上的高(图248).由$\triangle AA_1D$(AA_1是$\triangle ABC$的中线,点D是由点A_1向AB所作垂线的垂足)求得

$$m_a=m_b<\frac{h}{2}+\frac{3}{2}d,m_c=h$$

$$m_a + m_b + m_c < 2h + 3d$$

$\triangle ABC$ 的外接圆半径 R 满足不等式

$$R > \frac{h}{2}$$

因为高 h 小于外接圆的直径. 这样一来

$$m_a + m_b + m_c < \left(4 + 6\,\frac{d}{h}\right)R$$

假设 λ 是任意大于 4 的正整数. 将高 h 固定,并选取 d 使

$$4 + 6\,\frac{d}{h} < \lambda$$ ①

将这个不等式代入到上面所得到的不等式中，对于 $\triangle ABC$ 的中线之和我们得到

$$m_a + m_b + m_c < \lambda R$$

(3) 第 189 题说到中线之和不小于外接圆半径的 4 倍. 现在证明:三角形的中线和不大于外接圆半径的 4.5 倍,而且不管三角形是什么形状都成立. 在等边三角形的情况,不等式变成严格的等式:它的中线之和等于外接圆半径的4.5倍. 令人惊奇的是,对于非钝角三角形,中线之和包含在非常窄的范围内

$$4R \leqslant m_a + m_b + m_c \leqslant 4.5R$$

假设点 P 是 $\triangle ABC$ 的平面上的任意一点. 我们来研究点 P 和 $\triangle ABC$ 的顶点所连成的线段的长. 我们用 $a(P)$ 来表示它们的算术平均值,用 $q(P)$ 来表示它们的平方平均值. 我们知道,$a(P) \leqslant q(P)$(见 §55,(3)).

我们希望有不等式 $q(P) \geqslant q(S)$(点 S 是 $\triangle ABC$ 的重心). 如果在 $\triangle ABC$ 的顶点处放上单位质量,那么量 $3[q(P)]^2$ 将等于这个质点系关于通过点 P 和 $\triangle ABC$ 的平面垂直的轴的惯性矩. 不等式 $q(P) \geqslant q(S)$ 可如下导出:对于通过三角形的重心 S 的平行轴,惯性矩最小.

不利用函数 $q(P)$ 的物理意义,也可以证明不等式 $q(P) \geqslant q(S)$.

我们引入矢量(见第 1 卷 §51)

$$\overrightarrow{SA} = \boldsymbol{a}, \overrightarrow{SB} = \boldsymbol{b}, \overrightarrow{SC} = \boldsymbol{c}, \overrightarrow{SP} = \boldsymbol{p}$$

并利用

$$\boldsymbol{a} + \boldsymbol{b} + \boldsymbol{c} = \boldsymbol{0}$$

量 $q(S)$ 和 $q(P)$ 可用矢量来表示

$$3[q(S)]^2 = \boldsymbol{a}^2 + \boldsymbol{b}^2 + \boldsymbol{c}^2$$

$$3[q(P)]^2 = (\boldsymbol{a} - \boldsymbol{p})^2 + (\boldsymbol{b} - \boldsymbol{p})^2 + (\boldsymbol{c} - \boldsymbol{p})^2 =$$

① 显然,我们总可以选取这样的 d,使得满足这个不等式,而 $\triangle ABC$ 是锐角三角形. —— 中译者注

$$(\boldsymbol{a}^2+\boldsymbol{b}^2+\boldsymbol{c}^2)-2\boldsymbol{p}(\boldsymbol{a}+\boldsymbol{b}+\boldsymbol{c})+3\boldsymbol{p}^2=$$
$$3[q(S)]^2+3\boldsymbol{p}^2\geqslant 3[q(S)]^2$$

由所得到的不等式 $q(P)\geqslant q(S)$ 得到所要求的不等式

$$m_a+m_b+m_c=\frac{9}{2}a(S)\leqslant\frac{9}{2}q(S)\leqslant\frac{9}{2}q(O)=\frac{9}{2}R$$

(4) 我们简略地说一下：四面体的中线之和不大于它的外接球面的半径的$\frac{16}{3}$倍. 可用刚才对平面情形相应的断言的证明方法来证明这个断言.

在研究平面问题时我们知道：中线之和不小于外接圆半径的4倍仅仅对非钝角三角形成立. 和非钝角三角形相应的四面体的中线之和可以超过外接球面的半径多少倍呢？

非钝角三角形包含外接圆心（在三角形内或在它的周界上）. 因此，空间的类比应该认为四面体包含外接球面的球心（在四面体内或在它的表面上）. 我们不加证明地引述：这样的四面体的中线之和大于外接球面的半径的四倍，并且若将倍数4稍微加大一点，断言便不再成立了.

190 把两个全等的正三棱锥的底面粘在一起，在所得到的六面体中，所有的二面角都相等，而顶点可以分成两类：在第一类顶点中，每一个顶点发出三条棱，而在第二类的顶点中，每一个顶点发出四条棱.

试求：联结两个第一类顶点的线段长和联结两个第二类顶点的线段长的比.

解法1 设棱锥 $A-BCD$ 和棱锥 $A-BCE$ 是全等的正三棱锥，它们的底面是等边 $\triangle ABC$，如果将它们的底面粘在一起（图249）. 那么所得到的六面体的顶点 D 和 E 应该在通过 $\triangle ABC$ 的重心 S 且和 $\triangle ABC$ 的平面垂直的直线上. 这样一来，所得到的六面体不仅关于平面 ABC 对称，而且关于平面 ADE 也对称. 由对称性推出：由顶点 D,E 作棱 AB 的垂线相等，同样地，由顶点 B,C 作棱 AD 的垂线也相等. 假设点 F 是前两条垂线的垂足，点 G 是后两条垂线的垂足. 这时 $\angle DFE$ 是界面 ADB 和界面 ABE（交线为 AB）的二面角的平面角，$\angle BGC$ 是界面 ADB 和界面 ACD（交线为 AD）的二面角的平面角. 因为根据本题条件，这些角相等，所以 $\triangle DFE$ 和 $\triangle BGC$ 相似. 因为它们是顶角相等的等腰三角形.

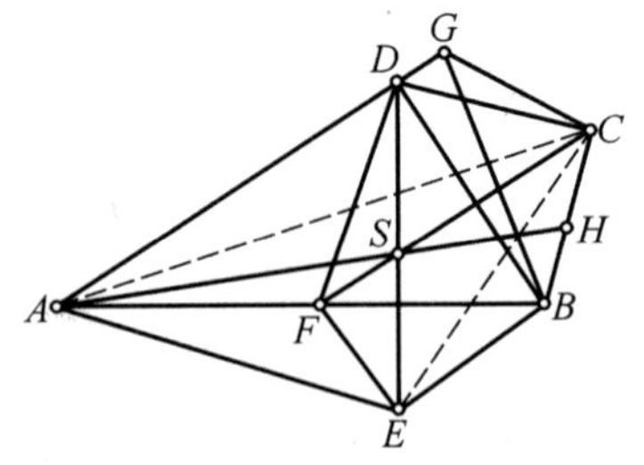

图249

由相似三角形的对应边成比例，我们得到

$$DE : BC = DF : BG \tag{1}$$

式(1)右端的线段是$\triangle ABD$的顶点D和B到边AB和AD上的高，因此它们的比等于这两条边的反比，即

$$DF : BG = AD : AB$$

因为$BC = AB$，所以由比例等式推出$DE = AD$，即$\triangle ADE$和$\triangle ABC$一样，也是等边三角形.它们的边的比等于它们的高的比

$$DE : BC = AS : AH$$

因为$\triangle ABC$的重心S将中线分成$2:1$，所以$AS : AH = 2:3$.因此，所要求的DE和BC的比也等于$\frac{2}{3}$.

在上面的解法中，我们假定满足本题条件，即具有相等的二面角的六面体是存在的.现在我们来证明这一点.我们取比$DE : BC$等于$\frac{2}{3}$(在解答中所得到的值)，即我们研究这样的六面体，它可以这样得到：从等边$\triangle ABC$的重心S作一条直线和三角形所在的平面垂直，在这条直线上取线段SD和SE，使它们都等于$\triangle ABC$的边长的$\frac{1}{3}$.只要将前面的论证步骤反过来重复一遍就可证明所有的二面角都相等的六面体是存在的.

根据六面体$DABCE$的作法

$$DE : BC = AS : AH$$

因此，$\triangle ADE$和$\triangle ABC$相似，又因为$\triangle ABC$是等边三角形，所以和它相似的$\triangle ADE$也是等边三角形，且$AD = DE$.但这时等式

$$DF : BG = AD : AB$$

的右边等于$\frac{2}{3}$，因而左边也等于$\frac{2}{3}$，同样地，等式

$$DE : BC = DF : BG$$

两边都等于$\frac{2}{3}$，所以等式成立.由此我们得出：等腰$\triangle DFE$和等腰$\triangle BGC$相似，因而它们的对应角相等，所以所作的六面体所有的二面角都相等.

构成二面角都相等的六面体的最简单的方法之一如下.取等边$\triangle ADE$，先将它绕边DE朝一边旋转$120°$，然后再向另一边旋转$120°$，并研究所有三个三角形所张成的立体.由上易知作法的正确性.

解法 2　我们利用图 249 中所用的表示法.首先我们注意到，六面体$DABCE$关于平面ABC和平面ADE是对称的，因此，这两个平面把以AB和AD为棱的二面角二等分，根据本题

条件，所有的二面角都相等，所以对称平面 ABC 和对称平面 ADE 中的每一个和平面 ABD 构成相同的角.

过 $\angle BAD$ 的平分线作一个平面和界面 BAD 垂直. 当对这个平面作反射的时候，$\angle BAD$ 的边 AB 和 AD 从一条变到另一条，又因为以 AB 和 AD 为棱的二面角仍然保持相等，所以平面 ABC 变到平面 ADE，反之亦然. 因此，直线 AS 作为它们的交线仍然在原来的位置上，且对称的角 $\angle BAS$ 和 $\angle DAS$ 相等. 如果线段 DE 绕轴 AS 旋转 $90°$，那么点 D 落到棱 AB 上，点 E 落到棱 AC 上. 这样一来，六面体 $DABCE$ 的对角线 DE 等于和 AS 垂直的直线被 $\triangle ABC$ 所截得的线段 B_1SC_1 的长(图 250). 因为点 S 是 $\triangle ABC$ 的重心，所以线段 AS 是顶点 A 到边 BC 的中点的距离的 $\frac{2}{3}$. 因此，所要求的比

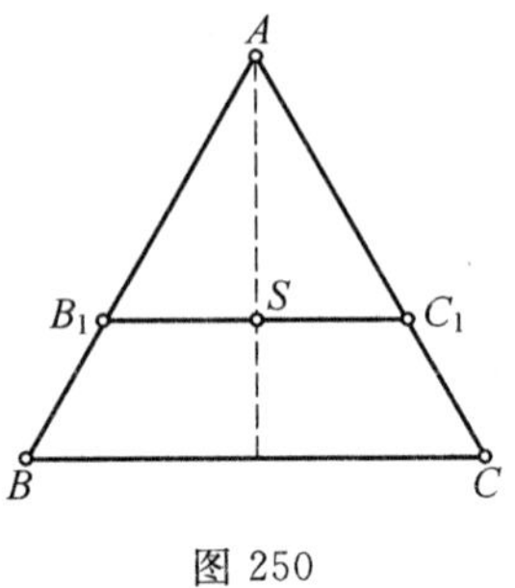

图 250

$$DE : BC = B_1C_1 : BC = \frac{2}{3}$$

解法 3 我们研究三棱锥 $DABC$ 和三棱锥 $EABC$ 黏合时所得到的立体在顶点 A 处的四面角. 它由四个相等的面角组成，这些面角一个和一个相邻，且构成(根据本题条件) 相等的二面角. 因此，六面体 $DABCE$ 在顶点 A 处的四面角是正四面角，即是正四棱锥的顶点的空间角，它绕垂直轴旋转 $90°$ 时，又变到自身.

因此，如果六面体的对角线 DE 绕顶点 A 的四面角的轴 AS 旋转 $90°$ 时，那么 DE 和解法 2 中所研究过的线段 B_1C_1 重合. 这样一来，所要求的比 $DE : BC$ 等于 $\frac{2}{3}$.

191 在毕业舞会上，每一个小伙子至少和一个姑娘跳舞，但任何一个小伙子都没有和所有的姑娘跳舞，而每一个姑娘至少和一个小伙子跳舞，但任何一个姑娘都没有和所有的小伙子跳舞.

证明：在所有参加舞会的人中，可以找到这样两个小伙子和两个姑娘，这两个小伙子中的每一个只和这两个姑娘中的一个跳过舞，而这两个姑娘中的每一个只和这两个小伙子中的一个跳过舞.

证法 1 我们将所有的小伙子按每一个小伙子在毕业舞会上和多少个姑娘跳舞来分成组(分在一组的所有小伙子和同样多个姑娘跳过舞). 假设 F_1 是和最多个数的姑娘跳过舞的小伙子之一. 因为 F_1 不和所有的姑娘跳舞，那么至少可以找到一

个未知 F_1 跳过舞的姑娘 L_1. 但因为每一个姑娘至少和一个小伙子跳舞，所以一定可以找到一个和 L_1 跳过舞的小伙子 F_2.

小伙子 F_1 是这样选取的，未知 F_2 跳过舞的姑娘数不小于未知 F_1 跳过舞的姑娘数. 由此推出：F_2 未和所有与 F_1 跳过舞的姑娘跳过舞，不然的话，和 F_2 跳过舞的姑娘数大于和 F_1 跳过舞的姑娘数，因为 F_2 和 L_1 跳过舞，而 F_1 未与她跳过舞. 于是，有这样一个姑娘 L_2，她和 F_1 跳过舞但未和 F_2 跳过舞.

小伙子 F_1,F_2 和姑娘 L_1,L_2 满足本题所有的要求，因为 F_1,L_1 以及 F_2,L_2 都没有相互跳过舞，而 F_1 和 L_2 跳过舞，F_2 和 L_1 跳过舞.

在上面所作的证明中，我们只利用了一部分条件，任何一个小伙子不和所有的姑娘跳舞以及每一个姑娘至少和一个小伙子跳过舞. 由此立即推出另一种证法，它只要用到另一部分条件：任何一个姑娘不和所有的小伙子跳舞以及每一个小伙子至少和一个姑娘跳过舞，因为在本题条件中，小伙子和姑娘是对称的(他们可以“相互替换”). 这样一来，每一个这样的证明仅用到本题条件的一半.

虽然全部用到本题条件的证法并不比上面的证法简短，但是我们还是给出三个这样的证法，因为它们可以表明第 191 题的推广以及它和其他问题的联系. 在 §74 中叙述了一个这样的推广.

证法 2　我们在毕业舞会的参加者当中，选取某一个小伙子 F_1 以及未和 F_1 跳过舞的姑娘 L_1. 假设 F_2 是和 L_1 跳过舞的小伙子，L_2 是未和 F_2 跳过舞的姑娘. 我们约定照此进行下去：挑出小伙子 $F_k(i=2,3,\cdots)$ 后，再找出未和 F_i 跳过舞的姑娘 L_i，然后找出和 L_i 跳过舞的小伙子 F_{i+1}. 这个过程一直进行到挑出来的是前面已挑过的人之前为止. 因为参加毕业晚会的人数是有限的，所以这种时刻或早或迟一定会到来.

于是，从出席舞会的人中，总可以挑选出 k 个小伙子和 k 个姑娘并将他们排成这样一圈，使每一个小伙子在两个姑娘中间，他和左边的姑娘跳过舞而没有和右边的姑娘跳过舞. 剩下的还要证明：这样的圆圈可以仅由两个小伙子和两个姑娘排成.

假设 k 个小伙子和 k 个姑娘按下面的次序排成一个圆圈

$$F_1,L_1,F_2,L_2,\cdots,F_k,L_k$$

(因为在这种写法中，圆圈被“断开”了，所以应该指出，L_k 在 F_1 的左边，即 F_1 和 L_k 跳过舞) 我们证明：如果 $k>2$，那么这样的圆圈可以由更少个数的小伙子和姑娘组成.

事实上，如果 F_1 和 L_2 跳过舞，那么只要取

$$F_1, L_1, F_2, L_2$$

就行了.如果 F_1 未和 L_2 跳过舞,那么

$$F_1, L_2, \cdots, F_k, L_k$$

满足所要求的条件.这样一来,排成一圈的小伙子和姑娘的人数总可以减少,一直到圆圈上只剩下两个小伙子和两个姑娘时为止.★

证法3 我们假设在出席毕业舞会的小伙子和姑娘中,不能挑出满足本题条件的4个人.我们将证明这样的假设将会导致矛盾,即参加毕业舞会的人有无限多个.本题断言的正确性将由所得到的矛盾推出.

假设 L_1 是一个姑娘,F_1 是和 L_1 跳过舞的小伙子,L_2 是没有和 F_1 跳过舞的姑娘,F_2 是和 L_2 跳过舞的小伙子.可以断定 F_2 和 L_1 跳过舞,因为要不然的话,和本证法的假设相反,L_1,F_1,L_2,F_2 四个人将满足本题证明中的全部要求.于是,在挑选出来的两个小伙子和两个姑娘中,仅只有 L_2 和 F_1 没有相互跳过舞.

假设在参加毕业舞会的人中我们已挑出了一组人

$$L_1, F_1, L_2, F_2, \cdots, L_k, F_k$$

其中小伙子 F_i 和姑娘 L_j 跳过(或未跳过)舞,如果 $j \leqslant i$(或者 $j > i$).当 $k=2$ 时,这样的组的存在性已经证明过了.现在来证明:对挑出的一组人总可以再增加一对人 L_{k+1},F_{k+1},使扩大的组仍具有原来的组的性质.因为这样的过程可以无限重复,所以由此可推出参加舞会的人数是无穷的.

因为 F_k 和姑娘 $L_1, \cdots, L_k$ 中的每一个跳过舞,那么至少有一个姑娘 L_{k+1},F_k 未和她跳过舞.姑娘 L_{k+1} 没有和小伙子 $F_1, \cdots, F_{k-1}$ 中任何一个跳过舞,因为假如她和小伙子 F_i 跳过舞,那么与假设相反,L_k,F_k,L_{k+1},F_i 四个人具有全部所要求的性质.既然 L_{k+i} 没有和小伙子 $F_1, \cdots, F_k$ 中任何一个人跳过舞,所以在舞会的参加者中至少可以找到一个和 L_{k+1} 跳过舞的小伙子 F_{k+1}.不难看出,F_{k+1} 和 $L_1, \cdots, L_k$ 跳过舞,因为譬如说他没有和 L_i 跳过舞,那么 L_i,F_i,L_{k+1},F_{k+1} 四个人与假设相反而满足本题全部要求.

于是,我们作出了一个扩大了的序列

$$L_1, F_1, L_2, F_2, \cdots, L_k, F_k, L_{k+1}, F_{k+1}$$

它具有同样的性质:小伙子中的任何一个 F_i 和任何一个姑娘 L_j($1 \leqslant i \leqslant k+1$,$1 \leqslant j \leqslant k+1$)当 $j > i$ 时没有跳过舞,而当 $j \leqslant i$ 时跳过舞.

所得到的矛盾证明了本题断言的正确性.

由所引的证法推出:如果参加舞会的人有无穷多个(精确

地说，如果小伙子和姑娘各有无穷多个)，那么本题的断言不再正确了.

证法 4　由本题条件可知，对于每一个小伙子，可以指出一个没和他跳过舞的姑娘.对于任何两个小伙子，也可能找到一个姑娘，她没有和这两个小伙子跳过舞，也许可能对任意三个甚至更多个数的小伙子指出一个姑娘，她没有和他们任何一个人跳过舞.无论如何，存在这样一个最大的数 k，使得对任意 k 个小伙子可以找到一个姑娘，她和他们之中任何一个人都没跳过舞.因为每一个姑娘至少和一个小伙子跳过舞，所以 k 必定小于出席毕业舞会的小伙子的人数.

因为数 $k+1$ 已经不具有数 k 的性质，所以可以挑出 $k+1$ 个小伙子

$$F_1, F_2, \cdots, F_{k+1}$$

所有的姑娘和他们跳舞(每一个姑娘和 $F_1, F_2, \cdots, F_{k+1}$ 中的某些人跳过舞，当然，不是和全体小伙子跳舞).如果除去某一个小伙子不算，例如除去 F_1，那么对于剩下的 k 个小伙子(根据数 k 的定义)可以找到一个姑娘 L_1 未和这些人跳过舞.因此在所挑选出的 $k+1$ 个小伙子中，和 L_1 跳过舞的只有 F_1.依次除去，$F_2, F_3, \cdots, F_{k+1}$ 中的一个，进行类似的讨论，我们得到一个有序的姑娘组

$$L_1, L_2, \cdots, L_{k+1}$$

她们之中的每一个人只和所挑选出来的 $k+1$ 个小伙子中和她具有同样编号的小伙子跳过舞.

因为 $k \geqslant 1$，所以总可以挑选出小伙子 F_1, F_2 和姑娘 L_1，L_2，对于他们，这个断言是正确的，这就是所要证明的.

若仅做一些最必要的论证，即证明 L_1 和 L_2 的存在性，则本题的证明可稍微化简.上面所引的证明实质上证明了更广的断言：如果在毕业舞会上，每一个姑娘至少和一个小伙子跳舞，而对任何 $k-1$ 个(但不大于 $k-1$)小伙子可以找到一个姑娘未和他们之中任何一个跳过舞，那么在舞会的参加者中，可以找到 k 个小伙子和 k 个姑娘使这些小伙子中的每一个人和这些姑娘中的一个且刚好一个跳过舞.

§74　关于完全偶图

我们用点来表示毕业舞会的每一个参加者，并且约定，若两个点所对应的小伙子和姑娘彼此跳过舞，就将这两个点用线连起来.

第 191 题的条件所对应的图叫作偶图，因为它的所有顶点

可以分成这样两组(即分成对应于姑娘和小伙子的顶点)，使得所有的边仅仅是联结属于不同组的顶点. 可以将图做些补充，使得任何一对属于不同组的点有边联结. 这样一来，图的边也可以分成两组：属于原来的图的边以及后来补加的边. 为了使我们方便地区分这两种类型的边，我们将它们涂成两种颜色.

于是可以说，第 191 题化为研究完全偶图，它的边被涂成两种颜色，而且由本题条件推出，不管由哪一个顶点发出的边不能都涂成同一种颜色. 本题的断言化为：在补充以后的图中一定可以找到构成封闭的“四边形”的边，而且边的颜色是相间错开的(换句话说，这个四边形的任何两条相邻的边所涂的是不同的颜色).

不但如此，对应于本题条件的完全偶图可以用来直观地证明它的断言. 我们建议读者详细作出这种证明. 应该注意到，如果将“和 …… 跳舞”这句话换成“不和 …… 跳舞”，再将“不和 …… 跳舞”这句话换成“和 …… 跳舞”，则本题条件不变. 如果我们仍然用边来联结那些在毕业舞会上相互跳过舞的小伙子和姑娘所对应的顶点，那么在第一种情况下没有用边联结的顶点将在第二种情况下用边连起来，反之亦然. 与第一个图对偶的新图也满足本题的所有条件.

在证明本题时所用的论证方法也适用于所说的图不是完全偶图而只是完全图的情况(我们提醒一下，任何两个顶点都有边联结的图叫作完全图). 我们建议读者独自去证明这个断言的正确性，而我们自己仅限于(为了更直观)把它叙述成下面的样子.

我们假设，有一群人聚会，其中一部分人彼此相识，而有一部分人是第一次相见. 谁也不和所有的参加者相识，但与会的每一个人至少和一个人相识.

这时由这一群中可以分出四个人而且可以把他们排成一个圆圈，使得每一个人只和自己两个相邻的人中的一个人相识. 如果利用第 191 题的证法 1 的方法，不难证明这个断言. 在第 191 题的证法 4 中所进行的论证仍然有用.

读者可以独自证明下面断言的正确性：如果在某一群人中，其中每一个人至少有一个熟人，而对于这一群人中的任何 k(不是很大的数) 个人，总有一个人不认识他们之中的任何一个人，那么在这一群人中，可以挑选出 $2k$ 个人，并可以将他们排成这样两排，使得仅仅只是互相对面站着的一对人才是彼此相识的.

现在我们来解释一下，在无限的完全图的理论中，对应的问题将是怎样一种情况. 我们可用下面的方式来叙述它.

将具有无穷多个顶点的完全图的边涂成两种颜色，使得没有任何一个顶点发出的边都是一种颜色的．下面的断言是否正确：在这样的图中，总可以找到一个四边形，它的任何两条相邻的边被涂成了不同的颜色吗？我们举出一个例子，这个例子表明，这样的四边形并不总是存在的．假设图的顶点可以用全体自然数来编号．从编号为 a 的顶点到编号为 b 的顶点的边被涂成红色，如果数 a 和 b 中最大的数是偶数，如果最大的数是奇数，就将这条边涂成蓝色．不难证实，所得到的红 － 蓝图不包含任何两条相邻的边被涂成不同的颜色的四边形．

192 证明：对任意正数 a,b,c,d，都有不等式

$$\sqrt{\frac{a^2+b^2+c^2+d^2}{4}} \geqslant \sqrt[3]{\frac{abc+abd+acd+bcd}{4}} \tag{1}$$

证明　我们证明：式(1) 右边立方根下的表达式不大于式(1) 左边表达式的立方．我们利用两个数的算术平均值和几何平均值之间的众所周知的关系式(两数之和不大于它们的算术平均值的平方)．两次利用这个关系式，我们得到

$$\begin{aligned}\frac{abc+abd+acd+bcd}{4} &= \frac{1}{2}\left(ab\frac{c+d}{2}+cd\frac{a+b}{2}\right)\leqslant \\ &\left[\left(\frac{a+b}{2}\right)^2\frac{c+d}{2}+\left(\frac{c+d}{2}\right)^2\frac{a+b}{2}\right]= \\ &\frac{a+b}{2}\cdot\frac{c+d}{2}\cdot\frac{a+b+c+d}{4}\leqslant \\ &\left(\frac{a+b+c+d}{4}\right)^2\cdot\frac{a+b+c+d}{4}= \\ &\left(\frac{a+b+c+d}{4}\right)^3\end{aligned}$$

剩下的还要验证

$$\frac{a+b+c+d}{4}\leqslant\sqrt{\frac{a^2+b^2+c^2+d^2}{4}}$$

为了证明这个不等式，我们来计算右边和左边的平方差(可见 §55,4)

$$\begin{aligned}&\frac{a^2+b^2+c^2+d^2}{4}-\left(\frac{a+b+c+d}{4}\right)^2= \\ &\frac{1}{16}[3(a^2+b^2+c^2+d^2)-2(ab+ac+ad+bc+bd+cd)]= \\ &\frac{1}{16}[(a-b)^2+(a-c)^2+(a-d)^2+ \\ &(b-c)^2+(b-d)^2+(c-d)^2]\geqslant 0\end{aligned}$$

于是，本题得证.

在本题的条件中说到了 a,b,c,d 是正数，而在上面的证明中没有明显地用到这一点，也许会觉得，这个条件简直是多余的. 事实上，正是由于数 a,b,c,d 是正的，我们才能利用算术平均值和几何平均值之间的关系式，如果不假设数是正的，那么关于两数之积不大于它们的算术平均值的平方这一断言不再成立.[①]

---

① 虽然“两个实数的几何平均值不大于它们的算术平均值”这个定理只对正数才有意义，可是“两实数之积不大于它们的算术平均值的平方”这一定理却是对任何实数都成立的. 不难证明这一点. 但是我们并不能由此断定本题的成立不需假设 a,b,c,d 是正数. 由于从 $ab\leqslant\left(\frac{c+b}{2}\right)^2$ 推出 $ab\frac{c+d}{2}\leqslant\left(\frac{a+b}{2}\right)^2\cdot\frac{c+d}{2}$，需设 $c+d\geqslant 0$. 同样 $a+b\geqslant 0$. 所以为了使本题不等式成立，可设 $a+b\geqslant 0,c+d\geqslant 0$，或 $a+c\geqslant 0,b+d\geqslant 0$，或 $a+d\geqslant 0,b+c\geqslant 0$. —— 中译者注

第 23 章　1965 年 ～ 1974 年试题及解答

193 怎样的整数 a,b,c 满足不等式

$$a^2+b^2+c^2+3<ab+3b+2c$$

解　因为不等式的两边是整数，所以它在而且仅在下面的情况下成立：如果

$$a^2+b^2+c^2+3\leqslant ab+3b+2c$$

这个不等式可以变成

$$\left(a-\frac{b}{2}\right)^2+3\left(\frac{b}{2}-1\right)^2+(c-1)^2\leqslant 0$$

由此看出，它当而且仅当左边的每一个平方等于 0 时成立（不然的话，平方和是正的）. 因此

$$a-\frac{b}{2}=0,\frac{b}{2}-1=0,c-1=0$$

这样一来，原不等式只可能有唯一的一组解

$$a=1,b=2,c=1$$

194 在圆内或圆上任取 8 个点. 证明：在这 8 个点中，必有两个点的距离小于圆的半径.

证法 1　在所取的 8 个点中至少有 7 个点不和圆心重合. 这 7 个点中的每一个点确定一个圆的半径. 如果不是所有的半径都不同，那么不和圆心重合的某两个点在同一个半径上. 因此，它们之间的距离小于圆的半径.

我们假设所有 7 个不和圆心重合的点在 7 个不同的半径上. 这些半径至少构成 7 个圆心角，因此，在它们之中可以找到这样两个半径，它们之间的夹角小于 $\frac{1}{6}\times 360°$，即小于 $60°$. 我们用点 A 和 B 来表示 8 个给定点中的那样两个点，它们所确定的半长之间的夹角小于 $60°$（图 251）.

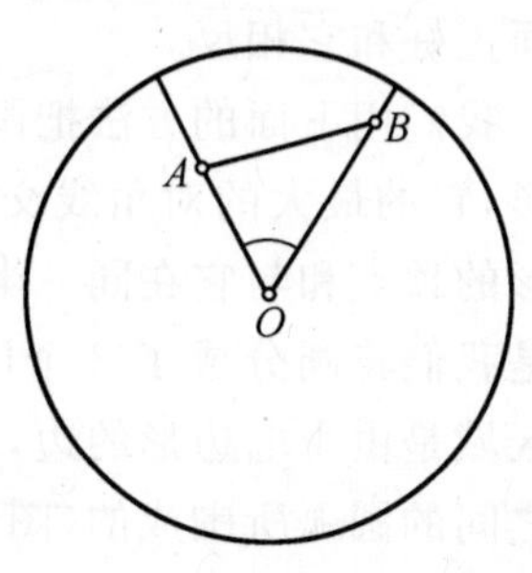

图 251

因为 $\angle AOB<60°$，所以在 $\triangle AOB$ 中有更大的角. 但在每一个三角形中，大角所对的边大. 因此，在 $\triangle AOB$ 中，有一条边大于边 AB. 这样一来，边 AB 小于边 AO，OB 中的某一条，但由

于 AO 和 OB 中最大的不超过圆的半径，所以 AB 小于圆的半径.

于是，在 8 个任意取的点中总可以找到两个点，它们之间的距离小于圆的半径.

证法 2 作这个圆的内接正六边形. 通过它的顶点的半径和联结两个相邻半径的中点所得的线段把圆分成 7 个区域（图 252）. 每一个区域内接于一个其直径等于原来的圆的半径的圆. 事实上，正中的区域内接于和原来的圆同心而半径小于 1 倍的圆，而其余区域的顶点在以原来的圆的内接正六边形的边为直径的圆上.

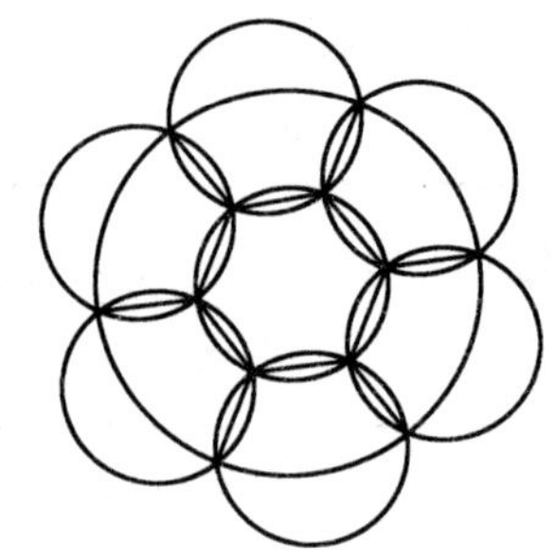
图 252

现在我们来研究 8 个给定的点. 在圆被分成的 7 个区域中，必有这样一个区域，这个区域至少有 2 个给定点，而且其中有一个点在包含它们的区域的外接圆内，或者这两个点同在大圆的一条半径上，因为假若所有在同一区域的两个都不满足上述条件，那么给定点最多只有 7 个. 这样一来，这两个点之间的距离小于通过区域顶点的圆的直径，即小于原来的圆的半径.

关于第 194 题和它的两个证法可以做两点注解.

(1) 不难看出，不能用给定 7 个点来代替 8 个点，因为圆心和圆内接正六边形的顶点便可以构成 7 个点的例子，它们具有这样的性质：在这 7 个点中，任意两点之间的距离不小于圆的半径. 由证法 1 看出，和本题断言相矛盾的其他分布（当给定点的个数等于 7 时）是不存在的.

(2) 假设 a_n 表示这个圆的内接正 n 边形的边长. 根据本题所证明的断言，在圆内给定的 8 个点中，总可以找到这样两个点，它们之间的距离小于 a_6. 我们来证明：从 8 个给定的点中，总可以挑选出这样两个点，它们之间的距离不大于 a_7，本题断言在这方面不能再做进一步的改进了，因为“一个点在圆心，其余 7 个点在圆内接正七边形的顶点上所构成的 8 个点”这个例子便表明了这一点.

论证的步骤在很多方面类似于证法 2 中的论证，但在某些方面正好和它相反.

我们用下面的方法把圆分成 8 个区域. 先作一圆内接正七边形，它的最大的对角线交成一个小的七边形. 再将大的正七边形的顶点和与它在同一半径上的小七边形的顶点连成线段. 于是我们将圆分成了 8 个区域：正中间的是小七边形，其他 7 个区域是由小七边形的边，我们所作的两条相邻的线段以及它们之间的圆弧所围成的（图 253）.

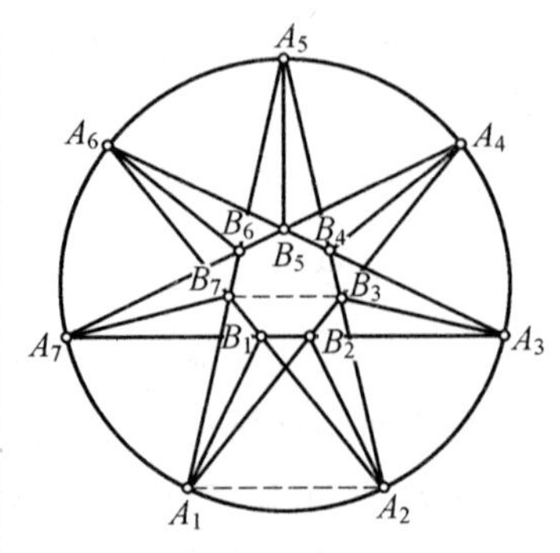

图 253

我们断言：若在 8 个区域中，某一个区域包含有 8 个给定点中的 2 个点（这两个点可以在区域的边界上），那么，这两个点之间的距离不大于 a_7. 若点属于小七边形，断言显然是对的，因为小七边形的最大的对角线的两个端点是相距最远的两个点，然而这个对角小于大七边形的边长(为了证实这一点，只要研究图253中的 $\triangle A_1A_2A_5$ 就行了，在 $\triangle A_1A_2A_5$ 中，B_7B_3 是小七边形的最大对角线，$A_1A_2=a_7$ 是大七边形的边).

现在我们来研究属于"被截的扇形"$A_1A_2B_2B_1$ 的点. 首先我们注意到 $A_1A_2=A_2B_1$(和 $A_1A_2=A_1B_2$). 这可以如下导出：四边形 $A_1A_2B_1A_7$ 是菱形，因为它的对边平行且 $A_7A_1=A_1A_2=a_7$. 对角线 A_1B_1 把菱形 $A_1A_2B_1A_7$ 分成等腰 $\triangle A_1A_2B_1$ 和等腰 $\triangle A_1A_7B_1$. $\angle A_1A_2B_1$ 和 $\angle A_1A_7B_1$ 所对的圆弧小于圆周的 $\frac{1}{3}$(等于圆周的 $\frac{2}{7}$)，于是 $\angle A_1A_2B_1$ 和 $\angle A_1A_7B_1$ 都小于 $60°$. 因此，等腰 $\triangle A_1A_2B_1$ 和等腰 $\triangle A_1A_7B_1$ 的底边 A_1B_1 小于它们的腰 A_1A_2，且 $A_1A_2=a_7$.

显然，"被截的扇形" 的两个相距最远的点应该在它的边界上(为了确定起见，我们所有的讨论都是对曲线四边形 $A_1A_2B_2B_1$ 来进行的). 最长的线段的端点不能和曲线四边形边界上直线部分的内点(即线段 A_2B_2，B_2B_1，B_1A_1 的内点) 重合，因为边界上直线部分的任一内点到另一个给定点的距离总是小于这条边界线段的某一个端点到这个给定点的距离. 在联结"被截的扇形" 的两个点的线段中，最长的线段的端点不能和 $\overparen{A_1A_2}$ 的内点重合，因为圆的任意一点(不同于圆心) 到弧上的点的距离，当这点是弧的某一端点时达到最大. 于是联结"被截的扇形"$A_1A_2B_2B_1$ 的点所得到最长线段的端点可能是四个点 A_1，A_2，B_2，B_1 中的某两个点. 然而正像我们所看到的，这些点所连成的最长线段的长等于 a_7.

现在我们来研究分布在圆内的8个给定点. 如果它们属于小七边形，那么它们任何两点之间的距离都小于 a_7. 如果不是所有的8个点都属于小七边形，我们绕着圆心来转动8个区域的边界所构成的"网"，使得8个给定点中的某一个点落在两个相邻区域的分界线上. 这时，在每一个区域的内部和边界上可能有8个给定点中的某一个点落在两个相邻区域的分界线上. 这时，每一个区域的内部和边界上可能有8个给定点中的若干个点(也可能没有任何一个点). 对所有8个区域来说，属于各个区域(内部和边界上) 的点的个数之和不小于9，因为在边界上的点我们至少算了两次. 因此，在8个区域中，一定有这样一个区域，它至少包含8个给定点中的2个点. 根据上面的证明，这两个点之间的距离不大于 a_7. 于是问题的断言被证明了.

195 设正四棱台的下底面的外接圆半径小于侧面的外接圆半径.

证明:沿棱台表面联结棱台的空间对角线的两个端点的路径中,最短的路径只通过棱台的侧面而不经过底面.

证明 我们研究具有下底面 $ABCD$ 和上底面 $EFGH$ 的正四棱台(图 254).因为这样的棱台关于通过两底中心的轴是对称的(当旋转的角度为 $90°$ 的倍数时,棱台 $ABCDEFGH$ 变到自身),所以我们无论研究哪一条空间对角线都是一样的.如果选取空间对角线 AG,那么可以断定,由顶点 A 沿棱台表面走到顶点 G 的每一条路径应该和空间六边形 $BCDHEF$ 相交.因为六边形 $BCDHEF$ 的任意一点可以用位于棱台表面的直线段和顶点 A 与 G 联结起来,且联结任意两点的直线段比以这两点为端点的折线要短,所以从顶点 A 沿棱台表面走到顶点 G 的最短路径只可能是由两条直线段组成的折线.这两条线段可以通过侧面和上底,或者通过下底和侧面,或者通过两个侧面.因为正四棱台关于平面 $AEGC$ 是对称的,所以说到侧面时,可以不必确切地说明是哪一个侧面.

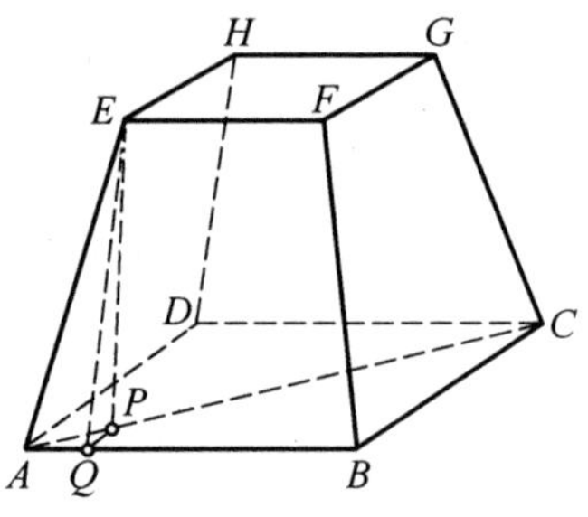

图 254

在所有三种情形,最短的路径通过棱台的两个相邻的面:或者通过一个侧面和一个底面,或者通过两个相邻的侧面.如果把两个相邻的面绕它们的公共棱摊成一个平面,那么从顶点 A 到 G 的路径变成一平面折线,而最短的路径在摊开的平面上变成联结点 A 和 G 的直线段.我们来查明,在上面所列举的三种情形中,在哪一种情况下,在摊开的平面上联结顶点 A 和 G 的直线段是最短的.

棱台的侧面 $ABFE$ 是一个等腰梯形,其下底 AB 的两个底面大于 $45°$(上底 EF 的两个底角小于 $135°$).事实上,如果点 P 和 Q 是顶点 E 在下底面和棱 AB 上的投影,那么 $\triangle APQ$ 是等腰直角三角形.又因为 $EQ > PQ = AQ$,所以在 $\triangle AEQ$ 中,大直角边所对的角 $\angle EAQ$ 大于 $45°$.

由本题条件推出,$\alpha = \angle AFB < 45°$.事实上,在下底面的外接圆中,弦 AB 所系的弧为 $90°$.因此 ,它所对的圆角为 $45°$(或 $135°$).因为根据本题条件,棱台 $ABCDEFGH$ 的侧面的外接圆半径大于下底面的外接圆的半径,所以在梯形 $ABFE$ 的外接圆中,弦 AB 所对的圆周角小于 $45°$.因此 $\angle AFB < 45°$.

我们对于上面所列举的所有三种情形,画出相应的棱台的两个相邻面的摊形图(图 255).在所有三种情形中,联结空间对角线的端点的直线段都和两条相邻面的公共棱相交(在图

255 中，这条线段用粗黑线表示）. 事实上，对于所有三种情形，在摊开图中可以找到一个凸四边形，而这个凸四边形的一条对角线是两个相邻面的公共棱，另一条对角线是联结空间对角线的端点的直线段. 这个四边形的一组对边用虚线表示. 四边形的凸性只需对情形(a)和(c)论证就行了. 事实上，在图 255(a)所画的四边形 $AFG'E$ 中，$\angle AEF < 135°$，从而 $\angle FEG' = 45°$. 在图 255(c)中，$\angle AFB < 45°$，而 $\angle BFG'' < 135°$.

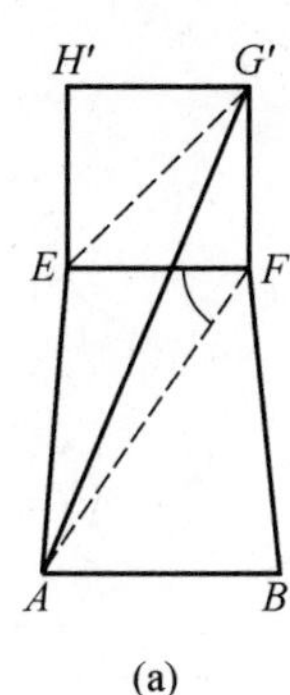

(a)

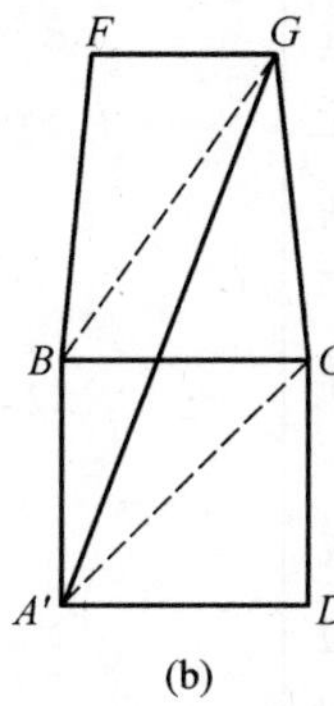

(b)

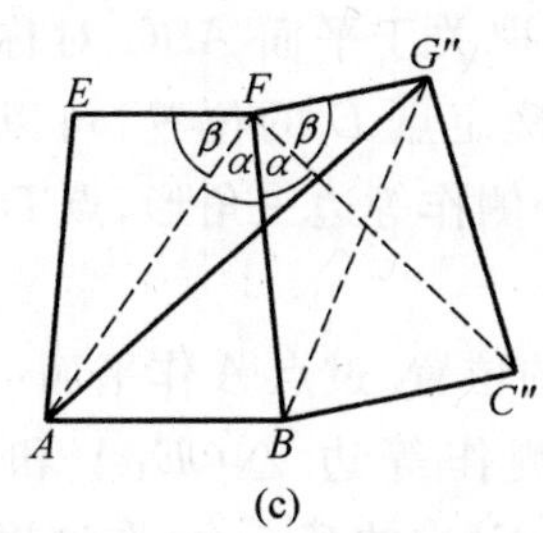

(c)

图 255

剩下的只需证明：联结空间对角线的端点且在棱台表面上的所有路径中最短的是图 255(c)所画的路径 AG''. 事实上，图 255(b)所画的线段 $A'G$ 比图 255(a)所画的线段 AG' 长，因为两条线段在水平直线（两个相邻面的公共棱在这条直线上）上的投影相等，而线段 $A'G$ 在竖直线上的投影大（下底大于上底）. 于是，剩下还要证明 $AG' > AG''$（图 255(a)和(c)）. $\triangle AFG'$ 和 $\triangle AFG''$ 有两条边对应相等，AG' 和 AG'' 分别是它们的第三边. 因此，大边是大角对的边. 这样一来，只需证明

$$\angle AFG' > \angle AFG''$$

假设 $\beta = \angle AFE$. 这时所要证明的不等式具有形式

$$90° + \beta > 2\alpha + \beta$$

它实际上是成立的，因为根据最早所证明的，$\alpha < 45°$.

196 是否存在这样的空间五边形，它所有的边都相等，而且任意两条相邻的边的夹角都是直角？

解　满足本题条件的空间五边形 $ABCDE$ 是否存在与它的边等于多长是没有关系的，因此从单位正方形 $ABCO$ 入手总是方便的，我们来探究五边形的顶点 D 和 E 可能分布在什么位置上（图 256）.

因为 $\angle BCD = 90°$，$CD = 1$，所以顶点 D 属于通过点 C 且和

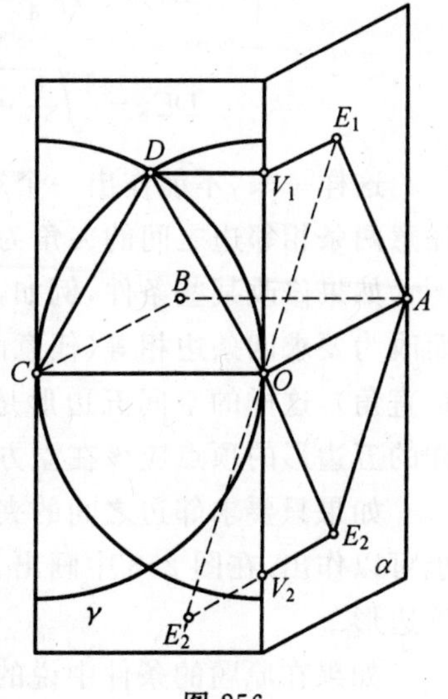

图 256

线段 BC 垂直的平面 γ，而且分布在这个平面上的以点 C 为圆心的单位圆上. 五边形 $ABCDE$（如果它存在的话）的所有的对角线都相等，因为每一条对角线都是直角边为 1 的等腰直角三角形的斜边（这样一来，每一条对角线的长等于 $\sqrt{2}$）. 这样一来，$AD=AC$，在平面 γ 上以点 O 为圆心作的单位圆通过点 C，因为这个圆是平面 γ 上到点 A 的距离等于线段 AC 的长的点的轨迹. 因此，点 D 只可能是两个单位圆（圆心在点 C 和 O）的两个交点之一. 假设点 D 是这两个交点中的任一个（这两个交点关于平面 ABC 是对称的，如果空间五边形存在的话，那么在作图的这一阶段，空间五边形可以选取关于平面 ABC 对称的两种形式中的一种）. 为了更简单地确定点 D 的位置，可以在平面 γ 上以线段 CO 为边长向任意一侧作等边三角形，点 D 和异于顶点 C 和 O 的第三个顶点重合.

用类似的方法可以确定点 E 的位置. 过点 A 作平面 α 和线段 BA 垂直，在线段 AO 的两侧作等边 $\triangle OE_1A$ 和等边 $\triangle OE_2A$. 点 E 只可能是顶点 E_1 和 E_2 中的某一个. 在这里我们不得不考虑到两种可能性，因为点 D 的位置选定以后，空间五边形关于平面 ABC 已经不是对称的了.

我们证明：所作的空间五边形不具有所要求的性质，因为线段 DE_1 和 DE_2 中的任何一条都不具有单位长. 借助不太复杂的计算不难证实这一点. 假设点 V_1 是由点 E_1 到平面 γ 的垂线的垂足. $\mathrm{Rt}\triangle DV_1E_1$ 和 $\mathrm{Rt}\triangle DE_1E_2$ 的直角边 DV_1 和 V_1E_1 等于 $\frac{1}{2}$，而 $E_1E_2=\sqrt{3}$. 因此由勾股定理有

$$DE_1=\sqrt{\frac{1}{4}+\frac{1}{4}}=\frac{1}{\sqrt{2}}<1$$

$$DE_2=\sqrt{\frac{1}{2}+3}=\sqrt{\frac{7}{2}}>1$$

这样一来，不能作出一个空间五边形，它所有的边相等，而任意两条相邻边之间的夹角为直角.

如果修改某些条件，例如，不要求五边形所有的边都相等，而改为要求四条边相等（任意两条相邻的边之间的夹角仍要求是直角），这样的空间五边形是可以做出来的. 图 257 表明，这样的五边形的顶点应该在立方体的顶点中选取.

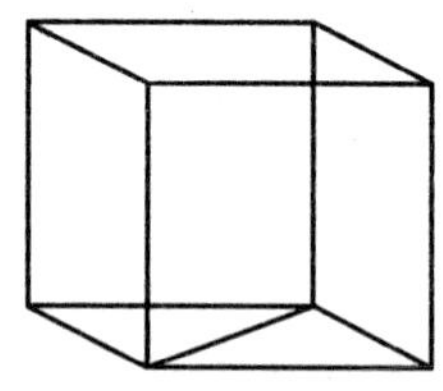

图 257

如果只要求邻边之间的夹角中四个角是直角，空间五边形也可以作出. 在图 258 中画出了由正三棱柱的棱构成的这样的五边形.

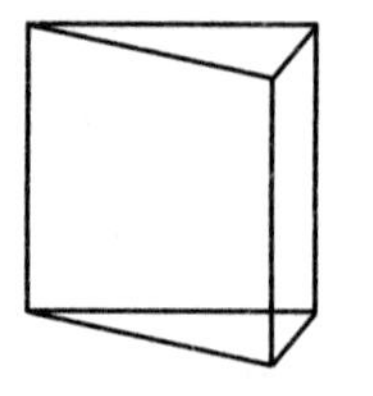

图 258

如果在原题的条件中说的不是空间五边形，而是更多边数的空间多边形，那么对原题可以给出肯定的回答. 由立方体的

棱不难作出边相等且任意两邻边之间的夹角为直角的空间六边形和八边形. 具有所要求的性质的空间七边形可以用下面的方法作出. 取一个等腰梯形,其上底和两腰等于 1,下底等于 $\sqrt{2}$. 以上底为一边作一单位正方形,以下底为斜边作等腰直角三角形,再去掉梯形的两底,将正方形的平面和梯形的平面配置成直角,将直角三角形的平面对梯形的平面倾斜一个角度,使直角边和与它相邻的梯形的腰之间的夹角为直角. 不难验证,所得到的七边形满足问题的所有条件. 在作边数大于 8 的类似的空间多边形时不会遇到任何困难.

和第 196 题有直接关系的是另一个问题:是否存在这样一个空间五边形,它的所有边都相等,而且任意两条邻边之间的夹角也相等(不一定是 90°)? 不难证明,这样的多边形只有两个(两个都是平面的):正凸五边形和由它的对角线构成的星形五边形. 邻边之间的夹角允许取值 108° 和 36°.

197 证明:如果 n 是任意自然数,那么将数

$$(5+\sqrt{26})^n$$

写成十进制小数时,小数部分开头的 n 个数字是相同的.

证明 我们证明,将数 $(5+\sqrt{26})^n$ 写成十进制小数时,小数点以后的前 n 个数字或者都是 0,或者都是 9,也就是说,我们所研究的数和整数的差异小于 10^{-n}. 为此只要证明

$$(5+\sqrt{26})^n+(5-\sqrt{26})^n \tag{1}$$

是整数以及

$$|5-\sqrt{26}|<\frac{1}{10} \tag{2}$$

就行了. 不等式(2) 不难用直接计算来验证: $5.1^2=26.01>26$,因此

$$5<\sqrt{26}<5.1$$

假设 $p(x)=(5+x)^n$. 这时所要证明的断言可以叙述成: $p(\sqrt{26})+p(-\sqrt{26})$ 是整数. 它是正确的,因为在和 $p(x)+p(-x)$ 中,x 的奇次幂的项相互消掉了而只剩下 x 的偶次幂的项. 因此,当 $x=\sqrt{26}$ 时,带有整系数的多项式 $p(x)+p(-x)$ 的值是整数.

因为数 $5-\sqrt{26}$ 是负的,所以从前面的证明推出,当 n 是奇数时,小数点以后的前 n 个数字是 0,而当 n 是偶数时,小数点以后的前 n 个数字是 9.

从所引的证明不难引出下面的断言：如果 n 充分大，那么在数 $(5+\sqrt{26})^n$ 的十进制展开式中，小数点后相同的数字不少于 $n+1$ 个．我们指出，发生这种情况的第一个 n 是 $n=234$．

198 是否存在这样两个无穷的非负整数集合 A 和 B，使得任一非负整数可以用唯一的方法表示成两项之和的形式，其中一项属于集合 A，而另一项属于集合 B？

解 我们证明具有所要求的性质的非负整数集合 A 和 B 是存在的．为此只需作出一个这种集合的例子就够了．

我们约定所有非负整数的数位由个位开始从低位到高位进行编号．我们认为偶数位的数字为零的所有非负整数属于集合 A，奇数位的数字为零的所有非负整数属于集合 B．根据定义，数 0 同时属于集合 A 和 B，因为在 0 中没有任何一位数字不为 0．

一个属于集合 A，另一个属于集合 B 的两个数之和表示一个整数，它的所有的数字或者与属于 A 的被加项的数字重合，或者与属于集合 B 的被加项的数字重合，因为奇数位的数字与属于 A 的被加项的数字重合，而偶数位的数字与属于 B 的被加项的数字重合．因此，对任一非负整数，若将它所有偶数位的数字改为零，我们得到它的属于集合 A 的“组成部分”，再将这个数所有奇数位的数字改为零，我们又得到它的属于集合 B 的“组成部分”．两个组成部分之和等于原来的数．集合 A 与 B 的其他两个元素之和不可能等于这个数，因为这两个元素与所研究的数的组成部分至少有一个数字不同，因此它们的和等于另一个数．

例如，如果取数 1 967，那么它属于集合 A 的组成部分等于 907，属于集合 B 的组成部分等于 1 060．两个组成部分之和等于原数：$907+1\ 060=1\ 967$．

集合 A 和 B 是无穷的，因为有无穷多个偶数位和无穷多个奇数位．

199 某整数集合既含有正整数，也含有负整数，而且如果 a 和 b 是它的元素，那么 $2a$ 和 $a+b$ 也是它的元素．证明：这个集合包含它的任意两个元素之差．

证明　首先我们应该证明,如果数 c 是所研究的集合的元素,而 n 是自然数,那么 nc 也属于这个集合.为了证明这一点,我们对 n 利用完全数学归纳法.数 c 的本身是属于这个集合的,根据本题条件,数 $2c$ 也属于这个集合,因此,只需证明:如果 $n>1$,nc 属于这个集合,那么 $(n+1)c$ 也属于这个集合.但是 $(n+1)=nc+c$,根据本题条件,集合的两元素之和属于这个集合.因此,对于集合的任一元素 c 和任意的自然数 n,乘积 nc 属于所研究的集合.

假设 $a>0$ 是这个集合的最小正数,$b<0$ 是这个集合的最小负数,即绝对值最小的负数(关于这样的数的存在性见第 1 卷第 1 卷 §3).因为一方面,它们的和 $a+b$ 属于这个集合,且满足不等式

$$b<a+b<a$$

而另一方面,这个集合不含有小于 a 的正数和大于 b 的负数,所以 $a+b$ 的和只能等于 0.因此,数 0 属于所研究的集合,且 $b=-a$.由此推出,集合包含元素 a 的所有整数倍,因为对任意的自然数 n,数 na,0,nb 属于这个集合.

我们断定:除了元素 a 的整数倍以外,所研究的集合不包含其他的元素.我们假设这个断言不对.假设包含在数 a 的两个连续的整数倍 qa 和 $(q+1)a$ 之间的元素 x 属于这个集合.这样的元素可以表示成下面的形式

$$x=qa+r\quad(0<r<a)$$

但这时数

$$r=x+(-q)a$$

也应该属于集合,因为它等于集合的两个元素之和.这个数满足不等式 $0<r<a$,这和元素 a 的取法矛盾(注意,a 是这个集合的最小正数).

本题断言可如下推出:集合的所有元素是元素 a 的整数倍,因此这个集合的任意两个元素之差也是元素 a 的整数倍,因而属于所研究的集合.

200 某凸多边形被它的不相交的对角线划分成三角形.多边形所有的顶点都是奇数个这样的三角形的顶点.证明:多边形的边数能被 3 整除.

注　在本题条件中,要求多边形是凸多边形.其实这个条件并不是本质的,在下面的证明中并没有用到这一点.我们在本题条件中加上多边形的凸性这个条件,主要是为了使奥林匹

克的参加者不必去寻求下面那个十分复杂的问题的答案：每一个多边形可以用不相交的对角线划分成三角形吗？答案是肯定的，但要证明这一点并不简单.

如果代替"用不相交的对角线来划分 n 边形"而研究"将 n 边形划分为互不覆盖的三角形，这些三角形的顶点和 n 边形的顶点重合"，问题的实质并没有改变.唯一的变化是在这样叙述本题的时候，增加了 $n=3$ 的情况，而且当 $n=3$ 时，覆盖给定的 n 边形的三角形的集合由一个元素 —— 三角形本身组成.显然，当 $n=3$ 时，本题断言成立.

现在我们着手来证明第200题.

证明 在不相交的对角线中，每一条对角线把原来的多边形分成两个多边形.我们来确定这样的"子多边形"的边的最少边数等于多少.我们断定最少边数等于3，这就是说，在我们所引的对角线中，有这样一条对角线，它从多边形中切去一个三角形.事实上，如果"子多边形"的最少边数等于 $k(k>3)$，并且是由对角线 A_1A_k 切得的子多边形 $A_1A_2\cdots A_{k-1}A_k$，那么，由于在本题条件中说到将 n 边形划分成三角形，所以可以找到这样的对角线 A_iA_j，它是联结 k 边形 $A_1A_2\cdots A_{k-1}A_k$ 的某两个顶点而成的，并且从这个 k 边形中切得了一个边数更少的多边形.因此，$k>3$ 不可能是"子多边形"的最少边数.

在我们所研究的子多边形中，还有边数大于3的多边形，因为不然的话，对角线把多边形分成两个三角形，而对角线的端点是偶数个三角形的顶点，这和本题条件相违.

在原多边形被所引的对角线切得的子多边形中，没有四边形，因为它的一条对角线应该把它分成两个三角形，而且对角线的端点是两个三角形的顶点，这又与本题条件相违.

这样一来，在子多边形中，有边数大于3但不小于5的多边形.例如，假设在所有异于三角形的子多边形中，由对角线 A_1A_k 切得的子多边形 $A_1A_2\cdots A_{k-1}A_k$ 具有最少的边数.由上面的讨论可知 $k\geqslant 5$.

因为在将原多边形划分成三角形时，子多边形 $A_1A_2\cdots A_{k-1}A_k$ 也被划分成三角形，在这些三角形中包含有 $\triangle A_1A_iA_k$，并且因为 k 是异于三角形的子多边形的最少边数，所以无论是对角线 A_1A_i 或是对角线 A_iA_k 都不可能切得边数大于3(但小于 k) 的子多边形.因此 $i\leqslant 3$ 和 $k-i+1\leqslant 3$.考虑到 $k\geqslant 5$，所以后一个不等式可变为

$$0\leqslant k-5\leqslant i-3\leqslant 0$$

由此得到 $k=5,i=3$.

于是，在将原多边形划分成三角形时，总可以找到一条对

角线，它从多边形中切去一个五边形，这个五边形被另外两条对角线划分成这样的三个三角形，它们之中的任意两个三角形和对角线 —— 五边形和原多边形的剩下部分的边界有公共顶点（图 259）. 当从原多边形切去五边形的时候，边数减少了 3. 多边形的剩下部分被原先引的对角线所作的划分满足本题的所有条件. 事实上，原多边形的所有顶点是奇数个三角形的顶点. 切去五边形后，属于给定顶点的三角形的个数发生变化（减小 2 个）的，只有两个顶点，这两个顶点是和切口重合的对角线的端点. 因此，对多边形的剩下部分来说，所有的顶点仍然是奇数个三角形的顶点.

继续从剩下的多边形中切去五边形，每一次都使边数减少 3. 这个过程一直进行到剩下的部分不能再引任何对角线，即为三角形时为止.

因此，原来的多边形的边数能被 3 整除，这就是所要证明的.

从证明中可以看出，如果 n 能被 3 整除，那么凸 n 边形确实能用不相交的对角线将它划分成这样的三角形，使原多边形的每一个顶点是奇数个三角形的顶点.

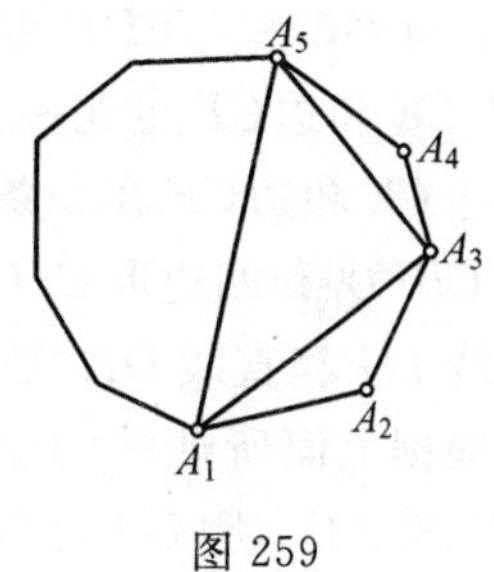

图 259

201 证明：在所有的凸四边形中，仅仅只有平行四边形具有这样的性质：对所有顶点来说，每个顶点到不通过它的两边的距离之和相等.

证法 1　首先我们证明下面的引理：

假设在不大于平角的角内给定两个点. 每一个点到角的两边距离之和当且仅当这两点所确定的直线和这个角的平分线垂直时相等.

假设点 P 是不大于平角的 $\angle AOB$ 内的点，点 A 和点 B 是过点 P 和 $\angle AOB$ 的平分线垂直的直线和 $\angle AOB$ 的边的交点（图 260）. 我们用 t 表示线段 OA 和 OB 的长，用 a 和 b 表示点 P 到直线 OA 和 OB 的距离. 因为 $\triangle AOB$ 的面积等于 $\triangle AOP$ 和 $\triangle BOP$ 的面积之和，所以 $\triangle AOB$ 的面积的 2 倍可表示成 $at+bt=(a+b)t$. 这时线段 AB 上的任意一点 P 到 $\angle AOB$ 的边的距离之和

$$(P,\angle AOB)=a+b$$

都等于点 A 到边 OB 的距离. 但射线 OA 上所有的点到角的边 OB 的距离各不相同. 因此，点 P 到 $\angle AOB$ 的两边距离之和等于点 Q 到 $\angle AOB$ 的两边距离之和，当而且仅当通过点 P 和 Q 所作的 $\angle AOB$ 的平分线的垂线和射线 OA 相交于同一点，即

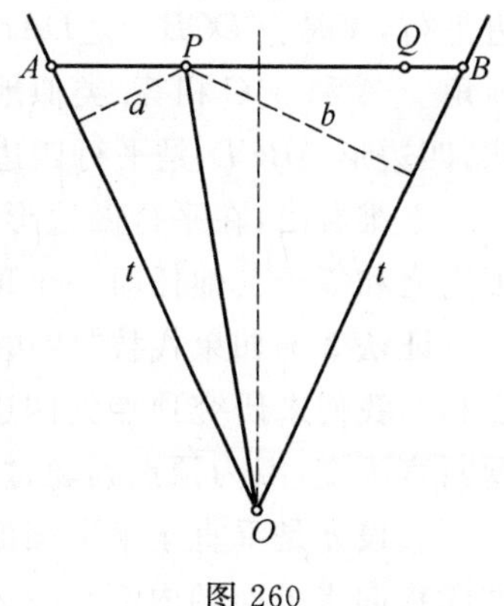

图 260

线段 PQ 和 $\angle AOB$ 的平分线垂直. 于是,引理得证.

现在回到本题断言的证明. 设四边形 $ABCD$ 是满足本题条件的凸四边形(即这样的四边形,它的每一个顶点到不通过它的两边的距离之和对于所有四个顶点都相等). 在图261中,我们故意把四边形 $ABCD$ 画成不是平行四边形,因为只有当本题断言被证明了以后,我们才能说四边形 $ABCD$ 是平行四边形.

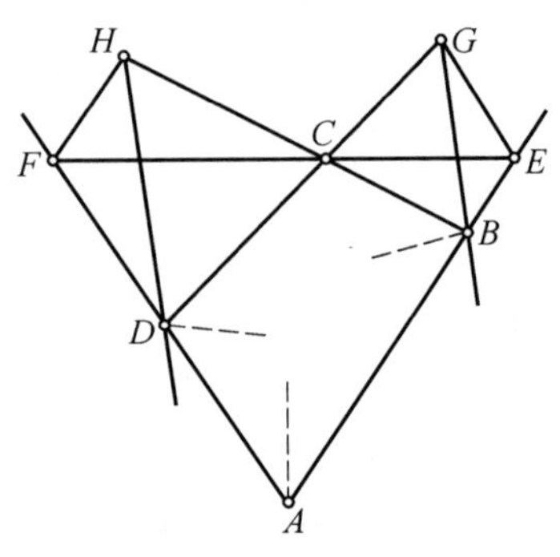

图 261

过点 C 作一条直线和 $\angle BAD$ 的平分线垂直. 设这条直线与直线 AB 和直线 AD 分别相交于点 E 和 F. 过点 E 作一条直线平行于 AD,它和直线 DC 相交于点 G. 过点 F 作一条直线平行于 AB,它和直线 BC 相交于点 H. $\triangle CBE$ 和 $\triangle CHF$ 相似(同样地,$\triangle CGE$ 和 $\triangle CDF$ 相似),因为边 CB 和边 CH 在一条直线上,边 CE 和边 CF 也在一条直线上,而 $BE \parallel FH$(边 CG 和 CD 以及边 CE 和边 CF 在一条直线上,而 $EG \parallel FD$). 由此推出,四边形 $CBEG$ 和四边形 $CHFD$ 相似,于是 $\angle CBG = \angle CHD$,从而直线 BG 和直线 DH 平行.

根据上面所证明的引理,$(C, \angle DAB) = (E, \angle DAB)$;因为 $EG \parallel AD$,所以 $(E, \angle DAB) = (G, \angle ADC)$,而根据本题条件,$(C, \angle DAB) = (B, \angle ADC)$,因此,$(G, \angle ADC) = (B, \angle ADC)$. 根据引理,这意味着线段 BG 垂直于 $\angle ADC$ 的平分线. 类似地可以证明,线段 HD 垂直于 $\angle ABC$ 的平分线. 但因为 $GB \parallel HD$,所以 $\angle ABC$ 的平分线和 $\angle ADC$ 的平分线平行. 因此,如取一条直线平行于 $\angle ABC$ 和 $\angle ADC$ 的平分线,则 $\angle DCB$ 关于此直线对称的角之两夹边分别与 $\angle DAB$ 之两夹边平行,于是 $\angle DCB = \angle DAB$. 这样一来,在四边形 $ABCD$ 中,顶角 $\angle A$ 和 $\angle C$ 相等. 类似地可以证明其他两个顶角相等. 因此,四边形 $ABCD$ 是平行四边形.

不难看出,在平行四边形中,任一顶点到不通过它的两边距离之和等于其他任何一个顶点的类似的和.

证法 2 如果代替"四边形的顶点到不通过它的两边距离之和",我们来研究顶点到四边形的所有四条边的距离之和,本题断言不变,因为顶点到通过它的两边距离之和等于零.

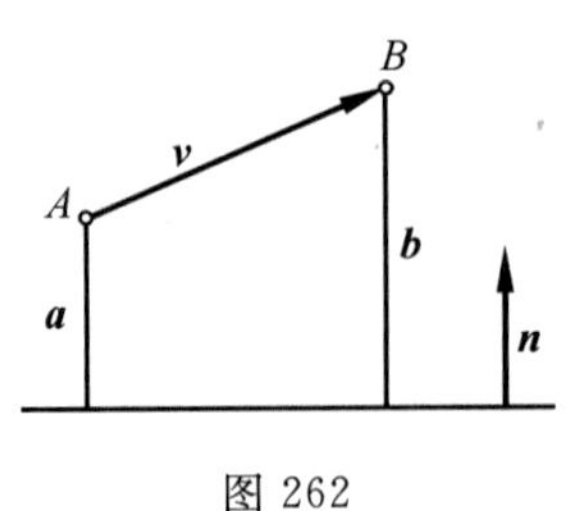

图 262

假设 $\boldsymbol{n}$ 是垂直于半平面的边界直线的单位矢量(矢量 $\boldsymbol{n}$ 的方向指向半平面的内部),点 A 和点 B 是属于半平面的点,a 和 b 是点 A 和点 B 到边界直线的距离(图262). 线段 a 和 b 的长度之差可以表示成数量积

$$b - a = \boldsymbol{v}\boldsymbol{n}$$

的形式,其中 $\boldsymbol{v} = \overrightarrow{AB}$.

假设 $\boldsymbol{n}_1, \boldsymbol{n}_2, \boldsymbol{n}_3, \boldsymbol{n}_4$ 是分别垂直于满足本题条件的四边形各边的单位矢量(所有的矢量指向四边形的内部),而 $\boldsymbol{a}$ 和 $\boldsymbol{b}$ 是

与四边形的两条相邻边重合的矢量(图 263). 因为矢量 $\boldsymbol{a}$ 的始点到四边形各边的距离之和等于矢量 $\boldsymbol{a}$ 的终点到四边形各边的距离之和,所以这两个数之差,即矢量 $\boldsymbol{a}$ 的始点与终点到四边形各边的距离之差的和等于 0. 正像上面所说的,在矢量表示法中,这可以写成下面的形式

$$\boldsymbol{an}_1+\boldsymbol{an}_2+\boldsymbol{an}_3+\boldsymbol{an}_4=\boldsymbol{a}(\boldsymbol{n}_1+\boldsymbol{n}_2+\boldsymbol{n}_3+\boldsymbol{n}_4)=0$$

对于矢量 $\boldsymbol{b}$ 也有类似的等式

$$\boldsymbol{b}(\boldsymbol{n}_1+\boldsymbol{n}_2+\boldsymbol{n}_3+\boldsymbol{n}_4)=0$$

于是矢量 $\boldsymbol{n}_1+\boldsymbol{n}_2+\boldsymbol{n}_3+\boldsymbol{n}_4$ 和两个不平行的矢量 $\boldsymbol{a}$ 和 $\boldsymbol{b}$ 垂直,这只有当

$$\boldsymbol{n}_1+\boldsymbol{n}_2+\boldsymbol{n}_3+\boldsymbol{n}_4=\boldsymbol{0}$$

时才有可能.

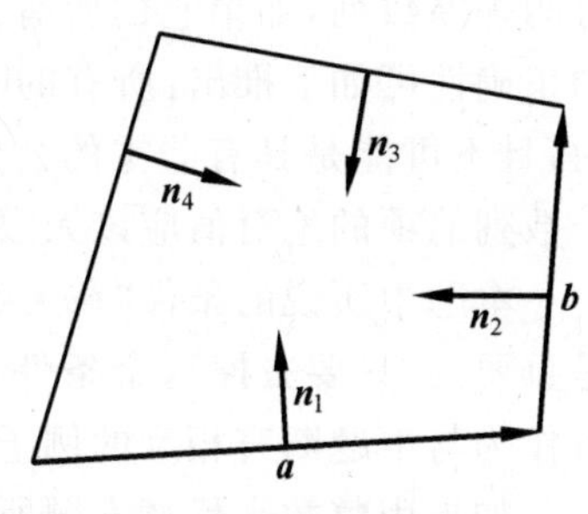

图 263

后一个等式意味着把矢量 $\boldsymbol{n}_1,\boldsymbol{n}_2,\boldsymbol{n}_3,\boldsymbol{n}_4$ 一个接一个地放时,我们得到一个封闭的四边形. 因为它的所有边的长都等于 1,所以,所得到的四边形是菱形且对边平行. 因此,由于原来四边形的边和矢量 $\boldsymbol{n}_1,\boldsymbol{n}_2,\boldsymbol{n}_3,\boldsymbol{n}_4$ 垂直,所以也两两平行.

这样一来,原来的四边形是平行四边形,这就是所要证明的.

在第 201 题中,说到四边形的凸性. 我们证明:凸性的要求是多余的,因为对于非凸的四边形,本题条件是不可能实现的. 假设 $ABCD$ 是四边形,其顶点 $\angle C$ 大于平角. 过点 C 作一条直线和 $\angle DAB$ 的平分线垂直. 这条直线至少将四边形的一个顶点(例如顶点 B,如图 264 所示)和顶点 A 隔开,因为 $\angle DCB$ 不是凸的,因而四边形的所有顶点不可能在所作的直线的同一侧. 利用证法 1 的引理中所用的记号,可以写出不等式 $(C,\angle DAB)<(B,\angle DAB)$. 因为不等式的右边是顶点 B 到 $\angle DAB$ 的边 AD 的距离(点 B 到边 AB 的距离等于 0),它小于点 B 到边 AD,CD 的距离之和,所以顶点 B 和 C 不满足第 201 题的条件.

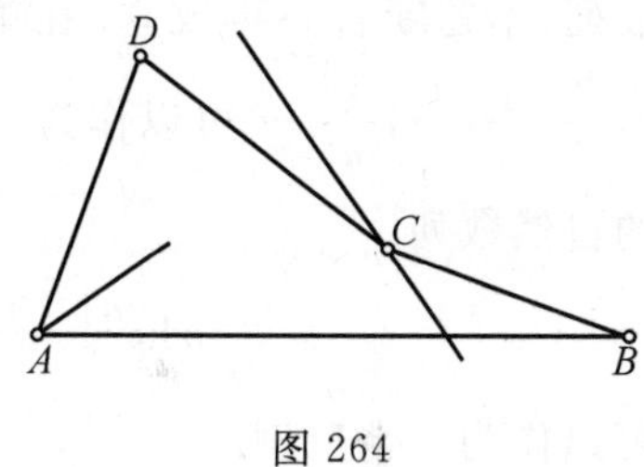

图 264

202 证明:不存在这样的自然数列,它的项不都相等,而且从第二项开始,每一项都等于它的前一项和后一项的调和平均值(数 $\dfrac{2ab}{a+b}$ 叫作数 a 和 b 的调和平均值).

证明　首先我们注意到,如果 h 是数 a,b 的调和平均值,那么 $\dfrac{1}{h}$ 是 $\dfrac{1}{a}$,$\dfrac{1}{b}$ 的算术平均值. 事实上,因为 $h=\dfrac{2ab}{ab}$,所以 $\dfrac{1}{h}=\dfrac{\frac{1}{a}+\frac{1}{b}}{2}$. 这使得我们可以把原题的断言叙述成下面的形式:证

明：不存在这样的形如$\frac{1}{n}$的无穷数列，其中n是自然数，在这个数列中，不是所有的项都相等，而且从第二项开始，每一项都等于它的前一项和后一项的算术平均值.

换句话说，我们断定，从自然数的倒数中不能构造一个无穷的等差数列，如果它的所有的项不彼此相等的话. 这一断言的正确性可如下推出：所有的自然数的倒数包含在区间$[0,1]$内，且不可能是具有非零的公差的无穷等差数列的项，因为这个数列的项的绝对值应该无限地上升.

本题中所说的条件“在无穷数列中，不是所有的项都相等”是重要的. 只要去掉这个条件，例如无穷序列 $1,1,\cdots,1,\cdots$ 便可作为与本题断言相反的例子.

如果用整数来代替本题所说的自然数，那么本题断言仍然成立. 这时，在上面所作的证明中唯一不同的仅仅是将区间$[0,1]$换成区间$[-1,1]$.

如果说的是无穷的有理数列或者有限的（随便多长）自然数列，本题断言不再成立. 在第一种情形中，无穷的有理数列 $1,\frac{1}{2},\frac{1}{3},\cdots,\frac{1}{n},\cdots$ 可以作为一个反例，在第二种情形中，有限的自然数列

$$n!,\frac{n!}{2},\frac{n!}{3},\cdots,\frac{n!}{n}$$

可以作为一个反例.

203 在平面上给定一条直线，半径为 n cm（n是整数）的圆以及在圆内的 $4n$ 条长为 1 cm 的线段. 证明：在给定的圆内可以作一条和给定直线平行或垂直的弦，它至少和两条给定的线段相交.

证明 将 $4n$ 条线段中的每一条线段投影到给定的直线（以后我们规定把它叫作水平线）上和与它垂直的直线（竖直线）上. 假设 $a_1,a_2,\cdots,a_{4n}$ 是 $4n$ 条线段在水平线上的投影的长度，$b_1,b_2,\cdots,b_{4n}$ 是这些线段在竖直线上的投影的长度. 本题原来的断言与下面的命题等价：在给定的线段或者对水平线的投影，或者对竖直线的投影中，至少有两个投影有公共点.

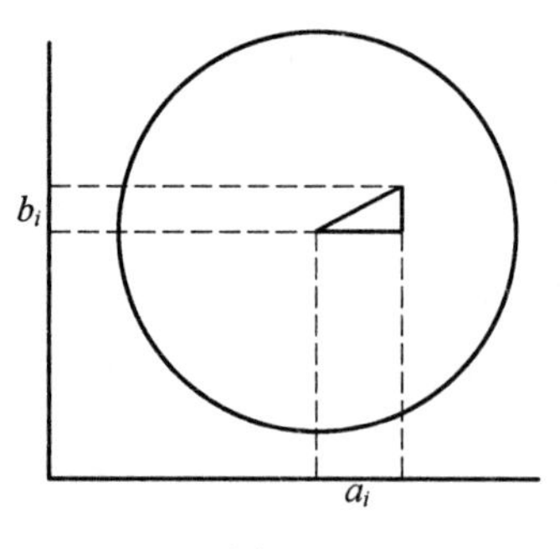

图 265

我们研究第 i 条线段. 它可以表示为具有水平直角边 a_i 和竖直直角边 b_i 的直角三角形的斜边（图 265）（在特殊情况下，一条直角边可以变成一点）. 因为在非蜕化的三角形中，两边之和大于第三边，所以 $a_i+b_i>1$. 此外，必须考虑到当被投影的

线段的本身是水平的或竖直的，那么或者 $a_i = 1$，或者 $b_i = 1$. 因此，对任何一条线段有不等式

$$a_i + b_i \geqslant 1$$

将这些不等式对所有的线段（从 1 到 $4n$）求和，我们得到

$$\sum a_i + \sum b_i \geqslant 4n$$

如果任何两条线段在水平线上的投影都没有公共点，那么所有的线段的水平投影不能把半径为 n 的给定圆在水平线上的投影（这个投影的长度为 $2n$）盖住. 因此，我们所作的这个假设将导致不等式

$$\sum a_i < 2n$$

如果任何两条线段在竖直线上的投影也没有公共点，那么所有的线段的竖直投影不能把半径为 n 的给定圆在竖直线上的投影（这个投影的长度也为 $2n$）盖住. 因此

$$\sum b_i < 2n$$

这样一来，如果本题断言不成立，那么

$$\sum a_i + \sum b_i < 4n$$

但这是不可能的，因为如像上面所证明的，所得到的不等式与本题条件相违.

204 我们用任意的方法将 n 个黑球和 n 个白球排成一排. 计算在每一个这样的排列中，球的颜色改变的次数. 证明：颜色改变的次数为 $n-k$ 的排法和颜色改变的次数为 $n+k$ 的排法是一样多的（$0 < k < n$）.

证明[①] 我们来计算，有多少种方法可以将 n 个白球和 n 个黑球排成一排，使颜色改变的次数等于 v. 必须区分两种情况：v 是奇数的情况和 v 是偶数的情况.

第一种情况. 假设在排成的一排中，颜色改变的次数等于奇数 $v = 2a + 1$. 我们在两个相邻的不同颜色的球之间划一条小线（称之为边界线），并把两条相邻的边界线之间的同色球叫作线段（这一排左右两端最边上的边界线的左边和右边的同色球也叫线段）. 由白球组成的线段叫作白线段，由黑球组成的叫作黑线段. 由于球的颜色改变的次数等于 $2a+1$，所以边界线的条数也等于 $2a+1$，于是线段的条数等于 $2a+2$. 而且这整个

① 本解答系由中译者据原文改写的.

一排是由 $a+1$ 条白线段和 $a+1$ 条黑线段组成的，因为这些线段是黑白相间的. 如果把所有的白线段挪到一起（线段右边的边界线随同一块挪动. 如果所得到的一排的最右端有边界线，则把它去掉），于是便得到由 n 个白球组成的且被 a 条边界线隔开的一排. 为了得到这一排，只要将这 n 个白球排成一排，在 $n-1$ 条可以划边界线的位置上划上 a 条边界线就行了. 类似的断言对于黑球也是成立的，即：把 $a+1$ 条黑线段挪到一起（边界线按上面的办法处理），我们得到由 n 个黑球组成的且被 a 条边界线隔开的一排. 为了得到它，只要将 n 个黑球排成一排后，在 $n-1$ 个位置上划上 a 条边界线就行了（在图 266(a) 中，上面两排对应于 $n=6$，$v=7$，因此 $a=3$）.

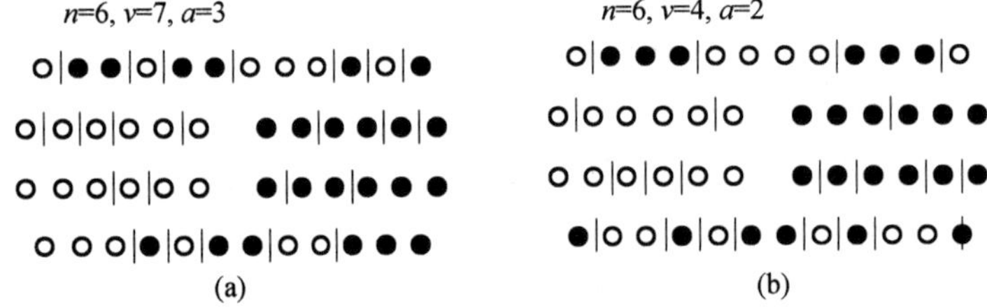

图 266

因此，由 n 个白球和 n 个黑球所排成的一排得到两个由 $n-1$ 个元素中取出 a 个元素的组合（即在 $n-1$ 个位置上划上 a 条边界线）. 但是由不同的排法所得到的所有组合对并不是都不相同的：在两个排法中，若白线段和黑线段的长度都分别相同，不过一种排法是以白线段开始，而另一种排法是以黑线段开始，那么由这两种排法得到同样的一对组合.

反之，对于任何一对由 $n-1$ 个元素中取出 a 个元素的组合，可以得到把 n 个白球和 n 个黑球分成 $a+1$ 条线段的一种分法. 把它们相间地排成一排，我们便得到 n 个白球和 n 个黑球排成的一排，且球的颜色改变的次数 $v=2a+1$. 对于同一对组合，我们可以得到两种排法，一种以黑线段开始，另一种以白线段开始.

这样一来，球的颜色改变次数为 $v=2a+1$ 的排法的个数是从 $n-1$ 个元素中取出 a 个元素的一对组合的个数的 2 倍，即等于

$$2(C_{n-1}^{a})^2$$

如果本题条件中所说的数 $n-k$ 是奇数，那么 $n+k$ 也是奇数，因为 $n+k=(n-k)+2k$. 将上面的讨论用到由 n 个白球和 n 个黑球排成的且颜色改变的次数为 $n-k$ 的排法和由 n 个白球和 n 个黑球排成的但颜色改变的次数 $n+k$ 的排法. 于是前一种排法的个数等于

$$2(C_{n-1}^{a})^2$$

这里的 a 满足关系式 $n-k=2a+1$，而后一种排法的个数等于

$$2(C_{n-1}^{b})^2$$

这里的 b 满足关系式 $n+k=2b+1$. 由于 $a+b=n-1$ 以及二项式系数的性质 $C_m^k=C_m^{m-k}$（见第 1 卷 §5），所以

$$C_{n-1}^{a}=C_{n-1}^{b}$$

由此推出所要证明的断言.

于是，当 $n-k$ 是奇数时，本题断言成立.

第二种情况. 假设 v 是偶数（$v=2a$）. 如同前一种情况那样，我们来研究边界线把 n 个白球和 n 个黑球的一排分成的同色线段. 这一次，线段的条数等于 $2a+1$. 如果这一排是以白线段开始，那么它由 $a+1$ 条白线段和 a 条黑线段组成. 以黑线段开始的排法可以不研究，因为它总可以化到前一种情形（以白线段开始的排法），只要把所有的白球涂成黑球，把黑球涂成白球就行了. 把所有 $a+1$ 条白线段挪到一起，所有 a 条黑线段也挪到一起，我们得到两个“半截”的排队. n 个白球的一排被 a 条边界线隔开，这 a 条边界线可以划在 $n-1$ 个位置上. n 个黑球的一排被 $a-1$ 条边界线隔开，这 $a-1$ 条边界线可以划在 $n-1$ 个位置上（在图 266(b)，上面两排对应于 $n=6$，$v=4$，因此 $a=2$）.

对于 v 是偶数的情况也同样可以断定：由 n 个白球和 n 个黑球排成的一排，其颜色改变次数为 $v=2a$ 的排法个数等于组合对 —— 其中一个是由 $n-1$ 个元素中取 a 个元素的组合，一个是由 $n-1$ 个元素中取 $a-1$ 个元素的组合 —— 的个数. 在这一次，把 n 个白球和 n 个黑球组成的一排分成线段时，其分法和组合对的个数是一一对应的，因为第一条线段的颜色不能用两种办法来选取，例如，如果白线段的条数比黑线段的条数多 1 个，那么这一排应该从白线段开始.

于是，由 n 个白球和 n 个黑球排成的队，其颜色改变的次数等于 $v=2a$ 的排法的个数等于

$$2C_{n-1}^{a}C_{n-1}^{a-1}$$

其中的系数 2 是这样得来的，因为白球的集合和黑球的集合是“平等的”（到底是由哪一个集合的元素构成 $a+1$ 条线段和由哪一个集合的元素构成 a 条线段是一样的）.

如果 $n-k=2a$，那么 $n+k$ 也是偶数，设 $n+k=2b$. 因此，颜色改变的次数为 $n+k$ 的排法的个数等于

$$2C_{n-1}^{b}C_{n-1}^{b-1}$$

因为 $a+b=n$，所以由上面提到的二项式系数的性质有

$$C_{n-1}^{a}=C_{n-1}^{b-1},C_{n-1}^{a-1}=C_{n-1}^{b}$$

这就证明了本题断言对于 v 是偶数的情况也成立.

205 假设 n 是整数.证明:如果

$$2+2\sqrt{28n^2+1}$$

是整数,那么它是完全平方.

证明 假设 $m=2+2\sqrt{28n^2+1}$ 是整数.这时

$$4(28n^2+1)=(m-2)^2=m^2-4m+4$$

由此看出,m^2 是偶数,因而 m 也是偶数.设 $m=2m_1$,我们得到

$$28n^2=m_1^2-2m_1$$

又因为 m_1 也是偶数,设 $m=2m_1=4k$,那么有

$$7n^2=k^2-k \tag{1}$$

我们将 k 和 $k-1$ 分解成标准分解式(第1卷 §7)

$$k=7^{\alpha_0}p_1^{\alpha_1}\cdots p_r^{\alpha_r}$$

$$k-1=7^{\beta_0}p_1^{\beta_1}\cdots p_s^{\beta_s} \tag{2}$$

因为 k 和 $k-1$ 是互素的(第1卷 §23),所以或者 α_0 为0,或者 β_0 为0,且 p_j 中的任何一个都不和 q_i 中的任一个相同.由式(1)推出,数 n 除7以外的素因子只能是 p_j 或 q_i

$$n=7^{\gamma_0}p_1^{\gamma_1}\cdots p_r^{\gamma_r}q_1^{\delta_1}\cdots p_s^{\delta_s} \tag{3}$$

将式(2),(3)代入式(1),我们得到

$$7^{2\gamma_0+1}p_1^{2\gamma_1}\cdots p_r^{2\gamma_r}q_1^{2\delta_1}\cdots p_s^{2\delta_s}=7^{\alpha_0+\beta_0}p_1^{\alpha_1}\cdots p_r^{\alpha_r}q_1^{\beta_1}\cdots p_s^{\beta_s}$$

根据标准分解式的唯一性(第1卷 §7),有

$$\alpha_0+\beta_0=2\gamma_0+1;\alpha_i=2\gamma_i,i\geqslant 1;\beta_j=2\delta_j,j\geqslant 1$$

这样一来,除7以外,包含在数 k 在 $k-1$ 的分解式中的素数的指数都是偶数,且或者 $\alpha_0=2\gamma_0+1,\beta_0=0$,或者 $\alpha_0=0,\beta_0=2\gamma_0+1$.在第一种情况,$k-1$ 是完全平方,而 k 等于7乘以一个完全平方,在第二种情况,正好相反

(a) $$k=7A^2,k-1=B^2$$

(b) $$k=A^2,k-1=7B^2$$

其中 A 和 B 是某个整数.

由情况(b)可得到 $m=4k=(2A)^2$,因此本题断言成立.我们来证明情况(a)是不可能的.设 $B=7B_1+r$,其中 $r=0,1,\cdots,6$.这时

$$7A^2-1=k-1=(7B_1+r)^2=49B_1^2+14B_1r+r^2$$

由此推出 $r^2=7c-1$,这里 c 是整数,但这是不可能的,因为 $r^2=0,1,4,9,16,25,36$,所以 r^2 的每一个数都不具有上面所说的形式.

自然产生一个问题：是否存在 $n\neq 0$ 使 $m=2+2\sqrt{28n^2+1}$ 为整数？回答是肯定的．把二项式 $(127+24\sqrt{28})^k$ 的展开式中的偶数项和奇数项放在一起

$$(127+24\sqrt{28})^k=a_k+\sqrt{28}\,n_k \tag{4}$$

不难看出

$$(127-24\sqrt{28})^k=a_k-\sqrt{28}\,n_k \tag{5}$$

将式(4)，(5)左右两边相乘，得到

$$a_k^2-28n_k^2=(127^2-24^2\times 28)^k=(16\ 129-16\ 128)^k=1$$

由此得出

$$m=2+2\sqrt{28n_k^2+1}=2+2a_k$$

是整数．这样一来，我们得到无穷多个满足本题条件的数．

还可指出，方程

$$x^2-28y^2=1$$

叫作贝尔[①]方程．这个方程的正整数解正好就是按上面所说的办法求出的数对 (a_k,n_k)．解决这个问题的关键是等式 $127+24\sqrt{28}=(8+3\sqrt{7})^2$．(在数论的教本中可以找到详细的叙述)

206 证明：如果 a,b,c 是三角形的边长，α,β,γ 是它们所对的角，且

$$a(1-2\cos\alpha)+b(1-2\cos\beta)+c(1-2\cos\gamma)=0$$

那么三角形是等边三角形．

证明　假设 R 是外接圆半径．根据正弦定理 $a=2R\sin\alpha$，$b=2R\sin\beta$，$c=2R\sin\gamma$，那么本题条件中所说的等式可以变为

$$\sin\alpha(1-2\cos\alpha)+\sin\beta(1-2\cos\beta)+\sin\gamma(1-2\cos\gamma)=0$$

或者

$$\sin\alpha+\sin\beta+\sin\gamma=\sin 2\alpha+\sin 2\beta+\sin 2\gamma \tag{1}$$

因为 α,β,γ 是三角形的角，所以 $\alpha+\beta+\gamma=\pi$ 和 $2\alpha+2\beta+2\gamma=2\pi$．利用这个关系式，将等式(1)的左右两边分别变换

$$\begin{aligned}\sin\alpha+\sin\beta+\sin\gamma&=(\sin\alpha+\sin\beta)+\sin[\pi-(\alpha+\beta)]=\\&(\sin\alpha+\sin\beta)+\sin(\alpha+\beta)=\\&2\sin\frac{\alpha+\beta}{2}\cos\frac{\alpha-\beta}{2}+\\&2\sin\frac{\alpha+\beta}{2}\cos\frac{\alpha+\beta}{2}=\end{aligned}$$

① 贝尔(Pell，1883—1960)，美国数学史家，1921 年获博赫尔奖金(由美国数学会颁布)．—— 中译者注

$$2\sin\frac{\alpha+\beta}{2}\left(\cos\frac{\alpha-\beta}{2}+\cos\frac{\alpha+\beta}{2}\right)=$$

$$4\sin\left(\frac{\pi}{2}-\frac{\gamma}{2}\right)\cos\frac{\alpha}{2}\cos\frac{\beta}{2}=$$

$$4\cos\frac{\alpha}{2}\cos\frac{\beta}{2}\cos\frac{\gamma}{2}$$

$$\begin{aligned}\sin 2\alpha+\sin 2\beta+\sin 2\gamma=&(\sin 2\alpha+\sin 2\beta)+\sin 2\gamma=\\&2\sin(\alpha+\beta)\cos(\alpha-\beta)+\sin 2\gamma=\\&2\sin\gamma\cos(\alpha-\beta)+2\sin 2\gamma\cos\gamma=\\&2\sin\gamma[\cos(\alpha-\beta)+\cos\gamma]=\\&2\sin\gamma[\cos(\alpha-\beta)-\cos(\alpha+\beta)]=\\&4\sin\alpha\sin\beta\sin\gamma\end{aligned}$$

将 $\angle\alpha,\angle\beta,\angle\gamma$ 中的每一个表示成半角的二倍的形式，得到

$$4\sin\alpha\sin\beta\sin\gamma=$$

$$4\times 8\sin\frac{\alpha}{2}\sin\frac{\beta}{2}\sin\frac{\gamma}{2}\cos\frac{\alpha}{2}\cos\frac{\beta}{2}\cos\frac{\gamma}{2}$$

因为$\frac{\alpha}{2},\frac{\beta}{2},\frac{\gamma}{2}$是锐角，所以 $\cos\frac{\alpha}{2}\cos\frac{\beta}{2}\cos\frac{\gamma}{2}\neq 0$ 且等式(1)变成

$$\frac{1}{8}=\sin\frac{\alpha}{2}\sin\frac{\beta}{2}\sin\frac{\gamma}{2} \tag{2}$$

我们把关系式(2)看作是任一个半角的正弦的方程，例如，看作是关于 $\sin\frac{\gamma}{2}$ 的方程. 为此，将关系式(2)的右边用下面的方式变换

$$\sin\frac{\alpha}{2}\sin\frac{\beta}{2}\sin\frac{\gamma}{2}=\frac{1}{2}\left(\cos\frac{\alpha-\beta}{2}-\cos\frac{\alpha+\beta}{2}\right)\sin\frac{\gamma}{2}=$$

$$\frac{1}{2}\left(\cos\frac{\alpha-\beta}{2}-\sin\frac{\gamma}{2}\right)\sin\frac{\gamma}{2}$$

我们看到，我们所选取的半角的正弦满足二次方程

$$\sin^2\frac{\gamma}{2}-\cos\frac{\alpha-\beta}{2}\sin\frac{\gamma}{2}+\frac{1}{4}=0 \tag{3}$$

这个方程的根应该是实数，因此它的判别式

$$\cos^2\frac{\alpha-\beta}{2}-1$$

为非负的，但余弦的绝对值不得超过1，所以方程(3)的判别式只能等于0

$$\cos^2\frac{\alpha-\beta}{2}=1$$

由此得出 $\alpha=\beta$. 这意味着方程(3)有重根

$$\sin\frac{\gamma}{2}=\frac{1}{2}$$

它对应着 $\gamma=\frac{\pi}{3}$，于是 $\alpha=\beta=\frac{\pi}{3}$. 这样一来，所研究的三角形是等角的，从而是等边三角形，这就是所要证明的.

不难看出，对任意的三角形，半角正弦的乘积满足不等式

$$\sin\frac{\alpha}{2}\sin\frac{\beta}{2}\sin\frac{\gamma}{2}\leqslant\frac{1}{8}$$

事实上，如果

$$\sin\frac{\alpha}{2}\sin\frac{\beta}{2}\sin\frac{\gamma}{2}=p$$

那么 $\sin\frac{\gamma}{2}$ 满足二次方程

$$\sin^2\frac{\gamma}{2}-\cos\frac{\alpha-\beta}{2}\sin\frac{\gamma}{2}+2p=0$$

它的判别式

$$\cos^2\frac{\alpha-\beta}{2}-8p$$

应该是非负的. 因此

$$\cos^2\frac{\alpha-\beta}{2}\geqslant 8p$$

由此推出 $p\leqslant\frac{1}{8}$（比较第 1 卷第 11 题证法 3 和 §43(2)）.

这样一来，半角的正弦的乘积当三角形是等边三角形时候达到最大值.

207 在象棋盘的所有方格上放上小立方体. 小立方体的界面和象棋盘的方格全等. 将所有的立方体的一面涂成黑色. 要求转动这些立方体使得所有的黑色面都朝上. 证明：这个要求可以这样做到，如果不许个别转动单个的立方体，而只许将一行或一列的所有立方体一起转动.

证明　我们利用通常的象棋记号并用 $a,b,c,\cdots,h$ 来表示竖直的列，用 1,2,,⋯,8 来表示水平的行. 例如立方体 $a1$ 放在第一行最左边的位置上等.

任何一个立方体的黑面可以朝向六个方向中的一个："左""右""上""下""前""后". 例如，对于立方体 $b2$ 来说，它的黑面向"左"，那么它的黑面和立方体 $a2$ 相邻，若向"右"，则和 $c2$ 相邻，若向"前"，则和 $b3$ 相邻，若向"后"，则和 $b1$ 相邻.

我们的目的是要把所有的立方体的黑面都转到向"上".

首先我们来看立方体 $a1$. 转动 a 列和 1 列，可使 $a1$ 的黑面向"前". 这时任意转动 a 列，a 列的立方体朝"前" 的面总是不变的. 因此，转动 a 列和 2 行，可以使 $a2$ 的黑面向"前". 然后转

动 a 列（立方体 $a1$ 和 $a2$ 的黑面这时将仍然保持向"前"！）和3行，使立方体 $a3$ 的黑面向"前"等.

当立方体 $a1\sim a8$ 的黑面都向"前"时，我们转动 $1\sim 8$ 行，使它们都向"上"，然后再转动 a 列，使它们都向"左". 此后 a 列不再转动了，当转动其他的列和行时，a 列所有立方体的黑面的位置将不改变.

对列 $b,c,\cdots,h$ 的立方体同样处理.

当所有的立方体的黑面都向"左"时，我们再将 a 到 h 所有的列转动 $90°$，从而使所有的黑面都向"上".

208 在平面上的（自不相交的）n 边形中，锐角最多有多少个？

解 假设 k 是 n 边形中锐角的个数. 因为任何一个锐角都小于 $90°$，所以 n 边形的锐角之和小于 $k\cdot 90°$. 对于 n 边形其他的角，我们只知道它们之中的每一个都小于 $360°$. 这样一来，n 边形的所有内角之和小于

$$k\cdot 90°+(n-k)\cdot 360°=n\cdot 360°-k\cdot 270°$$

另一方面，我们知道 n 边形的内角之和等于 $(n-2)\cdot 180°$，因此

$$(n-2)\cdot 180°<n\cdot 360°-k\cdot 270°$$

由此得出

$$3k<2n+4$$

因为这个不等式的左右两边都是整数，所以

$$3k\leqslant 2n+3$$

由此得出

$$k\leqslant\frac{2n}{3}+1$$

于是，我们得到：平面 n 边形可以包含有不多于

$$\left[\frac{2n}{3}\right]+1$$

个锐内角（记号[ ]表示整数部分，即不超过给定数的最大整数）.

我们来证明，所得到的对于锐角个数的估计式是精确的：可以作出一个平面 n 边形，它的锐内角的个数等于 $\left[\frac{2n}{3}\right]+1$.

首先我们研究 n 能被3整除的情况（$n=3r$）. 这时 $\left[\frac{2n}{3}\right]+1=2r+1$.

我们来研究圆的一个扇形，其张开的角度为 $60°$. 假设点 P

是它的顶点，点 A 和 B 是圆弧的两个端点. 将 $\overset{\frown}{AB}$ 用点 C_1，C_2，…，C_{2r-2} 分成 $2r-1$ 等分. 我们用 S_i 来表示 $\triangle C_{2i-1}PC_{2i}$ 的重心（$i=1,2,\cdots,r-1$）. 通过点 S_i 作一条直线和线段 PC_{2i-1} 平行（图 267）.

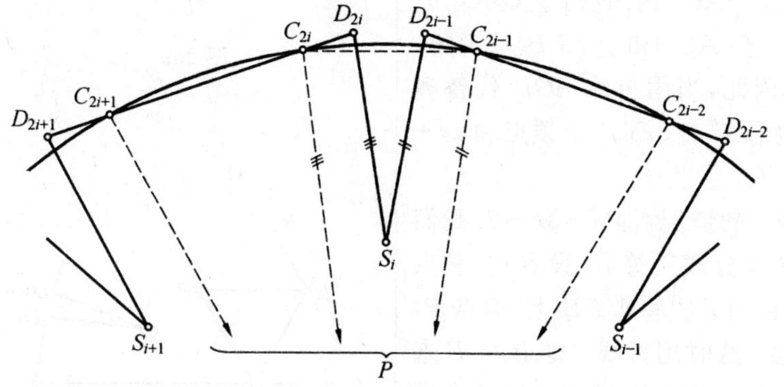

图 267

假设点 D_{2i-1} 是所作的直线和线段 $C_{2i-2}C_{2i-1}$（点 C_0 和点 A 重合）的延长线的交点. 用点 D_{2i} 表示过点 S_i 且和线段 PC_{2i} 平行的直线和线段 $C_{2i}C_{2i+1}$（点 C_{2r-1} 和 B 重合）的延长线的交点. 现在我们研究下面的多边形 $\Sigma = PAD_1S_1D_2D_3S_2D_4\cdots D_{2i-1}S_iD_{2i}D_{2i+1}S_{i+1}\cdots D_{2r-3}S_{r-1}D_{2r-2}B$（图 268）. 在这个多边形中，有 $3r$ 个顶点和 $2r+1$ 个锐角，这些锐角的顶点是 $P,A,D_1,D_2,\cdots,D_{2r-2},B$. 事实上，$\angle APB=60°$，$\angle PAD_1$ 作为等腰三角形的底角是锐角，$\angle AD_1S_1=\angle PC_1A=\angle PAD_1$，因为 $\angle AD_1S_1$ 和 $\angle PC_1A$ 的两组边分别平行. 同理可证多边形 Σ 其他的那些顶角也是锐角.

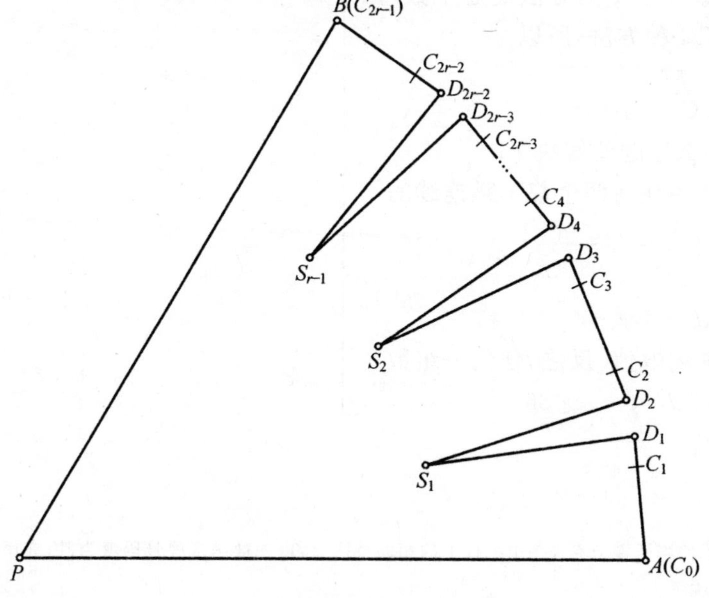

图 268

现在我们研究当 n 被 3 除余 1 的情况,即 $n=3r+1$. 这时 $\left[\frac{2n}{3}\right]+1=2r+1$. 由上可知,我们可以作出一个 $3r$ 边形,它的锐内角有 $2r+1$ 个. 我们研究原来所作的多边形 Σ. 我们在边 AP 的中垂线上取一点 Q,使点在 $\triangle PAC_1$ 内. 这时 $\angle QAC_1<\angle PAC_1$,$\angle QPB<\angle APB$. 因为 $\angle PAC_1$ 和 $\angle APB$ 是锐角,所以 $\angle QAC_1$ 和 $\angle QPB$ 是锐角. 因此,当用折线 AQP 代替多边形 Σ 的边 AP 时,所得到的多边形 Σ' 有 $3r+1$ 个顶点和 $2r+1$ 个锐内角(图 269).

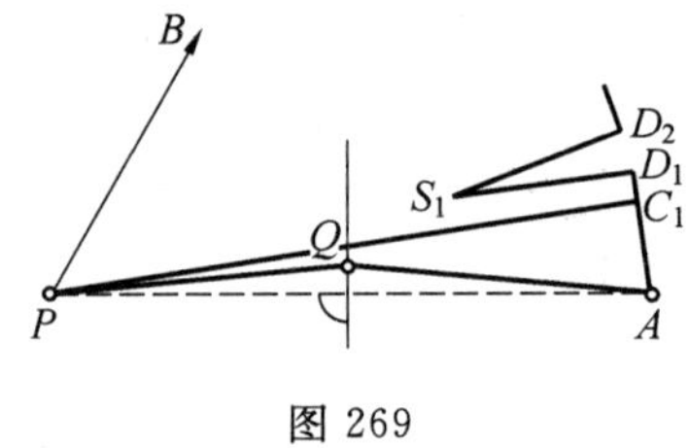

图 269

最后,我们研究当 n 被 3 除余 2 的情况,即 $n=3r+2$. 我们又来研究 $3r$ 边形 Σ. 将边 PA 和 PB 分成三等分. 设点 Q_1 和点 Q_2 是靠近顶点 P 的分点,且分别在边 AP 和边 PB 上,而点 P_1 是顶点 P 关于直线 Q_1Q_2 的对称点. 这时用折线 $AQ_1P_1Q_2B$ 来代替多边形 Σ 的边 AP,PB,所得到的多边形 Σ'' 有 $3r+2$ 个顶点和 $2r+2=\left[\frac{2n}{3}\right]+1$ 个锐内角,因为 $\angle BQ_2P_1=\angle P_1Q_1A=60^\circ$,所以是锐角(图 270).

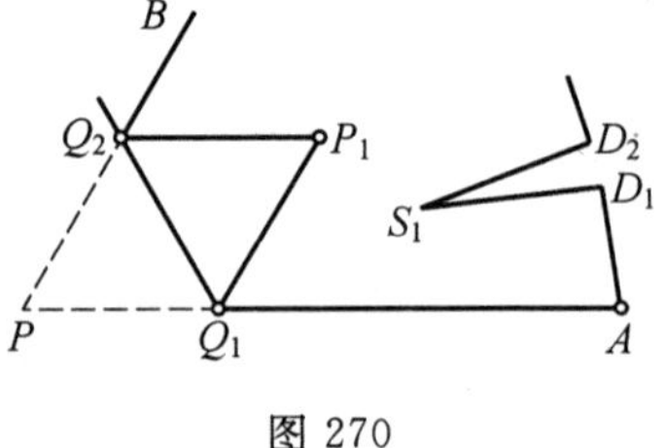

图 270

我们让读者独自去证明,我们所作的多边形 Σ,Σ',Σ'' 是自不相交的.

209 从罗托[①]中抽出五个号码牌,其中至少有两个是连续的整数(即彼此相差数 1)的概率是多少?[②]

解 设 p 是所要求的概率,k 是从前 90 个自然数中取出 5 个自然数,使其中任何两个数之差大于 1 的方法的总个数. 因为从 90 个数中取出 5 个数可有 C_{90}^5 种方法,所以

$$p=1-\frac{k}{C_{90}^5}$$

于是假若我们求出了数 k,那么原题便解决了.

我们来研究 5 个编号,它们之中任何两个都不是连续的

$$1\leqslant a<b<c<d<e\leqslant 90$$

这时,所有的数

$$a,b-1,c-2,d-3,e-4$$

都不相同且仅能从 1 到 86 的范围内取值. 反之,任何一组数

$$1\leqslant a'<b'<c'<d'<e'\leqslant 86$$

都可以和五个编号

① 罗托:一种赌博,由袋中取出有号码的牌子置于本人手中纸板上的相同号码上,以先摆满纸牌号码者为胜;亦用作教育性游戏,但号码改为图画. —— 中译者注

② 罗托的号码牌的编号是从 1 到 90. —— 俄译者注

$$a', b'+1, c'+2, d'+3, e'+4$$

相对应，它们之中的每一个数都包含在 1 到 90 的范围内，且数 $a', b'+1, c'+2, d'+3, e'+4$ 之中任何两个数都不是连续的自然数. 因此，数 k 等于由前 86 个自然数中取出 5 个数的方法个数，即

$$k = C_{86}^{5}$$

这样一来

$$p = 1 - \frac{C_{86}^{5}}{C_{90}^{5}} = 1 - \frac{86 \times 85 \times 84 \times 83 \times 82}{90 \times 89 \times 88 \times 87 \times 86} = 0.2\cdots$$

210 给定 n 个点，其中任何三点都不在一条直线上. 将这些点两两联结成线段. 将其中若干条线段涂成红色，若干线段涂成蓝色，使得从任何一点走到另外任何一点，仅仅只要沿着涂了颜色的线段走就行了，而且这种路径是唯一的. 证明：在这些线段中，没有涂色的线段可以涂成红色或蓝色，使得以给定点为顶点的任一三角形的红边有奇数条.

证明　我们规定已经涂色的线段不得再改涂成其他颜色. 假设 AB 是一条线段，其端点和给定的 n 个点中的两个点相重合，且它还没有涂色. 根据本题条件，有一条且仅有一条折线从 A 到 B，且这个折线的每一段都是涂了颜色的. 我们用 V_{AB} 来表示这条折线. 我们将线段 AB：

涂成蓝色，如果折线 V_{AB} 有奇数条蓝色线段.

涂成红色，如果折线 V_{AB} 有偶数条蓝色线段.

（我们注意，“选择规则”在线段 AB 已经涂色的情况下仍然有效）

我们证明，选色规则满足本题条件. 假设 $\triangle ABC$ 是任何一个三角形，它的顶点和三个给定的点重合.

首先，对于顶点 A, B, C 可以添加这样一个点 D，从点 D 沿着原来涂了色的线段走到点 A, B, C 的折线 V_{DA}, V_{DB}, V_{DC} 除了点 D 以外，没有其他的公共点（点 D 可能和 $\triangle ABC$ 的一个顶点重合，例如和顶点 A 重合. 在这种情况下，折线 V_{DA} 由唯一的一个点组成）. 事实上，我们来研究从点 A 到点 B 的原来涂色的折线 V_{AB}. 从顶点 C 出发沿着折线 V_{CA} 往顶点 A 走，我们早晚总会到达折线 V_{AB} 的某一个点 D.（如果顶点 C 属于折线 V_{AB}，那么 $D=C$. 当然点 D 也可能和点 A 或点 B 重合）不难看出，所得到的点 D 具有上面所说的性质（图 271）.

图 271

假设 x 是折线 V_{DA} 和 V_{DB} 中蓝色线段的条数，y 是折线

V_{DB} 和 V_{DC} 中蓝色线段的条数，z 是折线 V_{DC} 和 V_{DA} 中蓝色线段的条数. 这时根据选色规则，在线段 AB，BC，AC 中，涂成蓝色的条数和 x，y，z 中奇数的条数相同.

因为 $x+y+z$ 的和是偶数(在计算和数时，折线 V_{DA}，V_{DB}，V_{DC} 的蓝色线段都算了两次)，所以 $\triangle ABC$ 的边涂成蓝色的有偶数条. 这就证明了本题的断言.

211 一条直线和 $\triangle ABC$ 的边 AB 交于点 C_1 和边 AC 交于点 B_1，和边 BC 的延长线交于点 A_1. 假设点 C_2 是点 C_1 关于边 AB 的中点的对称点，点 B_2 是点 B_1 关于边 AC 的中点的对称点，点 A_2 是直线 B_2C_2 和 BC 的交点. 证明

$$\sin(\angle B_1A_1C) : \sin(\angle C_2A_2B) = B_2C_2 : B_1C_1$$

证明 过顶点 A 作 $\triangle ABC$ 的高. 设点 B_1'，B_2'，C_1'，C_2' 是由点 B_1，B_2，C_1，C_2 所作的垂直于这条高的垂线的垂足. 联结边 AB 和 AC 的中点的线段和边 BC 平行，故与 BC 上的高垂直，设中点连线与高相交于点 F'(图 272). 线段 $B_1'C_1'$ 和 $B_2'C_2'$ 关于点 F' 是对称的，因而相等(且指向相反).

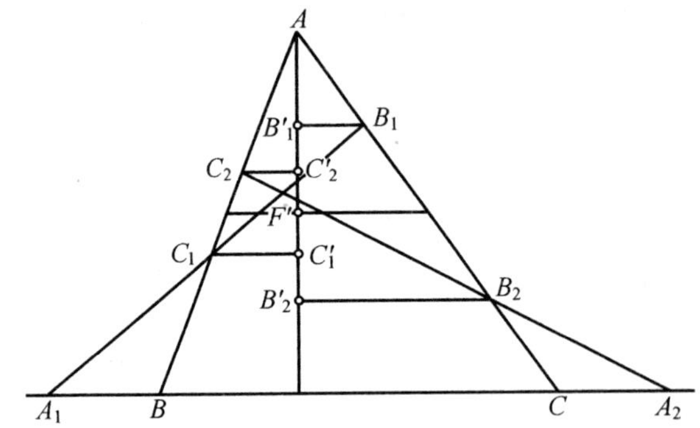

图 272

$\angle B_1'B_1C_1$ 和 $\angle B_1A_1C_1$，以及 $\angle C_2'C_2B_2$ 和 $\angle C_2A_2B$ 的夹边是平行的，因此角的正弦相等

$$\sin(\angle B_1A_1C) = \sin(\angle B_1'B_1C_1) = \frac{B_1'C_1'}{B_1C_1}$$

$$\sin(\angle C_2A_2B) = \sin(\angle C_2'C_2B_2) = \frac{C_2'B_2'}{B_2C_2}$$

由于 $B_1'C_1' = C_2'B_2'$，所以

$$\sin(\angle B_1A_1C) : \sin(\angle C_2A_2B) = B_2C_2 : B_1C_1$$

这就是所要证明的.

在所作的证明中，任何一个地方也没有用到点 B_1 和 B_2，点 C_1 和 C_2 属于 $\triangle ABC$ 的相应的边，而仅仅只要它们在高上的

投影关于点 F' 是对称的.

此外,可以去掉直线 B_2C_2 和直线 BC 相交这个条件,因为这可以由直线 B_1C_1 和直线 BC 相交推出. 事实上,在上面所作的证明中,直线 B_1C_1 和直线 BC 相交意味着点 B_1' 和 C_1' 不重合,因而点 B_2' 和 C_2' 不重合,这样一来,直线 B_2C_2 和 BC 不平行.

212 在平面上给定 22 个点,其中任何三点都不在一条直线上. 证明:它们可以这样分成对,使得联结每一对的两个点所得到的线段至少交于 5 个点.

证明 我们利用如下事实:如果在平面上给定了 5 个点,其中任意三点都不在一条直线上,那么从这 5 个点中总可以挑选出 4 个点,这 4 个点能构成一个凸四边形.

事实上,如果 5 个给定点的凸包具有五边形的形状,那么任意四个给定点都可构成一个凸四边形.

如果 5 个给定点的凸包具有四边形的形状(它的内部还有一个给定点),那么我们就取这四个"外面的"点,显然,我们得到一个凸四边形,它和给定点的凸包重合.

如果 5 个给定点的凸包具有三角形的形状,那么通过位于三角形内的两个给定点作直线(图 273),这条直线和三角形的两边相交于内点,因为如果它通过三角形的某一个顶点,那么这三个给定点便在一条直线上了,与本题条件相违.

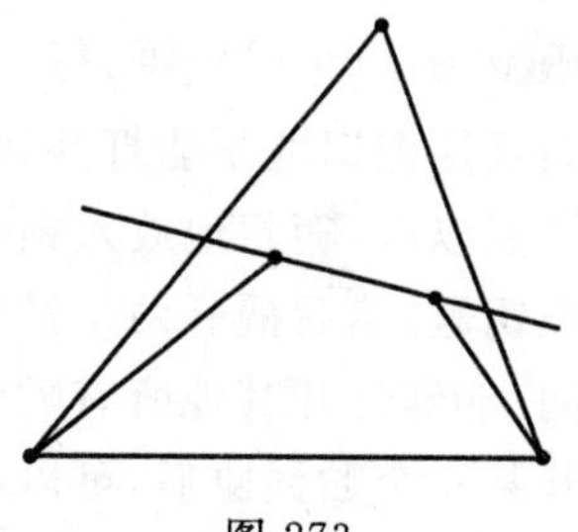

图 273

将三角形内的两点和第三边的端点彼此联结起来,我们得到一个凸四边形.

现在我们来证明第 212 题.

首先我们指出,如果 4 个点是凸四边形的顶点,那么这条四边形的对角线是以给定点为端点的两条相交的线段.

其次,我们作一条直线 e_1,它和给定点中任意一对点所确定的直线都不平行. 这样的直线是存在的,因为从有限多个点中只能取出有限多个点对,因而它们只能确定有限条直线. 开始的时候,我们使所有 22 个点都在直线 e_1(或与它平行的直线)的同一侧,然后将这条直线往给定点平行移动,用这种方法依次作出直线 e_2,e_3,e_4,e_5,使得这些直线不通过任何给定点,而且在 e_1 和 e_2 之间有 5 个给定点,有 e_2 和 e_3,e_3 和 e_4,e_4 和 e_5 之间各有 4 个给定点,在 e_5 的另一侧有 5 个给定点.

在位于 e_1 和 e_2 之间的 5 个给定点中,可以挑选出 4 个点,它们可构成一个凸四边形,因此它们是两条相交线段的端点,此外,还剩下一个点. 将剩下的这个点和位于 e_2 与 e_3 之间的 4

个给定点算作一起，我们又可以从这5个点中挑选出两条相交线段的4个端点．每次将剩下的点和后面的点算作一起，我们就可以作相交的线段．只要给定点没有取完，这个过程就可以继续做下去．

总共我们可以作5对线段．根据作法，每一对线段都是相交的，且任何两条线段都没有公共端点．所有的交点都是不同的，因为在两条相交线段的4个端点中，至少有3个点在两条相邻的直线之间，因此，至少有一条线段的两个端点都落在这两条平行的直线之间，于是这条线段所有内点（包括交点在内）也在这两条平行直线之间．这样一来，所有线段对的交点都被这些直线彼此隔开了．

于是，本题断言获证．

原题可做如下的推广．

假设在平面上给定了$4n+1$个点，其中任意3点都不在一条直线上．

证明：它们可以分成这样的对（当然会剩下一个点），使得联结每一对的两个点的线段至少相交于n个不同的点．

213 有30个贮钱匣，每一个贮钱匣只能用一把钥匙打开，而且这把钥匙不能打开其他任何一个贮钱匣．把这些钥匙搅混以后，随意地放入锁上了的贮钱匣，每个贮钱匣放一把钥匙．然后撬开两个贮钱匣．在此之后，不许再撬锁．试问：能够打开其他所有贮钱匣的概率是多少？（打开或撬开某一个贮钱匣后，可以利用放在它里面的钥匙去打开它所能打开的贮钱匣）

解 我们证明：如果在n个贮钱匣中随意放入一把钥匙（每一个贮钱匣可以用一把且只能用一把钥匙打开）且有两个贮钱匣被撬开了，那么用放入的钥匙能够打开其余钱匣的概率是$\frac{2}{n}$.

假设p_n是当贮钱匣的个数等于n时所要求的概率．显然$p_2=1$．我们证明：若$n\geqslant 2$，则

$$p_{n+1}=\frac{n}{n+1}p_n \tag{1}$$

由此将得出

$$p_n=\frac{n-1}{n}\cdot\frac{n-2}{n-1}\cdot\cdots\cdot\frac{2}{3}p_2=\frac{2}{n}$$

且本题所要求的概率 $p_{30}=\frac{1}{15}$.

我们将 $n+1$ 个贮钱匣放成一排，且在每一个贮钱匣中随意放入一把钥匙. 所得到的钥匙的排列(贮钱匣的编号仍然不变)用 E 表示. 假设 r 是放有第 $n+1$ 个贮钱匣的钥匙的贮钱匣的编号，s 是其钥匙放在第 $n+1$ 个贮钱匣中的贮钱匣的编号. 显然，有下面两种情况：或者两个数 r 和 s 都等于 $n+1$(最后一个贮钱匣的钥匙放在最后一个贮钱匣中)，或者两个数 r 和 s 都小于 $n+1$.

在第一种情形($r=s=n+1$)，从我们的研究中去掉最后一个贮钱匣时，我们在前 n 个贮钱匣中得到前 n 个贮钱匣的钥匙的某一个排列 E_1. 在第二种情形，我们将 $n+1$ 把钥匙的排列 E 和排列 E_1 相比较，E_1 和 E 不同的仅仅是在第 r 个贮钱匣中放的是第 s 个贮钱匣的钥匙(原先放在第 r 个贮钱匣中的第 $n+1$ 个贮钱匣的钥匙现在放在第 $n+1$ 个贮钱匣的“自身”内).

于是，每一个排列 E 都和一个完全确定的排列 E_1 相对应. 反之，如果知道了排列 E_1，那么 E_1 只能从 E 这样得到：或者是从第 r 个和第 $n+1$ 个贮钱匣中($1\leqslant r\leqslant n$)取出钥匙并交换它们的位置后得到的，或者是从我们的研究中去掉第 $n+1$ 个贮钱匣 —— 这时在它里面放的是它“自己的”钥匙 —— 之后得到的. 因此，前 n 把钥匙的一个排列 E_1 对应于 $n+1$ 个贮钱匣的钥匙的 $n+1$ 个不同的排列.

不失一般性，我们可以认为前两个贮钱匣被撬开了. 此后，无论是在排列 E 的情况下，或是在排列 E_1 的情况下，在开到第 r 个贮钱匣之前，我们可以打开的贮钱匣是相同的. 当打开第 r 个贮钱匣时，在钥匙排列为 E 的情况下，我们可以打开第 $n+1$ 个贮钱匣，然后可以打开编号为 s 的贮钱匣；而在钥匙排列为 E_1 的情况下，放在第 r 个贮钱匣的钥匙可以打开第 s 个贮钱匣. 因此，在两种排列的情况下，我们往后又可以打开相同的贮钱匣.

这样一来，在排列为 E 的情况下，可以打开所有 $n+1$ 个贮钱匣当且仅当在那种情况下：如果对于和它相对应的排列 E_1，可以打开前 n 个贮钱匣，而在第 $n+1$ 个贮钱匣中放入的不是开它的锁的钥匙(要不然的话，不能打开第 $n+1$ 个贮钱匣).

因此，n 把钥匙的第一个排列对应于 $n+1$ 把钥匙的 $n+1$ 个排列，而可以打开所有贮钱匣的排列仅对应于 $n+1$ 把钥匙的 n 个排列，这正好证明了关系式(1).

214 证明：任意三角形的边长 a,b,c 满足不等式

$$a(b-c)^2+b(c-a)^2+c(a-b)^2+4abc>a^3+b^3+c^3$$

证法1 所要证明的不等式的左边的第三项和第四被加项可以变成

$$c(a-b)^2+4abc=c(a+b)^2$$

然后从左边的每一项减去右边相应的被加项，我们得到

$$a[(b-c)^2-a^2]+b[(c-a)^2-b^2]+c[(a+b)^2-c^2]=$$
$$a(b-c-a)(b-c+a)+b(c-a-b)(c-a+b)+$$
$$c(a+b-c)(a+b+c)=$$
$$(a+b-c)(ab-ac-a^2-bc+ab-b^2+ac+bc+c^2)=$$
$$(a+b-c)[-(a-b)^2+c^2]=$$
$$(a+b-c)(a-b+c)(-a+b+c)$$

最后一个等式右边的三个因式都是正的，因为非蜕化的三角形的任意两边之和大于第三边. 因而本题断言被证明了.

关于题目的本身以及上面所作的证明，我们想做两点注解.

(1) 本题断言可以叙述成下面的形式：长为 a,b,c 的线段可以构成三角形的必要条件是不等式

$$a(b-c)^2+b(c-a)^2+c(a-b)^2+4abc>a^3+b^3+c^3$$

成立.

不难看出，对于正数 a,b,c，这个条件不仅是必要的，而且是充分的. 事实上，如果不等式成立，那么

$$(a+b-c)(a-b+c)(-a+b+c)>0$$

因此，或者所有三个因式为正，或者两个因式为负，另一个因式为正. 如果所有三个因式为正，那么存在一条边长为 a,b,c 的三角形. 假设两个因式为负，另一个因式为正. 例如，我们假设前两个因式为负. 这时它们的和等于 $2a$，也应该为负，由此得 $a<0$，这是不可能的.

(2) 如果三角形蜕化成一条直线上的两条线段，一条线段的起点和另一条线段的终点重合，那么所证明的不等式变成等式.

证法2 所要证明的不等式的左右两边之差经过不太复杂的变换后可以变成

$$a(b^2+c^2-a^2)+b(c^2+a^2-b^2)+c(a^2+b^2-c^2)-2abc \tag{1}$$

如果三角形的边 a,b,c 所对的角用 α,β,γ 来表示，并利用余弦

定理,那么所得到的表达式可以写成

$$2abc(\cos\alpha+\cos\beta+\cos\gamma-1) \tag{2}$$

我们利用关系式 $\alpha+\beta+\gamma=\pi$ 来变换式(2)圆括号中的项

$$\cos\alpha+\cos\beta+\cos\gamma-1=$$

$$2\cos\frac{\alpha+\beta}{2}\cos\frac{\alpha-\beta}{2}-2\sin^2\frac{\gamma}{2}=$$

$$2\cos\left(\frac{\pi}{2}-\frac{\gamma}{2}\right)\cos\frac{\alpha-\beta}{2}-2\sin^2\frac{\gamma}{2}=$$

$$2\sin\frac{\gamma}{2}\left[\cos\frac{\alpha-\beta}{2}-\sin\left(\frac{\pi}{2}-\frac{\alpha+\beta}{2}\right)\right]=$$

$$2\sin\frac{\gamma}{2}\left(\cos\frac{\alpha-\beta}{2}-\cos\frac{\alpha+\beta}{2}\right)=$$

$$4\sin\frac{\gamma}{2}\sin\frac{\beta}{2}\sin\frac{\alpha}{2}$$

所得到的表达式是正的,因为 $\frac{\alpha}{2},\frac{\beta}{2},\frac{\gamma}{2}$ 是锐角,从而它们的正弦是正的. 于是本题断言获证.

215 某班有相同个数的男学生和女学生(全班总人数不少于 4 人). 他们以各种不同的顺序排成一排,看看能否将这一排分成两部分,使得在每一部分中,男学生和女学生各占一半. 假设 a 是不能这样分的排法的个数,b 是可以用唯一的方法将这一排分成男女各占一半的两部分的排法的个数. 证明:$b=2a$.

证明　我们说全班排成的一排是 A 型的,如果它不能分成这样两部分,使得每一部分中男生和女生各占一半;如果这样的分法是可能的,且只有一种方法这样分,我们就说排成的一排是 B 型的.

假设 X 是排在第一名的学生,如果 X 是女生,那么就用 X 来表示所有的女生,而所有的男生用 Y 来表示. 如果 X 是男生,那么就用 X 来表示所有的男生,而且用 Y 来表示所有的女生. 因为全班有 n 名男生和 n 名女生,所以任何一种全班的排队都可以用字母 X 和 Y 的一个序列来表示,而且这个序列总是以 X 开始且含有 n 个字母 X 和 n 个字母 Y(以后我们只研究这样的序列. 为简单起见,我们把它们叫作词). 每一个词对应着全班的两种排法:一种排法是 X 表示男生,另一种排法是 X 表示女生.

如果词属于 A 型,那么无论将这个词从哪儿(除了最后一个字母）截断，在缩短了的词中，字母 X 至少要比 Y 多1个.事实上，因为缩短了的词以 X 开始，当词长加长时，X 和 Y 的个数一个一个地改变，所以要想 Y 比 X 多，只有当 X 和 Y 的个数在某一个缩短了的词中变成一样多了之后才有可能.但是我们所研究的词是 A 型的，所以这是不可能的.

某词当且仅当它可以分成两个比较短的 A 型词时是属于 B 型的.第一个“子词”以 X 开始，第二个“子词”以 X 或者 Y 开始.如果第二个 A 型的子词以 Y 开始，那么如果在这个子词中，用 Y 来代替 X，用 X 来代替 Y，我们又得到 A 型的词.因此，所有的 B 型词可以分成对，在这一对词中，它们的第一个子词是一样的，而第二个子词是这样的，用上面所说的交换字母的方法，可以从一个词的第二个子词得到另一个词的第二个子词.这样一来，如果我们能在每一个 A 型词和两个 A 型子词都是以字母 X 开始的 B 型词之间建立起一一对应关系，那么本题就被证明了.

所要求的对应关系可以这样得到：将 B 型词的第二部分开头的字母 X（第二部分的本身是缩短的 A 型词）放到整个词的最前面去.

我们来证明，所得到的词是属于 A 型的.事实上，如同上面所表明的那样，把原来的 B 型词的第一部分（缩短的 A 型词）从任意一个字母（除了最后一个字母外）截断，所得到的新的（短）词所包含的 X 至少要比 Y 多1个.把原词的 A 型的第二部分开头的字母 X 放到原词第一个字母 X 的前面之后，将这个词从任何一个字母 —— 从第二个字母开始到第一部分最后一个字母前为止 — 截断，在所得到的短词中，X 的个数至少要比 Y 多2个.原词第一部分的最后一个字母在新词中所占的位置是原来的 B 型词第二个 A 型部分的第一个字母的位置.将新词从原词第一个 A 型部分的最后一个字母处截断，我们得到一个短词，它所包含的 X 比 Y 要多1个.将新词从原词第二个 A 型部分的第二个字母开始的任何一个字母处截断，在所得到的短词中，X 和 Y 的关系与将原来的 B 型词从同一字母处截断所得到的短词中 X 和 Y 的关系是一样的.因此，在任何一个短词中，X 都比 Y 多.只有从最后一个字母本身截断时，才会出现“平衡”.

反之，在任何一个 A 型词中，除了第一个字母外，还应该有这样一个字母，当把原词从这个字母处截断时，在所得到的短词中，X 比 Y 多 1 个[①]（经过第一个字母以后，显然我们得到 X 多 1 个的“优势”）. 在这个字母后面写上 X，而划去原词的第一个字母 X，所得到的新词还是以 X 开始的，因为如果原词的第二个字母是 Y，那么将原词从第二个字母处截断，我们便得到一种分法，它将 A 型词分成两部分，每一部分里的 X 和 Y 的个数都一样多（根据本题条件，原词不少于 4 个字母），而这是不可能的. 划去原词第一个字母以后，在所有右端不超过所加上的字母 X 的短词中，字母 X 和 Y 的个数之差减小了 1 个. 对于右端为加写的字母 X 前一个字母的短词，这个差在划去第一个字母 X 之前等于 1. 因此，在划去第一个字母 X 之后，对这个短词来说，X 的个数和 Y 的个数之差将等于 0. 因此，将所得到的词从这个字母（而不是前面的字母）处截断，我们便将它分成了两部分，在每一部分中，字母 X 和 Y 各占一半，且每一部分都以 X 开头. 在任何一个右端的字母不在加写的字母 X 在左边的短词中，X 都比 Y 多，因为在这个短词中，X 和 Y 的关系与从原词所得到的同样长的短词中 X 和 Y 的关系是一样的. 而且由于我们对加写字母 X 的前一个字母的取法，在每一个右端在这个字母之前的短词中，X 和 Y 的个数是不一样的.

于是在 A 型词和两个 A 型部分都以 X 开头的 B 型词之间建立了一一对应关系.

从而本题断言获证.

216 沿着某边长为 10 km 的正方形领土的边界，有两条平行的公路. 在这块领土上，设有 4 个观察哨所. 现在要修若干段小路，这些小路平行于正方形的边，而且从每一个观察哨所可以骑自行车到达每一条公路（公路上禁止骑自行车）. 证明：不管哨所设在什么位置，总可以这样修路，使所修的路的总长不超过 25 km（当观察哨所成某一种分布的时候，所要修的小路的总长不能再少了）.

证明　我们假设公路是沿着领土北面的和南面的边界修的. 观察所这样来表示：当从西向东走时，顺次遇到的哨所是 A_1, A_2, A_3, A_4. 假设 a_1, a_2, a_3, a_4 是对应的哨所到领地的西边界的距离. 数 a_1, a_2, a_3, a_4 中可以有相等的. 一般的，它们满足不等式 $a_1 \leqslant a_2 \leqslant a_3 \leqslant a_4$.

① 这样的字母可能不止一个，我们应该取最左面的. —— 中译者注

如果 $a_3-a_2\leqslant 5$ (km)，那么在哨所 A_2 和 A_3 之间从北面的公路到南面的公路修筑一条小路，如果 $a_2=a_3$，那么就沿着通过这两个哨所的子午线修路. 然后对所有的哨所从西到东或从东到西修路把哨所和所修筑的路连接起来(图 274(a)). 连接北边公路和南面公路的路的长为 10 km. 因为 $a_4-a_1\leqslant 10$ (km)，所以从哨所 A_1 和 A_4 到这条南北通路所修的小路其总长不超过 10 km. 根据假设，哨所 A_2 和 A_3 到南北通路所修的小路其长度不超过 5 km. 这样一来，在这种情况下，所修的路的总长不超过 25 km.

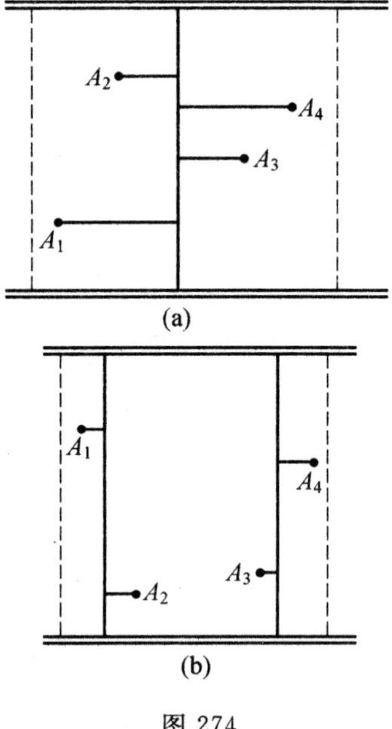

图 274

如果 $a_3-a_2\geqslant 5$ (km)，那么我们在哨所 A_1 和 A_2 之间，A_3 和 A_4 之间，各修一条从北到南的通路. 如果 $a_1=a_2$，或者 $a_3=a_4$，那么相应的使所修的路通过两个哨所所在的子午线. 如果只要有一个等式不成立，我们就修从西到东或从东到西的路把这两个哨所和它们的南北通路连接起来(图 274(b)). 在这种情况下，所修的路的总长为

$$20+a_2-a_1+a_4-a_3=20+(a_4-a_1)-(a_3-a_2)\leqslant 20+10-5=25\ (\text{km})$$

这样一来，即使在 $a_3-a_2\geqslant 5$ (km) 的情况下，所修的路的总长也不超过 25 km.

我们来证明：如果所修的路的总长减少，那么当哨所成某一种分布时，便会不够了，例如，假若哨所分布在领土的边界上的西南角往北，西北角往东，东北角往南，东南角往西均为 2.5 km 的位置. 哨所按上面所说的顺序表示为 A_1，A_2，A_3，A_4.

最短的筑路方案可以由不多于两个的互不连通的(即单独的)部分组成，因为如果包含有不少于三个的互不连通的部分，那么从北到南的路的总长不少于 30 km.

如果修路方案由两个互不连通的部分组成，那么从北到南的路的总长为 20 km. 而在这个筑路方案中，每一个连通的部分要包含不少于 2 个的哨所. 如果从哨所 A_1 出发沿着所修的路可以走到哨所 A_3 或 A_4，那么在所修的路中，从西到东(或从东到西)的路的各段之和不小于 7.5 km. 类似的断言对从哨所 A_4 可以走到哨所 A_2 的情况也是正确的. 如果从哨所 A_1 沿着所修的路只能到达哨所 A_2，从哨所 A_3 沿着所修的路只能到达哨所 A_4，那么筑路方案至少含有从西到东，长为 2.5 km 的两段.

最后[①]，假设筑路方案是连通的，从任何一个哨所可以走

① 以下的叙述，中译者有所改动.

到其他任何一个哨所. 于是从 A_1 沿着所修的路可以走到 A_2，从 A_4 可以走到 A_3. 我们用 A_1A_2 表示从 A_1 到 A_2 的路，用 A_4A_3 表示从 A_4 到 A_3 的路. 如果 A_1A_2 和 A_4A_3 没有公共点（图 275(a)），那么 A_1A_2 和 A_4A_3 的"竖直的"路的长度都不得小于 7.5 km. 而对整个连通的路来说，由 A_1 到 A_4 的路在水平方向上的各段的长度不小于 10 km. 于是在这种情况下，所修的路的总长不小于 25 km.

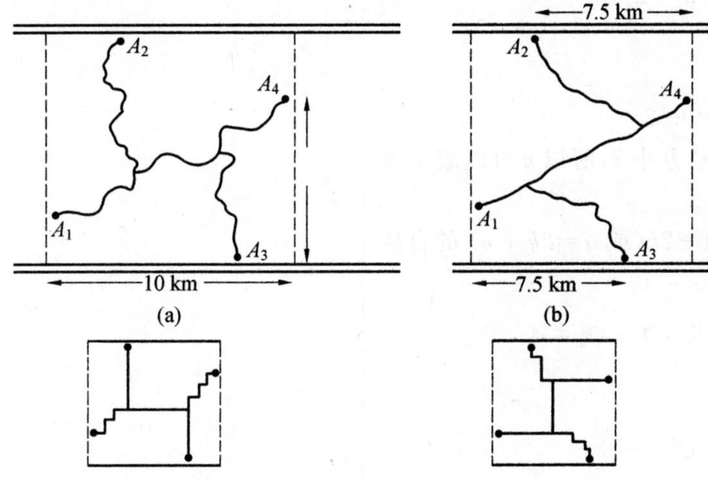

图 275

如果 A_1A_2 和 A_4A_3 有公共点，但只有一个公共点的话，我们还是可以像上面那样证明所修的路总长不少于 25 km.

如果 A_1A_2 和 A_4A_3 有一个以上的公共点，那么它们有一段路是重合的，因为为了使得所修的路最短，在任何两个公共点之间只要修一段路就行了. 这时我们可以来考虑 A_1A_3 和 A_4A_2，它们之间是没有公共点的（图 275(b)）. 仿照上面的论证便可证明所修的路的总长不少于 25 km.

至此，本题结论完全获证.

217 对怎样的自然数 n 和 k，二项式系数

$$C_n^{k-1}, C_n^k, C_n^{k+1}$$

成等差数列？

解　根据本题条件，两个相邻的二项式系数之差 $C_n^{k-1} - C_n^k$ 和 $C_n^k - C_n^{k+1}$ 相等. 因此，这两个差的差等于 0

$$C_n^{k-1} - 2C_n^k + C_n^{k+1} = 0 \tag{1}$$

我们假设 $k-1 \geqslant 0$ 和 $k+1 \leqslant n$，即

$$1 \leqslant k \leqslant n-1 \tag{2}$$

如果等式(1) 成立（且仅在这种情况下），那么三个二项式

系数构成等差数列.

将等式(1)的两边乘以数$\frac{(k+1)!\ (n-k+1)!}{n!}$(因为我们假定不等式(2)成立,所以这个数是存在的并且是正的),我们得到

$k(k+1)-2(k+1)(n-k+1)+(n-k)(n-k+1)=0$

这样一来,等式(1)当且仅当

$$n^2-4nk+4k^2-n-2=0 \tag{3}$$

时成立.

因为这时

$$n=(n-2k)^2-2$$

是整数,且比某一个其他的整数的平方小2,所以n可以表示成

$$n=u^2-2$$

的形式,其中u是满足关系式$u=n-2k$(或$u=2k-n$)的自然数,由此得出

$$k=k_1=\frac{n-u}{2}=\frac{u^2-u}{2}-1=\mathrm{C}_u^2-1$$

或

$$k=k_2=\frac{n+u}{2}=\mathrm{C}_{n+1}^2-1$$

由后一个关系式看出k取整数值.

为了使数n取正值,u应该满足不等式$u\geqslant 2$.但当$u=2$时,值k_1和k_2不满足等式(2).

如果$u\geqslant 3$,那么

$$k_1=\mathrm{C}_u^2-1\geqslant 1 \text{ 且 } k_1=\frac{n-u}{2}<n$$

又因为$k_1+k_2=n$和$k_1<k_2$,所以k的两个值都满足不等式(2).

于是,从三个二项式系数$\mathrm{C}_n^{k-1},\mathrm{C}_n^k,\mathrm{C}_n^{k-1}$组成等差数列的必要充分条件出发我们得到了和原题断言等价的断言:当$u>2$时,由表达式$n=u^2-2$和$k=\mathrm{C}_u^2-1$或$k=\mathrm{C}_{u+1}^2-1$所确定的数对n,k满足关系式(3).

关于上面所作的解答必须指出下面几点:

(1) 当$u=2$时所得到的值$k=0$和$k=2$可以认为是允许的,如果规定当$k<0$或$k>n$时,二项式系数C_n^k变成0.这时本题条件中所说的二项式系数或者是等差数列0,1,2或者是等差数列2,1,0.

(2) 与第217题相关,自然产生一个问题:四个以及更多的连续的二项式系数能否构成等差数列?不难看出,这个问题的答案是否定的.事实上,在这样的等差数列中,第一个、第二个和第三个二项式系数以及第二个、第三个和第四个二项式系数

构成由三项组成的等差数列. 但是,正像从上面的解法中推出的,对应于给定的值 n 的两个 k 值所得到的三个二项式系数的组,它们关于 $(1+x)^n$ 的展开式的中项是对称分布的. 因此,由三个二项式系数组成的等差数列,一个是上升的,另一个是下降的. 这样一来,四个连续的二项式系数不可能是同一个等差数列的连续的项.

(3) 等差数列可以定义作这样的数列,它的相邻两项之差所构成的序列是由同一个数重复而成的. 类似地还可以定义序列(我们把它叫作二阶等差数列),它的相邻两项之差构成通常的等差数列("一阶的"). 在一般的情况下,我们把序列叫作 k 阶 $(k>1)$ 等差数列,如果它的相邻两项之差构成 $k-1$ 阶等差数列.

四个连续的二项式系数能否构成二阶等差数列呢? 这个问题和原来的问题是相似的,并可以化为在 n 和 k 允许取值的范围内求解 n 和 k 的三次方程. 但是下面简单的讨论可以得到新问题的无穷多个解答,而不必借助于三次不定方程. 但是下面简单的讨论可以得到新问题的无穷多个解答,而不必借助于三次不定方程. 如果数 n 是奇数,即形如 $2u+1$ 的数,那么中间两个二项式系数相等,在它们之前的一个二项式系数和在它们之后的一个二项式系数相等. 因此,二项式系数

$$C_{2u+1}^{u-1}, C_{2u+1}^{u}, C_{2u+1}^{u+1}, C_{2u+1}^{u+2}$$

的差等于 $a, 0, -d$,构成等差数列. 这个简单的说明使得不难在 n 和 k 允许取值的范围内求解联系 n 和 k 的三次方程:这个方程的左边的多项式可以分解成一次因式和二次因式的乘积,以后的求解容易进行到底.

218 在平面上画一个圆,半径为 r,圆心在直角坐标系的原点. 假设 $\delta(r)$ 是和所画的圆最近而又有整数坐标的点到圆的距离. 证明:如果圆的半径 r 取得充分大的时候,便可使距离 $\delta(r)$ 充分小,即当 $r\to\infty$ 时,$\delta(r)\to 0$.

(平面上的点到圆的距离定义如下:通过给定的点和圆心作一条直线,此直线和圆有两个交点,给定点到它最近的交点的距离就叫作该点到圆的距离)

证法 1　我们提醒一下,具有整数坐标的点在平面上构成整点网(见 §67);而这些点的本身叫作整点.

本题断言在于:对任何一个正数 p,可以指出这样一个数 R,使得对所有的 $r>R$,可以找到一个整点,它到圆心在坐标原点,半径为 r 的圆的距离 $\delta(r)<p$.

我们从和 y 轴平行的直线中挑选出那样的直线,它和半径为 r 的圆有公共点,且到坐标原点 O 的距离取最大的整数(图 276). 如果 u 是这条直线到 y 轴的距离,那么

$$u \leqslant r < u+1 \quad (u\text{ 是整数}) \tag{1}$$

直线和圆的交点包含在属于这条直线上的整点 (u,v) 和 $(u,v+1)$ 之间,这些整点满足不等式

$$u^2+v^2 \leqslant r^2 < u^2+(v+1)^2 \quad (v\text{ 是整数}) \tag{2}$$

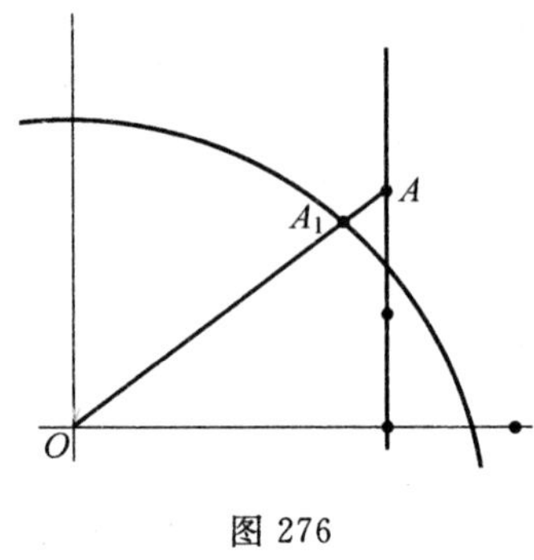

图 276

将直线上在圆外的与圆最近的整点 A 和坐标原点 O 联结起来. 假设点 A_1 是线段 OA 和圆的交点. 这时

$$\delta(r) \leqslant AA_1 = OA - r = \sqrt{u^2+(v+1)^2} - r = \frac{u^2+(v+1)^2-r^2}{\sqrt{u^2+(v+1)^2}+r} = \frac{2v+1-(r^2-u^2-r^2)}{\sqrt{u^2+(v+1)^2}+r} < \frac{2v+1}{2r} \tag{3}$$

因为由于不等式(2) 的前一半,所以分子中所丢掉的项是非负的,由于不等式(2) 的后一半,所以分母中平方根号下的量大于 r^2.

v 和 r 之间的关系可以从不等式(1) 和(2) 求得

$$v \leqslant \sqrt{r^2-u^2} = \sqrt{(r-u)(r+u)} < \sqrt{1\cdot(r+r)} = \sqrt{2r}$$

因此,如果 $r>1$,那么

$$\delta(r) < \frac{2\sqrt{2r}+1}{2r} < \frac{3\sqrt{r}+\sqrt{r}}{2r} = \frac{2}{\sqrt{r}}$$

这样一来,如果

$$\frac{2}{\sqrt{r}} < p,\text{即 } r > \frac{4}{p^2} \text{ 和 } r > 1$$

那么 $\delta(r)$ 必定小于 p,这就是所要证明的.

证法 2 点 A 或者点 B(图 277) 到圆的距离可以用不同的方法来计算. 假设点 C 是线段 AB 和圆的交点,点 D 是通过点 C 所作的圆的切线与通过点 B 平行于 x 轴的直线的交点. 点 B 到圆的距离小于线段 BD 的长,因此由 $\triangle BCD$ 和 $\triangle A_0OC$ 相似,我们得到

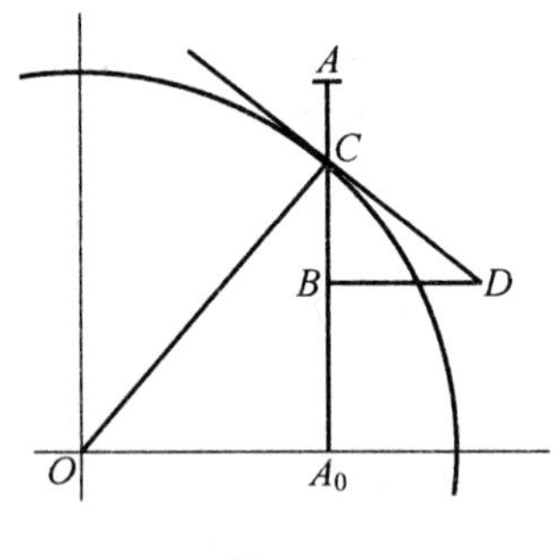

图 277

$$\delta(r) < BD = \frac{BD}{1} = \frac{BD}{AB} < \frac{BD}{BC} = \frac{A_0C}{A_0O} = \frac{\sqrt{r^2-u^2}}{u} < \frac{\sqrt{2r}}{u} < \frac{\sqrt{2r}}{r-1} < \frac{\sqrt{2r}}{r-\frac{r}{2}} = \frac{2\sqrt{2}}{\sqrt{r}}$$

假若 $r>2$. 因此,如果同时有不等式 $r>2$ 和 $r>\frac{8}{p^2}$ 成立,那

么 $\delta(r) < p$.

证法 3　因为在直线 $x=u$(u 是正整数) 上,从一个整点到另一个整点的距离等于 1,所以只要证明:对于任一 p 大于 0 和充分大的数 r,可以选取适当的 u,使得直线 $x=u$ 包含在圆心、在坐标原点半径为 r 和 $r+p$ 的两个圆之间的线段(例如在第一象限中有这种线段) 的长度不小于 1(图 278). 事实上,如果这条线段的长度大于或等于 1,那么它至少含有一个整点,它到圆心为坐标原点,半径为 r 的圆的距离小于 p.

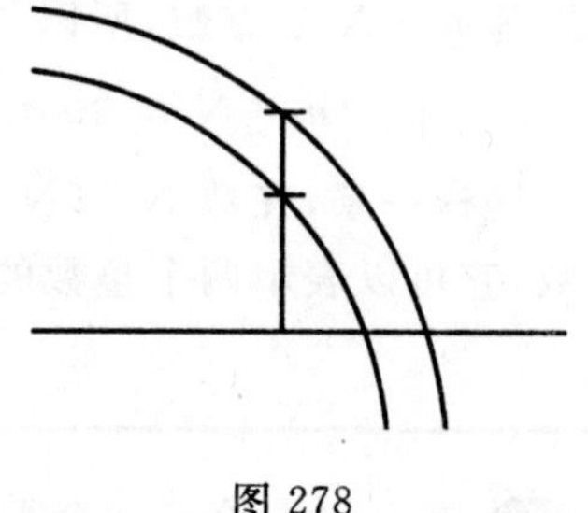

图 278

我们选取这样一个数 u,使有不等式

$$u \leqslant r < u+1$$

如果 $u+1 \leqslant r+p$,那么点$(u+1,0)$ 在圆心为坐标原点,半径为 $r+p$ 的圆内和圆上. 因此,只要研究

$$u \leqslant r < r+p < u+1 \tag{3}$$

的情况就行了.

如果 $p < 1$,不等式(3) 可能成立.

在直线 $x=u$ 上,包含在圆心在坐标原点,半径为 r 和 $r+p$ 的两圆之间的线段的长 h 可以写成

$$h=\sqrt{(r+p)^2-u^2}-\sqrt{r^2-u^2}=\frac{(r+p)^2-r^2}{\sqrt{(r+p)^2-u^2}+\sqrt{r^2-u^2}}$$

最后一个等式的右端的分子大于 $2rp$. 如果 $r>1$,那么分母的二次根式可以变成下面的形式

$$\sqrt{(r+p)^2-u^2}=\sqrt{(r+p-u)(r+p+u)}<\sqrt{1\cdot(r+1+r)}<\sqrt{3r}$$

$$\sqrt{r^2-u^2}=\sqrt{(r-u)(r+u)}<\sqrt{1\cdot 2r}=\sqrt{2r}$$

于是

$$h>\frac{2rp}{(\sqrt{3}+\sqrt{2})\sqrt{r}}=\frac{2p}{\sqrt{2}+\sqrt{3}}\sqrt{r}$$

这样一来,如果

$$r>\frac{(\sqrt{2}+\sqrt{3})^2}{4p^2}=\frac{5+\sqrt{24}}{4}\cdot\frac{1}{p^2}$$

那么 $h>1$. 这就证明了本题的断言.

和第 218 题直接关系的是下面的问题:对于任何一个自然数 N,找出这样一个数 $M(N)$,使得在 N 和 $N+M(N)$ 之间,总有整数可以表示成两数的平方和的形式.

仿照证法 1,我们取圆的半径 r 等于 $\sqrt{N}$(即取 $r^2=N$). 设 $n=u^2+(v+1)^2$ 是与 N 最接近的可以表示成两个整数的平方和的形式的整数. 这时

$$n-N=u^2+(v+1)^2-r^2<2v+1$$

又因为 $n-N$ 是整数,所以

$$n-N\leqslant 2v<2\sqrt{2r}=\sqrt{8}\times\sqrt[4]{N}$$

这样一来,在数 N 和 $N+\sqrt{8}\sqrt[4]{N}$ 之间总包含得有这样的整数,它可以表示两个整数的平方和的形式.

219 在空间中给定 n 个平面($n\geqslant 5$),其中任何三个平面都有一个公共点,但没有任何三个以上的平面通过一个点.

证明:在这 n 个平面将空间分成的部分中,有不少于 $\frac{2n-3}{4}$ 个四面体.

证明 为了简单起见,我们把同时属于三个平面的点叫作顶点.根据本题条件,n 个给定平面中的任意三个平面确定一个且仅仅一个顶点.

我们还可注意到,n 个给定平面中的任意四个平面确定一个(且仅仅一个)四面体.这个断言的证明我们留给读者去做.当然,由某四个平面确定的四面体可以被其他的平面切开,因此并不是每一个这样的四面体都包含在 n 个给定的平面把空间所划分成的那些部分里.

假设 S 是任何一个给定的平面,它把整个空间分成两个半空间.假设点 P 是在同一侧的顶点中最接近 S 而又不属于 S 的顶点,而 S_1,S_2,S_3 是确定顶点 P 的平面.这时,平面 S,S_1,S_2,S_3 从空间中切出一个四面体 T.我们断言:其他 $n-4$ 个平面中的任何一个平面都不和四面体 T 相交,即 T 是 n 个给定平面将空间划分成的部分中的一个.

我们假设某个给定的平面 S' 和四面体 T 相交.假设 A,B,C 是四面体 T 的异于顶点 P 的顶点.顶点 A,B,C 属于平面 S.显然平面 S' 和线段 AP,BP,CP 中的某一个相交.例如,假设平面 S' 和线段 AP 相交于点 Q.这时点 Q 也是顶点,因为 AP 是异于平面 S' 的两个给定平面的交线,因此点 Q 同时属于三个给定的平面.但是点 Q 到平面 S 的距离比点 P 更近,这与点 P 的选取相矛盾.从而断言获证.

我们的论证可以对每一个给定的平面来应用.因此,任何一个给定的平面都确定一个四面体,这个四面体是 n 个给定平面将空间所划分成的一个部分.不仅如此,如果顶点不光是在平面 S 的一侧,而是在 S 的两侧,那么这样的平面确定的不是一个，而是两个四面体，这两个四面体都是给定平面将空间所划成的部分.

我们断言：在给定的平面中，具有下面性质的平面不多于三个：所有不属于这个平面的顶点分布在它的同一侧. 假设有四个这样的平面 S_1，S_2，S_3，S_4. 假设平面 $ABCD$ 是平面 S_1，S_2，S_3，S_4 所构成的四面体.（平面 S_1 和平面 ABC 重合，平面 S_2 和平面 ABD 重合，平面 S_3 和平面 ACD 重合，平面 S_4 和平面 BCD 重合）因为 $n \geqslant 5$，所以在给定的平面中，至少有一个不同于 S_1，S_2，S_3，S_4 的平面 S. 显然 S 不可能和四面体 $ABCD$ 的所有六条棱同时相交，因此，例如平面 S 和棱 AB 所在的直线相交于线段 AB 之外的点 E. 假设点 E 在棱 AB 的延长线上顶点 A 的外面. 这时顶点 E 和 B 在平面 S_3（和平面 ACD 重合）的不同的两侧，这和我们最早作的假设相违背（图 279）.

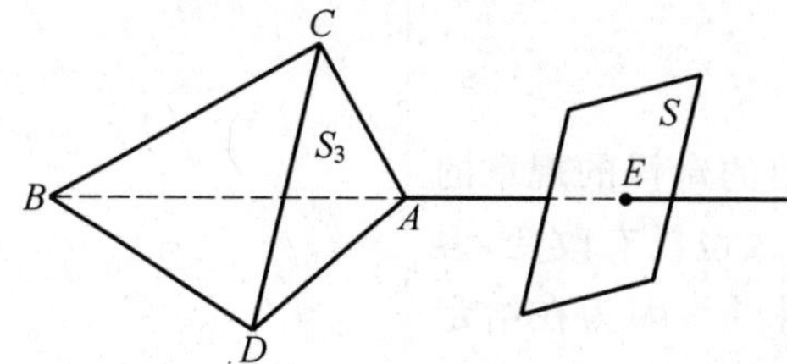

图 279

现在我们来计算 n 个给定的平面将空间划分成的部分中含有多少个四面体. 为此，我们来计算位于每一个给定平面上的四面体的个数. 前面已经证明，除了不多于三个的平面以外，在任一给定的平面上的四面体不少于 2 个. 而在每一个“例外的”平面上的四面体不少于 1 个. 因此，在所有给定平面上的四面体的个数不少于 $2n-3$ 个. 但是由于在做这种计算时，每一个四面体算了 4 次（对每一个界面算了一次），所以四面体的总数不小于 $\frac{2n-3}{4}$，这就是所要证明的.

关于第 219 题以及它的可能得到的答案必须注意下面几点：

（1）和四面体相交的平面把这个四面体分成的两个部分不一定都是四面体. 如果作一个平面把四面体的不通过一个顶点的两条棱隔开，但又不和这两条棱相交，那么所得到的两个“屋顶”是两个五面体（图 280）.

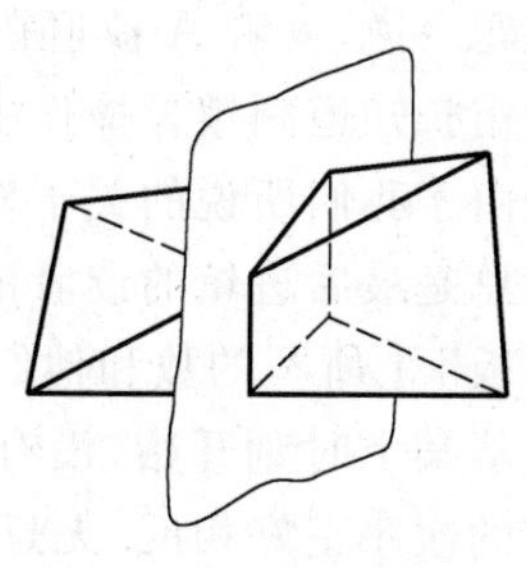

图 280

（2）本题断言在平面情形的类比要简单得多：如果在平面上给定 n 条直线，其中任何两条直线都不平行且任何三条直线都不通过同一点，那么在这些直线把平面划分成的部分中，有不少于 $\frac{2n-2}{3}$ 个三角形.

220 为了统计到图书馆去的读者人数，挂了两块黑板．每一名读者必须在一块黑板上写上当他进入阅览室时他看见有多少名读者，而在另一块黑板上写上当他离开图书馆时，阅览室还剩下多少名读者．证明：在一天之内，两块黑板上出现同样的数(可能次序不同)．

证明 某读者进入图书馆以后，他以后的去向可以是不同的，而且这一点对本题来说是重要的．首先，他可能发现自己的阅览证忘在家时而立即离开图书馆．显然，在这种情况下，坐在阅览室里的人数不变而且这个健忘的读者在两块黑板上写上相同的数．其次，读者进入图书馆以后，可以在图书馆停留一段时间．在这种情况下，新的读者来了以后，阅览室里的人数增加了．

我们比较详细地研究第二种情况．

如果我们说出一个意见，忠实遵守图书馆的奇怪的规章的读者未必会反对的，这个意见对本题来说，什么也没有改变，但可以简化我们的证明．可以不管读者的个人特征，因为在给定的时刻，哪一名读者进入阅览室，哪一名读者离开阅览室，没有什么不一样．特别是，我们可以认为，从阅览室出来的人总是最后进去的人．

我们研究一个例子．假设我们在一个有涵养的读者的背上用红颜色的笔写上一个大字母 A．进入图书馆时，读者 A 在“入馆黑板”上写上他出现在阅览室时，阅览室里有 n 名读者．然后读者 A 坐下并开始工作，而其余的读者继续走来走去．我们假设过了一段时间以后，阅览室里增加了 k 名读者．读者 A 从自己的座位上站起来并向门口走去，但是图书馆的副馆长挡住他的去路并且坚持请他留下．副馆长建议最后入馆的读者代替 A 离开图书馆，这名读者在“入馆黑板”的最下边写的数是 $n+k$．对本题来说，读者 A 被迫在阅览室待了一整天是无关紧要的．何况馆长知道副馆长擅作主张后把他免职了．

由于我们所说的关于对读者不加区别的意见以及关于离馆的总是最后进馆的读者的假设，所以所有离馆的读者在“离馆黑板”上所写的数和他们写在“入馆黑板”上的数是一样的．如果从某个时刻开始，没有读者再进馆了，那么离馆的次序和入馆的次序正好相反．无意之中成为擅自乱来的牺牲品(与其说是副馆长的牺牲品，不如说是我们的牺牲品)的疲惫不堪的读者 A 等待着轮到自己出馆．所有的读者这样一个一个地离开图书馆．因此，每一名读者可以和一个数对一一对应．因为由我们带来的改变对本题来说是无关紧要的，所以我们所得到的结果和不加进这种变化的结果是一样的. 这样一来，在两块黑板上（“入馆黑板”和“离馆黑板”），一天之内出现同样的数字，尽管次序不同.

221 给定边长为 $1,\frac{1}{2},\frac{3}{3},\cdots,\frac{1}{n},\cdots$ 的正方形的无穷序列. 证明：存在这样一个正方形，可以把序列中所有的正方形互不重叠地放在这个正方形内，并且确定：能将序列中所有的正方形容纳下的最小正方形的边长等于多少？

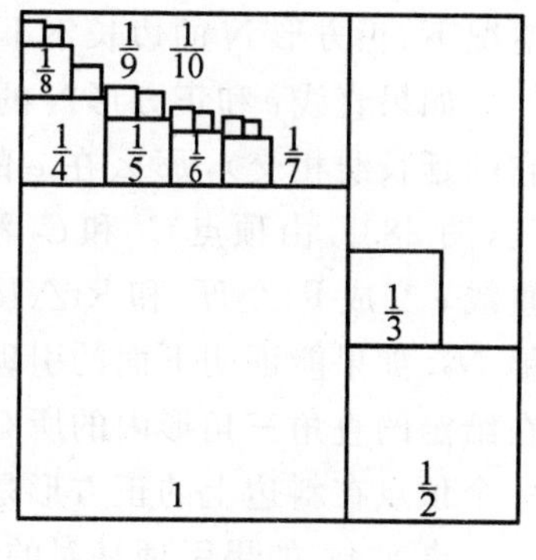

图 281

解　我们将题解分成两部分：首先证明：边长为 $1,\frac{1}{2},\frac{1}{3},\cdots,\frac{1}{n},\cdots$ 的所有正方形可以互不重叠地放在边长为 1.5 的正方形内，然后证明：不能把这些正方形放在边长更小的正方形内而使边长为 1 和 $\frac{1}{2}$ 的正方形互不重叠.

现在来证明：给定的无穷序列所相应的正方形可以互不重叠地放在边长为 1.5 的正方形内.

在边长为 1 的正方形的旁边放边长为 $\frac{1}{2}$ 的正方形，在它们所构成的角落上放边长为 $\frac{1}{3}$ 的正方形（图 281）. 在单位正方形上面的边上放边长为 $\frac{1}{4},\frac{1}{5},\frac{1}{6},\frac{1}{7}$ 的正方形. 在边长为 $\frac{1}{k}(k=4,5,6,7)$ 的正方形上面并排放边长为 $\frac{1}{2k}$ 和 $\frac{1}{2k+1}$ 的正方形. 因而放好了边长为 $\frac{1}{8},\cdots,\frac{1}{15}$ 的正方形. 就这样放，下一排放的是边长为 $\frac{1}{16},\cdots,\frac{1}{31}$ 的正方形等.

边长为 $\frac{1}{k}$ 的正方形的上面“能放下”边长为 $\frac{1}{2k}$ 和 $\frac{1}{2k+1}$ 的正方形，因为

$$\frac{1}{2k}+\frac{1}{2k+1}<2\cdot\frac{1}{2k}=\frac{1}{k}$$

边长为 $\frac{1}{4},\frac{1}{5},\frac{1}{6},\frac{1}{7}$ 的正方形不超过单位正方形的“宽”，因为

$$\frac{1}{4}+\frac{1}{5}+\frac{1}{6}+\frac{1}{7}<4\times\frac{1}{4}=1$$

放在单位正方形上面的正方形的"高"之和不超过$\frac{1}{2}$

$$\frac{1}{k}+\frac{1}{2k}+\frac{1}{4k}+\frac{1}{8k}+\cdots=\frac{2}{k}\leqslant\frac{1}{2}$$

因此,以给定的无穷序列为边长的所有正方形可以互不重叠地放在边长为1.5的正方形内.于是,本题断言的第一部分得证.

为了证明本题断言的第二部分,我们把边长为1的正方形N_1和边长为$\frac{1}{2}$的正方形N_2放在某一个正方形N内使正方形N_1和正方形N_2没有公共点(图282).这时存在一条直线e将正方形N_1和正方形N_2隔开.如果直线e平行于正方形N的一条边,那么它将正方形分成两个矩形.这两个矩形和直线e垂直的边不小于这个矩形所包含的正方形的边长.因此,在这种情况下,正方形N的边长不小于正方形N_1和N_2的边长之和.

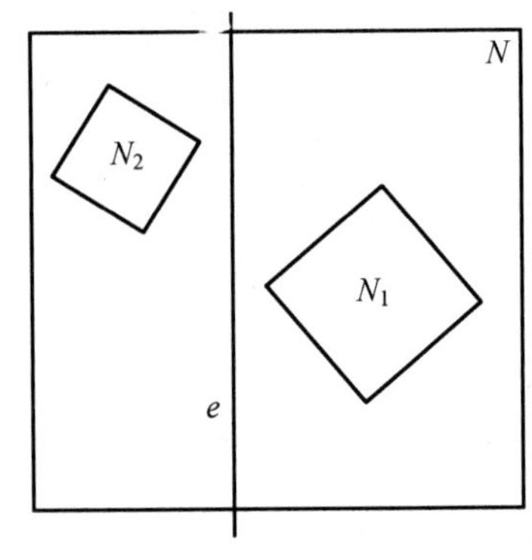

图282

如果直线e和正方形N的边不平行(即和正方形N的边或它的延长线相交),那么在e的两侧有一个最远的顶点C_1和C_2(图283).由顶点C_1和C_2沿着正方形N的边发出的射线和直线e交成$\mathrm{Rt}\triangle H_1$和$\mathrm{Rt}\triangle H_2$,它们包含了正方形N_1和正方形N_2.如果能证明下面的引理那么问题的断言就证明了:包含在给定的直角三角形内的所有正方形中,两条边在直角边上且一个顶点在斜边上的正方形是最大的.

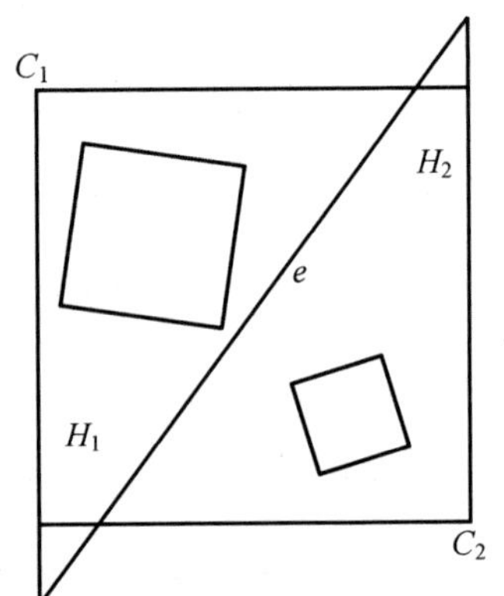

图283

事实上,如果引理是对的,那么包含在$\mathrm{Rt}\triangle H_1$和$\mathrm{Rt}\triangle H_2$内的最大的正方形N_1和N_2的对角线在正方形N的对角线C_1C_2上,又因为正方形N_1和N_2不重叠,所以它们的对角线之和等于正方形N的对角线,它们的边之和等于正方形N的边,由此推出本题断言的第二部分.

现在,我们证明关于直角三角形内的最大正方形的引理.

包含在$\mathrm{Rt}\triangle ABC$内的正方形$KLMN$(图284)可以这样移动,使正方形的顶点K和L落在直角边AC和BC上,而顶点M落在斜边BA上(在必要的时候,将原正方形$KLMN$关于直角三角形的顶点C做相似系数大于1的同位相似变换).如果正方形$KLMN$按我们所说的方式分布在$\mathrm{Rt}\triangle ABC$内,那么正方形的中心在直角的平分线上.事实上,将正方形绕中心旋转$90°$,那么属于边BC的顶点L和属于边AC的顶点K重合.因为这时边BC变到AC,所以正方形的中心到AC与BC是等距离的,因而中心在直角$\angle ACB$的平分线上.

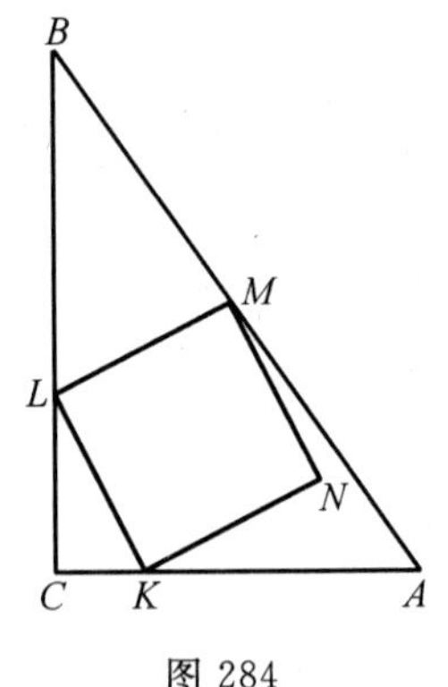

图284

在所有那些一个顶点和直角顶点C重合的正方形中,这个顶点C和相对的顶点之间的距离不小于(等于)线段CP的长,这里点P是直角的平分线和边MN的交点.因此,只要证明:若正方形的顶点K和L都不和直角顶点C重合,那么$CP>$

KM.

将线段 CP 平行移动到 KP_1 的位置(图 285). 问题化为比较 $\triangle KP_1M$ 的边. 我们研究这个三角形的角. 边 KM 所对的 $\angle KP_1M$ 的边和 KP_1 所对的 $\angle KMP_1$ 大于 $45°$.

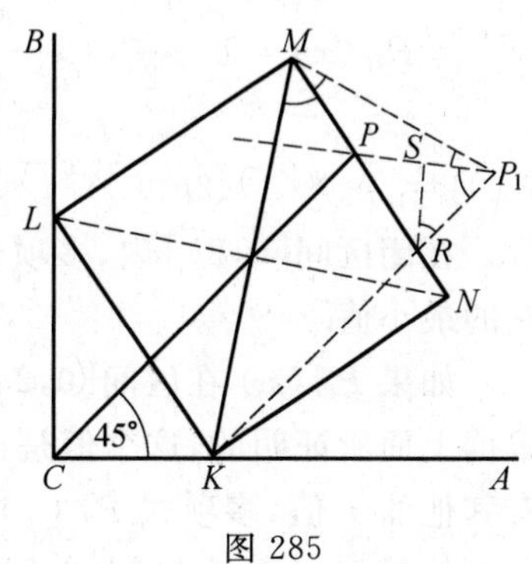

图 285

假设点 R 是线段 KP_1 和 MN 的交点，点 S 是由点 R 到线段 PP_1 的垂线的垂足，$\triangle P_1RS$ 是等腰直角三角形. 此外，点 S 在直线 PP_1 上的点 P 和 P_1 之间. 因此

$$\angle PRP_1 > \angle SRP_1 = \angle PP_1R$$

由此得到

$$PP_1 > PR$$

因为 $KR \parallel CP$，所以由 CP 将线段 KM 分成两等分，从而也将线段 MR 分成两等分，因此

$$MP = PR < PP_1 \quad 和 \quad \angle MP_1P < \angle PMP_1$$

同时，我们得到不等式

$$\angle MP_1K = \angle MP_1P + 45° < \angle PMP_1 + 45° = \angle KMP_1$$

由此推出所要证明的不等式

$$KM < KP_1 = CP$$

注[①]　下面我们用较简单的办法来证明 $CP > KM$.

由于 $\angle PCK = \angle PMK = 45°$，所以 P, M, C, K 四点共圆. 设圆心为点 Q. 假若 CP 和 KM 的交点为 O，那么 $QO \perp KM$，因为点 O 是 KM 的中点. 显然 Q 到 CP 的距离小于 QO. 我们知道，在同一个圆内，弦心距小的弦比弦心距大的弦要长，所以 $CP > KM$.

222 证明：对所有的整数 $k \geqslant 1$ 和实数 x，有不等式

$$1 - x + \frac{x^2}{2!} - \frac{x^3}{3!} + \cdots + (-1)^j \frac{x^j}{j!} + \cdots + \frac{x^{2k}}{(2k)!} \geqslant 0$$

证法 1　我们用 $P_{2k}(x)$ 表示所要证明的不等式左边的多项式. 我们来证明更强的不等式，即对所有的实数 x，有不等式

$$P_{2k}(x) > 0$$

如果 x 取负值或为零，那么 $P_{2k}(x)$ 的任何一项都是非负的，而常数项等于 1. 因此，当 $x \leqslant 0$ 时，多项式 $P_{2k}(x)$ 满足不等式 $P_{2k}(x) \geqslant 1$. 不难看出，当 $x \geqslant 2k$ 时，$P_{2k}(x)$ 也满足同样的不等式. 事实上，当 $x \geqslant 2k$ 时，$P_{2k}(x)$ 的项可以组合，使得所

① 系中译者所加.

得到的和的所有被加项都是非负的

$$P_{2k}(x)=1+\frac{x}{2!}(x-2)+\frac{x^3}{4!}(x-4)+\cdots+\frac{x^{2k-1}}{(2k)!}(x-2k)\geqslant 1$$

在闭区间$[0,2k]$内，多项式$P_{2k}(x)$是连续函数，因而达到它的最小值.

如果$P_{2k}(x)$在区间$[0,2k]$的一个端点达到最小值，那么根据上面所证明的，这个值是正的. 因此对于区间$[0,2k]$的所有其他的x值，多项式$P_{2k}(x)$都取正值.

如果$P_{2k}(x)$在区间$[0,2k]$的某一个内点x_0达到最小值，那么对于点x_0的某个邻域中的任何x有不等式$P_{2k}(x)>P_{2k}(x_0)$. 因此，多项式$P_{2k}(x)$在点x_0的导数为0

$$P'_{2k}(x_0)=1+x_0-\frac{x_0^2}{2!}+\cdots+\frac{x_0^{2k-1}}{(2k-1)!}=\frac{x_0^{2k}}{(2k)!}-P_{2k}(x_0)=0$$

但是，因为

$$P_{2k}(x_0)=\frac{x_0^{2k}}{(2k)!}>0$$

所以多项式$P_{2k}(x)$在整个x轴上都是正的，这就是所要证明的.

证法2 将$P_{2k}(x)$乘以

$$P_{2k}(-x)=1+x+\frac{x^2}{2!}+\cdots+\frac{x^{2k}}{(2k)!}$$

当$j\leqslant 2k$时，在乘积$P_{2k}(x)\cdot P_{2k}(-x)$中，$x^j$的系数等于

$$1\cdot\frac{1}{j!}-1\cdot\frac{1}{(j-1)!}+\frac{1}{2!}\frac{1}{(j-2)!}+\cdots+(-1)^j\frac{1}{j!}\cdot 1=\frac{1}{j!}(C_j^0-C_j^1+C_j^2-\cdots+(-1)^jC_j^j)=0$$

当$2k+1\leqslant j\leqslant 4k$时，$x^j$的系数等于

$$(-1)^{j-2k}\frac{1}{(j-2k)!}\cdot\frac{1}{(2k)!}+(-1)^{j-2k+1}\frac{1}{(j-2k+1)!}\cdot\frac{1}{(2k-1)!}+\cdots+(-1)^{2k}\frac{1}{(2k)!}\cdot\frac{1}{(j-2k)!}=$$
$$\frac{1}{j!}[(-1)^{j-2k}C_j^{j-2k}+(-1)^{j-2k+1}C_j^{j-2k+1}+\cdots+(-1)^{2k}C_j^{2k}]$$

我们研究方括号中的表达式. 与两端等远的项其绝对值相等. 因此，当j是奇数的时候，整个表达式变为0. 这样一来，对

于满足不等式 $2k+1\leqslant j\leqslant 4k$ 的奇数 j，x^j 的系数为 0. 当 j 为偶数时，方括号中的表达式是交替变号的二项式系数的和，它可以从所有 j 阶的交替变号的二项式系数的和中去掉前 $j-2k$ 项的和

$$C_j^0-C_j^1+C_j^2-C_j^3+\cdots+(-1)^{j-2k-1}C_j^{j-2k-1}$$

以及与此相等的最后 $j-2k$ 项的和来得到. 所去掉的项的和是负的，因为项的总个数是偶数且小于 $\frac{j}{2}$，二项式系数将随着它的上面的附标的增加而增加，而且它们的符号是交替改变的. 因此，方括号中的表达式是正的，因为它加上所去掉的前 $j-2k$ 项之和的 2 倍等于 0，而前 $j-2k$ 项之和是负的.

这样一来，多项式的乘积 $P_{2k}(x)\cdot P_{2k}(-x)$ 仅包含带有正系数的 x 的偶次幂，因而在整个数轴上取正值. 如果 $x\geqslant 0$，那么因子 $P_{2k}(-x)>0$. 因为对所有的 x，$P_{2k}(x)P_{2k}(-x)>0$，所以当 $x\geqslant 0$ 时，$P_{2k}(x)>0$. 当 $x<0$ 时，不等式 $P_{2k}(x)>0$ 显然成立(因为 $P_{2k}(x)$ 中 x 的偶次幂的系数为正，奇次幂的系数为负). 因此，$P_{2k}(x)$ 和 $P_{2k}(-x)$ 在整个数轴上仅取正值，这就是所要证明的.

不难证明

$$C_j^0-C_j^1+C_j^2+\cdots+(-1)^jC_j^j=(-1)^jC_{j-1}^j$$

因此

$$P_{2k}(x)P_{2k}(-x)=1+\frac{x^{2k+2}}{(2k)!\ (k+1)}+\frac{x^{2k+4}}{(2k!\ )3!\ (k+2)}+\frac{x^{2k+6}}{(2k)!\ 5!\ (k+3)}+\cdots+\frac{x^{4k}}{[(2k)!\ ]^2}$$

附录　对匈牙利数学的一次采访[①]

1988年7月，我们赴匈牙利的布达佩斯参加第6届国际数学教育会议. 我们决定利用这次机会，试图探查匈牙利数学的传奇性名声的缘由. 我们中的一个（V. J.-S.）是布达佩斯人，熟知这座城市和它的语言.

我们的调研着重于匈牙利数学活动的历史、教育与社会政治方面，并不尝试去评价匈牙利当代的数学研究. 但即便如此，我们的时间对我们的雄心而言还显得太短了，我们漏掉的匈牙利重要数学家肯定比我们会见过的更多.

我们与很多的人深入交谈，而且正式会见了以下8位：在匈牙利的有卓科法勒维－纳吉（Béla Szökefalvi-Nagy），厄多斯（Paul Erdös），Tibor Gallai（最近去世），István Vincze，Lajós Pósa；在美国的有，Agnes Berger，John Horváth，Peter Lax（当我们在布达佩斯期间，两家主要报纸刊登了长文祝贺卓科法勒维－纳吉的75岁诞辰）.

我们向所有会见者请教一个问题：匈牙利的数学怎么这样突出？在两次大战之间的时期，在这样一个小而穷的国家里，怎么可能产生那么多著名的数学家？

在我们的交谈，也在我们的阅读中，我们得到两种十分不同类型的回答. 类型1是内在的，它关联着数学领域内部的研究与实践. 另一种，类型2，则是外在的，它关联着匈牙利一般的历史与社会生活的趋势与条件. 或许本附录的一个贡献就是指出这两类回答都是重要的. 可以想象，两种类型的有利条件：数学活动中的以及大范围社会—政治—经济生活中的，对于产生如20世纪20年代到30年代的匈牙利数学这样辉煌的成就都是必须的. 用 Mihály Csikszentmihályi 和 Rick Robinson 在他们关于创造性问题的研究[5]中的语言来说，或许必须正好具备两方面的条件，“领域”——创造性工作的地盘，“环境”——周围的文化.

Bolyais，父与子

从一定意义上，匈牙利的数学始于鲍耶《János Bolyai，1802—1860》，非欧几何的创始人之一，以及他的父亲 Farkas（1775—1856），也是一位有创造力的重要的数学家. 他们在生前是完全被国内外所忽视的. “一种广泛被接受的观点是，Farkas Bolyai 是匈牙利第一位有创新成果的数学家”（[4]）. 他于1796年到1799年在哥廷根（Göttingen）学习时与同学高斯建立了持久的友谊（[4]）. 他和高斯同时对“平行公设问题”（欧几里得第五公设的独立性）发生了兴趣. Farkas 返回匈牙利，并于1804年成为特兰西瓦尼亚（今属罗马尼亚）地区的毛罗什瓦萨尔海伊改革派学院的数学教授.

1832～1833年，他用拉丁文出版了两卷本教科书 *Tentamen juventutem studiosam in ele-*

① 原题：A Visit to Hungarian Mathematics. 译自：The Mathematical Intelligencer，Vol. 15，No. 2，1993，pp. 13-26.

menta matheseos introducendi,1896 年和 1904 年曾加以重印.

鲍耶继承了他父亲对于平行公设问题的兴趣. 事实上,除了一个例外,Farkas 是唯一能理解和欣赏鲍耶发现的非欧"双曲"几何的人. 当 Farkas 把他儿子的发现寄给高斯时,高斯答复道,"我不能太赞扬这项工作,因为这样做就是在赞扬我自己."高斯领先鲍耶的发现有几十年,他决定暂时不发表自己的工作,致使鲍耶不可能获得他知道应当得到的承认.

在鲍耶于 1860 年去世后不久,外国数学家开始注意到他. 1868 年,贝拉特拉米(Eugenio Beltrami)在意大利发表了他关于伪球面的发现. 他发现这个曲面是 Bolyai-Lobatchevsky 双曲几何的一个模型,因而为这种几何提供了一个相对相容性证明. 克莱因(Felix Klein)于 1871 年,庞加莱于 1882 年相继发表了他们的双曲平面(hyperbolic plane)模型. 1891 年,得克萨斯(Texas)大学的 C. B. Halsted 出版了鲍耶的称作"附录"的关于双曲几何的工作的英译本. 他探访了鲍耶墓,并为争取鲍耶应获得的奖励做了不懈的努力.

从此匈牙利开始认识到它的最优秀的国民之一是一位数学家. 匈牙利科学院设立了鲍耶奖:10 000 金克朗,每 5 年一次奖给前 25 年内对数学进展贡献最大的数学家. 第一届颁奖的评委会由康尼格(Gyula König,1849—1913),拉多什(Gusztáv Rados,1862—1942),达布(Gaston Darboux)及克莱因组成. 首次鲍耶奖于 1905 年授予庞加莱;第二次于 1910 年授予 David Hilbert. 不幸的是,第一次世界大战的后果之一是该项奖金的基金贬值,从此就再没有领过奖.

奥匈协定及解放

匈牙利从 1526 年在土耳其手中丧失其独立以后,几个世纪都处于被占领状态,首先是被奥斯曼帝国,随后是被哈布斯堡帝国. 1848 年的革命废除了封建制度. 1848～1849 年,一场反对奥地利帝国的独立战争爆发了,但未获得成功. 随后是若干年的消极抵抗. 1866 年,奥地利国王 Franz Joseph 耻辱地被普鲁士战败,加之面临着捷克、罗塞尼亚、罗马尼亚、塞尔维亚和克罗地亚民族主义的兴起,这位国王给予了匈牙利人颇大程度的经济与文化的独立. 作为报偿,马扎尔人[①]恢复了他们对他的忠诚. 这一结盟形成了著名的奥匈协定,即"协约"一年后,非匈牙利人的少数民族被赐予公民权,尤其是占匈牙利人口 5%的匈牙利犹太人获得了解放. 他们第一次被允许为国家工作,包括在它的学校中教课. Laura Fermi 写道([7]):"他们由农民和小贩转成为商人、银行家和金融家;他们涌入独立的商业和各种行业. 随之他们进入了所有的文化领域,终于达到了犹太人民的最高目标——从事智力劳动."

奥匈协定持续了 40 个轰轰烈烈的年头. 随着布达佩斯工商业的发展,开始了教育系统的创建,包括若干大学,大学预科学校和一所技术学院,很多预科学校属于各宗教教派——天主教、新教或犹太教;大多数学校招收男孩子,也有些是为女孩子设立的. 所有这些都导致数学教师与教授的出现,而其中不乏卓越而有创造力之辈.

Laura Fermi 的报道为布达佩斯知识界的活动提供了一幅生动的图景([7]),亦见 John Lukács 的近著([69]).

---

① 匈牙利民族的旧称. ——译者注

> 布达佩斯的知识分子大多是不愿意顺从的个人主义者，他们在咖啡馆里彼此抛出意见，在报刊上阐述进步的或离经叛道的理论，在剧院里贬损那些在别国受到喝彩的艺术家或者把不知名的艺术家捧为新星.……很多学生参加了由哲学家 Gyula Pikler 和未来的社会学家 Károly Polányi 于 1908 年建立的进步大学生的 Galilei 俱乐部(波利亚是成员之一).……大多数未来的移民住在布达佩斯或为求学而去到那里.……在布达佩斯，他们必须为了竞争而尽心尽职保持警惕，为了不致被淹没，他们必须充分发展自己的才能.

她继续写道：

> 在文化高潮的兴起中，匈牙利人之所以才华盛开，应归因于世纪交替时期匈牙利获得的特殊的社会与文化环境，那时，一个强大的中产阶级已经出现并维护着自身的利益.应需要兴起的这个阶级，贵族们没有意识到要去加入这一行列，而农民们又不可能去加入，它的大部分是犹太人，而且被犹太人在智力方面雄心所激励而生气勃勃.这个中产阶级的知识分子群集中在首都，它创造了一种独特的微妙风气，并且在不断的刺激下保持着它的成员.20 世纪 20 年代政治上的排犹太主义极猛烈地打击着这部分人，同时进一步迫使知识分子为优胜与生存而奋斗.在这种环境下，才华不可能继续潜伏着，它终于盛开了.

这无疑是属于类型 2(环境)的解释的.

第一次世界大战期间，过度的经济负荷影响了布达佩斯的生活.然后，战争中的失败导致奥匈帝国解体.在匈牙利，曾经建立起苏维埃共和国，但只延续了 4 个月.布尔什维克政权被一支入侵的罗马尼亚军队推翻.后者又被海军上将霍尔蒂(Horthy)的教权主义统治所替代，它最终变成希特勒的同盟者之一.

国际联盟对待匈牙利，不是把它当成如斯洛伐克和克罗地亚那样的被占领国，而是作为像奥地利和德国那样的战败国来对待的.特里阿农(Trianon)条约把匈牙利的三分之二划给了罗马尼亚、捷克斯洛伐克、奥地利及南斯拉夫，匈牙利本来是一个农业国，现在它必须靠出口制成品来维持生活.但是世界市场已萧条，新的竞争者又很多，匈牙利从未恢复到 Franz Joseph 时代的安定繁荣.然而在数学方面，它在战后的地位却变得甚至比战前更具影响.

John Horváth 提出了某种类似于类型 2 的解释.

> 你可以把 1900 年当费耶尔(Fejer)坐下来证明了他的关于傅里叶(Fourier)级数的塞萨里(Cesaro)和定理(这项工作后面会介绍)的那一天，称为匈牙利数学隆重开始的日子.在那以前，仅有很少的人搞数学，但是从那以后，每一年都有人成为知名数学家出现在国际舞台上.就像 1812 年在普鲁士犹太人获得解放后，立即就有如雅可比(Jacobi)那样的人成为哥尼斯堡(Königsberg)大学的教授.在克莱因的《19 世纪数学史》中，他做了一个小的注记说，随着这次解放，新的能源被释放了.还有另一件事也是我不时提及的，它十分奇怪，二次世界大战后在匈牙利有那么多数学专家竟然都是基督教牧师的儿子，如 Szele，Kertész，Papp，还有许多.我猜想其理由多半是相同

的,那些孩子希望(通过此途径)成为基督教牧师,就像老一辈的孩子想成为拉比[①]一样.

注 当Horváth把潜在的牧师与潜在的拉比做类比时,当然并非暗示基督徒与犹太人的社会法律地位是相等或相似的.Peter Lax曾指出,György Hajós(见后)就是从研究工作开始而取得牧师职位的.

另一个属于类型2的解释来自John von Neumann([59]):"这是诸文化因素的一种结合:加在中欧部分的整个社会上的外部压力,个人的极端不安全感,以及要么做出非凡成绩要么就面临灭亡的抉择."

竞赛与刊物

当波利亚被问及如何解释20世纪早期匈牙利出现了那么多杰出的数学家时,他给了两种解释([1]).首先是一般性的:"数学是最便宜的科学.它不像物理和化学,不需要任何昂贵的设备.对于数学,全部的必须品只是一支笔和纸.(匈牙利从未享有过富庶国家的地位)"

然后是三个属于类型1的解释:

1.《中学数学》杂志(*The Mathematical Journal for Secondary School*)(Középiskolai Mathematikai Lapok,1894年由Dániel Arany创立)."这份杂志激发了许多人对数学的兴趣,并为Eötvös竞赛准备了学生."

2. Eötvös竞赛."这个竞赛引起了人们的兴趣,吸引了年轻人去研究数学."(这条解释是相当令人惊异的,因为当波利亚本人还是学生的时候,曾在竞赛中拒绝交出自己的答卷!)

3. Fejér教授."他曾不仅通过正式讲课,而且通过与学生的非正式讨论,成功地吸引了许多年轻人关注数学."

后面我们还将更多地说及Fejér教授,至于Középiskolai Mathematikai Lapok与Eötvös竞赛,只要与任何一位匈牙利数学家交谈或读悉他们,不听到对这两项措施所给予的激励与鼓舞的赞扬,简直是不可能的.

在[1]中,厄多斯被问及:"匈牙利的数学如此繁荣,你认为应归功于什么?"

"这必然有很多因素.有一份面向中学的数学杂志,还有竞赛,这些在Fejér以前就开始了.而一旦它们开始,多少便自动地延续下去了.[领域,类型1.]匈牙利是一个穷国,由于经费原因,自然科学是难以从事的,所以聪明人就去搞数学.[环境,类型2.]但是这种事情可能不止一个理由,很难说得确切."

在与厄多斯的会见中,我们追问起这个话题.

RH[②]:你感觉你的数学研究曾受到这份中学数学刊物*Középiskolai Mathematikai Lapok*的影响吗?

厄多斯:当然是.你从中可以具体地学习如何解决问题.而许多优秀数学家很早

① 犹太教的宗教导师.——译者注

② Reuben Hersh名字的缩写.——译者注

就表现出他们是有才能的.

我们的会见者之一 Agnes Berger，一位从哥伦比亚大学退休的统计学教授，生动地回忆起《Középiskoiai Mathematikal Lapok》："这份刊物每月一期. 解答是以如下方式公布的：每一个给出正确解答的人都列出其名字，而最好的一个或几个答案则被登出来. 所以在这儿，你立刻受到的教育是不仅看重答案，而且应是最好的答案、最美的答案. 它被称作模范答案（minta válasz）. 它是一种极好的娱乐. 那些做得好的、提出许多答案、经常解答问题的人，在年末还要登出他们的照片."

我们就 *Középiskolai Mathematikai Lapok* 询问 Tihor Gallai.

Gallai：世界上没有其他地方有这样的中学期刊，而这件事情比其他任何事情更有效地造就了匈牙利数学的优势.

RH：为什么这会发生在匈牙利，你有什么想法？什么原因使此事在这个国家成为可能？

Gallai：1894 年与 1895 年，Loránd Eötvös (1848—1919) 是教育部部长，在他去世后，有一所大学以他命名. 他深深关注着匈牙利文化科学的发展. 当他任职时，成立了以改进中学教师的训练为目的的 Eötvös 委员会. 所以他是促进我们发展的重要人物.

PH：与多年前相比，你觉得现在的竞赛和学生怎么样？

Gallai：现在的质量要高得多. 60 年前当我第一次参加的时候，解出问题的学生的名字很容易被刊登，因为那时不过 30 名或 40 名，而现在有 600 名，不可能登出所有人的姓名.

Vera Sós：现在，问题更难了，需求量也更大了，有一大群有志于数学的年轻人，他们更具实力和基础.

虽然就学生天赋与才能而言，匈牙利的教学教育从美国的角度看来是令人羡慕的，但并非所有匈牙利的数学教育工作者都满意于他们的状况. Lajos Pósa，他曾是厄多斯发现的最有前途的人物之一，近年来致力于师范与普通学生而不仅是优秀学生的数学教育，他觉得现行体系对这些学生并不公平，教师们虽然被要求用解题方法进行教学，却常常不认为解题是必要的或愉快的，而许多学生并不能如他们能够和希望的那样把握数学.

Eötvös 竞赛创立于 1894 年，与 Középiskolai Mathematikai Lapok 同一年问世. 竞赛是由匈牙利数学与物理学会在 Gyula König 运动中创办的，名为"学生数学竞赛". 这一竞赛是为了向学会的奠基人与主席，著名物理学家 Baron Loránd Eötvös 表示敬意（见前面，Tibor Gallai 曾经提到此事），他那一年正担任教育部部长. 科尼格（König）是一位有权势的人物，他曾统治匈牙利数学界达数十年之久. 他在研究方面最著名的事迹似乎是 Cantor 连续统假设的一个不正确的证明.（他采用了 Felix Bernstein 的一条错误的引理. 除了 Bernstein 引理外，科尼格的讨论还是正确的. 科尼格自己对此证明的贡献作为集合论的一条重要定理被保留下来.）科尼格写了一本集合论的早期著作，但是它的影响由于 Hausdorff 在大约同一时期关于同一主题的著名的书而被抵消了. König 的儿子，Dénes（死于 1944 年），是作为图论之父而知名的（详情见后).

在两次大战之间,竞赛以"Eötvös Loránd 学生数学竞赛"的名义继续举办.现在改成了 József Kürschák (1864—1933)的名字,他是因把绝对值的概念扩充到一般域而特别知名的.他曾是布达佩斯的多科工业大学的教授及匈牙利科学院院士.1929 年,他编辑了《数学竞赛问题集》的匈牙利文初版,并写了前言.1961 年,它被用英文出版,题为《匈牙利问题集》([38]).初版《问题集》是纪念 Eötvös 逝世十周年而出的.1929 年前的优胜者以后成为知名人士的包括:Lipót Fejér (1880—1959), Dénes König, Theodore von Kárman (1881—1963), Alfréd Haar (1885—1933), Ede Teller(后来在美国以 Edward 为人所知),Marcel Riesz (1886—1969), Gábor Szegö (1895—1985), László Rédei (1900—1986),以及 László Kalmár (1900—1976).

英文版[38]包含了 Gábor Szegö 写的一篇前言.他写道:

> 为了一次成功的数学竞赛,某种引发公众兴趣的准备工作是很重要的,在匈牙利,这一目标是由一本《中学数学》杂志达到的.……我清楚地记得当年我贪读这本杂志的情景(1908~1912 年).我热切地等待着这本期刊的到来,而我最关心的是寻找问题栏目,几乎是屏着气息,毫不迟延地开始设法解决问题.干着同一事业的其他人的名字我很快就知道了,我常常怀着极大的羡慕,阅读他们怎样成功地解决了我不能完全把握的某些问题,或者他们怎样找到了比我已寄出的答案更好的解答(更简单、更优美或更机智的).

从 Theodore von Kármán——近代航空学的卓越奠基人那里,我们获得了 20 世纪早期匈牙利中学数学教育的令人难忘的图景,其中也包括 Eötvös 竞赛.在他的自传[65]中,他说及关于他的中学,Minta 或模范预科学校(Model Gymnasium)的情形.

> 它成了所有匈牙利中学的模范,数学是用日常统计学的语言来教授的.我们查找匈牙利小麦的产量,列成表、画出图,学会了什么是"变化率",从而把我们带到了微积分的边缘.我们从来不从书本里死记规则,我们试图自己去发现它们.Minta 是匈牙利第一所这样的学校,它结束了那时普遍存在的教师与学生之间的僵硬关系.学生可以在课堂外与教师交谈,可以讨论与学校不太有关的事情.这在匈牙利也是第一回,教师可以做到诸如在课堂外与一个偶然遇到的学生握握手.
>
> 每一年,中学对数学上的优胜者授予国家奖金,这就是著名的 Eötvös 奖.挑选出来的学生呆在一间封闭的教室里,解答某些困难的、需要创造性甚至大胆思考的数学问题.获奖学生的教师将赢得极大的荣誉,所以竞争十分激烈,教师们为准备他们最好的学生而努力工作.我曾奋力尝试与很有造诣的学生们竞争这项奖励,令我高兴的是我终于取胜.现在我注意到,一半以上移居国外的著名匈牙利科学家,以及几乎全部在美国的知名人士都曾获得这项奖励.我想,这类竞赛对于我们的教育体系是必不可少的,我希望在美国及其他国家都能看到和鼓励这样的竞赛.

在匈牙利于 1945 年从纳粹手中获得解放以后,竞赛的规模大大扩大了.每年秋季的

Kürschák 竞赛吸引了约 500 名竞争者. 前 10 名优胜者被免试保送进入大学.

对于第 7 年级和第 8 年级的学生，有一个特殊的 3 期(3-session)竞赛.（如果他们提出要求，也可以进入更高年级生的竞赛.）对于第一年和第二年的高中学生，有"Dániel Arany"竞赛. 在师资培训学院还有专门的竞赛.

除了所有这些有奖竞赛之外，鲍耶学会还注意到，有些在数学上有才华的青少年未必在测试条件下发挥得好. Középiskolai Matematikai Lapok 的出版就是另一条辨识人才的路径. 除问题栏目外，还包括学生们与年轻的研究者的文章. 厄多斯告诉我们，"我在这些竞赛中发挥得并不十分好"，但就在不几年后，他在数论中的发现获得了国际的公认.

在较低年级水平上，那里有丰富的各种课外活动. 对于初年级学生，有"少年数学友谊小组"，由科学普及协会组织. 对于高中学生，数学会组织了每月一次的"高中数学午后活动"，而对于其中最优秀的(大约 60 人左右)，则有"青年数学小组". 该小组在圣诞节和复活节举行全国会议.

在竞赛层次上水平最高是的"Miklós Schweitzer 纪念数学竞赛". 它是对大学与高中学生两者开放的，由 10 道或 12 道"非常难"的问题组成，可以拿回家做.

"Schweitzer 竞赛在我们数学界是一项重要的活动. 所提出的问题要经过多日讨论. 那些在竞赛中获奖或其结果被发表的人都被认为他们有很广的数学知识与研究能力. 颁奖典礼并不单是授予奖金，它是鲍耶学会的一次正规学术会议. 所有的问题都在这个会上解答."[33]

但 Schweitzer 是谁? 这里有摘自《Commemoration》[26]中的一段话，是 Pál Turán 为纪念在大战与大屠杀(Holocaust)中牺牲的匈牙利数学家，于 1949 年 3 月写给鲍耶数学会的一封信中的一段：

"Miklós Schweitzer 于 1941 年从中学毕业，并于同年在 Loránd Eötvös 数学竞赛中获二等奖. 1945 年 1 月 28 日，在他如此渴望的解放的到来前仅几天，他在带嵌齿的铁道附近身中了一颗德国子弹. 在那一刻，他知道他的最大愿望——成为一名全日制的大学生，是永远不能实现了. 他只活了很短的时日——暴风雨般的、不安定的日子，但他活得很充实."

然后 Turán 继续用三页的篇幅，介绍了 Schweitzer 在古典分析中的发现. 带嵌齿的铁道位于布达佩斯，它运载着乘客前往自由大厦.

匈牙利特色

匈牙利的数学包含许多主流方向与 20 世纪的特点. 但是有三个领域特别具有匈牙利特色：Lipót Fejér 风格的古典分析；黎兹(Fridrich Riesz，1880—1956)风格的线性泛函分析；厄多斯与 Pál Turán 风格的离散数学.

Fejér 与黎兹都生于 1880 年. 他们每人都由很多重要的发现而知名，但更知名的也许是他们优美的风格，利用简单而熟知的工具获得深刻而出乎意料的成果的妙策.

Fejér 出生在佩奇(Pécs)省城. 他的父亲 Samuel Weisz，是一位零售商(在匈牙利语中，"白色"(white)读作"fehér". "Fejér"是一种古老的拼法). 这个家族在佩奇有很深的根基；Fejér 的外曾祖父 Dr. Samuel Nachod，于 1809 年获得医师学位. 在中学，Lipót Fejér 即成为 Középiskolai Matematikai Lapok 问题的忠实解答者. 据报道，László Rácz，一位曾在布达佩斯领导一个问题研究班的中学教师，常常用这句话来做他聚会的开场白："Lipót Weisz 又寄来了一份漂亮的答案."(这位 Rácz 以后又鉴识出 János Neumann (1903—1957)为卓越的数学人才!)1897 年,Fejér 在 Eötvös 竞赛中获得二等奖,然后他进入布达佩斯的多科工业大学. König, Kürschák 和 Eötvös 在那里当过他的教师.

1900 年 12 月,当他还是四年级大学生时,他发表了他最著名的成果. 这就是用 Cesàro 和(部分和的平均)求连续但非光滑函数的傅里叶级数之和. 这一方法使人们能对任意连续的边界数据解圆盘上的 Dirichlet 问题(如果边界数据非逐段光滑,用通常的部分和可能失败). Fejér 的这一结果至今对傅里叶分析的实践仍是重要的. 这是他的博士论文的核心部分. 傅里叶分析与级数求和继续成为他长期的兴趣所在. 在以后 5 年间,Fejér 未能找到一份持久的全日的工作. 其间他所担任的临时工作之一是在一处天文台观测流星.

1905 年,Poincaré 来到布达佩斯接受第一届鲍耶奖. 当他下火车时,他受到了高级部长与秘书们的迎接(可能因为他是 Raymond Poincaré 堂兄弟,后者是一名政治家,以后曾任第三共和国总统与四任总理). 根据流行至今的故事,他环顾四周然后说:"Fejér 在哪里?"部长和秘书们面面相觑说:"Fejér 是谁?"Poincaré 说:"Fejér 是匈牙利最伟大的数学家,也是世界最伟大的数学家之一."一年之内,Fejér 成了特兰瓦尼亚地区的 Kolozsvár 大学教授. 五年之后,主要由于 Loránd Eötvös 的安排,他在布达佩斯的大学中获得了席位.

我们的会见者 Agnes Berger 是 Fejér 的学生之一.

RH:你能描述一下 Fejér 的教学吗?

Berger:Fejér 的授课每次都很短,很精彩. 总是不到一小时. 你花很长时间坐在那里等他来. 当他进来时,常常是一副怒容. 当你首次观察他时,他的样子是很难看的,实际上他有一副带着许多表情与苦相的生动面孔. 他的课在很多细节处思虑周到,并且带有戏剧性的结局,就像一场演出.

RH:你们接着做什么呢?

Berger:插补(课上的内容). Turán 是我实际上的导师. 在那里的教授的行为举止与这里的很不一样. 当我在美国见到一位数学教授总是与研究生坐在一起时,我是十分惊异的. 这与在布达佩斯碰到的完全不同. 你必须对教授说:"我对这或那有兴趣."然后你终归要回头向他说明你在做什么. 没有任何像这里有的那种把握得住的东西. 我知道这里的人每周都与自己的学生见面. 你们听到这种事情吗? 幸好,我还有 Turán,他对我就像导师一样. 我不把 Fejér 认作大学教师. 在全匈牙利只有一个 Fejér. 在塞格德市还有黎兹. 全国就只有这么两个. 那是非常高贵的位置.

Pál Turán 写道:"在匈牙利,是 Fejér 首创了一个有凝聚力的数学学派."[55]. 波利亚说道:"我的同龄群体中的几乎每一个人都是被 Fejér 吸引到数学中来的."除波利亚外,Fejér 的学生还包括 Marcel Riesz, Ottó Szász, Jenö Egerváry, Mihály Fekete (1886—1957), Ferenc Lukács, Gábor Szegö, Simon Sidon,稍后的 Pál Csillag (1896—1944),以及更晚的 Pál Erdős 与 Pál Turán. "Fejér 常同他的学生们坐在一家布达佩斯咖啡馆里解决有兴趣的数学问题,告诉他们他所知道的数学家们的故事. 一整套文化围绕着这个人而发展. 他的授课被认为是一生的经验之谈,但他在课堂外的影响甚至更加显著"[2].

当然,光辉的经历并非没有阴影. "不用说,第一次世界大战是对他的一个打击,其间的

1916年，他大病了一场.反革命时期的影响表现在他的论文表上三年的空缺，他一直未能克服那些时期的影响，这可以从他的暗示中一再体会到."[55]. Turán所指的"那些时期"对于生活在其中的匈牙利人是明显的.他是指"白色恐怖"，镇压了匈牙利苏维埃之后的霍尔蒂统治下的早期.

在两次大战间的某个时间，Fejér曾在他布达佩斯大学的办公室里接受过一位就某项学术问题寻求Fejér帮助的教授的访问.在礼貌性会谈以后，一定是Fejér想起了要做某件他必须做的公务，访问者向Fejér递交了他的名片之后就离开了.可能他忘记了他在这张名片背后已经写上了一句提醒自己的话："去见这个犹太人." Fejér保存了这张名片，并出示给John Horváth看，后者就是告诉我们这件事的人.

据报道，由于某种缘由，Fejér与Béla Kerékjártó (1898—1946)的关系不太融洽，后者是一位拓扑学家，他与黎兹和哈尔(Alfréd Haar)在塞格德市占尽数学风光，直至20世纪30年代末迁到布达佩斯为止.大概是一次与Kerékjártó不太满意的会面以后，Fejér发表了他那令人难忘的尖锐评价："Kerékjártó说的话跟真理只是拓扑等价."

1927年，由于那时的政治气候，Fejér未能获足够的选票进入匈牙利科学院.1930年，在他被选入哥廷根与加尔各答科学院之后，才最终被匈牙利科学院接纳.

这一时期的政治在今天是很难理解的.霍尔蒂承认犹太资本在匈牙利的地位，他甚至与某些上层犹太人士有社会交往.虽然如此，他设立了一个限额制度来限制犹太人进入大学的企求，犹太学生不能超过5%.至于教授的位置，他们实际上是完全被排除的，即使是如厄多斯之辈.

20世纪20年代，布达佩斯有才华、有雄心的年轻犹太人明白了，如果他们要达到他们有能力达到的目标，他们就必须离开.Von Neumann先去了柏林，然后去了普林斯顿；波利亚去了苏黎世，然后去斯坦福；Szegö去了柏林、哥尼斯堡，然后到斯坦福；von Kármán去了哥廷根、亚琛，然后到Cal Tech；黎兹去了隆德；Mihaly Fekete去了耶路撒冷；等，幸亏Teller, Eugene Wigner, Leo Szilárd, Arthur Erdélyi, Cornelius Lánczos，以及Ottó Szasz (1884—1952)，还有Fejér与黎兹，这些较老的人仍然留在匈牙利占有原有的位置.

这些移民中的大多数是在纳粹发起攻击以前的1920年离开的.他们有时间循一条合法的路线迁移，不致损害他们的前程或创造力.

1944年，Fejér被迫作为一名异国分子而退休.十月的一个夜晚，住在Tátra街的他的家人被箭十字党徒①逼着排成一列，行走到多瑙河岸.他们由于一名勇敢的官员的电话而得救，而其他的布达佩斯的犹太人却在河岸旁被枪杀.解放后，人们在Tátra街上一家"环境难以形容的"急诊医院中找到了Fejér.但是随着战争的结束，他依然受到匈牙利国内外的尊敬.

厄多斯报道说，在他的晚年，Fejér不再有他年轻时那样思如泉涌、怡然自得的机智了."有一次他告诉Turán，'我觉得自己在20世纪30年代已经耗尽了一切.'他仍然做了很多很好的事情，但他觉得他已没有任何显著的新思想.当他60岁时，他动了一次前列腺手术，这以后就没有做太多的事.他的身体状况稳定了十五六年，然后就变得衰老了.那时是很悲哀的.他知道自己衰老了，常说像这样的话：'自从我变成一个完全的白痴以来，……'当他不想到这件事时

① 二战中匈牙利的法西斯组织.——译者注

他还是快乐的.他一直能认出我的母亲和我.在医院里他受到很好的护理,直到1959年由于脑溢血而去世."

黎兹

两次大战之间匈牙利数学界的另一主要人物是黎兹.他的弟弟Marcel也是一位著名数学家,但他大部分时间住在匈牙利国外.

黎兹兄弟都出生于Györ城,他们的父亲Ignácz是位医生.1911年,Marcel接受Gosta Mittag-Leffier的邀请在斯德哥尔摩(瑞典)讲授三门课.从此他留在那里并成为瑞典最具影响的数学家之一,从1926年到1952年,又从1962年到1969年在隆德(Lund)大学主持讲座.Lars Garding和Lars Hörmander是他的两个最著名的学生.

Frigyes一生中的大部分时间在塞格德(Szeged)担任教授,那是距布达佩斯约100千米的一座靠近南斯拉夫南部边界城市.主要由于他的原因,这所塞格德的大学成了数学研究的知名中心.对于我这一代战后的学生,他的名气来自他和他著名的学生与同事Béla Szökefalvi-Nagy合著的重要著作《泛函分析》[44].这本书的第一部分是近代实分析,第二部分是线性算子.这两部分都是以确实令人陶醉的优美风格写成的.基本的原则是"以少胜多".用初等的、具体的工具——三角、平面几何、初等微积分,获得既一般又清晰的结论,这是真正的匈牙利风格.

Ray(Edgar R.) Lorch 1934年曾在塞格德与黎兹一起工作.我们感谢他就这本书是如何向世的做了一个说明.

> 对那些与他合作写文章或书的人,黎兹是一个危险人物.在写作过程中,他经常有新思想,而最后的思维产儿才是最受宠的.这常使他的合作者左右为难,老是跟不上趟.一个例子是他的前助教Tibor Radó告诉我的.在学年中,黎兹经常担任测度论与泛函分析课,而由Radó记详细的笔记.当暑假来临时,黎兹会去一个比较凉爽的地方(Györ),而Radó则需流上三个月汗,按黎兹的要求补充上所有的材料,到秋天要写成适合于出版的形式,在开学前的9月底,黎兹总是把他的第一天花在学院里,Radó来到图书馆拜见他的这位前辈,自豪地带着摞得整整齐齐的800页稿纸,怀着十分满意的心情放到黎兹的膝盖土.黎兹瞥了一眼手稿,认出了这摞东西是什么,然后抬起他一双兼含着仁慈与感激的眼睛,与此同时脸上闪过一丝笑意,就好像他玩成了一个恶作剧:"呵,很好.是的,干得很漂亮,确实漂亮.不过让我告诉你,暑期间我有了一个想法.我们将用另一种方法来做.我再讲课时你就会明白的.你会喜欢的."一连很多年都是如此.大约十八年后,可能是年龄增大带来的压力,黎兹才与卓科法勒维一纳吉合作写成了这本书.而如我们所知,"Lecons d'Analyse Fonctionnelle"这本书是几十年间国际上的畅销书.

Frigyes相继在苏黎世多科工业大学和哥廷根大学学习,然后在布达佩斯取得他的博士学位.在哥廷根和布达佩斯,他分别受到希尔伯特与Hermann Minkowski,König与Kürschák的影响.他在巴黎和哥廷根做博士后研究,然后到Löcse(现称Leviče,在斯洛伐克)和布达佩斯教中学.

1911年，他被聘到科洛斯堡大学，它是1872年创建的.这是一个重要的学术中心，在某种程度上比布达佩斯的大学更先进.1920年，依照Trianon条约，特兰西瓦尼亚地区被割让给罗马尼亚，科洛斯堡市重新命名为克卢日(Cluj).在匈牙利的塞格德则建立了一所新的大学.说匈牙利语的科洛斯堡大学的学生与教授应邀去塞格德.黎兹首先于1918年去布达佩斯，然后同哈尔一起于1920年到塞格德，哈尔在科洛斯堡时也是教授.Lipót Fejér则已于1911年从科洛斯堡去了布达佩斯.

在塞格德，黎兹与哈尔创建了鲍耶学会，又于1922年创建了杂志Acta Scientiarum Mathematicarum，它很快就达到了国际水平.黎兹的最伟大的研究成果是紧线性算子理论，人们必然还会提到黎兹表现定理，不用测度论而重建Lebesgue积分，以及作为位势理论基本工具而引入的下调和函数.他引进了函数空间L^p，H^p和C，对其上的线性泛函做了基本的工作.他证明了遍历定理.他证明了单调函数是几乎处处可微的.黎兹-Fischer定理是抽象希尔伯特空间的一个中心结果，又是证明Schrödinger波动力学与Heisenberg矩阵力学之间的等价性的一个本质工具.

下面，我们援引István Vincze[63]的一段文字：

> 黎兹的讲演效果多少有些不可预料.他对于讲演并不总是做充分的准备.碰到这种时候，他就向他的助教László Kalmár求助.但Kalmár并不总是在他身旁.（像黎兹一样，László Kalmár(1900—1976)出生于犹太世家并信仰Calvin教.是一位全能数学家，也作为一名极好的教师被许多人忆及.—R. Hersh注）虽然如此，我们发现黎兹确是一位第一流的科学阐释者.在他的讲演中，每件事情都自然地以历文的眼光加以阐发，这是有很强的教育意义的，当他没有很好准备时、他经常花时间说一些有趣的题外话，有一次，他对为什么科学工作是容易的给了一个绝妙的解释."每个人都是有思想的，要么是正确的思想，要么是错误的思想，"他说："科学工作仅在于把它们加以区别."
>
> Lipót Fejér只比黎兹晚出生两周多(1880年2月9日；而黎兹生于1月22日)，他们常拿这一点彼此揶揄.例和Fejér常申明说，他实际上比黎兹年长，因为黎兹早产了一个月.
>
> 黎兹爱好安静、平稳的生活，他喜欢秩序.他是快活的，甚至有几分贵族气派.他的大部分社交生活是在几个上流的赛艇与击剑俱乐部里度过的，那里也不乏从城市和军队来的头脑空虚的"名人"们.他加入了塞格德最高级的赛艇俱乐部，并且从早春直到晚秋常去那里.在晚上，他可能去击剑俱乐部或是打桥牌.
>
> 他竭力支持László Kalmáx，希望他会成为一位卓越的数学家（他也的确做到了）.但是他期望Kalmár保持独身，把他的全部生命都贡献给科学（就像黎兹本人，还有Marcel Riesz, Alfréd Haar, Lipót Fejér, Dénes König以及厄多斯一样）.不过，Kalmár还是结了婚.这多少让黎兹有些生气，有一段时间他对Kalmár相当神经质和不耐烦，然后他终于平息下来.Kalmár的妻子也是一位有能力的数学家，而黎兹同我们大家一样喜欢她.黎兹能看到，Kalmár的科学目标并未受到婚姻的损害.
>
> 在读数学杂志时，他有时会叹一口气："他终于懂了."（意思是，作者终于懂得了

黎兹与其他人早就发现的东西.)黎兹曾说过,一本好的数学书——当然要证明所有的定理——应当比只是一系列定理与证明有更多的内容.它应当讨论这些定理的意义,从不同的观点加以阐明,说明它们与数学其他部分的联系.

所幸的是,黎兹在大战期间没有受到任何伤害与拘留,由于他的一些教授同事向政府请求,在从1943年开始进行的对犹太人的放逐中他幸免遇难,依照朋友们的劝告,他于1944年初去布达佩斯.当犹太人被放逐的行动在各省日益加剧时,他正在布达佩斯.当年夏天,他返回塞格德,而到10月11日塞格德幸好在几乎没有战斗的情况下落入苏联军队之手(布达佩斯没有这么幸运).苏联军队从塞格德上下两头渡过蒂萨河并且包围了它,因而德国人放弃了塞格德并炸毁了所有桥梁.它们的匈牙利盟友在河的东部被歼灭.

几年以后,黎兹终于实现了他长达10年之久的愿望,获得布达佩斯大学的教授席位.在布达佩斯,黎兹过着安静、舒心的生活.他并不完全满意他的新的社会地位,那与他在两次世界大战间所享受的地位有很大区别.但是这些改变并没有太干扰他.他的新的体育运动是在Gellért温泉或玛格丽特岛上的Palatinus温泉游泳.他喜欢读犯罪小说,偶尔抽抽雪茄.

他没有很多亲传弟子.Edgar R. Lorch,卓科法勒维一纳吉,Tibor Radó以及Alfréd Rényi(1921—1970)都是很著名的,他从不拒绝任何向他求助的人,但这样的事是少有的.虽然如此,他教导了世界上的每一位数学家.即使到今天,所有的数学家仍从他那优美的论证与深邃的思想中得到教益.

除了黎兹,哈尔,卓科法勒维一纳吉和Kalmár外,还有另两位我们已经提到的数学家在塞格德起着重要作用,他们是:Kerékjártó与Radó. Kerékjáxtó是一位拓扑学家.Radó是一位分析学家,他关于曲面面积的研究最为人知,他是一位去美国的早期数学移民.他于1931年成为俄亥俄州立大学教授.1932年,他在American Mathematical Monthly [37]上发表了一篇论匈牙利Eötvös竞赛的文章.

卓科法勒维一纳吉和John Horváth告诉我们一件关于黎兹兄弟的逸事(Horváth是Macel Riesz的一位老朋友与同事.)故事说Marcel有一次向塞格德的杂志Acta投了一篇稿(Frigyes是Acta的奠基人与主编).那的确是一篇好文章,但Frigyes写信给他的兄弟说,"Marcel Riesz,你早已写过更好的东西了."

公平地说,Marcel在塞格德的Acta上发表过论文.在1921~1923年的卷Ⅰ与卷Ⅱ上,他有四篇文章.作为一份新杂志,Acta在那些年里积极地约稿.因为Macel Riesz的这些文章都是有关傅里叶级数的,很可能是他在若干年前写成的,那时他还在匈牙利,也许还在Fejér的影响之下.

这里还有另一个Horváth从黎兹那里听来的故事.当希尔伯特写出他论Dirichlet问题的积分方程解法的文章时,他非常希望弗兰克林(Fredholm)能欣赏它,但弗兰克林从未读过它,当黎兹写出他的许多文章时,他又非常希望希尔伯特欣赏它们,但希尔伯特也从未读过.无巧不成书,当Marcel写他论双曲型Cauchy问题的大文章,以及在他研究这一问题的整个时期,他都试图使他的哥哥能理解他所写的,但Frigys也从未去读它.

(不幸的是,在数学界这类故事太具代表性了)

我总是好奇，为什么卓科法勒维-纳吉的《泛函分析》一书最初是用法文出版的. 对于这个问题，卓科法勒维-纳吉教授给出了一个简单的回答.

Nagy：之所以用法文出版是因为我们是用法文写的，首先，我俩都懂法文；至少可以用来写数学. 黎兹法文写得很好. 我俩都懂德文. 但那时恰在战后，德国的名声被法西斯主义极大地污损了.

RH：是.

Nagy：当然，我们无意反对德国的伟大数学家.

RH：我理解.

Nagy：英文吗？那时冷战已经开始了……

RH：我明白.

Nagy：俄文吗？我们俩谁都不懂俄文.

RH：所以必然用法文. 不过，它很快就翻成英文了.

Nagy：它被翻译成德文、英文、俄文、日文，甚至中文.

RH：黎兹是怎样熬过战争的？他怎样渡过1944，1945那些年份？

Nagy：那是不容易的. 他为人宽容，受到各种人的景仰与尊敬，在战争的最后一年，匈牙利被Hitler占领. 1944年3月19日，德国人进驻塞格德. 从此，同盟国的轰炸开始了. 塞格德从南到北受到英国轰炸机的轰炸. 然后又是犹太人的大批沦丧.

虽然黎兹是犹太血统，他并未被拘捕. 但直到10月红军包围塞格德之前，离开他的公寓对他是不安全的，当然，黎兹有一些很好的朋友，他们并不是犹太人. 我每两、三天去看他一次，他收拾好他的行李，随时准备出走.

RH：他怎么获得食物呢？

Nagy：我告诉过你，他有不少朋友. 其中有一位年轻的女士，是一所医科学校教授的女儿，学校的看门人隔天一次去安排他洗澡.

RH：给他带食物会有危险吗？

Nagy：问题确实存在，但不是物质上的，而是精神上的，知道你的生存要依赖一群疯子，总是很糟糕的.

RH：他在家里还能做数学工作吗？

Nagy：能做，但是是低强度的. 他尽量多听无线电广播，他还能收到许多书籍与期刊. 他能勉强熬下去，但是处在前途未卜的压力之下. 从1944年4月开始到同年10月这一段时期是困难的. 然后红军就到来了，教授们推举他当了大学校长.

围城期间我正在布达佩斯，那里的情况糟得多. 我妻子的父母住在布达佩斯，她害怕与他们失去联系. 幸好我们没有失去任何亲人. 但有好几个月，我们必须在远非愉快的条件下同许多其他的人躲在一间地下室里.

RH：围城持续了多久？

Nagy：从1944年12月中直到2月12日. 在那以后也还发生过战斗.

RH：人们怎样才能免于饿死呢？

Nagy：那是每个人必须自己设法解决的问题. 我在事先就想到了，所以贮存了一些土豆和猪油. 即使在围城期间. 如果你在半夜前起床，在清晨日出赶到某个地方，站在那里一直等到他们开门,或许你有机会得到一千克或两千克面包.直到围城的几乎最后一天这都是可能的,之后就没有任何东西了.商店既不开门也不关门:它们的入口已经给炸掉了.很多人处于饥饿之中.那是战争呀!战斗中有倒毙的马,没有医生检查过它们.虽然如此,在早上仍有很多人试图去割下几千克马肉.那真是困难的日子,3月中我只身返回塞格德,乘一段火车,一段卡车,一段马车,有一段只好步行,我发现塞格德已被苏联红军接管,街上挂着和平的旗帜,商店也开门了.我在塞格德找到了黎兹.他不憎恨别人.他虽然也有某些尖锐批评的词语,但从来不是很激烈的.

RH:你是否认为,他后来决定去布达佩斯,部分原因是他对塞格德的某些人有坏的印象?

Nagy:不.我认为那是因为他终身未娶,而他渐渐又老了.在布达佩斯有黎兹的另一位兄弟,他是一位律师,已婚.黎兹与他住在一起.黎兹还有学生在布达佩斯,Horváth是其中的一名.还有János Aczél,你知道他吗?他现在加拿大的滑铁卢大学.还有Ákos Császár,他现在是鲍耶数学会主席暨布达佩斯ICME委员会主席.

黎兹于1956年初在一所医院病逝,可能是由于血管的毛病,这困扰了他一段时间.

奇怪的是,这位匈牙利最伟大的数学家竟然等待了那么多年才应邀到他的国家的最高学府任职.在Horthy统治下,更不用说在Hitler统治下,在Péter Pázmány大学(1952年前称为布达佩斯Loránd Eötvös大学)的一个系里不能接受多于一个的犹太人.Fejér从1911年起就在那里了.战后,这类规定已不再适用.

厄多斯与图兰(Turán)

在20世纪30年代,除Fejér和黎兹倡导下的匈牙利数学研究的两个主要潮流外又有第三个参加进来,这就是"离散"数学,包括组合论、图论、组合集论、数论以及泛代数.

这项研究始于Dénes König-Gyula Kömig的儿子.厄多斯与图兰参加了他的讨论班.König写了关于图论的第一本书:《有限与无穷图的理论》(*Theory of Finite and Infinite Graphs*)于1936年出版,直到1958年仍是这一主题的仅有的专著.近年重印了它的德文版并翻译成英文.Mathematical Reviews评论道:"它堪称为图论的经典……是这一主题许多分支的可靠的入门书,又是一种有价值的史料."

在20世纪20年代末与30年代初,一小群朋友非正式地私下聚在一起搞数学,即便在他们离开大学以后也如此.他们的兴趣在组合学、图论及其他种类的离散数学.

他们常在布达佩斯的Liget公园聚会,地点靠近一座"Béla王的无名历史学家"的塑像,因此他们称自己为"无名小组"这个小组没有任何人有职业;在20世纪30年代初他们找不到工作.像其他失业的布达佩斯数学家一样,他们靠为预科学校学生做家教挣得一块面包.顺便提及一下不是无名小组成员而做过家教的三个人:一位是Rózsa Péter,他做过Peter Lax的家教,另两位是Mihály Fekete和Gábor Szegö,他们做过János Neumann的家教,János后来在美国以John von Neumann为人熟知.

无名小组的领头人是厄多斯,凭着他的独创性、多产和对数学的整体贡献,他是当之无愧的.厄多斯由于对Chebychev定理的优美的新证明而赢得他的最初的名声,这个定理是说:

"在任一个数与它的两倍之间至少存在一个素数."他与 Atle Selberg 分享发现素数定理的第一个初等证明的荣誉.他开创了现今称为"极值组合学"或"极图理论"的数学领域:"给定 n 个元上有限集系统的某个函数,这个函数可以取到的最大值是什么?"通常能找到的回答,即使有的话,也只是当 n 很大时的渐近解.厄多斯于 1934 年离开匈牙利去英国.他认为到那一年匈牙利显然已很不安全了.

这个小组的其他成员有 Márta Wachsberger, Géza Grunwald (1910—1943), Anna Grünwald, András Vázsonyi, Annie Beke, Dénes Lázár, Esther(Eppie) Klein, Tibor Gallai, György Szekeres, László Alpár 以及 Pál Turán. Esther Klein 的功劳是把一个关于有限集的问题带到这个小组(并解答了它),(他们事后得知)这是英国的 Frank Ramsey 早先考虑过的一种类型的问题."Ramsey 理论"后来成了厄多斯,图兰, Szekeres 及其他人的工作中反复出现的课题之一. Szekeres 与 Klein 结了婚,并经由上海逃亡到澳大利亚.在那里,他们帮助启动了匈牙利类型的问题竞赛. Gallai 成了著名的研究学者和教师.同厄多斯一样,他也在我们会见的人之列. Alpár 成为一个共产主义者,他在法国被捕直到二次世界大战结束.然后他返回匈牙利,又一次被斯大林主义的匈牙利政权拘捕.第二次出狱后,他首次以全部时间从事数学.二次大战期间,图兰在一所法西斯劳动营服役.在那之前和之后,他有过才气焕发的研究经历.在他于 1976 年去世时,他已是国际数学界的一位重要人物.

由于有像厄多斯这样的领头人的提倡,也由于与计算机科学相互激励的关系,离散数学成为当代数学的一个颇受注意的部分.研究离散数学是匈牙利当今数学研究的最大的特色.在这一领域,匈牙利是最优秀的,它输出的组合学家在美国一流的数学系工作.

结　语

在匈牙利数学的上述"样本"陈列中,我们肯定忽略了某些重要人物. Jenö Hunyadi (1838—1889)与 Manó Beke(1862—1946)是我们应当记住的先驱. György Hajós (1912—1970)由于证明关于单位立方体的格点填充的 Minkowski 猜想而赢得了名声.

Lajos Schlesinger (1846—1933)是德国莱比锡大学的教授,也是第一位在德国大学中获得席位的匈牙利数学家.他写了两本关于常微分方程的重要著作[70,71].今天从事等单值形变(isomonodromy deformation)的数学家们仍然采用"Schlesinger 变换". Peter Lax 写道,"Schlesinger 的某些结果最近由于对 Painlevé 方程与完全可积性的联系重新感兴趣而受注意.他的书具有 Lazarus Fuchs 的风格,看来他必定是后者的学生,我们也知道他还是后者的女婿."

(匈牙利 20 世纪前的数学的详细历史可见 B. Szénássy 的书[12])

我们不打算评述二战后的匈牙利数学家,但有某些人仍是必须提及的. László Fejes-Tóth (生于 1915 年)在研究二维和三维的填充、覆盖与嵌装方面是著名的,他在这些课题上已创建了一个小小的学派.

Rózsa Péter(1905—1977)作为 Peter Lax 的家庭教师前面已提到过.她是一位很特殊的人物,Morris 与 Harkleroad [32]称她为"创建递归函数理论之母".是她最先提出(在 1932 年苏黎世国际数学家大会上)应当为了其自身的目的而研究递归函数.她就此发表了重要的文章,还出版了有关这一主题的第一本书[35].她的小书《玩味无穷》(《Playing with infinity》)

[36]是为普通读者而写的一本极好地介绍近代数学的书.她还是一位诗人,是 László Kalmár 的亲密朋友,后者我们已在前面作为黎兹的助教说到过.她的小诗可见[32].

László Rádei(1900—1980)是一位有影响的代数学家,他专攻代数数论与皮尔(Pell)方程.他爱好的问题的类型之一是寻找其所有真子构造具有某些特殊性质的代数构造(群、半群、环).Rédei 于 1922 年在布达佩斯获博士学位,然后在匈牙利的米什科尔茨,迈泽图尔和布达佩斯的中学教书直到 1940 年.当他还是一名预科学校教师时,已经为匈牙利的数学研究团体吸收为成员.1940 年,他成为塞格德大学的学科负责人,首先是几何学科的,其后是代数与数论学科的.1967 年到 1971 年.他领导了匈牙利科学院数学研究所的代数研究室.他发表了近 150 篇研究论文和 5 本书,其中包括《有限域上的缺项多项式》(*Lacunary Polynomials over Finite Fields*)和《有限生成的交换半群理论》(*The Theory of Finitely Generated Commutative semigroups*).

"László Rédei 全部经历的主要特点是勤奋而大胆的工作;在这方面他为每位数学家做出了范例.这也许可以解释.为什么过了 75 岁他还能继续坚持工作.有些时候,他冒着完全失败的风险,苦攻那些似乎无望的问题.他的努力常常是在好多年后才获得成果.在有些问题上他持续干了差不多十年.他常以一种高度独创性的方式来考虑问题,而与所有其他数学家的期望相悖…….他总觉得他的学生是他的合作伙伴,他从不拒绝向他们学习."[68]

最后,我们很高兴来介绍一位值得纪念的伟人,他的名字在美国数学家中间不是很熟知的,他就是 Alfréd Rényi.

Alfred Rényi

Rényi 生于布达佩斯,是一位"有广博知识的"工程师的儿子,他的外祖父 Bernát Alexander 是布达佩斯的一位"最有影响的"哲学与美学教授,他的舅舅 Franz Alexander 是著名的精神分析学家.他上了一所人文(而非理科)预科学校,并且毕生保持着对古希腊的兴趣.1944 年,他被残忍地投进法西斯劳动营,但当他的同伴被转运到西部时他却设法逃脱了.有半年时间他用假身份证隐藏起来[39].那时 Rényi 的父母被抓到布达佩斯的犹太人区.Rényi"搞到一套士兵的制服,走进犹太人区,把他的父母救了出来…….只有熟悉当时环境的人才能懂得,为了完成这一行动,需要多高的谋略与胆识."[60]

解放后,他在塞格德师从黎兹获得博士学位.他在莫斯科和列宁格勒做博士后,同 Yu. V. Linnik 一起在 Goldbach 猜想方面工作.他在那里发现了一个方法,按图兰的说法,那是"当今解析数论的最强的方法之一."

从 1950 年起,他担任匈牙利科学院数学研究所所长.1952 年他在布达佩斯的 Loránd Eötvös 大学创立了概率论讲座席位.在他的领导下,数学研究所成为一个国际研究中心,也是匈牙利数学活动的心脏,他在纯粹与应用数学方面都具有罕见的得心应手的能力.他是概率论的第一流的研究者,又是我们时代重要的数论学家之一,同时对组合分析、图论、积分几何及傅里叶分析都作出了贡献.他发表的著作超过 350 篇,其中包括好几部书."一次,当一位天才的青年数学家告诉他,自己的工作能力强烈地依赖于外部环境时,伦伊(Renyi)回答说:'如果我不快活,我就搞数学使自己变得快活;如果我快活,我就搞数学以保持快活.'"[57]

他有三部书使每个人都会感到亲切的,当然,包括无论什么领域和什么水平的一切数学家在内.《关于数学的对话》(*Dialogues on Mathematics*) [39]是一部出色的哲学与文学著作.它包含三篇对话,即与 Socrates, Archimedes 以及 Galileo 的对话.它们以深刻而独创的见解讨论数学哲学中的基本问题,而其轻松的笔调与激动人心的见解使任何人都愿意读它们,"看在宙斯的分上务请告诉我,"Rényi 的 Socrates 问道,"一个人对于并不存在的事物比对确实存在的事物知道得更多,这不是不可思议吗?"Socrates 不仅问了这个聪明的问题,他还回答了它.

《关于概率的信件》(*Letters on Probability*)[40]包含 Blaise Pascal 致 Pierre Fermat 的四封热情洋溢的私人信件,传达了 Pascal 对于概率论的起源与基础的充满热情的观点和思想.这些信是以帕斯卡(Pascal)与费马时代的文学风格用复杂的语句写成的,显示了对他们的生活与工作多么熟悉.虽然如此,正如 Rényi 在一封"致读者的信"里说明的,这些信实际的作者是 Rényi 而非帕斯卡.这样的佳作在当代数学家的著作中无疑是唯一的.其中的第四封信对于对概率基础感兴趣的读者特别有益.对概率持频率主义解释的帕斯卡(也就是 Renyi)在信中像写小说似的讲述了在 d'Aiguillon 夫人的沙龙里与他的浮夸的朋友"Damien Miton"的一场争论,后者是一位主观主义观点的支持者.

同前面两本书一样,《关于信息论的日记》(*Diary on Information Theory*)[41]也是"藏在假面具下"写的.日记是某位"Bonifac Donat"记的,包含 Bonifac 对"Rényi 教授"五次讲课的"笔记",加上 Bonifac 自己为一次讲演准备的一些材料.最后一篇日记的开头写道:"教授看起来不怎么好,但愿没有什么严重的问题."事实上,Rényi 教授的身体的确相当不好,以致无力结束其最后一章,靠了他过去的一位学生 Gyula Katona 才得以完稿.Rényi 于 1970 年 2 月 1 日去世,年仅 49 岁.

考虑到他们所受的苦难,再看看匈牙利数学家们无论是贫困还是失业,无论在劳动营或是在被围城时,仍然能够坚持干下去并进行创造,这实在是令人吃惊的,我们援引图兰一段难忘的文字作为本节的结语:

> 这个故事听起来难以相信,但确是真实的.这要回到 1940 年,当时我收到一封我的朋友 George Szekeres 寄自上海的信.他叙述了为证明著名的 Burnside 猜想(后来被否认了)的一次不成功的尝试.他的尝试的失败本来可以由 Ramsey 定理的一种特殊情形得出,但 Ramsey 的文章,除了其存在性而外,其内容在当时的匈牙利是一无所知的.
>
> 那时我的大部分收入来自做私人家教,我必须在我的学生家里给他们上课.当我奔走于两名学生的家之间时,我默想着这封信的内容.我的思路把我引向了有限型,从而引向了如下的极值问题.在有 n 个顶点且不包含带 k 个顶点的完全子图的图中,它的最大棱数是多少?虽然我觉得这个问题肯定是有趣的,我还是把它搁置起来了,因为我当时的主要兴趣是解析数论中的问题.
>
> 1940 年 9 月,我首次被召到劳动营服役.我们被抓到特兰西瓦尼亚为建设铁路干活.我们的主要工作是搬运铁路枕木.这并不是很困难的活儿,但任何一位旁观者都可以看出我们多数人是很笨拙的.我也不例外.有一次,我们中一位干活较熟练的同志竟这样明白地说出这个事实,甚至公然提到我的名字.一名官员正站在近旁监督我们工作.当他听到我的名字时,他问这名同志,我是不是一位数学家.原来这名官员叫 Joseph Winkler,是一名工程师,年轻时参加过数学竞赛;当官之前是一家出版社

的校对，那里负责出版第三类学院(数学与自然科学)的定期刊物，他在那里看过我写的某些手稿.

他能帮我做的一切就是把我派到一个木料场，那里按大小分类堆放着修铁路用的圆木. 我的任务是向进来取木料的人指示何处可以找到所需大小的圆木. 这项活儿当然是不坏的，我成天在户外行走，那里有美丽的风景和未被污染的空气. 我在8月份考虑过的问题又回到我的脑海中来了，不过我不可能用纸笔来检验我的思路. 但是我想清了极值问题的严格提法，并且立刻感觉到，这在我所处的环境下是非常合适思考的问题.

我简直无法形容我在此后几天中的感受. 对付一个异乎寻常的问题所得的快乐，问题的优美，解答的层层推进以致最后完全获得解决，这一切实在令人心醉神迷. 在这种心醉神迷之外，就只剩下智力的奔放与某种程度精神压力的解除了.

这段美好的回忆发表在*Journal of Graph Theory*创刊号[58]上图兰的"随记"("Note of Welcome")中. 当他写这篇文章时，他正与他最后的病魔作斗争. 他于1976年12月26日病逝，而该杂志的创刊号发行于1977年.

致谢.(略)

参考文献

[1] ALBERS D J, ALEXANDERSON G L. Mathematical People[M]. Boston: Boston Bikhauser, 1985.

[2] ALEXANDERSON G L. (Obituary of George Pólya) Bull Soc[C]. Math, 1987(19): 559-608.

[3] ALPÁR L, EGY EMBER. Aki a számok világában él[M]. Magyar: Magyar Tudomány Beszélgetés Erdős Pál akadémikussal, 1988.

[4] BOLYAI J. The theory of space, Introduction by F. Kárteszi[M]. Budapest: Budapest Akadémiai Kiadó, 1987.

[5] STERNBERG R J, DAVIDSON J E. eds[S]. Cambridge University Press, 1986.

[6] ERDÖS P, THE ART of COUNTING. Selected writings[M]. Cambridge: Cambridge MIT Press, 1973.

[7] FERMI L. Illustrious Immigrants[M]. Chicago: The University of Chicago Press, 1968.

[8] GARDING L. Marcel Riesz in Memoriam[J]. Acta: Mathematica, 1970(124). See also: RIESZ M. Collected Papers[M]. New York: Springer-Verlag, 1988.

[9] GLUCK M. George Lukács and his generation 1900～1918[M]. Harvard University Press, Cambridge: Harvard University Pres, 1985.

[10] GRAHAM R L, SPENCER J H. Spencer, Ramsey theory[J]. Scientific American: 1990(7): 112-117.

[11] GRATTAN-GUINNESS I. Biography of F Riesz, Dictionary of Scientific Biography [M]. New York: Charles Scribner's Sons, 1975.

[12] SZÉNÁSSY B. History of Mathematics in Hungary until the 20th Century[M]. New York: Springer-Verlag, 1992.

[13] HALMOS P. Riesz Frigyes munkássága[J]. Matematikai Lapok, 1981(29): 13-20.

[14] HANDLER A. The Holocaust in Hungary[M]. University, Ala: University of Alabama Press, 1982.

[15] HEIMS S J. John von Neumann and Norbert Wiener[M]. Cambridge: Cambridge MIT Press, 1980.

[16] HOFFMAN P. The Man Who Loves Only Numbers[J]. Atlantic Monthly, 1987(11).

[17] HORVÁTH J. Riesz Marcel matematikai munkássága[J]. Matematikai Lapok, 1975 (26): 11-37.

[18] INGHAM A E. Review of P. Erdös, On a new method in elementary number theory which leads to an elementary proof of the prime number theorem[J]. Mathematical Re-

views, 595-596.

[19] JÉNOS A C. The Politics of Backwardness in Hungary[M]. Princeton: Princeton University Press, 1982.

[20] KAC M. Enigmas of Chance[M]. New York: Harper and Row, 1985.

[21] KAHANE J P. Fejér életmüvenek jelentösége[J]. Matematikai Lapok, 1981(29):21-31.

[22] KAHANE J P. La Grande Figure de Georges Pólya[J]. Proceedings of the Sixth International Congress on Mathematical Education. János Bolyai Mathematical Society, Budapest, 1986.

[23] (1) KALMIÁR L. Mathematics teaching experiments in Hungary[M]. Amserdam: North-Holland Publishing Company, 1967.
(2) KALMIÁR L. Problems in the Philosophy of Mathematicas ed by I Lakatos[M]. Amsterdam: North-Holland Publishing Company, 1967.

[24] KLEIN S. The Effects of Modern Mathematics[M]. Budapest: Akadémiai Kiadó, 1987.

[25] TURÁN P. Collected Papers[M]. Budapest: Akadémiai Kiadó, 1990.

[26] TURÁN P. Megemlékezés[J]. Matematikai Lapok, 1949(1):3-15.

[27] MÁRTON L. Biography of L. Eövös, Dictionary of Scientific Biography[M]. New York: Charles Scribner's Sons, 1975.

[28] MÁRTON S. Matematika-történeti ABC[M]. Budapest: Budapest Tankönyvkiadó, 1987.

[29] MCCAGG W O. Jewish Nobles and Geniuses in Modern Hungary[J]. Boulder East European Quarterly, 1972.

[30] MIKOLÁS M. Biography of L. Fejér, Dictionary of Scientific Biography[M]. New York: Charles Scribner's Sons, 1975.

[31] MIKOLÁS M. Some historical aspects of the development of Mathematical analysis in Hungary[J]. Historia Math, 1975(2):304-308.

[32] MORRIS E, HARKLEROAD L, RÓZSA PÉTER: Recursive Function Theory's Founding Mother[J]. The Mathematical Intelligencer, 1990, 12(1):59-11.

[33] PALÁSTI I. A fiatal kutatók helyzete a Matematikai Kutató Intézetben[J]. Magyar Tudomány, 1973(5):299-312.

[34] PAMLÉNYI E. A History of Hungary[M]. Budapest: Corvina Press, 1973.

[35] PÉTER R. Rekursive Funktionen[M]. Budapest: Akadémiai Kiadó, 1951.

[36] PÉTER R. Playing With Infinity[M]. New York: Dover, 1976.

[37] RADÓ T. On mathematical life in Hungary, Amer. Math[J]. Monthly, 1932(87):85-90.

[38] RAPAPORT T. Hungarian Problem Book I and II[M]. New York: Random House, 1963.

[39] RÉNYI A. Dialogues on Mathematics Holden Day[J]. San Francisco, 1967.

[40] RÉNYI A. Letters on Probability[M]. Detroit: Wayne State University Press,1972.
[41] RÉNYI A. A Diary on Information Theory[M]. Budapest: Akadémiai Kiadó, 1984.
[42] REID C. Hilbert[M]. New York: Springer-Verlag,1970.
[43] REID C. Courant in Göttingen and New York[M]. New York: Springer-Verlag,1976.
[44] RIESZ F, SZÖKEFALVI-NAGY B. Functional Analysis[M]. New York: Ungar, 1955.
[45] RIESZ F. Oeuvres complètes[J]. Académie des Sciences de Hongrie,1960.
[46] RIESZ F. Obituary[J]. Acta Scientiarum Mathematicarum Szeged,1956,7.
[47] ROSENBLOOM P C. Studying under Pólya and Szegö at Stanford[J]. The Mathematical Intelligencer, 1983.
[48] SZEGÖ G. Collected Papers[M]. Boston: Birkhäuser,1981.
[49] SZÉNÁSSY B. A magyarországi matematika története[M]. Budapest: Akadémiai Kiadó,1970.
[50] SZÖKEFALVI-NAGY B. Riesz Frigyes tudományos munkásságának ismertetése[J]. Matematikai Lapok, 1953(5):170-182.
[51] SZÖKEFALVI-NAGY B. Riesz Frigyes élete és személyisége[J]. Matematikai Lopok, 1981(29):1-5.
[52] TAKÁCS L. Chance or Determinism? The Craft Probabilistic Modelling[M]. New York: Springer-Verlag,137-149.
[53] TANDORI K. Fejér Lipót élete és munkássága[J]. Matematikai Lapok, 1981(29):7-11.
[54] TETTAMANTI E. The Teaching of Mathematics in Hungary[J]. National Institute of Education, Budapest ,1988.
[55] TURÁN P. "Leopold Fejér's Mathematical Work," lecture to the Hungarian Academy of Sciences[J]. February, 1950(27).
[56] TURÁN P. The Fiftieth Anniversary of Pál Erdös[J]. Matematikai Lapok,1963(14): 1-28.
[57] TURÁN P. The Work of Alfréd Rényi[J]. Matematikai Lapok,1970(21):199-210.
[58] TURÁN P. A note of welcome[J]. Graph Theory, 1977(1):7-9.
[59] ULAM S M. Adventures of a Mathematician[J]. Charles Scribner's Sons, New York, 1983.
[60] ULAM F. Non-mathematical personal reminiscences about Johnny, Proc. Symp[J]. Pure Math, 1990(50):9-13.
[61] UNGAR P. Personal communication[J]. October, 1989(10).
[62] VINCZE I. Az MTA Matematikai Kutató Intézetének huszónot eve[J]. Magyar Tudomány, 1976(2).
[63] VINCZE I. Vallomások Szegedröl[J]. Somogyi Könyvtari mühély, 1983:2-3.
[64] VINCZE I. Emlékezes Riesz Frigyes Professzor Úrra. Unpublished manuscript.
[65] VON KÁRMÁN T, EDSON L. The Wind and Beyond[J]. Little, Brown, 1967.

[66] VONNEUMANN N A. John von Neumann as seen by his brother[J]. Meadowbrook, Pa, 1987.

[67] WIESCHENBERG A A. The Birth of the Eötvös Competition[J]. The College Mathematics Journal, 1990(21,4):286-293.

[68] MÁRKI L, STEINFELD O, SZÉP J. Short review of the work of László Rédei, Studia Sci[J]. Math Hungar, 1981(16):3-14.

[69] LUKÁCS J. Budapest 1900[M]. New York: Weindenfeld and Nicolson, 1988.

[70] SCHLESINGER L. Handbuch der Theorie der linearen Differentialgleichungen[M]. Vols. 1, 2:1, 2:2. Leipzig: Teubner, 1895.

[71] SCHLESINGER L. Einführung in die Theorie der Differentialgleichungen mit einer unabhängigen Variabeln, 2nd ed[J]. Göschen Leipzig, 1904.

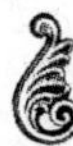

哈尔滨工业大学出版社刘培杰数学工作室已出版(即将出版)图书目录

书　名	出版时间	定　价	编号
新编中学数学解题方法全书(高中版)上卷	2007－09	38.00	7
新编中学数学解题方法全书(高中版)中卷	2007－09	48.00	8
新编中学数学解题方法全书(高中版)下卷(一)	2007－09	42.00	17
新编中学数学解题方法全书(高中版)下卷(二)	2007－09	38.00	18
新编中学数学解题方法全书(高中版)下卷(三)	2010－06	58.00	73
新编中学数学解题方法全书(初中版)上卷	2008－01	28.00	29
新编中学数学解题方法全书(初中版)中卷	2010－07	38.00	75
新编中学数学解题方法全书(高考复习卷)	2010－01	48.00	67
新编中学数学解题方法全书(高考真题卷)	2010－01	38.00	62
新编中学数学解题方法全书(高考精华卷)	2011－03	68.00	118
新编平面解析几何解题方法全书(专题讲座卷)	2010－01	18.00	61
新编中学数学解题方法全书(自主招生卷)	2013－08	88.00	261
数学眼光透视	2008－01	38.00	24
数学思想领悟	2008－01	38.00	25
数学应用展观	2008－01	38.00	26
数学建模导引	2008－01	28.00	23
数学方法溯源	2008－01	38.00	27
数学史话览胜	2008－01	28.00	28
数学思维技术	2013－09	38.00	260
从毕达哥拉斯到怀尔斯	2007－10	48.00	9
从迪利克雷到维斯卡尔迪	2008－01	48.00	21
从哥德巴赫到陈景润	2008－05	98.00	35
从庞加莱到佩雷尔曼	2011－08	138.00	136
数学奥林匹克与数学文化(第一辑)	2006－05	48.00	4
数学奥林匹克与数学文化(第二辑)(竞赛卷)	2008－01	48.00	19
数学奥林匹克与数学文化(第二辑)(文化卷)	2008－07	58.00	36′
数学奥林匹克与数学文化(第三辑)(竞赛卷)	2010－01	48.00	59
数学奥林匹克与数学文化(第四辑)(竞赛卷)	2011－08	58.00	87
数学奥林匹克与数学文化(第五辑)	2015－06	98.00	370

哈尔滨工业大学出版社刘培杰数学工作室已出版(即将出版)图书目录

书　　名	出版时间	定　价	编号
世界著名平面几何经典著作钩沉——几何作图专题卷(上)	2009－06	48.00	49
世界著名平面几何经典著作钩沉——几何作图专题卷(下)	2011－01	88.00	80
世界著名平面几何经典著作钩沉(民国平面几何老课本)	2011－03	38.00	113
世界著名平面几何经典著作钩沉(建国初期平面三角老课本)	2015－08	38.00	507
世界著名解析几何经典著作钩沉——平面解析几何卷	2014－01	38.00	264
世界著名数论经典著作钩沉(算术卷)	2012－01	28.00	125
世界著名数学经典著作钩沉——立体几何卷	2011－02	28.00	88
世界著名三角学经典著作钩沉(平面三角卷Ⅰ)	2010－06	28.00	69
世界著名三角学经典著作钩沉(平面三角卷Ⅱ)	2011－01	38.00	78
世界著名初等数论经典著作钩沉(理论和实用算术卷)	2011－07	38.00	126

书　　名	出版时间	定　价	编号
发展空间想象力	2010－01	38.00	57
走向国际数学奥林匹克的平面几何试题诠释(上、下)(第1版)	2007－01	68.00	11,12
走向国际数学奥林匹克的平面几何试题诠释(上、下)(第2版)	2010－02	98.00	63,64
平面几何证明方法全书	2007－08	35.00	1
平面几何证明方法全书习题解答(第1版)	2005－10	18.00	2
平面几何证明方法全书习题解答(第2版)	2006－12	18.00	10
平面几何天天练上卷・基础篇(直线型)	2013－01	58.00	208
平面几何天天练中卷・基础篇(涉及圆)	2013－01	28.00	234
平面几何天天练下卷・提高篇	2013－01	58.00	237
平面几何专题研究	2013－07	98.00	258
最新世界各国数学奥林匹克中的平面几何试题	2007－09	38.00	14
数学竞赛平面几何典型题及新颖解	2010－07	48.00	74
初等数学复习及研究(平面几何)	2008－09	58.00	38
初等数学复习及研究(立体几何)	2010－06	38.00	71
初等数学复习及研究(平面几何)习题解答	2009－01	48.00	42
几何学教程(平面几何卷)	2011－03	68.00	90
几何学教程(立体几何卷)	2011－07	68.00	130
几何变换与几何证题	2010－06	88.00	70
计算方法与几何证题	2011－06	28.00	129
立体几何技巧与方法	2014－04	88.00	293
几何瑰宝——平面几何500名题暨1000条定理(上、下)	2010－07	138.00	76,77
三角形的解法与应用	2012－07	18.00	183
近代的三角形几何学	2012－07	48.00	184
一般折线几何学	2015－08	48.00	203
三角形的五心	2009－06	28.00	51
三角形的六心及其应用	2015－10	68.00	542
三角形趣谈	2012－08	28.00	212
解三角形	2014－01	28.00	265
三角学专门教程	2014－09	28.00	387

哈尔滨工业大学出版社刘培杰数学工作室已出版(即将出版)图书目录

书　名	出版时间	定　价	编号
距离几何分析导引	2015－02	68.00	446
圆锥曲线习题集(上册)	2013－06	68.00	255
圆锥曲线习题集(中册)	2015－01	78.00	434
圆锥曲线习题集(下册)	即将出版		
近代欧氏几何学	2012－03	48.00	162
罗巴切夫斯基几何学及几何基础概要	2012－07	28.00	188
罗巴切夫斯基几何学初步	2015－06	28.00	474
用三角、解析几何、复数、向量计算解数学竞赛几何题	2015－03	48.00	455
美国中学几何教程	2015－04	88.00	458
三线坐标与三角形特征点	2015－04	98.00	460
平面解析几何方法与研究(第 1 卷)	2015－05	18.00	471
平面解析几何方法与研究(第 2 卷)	2015－06	18.00	472
平面解析几何方法与研究(第 3 卷)	2015－07	18.00	473
解析几何研究	2015－01	38.00	425
解析几何学教程.上	2016－01	38.00	574
解析几何学教程.下	2016－01	38.00	575
几何学基础	2016－01	58.00	581
初等几何研究	2015－02	58.00	444
俄罗斯平面几何问题集	2009－08	88.00	55
俄罗斯立体几何问题集	2014－03	58.00	283
俄罗斯几何大师——沙雷金论数学及其他	2014－01	48.00	271
来自俄罗斯的 5000 道几何习题及解答	2011－03	58.00	89
俄罗斯初等数学问题集	2012－05	38.00	177
俄罗斯函数问题集	2011－03	38.00	103
俄罗斯组合分析问题集	2011－01	48.00	79
俄罗斯初等数学万题选——三角卷	2012－11	38.00	222
俄罗斯初等数学万题选——代数卷	2013－08	68.00	225
俄罗斯初等数学万题选——几何卷	2014－01	68.00	226
463 个俄罗斯几何老问题	2012－01	28.00	152
超越吉米多维奇.数列的极限	2009－11	48.00	58
超越普里瓦洛夫.留数卷	2015－01	28.00	437
超越普里瓦洛夫.无穷乘积与它对解析函数的应用卷	2015－05	28.00	477
超越普里瓦洛夫.积分卷	2015－06	18.00	481
超越普里瓦洛夫.基础知识卷	2015－06	28.00	482
超越普里瓦洛夫.数项级数卷	2015－07	38.00	489
初等数论难题集(第一卷)	2009－05	68.00	44
初等数论难题集(第二卷)(上、下)	2011－02	128.00	82,83
数论概貌	2011－03	18.00	93
代数数论(第二版)	2013－08	58.00	94
代数多项式	2014－06	38.00	289
初等数论的知识与问题	2011－02	28.00	95
超越数论基础	2011－03	28.00	96
数论初等教程	2011－03	28.00	97
数论基础	2011－03	18.00	98
数论基础与维诺格拉多夫	2014－03	18.00	292

哈尔滨工业大学出版社刘培杰数学工作室已出版(即将出版)图书目录

书　名	出版时间	定　价	编号
解析数论基础	2012－08	28.00	216
解析数论基础(第二版)	2014－01	48.00	287
解析数论问题集(第二版)(原版引进)	2014－05	88.00	343
解析数论问题集(第二版)(中译本)	2016－04	88.00	607
数论入门	2011－03	38.00	99
代数数论入门	2015－03	38.00	448
数论开篇	2012－07	28.00	194
解析数论引论	2011－03	48.00	100
Barban Davenport Halberstam 均值和	2009－01	40.00	33
基础数论	2011－03	28.00	101
初等数论 100 例	2011－05	18.00	122
初等数论经典例题	2012－07	18.00	204
最新世界各国数学奥林匹克中的初等数论试题(上、下)	2012－01	138.00	144,145
初等数论(Ⅰ)	2012－01	18.00	156
初等数论(Ⅱ)	2012－01	18.00	157
初等数论(Ⅲ)	2012－01	28.00	158
平面几何与数论中未解决的新老问题	2013－01	68.00	229
代数数论简史	2014－11	28.00	408
代数数论	2015－09	88.00	532
数论导引提要及习题解答	2016－01	48.00	559
谈谈素数	2011－03	18.00	91
平方和	2011－03	18.00	92
复变函数引论	2013－10	68.00	269
伸缩变换与抛物旋转	2015－01	38.00	449
无穷分析引论(上)	2013－04	88.00	247
无穷分析引论(下)	2013－04	98.00	245
数学分析	2014－04	28.00	338
数学分析中的一个新方法及其应用	2013－01	38.00	231
数学分析例选:通过范例学技巧	2013－01	88.00	243
高等代数例选:通过范例学技巧	2015－06	88.00	475
三角级数论(上册)(陈建功)	2013－01	38.00	232
三角级数论(下册)(陈建功)	2013－01	48.00	233
三角级数论(哈代)	2013－06	48.00	254
三角级数	2015－07	28.00	263
超越数	2011－03	18.00	109
三角和方法	2011－03	18.00	112
整数论	2011－05	38.00	120
从整数谈起	2015－10	28.00	538
随机过程(Ⅰ)	2014－01	78.00	224
随机过程(Ⅱ)	2014－01	68.00	235
算术探索	2011－12	158.00	148
组合数学	2012－04	28.00	178
组合数学浅谈	2012－03	28.00	159
丢番图方程引论	2012－03	48.00	172
拉普拉斯变换及其应用	2015－02	38.00	447
高等代数.上	2016－01	38.00	548
高等代数.下	2016－01	38.00	549
高等代数教程	2016－01	58.00	579

哈尔滨工业大学出版社刘培杰数学工作室已出版(即将出版)图书目录

书　　名	出版时间	定　价	编号
数学解析教程.上卷.1	2016－01	58.00	546
数学解析教程.上卷.2	2016－01	38.00	553
函数构造论.上	2016－01	38.00	554
函数构造论.下	即将出版		555
数与多项式	2016－01	38.00	558
概周期函数	2016－01	48.00	572
变叙的项的极限分布律	2016－01	18.00	573
整函数	2012－08	18.00	161
近代拓扑学研究	2013－04	38.00	239
多项式和无理数	2008－01	68.00	22
模糊数据统计学	2008－03	48.00	31
模糊分析学与特殊泛函空间	2013－01	68.00	241
谈谈不定方程	2011－05	28.00	119
常微分方程	2016－01	58.00	586
平稳随机函数导论	2016－03	48.00	587
量子力学原理・上	2016－01	38.00	588
受控理论与解析不等式	2012－05	78.00	165
解析不等式新论	2009－06	68.00	48
建立不等式的方法	2011－03	98.00	104
数学奥林匹克不等式研究	2009－08	68.00	56
不等式研究(第二辑)	2012－02	68.00	153
不等式的秘密(第一卷)	2012－02	28.00	154
不等式的秘密(第一卷)(第2版)	2014－02	38.00	286
不等式的秘密(第二卷)	2014－01	38.00	268
初等不等式的证明方法	2010－06	38.00	123
初等不等式的证明方法(第二版)	2014－11	38.00	407
不等式・理论・方法(基础卷)	2015－07	38.00	496
不等式・理论・方法(经典不等式卷)	2015－07	38.00	497
不等式・理论・方法(特殊类型不等式卷)	2015－07	48.00	498
不等式的分拆降维降幂方法与可读证明	2016－01	68.00	591
不等式探究	2016－03	38.00	582
同余理论	2012－05	38.00	163
[x]与{x}	2015－04	48.00	476
极值与最值.上卷	2015－06	28.00	486
极值与最值.中卷	2015－06	38.00	487
极值与最值.下卷	2015－06	28.00	488
整数的性质	2012－11	38.00	192
完全平方数及其应用	2015－08	78.00	506
多项式理论	2015－10	88.00	541
历届美国中学生数学竞赛试题及解答(第一卷)1950－1954	2014－07	18.00	277
历届美国中学生数学竞赛试题及解答(第二卷)1955－1959	2014－04	18.00	278
历届美国中学生数学竞赛试题及解答(第三卷)1960－1964	2014－06	18.00	279
历届美国中学生数学竞赛试题及解答(第四卷)1965－1969	2014－04	28.00	280
历届美国中学生数学竞赛试题及解答(第五卷)1970－1972	2014－06	18.00	281
历届美国中学生数学竞赛试题及解答(第七卷)1981－1986	2015－01	18.00	424

哈尔滨工业大学出版社刘培杰数学工作室已出版(即将出版)图书目录

书　名	出版时间	定　价	编号
历届 IMO 试题集(1959—2005)	2006－05	58.00	5
历届 CMO 试题集	2008－09	28.00	40
历届中国数学奥林匹克试题集	2014－10	38.00	394
历届加拿大数学奥林匹克试题集	2012－08	38.00	215
历届美国数学奥林匹克试题集:多解推广加强	2012－08	38.00	209
历届美国数学奥林匹克试题集:多解推广加强(第 2 版)	2016－03	48.00	592
历届波兰数学竞赛试题集. 第 1 卷,1949～1963	2015－03	18.00	453
历届波兰数学竞赛试题集. 第 2 卷,1964～1976	2015－03	18.00	454
历届巴尔干数学奥林匹克试题集	2015－05	38.00	466
保加利亚数学奥林匹克	2014－10	38.00	393
圣彼得堡数学奥林匹克试题集	2015－01	38.00	429
匈牙利奥林匹克数学竞赛题解. 第 1 卷	2016－05	28.00	593
匈牙利奥林匹克数学竞赛题解. 第 2 卷	2016－05	28.00	594
历届国际大学生数学竞赛试题集(1994－2010)	2012－01	28.00	143
全国大学生数学夏令营数学竞赛试题及解答	2007－03	28.00	15
全国大学生数学竞赛辅导教程	2012－07	28.00	189
全国大学生数学竞赛复习全书	2014－04	48.00	340
历届美国大学生数学竞赛试题集	2009－03	88.00	43
前苏联大学生数学奥林匹克竞赛题解(上编)	2012－04	28.00	169
前苏联大学生数学奥林匹克竞赛题解(下编)	2012－04	38.00	170
历届美国数学邀请赛试题集	2014－01	48.00	270
全国高中数学竞赛试题及解答. 第 1 卷	2014－07	38.00	331
大学生数学竞赛讲义	2014－09	28.00	371
亚太地区数学奥林匹克竞赛题	2015－07	18.00	492
日本历届(初级)广中杯数学竞赛试题及解答. 第 1 卷(2000～2007)	2016－05	28.00	641
日本历届(初级)广中杯数学竞赛试题及解答. 第 2 卷(2008～2015)	2016－05	38.00	642
高考数学临门一脚(含密押三套卷)(理科版)	2015－01	24.80	421
高考数学临门一脚(含密押三套卷)(文科版)	2015－01	24.80	422
新课标高考数学题型全归纳(文科版)	2015－05	72.00	467
新课标高考数学题型全归纳(理科版)	2015－05	82.00	468
王连笑教你怎样学数学:高考选择题解题策略与客观题实用训练	2014－01	48.00	262
王连笑教你怎样学数学:高考数学高层次讲座	2015－02	48.00	432
高考数学的理论与实践	2009－08	38.00	53
高考数学核心题型解题方法与技巧	2010－01	28.00	86
高考思维新平台	2014－03	38.00	259
30 分钟拿下高考数学选择题、填空题(第二版)	2012－01	28.00	146
高考数学压轴题解题诀窍(上)	2012－02	78.00	166
高考数学压轴题解题诀窍(下)	2012－03	28.00	167
北京市五区文科数学三年高考模拟题详解:2013～2015	2015－08	48.00	500
北京市五区理科数学三年高考模拟题详解:2013～2015	2015－09	68.00	505
向量法巧解数学高考题	2009－08	28.00	54
高考数学万能解题法	2015－09	28.00	534
高考物理万能解题法	2015－09	28.00	537
高考化学万能解题法	2015－11	25.00	557
高考生物万能解题法	2016－03	25.00	598

 哈尔滨工业大学出版社刘培杰数学工作室 已出版(即将出版)图书目录 

书　名	出版时间	定　价	编号
高考数学解题金典	2016－04	68.00	602
高考物理解题金典	2016－03	58.00	603
高考化学解题金典	即将出版		604
高考生物解题金典	即将出版		605
我一定要赚分:高中物理	2016－01	38.00	580
数学高考参考	2016－01	78.00	589
2011～2015 年全国及各省市高考数学文科精品试题审题要津与解法研究	2015－10	68.00	539
2011～2015 年全国及各省市高考数学理科精品试题审题要津与解法研究	2015－10	88.00	540
最新全国及各省市高考数学试卷解法研究及点拨评析	2009－02	38.00	41
2011 年全国及各省市高考数学试题审题要津与解法研究	2011－10	48.00	139
2013 年全国及各省市高考数学试题解析与点评	2014－01	48.00	282
全国及各省市高考数学试题审题要津与解法研究	2015－02	48.00	450
新课标高考数学——五年试题分章详解(2007～2011)(上、下)	2011－10	78.00	140,141
全国中考数学压轴题审题要津与解法研究	2013－04	78.00	248
新编全国及各省市中考数学压轴题审题要津与解法研究	2014－05	58.00	342
全国及各省市 5 年中考数学压轴题审题要津与解法研究	2015－04	58.00	462
中考数学专题总复习	2007－04	28.00	6
中考数学较难题、难题常考题型解题方法与技巧.上	2016－01	48.00	584
中考数学较难题、难题常考题型解题方法与技巧.下	2016－01	58.00	585
北京中考数学压轴题解题方法突破	2016－03	38.00	597
助你高考成功的数学解题智慧:知识是智慧的基础	2016－01	58.00	596
助你高考成功的数学解题智慧:错误是智慧的试金石	2016－04	58.00	643
高考数学奇思妙解	2016－04	38.00	610
数学奥林匹克在中国	2014－06	98.00	344
数学奥林匹克问题集	2014－01	38.00	267
数学奥林匹克不等式散论	2010－06	38.00	124
数学奥林匹克不等式欣赏	2011－09	38.00	138
数学奥林匹克超级题库(初中卷上)	2010－01	58.00	66
数学奥林匹克不等式证明方法和技巧(上、下)	2011－08	158.00	134,135
新编 640 个世界著名数学智力趣题	2014－01	88.00	242
500 个最新世界著名数学智力趣题	2008－06	48.00	3
400 个最新世界著名数学最值问题	2008－09	48.00	36
500 个世界著名数学征解问题	2009－06	48.00	52
400 个中国最佳初等数学征解老问题	2010－01	48.00	60
500 个俄罗斯数学经典老题	2011－01	28.00	81
1000 个国外中学物理好题	2012－04	48.00	174
300 个日本高考数学题	2012－05	38.00	142
500 个前苏联早期高考数学试题及解答	2012－05	28.00	185
546 个早期俄罗斯大学生数学竞赛题	2014－03	38.00	285
548 个来自美苏的数学好问题	2014－11	28.00	396
20 所苏联著名大学早期入学试题	2015－02	18.00	452
161 道德国工科大学生必做的微分方程习题	2015－05	28.00	469
500 个德国工科大学生必做的高数习题	2015－06	28.00	478
德国讲义日本考题.微积分卷	2015－04	48.00	456
德国讲义日本考题.微分方程卷	2015－04	38.00	457

哈尔滨工业大学出版社刘培杰数学工作室
已出版(即将出版)图书目录

书　　名	出版时间	定　价	编号
中国初等数学研究　2009 卷(第 1 辑)	2009—05	20.00	45
中国初等数学研究　2010 卷(第 2 辑)	2010—05	30.00	68
中国初等数学研究　2011 卷(第 3 辑)	2011—07	60.00	127
中国初等数学研究　2012 卷(第 4 辑)	2012—07	48.00	190
中国初等数学研究　2014 卷(第 5 辑)	2014—02	48.00	288
中国初等数学研究　2015 卷(第 6 辑)	2015—06	68.00	493
中国初等数学研究　2016 卷(第 7 辑)	2016—04	68.00	609
几何变换(Ⅰ)	2014—07	28.00	353
几何变换(Ⅱ)	2015—06	28.00	354
几何变换(Ⅲ)	2015—01	38.00	355
几何变换(Ⅳ)	2015—12	38.00	356
博弈论精粹	2008—03	58.00	30
博弈论精粹.第二版(精装)	2015—01	88.00	461
数学 我爱你	2008—01	28.00	20
精神的圣徒　别样的人生——60 位中国数学家成长的历程	2008—09	48.00	39
数学史概论	2009—06	78.00	50
数学史概论(精装)	2013—03	158.00	272
数学史选讲	2016—01	48.00	544
斐波那契数列	2010—02	28.00	65
数学拼盘和斐波那契魔方	2010—07	38.00	72
斐波那契数列欣赏	2011—01	28.00	160
数学的创造	2011—02	48.00	85
数学美与创造力	2016—01	48.00	595
数海拾贝	2016—01	48.00	590
数学中的美	2011—02	38.00	84
数论中的美学	2014—12	38.00	351
数学王者　科学巨人——高斯	2015—01	28.00	428
振兴祖国数学的圆梦之旅:中国初等数学研究史话	2015—06	78.00	490
二十世纪中国数学史料研究	2015—10	48.00	536
数字谜、数阵图与棋盘覆盖	2016—01	58.00	298
时间的形状	2016—01	38.00	556
数学解题——靠数学思想给力(上)	2011—07	38.00	131
数学解题——靠数学思想给力(中)	2011—07	48.00	132
数学解题——靠数学思想给力(下)	2011—07	38.00	133
我怎样解题	2013—01	48.00	227
数学解题中的物理方法	2011—06	28.00	114
数学解题的特殊方法	2011—06	48.00	115
中学数学计算技巧	2012—01	48.00	116
中学数学证明方法	2012—01	58.00	117
数学趣题巧解	2012—03	28.00	128
高中数学教学通鉴	2015—05	58.00	479
和高中生漫谈:数学与哲学的故事	2014—08	28.00	369
自主招生考试中的参数方程问题	2015—01	28.00	435
自主招生考试中的极坐标问题	2015—04	28.00	463
近年全国重点大学自主招生数学试题全解及研究.华约卷	2015—02	38.00	441
近年全国重点大学自主招生数学试题全解及研究.北约卷	2016—05	38.00	619
自主招生数学解证宝典	2015—09	48.00	535

哈尔滨工业大学出版社刘培杰数学工作室已出版(即将出版)图书目录

书　　名	出版时间	定　价	编号
格点和面积	2012-07	18.00	191
射影几何趣谈	2012-04	28.00	175
斯潘纳尔引理——从一道加拿大数学奥林匹克试题谈起	2014-01	28.00	228
李普希兹条件——从几道近年高考数学试题谈起	2012-10	18.00	221
拉格朗日中值定理——从一道北京高考试题的解法谈起	2015-10	18.00	197
闵科夫斯基定理——从一道清华大学自主招生试题谈起	2014-01	28.00	198
哈尔测度——从一道冬令营试题的背景谈起	2012-08	28.00	202
切比雪夫逼近问题——从一道中国台北数学奥林匹克试题谈起	2013-04	38.00	238
伯恩斯坦多项式与贝齐尔曲面——从一道全国高中数学联赛试题谈起	2013-03	38.00	236
卡塔兰猜想——从一道普特南竞赛试题谈起	2013-06	18.00	256
麦卡锡函数和阿克曼函数——从一道前南斯拉夫数学奥林匹克试题谈起	2012-08	18.00	201
贝蒂定理与拉姆贝克莫斯尔定理——从一个拣石子游戏谈起	2012-08	18.00	217
皮亚诺曲线和豪斯道夫分球定理——从无限集谈起	2012-08	18.00	211
平面凸图形与凸多面体	2012-10	28.00	218
斯坦因豪斯问题——从一道二十五省市自治区中学数学竞赛试题谈起	2012-07	18.00	196
纽结理论中的亚历山大多项式与琼斯多项式——从一道北京市高一数学竞赛试题谈起	2012-07	28.00	195
原则与策略——从波利亚"解题表"谈起	2013-04	38.00	244
转化与化归——从三大尺规作图不能问题谈起	2012-08	28.00	214
代数几何中的贝祖定理(第一版)——从一道 IMO 试题的解法谈起	2013-08	18.00	193
成功连贯理论与约当块理论——从一道比利时数学竞赛试题谈起	2012-04	18.00	180
素数判定与大数分解	2014-08	18.00	199
置换多项式及其应用	2012-10	18.00	220
椭圆函数与模函数——从一道美国加州大学洛杉矶分校(UCLA)博士资格考题谈起	2012-10	28.00	219
差分方程的拉格朗日方法——从一道 2011 年全国高考理科试题的解法谈起	2012-08	28.00	200
力学在几何中的一些应用	2013-01	38.00	240
高斯散度定理、斯托克斯定理和平面格林定理——从一道国际大学生数学竞赛试题谈起	即将出版		
康托洛维奇不等式——从一道全国高中联赛试题谈起	2013-03	28.00	337
西格尔引理——从一道第 18 届 IMO 试题的解法谈起	即将出版		
罗斯定理——从一道前苏联数学竞赛试题谈起	即将出版		
拉克斯定理和阿廷定理——从一道 IMO 试题的解法谈起	2014-01	58.00	246
毕卡大定理——从一道美国大学数学竞赛试题谈起	2014-07	18.00	350
贝齐尔曲线——从一道全国高中联赛试题谈起	即将出版		
拉格朗日乘子定理——从一道 2005 年全国高中联赛试题的高等数学解法谈起	2015-05	28.00	480
雅可比定理——从一道日本数学奥林匹克试题谈起	2013-04	48.00	249
李天岩-约克定理——从一道波兰数学竞赛试题谈起	2014-06	28.00	349
整系数多项式因式分解的一般方法——从克朗耐克算法谈起	即将出版		
布劳维不动点定理——从一道前苏联数学奥林匹克试题谈起	2014-01	38.00	273
伯恩赛德定理——从一道英国数学奥林匹克试题谈起	即将出版		
布查特-莫斯特定理——从一道上海市初中竞赛试题谈起	即将出版		

哈尔滨工业大学出版社刘培杰数学工作室已出版(即将出版)图书目录

书　　名	出版时间	定　价	编号
数论中的同余数问题——从一道普特南竞赛试题谈起	即将出版		
范·德蒙行列式——从一道美国数学奥林匹克试题谈起	即将出版		
中国剩余定理:总数法构建中国历史年表	2015－01	28.00	430
牛顿程序与方程求根——从一道全国高考试题解法谈起	即将出版		
库默尔定理——从一道 IMO 预选试题谈起	即将出版		
卢丁定理——从一道冬令营试题的解法谈起	即将出版		
沃斯滕霍姆定理——从一道 IMO 预选试题谈起	即将出版		
卡尔松不等式——从一道莫斯科数学奥林匹克试题谈起	即将出版		
信息论中的香农熵——从一道近年高考压轴题谈起	即将出版		
约当不等式——从一道希望杯竞赛试题谈起	即将出版		
拉比诺维奇定理	即将出版		
刘维尔定理——从一道《美国数学月刊》征解问题的解法谈起	即将出版		
卡塔兰恒等式与级数求和——从一道 IMO 试题的解法谈起	即将出版		
勒让德猜想与素数分布——从一道爱尔兰竞赛试题谈起	即将出版		
天平称重与信息论——从一道基辅市数学奥林匹克试题谈起	即将出版		
哈密尔顿一凯莱定理:从一道高中数学联赛试题的解法谈起	2014－09	18.00	376
艾思特曼定理——从一道 CMO 试题的解法谈起	即将出版		
一个爱尔特希问题——从一道西德数学奥林匹克试题谈起	即将出版		
有限群中的爱丁格尔问题——从一道北京市初中二年级数学竞赛试题谈起	即将出版		
贝克码与编码理论——从一道全国高中联赛试题谈起	即将出版		
帕斯卡三角形	2014－03	18.00	294
蒲丰投针问题——从 2009 年清华大学的一道自主招生试题谈起	2014－01	38.00	295
斯图姆定理——从一道"华约"自主招生试题的解法谈起	2014－01	18.00	296
许瓦兹引理——从一道加利福尼亚大学伯克利分校数学系博士生试题谈起	2014－08	18.00	297
拉姆塞定理——从王诗宬院士的一个问题谈起	2016－04	48.00	299
坐标法	2013－12	28.00	332
数论三角形	2014－04	38.00	341
毕克定理	2014－07	18.00	352
数林掠影	2014－09	48.00	389
我们周围的概率	2014－10	38.00	390
凸函数最值定理:从一道华约自主招生题的解法谈起	2014－10	28.00	391
易学与数学奥林匹克	2014－10	38.00	392
生物数学趣谈	2015－01	18.00	409
反演	2015－01	28.00	420
因式分解与圆锥曲线	2015－01	18.00	426
轨迹	2015－01	28.00	427
面积原理:从常庚哲命的一道 CMO 试题的积分解法谈起	2015－01	48.00	431
形形色色的不动点定理:从一道 28 届 IMO 试题谈起	2015－01	38.00	439
柯西函数方程:从一道上海交大自主招生的试题谈起	2015－02	28.00	440
三角恒等式	2015－02	28.00	442
无理性判定:从一道 2014 年"北约"自主招生试题谈起	2015－01	38.00	443
数学归纳法	2015－03	18.00	451
极端原理与解题	2015－04	28.00	464
法雷级数	2014－08	18.00	367
摆线族	2015－01	38.00	438
函数方程及其解法	2015－05	38.00	470
含参数的方程和不等式	2012－09	28.00	213
希尔伯特第十问题	2016－01	38.00	543
无穷小量的求和	2016－01	28.00	545

哈尔滨工业大学出版社刘培杰数学工作室已出版(即将出版)图书目录

书　　名	出版时间	定　价	编号
切比雪夫多项式:从一道清华大学金秋营试题谈起	2016－01	38.00	583
泽肯多夫定理	2016－03	38.00	599
代数等式证题法	2016－01	28.00	600
三角等式证题法	2016－01	28.00	601
中等数学英语阅读文选	2006－12	38.00	13
统计学专业英语	2007－03	28.00	16
统计学专业英语(第二版)	2012－07	48.00	176
统计学专业英语(第三版)	2015－04	68.00	465
幻方和魔方(第一卷)	2012－05	68.00	173
尘封的经典——初等数学经典文献选读(第一卷)	2012－07	48.00	205
尘封的经典——初等数学经典文献选读(第二卷)	2012－07	38.00	206
代换分析:英文	2015－07	38.00	499
实变函数论	2012－06	78.00	181
复变函数论	2015－08	38.00	504
非光滑优化及其变分分析	2014－01	48.00	230
疏散的马尔科夫链	2014－01	58.00	266
马尔科夫过程论基础	2015－01	28.00	433
初等微分拓扑学	2012－07	18.00	182
方程式论	2011－03	38.00	105
初级方程式论	2011－03	28.00	106
Galois 理论	2011－03	18.00	107
古典数学难题与伽罗瓦理论	2012－11	58.00	223
伽罗华与群论	2014－01	28.00	290
代数方程的根式解及伽罗瓦理论	2011－03	28.00	108
代数方程的根式解及伽罗瓦理论(第二版)	2015－01	28.00	423
线性偏微分方程讲义	2011－03	18.00	110
几类微分方程数值方法的研究	2015－05	38.00	485
N 体问题的周期解	2011－03	28.00	111
代数方程式论	2011－05	18.00	121
动力系统的不变量与函数方程	2011－07	48.00	137
基于短语评价的翻译知识获取	2012－02	48.00	168
应用随机过程	2012－04	48.00	187
概率论导引	2012－04	18.00	179
矩阵论(上)	2013－06	58.00	250
矩阵论(下)	2013－06	48.00	251
对称锥互补问题的内点法:理论分析与算法实现	2014－08	68.00	368
抽象代数:方法导引	2013－06	38.00	257
集论	2016－01	48.00	576
多项式理论研究综述	2016－01	38.00	577
函数论	2014－11	78.00	395
反问题的计算方法及应用	2011－11	28.00	147
初等数学研究(Ⅰ)	2008－09	68.00	37
初等数学研究(Ⅱ)(上、下)	2009－05	118.00	46,47
数阵及其应用	2012－02	28.00	164
绝对值方程—折边与组合图形的解析研究	2012－07	48.00	186
代数函数论(上)	2015－07	38.00	494
代数函数论(下)	2015－07	38.00	495
偏微分方程论:法文	2015－10	48.00	533
时标动力学方程的指数型二分性与周期解	2016－04	48.00	606
重刚体绕不动点运动方程的积分法	2016－05	68.00	608
水轮机水力稳定性	2016－05	48.00	620

哈尔滨工业大学出版社刘培杰数学工作室 已出版(即将出版)图书目录

书　　名	出版时间	定　价	编号
趣味初等方程妙题集锦	2014—09	48.00	388
趣味初等数论选美与欣赏	2015—02	48.00	445
耕读笔记(上卷):一位农民数学爱好者的初数探索	2015—04	28.00	459
耕读笔记(中卷):一位农民数学爱好者的初数探索	2015—05	28.00	483
耕读笔记(下卷):一位农民数学爱好者的初数探索	2015—05	28.00	484
几何不等式研究与欣赏.上卷	2016—01	88.00	547
几何不等式研究与欣赏.下卷	2016—01	48.00	552
初等数列研究与欣赏・上	2016—01	48.00	570
初等数列研究与欣赏・下	2016—01	48.00	571
火柴游戏	2016—05	38.00	612
异曲同工	即将出版		613
智力解谜	即将出版		614
故事智力	即将出版		615
名人们喜欢的智力问题	即将出版		616
数学大师的发现、创造与失误	即将出版		617
数学味道	即将出版		618
数贝偶拾——高考数学题研究	2014—04	28.00	274
数贝偶拾——初等数学研究	2014—04	38.00	275
数贝偶拾——奥数题研究	2014—04	48.00	276
集合、函数与方程	2014—01	28.00	300
数列与不等式	2014—01	38.00	301
三角与平面向量	2014—01	28.00	302
平面解析几何	2014—01	38.00	303
立体几何与组合	2014—01	28.00	304
极限与导数、数学归纳法	2014—01	38.00	305
趣味数学	2014—03	28.00	306
教材教法	2014—04	68.00	307
自主招生	2014—05	58.00	308
高考压轴题(上)	2015—01	48.00	309
高考压轴题(下)	2014—10	68.00	310
从费马到怀尔斯——费马大定理的历史	2013—10	198.00	Ⅰ
从庞加莱到佩雷尔曼——庞加莱猜想的历史	2013—10	298.00	Ⅱ
从切比雪夫到爱尔特希(上)——素数定理的初等证明	2013—07	48.00	Ⅲ
从切比雪夫到爱尔特希(下)——素数定理 100 年	2012—12	98.00	Ⅲ
从高斯到盖尔方特——二次域的高斯猜想	2013—10	198.00	Ⅳ
从库默尔到朗兰兹——朗兰兹猜想的历史	2014—01	98.00	Ⅴ
从比勃巴赫到德布朗斯——比勃巴赫猜想的历史	2014—02	298.00	Ⅵ
从麦比乌斯到陈省身——麦比乌斯变换与麦比乌斯带	2014—02	298.00	Ⅶ
从布尔到豪斯道夫——布尔方程与格论漫谈	2013—10	198.00	Ⅷ
从开普勒到阿诺德——三体问题的历史	2014—05	298.00	Ⅸ
从华林到华罗庚——华林问题的历史	2013—10	298.00	Ⅹ

哈尔滨工业大学出版社刘培杰数学工作室已出版(即将出版)图书目录

书 名	出版时间	定 价	编号
吴振奎高等数学解题真经(概率统计卷)	2012—01	38.00	149
吴振奎高等数学解题真经(微积分卷)	2012—01	68.00	150
吴振奎高等数学解题真经(线性代数卷)	2012—01	58.00	151
钱昌本教你快乐学数学(上)	2011—12	48.00	155
钱昌本教你快乐学数学(下)	2012—03	58.00	171
高等数学解题全攻略(上卷)	2013—06	58.00	252
高等数学解题全攻略(下卷)	2013—06	58.00	253
高等数学复习纲要	2014—01	18.00	384
三角函数	2014—01	38.00	311
不等式	2014—01	38.00	312
数列	2014—01	38.00	313
方程	2014—01	28.00	314
排列和组合	2014—01	28.00	315
极限与导数	2014—01	28.00	316
向量	2014—09	38.00	317
复数及其应用	2014—08	28.00	318
函数	2014—01	38.00	319
集合	即将出版		320
直线与平面	2014—01	28.00	321
立体几何	2014—04	28.00	322
解三角形	即将出版		323
直线与圆	2014—01	28.00	324
圆锥曲线	2014—01	38.00	325
解题通法(一)	2014—07	38.00	326
解题通法(二)	2014—07	38.00	327
解题通法(三)	2014—05	38.00	328
概率与统计	2014—01	28.00	329
信息迁移与算法	即将出版		330
三角函数(第2版)	即将出版		627
向量(第2版)	即将出版		628
立体几何(第2版)	2016—04	38.00	630
直线与圆(第2版)	即将出版		632
圆锥曲线(第2版)	即将出版		633
极限与导数(第2版)	2016—04	38.00	636
美国高中数学竞赛五十讲.第1卷(英文)	2014—08	28.00	357
美国高中数学竞赛五十讲.第2卷(英文)	2014—08	28.00	358
美国高中数学竞赛五十讲.第3卷(英文)	2014—09	28.00	359
美国高中数学竞赛五十讲.第4卷(英文)	2014—09	28.00	360
美国高中数学竞赛五十讲.第5卷(英文)	2014—10	28.00	361
美国高中数学竞赛五十讲.第6卷(英文)	2014—11	28.00	362
美国高中数学竞赛五十讲.第7卷(英文)	2014—12	28.00	363
美国高中数学竞赛五十讲.第8卷(英文)	2015—01	28.00	364
美国高中数学竞赛五十讲.第9卷(英文)	2015—01	28.00	365
美国高中数学竞赛五十讲.第10卷(英文)	2015—02	38.00	366

哈尔滨工业大学出版社刘培杰数学工作室 已出版(即将出版)图书目录

书 名	出版时间	定 价	编号
IMO 50 年.第 1 卷(1959－1963)	2014－11	28.00	377
IMO 50 年.第 2 卷(1964－1968)	2014－11	28.00	378
IMO 50 年.第 3 卷(1969－1973)	2014－09	28.00	379
IMO 50 年.第 4 卷(1974－1978)	2016－04	38.00	380
IMO 50 年.第 5 卷(1979－1984)	2015－04	38.00	381
IMO 50 年.第 6 卷(1985－1989)	2015－04	58.00	382
IMO 50 年.第 7 卷(1990－1994)	2016－01	48.00	383
IMO 50 年.第 8 卷(1995－1999)	2016－06	38.00	384
IMO 50 年.第 9 卷(2000－2004)	2015－04	58.00	385
IMO 50 年.第 10 卷(2005－2009)	2016－01	48.00	386
IMO 50 年.第 11 卷(2010－2015)	即将出版		646
历届美国大学生数学竞赛试题集.第一卷(1938—1949)	2015－01	28.00	397
历届美国大学生数学竞赛试题集.第二卷(1950—1959)	2015－01	28.00	398
历届美国大学生数学竞赛试题集.第三卷(1960—1969)	2015－01	28.00	399
历届美国大学生数学竞赛试题集.第四卷(1970—1979)	2015－01	18.00	400
历届美国大学生数学竞赛试题集.第五卷(1980—1989)	2015－01	28.00	401
历届美国大学生数学竞赛试题集.第六卷(1990—1999)	2015－01	28.00	402
历届美国大学生数学竞赛试题集.第七卷(2000—2009)	2015－08	18.00	403
历届美国大学生数学竞赛试题集.第八卷(2010—2012)	2015－01	18.00	404
新课标高考数学创新题解题诀窍:总论	2014－09	28.00	372
新课标高考数学创新题解题诀窍:必修 1～5 分册	2014－08	38.00	373
新课标高考数学创新题解题诀窍:选修 2－1,2－2,1－1,1－2分册	2014－09	38.00	374
新课标高考数学创新题解题诀窍:选修 2－3,4－4,4－5 分册	2014－09	18.00	375
全国重点大学自主招生英文数学试题全攻略:词汇卷	2015－07	48.00	410
全国重点大学自主招生英文数学试题全攻略:概念卷	2015－01	28.00	411
全国重点大学自主招生英文数学试题全攻略:文章选读卷(上)	即将出版		412
全国重点大学自主招生英文数学试题全攻略:文章选读卷(下)	即将出版		413
全国重点大学自主招生英文数学试题全攻略:试题卷	2015－07	38.00	414
全国重点大学自主招生英文数学试题全攻略:名著欣赏卷	即将出版		415
数学物理大百科全书.第 1 卷	2016－01	418.00	508
数学物理大百科全书.第 2 卷	2016－01	408.00	509
数学物理大百科全书.第 3 卷	2016－01	396.00	510
数学物理大百科全书.第 4 卷	2016－01	408.00	511
数学物理大百科全书.第 5 卷	2016－01	368.00	512
劳埃德数学趣题大全.题目卷.1:英文	2016－01	18.00	516
劳埃德数学趣题大全.题目卷.2:英文	2016－01	18.00	517
劳埃德数学趣题大全.题目卷.3:英文	2016－01	18.00	518
劳埃德数学趣题大全.题目卷.4:英文	2016－01	18.00	519
劳埃德数学趣题大全.题目卷.5:英文	2016－01	18.00	520
劳埃德数学趣题大全.答案卷:英文	2016－01	18.00	521

哈尔滨工业大学出版社刘培杰数学工作室
已出版(即将出版)图书目录

书　　名	出版时间	定　价	编号
李成章教练奥数笔记.第1卷	2016-01	48.00	522
李成章教练奥数笔记.第2卷	2016-01	48.00	523
李成章教练奥数笔记.第3卷	2016-01	38.00	524
李成章教练奥数笔记.第4卷	2016-01	38.00	525
李成章教练奥数笔记.第5卷	2016-01	38.00	526
李成章教练奥数笔记.第6卷	2016-01	38.00	527
李成章教练奥数笔记.第7卷	2016-01	38.00	528
李成章教练奥数笔记.第8卷	2016-01	48.00	529
李成章教练奥数笔记.第9卷	2016-01	28.00	530
zeta 函数,q-zeta 函数,相伴级数与积分	2015-08	88.00	513
微分形式:理论与练习	2015-08	58.00	514
离散与微分包含的逼近和优化	2015-08	58.00	515
艾伦·图灵:他的工作与影响	2016-01	98.00	560
测度理论概率导论,第2版	2016-01	88.00	561
带有潜在故障恢复系统的半马尔柯夫模型控制	2016-01	98.00	562
数学分析原理	2016-01	88.00	563
随机偏微分方程的有效动力学	2016-01	88.00	564
图的谱半径	2016-01	58.00	565
量子机器学习中数据挖掘的量子计算方法	2016-01	98.00	566
量子物理的非常规方法	2016-01	118.00	567
运输过程的统一非局部理论:广义波尔兹曼物理动力学,第2版	2016-01	198.00	568
量子力学与经典力学之间的联系在原子、分子及电动力学系统建模中的应用	2016-01	58.00	569
第19~23届"希望杯"全国数学邀请赛试题审题要津详细评注(初一版)	2014-03	28.00	333
第19~23届"希望杯"全国数学邀请赛试题审题要津详细评注(初二、初三版)	2014-03	38.00	334
第19~23届"希望杯"全国数学邀请赛试题审题要津详细评注(高一版)	2014-03	28.00	335
第19~23届"希望杯"全国数学邀请赛试题审题要津详细评注(高二版)	2014-03	38.00	336
第19~25届"希望杯"全国数学邀请赛试题审题要津详细评注(初一版)	2015-01	38.00	416
第19~25届"希望杯"全国数学邀请赛试题审题要津详细评注(初二、初三版)	2015-01	58.00	417
第19~25届"希望杯"全国数学邀请赛试题审题要津详细评注(高一版)	2015-01	48.00	418
第19~25届"希望杯"全国数学邀请赛试题审题要津详细评注(高二版)	2015-01	48.00	419
闵嗣鹤文集	2011-03	98.00	102
吴从炘数学活动三十年(1951~1980)	2010-07	99.00	32
吴从炘数学活动又三十年(1981~2010)	2015-07	98.00	491
物理奥林匹克竞赛大题典——力学卷	2014-11	48.00	405
物理奥林匹克竞赛大题典——热学卷	2014-04	28.00	339
物理奥林匹克竞赛大题典——电磁学卷	2015-07	48.00	406
物理奥林匹克竞赛大题典——光学与近代物理卷	2014-06	28.00	345
历届中国东南地区数学奥林匹克试题集(2004~2012)	2014-06	18.00	346
历届中国西部地区数学奥林匹克试题集(2001~2012)	2014-07	18.00	347
历届中国女子数学奥林匹克试题集(2002~2012)	2014-08	18.00	348

联系地址:哈尔滨市南岗区复华四道街10号　哈尔滨工业大学出版社刘培杰数学工作室

网　　址:http://lpj.hit.edu.cn/

邮　　编:150006

联系电话:0451-86281378　　13904613167

E-mail:lpj1378@163.com